대한민국의 북방정책

기원·전개·성과 그리고 앞으로의 방향

김학준

박영사

1989년 11월 23일, 노태우 대통령은 헝가리 의회에서 연설을 진행했다.
헝가리는 북방정책 추진 이후 첫 수교국이다.

1989년 11월 22일, 노태우 대통령과 카롤리 그로스 헝가리 당서기장 겸 총리가 인사를 나누었다.

1990년 6월 4일, 노태우 대통령은 미하일 고르바초프 소련 대통령과 함께
미국 샌프란시스코 페어몬트 호텔에서 첫 정상회담을 개최했다.

1990년 12월 14일, 노태우 대통령 내외는 소련에 공식 방문하면서
미하일 고르바초프 소련 대통령 내외에 환대를 받았다.

1990년 12월 15일, 노태우 대통령은 미하일 고르바초프 소련 대통령과 함께 크렘린궁에서 '한국과 소련 간 관계의 일반 원칙에 관한 선언'에 서명했다.

1990년 12월 15일, 노태우 대통령은 소련에 공식 방문하여 모스크바 대학에서 연설을 진행했다.

1990년 9월 6일, 노태우 대통령은 강영훈 총리와 함께 제1차 남북총리회담을 위해 방문한 연형묵 북한 정무원 총리 일행과 청와대에서 단체 기념촬영했다.

1991년 12월 13일, 노태우 대통령은 당일 남북 기본합의서 서명을 마치고 방문한 연형묵 북한 총리를 단독으로 면담했다.

1991년 6월 20일, 노태우 대통령은 얀 크시슈토프 비엘레츠키(Jan Krzysztof Bielecki) 폴란드 수상을 청와대에서 접견했다.

1991년 10월 23일, 노태우 대통령은 푼살마긴 오치르바트 몽골 대통령과 청와대에서 정상회담을 개최했다.

1992년 4월 27일, 노태우 대통령은 체크슬로바크 연방공화국 바츨라프 하벨(Vaclav Havel) 대통령의 방한을 환영했다.

1992년 9월 28일, 노태우 대통령은 중국 방문 중 중국 인민대회당 공식 환영식에서 양상곤 중국 국가주석과 함께 입장했다.

1992년 9월 28일, 노태우 대통령 내외는 중국 고궁 박물원장의 영접을 받으며 중국 자금성을 돌아보았다.

1992년 9월 29일, 노태우 대통령은
강택민 중국 공산당 총서기와 인사를 나누었다.

1992년 9월 30일, 노태우 대통령은
양상곤 중국 국가주석과 고별인사를 나누었다.

1993년 2월 2일, 노태우 대통령은
청와대에서 웬만컴 베트남 외무부
장관을 접견했다.

대한민국의 북방정책

기원 · 전개 · 성과 그리고 앞으로의 방향

머리말

Ⅰ. 노태우盧泰愚 대한민국 제13대 대통령이 추진한 북방정책은 당시 공산권의 양대 지도국인 소련 및 중국 그리고 동유럽 공산국가들과는 물론이고 아·중동阿中東의 이라크와 알제리에서 아시아의 몽골과 베트남에 이르기까지 수교를 성사시켰고 세계정치의 중심무대인 유엔에의 가입을 실현시킴으로써 대한민국의 '외교영토'와 '경제영토'를 엄청나게 확장했을 뿐만 아니라 북한과의 관계를 크게 개선해 「남북[북남]기본합의서」와 「한[조선]반도비핵화공동선언」을 성사시켜 민족의 평화와 통일을 위한 기반을 마련했다. 실적이 그러했기에, 노 대통령의 북방정책을 김성철金聖哲 박사는 "한국의 외교사에 있어서 하나의 분수령을 이룬 것"으로 평가했고, 이근李根 교수는 "대한민국 외교사에서 그 유례를 찾기 힘든 매우 야심적이고 체계적이며, 자주적이며, 개혁적인 대전략(grand strategy)이다."라고 논평했다.[1]

돌이켜보면, 노태우 대통령이 대통령후보로 북방정책의 방향을 제시하면서 추진을 처음 공약했던 1987년 9월 19일로부터 어언 37년이 지났다.[2] 한 세대가 넘는 이 시기에, 우선 국내적으로 그가 1988년 2월 25일에

---

1 김성철(金聖哲), 「외교정책의 환경·제도·효과의 역동성: 북방정책 사례 분석」, 『국제정치논총』 제40집 제3호(2000년 11월), 81쪽; 이근(李根), 「5. 노태우정부의 북방외교: 엘리트 민족주의에 기반한 대전략」, 강원택(康元澤) 편, 『노태우 시대의 재인식: 전환기의 한국사회』(경기도 파주시: 나남, 2012), 178쪽.

2 노태우 대통령후보는 1987년 9월에 들어와 민정당 당직자들과의 회의에서나 기자들과의 간담에서 간간이 북방정책 구상을 말하곤 했다. 언론매체에 처음 보도된 것은 9월 19일 도쿄에서 열린 일본기자클럽 오찬연설이었다. 하루 전인 9월 18일에 나카소네 야스히로(中曽根康

취임과 동시에 시작한 권위주의체제의 민주주의체제로의 전환은 2010년대 말까지는 무난하게 진전되어 여당으로부터 야당으로의 정권교체가 세 차례나 실현된 선례도 남겼다. 국제적으로 소련과 소련권의 해체에 상징되었듯 공산주의체제는 붕괴되었고, 중국의 경우가 보여주듯 자본주의 요소를 도입한 공산주의체제의 부분적 수정이 나타났다. 대조적으로, 북한은 1인 독재체제를 아들에 이어 손자로까지 지속시키면서 「남북기본합의서」와 「한반도비핵화공동선언」을 파기하고 핵무기 개발을 진전시켜 사실상 핵무기 보유국이 되었을 뿐만 아니라 이제 대한민국을 향해 온갖 모욕적 언사로써 조롱할 뿐 아니라 공공연하게 핵무기로 공격하겠다고 위협하고 있다.

오는 8월 15일에 우리는 '대한민국 희수喜壽'를 맞이했다. 한때 미국과 더불어 세계 양대 초핵강대국의 지위를 과시하던 소련이 창건 74년 만에 무너졌음을 상기할 때, 국내외적으로 매우 어려운 여건 속에서 기적처럼 탄생한 대한민국이 우리의 전통적 셈법으로 77세를 넘긴다는 사실은 고무적이다. 그렇지만, 대한민국이 북한의 핵위협뿐만 아니라 열강의 전쟁으로 말미암아 거기에 끌려들어가는 위험에서 벗어나 평화를 유지하며 그 터전 위에서 현재 '후퇴론'과 '위기론'에 빠져있는 민주화를 새롭게 진전시키는 가운데, 한민족의 평화와 통일 그리고 번영을 위해서는 물론이고 세계화시대에 한민족이 국제평화와 문화교류에서 주도적 역할을 수행하기 위해 적극적으로 추진해야 할 국가적 과제로 새로운 북방정책을 마련해야 할 필요성이 절실히 요청되고 있다.

Ⅱ. 마침 2024년은 노태우 대통령이 북방정책의 추진을 공식적으로 밝

弘) 일본 총리와의 회담에서도 자신의 북방정책 구상에 대해 발언하며 일본정부의 협력을 요청했다. 최맹호(崔孟浩) 특파원, 「올림픽 후 대북관계 전환 : 한·중관계개선 일본에 협력요청」, 『동아일보』(1987년 9월 19일).

힌 대통령 취임사를 발표하고, 동시에 북방정책의 실천적 지침을 담은 7·7 선언을 발표한 36주년의 해이다. 이 선언은 발표 직후인 1988년 9월 17일부터 10월 2일까지 서울에서 열린 제24회 하계 올림픽을 동서 양대진영이 모두 참가해 완벽한 올림픽으로 승화시키는 촉매제가 되었으며, 그 성공을 계기로 북방정책은 탄력을 받아 헝가리와의 수교 → 동유럽 공산국가들과의 수교 → 소련과의 수교 → 남북한 총리회담의 개막과 진전 → 남북한 유엔 동시가입 → 중국과의 수교 → 「남북기본합의서」 및 「한반도비핵화공동선언」 채택 → 베트남과의 수교 등으로 이어졌다.

구체적으로 임기 5년이라는 짧은 기간에 무려 45개국과 수교를 이루었는데, 이 나라들의 면적을 다 합치면 제1공화국으로부터 제5공화국까지 수교한 국가들의 총합보다도 더 넓다. 그들의 인구가 모두 약 17억임을 생각할 때, 우리나라의 새 친구가 얼마나 많이 늘었는지 새삼 놀라게 된다. 오늘날 194개 회원국을 지닌 유엔에의 가입을 이루어 이미 세계를 무대로 활동하던 한국인의 국제기구에서의 활동 영역을 넓혀주면서 동시에 민족적 자존심을 크게 높였다. 이로써 북방정책은 대한민국의 외교영토와 경제영토를 파천황破天荒의 경지로 넓혔을 뿐만 아니라 대한민국의 국제적 위상을 크게 올렸다. 이러한 실적은 이후 김대중金大中 대통령과 노무현盧武鉉 대통령 그리고 문재인文在寅 대통령 때 남북정상회담이 성사되는 징검다리가 되었다.

그렇지만 노태우 대통령 이후 역대 정부의 북방정책은 다른 한편으로는 정체停滯에 직면하면서 북한의 핵 개발과 그 진전을 막지 못했고, 특히 일부 좌파적 정부들의 편향된 친북정책, 심지어 종북정책은 결과적으로 북한 핵 개발의 진전을 뒷받침했다는 의혹을 낳았다. 수교가 성사된 당시 우호적 분위기가 지배적이었던 한·러관계와 한·중관계는 오늘날 정반대의 분위기로 기울어져 있다. 상황이 그렇게 바뀐 원인들 가운데 하나는 미·중 대결과 미·러 대결로 요약되는 '신新 냉전'이다. 그 점을 인정한다고 해도, 남북관계를 포함한 오늘날의 한반도 대외상황은 노태우 대통령 5년의 그것과 너무 대조된다.

이 36주년의 해에, 노태우 대통령의 정책조사보좌관으로, 이어 공보수석비서관 겸 대변인으로 북방정책의 입안 및 집행과 관련해 제한적인 범위 안에서 관찰했거나 발언했으며, 이후 이 주제에 관해 여러 저술을 국내외에서 출판했던 저자는 1차적으로 노 대통령이 집행한 북방정책을 그 기원으로부터 시작해 전개과정 전체를 살피면서 성공요인과 한계를 분석하고 그 유산을 다시 음미하고자 한다. 이어 「제8장 맺음말」에서 노 대통령 이후 역대 대통령이 추진한 북방정책의 내용과 결과를 살피고, 국제정치에서 중견국으로 성장한 우리나라가 펼쳐야 할 '중견국 외교'의 방향과 미래를 향한 교훈이 무엇인지 고민해보고자 한다.

Ⅲ. 노태우 대통령의 북방정책은 이미 국내외에서 많은 주목을 받았으며, 그 결과 여러 저술이 박사학위논문 또는 일반 학술논문이나 단행본 또는 회상록의 형태로 출판되었다. 그 저술들은 이 책 말미의 「참고문헌」에서 자세히 소개하기로 하겠다. 여기에서는 우선 북방정책의 입안과 추진에 직접 참여했던 이들이 남긴 중요한 몇몇 1차 자료에 한정해 미리 소개하기로 하겠다.

첫째, 회고록이다. 노태우 대통령은 우선 언론인 조갑제趙甲濟와의 면담을 통해 『노태우 육성회고록: 전환기의 대전략』(조갑제닷컴, 2007)을 남겼다. 노 대통령은 이어 전2권의 회고록(조선뉴스프레스, 2011)을 출판했는데, 상권 『노태우 회고록: 국가민주화 나의 운명』이 북방정책의 바탕인 민주화에 대한 신념과 과정을 다루었으며, 하권 『노태우 회고록: 전환기의 대전략』이 북방정책에 직접적으로 연관된다.

「제23장 민주화와 자율화의 전면적 확산」으로부터 시작해 「제50장 따뜻한 눈으로 역사를 보자」로 끝나는 이 책은 「제33장 통일을 위한 원교근공遠交近攻」에서 「제46장 북방외교의 철학」까지 열네 개의 장章이 헝가리와의 수교로부터 소련 및 중국과의 수교를 거쳐 베트남과의 수교로 이어진, 그리고 대한민국정부가 수립된 이후 처음으로 성사된 남북총리회담 그리고 여덟 차례의 남북총리회담을 바탕으로 「남북기본합의서」와 「한반도비핵화공동선언」의 채택을 낳았으며 유엔이 창설된 이후 46년 만에 대한민국이 북한을 끌고 유엔에 함께 가입하기에 이른 대북·통일정책을 매우 상세히 회고했다. 많은 비화를 담았을 뿐 아니라 민족문제를 대하는 노 대통령의 철학을 이해하게 만드는 이 회고록은 북방정책의 분석을 위한 기본적인 자료로, 훨씬 더 꼼꼼하게 읽혀야 한다.

둘째, 북방정책의 입안과 추진에서 대통령의 뜻을 받들어 활동했던 박철언朴哲彦 국회의원 겸 정책보좌관의 회고록이다. 『바른 역사를 위한 증언: 5공, 6공, 3김시대의 정치 비사』(랜덤하우스중앙, 2005) 전2권의 여러 장章은 전두환全斗煥 대통령 당시에 남북정상회담의 성사를 위해 북한을 상대로 추진된 비공개 및 공개 접촉 그리고 노태우 대통령 당시에 성사된 헝가리를 비롯한 동유럽 공산국가들과의 수교로부터 시작해 소련과의 수교 및 중국과의 수교에 이르기까지에 관한 여러 비사를 담았다. 이 책은 북방정책 정책결정과정에서 부서들 사이에, 그리고 특히 박 보좌관과 김영삼金泳三 민주자유당(약칭 민자당) 대표최고위원 사이에 벌어졌던 갈등을 적나라하게 드러냈다. 거기에 더해, 이 책은 북한의 김일성金日成 주석을 직접 만났던 저자의 김일성에 대한 관찰 그리고 김일성의 생각 등을 전하고 있어 김일성 말기의 북한 국내외상황을 이해하는 데 도움을 준다.

셋째, 노태우 대통령 때 외무장관이던 이상옥李相玉은 『전환기의 한국외교: 이상옥 전 외무장관 외교회고록』(삶과꿈, 2002)이라는 회고록을 남겼다. 방대한 양의 이 책은 노 대통령의 북방정책 전반에 관해, 그리고 소련과의 수교로부터 시작해 남북한 유엔동시가입·북핵 문제·남북고위급회담·중국과의 수교·베트남과의 수교 등에 관해 많은 정보를 담았다.

한·중수교협상에서 이상옥 외무장관의 상대역이었던 중화인민공화국 외교부장 첸지천錢其琛의 회고록 『외교십기外交十記』(홍콩: 삼련서점유한공사 2003, 베이징: 세계지식출판사, 2003; 유상철劉尙哲 옮김), 『열 가지 외교 이야기: 중국 외교의 대부 첸지천의 국제정치 비망록』(랜덤하우스중앙, 2004)은 제5장에서 한국과의 수교를 중국정부의 입장에서 회고했다. 한국의 전문가들은 첸 부장이 중국의 체면에 손상되는 부분은 전혀 말하지 않고 썼다고 보면서, 연구자들은 그 사실을 숙지하며 읽어야 한다고 권한다.[3] 한·중 수교로 중화인민공화국의 초대 대한민국대사로 부임한 장팅옌張庭延 부부는 옌징延靜·장팅옌, 『출사한국出使韓國』(지난[濟南]: 산둥대학출판사, 2004)과 『영원한 기억』(지난[濟南]: 산둥대학출판사, 2007)을 남겼다.

한·중 수교 때 중화민국 외교부장으로 대한민국에 의한 단교斷交를 겪어야 했던 첸푸錢復는 『회억록』 전3권(타이베이: 천하문화[天下文化], 2001)을 출판했는데, 제3권이 이때의 상황을 회고했다. 중화인민공화국과의 수교 및 중화민국과의 단교에 관한 대한민국 외무부의 일선 외교관으로서의 회고록 겸 연구서로는 조희용曺喜庸의 『중화민국 리포트 1990~1993: 대만단교 회고』(선인, 2022)가 대표적이다. 훗날 스웨덴대사(라트비아대사 겸임)와 캐나다대사로 봉직한 전형적 직업외교관인 저자의 이 책은 중화인민공화국과 중화민국 쌍방의 자료를 모두 균형 있게 다뤘다.

한국과 중국은 수교에 앞서 상주무역대표부를 각각 베이징과 서울에 개설했다. 베이징주재 무역대표부에서의 근무를 시작으로 수교 직후 중화인민공화국주재 대한민국대사관 공사로 봉직하다가 훗날 대사에 이어 통일부 장관으로 활동한 김하중金夏中은 『한국 외교와 외교관: 한·중 수교와 청

---

3 김장환(金長煥) 총영사 구술, 국립외교원 외교안보연구소 외교사연구센터 편, 『남북한 UN동시가입』(선인, 2021), 289쪽. 그는 다음과 같이 말했다: "우리나라 한국분들이 첸지천의 『외교십기』를 많이 얘기합니다. 그걸 무슨 바이블처럼 여기는데, 그것은 중국의 입장에서 본 겁니다. 중국에서는 자기들에 불리한 내용이나 한국과의 관계에서 체면이 손상되는 일은 일절 안 씁니다. 그러니까 그런 내용들은 다 뺐어요. 그런 점을 참고하고 볼 필요가 있습니다."

와대 시기』(국립외교원 외교안보연구소 외교사연구센터, 2018)에서 수교과정과 이후를 상세히 회고했다. 국립외교원 외교안보연구소 외교사연구센터 편, 『한중수교』(선인, 2020)는 이 주제에 관련된 윤해중尹海重 대사와 신정승辛正承 대사 및 정상기丁相基 대사 등 외교관들의 회상을 담았는데, 윤해중 대사는 이 책과 별도로 『한중수교 밑뿌리 이야기: 윤해중의 30년 중국외교 발자취』(이지출판, 2012)를 남겼다.

넷째, 당시 대통령 경제수석비서관으로 소련과의 수교와 중국과의 수교 모두에 참여한 김종인金鍾仁의 회고록이다. 『영원한 권력은 없다: 대통령들의 지략가 김종인 회고록』(시공사, 2020) 제2부의 15장과 16장이 각각 소련과의 수교 그리고 중국과의 수교를 회상했다. 당시 대통령 외교안보보좌관에 이어 외교안보수석비서관으로 북방정책 수행에서 중요한 역할을 맡았던 김종휘金宗輝는 회고록을 출판하지 않은 대신에 몇몇 매체 및 학자들과 회견을 통해 부분적이지만 중요한 회고를 남겼다. 김종인 수석의 회고와 김종휘 수석의 회고는 박철언 보좌관의 증언과 여러 곳에서 어긋나는 부분을 포함하고 있어서, 교차검증을 요구한다.

다섯째, 1971년에 시작된 남북대화 때부터 남측 대변인으로 참여해 국토통일원 남북대화사무국 국장을 맡았었고 이후 여러 형태의 남북대화에, 특히 남북고위급회담에, 남측 대표단 일원으로 참가했던 이동복李東馥 전 국회의원의 회고록이다. 그는 『이동복의 미로찾기: 통일의 숲길을 열어가며』(삶과꿈, 1999)와 『이동복의 현대사경험: 손바닥으로 하늘을 가릴 수는 없다』(경덕출판사, 2007) 그리고 「대북회담 전문가 이동복의 비록 1: 남북대화의 전부를 말한다」, 『월간조선』(2000년 9월), 「대북회담 전문가 이동복의 비록 2: 남북대화의 전부를 말한다」, 『월간조선』(2000년 10월), 「대북회담 전문가 이동복의 비록 3: 남북대화의 전부를 말한다」(2000년 11월), 「대북회담 전문가 이동복의 비록 4: 남북대화의 전부를 말한다」, 『월간조선』(2001년 1월) 등은 노태우 대통령이 추진한 북방정책은 물론이고 그 틀 안에서의 남북고위급회담의 내용과 본질에 대한 이해理解를 높여준다.

노태우 대통령 때 외무부 외교안보연구원 원장으로, 이어 통일원 차관으로, 남북고위급회담에 처음부터 끝까지 참가했던 임동원林東源의 『피스메이커: 임동원 회고록』(중앙books, 2008) 가운데 제2부는 각각 북방정책의 중요한 부분인 남북관계에 대한, 특히 자신이 참가했던 남북고위급회담에 대한 여러 정보를 담았다. 임 원장은 훗날 김대중 대통령 때 통일부장관으로, 또는 국가정보원 원장으로, 또는 대통령 외교안보수석비서관으로, 또는 대통령 외교안보통일특별보좌역으로, 또는 대통령 대북특사 등으로 김 대통령의 '햇볕정책'을 추진했기에, 이 책은 노 대통령의 북방정책과 김 대통령의 햇볕정책의 연속성 또는 차이를 분석하는 데 매우 중요하다.

여섯째, 노태우 대통령의 청와대와 내각 그리고 여당 또는 야당에서 일했거나 그를 상대했던 인사들이 쓴 글을 노재봉盧在鳳 대통령 비서실장이 노 대통령의 퇴임으로부터 18년이 지난 시점에 모은 『노태우 대통령을 말한다: 국내외 인사 175인의 기록』(동화출판사, 2011)이다. 이 책에 수록된 여러 인사의 회고는 앞에서 소개한 자료들을 보완해준다. 노재봉 비서실장을 이은 정해창丁海昌 비서실장이 노 대통령의 퇴임으로부터 30년이 지난 시점에 출판한 『대통령비서실장 791일: 정해창의 청와대 일지』(경기도 파주시: 나남, 2023)는 국내정치에 대해서뿐만 아니라 북방정책 전반 그리고 남북총리회담과 소련 및 중국과의 수교 등에 관해 많은 정보를 담았다.

일곱째, 국립외교원 외교안보연구소 외교사연구센터가 2014년 이후 꾸준히 발행한 오럴히스토리 총서이다. 우선 『한국 외교와 외교관: 한국 최초의 여성대사 이인호 전 주러대사』(2017)는 하버드대학교 대학원 사학과에서 러시아사를 전공해 박사학위를 받았으며 러시아어에 능통해, 러시아에 인접한 국가인 핀란드주재 대사(에스토니아 겸임대사)로 출발해 러시아대사(벨라루스·조지아·우크라이나·투르크메니스탄·아르메니아·아제르바이잔 겸임대사)를 역임하며, 북방정책의 전개과정과 성과를 현장에서 폭넓게 확인한 이인호李仁浩 서울대학교 명예교수의 회고를 담았다. 『한국 외교와 외교관: 이집트 수교와 대러외교』(2018)에 수록된 정태익鄭泰翼 전 러시아 대사의 회고 그리고 『한국 외교와 외교관: 대일외교 · 북방정책 · 북핵협상』(2019)에 수록된 공로명孔魯明 전 소련대사 및 외무장관의 회고 역시 중요하다.[4]

이어 역시 국립외교원 외교안보연구소 외교사연구센터의 오럴히스토리인 『북방정책과 7 · 7선언』(2020), 『2021년 외교사 구술회의 자료집: 남북한 UN동시가입 관련공개 외교문서(1990년)』(2021), 『남북한 UN 동시가입』(2021), 『한국 외교와 외교관: 한일관계 · 한중수교 · 한베수교』(2022) 등이 중요하게 검토되어야 할 자료를 담고 있다. 마지막 책의 경우, 외무부 아주국장으로 중국과의 수교에 이어 베트남과의 수교에 참여했던 김석우金錫友 전 통일원 차관의 회고가 중요한데, 그의 회고록 『남북이 만난다 세계가 만난다: 해방둥이의 통일외교』(고려원, 1995)가 역시 같은 내용을 담았다.

이 총서와는 별개로 북방정책에 직접 참여했던 몇몇 외교관 역시 회고록을 남겼다. 그것들 가운데, 노태우 대통령 때 의전수석비서관과 유엔대사 및 외무차관으로 봉직한 노창희盧昌熹 전 영국대사의 『어느 외교관의 이야기: 노창희 회고록』(기파랑, 2007)은 소련 및 중국과의 수교와 남북한의 유엔 동시가입에 관한 자세한 정보를 담았다. 한탁채韓鐸埰 초대 헝가리대사의 『다뉴브 강의 푸른 물결』(삶과꿈, 1997)은 북방정책의 첫 열매인 헝가리와의 수교 과정은 물론이고 당시 격변하던 소련권의 상황을 폭넓게 이해하게 만들어준다. 최호중崔浩中 당시 외무장관의 「한소수교의 막후 비화」(『월간조선』1992년 9월)와[5] 위성락魏聖洛 전 러시아대사의 「한 · 소 수교과정의 회고」

---

4 공로명 장관은 다음과 같은 회고록을 출판했다. 공로명(孔魯明), 『나의 외교 노트: 안에서 듣고 보고 겪은 한국외교 50년』(기파랑, 2014). 이 책은 대한민국정부수립 때부터 박정희정부 마지막 시기까지를 다뤘으며, 그 이후에 일어난 소련과의 수교에 대해서는 말하지 않았다.

5 최호중 장관은 외교관으로서의 일생을 다음으로 출판했다. 최호중(崔浩中), 『둔마(鈍馬)가 산정(山頂)에 오르기까지: 최호중 회고록』(태일출판사, 1997). 그러나 소련과의 수교에 관해

(『외교』 2021년 1월)는 소련과의 수교과정에 대해서 뿐만 아니라 북방정책 전반에 대해 중요한 정보를 담았다.

노태우 대통령 재임기의 대부분 시기(1989년 9월~1993년 2월)에 미국의 주한대사로 봉직한 도널드 그레그Donald P. Gregg의 『역사의 파편들: 도널드 그레그 회고록』(*Pot Shards: Fragments of a Life Lived in CIA, the White House, and Two Koreas*, Washington, D.C.: New Academic Publishing, 2014; 차미례[車美禮] 번역, 경기도 파주시: 창비, 2015)은 노 대통령의 북방정책에 대한 중요한 정보를 담았다. 이 책은 당시 미국 대통령이던 조지 허버트 워커 부시George H. W. Bush가 노 대통령의 북방정책을 적극 지원했음을 보여주었다. 유신시대에 미국 중앙정보국CIA 한국지부장이었기에 김대중총재납치사건 그리고 박정희 대통령의 핵개발사업을 인지認知할 수 있었고, 제5공화국 시대에 백악관 국가안전보장회의 중앙정보국담당관에 이어 조지 허버트 워커 부시 부통령의 안보보좌관으로, 전두환정권에 의해 사형선고를 받은 김대중 총재의 구명운동에 동참했던 저자의 회고록은 한국 현대사에서의 한·미관계를 이해하는 데 도움을 준다.

자료집에 관해서는, 우선 노중선盧重善 엮음, 『연표: 남북한 통일정책과 통일운동 50년』(사계절, 1996)을 지적하기로 한다. 이 자료집은 1948년 8월 15일부터 1995년 12월 26일까지 남과 북 그리고 해외에서 제기된 통일방안을 연대기적으로 정리했다. 이어 한정숙韓貞淑·홍현익洪鉉翼·강윤희姜倫希·최우익崔宇翼 등이 편집한 『한·러관계사자료집 1990~2003』(서울대학교 출판부, 2005)을 지적하기로 한다. 방대한 양의 이 사료집은 소련과의 수교 이후 2003년까지 소련과 그 후계국인 러시아연방이 남북한과 각각 맺은 갖가지 조약과 협정을 한국어[조선어]·영어·러시아어로 수록했다.

이어 중요한 몇 가지 단행본만 출판년도의 순서대로 소개하기로 한다.

서는 말하지 않았다. 그는 『빛바랜 영광 속에 후회는 없다 : 최호중 회고록』(삼화출판사, 1999)에서는 「3. 한소수교 삼장」을 통해 소련과의 수교에 관해 자세히 말했다.

하용출河龍出 교수가 편집한 『북방정책: 기원 · 전개 · 영향』(서울대학교 출판부, 2003), 강원택康元澤 교수가 편집한 『노태우 시대의 재인식: 전환기의 한국사회』(경기도 파주시: 나남, 2012), 김용호金容浩 교수의 『외교영토 넓히기: 대한민국의 수교역사』(대한민국역사박물관, 2016)와 장덕준張惪俊 교수의 『북방정책의 이상과 현실: 아관파천俄館播遷에서 신북방정책까지』(역사공간, 2021) 등이 북방정책 전반에 관한 연구라면, 국립외교원 외교안보연구소 외교사연구센터가 출판한 김지영金志寧 교수의 『한국 · 헝가리 수교협상』(2023) 및 엄구호嚴久鎬 교수의 『한국 · 러시아 수교협상』(2023)은 북방정책의 사례연구이다.

『워싱턴포스트』의 외교전문기자 도널드 오버도퍼Don Oberdorfer와 국무부의 정보 · 연구국 동북아과장 로버트 칼린Robert Carlin이 함께 쓴 『두 개의 한국: 전직 워싱턴포스트 기자가 바라본 한국현대사 비록』(*The Two Koreas: A Contemporary History*, rev. and updated, 3rd. ed., New York: Basic Books, 2014; 이종길 · 양은미 옮김, 경기도 고양시: 길산, 2014)을 지적하기로 한다. 관련국들의 외교문서 그리고 남한, 북한, 미국, 소련/러시아, 중국의 정책입안자들과의 회견에 바탕을 둔 이 책은 북방정책 전반에 대해서는 물론 개별적 사안에 대한 많은 정보를 담았다.

각개의 저술들 사이 북방정책에 대한 평가에서 편차가 있음은 사실이다. 그러나 단순화시켜 말한다면, 그것들은 북방정책의 한계와 문제점을 공평하게 지적하면서도 북방정책을 긍정적으로 평가하면서 그것이 한국인의 활동무대를 얼마나 크게 넓혔으며 또 새로운 활동무대에서의 외교 · 경제 · 문화 활동을 통해 한국의 평화와 안보 및 번영은 물론 국위상승에도 얼마나 크게 이바지했는가를 실증적으로 설명했다.

이제 종합적으로 말하건대, 그 사이 북방정책에 관한 저술은 충분하다고 말해도 좋을 정도로 많이 출판되었으며 이 주제에 관한 우리의 이해理解를 높였다. 그렇지만 노태우 대통령의 북방정책에 관해 여러 논문을 모았거나 어떤 큰 주제를 다루는 가운데 부분적으로 다룬 책은 출판되었으나, 그의 북방정책 그 자체 하나만을 주제로 삼아 처음부터 끝까지 서술한 책은, 더구나 우리가 제1장에서 살필 21개 쟁점에서의 접근과 해답을 종합적으로 시도한 단독 저자의 단행본은 아직 출판되지 않았다. 이 공백을 메우기 위해, 저자는 저자의 기존 저술들 그리고 학계 동료 연구자들의 저술들과 어느 정도 겹칠 수 있음을 알면서도 집필을 결심했다.

Ⅳ. 마지막으로 자료수집과 집필을 도와준 몇몇 분에게 감사의 뜻을 나타내고자 한다. 서울대학교 국제대학원 원장을 역임한 국립외교원 원장 박철희朴喆熙 박사는 국립외교원 외교안보연구소 외교사연구센터가 발행한「한국외교협상사례 총서」전23권(비매품) 한 질帙을 보내주었다. 이 책들은 저자의 한국외교에 대한 안목을 넓혀주었고, 동시에 새로운 안목에서 북방정책을 재조명하게 해줌으로써 이 책의 집필에 많은 도움을 주었다.

늘 그러했듯, 단국대학교 죽전캠퍼스의 퇴계기념중앙도서관과 천안캠퍼스의 율곡기념도서관은 이인숙李仁淑 사서와 임예지林叡智 사서의 친절한 배려 아래 저자를 적극 도왔다. 저자의 단국대학교 연구실에서 때때로 조교로 봉직했던 김예지金藝智 조교, 김윤건金潤建 조교, 김주연金奏延 조교, 배종훈 조교, 진하영陳荷永 조교 [가나다 순서] 등은 인터넷검색과 타자를 맡아주었다.

국립대학법인 인천대학교의 학산중앙도서관 역시 법인지원팀의 최형우崔亨宇 전(前) 팀장, 홍현숙洪炫淑 행정관, 신화철申花澈 전(前) 행정관, 김현귀金玹貴 팀장, 김관우金官佑 행정관, 그리고 전재현全宰賢 변호사 등과 연대해 저자를 적극 도왔다. 매헌윤봉길의사기념사업회의 명노승明魯昇 회장,이성섭李聖燮 상임이사, 민병덕閔丙德 사무국장, 이양수李良秀 총무부장, 김영복金英福 총무차장, 정선예鄭善禮 총무담당, 곽민주郭玟周 학예사, 임미선任美善 학예사, 정혜은鄭慧恩 학예사, 고수현高秀賢 대리, 박원익朴願益 연구사, 그리고 매헌윤봉길의사기념관의 김진형金鎭亨 부관장의 도움 역시 컸다.

V. 정확하면서도 객관적으로 쓰려고 최선을 다했다. 심지어 북방정책이 북한의 변화를 유도하지 못하고 오히려 남북관계를 경색시켰다고 비판하면서 실패로 단정한 저술도 분석의 대상에 포함시켰다. 노 대통령과 그의 시대에 관한 야당 인사들의 논평 역시 빠뜨리지 않았다.

이 책의 내용에 대한 모든 책임은 저자 한 사람에게 있다. 부족한 점이 적지 않을 것이다. 그렇다 해도 사계의 전문가들과 독자들께서 너그럽게 대하며 가르쳐주시기를 바란다.

2024년 2월 25일

노태우 대통령이 취임사를 통해
북방정책의 추진을 공식 선언한 36주년의 날에
불초 저자 삼가 씀

표기(表記)에 관한 범례

1) 이 책은 대한민국과 조선민주주의인민공화국을 대비할 때 그 뜻을 명확히 전하기 위해 필요한 경우 각각 남한과 북한으로 표기한다. 남한으로 표기한 것이 대한민국에 대한 비칭卑稱으로 오해되지 않기를 바란다. 김일성에 대해서도, 김일성 수상 그리고 1972년 개헌 이후에는 김일성 주석으로 표기하기로 하며, 「조선로동당」을 「조선노동당」이 아니라 북한의 철자법 그대로 「조선로동당」으로 표기하기로 한다.
2) 북한은 1972년 7월 4일에 「7·4 남북공동성명」을 발표할 때까지만 해도 '남북'이라는 전통적 표기를 따랐다. 그러나 그 이후, 정확한 시점을 지적하기는 어려운데, '북남'으로 표기하고 있다.
3) 북한의 문헌으로부터 인용할 때는 그 부분을 ' ' 안에 넣고 그대로 인용하기로 한다. 띄어쓰기를 포함한 철자법을 북한식 그대로 따르기로 한다.
4) 중국인의 성명은 필자에 따라 달리 표기할 수 있으나 이 책은 어느 한쪽으로 통일하기로 한다. 예컨대, 중화인민공화국 외교부장 錢其琛은 필자에 따라 '첸지천' 또는 '첸기천' 또는 '첸치천'으로 표기하고 있으나 이 책에서는 '첸지천'으로 표기하기로 한다.
5) 한국과 미국의 합동군사훈련인 '팀 스피리트'는 필자에 따라 '팀 스피릿'으로 또는 '팀스피리트'로 표기하기도 한다. 이 책은 '팀스피리트'로 표기하기로 한다.
6) NPT(Treaty on the Non-Proliferation of Nuclear Weapons: 약칭 Non-Proliferation Treaty; NPT)는 필자에 따라 '핵확산방지조약' 또는 '핵확산금지조약'으로 표기한다. 이 책은 '핵확산방지조약'으로 표기하기로 한다.

차 례

제3장
북방정책 추진의 밑거름:
민주화 진전, 7·7선언, 서울올림픽 성공

제5장

북방정책 성공의 상징:

소련과의 수교, 그리고 소련의 후계국가 러시아연방과의 관계 발전

제6장

북방정책의 궁극적 목표인 한반도 평화통일을 향한 큰 걸음: 「한민족공동체통일방안」 발표, 남북고위급회담 진전, 남북한유엔동시가입 실현, 「남북기본합의서」 및 「한반도비핵화공동선언」 채택 등

제7장
북방정책의 대단원:
중국과의 수교 그리고 베트남과의 수교

제1장

북방정책의 쟁점들:

국내외에서 제기된 상반되는 21개 시각

제1장 북방정책의 쟁점들:
국내외에서 제기된 상반되는 21개 시각

노태우 대통령의 북방정책은 오늘날에는 대체로 높이 평가되고 있으나 초기에는 여러 논쟁을 불러일으켰다. 북방정책이 성공적으로 마무리되면서 논쟁은 많이 가라앉았지만, 그 논쟁은 최소한 21개로 요약될 수 있다. 저자는 이 제1장을 통해 노 대통령의 북방정책을 이해하는 데 기본이 되는 그 논쟁에서의 쟁점들을 소개하고 그 내용을 논의하기로 한다.

Ⅰ. 북방정책이라고 할 때, '북방'은 과연 어느 지역을 말하는 것일까? 이 기본적인 물음에 대해 세 측면에서 답하기로 한다.

(ⅰ) 역사·문화적 측면이다. 우리 민족은 선사시대 이후 오랜 기간에 걸쳐 북방세계와 직접적 연계를 유지하며 살았으며 그래서 오늘날에도 북방이라는 단어는 향수를 자아낸다. 러시아에서 경제학박사학위를 받았으며 이후 러시아를 자주 방문한 성원용成源鏞 교수는 "북방대륙의 열린 공간에 가면 말보다 몸이 반응한다. 지금 왜 이곳이 우리들의 미래를 개척할 삶의 공간인지를 깨닫게 된다."라는 표현으로써 북방세계에 대한 우리 민족의 뿌리 깊은 친근감과 애정을 표현했다.[1] 노 대통령 스스로 자신의 회고록에서 우리 민족이 북방세계와 가졌던 오랜 역사를 언급하고 북방세계와 단절

---

1 성원용(成源鏞), 「제1장 교통·물류 신북방전략: 전략적 과제를 중심으로」, 동북아공동체연구재단 편, 『북방에서 길을 찾다: G7 통일한국을 향한 신북방정책』 (디딤터, 2017), 55쪽~ 86쪽.

됐던 관계를 회복할 필요성을 강조하곤 했는데, 이것은 고대 이후 구한말까지 우리 민족이 유지했던 '전통적 대륙주의의 회복'을[2] 자신의 북방정책 속에서 시도하려 했던 것을 의미한다.

'전통적 대륙주의의 회복'에 대한 열망은 그 이후에도 여러 차례 나타났다. 노무현盧武鉉 대통령 임기의 후반기이면서 17대 대통령선거를 앞둔 시기인 2006~2007년에 이명박李明博 대통령후보와 박근혜朴槿惠 대통령후보를 비롯한 국내 유력 정치인들은 한국과 몽골을 하나로 묶는 국가연합안을 제기했고,[3] 오늘날에도 몇몇 정치인들과 기업인들이 우리 한국인의 경제 및 문화 생활권을 연해주와 옌볜延邊 및 중앙아시아로 확대할 것을 제기하는 것이[4] 그 사례들이다. 북방이라는 단어는 동시에 동서남북 4면이 모두 막혔기에 섬이나 다름없는 이 좁은 남한 땅에서 벗어나 5대양五大洋 6대주六大洲에 더 적극적으로 진출하려는 '뉴 프런티어 개척정신'을 자극한다.

(ⅱ) 지리학적 측면이다. 이 경우, 그것은 유라시아대륙의 북쪽에 있으면서 대한민국과 외교관계가 없었던 옛 소련/러시아를 옛 소련/러시아의 강력한 영향 아래 놓였던 동유럽 공산국가들, 그리고 그때의 우리 호칭으로는 중공 및 몽골과 이어 북한을 포함한다.

(ⅲ) 정치학적으로 답한다면, 그것은 앞에서 거명한 공산국가들은 물론이고 그 국가들과는 협력적이거나 우호적 관계를 유지했지만, 한국에 대해서는 적대적이거나 비우호적이었던 아프리카와 중동, 그리고 아시아 및 중남미의 일부 국가들을 포함한다.[5] 아시아에서는 베트남과 라오스 및 캄보

---

2 이 용어는 다음에서 빌려썼다. 하용출(河龍出), 「북방정책: 전개와 방향」, 한국국제정치학회 발표논문, 1989; 신범식(辛範植), 「북방정책과 한국·소련/러시아 관계」, 하용출 편, 『북방정책: 기원·전개·영향』(서울대학교 출판문화원, 2003), 87~88쪽.

3 허만섭(許萬燮), 「대선주자 캠프에 '한국-몽골국가연합론' 솔솔」, 『신동아』(2006년 8월), 110~120쪽.

4 장치혁(張致赫), 「러시아를 자극해서는 안 된다」, 『월간조선』(1993년 9월), 578~589쪽.

5 북방정책에서의 '북방'을 '지리적 개념'과 '정치지리적 개념'으로 나눠 살핀 대표적 사례는 다음이다. 김달중(金達中), 「북방정책의 개념, 목표 및 배경」, 『국제정치논총』 제29권 제2집

디아, 중동에서는 이라크, 중남미에서는 쿠바, 아프리카에서는 이집트와 알제리가 그 사례들이다.

알제리는 북아프리카 국가, 또는 '마그레브 국가'로 한국에 대해 매우 적대적이어서 그 나라의 수도 알제에서 유엔 산하의 국제기구 총회가 열렸을 때 그 국제기구의 보장 아래 입국한 한국의 외무장관 일행을 '연금'했다가 사실상 '추방'하다시피 했으며, 이집트는 북한과는 '혈맹관계'를 과시하면서도 한국과는 총영사관계만 허락했다. 그 국가들 가운데 이라크와는 1989년 7월에 수교했으며 알제리와는 1990년 1월 15일에 수교했고 베트남과는 1992년 12월 22일에 수교했다. 이집트와는 수교를 이끌어내지는 못했으나 1991년 8월 19일에 이집트의 서울주재총영사관 개설을 성사시켰고, 이것이 징검다리가 되어 김영삼정부 때인 1995년 4월 13일에 수교가 성사된다.

1975년에 인도차이나반도 전체가 공산화될 때 단교되었던 라오스 및 캄보디아와 역시 김영삼정부 때인 1996년 6월 29일 같은 날에 다시 수교했고, 1959년에 카스트로정권의 등장으로 단교되었던 쿠바와는 여러 정부를 거쳐 윤석열尹錫悅정부 때인 2024년 2월 14일에 다시 수교했다. 이로써 한국의 수교국은 유엔회원국들 가운데 시리아 한 나라만 제외하고 193국으로 늘어났다. 이에 대해 『중앙일보』(2024년 2월 16일)는 「사설」에서, "탈냉전을 맞아 1989년 헝가리와의 수교를 시작으로 당시 노태우정부는 동유럽 등 사회주의권을 상대로 북방외교를 야심차게 추진했는데, 이번에 쿠바를 마지막으로 모든 사회주의국가(북한 제외)와의 수교를 성공적으로 마무리지었다. '북방외교의 화룡점정畵龍點睛을 찍은 셈이다."라고 논평했다.

(1990년 3월), 41~51쪽. 북방정책에서의 '북방'을 분석한 논문으로 다음이 있다. 강석승(姜錫勝), 「한국의 북방정책에 관한 연구: 그 현황 및 추진방향을 중심으로」, 『현대사회』 33(1989년 4월), 204~221쪽; 홍순호(洪淳鎬), 「북방관계 연구의 방법론적 시론(試論)」, 한국정치외교사학회 편, 『한국북방관계의 정치외교사적 재조명』(평민사, 1990년 1월), 11~56쪽; 이경숙(李慶淑), 「북방정책과 통일정책」, 『숙명여대 통일논총』 8(1991년 12월), 107~136쪽.

'북방'을 지리학적 개념으로 접근하면, 그 수는 적어진다. 그러나 정치학적 개념으로 접근하면 그 수는 더 많아진다. 북방정책의 산물로 한국이 수교한 국가의 수가 몇몇 저술들에서 서로 다르게 나타나는 까닭이 이 양자를 구별하지 않은 데 있다.

II. 북방정책은 그것과 때때로 혼용하거나 병용하는 북방외교와는 어떤 차이가 있는 것일까? 크게 보아 별다른 차이가 없게 느껴진다. 그러나 북방정책은 북방외교보다 넓은 개념이다. 북방외교는 주로 공산주의를 신봉하거나 우리에 대해 비우호적 태도를 유지한 국가들을 상대로 하는 외교·통상·문화에서의 교섭과 교류를 의미한다. 또는 강대국들 사이의 '틈새'를 활용해 목표에 도달하는 '틈새외교(niche diplomacy)'라는 용어에 보이듯,[6] 외교적 기법에 무게를 두었다.

대조적으로 북방정책은 그 범위를 넘어 공산주의 그 자체에 대해서는 물론이고 국제정치 전반에 대한 폭 넓은 이해 위에서 전 세계를 상대로 하는 이념적·철학적·정치적 자세를 포함한다. 북방정책은 한국의 전통적 우방들과의 관계에 대해 영향을 줄 수 있으며 국내정치에 있어서도 변화를 시도해야 한다. 그것은 동시에 북한과 통일에 대한 정책에서의 본질적 변화로 연결될 수 있다.[7] 이러한 맥락에서, 그것은 글자 그대로 대한민국과 한[조선]민족의 장래에 연결된 '대전략'에[8] 속한다.

---

6 Andrew Cooper ed., *Niche Diplomacy: Middle Powers after the Cold War* (London: Macmillan, 1997).

7 북방정책을 '협의'와 '광의'로 나눠 설명한 사례는 다음이다. 박철언(朴哲彦), 「25. '한민족공동체통일방안'과 6공 대북특사」, ______, 『바른 역사를 위한 증언: 5공, 6공, 3김시대의 정치비사』 전2권(조선뉴스프레스, 2005), 2, 23~50쪽 가운데 23쪽.

8 북방정책을 '대전략'으로 본 저술은 여럿이다. 대표적 사례는 다음이다. 전재성(全在晟), 「제6장 북방정책의 평가: 한국 외교대전략의 시원」, 강원택(康元澤) 편, 『노태우 시대의 재인식: 전환기의 한국사회』(경기도 파주시: 나남, 2012), 203쪽.

Ⅲ. 북방정책의 기원을 무엇에서 찾아야 할 것인가를 둘러싼 논쟁이다. 어떤 연구자들은 구한말 고종高宗이 조선을 침략해 들어오는 일본을 견제하기 위해 아라사俄羅斯=러시아를 끌어들인 '인아거일引俄拒日' 정책에서 찾는다.[9] 또 어떤 다른 연구자들은 박정희朴正熙 대통령이 1970년 8월 15일에 북한을 상대로 '선의의 경쟁'과 평화공존을 제의한 광복25주년 경축사에서 찾거나[10] 1972년 7월 4일에 '사상과 이념 · 제도를 초월해' 통일을 추구하기로 북한과 합의한 「7 · 4남북공동성명」에서 찾고,[11] 박 대통령이 1973년 6월 23일에 이념과 체제를 달리하는 국가들을 향해 문호개방을 촉구한 「평화통일외교정책에 관한 특별성명」(약칭 6 · 23선언)에서 찾는다.[12] 노태우 대통령 스스로 자신이 군軍에 있던 때 6 · 23선언의 발표를 듣고 남북한문제의 해법을 진지하게 생각했으며, 북방정책에 대한 '기본구상'을 갖게 되었다고 회상했다.[13]

그런가 하면, 어떤 다른 연구자들은 이범석李範錫 외무장관이 1983년 6

---

9 장덕준(張悳俊), 「제2장 북방정책의 전사(前史): 구한말 시기의 북방외교, 고종의 '인아거일' 정책을 중심으로」, _____, 『북방정책의 이상과 현실: 아관파천에서 신북방정책까지』(역사공간, 2021), 45~134쪽.

10 이동복(李東馥), 「북방정책의 시초는 1970년 8 · 15경축사」, 국립외교원 외교안보연구소 외교사연구센터 편, 『북방정책과 7 · 7선언』(국립외교원 외교안보연구소 외교사연구센터, 2020), 196~197쪽. 이동복은 박 대통령의 이 연설을 '북방정책의 전편'으로, 노태우 대통령의 취임사를 '북방정책의 본편'으로 보았다.

11 박철언 장관 발언, 국사편찬위원회 편, 『고위관료들, 북핵위기를 말하다』(경기도 과천시: 국사편찬위원회, 2009), 84~88쪽. 그는 「7 · 4남북공동성명」과 6 · 23선언이 북방정책의 기원이었다고 말했다.

12 정종욱 교수는 6 · 23선언을 '북방정책 태동기(胎動期)의 시작'으로 보았다. 정종욱(鄭鍾旭), 「북방정책의 다변화(多邊化)가 북한 사회주의 국제관계에 미치는 영향」, 『논문집』(서울대학교 국제문제연구소) 14(1990년 12월), 1~14쪽 가운데 1쪽. 김용호 교수는 6 · 23선언을 북방정책의 '기초'로 보았다. 김용호(金容浩), 『외교영토 넓히기: 대한민국의 수교역사』(대한민국역사박물관, 2016), 142쪽, 초대 소련대사를 역임한 공로명(孔魯明) 전 외무장관은 '북방정책의 오리진은 6 · 23선언'이라고 단언했다. 『북방정책과 7 · 7선언』, 205쪽.

13 노태우, 『노태우 회고록』 전2권 (조선뉴스프레스, 2011), 하(『전환기의 대전략』), 134쪽.

월 29일에 국방대학원에서 짧게 언급한 '북방정책'에서 찾거나,[14] 전두환全斗煥 대통령이 1986년 10월에 국가안전기획부에 내린 「미수교국 중국 및 소련과의 관계개선에 관한 지시」에서 찾는다.[15] 이 해석들이 모두 일리가 있으며, 그것들 가운데 특히 6·23선언에서 찾는 해석은 받아들이기에 충분하다.

그렇지만 저자는 부분적으로 의견을 달리한다. 6·23선언의 경우, 우리가 제3장에서 자세히 보게 되듯, 그것은 분단현상分斷現狀을 상당한 기간 고정시켜 남북의 갈등을 완화시키려는 안정지향의 성격을 지녔다. 대조적으로, 노 대통령의 북방정책은 분단현상을 안정시키면서도 일정하게 평화적으로 변경시켜 통일의 기반을 다지려는 통일지향의 성격이 강했다.

이러한 대비對比에, 저자는 북방정책의 필요성을 강조하면서 그 집행을 공약한 노태우 대통령후보의 도쿄 연설(1987년 9월 19일)과 인천 연설(1987년 11월 28일),[16] 그리고 대통령 취임사(1988년 2월 25일) 및 「민족자존과 통일번영을 위한 대통령 특별선언」(1988년 7월 7일: 약칭 7·7선언)을 중시하는 것이 좋겠다고 생각한다. 그것들은, 특히 7·7선언은, 세계정치의 획기적 전환을 내다보면서 거기에 발을 맞춘 북방정책의 내용과 성격에 있어서 새로운 출발을 예고했으며,[17] 실제로 '선언'과 '강연' 또는 '지시'로 끝나지 않고 적극적

---

14 정종욱 교수는 '북방정책 다변화과정'을 세 시기로 나누면서, 이범석 장관의 연설을 '제2시기'에서 북방정책이라는 용어가 처음 사용된 사례로 평가했다. 정종욱, 「북방정책 다변화가 북한 사회주의 국제관계에 미치는 영향」, 2쪽.

15 김용호, 『외교영토 넓히기』, 188쪽. 저자가 그 지시를 북방정책의 기원으로 간주하지는 않았다. 다만 그 지시를 그 지시와 노 대통령 북방정책의 연관성 속에서 자세히 설명했다.

16 『워싱턴포스트』 기자 돈 오버도퍼와 국무부 동북아과장 로버트 칼린은 인천 연설을 노 대통령 북방정책의 시발로 보았다. Don Oberdorfer and Robert Carlin, *The Two Koreas: A Contemporary History*, revised and updated, 3rd edition (New York: Basic Books, 2014), p.147.

17 김성철(金聖哲), 「외교정책의 환경·제도·효과의 역동성: 북방정책 사례 분석」, 『국제정치논총』 제40집 제3호(2000년 11월), 81쪽. 필자는 노 대통령의 북방정책은 "7·7선언으로 구체화되기 시작했다."고 보았다.

인 외교활동에 들어가 가시적이면서 구체적인 실적으로 이어졌고, 그 실적의 기반 위에서 노태우정부 이후 역대 정부의 북방정책이 펼쳐졌기 때문이다. 라몬 파체코 파르도Ramon Pacheco Pardo 교수의 지적처럼, 노 대통령은 "자신의 전임자들과는 달리 북방정책을 한국 외교정책의 핵심으로 삼으면서 […] 보다 구체적인 형태로 제시했[으며 …] 적극적으로 추진했다."[18] '한국의 북방정책' 하면 국내외에서 모두 노태우 대통령을 떠올리는 것이 그 점을 뒷받침한다.

이렇게 말한다고 하여 노 대통령의 북방정책이 전적으로 그의 독창적 발상의 산물이었다고 말하는 것은 결코 아니다. 우리가 앞으로 제2장에서 자세히 보게 되듯, 북방세계에 대한 정책 구상은 국내외에서 오랜 기간에 걸쳐 여러 사람에 의해 다양한 형태로 제시되었다. 거기에는 국내에서는 이른바 반정부 또는 반체제 인사들의 제안 그리고 국외에서는 북한을 포함한 공산권 국가들의 제안도 포함되었다. 노 대통령과 그의 참모들은 그것들을 하나하나 모두 점검하고 취사선택했다. 이렇게 볼 때, 노 대통령의 북방정책은 역대 대한민국 정부가 국내에서는 물론이고 국제사회에서 제기되는 여러 구상도 충분히 고려하며 보다 효율적이면서 생산적인 외교·통일정책을 추구하는 과정에서 개발하고 실험했으며 때로는 실패하기도 했던 여러 정책의 연장延長이었다고 하겠다.

그렇기에 노 대통령의 북방정책은 그것 하나만 따로 떼어서 논의할 것이 아니라 기존 발상과 정책의 계속성 위에서 논의하는 것이 바람직하다. 이 책이 노 대통령의 북방정책을 설명하기에 앞서 제2장을 통해 한반도에 분단체제가 성립된 이후 남북관계와 거기에 연결된 주변 열강의 정책 그리고 그것들을 둘러싼 갖가지 논의를 자세히 설명한 까닭이 그 점에 있다. 여기

---

18 Ramon Pacheco Pardo, *Shrimp to Whale: South Korea from the Forgotten War to K-Pop* (London: Hurst and Company, 2022), p. 119 ; 박세연 옮김, 『새우에서 고래로: 세계의 눈으로 본 한국의 어제와 오늘』(경기도 파주시: 열린책들, 2023), 187쪽.

에서 우리는 역사가 하루아침에 이뤄지는 것이 아님을 새삼 깨닫게 된다. 비록 때때로 과오와 후퇴가 있었다고 해도 그것들까지 포함한 지난날의 실험과 경험의 축적 위에서, 그리고 그것에 대한 냉철한 자기반성 위에서, 역사는 전진한다고 믿는 것이다.

IV. 그렇다면 노태우 대통령의 이념적 출발점은 무엇이었나? 대답의 단서는 '민족자존의 새 시대'를 열 것을 다짐한 취임사에서 찾을 수 있다. 이 연설에서, 그는 '민족자존'이라는 용어를 일곱 차례나 사용하며 지난날 우리 겨레를 괴롭힌 '외세의 침략과 시련'으로부터 해방되고 '동아시아의 변방국가에서 세계의 중심국가로 뛰어오를 민족웅비의 희망찬 새 시대'의 개막을 선언한 것이다. 이 점에서 연구자들이 그의 이념적 출발점을 민족주의에서, 그리고 해외의 동포들을 모두 포함한 '범汎민족주의'에서 찾고,[19] 지난날의 강대국 편승외교 또는 추종외교에서 벗어난 자주외교에의 열망에서 찾은 것은 당연하다고 하겠다.

동시에 노 대통령은 취임사에서 '민주화'와 '민주주의'라는 용어를 여러 차례 쓰면서 '민주주의'의 실천을 강조했다. 북한에 대해서도 '민주의식'과 '자유시민'이라는 용어를 쓰면서 교조적 이념을 버리라고 요구했다. 실제로 그는 취임 직후부터, 1987년 6월항쟁으로 나타난 국민의 민주화 요구를 수용해 1987년 6월 29일에 발표한 자신의 「국민화합과 위대한 국가로의 전진을 위한 특별선언」(약칭 6·29선언)을 바탕으로 민주화를 추진했으며, 이 민주화는 공산권을 포함한 국제사회에서 대한민국에 대한 인식을 새롭게 하면서 그의 북방정책을 믿고 받아들이는 동인動因이 되었다. 한국의 민주화가 북방정책 성공의 바탕이 되었으며 민주화와 북방정책이 서로 긴밀하게 연계되었다는 저자의 이 논지는 기존의 연구들에서는 사실상 덜 강조되었

---

19 대표적 사례는 다음이다. 이근(李根), 「5. 노태우정부의 북방외교: 엘리트 민족주의에 기반한 대전략」, 강원택 편, 『노태우 시대의 재인식』, 169~199쪽.

다는 점에서 앞으로 제4장의 제1절에서 자세히 부연하기로 한다.

V. 북방정책은 단순히 새로운 외교협력 파트너와의 관계정립에 끝난 것이 아니었다. 당연히 수교국과의 무역·통상·경제협력은 물론이고 인적 교류와 문화교류의 확대 그리고 한국의 경제력 신장으로 이어졌다.

그 대표적 사례를 우리는 1990년 9월 30일(한국시간 10월 1일)에 실현된 소련과의 수교에서 찾을 수 있다. 한국과 수교하면서 소련은, 그리고 그 후계 국가인 러시아연방은, 북한에 대한 무기공급을 포함한 군사지원을 크게 줄였다. 이로써 북한을 군사적으로 견제하기 위해 우리가 써야 할 비용은 그만큼 줄어들었다. 같은 맥락에서, 1992년 11월에 서울에서 열렸던 노태우 대통령의 옐친Boris N. Yeltsin 러시아 대통령과의 정상회담의 결과, 옐친정부는 1937년에 스탈린에 의해 '일제日帝의 첩자'라는 누명을 쓰고 연해주 일대에서 중앙아시아로 쫓겨났던 한인들의[20] 명예를 1993년 3월에 새 법령의 제정으로써 회복시켰다. 이것은 러시아에서는 물론이고 특히 우즈베키스탄과 카자흐스탄 및 그 이웃 국가들에서 생활하는 '카레이스키,' 곧 고려인의 자존심을 살려주었고 여러 부문에서의 활동에 큰 도움을 주고 있다. 새 법령의 제정 이후, 중앙아시아에서 살고 있던 50만 명 정도의 고려인들 가운데 약 10만 명은 자신들 선대先代가 개척하고 활동했던 연해주 일대로 돌아가 새롭게 활동하고 있다.

또 하나의 사례는 1992년 8월 24일에 실현된 중국과의 수교다. 중국과의 수교를 계기로 활발해진 우리나라 대기업들 및 중소기업들의 중국 진출과 활동이 오늘날까지도 우리나라 경제에서 하나의 중요한 버팀목이 되고 있다는 사실, 그리고 한·중 경제협력 및 무역에서 기록한 흑자의 누적으로 그

---

20 윤상원(尹相元), 「소련의 한인정책과 강제이주」, 국립외교원 외교안보연구소 외교사연구센터·한국정치외교사학회 공동개최, 『한·러수교 30주년 기념 학술회의: 한·러관계의 역사적 전개와 향후 전망』(2020년 10월 8일, 외교타운 12층 KNDA Hall), 47~69쪽.

때로부터 5년 뒤인 1997년에 발생한 외환위기, 이른바 국제통화기금(IMF) 위기 때 많은 빚을 갚을 수 있었다는 사실은 우리가 때때로 잊고 있었던 북방정책의 효과를 실감하게 한다.

1992년 12월 22일에 성사된 베트남과의 수교 역시 우리나라에 큰 혜택을 주었다. 한때 남과 북으로 나뉘어 서로 총을 겨누었던 때 남베트남을 지원한 우리나라를, 남베트남을 정복하고 통일을 성취한 베트남은 국제무대에서 매우 모욕적인 언사로 매도했었다. 그러나, 우리가 제7장 제4절의 마지막 부분에서 보게 되듯, 옛일을 뛰어넘어 성사된 두 나라의 수교와 그것에 따른 그 이후 협력의 증진은 우리나라의 국위를 신장시켰을 뿐만 아니라 우리나라의 경제에 크게 기여하고 있다. 2023년 12월 현재 베트남은 중국과 미국에 이어 우리나라의 세 번째 교역국이 되었으며, 1위 무역흑자국이 되었다.

이러한 맥락에서, "북방정책은 외교·통일정책이기도 했지만 결과적으로는 '경제' 정책이었다."라는 김종인金鍾仁 전 대통령 경제수석비서관의 지적은 글자 그대로 핵심을 찌른 명언이었다. 그는 "1990년 이후 30년이 넘는 시간 동안 우리 경제가 지금껏 이 정도까지 버텨올 수 있었던 비결 가운데 하나는 북방정책에 있다."라고 단언했다.[21]

VI. 누가 북방정책을 발상하고 추진했느냐를 둘러싼 논쟁이다. 북방정책을 발상하고 임기 5년 내내 일관되게 추진한 주인공은 노태우 대통령이었다. 그가 보좌진의 발상과 건의에서 북방정책의 필요성과 중요성을 인식한 것도 사실이지만, 동서냉전의 영향을 받는 남북대치 상황 속에서의 오랜 군인생활을 통해 그리고 1988년 여름 올림픽 유치 및 준비 활동을 통해 북한을 포함한 공산권과의 관계개선 및 수교, 그리고 민족 활동무대의 북방세계

---

21 김종인(金鍾仁), 『영원한 권력은 없다: 대통령들의 지략가 김종인 회고록』(시공사, 2020), 209~210쪽.

로의 확대 필요성을 내면화하고 있던 그 스스로의 자각이 매우 중요했다.

노 대통령은 소련과 수교하게 된다면 이후 소련과의 협의를 통해 남·북 한민족의 연해주를 비롯한 시베리아 동부지역으로의 진출과 경제 및 문화 활동을 실현시킬 수 있으며, 중국과 수교하게 된다면 옌볜을 포함한 동북 3성에서는 물론이고 중국 전역에서 우리 민족의 경제 및 문화 활동이 확대될 수 있다고 내다보았다. 우리가 제5장에서 자세히 보게 되듯, 그는 첫걸음으로 고르바초프Mikhail S. Gorbachev 소련 대통령과 '연해주농업특구' 사업을 논의했고, 같은 맥락에서, 옐친 대통령과는 러시아에 거주하는 한인동포들을 연해주로 집결해 이 지역을 개발하는 프로젝트에 대해 협의했다. 이 사업을 김영삼정부와 박근혜정부가 이어받아 마무리하려고 했으나 실현되지 않아 미래의 과제로 남아있다.[22]

노태우 대통령이 북방정책을 발상하고 추진한 주인공이었다고 해도, 대통령의 뜻을 받들어 추진하는 과정에서 주된 역할을 담당한 인물과 기관은 단계마다 달랐다. 초기에는 박철언 국회의원 겸 대통령 정책보좌관, 그리고 그가 이끌던 대통령 비서실 안의 실무단實務團이 독점적 위치에서 비밀리에 주된 역할을 맡았다. 우리가 제4장의 제3절에서 보게 되듯, 북방정책에서 첫 성공작이었던 1988년 10월 25일의 상주대표부 개설과 1989년 2월 1일의 상주대사관 개설로 나타난 헝가리와의 정식 수교가 그 사실을 보여주었다.

이 과정에서 외무부·국방부·국토통일원·국가안전기획부 등 관계 부서는 철저히 배제되었으며, 집권 민정당은 물론이고 국회도 아무런 역할을 맡지 못했다. 그러나 헝가리와의 수교가 발표되고, 이웃 동유럽 공산국가들과의 수교가 예상되면서 박 보좌관 중심의 비밀외교는 적어도 겉으로나마 '비밀'에서 벗어나야 했다. 여기서 1989년 3월에 「대對북한 및 북방 교류

---

22 오동룡(吳東龍), 「연해주 식량기지 개척자 이병화(李秉華) 국제농업개발원 연구소장: "푸틴 대통령, 남북한 연해주 공동진출하면 통일 도울 것"」, 『월간조선』(2016년 10월), 208~217쪽.

협력조정위원회」가 국무총리를 위원장으로 하고 여러 부처가 참여하는 형태로 출범했으며, 외무부 장관을 위원장으로 하는 「북방외교추진협의회」와 국토통일원 장관을 위원장으로 하는 「남북교류협력추진협의회」가 각각 출범했다. 그렇지만 북방정책에 관해 대통령으로부터 사실상 전권을 위임받은 박 보좌관의 영향력은 여전히 우월했다.

헝가리와의 수교를 계기로 공산권의 문을 연 이후 폴란드 · 유고슬라비아 · 체코슬로바키아 · 불가리아 · 몽골 · 루마니아 · 알바니아 등 동유럽 및 중앙아시아 공산국가들과의 수교는 거의 자동적으로 이뤄졌는데, 이 과정에서 외무부가 실무를 담당했다. 동유럽에서의 수교가 비교적 순탄하게 이뤄지면서 다음 목표는 제5장에서 보게 되듯, 소련과의 수교였다. 소련과의 수교에서도 박 보좌관의 역할이 컸지만, 김종휘金宗輝 대통령 외교안보보좌관 그리고 김종인 대통령 경제수석비서관 역시 일정하게 중요한 역할을 맡았으며, 당시 집권당인 민주자유당의 대표최고위원 김영삼金泳三 의원도 직접 관여하며 대화의 수준을 한 단계 더 높이는 데 기여했다.

소련과의 수교가 성사된 이후, 제7장에서 보게 되듯, 다음 목표는 중국이었다. 중국과의 수교를 위한 다면적 교섭에서도, 이제 정무장관 그리고 이어 체육청소년장관으로 승진한 박철언의 역할은 여전히 컸다. 그렇지만 안보보좌관으로 출발해 외교안보보좌관을 거쳐 외교안보수석비서관으로 승진한 김종휘의 역할과 발언권이 이전 시기보다 커졌으며, 김종인 경제수석비서관의 기여 역시 적지 않았다. 그리고 직업외교관 출신으로 매사에 빈틈이 없는 행정가로 정평이 높던 이상옥李相玉 외무장관의 지휘 아래 외무부의 몇몇 노련한 외교관들이 그를 뒷받침했다.

정권 내부에서는 물론이고 기업 쪽에서도 여러 인사가 중국을 상대로 개별적으로 뛰었다. 이때 몇몇 사기꾼이 당시 정권의 실력자들에게 영향을 미칠 수 있는 몇몇 인사를 앞세워 마치 자신에게 일을 맡기면 일정한 역할을 수행할 수 있다며 청와대에 접근했으나 청와대는 그들 모두를 물리쳤다. 앞에서 살핀 여러 사례는 북방정책의 결정과 수행에서 정부 내의 기관들 사이에 협력이 있었음과 동시에 경쟁과 견제가 있었음을 말해준다.

Ⅶ. 북방정책 수행과정에서 나타난 밀사파견과 비밀협상의 타당성을 둘러싼 논쟁이다. 당시 일부 비판세력은 "왜 특정인을 앞세워 비밀외교를 했느냐"라고 힐난했다. 그러나 북방외교의 상대는 개방적인 민주주의 국가가 아니라 폐쇄적인 공산주의 국가였다. 비밀과 음모로 특징지어진 이른바 비잔틴외교방식을 수행하는 공산주의 독재체제를 상대로 하는 협상에서 밀사외교와 비밀외교는 불가피했다.

1971~72년에 미국의 닉슨 행정부가 '죽竹의 장막'에 가려진 중공을 상대로 협상하던 때 당시 대통령 국가안보보좌관이던 키신저Henry A. Kissinger 박사가 대통령의 밀사로 철저한 비밀외교를 수행했던 사실이 그 점을 뒷받침한다. 김대중 대통령의 경우에도 남북정상회담을 성사시키기 위해 밀사를 파견하고 비밀협상을 벌였으며 그 결과 2000년 6월에 조선민주주의인민공화국 국방위원장 김정일金正日과의 정상회담을 열 수 있었다는 사실 역시 그 점을 뒷받침한다.

Ⅷ. 이 대목에서 중요하게 상기되어야 할 사실은 수교 교섭에서 상대방 국가들이 제기한 경제협력의 의제였다. 당시 사회주의에서 벗어나 자본주의를 지향하는 체제전환을 서두르던 소련과 동유럽 공산국가들은 경제협력이라는 이름 아래 사실상 차관을 포함한 경제원조를 기대하거나 요구하며 '선先경협 후後수교'의 자세를 보였다. 국가예산이 개입되는 중요한 문제여서 결정과정에 자연히 경제기획원·상공부·재무부가 관여하게 되었으며, 최종적인 결정을 도출하기 위해 1989년 하반기에 「북방경제정책실무위원회」가 외무부·경제기획원·재무부·상공부·국가안전기획부 사이에 구성되었다.

단순화시켜 말한다면, 대체로 외무부는 초기에는 수교와 경협을 연계시키는 방안을 제의하거나 지지했고, 경제기획원 주도 아래 재무부와 상공부는 반대했으며 국가안전기획부는 중립을 지켰다. 이 위원회가 구성되기 이전에 성사된 초기의 헝가리 및 폴란드와의 수교에는 일정한 액수의 차관이 제공되었고, 소련의 경우에는 세상에 알려진 30억 달러가 아니라 15억 달러 미만의 차관이 제공되었다. 이후 외무부도 '선先수교 후後경협'의 원칙을 고수하고, 그것이 한국정부의 기본자세로 확립되었다.

이 경협과 관련해, 특히 소련과 수교의 경우, 일부 비판세력으로부터 "왜 아까운 국민의 세금을 그렇게 쓰느냐"라는 힐난이 제기되었다. 그러나 우리가 V항에서 살핀 김종인 경제수석비서관의 단언처럼 그것은 불가피하기도 했고 적절하기도 했다. 우리는 상대방에게 제공한 것보다도 훨씬 많은 소득을 얻었던 것이다.

IX. 북방정책과 국내정치 사이의 연관성 문제이다. 북방정책은 첫 단계에서부터 국내 보수·우익세력의 일각으로부터 비판을 받았다. 특히 반공·반북을 체화體化하고 있던 군부의 일부 지도자들은 북방정책에 대해 의혹의 눈길을 보내거나 격하게 반대했다. 그 대표적 사례가 육사 졸업생으로 육군소령 때 예편하고 전두환정부의 국가안전기획부 기획관리실장을 지낸 뒤 노태우정부에서 총무처장관으로 봉직하던 김용갑金容甲의 1989년 3월 14일자 항의와 사퇴, 그리고 1989년 3월 21일에 열린 육군사관학교 졸업식장에서 공개적으로 북방정책을 비판한 교장 민병돈閔丙敦 중장의 식사式辭이다. 청와대 일각에서도 북방정책의 진행속도를 늦춰야 한다는 주장이 몇 차례 제기됐다. 반대로 국내의 과격한 친북·좌익세력은 북방정책이 북한의 고립을 추구하고 있으며 그것은 민족의 '자주' 통일 실현을 방해한다고 비난하면서, 북방정책 가운데 대북정책에 대한 조직적 저항운동을 벌임과 동시에 일련의 밀입북 사건을 일으켰다.

노 대통령 이전에 한국에서는 좌파 또는 친북세력이 공산권과의 '화해'를 제의했고 대북통일정책에서도 '진보적' 또는 '친북적' 정책들을 제시하면서, 보수·우파세력이 냉전논리에 사로잡혀 시대착오적이며 수구적인 반공·반통일노선을 밟고 있다고 공격했었다. 그런데 이제 노 대통령이 북방정책을 제시하면서 이 오래된 논쟁에서 논점을 선점하게 되었다. 이 기반 위에서, 노 대통령은 좌우 양쪽의 과격파들이 제기하는 반발과 비판을 효율적으로 통제할 수 있었다.

이에 따라, 그들을 제외하고는 국민 사이에서는 지지하는 경향이 점차 커졌다. 더구나 동독정권이 1961년 8월 13일에 동독주민의 서독으로의, 더 나아가 서방세계로의 탈출 또는 합류를 막기 위해 세웠으며 동서냉전의 상징으로 여겨지던 베를린장벽을 동독주민들 스스로 1989년 11월 9일에 무너뜨리고 동독이 서독으로 합류해 들어감으로써 독일통일이 성취되었고, 12월 3일에 부시George H. W. Bush 미국 대통령과 고르바초프 소련공산당 서기장(당시 직함)이 지중해의 섬 몰타에서 이틀 동안의 함상회담艦上會談을 마치며 냉전의 종식을 선언한 데 이어 12월 25일에 루마니아에서 반공국민혁명이 일어나 독재자 차우세스쿠Nicolae Ceauşescu 내외를 총살함으로써 공산체제의 붕괴가 돌이킬 수 없는 세계사적 조류임이 확인되자, 북방정책에 대한 국내적 지지는 더욱 넓어졌으며 국제적으로도 북방정책 그 자체가 탄력을 받게 되었다.

이듬해 2월 민주정의당(약칭 민정당) 총재이던 노 대통령은 통일민주당의 김영삼 총재와 신민주공화당의 김종필金鍾泌 총재를 끌어들인 3당통합을 통해 민주자유당(약칭 민자당)을 공식적으로 출범시켰다. 보수·우익세력의 통합은 국내정책 전반에 대해서는 물론이고 북방정책에 대한 지지 기반을 더 넓혔다. 앞에서 비쳤듯, 김영삼 총재는 야당 때이던 1989년에 소련을 방문해 소련공산당 지도자들과 회담했고, 민자당의 대표최고위원이던 1990년에는 소련을 방문해 고르바초프를 만날 수 있었다. 반공주의자로 정평이 있는 김영삼과 김종필 그리고 그들의 지지자들이 참여한 민자당의 총재인 노 대통령이 추진하는 북방정책을 '용공정책' 또는 '친북정책'으로 비난하기 매우 어려워진 것이다. 이렇게 볼 때, 3당통합은 민주주의 정당정치의 시각에서 접근할 때 논란의 대상이 되는 것은 확실하지만 북방정책의 진전을 뒷받침한 하나의 요인이 되었다고 평가할 수 있다.

X. 북방정책과 국내정치 사이의 연관성 문제와 관련해, 국가보안법 체계를 둘러싼 논쟁을 지적할 수 있다. 한쪽에서는 북방정책의 한 부분인 대북정책을 추진함에 있어서 북한의 대남적화노선과 통일전선전략이 폐기되지 않는 한, 국가보안법 체계는 존속되어야 한다고 주장한다. 반면에 다른 한쪽에서는 그것이 '민주주의의 신장과 민족통일을 근원적으로 봉쇄하는 반反민주적·반反민족적 법체계'이므로 폐기되어야 한다고 주장한다.[23]

노 대통령은 앞의 논리를 존중했다. 그는 7·7선언과 같은 과감한 대對북한 및 공산권정책을 추진하면서도, 그리고 남북총리회담을 진행해 북한의 총리를 비롯한 고위급 인사들을 청와대로 불러들이면서도, 국가보안법은 정략적 목적에서 악용하거나 남용해서는 안 되지만 존속되어야 한다는 자세를 고수했다. 그의 이러한 자세는 "반국가단체나 그 구성원의 활동을 찬양·고무·동조하거나 이적표현물의 제작·반포 행위를 처벌하도록 한 국가보안법 7조 1항과 5항은 위헌법률은 아니지만 위헌적 요소가 많으므로 국가의 안전과 존립을 위태롭게 하거나 자유민주주의적 기본질서에 위해를 줄 경우에 한하여 엄격히 적용해야 한다."라는 1990년 4월 2일자 대한민국 헌법재판소 전원재판부의 결정에 부합되는 것이었다. 한편으로는 국내의 친북좌파세력을 실정법의 테두리 안에서 엄격하게 통제하면서 다른 한편으로는 북한을 상대로 과감하게 화해를 추구한 강온強穩 겸비의 자세가

---

23 김세균(金世均), 「북방정책과 통일정책」, 『국제정치논총』 제29권 제2집(1990년 3월), 143~154쪽.

결국 북한과의 대화와 협상을 통해 「남북기본합의서」와 「한반도비핵화공동선언」의 채택을 끌어낼 수 있다.

대조적으로, 뒤의 논리를 존중한 세력이 집권했을 때, 최악의 경우, 국가안보를 북한의 '자비慈悲'에 맡겨버리는 결과를 빚어냈다. 조선로동당의 지령을 받고 대한민국을 파괴하려는 목적을 지닌 명명백백한 북한의 대남공작원들과 그들의 정체를 알고도 그들을 '통일운동가'들로 미화한 국내의 협력자들을 체포할 수도 수사할 수도 없는 법적 여건과 사회적 분위기를 조성하기까지 했다. 김정은 정권이 공공연하게 대한민국을 '평정'하겠다고 큰소리치는 배경에는, 비록 허세虛勢가 내포되어 있다고는 해도, 바로 북한 정치지도부로 하여금 한국 정부와 사회를 얕잡아 보게 만들고 한국 사회 내부의 종북세력을 선동하고 고무해 북한정권을 지지하게 만든 종북좌익정부의 대북정책이 있었던 것이다.

XI. 노 대통령의 임기 종료를 앞둔 1992년의 후반기에는, 특히 김영삼 대표최고위원이 민자당의 대통령후보가 되고 이어 총재가 된 이후, 노 대통령의 북방정책은 동력을 많이 잃었다. 달리 말해, 우리가 제6장 제4절에서 자세히 보게 되듯, 노 대통령의 권력장악이 이완됨에 따라 민자당의 분화分化가 나타나면서 북방정책 추진에 제동을 거는 움직임이 본격화했기 때문이다.

이 현상은 1993년 2월 25일에 김영삼 총재가 대통령에 취임한 이후 전임자 노 대통령과의 차별화를 시도하고 특히 오랜 기간에 걸쳐 대북화해를 주장한 자신의 라이벌 김대중金大中 민주당 총재와의 차별화를 시도하면서 더욱 뚜렷해졌다. 특히 '북한붕괴임박론'을 믿지 않았고 '북한붕괴'를 추구하지 않았던 노 대통령과 달리 '북한붕괴임박론'을 확신하던 김영삼 대통령의 대북강경책은 결국 북한의 핵확산방지조약 탈퇴로부터 시작해 남한을 소외시킨 채 미국과의 쌍무회담으로 가게 만들었다는 비판을 받는다.

이것은 '정책의 계속성'에 관한 연구를 촉구할 만한 사례이다. '5년 단임 대통령제'라는 헌법의 틀 안에서 대통령이 바뀔 때마다 국가의 기간적基幹的 정책이 유지되지 못하고 계속성을 잃게 될 때 어떤 문제가 발생하느냐의 관점에서 북방정책이 역대 정부를 거치며 어떻게 변용되었는가를 분석해 교훈을 끌어내는 것은 국가목표와 국가이익이라는 주제와 관련해 매우 중요하다. 이 점을 「제8장 맺음말」에서 다시 거론하기로 하겠다.

XII. 노태우 대통령의 북방정책 성공이 시운時運의 산물인가 아닌가를 둘러싼 논쟁이다. 유럽이 르네상스 시대에서 근대로 넘어가는 15세기 후반부부터 16세기 전반까지 살았던 이탈리아의 정치사상가 니콜로 마키아벨리Niccolò Machiavelli는 저 유명한 『군주론』에서 지도자는 지도자로서의 비르투virtu 곧 자질과 능력을 갖춰야 하지만 포르투나fortuna 곧 시운을 만나야 한다고 강조했다.

노 대통령이 북방정책 추진의 모든 과정에서 공산권의 변화와 붕괴라는 포르투나를 만난 것은 사실이다. 이근李根 교수의 표현으로는, "[…노태우 대통령을 포함한] 당시 정책결정자들은 […] 천운을 타고 났다고도 할 수 있다."[24]

새삼 강조할 필요 없이, 공산권 자체의 노선변경이 없었다면 북방정책의 진전은 사실상 불가능했을 것이다. 이러한 맥락에서, 1970년대 초부터 남북대화에 참여했고 국토통일원 남북대화사무국장을 역임한 이동복李東馥 전 국회의원이 "북방정책에서 우리가 성공을 거둘 수 있었던 절대적인 요인은 상대편의 체제변화가 있었기 때문이다. 소련이나 중국이 과거 냉전시대에 머물러 있었으면 북방정책은 절대로 성공하지 못했다."라고 정확하게 단언한 것이다. 같은 맥락에서, 그는 북한에서는 체제변화가 일어나지

---

24 이근, 「5. 노태우정부의 북방외교: 엘리트 민족주의에 기반한 대전략」, 180쪽.

않았기에 대북정책은 본질적 진전을 이뤄내지 못했다고 역시 정확하게 보았다.[25] 이 의원의 논지를 앞으로 '이동복 명제'라고 부르기로 하겠다.

이 대목에서 우리는 마키아벨리가 지도자는 비르투를 갖췄을 때, 포르투나에 효율적으로 대응할 수 있음을 지적한 사실도 함께 상기하는 것이 좋겠다. 노 대통령이 시운을 만난 것이 사실이지만 이념적 확신 위에서 최고 결정권자로서의 자질과 능력을 발휘했기에 시운을 놓치지 않고 적절하게 활용할 수 있었다는 뜻이다. 이러한 맥락에서, 이근 교수는 "냉전종식을 향해 가는 국제정치의 구조적 변화의 흐름을 […] 읽고 이를 지원하고 과감한 결정을 내릴 수 있었던 국정최고지도자가 있었던 점"을 상기했다.[26]

한 작은 예를 들어보자. 우리가 제7장에서 보게 되듯, 덩샤오핑 중심의 중국의 정치지도부는 1989년 6월 3~4일에 베이징에서 대학생들을 중심으로 민주화를 요구하는 톈안먼[天安門] 사태가 일어났을 때 '반反혁명 폭란暴亂'으로 규정하고 무자비하게 탄압해 서방세계의 비난을 받았다. 중국의 정치지도부는 그것이 1990년 여름에 베이징에서 열릴 제11회 아시아경기대회에 회원국이 불참하게 되는 명분을 주지 않을까 우려했다. 1986년 서울에서의 아시아경기대회와 1988년 서울에서의 올림픽대회를 준비하며 회원국들과 친분을 쌓은 노 대통령은 조용히 아시아 회원국들을 설득했고, 미국의 부시 대통령과 영국의 대처Margaret H. Thatcher 총리를 비롯한 서방세계의 지도자들에게 톈안먼사태를 지나치게 비난하면 체면을 중시하는 중국인의 자존심을 상하게 해 반작용反作用을 유발시킬 수 있으므로, 그들을 무마하기 위해서라도 바람직하지 않다고 말하곤 했다.[27] 중국 지도부는

---

25 이동복 전 국회의원 발언, 「7·7선언이 나오기까지의 실무과정」, 『북방정책과 7·7선언』, 141~142쪽.

26 이근, 「5. 노태우정부의 북방외교」, 180쪽.

27 노태우, 『노태우 회고록』 전2권(조선뉴스프레스, 2011), 하(『전환기의 대전략』), 247~248쪽.

이 점을 고마워했으며 그것은 수교를 결심하는 하나의 요인이 되었다.

다른 한 작은 예를 들어보자. 남북한의 유엔동시가입과 관련해 당시 외무부의 주무국장이었던 문동석文東錫 국제기구조약국 국장은 "유엔가입은요, 제가 어제도 곰곰이 생각해봤는데 결국 노태우 대통령이 정말로 큰 관심을 가지고 입장을 확고하게 해주셨기 때문에 밑에 있는 사람들도 대통령 생각에 의지해서 그걸 믿고 적극적으로 일을 할 수 있었다고 봅니다."라고 말한 데 이어, "그래서 유엔가입 성공에 대한 공功은 노태우 대통령한테 가야 된다고 생각합니다."라고 확언했다.[28]

종합적으로, 이상옥李相玉 당시 외무장관은 "북방외교 추진과 성공은 실로 국가원수인 노 대통령의 강력한 의지에 의하여 이루어진 것이며, 노 대통령 자신이 북방외교의 원동력이 되었던 것이다."라고 회고했다.[29] 이어 노 대통령의 핵심참모들 가운데 한 사람으로 북방정책 추진에 깊이 관여했던 김종인 박사는 다음과 같이 논평했다.

> 혹자는 "노태우가 아니라 다른 누가 대통령이 되었더라도 북방정책과 비슷한 정책을 폈을 것"이라고 깎아내리기도 한다. 그것은 "박정희가 아니라 누구라도 경제성장을 이루었을 것"이라는 주장만큼이나 의미 없는 가정이다. 민주화운동에 참여한 사람들에게 "당신들이 아니었어도 민주화가 이루어졌을 것"이라고 이야기한다면, 그들이 쉽게 받아들일까? 역사에 가정이란 없다. 과정과 결과가 있을 따름이고, 그 시대에 맡겨진 과제 앞에 주역들이 얼마나 충실했는지 뒤돌아 살펴볼 따름이다.[30]

---

28 문동석(文東錫) 대사 구술, 국립외교원 외교안보연구소 외교사연구센터 편, 『남북한 유엔 동시가입』(선인, 2021), 191쪽. 문동석 국장은 서울대학교 문리대 외교학과를 졸업하고 외무고시를 통해 외교관의 길을 밟아 호주대사와 터키대사 및 스위스대사 등을 역임했다.

29 노재봉(盧在鳳), 『노태우 대통령을 말한다: 국내외 인사 175인의 기록』(경기도 파주시: 동화출판사, 2011), 452쪽.

30 김종인, 『영원한 권력은 없다』, 210쪽.

김종인 박사의 관찰을 그대로 받아들이면서도, 거기에 꼭 덧붙이고 싶은 논점이 있다. 그것은 노 대통령이 북방정책을 이끌어나갈 자질과 능력을 가졌던 것은 분명하지만, 북방정책의 성공은 대한민국 정부가 세워진 이후 우리 국민이 정부 및 기업과 호흡을 같이 하며 온갖 역경과 시련 속에서도 피와 땀을 쏟은 노력의 결과로 경제력·군사력·외교력·문화력 등이 종합적으로 모아진 국력이 커졌기에 가능했다는 논점이다. 2차대전이 끝난 이후에 독립한 신생국들 가운데, 그것도 최빈국들 가운데, 제5공화국이 제6공화국으로 넘어가던 시점인 1987년의 말에 이르러 '원조를 받는 나라'에서 '원조를 주는 나라'로 바뀐 최초이면서 유일한 사례가 대한민국이다. 이렇게 볼 때, 노 대통령이 북방정책을 성공시킬 수 있었던 바탕에는 경제력을 중심으로 하는 국력을 키워준 우리 국민의 노력이 있었던 것이다.

또 노 대통령의 북방정책이 성공하기까지 이름이 겉으로 드러나지는 않았으나 자신이 속한 부서에서 열심히 일한 많은 공직자의 노력과 헌신을 기억해야 할 것이다. 특히 외무부와 국가안전기획부에 소속한 공직자들은 북방정책의 입안과 추진 과정에서 자신에게 맡겨진 임무를 성실히 수행했다.

학자들의 공헌도 적지 않았다. 특히 어려운 여건 속에서도 소련·중공·동유럽·북한을 포함해 공산주의 국가의 이념과 체제를 연구한 학자들, 그리고 이들의 학술적 교류의 마당으로 김준엽金俊燁 교수와 이홍구李洪九 교수 및 이상우李相禹 교수 등이 이끌었던 「한국공산권연구협의회」 회원들의 연구는 북방정책의 입안과 추진에 있어서 이론적 바탕이 되었다. 김달중金達中 교수가 이끌었던 연세대학교 동서문제연구원과 유세희柳世熙 교수가 이끌었던 한양대학교 중소연구소[오늘날의 아태지역연구소] 등은 공산권 학자들과의 직접적 교류를 통해 수교 분위기 조성에 기여했다. 한양대학교 엄구호嚴久鎬 교수의 표현으로는 저위정치(低位政治: low politics)에 속하는 학술교류가 고위정치(高位政治: high politics)에 속하는 수교의 열매를 맺을 수

있었던 것이다.[31]

XIII. 바로 앞에서 지적했듯, 노 대통령의 북방정책은 국력, 특히 경제력의 뒷받침을 받았다.[32] 경제력의 신장에는 물론 기업과 기업인의 공헌이 매우 컸으며, 따라서 북방정책의 추진과 성공에서 기업과 기업인의 공헌이 매우 컸다고 말할 수 있다. 한 작은 예로, 우리가 제3장 제4절 제3항에서 보게 되듯, 중국의 덩샤오핑이 한국과의 수교를 결심하게 된 배경에는 자신이 추구하는 경제성장정책의 진전을 위해서는 포항제철과의 협력이 긴요하다는 판단이 깔려 있었고, 이 뜻을 전달받은 포항제철의 박태준朴泰俊 회장은 적극 협력했다. 중국과의 관계에서는 LG와 선경鮮京의 노력 역시 컸다. 성사되지는 않았으나 남북정상회담의 추진과정에서 현대그룹 정주영鄭周永 회장과 대우그룹 김우중金宇中 회장의 노력이 일정하게 영향을 미쳤다. 북방정책의 추진과 성공에서 기업의 역할이 컸다는 논지를 앞으로 '기업 공헌 명제'로 부르기로 하겠다.

이처럼 중요했던 북방정책의 추진에서 공헌한 기업과 기업인의 역할에 관한 구체적 연구는 아쉽게도 아직 미흡하다. 학문적 용어를 빌린다면 '기업 외교(corporate diplomacy)'에 대해 더 깊이 있는 연구가 요청된다.[33]

XIV. 북방정책의 대상으로 설정한 국가들의 대응에 관해서다. 바꿔 말해, 그 국가들은 어떠한 논리와 기대에서 어떠한 계기에 한국의 접근과 제의에 응한 것인가의 물음이다. 노 대통령의 북방정책이 공산권에서 진행된

---

31 엄구호(嚴久鎬), 『한국·러시아 수교협상(1990)』(국립외교원 외교안보연구소 외교사연구센터, 2023), 18쪽.

32 이 점에 대해 주목한 논문들 가운데 하나는 다음이다. 이철현(李徹鉉), 「한국북방외교의 성과 분석」, 『사회과학논총』(명지대학교 사회과학연구소), 6, 119~145쪽.

33 문정빈(文丁彬), 「Special Report: 해외사업 지정학적 위험 피하려면 경제외적 변수 극복할 '기업 외교' 필요, 진출국 이해관계자들과 유대 강화해야」, *DBR* (Dong-A Business Review), No. 378, Issue 1 (October 2023), pp. 30~38.

세계사적 체제전환을 만나면서 커다란 진전을 이룩했다는 평가는 수긍하기에 충분하다. 그러나 다른 한편으로, 그가 준비에 최선을 다했던 서울올림픽이 공산권에 준 충격을 정당히 평가해야 한다.

1980년 모스크바에서의 여름 올림픽에 서방국가들이 불참하고 1984년 로스앤젤레스에서의 여름 올림픽에 공산국가들이 불참한 데 비해, 1988년 서울에서의 여름 올림픽에는 동서 양대진영의 거의 모든 국가가 참가함으로써 올림픽 역사에서 최초의 가장 완벽하면서도 화려한 인류축제로 승화했다. 여기에 참가한 소련을 비롯한 공산권 국가들의 임원들과 선수들은 한국이 자신들이 교조주의적으로 알고 있던 '미제국주의의 식민지이면서 가난한 나라'가 아니라 '발전되고 자유로운 나라'라는 현실에 충격을 받고 귀국한 뒤 공산권의 자체 변화를 추구했던 것이다.

이러한 맥락에서, 정종욱 교수는 "특히 1988년의 서울올림픽이 북방정책 추진에 있어 하나의 분수령과 같은 중요한 기여를 했다."라고 논평했다.[34] 북방정책을 논할 때 충분히 강조되지 못한 이 점에 대한 보다 더 면밀한 실증적 연구가 필요한데, 우선 제4장 제3절에서 살피기로 하겠다.

XV. 노태우정부의 북방정책에 대한 미국을 비롯한 전통적 우방들의 인식과 태도 그리고 협력에 관해서이다. 한때 한국의 공산권 접근을 미국이 반대했다는 소문이 나돌며 그것으로 말미암아 미국과의 관계가 소원해질 수 있다는 우려가 제기되곤 했다.

북방정책에 대해 미국정부의 일각에서 오해하기도 하고 이의를 제기한 부분이 때때로 있었음은 사실이다. 그러나 노 대통령은 오해와 갈등이 발생하지 않고, 발생하더라도 확대되지 않도록 북방정책 수행과정에서 미국정부와 긴밀히 협의했다. 여기에 호응해 미국정부는 한국정부에 여러 정보를 제공하기도 하고, 한국이 소련 및 중국과 수교하기 이전에는 한국정부

---

34 정종욱, 「북방정책 다변화가 북한 사회주의 국제관계에 미치는 영향」, 2쪽.

의 뜻을 그 국가들에 전하면서 도왔다. 당시 미국정부는 공산권과에 대해 대결보다 긴장완화와 협력증진을 추구하고 있었던 것이고, 그러했기에 노태우정부의 북방정책을 지원했던 것이다.[35]

이 대목에서 강조되어야 할 논점은 한미동맹을 중시한 노 대통령과 부시 대통령 사이의 깊은 상호신뢰이다. 이것은 노 대통령이 북방정책을 추진하고 성공시킴에 있어서 큰 자산이 되었다.

XVI. 노태우 대통령의 북방정책에 대해, 한쪽에서는 한국정부의 자율성自律性과 주도성主導性을 강조했다. 예컨대, 훗날 문재인정부에서 통일부 장관으로 봉직하는 김연철金鍊鐵 인제대학교 교수는 “한국외교는 북방정책 이전과 이후로 구분될 정도로 질적으로 달라졌다. 한국전쟁 이후 한국외교는 유엔을 비롯한 국제외교 무대에서 미국의 그늘에 안주했다. 그러나 소련과 중국을 비롯한 공산권 국가와의 관계개선을 추진하면서 자주적 외교의 가능성을 열었고, 이 과정에서 한미관계를 재인식하는 계기를 얻었다.”고 쓴데 이어, “미국으로부터 상대적 자율성을 어떻게 확보했는지는 매우 중요하게 검토할 주제다.”라고 논평했다.[36]

반면에 다른 쪽에서는 노 대통령의 북방정책을 한국의 독자적 또는 자주적 대외정책이라는 시각을 넘어서서 미국의 세계정책과 미·소 관계 및 미·중관계의 큰 테두리 안에서도 분석해야 공평하다고 주장했다. 이 논쟁은 앞으로 학계의 심층적 분석을 요구하고 있다.[37]

---

35 노태우정부의 북방정책을 국제정치체제의 변화라는 큰 틀 안에서 분석한 논문으로 다음이 있다. 허만(許漫), 「북방외교에 관한 연구」, 『국제정치논총』, 제26권 제1집(1986년 8월), 165~197쪽. 이 논문은 북방정책의 추진을 통해 한국정부가 실현해야 할 과제에 대해서도 상세하게 설명했다.

36 김연철(金鍊鐵), 「노태우정부의 북방정책과 남북기본합의서 : 성과와 한계」, 『역사비평』 97(2011년 겨울), 80~110쪽 가운데 82쪽.

37 이 논쟁을 사실상 최초로 다룬 논문은 다음이다. 이정철(李貞澈), 「7. 외교-통일 분화기 한국 보수의 대북정책: 정책 연합의 불협화음과 전환기 리더십의 한계」, 강원택 편, 『노태우 시대

XVII. 북방정책의 궁극적 대상은 북한이었는데, 북방정책과 대북정책 사이의 관계를 둘러싼 논쟁이다. 한쪽에서는 북방정책의 성공은 북한이 개방으로 전환하고 남북대화에 적극적으로 호응하도록 자극을 줄 것이라고 보았다. 반면에 다른 쪽에서는 북방정책이 북한을 고립시켜 종국에는 붕괴시키고자 했기에 북한은 살아남기 위해 한국에 대해 공세적 자세를 취하게 되었고 자연히 남북관계가 경색되었다고 비판했다. 심지어 몇몇 비판론자들은 북방정책의 성공에 두려움을 느낀 북한이 자구책으로 핵무기를 만들게 되었다고 주장하며 북한의 핵무기개발 동기를 북방정책에서 찾기도 했다.[38]

당시 북한의 붕괴가 임박했다는 전망이 우세했던 것은 사실이다. 그 점은 미국에서 두드러졌다. 그래서 노 대통령이 거기에 유의해 북방정책을 통해 북한의 붕괴를 이끌어내려고 했다는 분석이 때때로 제시되었다. 그러나 우리가 제6장의 여러 곳에서 보게 되듯, 그는 '북한붕괴임박'론을 믿지 않았으며 북한의 붕괴를 유도하려고 하지도 않았다. 이 사실은 훗날 김대중정부에서 대북정책과 관련해 여러 직책을 맡았던 임동원林東源 통일부 장관의 증언에서도 확인된다. 그는 "[노태우정부에서는] 북한의 붕괴가 일어날 가능성이 매우 적다고 판단했습니다."라고 회상한 것이다.[39]

무엇보다, 우리가 제6장 제4절 제2항에서 자세히 보게 되듯, 북한은 북방정책이 추진되기 훨씬 이전인 1950년대부터 소련의 도움을 받아 핵무기개발을 지속적으로 추진한 사실을 상기하는 것이 좋다. 이와 관련해, 러시아공사를 역임한 박종수 박사는 "북한정권사는 단적으로 핵개발의 역사였다"라고 말하며, 북한이 소련점령 아래 있었던 1946년 이후 김일성이 일관되

의 재인식』, 237~267쪽.

38 이러한 주장에 대한 분석과 객관적 평가는 다음에서 시도되었다. 엄구호(嚴久鎬), 「한소수교 교섭과정과 역사적 의미」, 한국국제교류재단 편, 『한러관계사』 전2권(제주특별자치도 서귀포시: 한국국제교류단, 2022), 2, 25~29쪽.

39 임동원 장관 구술, 국사편찬위원회 편, 『고위관료들, '북핵위기'를 말하다』, 174쪽.

게 핵무기를 개발해온 과정을 상세히 추적했다.[40]

여기서 또 하나의 논점이 제기되었다. 그것은 북한 핵개발의 동기 또는 의도에 관해서다. 한쪽에서는 "협상을 통해서 아무리 많은 것을 얻더라도 북한은 궁극적으로 핵무기개발을 추구했을 것이다."라고 말하며, 핵무기 보유가 기본적으로 북한의 전략적 목표였다고 주장한다.[41]

현재 세종연구소 이사장인 이용준李容濬 전 외무부 북핵대사는 "생존하기 위한 수세적 방어가 북한의 핵개발 목적이다."라고 보는 것은 북한의 핵무장 추진을 '미화'하는 것이라고 단언하고, 북한이 한국에 대한 '공세적 방어'에 역점을 두고 있었다고 강조했다.[42] 이 대사에 따르면, "북한의 핵무장 움직임이 시작된 1970년대 후반의 국제정치 상황을 보면, 북한이 수세에 처하기는커녕 국제정치적으로 공산진영과 북한의 위세가 역사상 최고조에 이른 시기였고, 따라서 북한이 안보위협을 느낄 만한 이유는 전혀 없었다. […] 국제정치적 상황이 과거 어느 때보다도 북한에게 유리하게 돌아가던 시기에 북한은 독자적 핵무기 개발계획을 행동에 옮기기 시작했던 것이다." 북한 핵개발이 국제적 쟁점으로 떠오른 시점에 외무부 미주국장에 이어 북핵대사로 현안에 임했던 김삼훈金三勳 전 유엔대사는 북한이 6·25전쟁이 휴전으로 매듭지어진 직후부터 "핵을 보유함으로써 적화통일을 달성하려는 야욕으로 핵문제를 다루어왔다."고 보았다.[43]

한국의 정치학자들 가운데 핵무기와 핵전략 분야에서 최초로 미국의 대학교에서 박사학위를 받고 귀국한 뒤 일관되게 이 주제를 연구한 김태우金泰宇 교수는 "6·25전쟁을 도발했으나 미국의 핵보유를 적화통일을 가로막

40 박종수, 「제2장 북한 핵·미사일과 신북방전략: 러시아 활용방안」, 동북아공동체연구재단 편, 『북방에서 길을 찾다』(디딤터, 2017), 87~110쪽.

41 국사편찬위원회 편, 『고위관료들, '북핵위기'를 말하다』, 156쪽.

42 이용준(李容濬), 『북핵 30년의 허상과 진실: 한반도 핵게임의 종말』(경기도 파주시: 한울, 2018), 49~50쪽; ______, 『대한민국의 위험한 선택: 전환기 한국외교의 네 가지 위기』(기파랑, 2019), 139~140쪽.

43 김삼훈(金三勳) 대사 구술, 국사편찬위원회 편, 『고위관료들, '북핵위기'를 말하다』, 5쪽.

았던 최대의 장애물로 기억한 […] 김일성은 그 한恨을 풀기 위해 6·25전쟁의 정전 직후부터 공군력 증감과 핵개발에 골몰했다."라고 단언했다.[44] 역시 미국의 대학교에서 핵정책을 전공해 박사학위를 받은 이후 오랜 기간에 걸쳐 북한의 핵개발을 강대국의 핵개발이라는 큰 틀 안에서 연구해온 전 국방대학교 부총장 한용섭韓庸燮 박사는 6·25전쟁 중에 미국의 핵공격 위협 속에서 핵능력 보유를 생각한 김일성이 1952년 이후 핵과학자들을 양성하고 1972년에 비밀리에 핵개발을 지시한 사실을 자세히 추적했다.[45]

반면에, 예컨대 김대중 대통령 때 국가정보원장을 맡았던 임동원林東源 장군은, 그 의도는 "복합적으로, 대미협상용을 염두에 두었고, 그 다음으로 전쟁억지용이며, 체제유지를 위한 의도도 있다."라고 보았다. 그는 "이 문제는 근본적으로 미·북 적대관계의 산물입니다. 만일 적대관계가 해소될 수 있었다면, 또는 적대관계가 없었다면, 북한이 핵무기를 개발할 이유가 없었다고 생각합니다."라고 부연했다.[46]

다른 각도에서 보면, 미국을 비롯한 서방권의 몇몇 국가는, 특히 노태우 정부는, 북한을 상대로 '개혁'과 '개방'으로 노선을 전환해 경제적 붕괴와 대외적 고립에서 벗어나도록 여러 대안을 제시했다. 그러나 북한의 정치지도부는 시대착오적 세계관과 경직성硬直性에 묶여 이것을 끝내 외면했다. 우리가 제3장 제4절 제3항에서 보게 되듯, 고르바초프 소련공산당 서기장이 1986년 10월에 모스크바에서 김일성 주석과 회담한 뒤 김 주석이 시대착오적 레닌주의의 시대관에서 벗어나지 못하고 있다고 힐난한 사실이 그 점을 단적으로 보여주었다.

'고장난명孤掌難鳴,' 곧 "손바닥도 부딪혀야 소리가 난다."는 속담이 있다. 북한의 정치지도부가 그 대안들을 선택적으로나마 받아들였다면, 북한의

---

44 김태우(金泰宇), 『북핵을 바라보며 박정희를 회상한다』(기파랑, 2018), 138~139쪽.

45 한용섭(韓庸燮), 『핵비확산의 국제정치와 한국의 핵정책』(박영사, 2022), 73쪽.

46 임동원 원장 구술, 국사편찬위원회 편, 『고위관료들, '북핵위기'를 말하다』, 156쪽.

대내외상황은 크게 개선되었을 것이고 남북관계도 호전되어 최소한 평화공존의 상태가 유지되는 가운데 통일의 기반이 굳건히 다져졌을 것이다. 이렇게 볼 때, 오늘날 북한이 직면한 대내외상황의 곤경과 위기는 그 원인이 노 대통령의 북방정책에 있는 것이 아니라 북한 정치지도부의 그릇된 이념적 노선과 정책에 있는 것이다.

XVIII. 노태우 대통령의 북방정책은 공산권에 대해, 특히 북한에 대한 발상에 있어서 지난 시대에 비해 긍정적 방향으로의 과감한 변화를 전제한 것이었다. 특히 7·7선언에서 명백히 지적했듯, 북한을 '적敵'이 아니라 '동반자'로 대우한 것이었다. 이것은 이미 1950년대 이후, 특히 1970년대 이후 꾸준히 성장해온 '북한과의 화해'론을 더욱 부추겼고, 이 분위기 속에서 심지어 김일성의 '주체사상'을 받아들인 종북세력이 활동공간을 넓히게 되었다. 그 세력은 좋은 의미에서의 민주화운동가들 및 통일운동가들과 엄연히 구별된다. 그래도 '북한과의 화해'론이 빚어낸 새 흐름에 눌려 김일성 '주체사상'의 바탕 위에서 '통일'과 '민주화'를 부르짖는 종북세력의 정체를 알고도 비판하기가 어려워졌다. 그러했기에, 앞에서 지적했듯, 국내 보수·우익세력 가운데 일부는 북방정책의 한 부분으로서의 대북정책이 국내에서 종북세력을 부추기고 키운 결과를 낳았다고 비판했던 것이다.

북한은 남한에서의 새로운 움직임을 놓치지 않고, 자신의 대남적화전략과 통일전선전략에 활용해 남한사회를 분열시키거나 교란시키려고 했다. '종신 세습체제'를 유지하는 북한으로서는, "남조선에서는 '5년 단임 대통령제'라는 헌법적 제약으로 대통령이 바뀌면 대북정책이 바뀔 수 있음"을 고려하면서 자신의 대남정책을 일관되게 추진했다. 이 측면에 대해서는 연구가 충분하지 않았음에 유의해,[47] 제6장 제3절에서 북한이 어떤 대남전략

---

47 이 문제에 대해 주목한 논문으로 다음을 지적할 수 있다. 안병준(安秉俊), 「북방정책의 현실과 환상」, 『월간중앙』(1989년 3월), 154~161쪽; 정세현(丁世鉉), 「북방정책에 대한 북한의

을 구사했는지 살피기로 하겠다.

XIX. 노태우 대통령은 7·7선언에서 천명했듯, 한국의 소련 및 중국과의 수교를 제안하면서 동시에 북한의 미국 및 일본과의 수교를 제안했다. 흔히 말하는 '남북한에 대한 4강의 교차승인'을 제의한 것이다. 그는 이어 남북한의 유엔동시가입을 제의했고 관철했다. '남북한에 대한 4강의 교차승인'과 남북한의 유엔동시가입은 한반도의 분단현실을 안정시키고 그 토대 위에서 북한의 서방세계와의 교류협력을 증진시켜 북한의 긍정적 변화를 유도하며 그것은 한반도의 평화통일에 기여한다고 믿었기 때문이다.

북한은 '남북한에 대한 4강의 교차승인'과 남북한의 유엔동시가입은 분단을 고정시키고 합법화시킴으로써 '두 개의 조선을 만들어내려는 책동'이라는 논리를 세워 강하게 반대했다. 한국의 국내 일각에서도, 특히 친북좌파세력을 중심으로, 북한의 논리와 동일한 논리를 세우면서 반대운동을 전개했다.

한국은 소련 및 중국과의 수교를 이뤄냈다. 그러나 북한은 미국 및 일본과의 수교를 추진하면서도 어느 것도 이뤄내지 못했다. 북한은, 그리고 국내의 친북좌파세력은 물론 일부 건전한 전문가들도 그 '책임'을 노태우정부에 돌렸다. 노태우정부가 북한의 미국 및 일본과의 수교를 막았다는 것이다.

결론부터 말해, 북한의 논리와 주장은 허구에 기반을 둔 것이다. 교차승인이 분단을 고정시킨다는 논리 자체가 허구인데, 북한은 그 논리를 앞세우면서도 미국 및 일본과 수교를 추진했으니 그 자체가 모순이었다. 게다가 미국과 일본은 북한을 '테러국가'라고 단정하고 한 걸음 더 나아가 핵무

반응」, 『국제정치논총』 제29권 제2호(1990년 3월), 131~141쪽; 박수유(朴修由), 「남한의 민주화와 정보화를 활용한 북한의 대남혁명전략 변화」, 『신아세아』 제30권 제3호(2023년 가을), 90~119쪽.

기를 개발하는 국가이기 때문에 그것이 중단되기 전에는 수교가 어렵다는 자세를 취했다. 이 사실은 다시 말해 북한의 미국 및 일본과의 수교 실패의 책임이 노태우정부에 있는 것이 아니라 북한의 국가테러리즘과 핵무기 개발에 있음을 말한다. 특히 일본의 경우, 북한의 일본인 납치에 관한 문제에서 성실한 답변과 해법을 북한과의 수교에 대한 전제조건들의 하나로 제시했다. 우리는 특히 제6장 제3절에서 서로 대립되는 두 논리 그리고 미국 및 일본이 북한과의 수교에 부정적이거나 소극적인 이유를 자세히 살피기로 하겠다.

XX. 노태우 대통령이 정력적으로 추진한 북방정책의 마지막 단계는 여덟 차례에 걸쳤던 남북고위급회담 개최를 통한 「남북기본합의서」와 「한반도비핵화공동선언」의 채택과 발효였다. 그러나 노 대통령의 임기 마지막 해인 1992년 후반기에 남북대화는 안타깝게도 중단되었다. 그 원인과 책임을 둘러싸고, 한쪽에서는 한국과 미국이 1993년에 한미 팀스피리트훈련을 재개하기로 결정함으로써 북측으로 하여금 대화의 궤도를 이탈하게 만들었다고 주장함에 비해, 다른 쪽에서는 "북한이 남북대화에 진정성을 보이지 않고 남북동시핵사찰을 회피한 데"서 찾았다.[48] 우리는 이 논쟁을 제6장 제4절에서 살피기로 한다.

XXI. 노태우 대통령은 북방정책을 통해, 북한과 소극적으로는 전쟁재발을 회피하거나 예방하고 적극적으로는 개방을 시켜 평화를 이룩해 그 기반 위에서 통일을 실현하고자 했다. 그렇게 하기 위해서는 우리 대한민국도 일정하게 변해야 하겠으나 북한의 본질적 변화를 유도해 남북 사이에서 공통점을 확대하는 것이 중요하다고 믿고 있었다.

---

48 신욱희(申旭熙)·조동준(趙東濬), 「해제」, 국사편찬위원회 편, 『고위관료들, '북핵위기'를 말하다』, 9쪽.

이러한 관점에서, 북방정책의 궁극적 성공을 위해서는 국내 여러 부문에서의 변화 또는 개혁이 전제되고, 특히 남북 경제협력을 내다볼 때 우리 경제력의 지속적 신장이 요구되며, 북한 주민들이 한국을 북한과 비교하면서 한국을 선망하고 한국과의 통합을 열망할 수 있게끔 한국을 지금의 수준보다 훨씬 더 높은 수준에서의 '연성국가軟性國家' 또는 매력적인 국가, 곧 '소프트 파워soft power'로 키우는 노력이 요구된다고 판단했다. 우리가 앞으로 북방정책의 방향을 새롭게 구상할 때 이 점이 더욱 진지하게 연구되어야 한다고 생각해, 이 책의 끝부분인 「제8장 맺음말」에서 다시 거론하기로 한다.

위에서 적시한 21개의 논점 이외에도 북방정책의 입안과 집행 과정에 관련해 작은 논점이 적지 않다. 예컨대, 헝가리와의 수교 때 그 이전부터 이 나라에서 활동한 기업인의 역할이 있었다는 주장을 둘러싼 논쟁이 그 하나이고, 우리가 흔히 성공이라고 보았던 샌프란시스코에서 열린 고르바초프와의 회담을 '실패'로 규정한 데 따른 논쟁, 그리고 수교 직후 노 대통령이 고르바초프의 초청에 응해 12월 중순에 방소한 사실에 대해, 그때 방소하지 말고 1991년 봄 이후에 방소했어야 했다는 주장을 둘러싼 논쟁이 그 다른 하나다.[49]

동시에 고르바초프와의 샌프란시스코 회담이 성사된 과정과 이라크와의 수교가 이뤄진 과정 그리고 중화인민공화국과의 수교가 이뤄진 과정처럼 좀 더 자세히 설명되어야 할 사안 역시 적지 않다. 중국과의 수교에 관해, 중화민국과 단교한 데 대한 비난 그리고 6·25전쟁 때의 파병에 대해 '사과'를 받지 못했다는 비난도 공평하게 논의되어야 할 것이고, 북방정책이 성공이었다고 인정하면서도 "집행방법과 대對국민홍보에서 졸속과 호응을 얻지 못했다."라는[50] 비판도 사실 점검을 통해 엄밀하게 분석되어야

49 박철언, 『바른 역사를 위한 증언』 2, 165~166쪽 및 182~184쪽.

50 안병준(安秉俊), 「북방정책의 성공, '전략'이 아쉬웠다」, 『신동아』(1993년 2월), 426쪽.

할 것이다.

또 북방정책의 발상과 추진에서 하나의 자료가 된 서독 빌리 브란트Willy Brandt 총리의 동방정책을, 그리고 그의 보좌관으로 '접근을 통한 변화(Wandel durch Annäeherung)'라는 기본 발상을 제시했던 에곤 바르Egon Karl-Heinz Bahr의 정책을, 노 대통령과 그의 보좌진이 어떻게 이해하고 어떻게 현장에 적용했는가의 문제는 매우 중요하다. 그러나 이 주제에 관한 연구는 아직 출판되지 않았다.

제2장

북방정책의 씨앗들:

박정희 대통령의 평화공존제의(1970), 7·4남북공동성명(1972), 6·23선언(1973), 그리고 전두환 대통령의 남북정상회담 추진(1981~1985) 등

제 2 장 북방정책의 씨앗들:
박정희 대통령의 평화공존제의(1970),
7 · 4남북공동성명(1972), 6 · 23선언(1973),
그리고 전두환 대통령의 남북정상회담 추진(1981~1985) 등

제1절 한반도 분단현실을 인정하기 이전의 남북관계

제1항 남과 북에 각각 개별적 국가가 수립되는 과정

북방정책의 출발점은 분단의 평화적 해소를 통해 갈라진 민족이 화합과 번영을 누리게 하는 통일성취의 염원이다. 노태우 대통령은 평소에 "우리 민족은 외침外侵의 한恨, 빈곤의 한, 무지의 한, 분단의 한 등 네 가지 한을 가진 민족이며, 그 한을 풀어주는 것이 지도자의 책무이다."라고 말하며,[1] 그 한풀이를 국정운영의 기조에 반영하고자 했다. 이러한 맥락에서, 한반도에서 분단이 나타나고 그것이 전쟁으로 이어진 배경 그리고 그 전쟁의 유산을 해결하기 위한 국내외에서의 논의와 정책을 살피기로 한다.

조선을 강점했던 일제는 2차대전의 종결과 동시에 패망했다. 한민족은 당연히 조선=대한제국의 영토였던 한반도 전체의 해방과 독립을 기대했다. 그러나 일제를 패망시킨 미국·소련·영국·중화민국 등 4대 연합국은,

---

1 이병기(李丙琪), 「네 가지 한(恨): 외침·빈곤·무지·분단의 한(恨) 풀이에 전력하신 지도자」, 노재봉(盧在鳳) 편, 『노태우 대통령을 말한다: 국내외 인사 175인의 기록』(경기도 파주시: 동화출판사, 2011), 778~782쪽.

그 가운데서도 특히 미국과 소련은, 한반도를 북위 38도선을 경계로 나눠 그 이남은 미군이 그 이북은 소련군이 각각 점령하게 했다.[2]

남南에서건 북北에서건 한민족은 분할점령이 잠정적이라고 생각했다. 그러나 그것은 착각이었다. 4대 연합국이 1945년 12월 하순에 모스크바에서 외상회의를 열고 코리아의 통일된 독립정부 수립을 위한 4개 항의 의정서를 발표했을 때, 거기에 포함된 '앞으로 세워질 통일정부에 대한 4대국의 5년 이내의 신탁통치' 조항을 둘러싼 찬반이 특히 남南에서 격화하는 가운데, 그리고 무엇보다 미국과 소련을 중심으로 동서냉전이 깊어지면서, 이 의정서의 실현은 무산됐다. 이에 따라, 소련은 1946년 2월 8일에 평양에서 김일성金日成을 위원장으로 하는 「북조선림시인민위원회」를 출범시켜 북한을 기반으로 하는 단독정권 수립의 길에 들어섰다.

여기에 대응해, 미국을 터전 삼아 미국정부와 국제연맹을 상대로 일관되게 항일독립운동을 이끌다가 1945년 10월에 귀국해 한반도에서 통일된 독립정부의 수립을 위해 활동하던 이승만李承晩 대한민국임시정부 초대 대통령은 1946년 6월 3일에 전라북도 정읍에서 「북조선림시인민위원회」에 대항해 남한에서도 정부를 출범시켜야 한다는 취지로 발언했다. 미국과 소련 사이에 냉전이 깊어지는 국제적 상황 아래, 국내적으로 이 제의를 둘러싸고 다시 논란이 격화하자 그는 1945년 10월 24일에 창립한 유엔의 참관과 관리 아래 남북한에서 토착인구비례의 원칙에 따라 선거를 실시해 통일정부를 세울 것을 제의했다. 미국은 그의 제의를 받아들였으며, 미국의 주도 아래 유엔은 1947년 10월에 이 제의에 일치한 결의안을 통과시켰다. 그러나 소련이 이 결의안에 따라 1947년 11월에 구성된 유엔한국임시위원단

---

2 38도선에서의 분단 그리고 이후 남과 북에 두 개의 대립되는 국가가 세워진 과정에 관해서는 국내외에서 참으로 많은 저술들이 출판되었다. 여기서는 그것들을 하나하나 소개하지 않기로 한다. 기본적인 자료는 다음에 의존했다. Soon Sung Cho, *Korea in World Politics, 1945~1950: An Evaluation of American Responsibility* (Berkeley and Los Angeles, C.A.: University of California Press, 1967).

(UNTCOK: United Nations Temporary Commission on Korea)의 입북을 거부하자, 1948년 2월에 유엔은 선거가 가능한 지역, 곧 남한에서 선거를 실시해 정부를 세울 것을 결의했다. 이로써 한반도 전역에서가 아니라 남한에서의 선거 실시와 남한에서의 정부 수립이 예견되었다.

이 시점에서, 이제 「북조선림시인민위원회」를 격상시킨 「북조선인민위원회」의 위원장이 된 김일성은 통일정부 수립을 위한 남북지도자연석회의를 평양에서 개최할 것을 제의했고, 남과 북 사이에 밀사들이 오간 뒤 김구金九와 김규식金奎植 및 조소앙趙素昻을 중심으로 하는 대한민국임시정부의 일부 요인들과 지지자들은 이 제의에 응해 평양으로 가 1948년 4월 말부터 5월 초 사이에 이른바 남북협상이 진행되었다. 그러나 소련점령군이 개입한 이 협상은 결국 주한미군과 유엔한국임시위원단의 철수 및 유엔의 불개입을 전제로 하는 남북의 총선거 실시를 골자로 삼은 북한의 제의를 일방적으로 통과시키는 것으로 끝났다.[3]

통일정부의 수립이 현실적으로 불가능해졌고 친소적 공산주의에 바탕을 둔 북한의 단독정권 수립이 임박했다고 판단한 남한에서는 1948년 5월 10일에 유엔한국임시위원단의 참관과 관리 아래 총선거가 실시되었고, 이에 따라 1948년 7월 17일에 제헌국회가 성립되었다. 제헌국회는 곧 자유민주주의를 지향하는 대한민국 헌법을 제정하고, 이 헌법에 근거해 이승만을 대통령으로 하고 이시영李始榮을 부통령으로 하는 대한민국 정부, 곧 제1공화국이 1948년 8월 15일에 서울에서 수립되었다. 북한은 1948년 9월 9일에 김일성을 수상으로 하는 조선민주주의인민공화국정부의 수립을 선포했다. 이로써 잠정적일 것으로 여겨진 한반도의 분단은 두 개의 서로 대립하는 국가의 출현으로 이어지면서 굳어졌다.[4]

---

3 안철현(安哲賢), 「남북협상운동의 민족사적 의미」, 최장집(崔章集) 편, 『한국현대사 1, 1945~1950』(열음사, 1985), 311~341쪽.

4 이완범(李完範), 『한국해방3년사 1945~1948』(경기도 파주시: 태학사, 2007).

이처럼 남과 북은 모두 분단의 현실, 곧 한반도에 두 개의 국가가 존재하고 있다는 현실을 인정하지 않고 각각 자신만이 한반도 전체에서 '유일대표권唯一代表權'을 갖고 있다는 자세를 유지했다. 대한민국이 한반도의 유일합법정부라고 해석될 수 있는 유엔 제3차 총회의 1948년 12월 12일자 결의안은 대한민국의 '유일대표권'을 뒷받침해주었으며, 이후 유엔총회는 한반도문제를 토론할 때 대한민국 대표만을 초청한다.

제2항 두 개의 개별적 국가가 세워지고 전쟁을 거쳐 휴전이 성립된 시점까지의 시기

여기서 새로운 이레덴티즘irredentism, 곧 실지회복주의失地回復主義가 나타났다. 우선 대한민국은 헌법에서 대한민국의 영토를 한반도 전체로 규정함과 동시에 북한을 대한민국의 일부이지만 「조선민주주의인민공화국」이라는 반反국가단체가 잠정적으로 통치하는 '실지失地' 곧 이레덴타irredenta로 규정하면서 이 규정의 취지에 어긋나는 언동을 금지하기 위해 「국가보안법」을 제정했다. 「조선민주주의인민공화국」은 '국토완정國土完整'이라는 표현을 쓰면서 남한을 자신이 '완정'해야 할 '실지'로 규정함과 동시에, 자신의 헌법에서 평양을 '혁명의 수도'로 규정하고 서울을 '수도'로 규정했다. 이러한 배경에서, 북의 김일성은 소련의 스탈린Iosif D. Stalin 소련공산당 중앙위원회 서기장 겸 내각 총리와 중공의 마오쩌둥毛澤東 중국공산당 중앙위원회 주석 겸 중화인민공화국 중앙정부 주석의 공동 격려와 후원을 받아 1950년 6월 25일에 남침을 개시했다.

위기에 직면한 대한민국을 수호하기 위해 이승만 대통령은 미국의 해리 트루먼Harry S. Truman 대통령에게 파병을 요청했으며, 트루먼은 이 요청을 받아들이면서도 유엔의 결의 아래 참전하도록 했다. 그리하여 미국의 극동군사령관 더글러스 맥아더Douglas MacArthur 원수는 유엔군총사령관을 겸하면서 이 대통령과 함께 북한의 패망을 통한 대한민국 주도의 한반도 통일을 추구해 압록강과 두만강까지 진격했다. 이 시점에서, 유엔은 대한민국에 의한 한반도 통일을 뒷받침했다. 1950년 10월 7일에 열린 제5차 유엔총회는 호주를 비롯한 7개국으로 구성된 유엔한국통일부흥위원회(UNCURK: 언커크)를 출범시키면서, 이 기구가 한반도 전체에서 토착인구비례에 따른 총선거를 실시해, '독립적이며 민주적 통일정부'를 세우는 일을 지원하도록 했다.[5] 그러자 북한정권의 궤멸을 막기 위해 1950년 10월 중하순에 중공군이 참전했다.

이때 맥아더 원수는 중공군을 패퇴시키기 위해 만주를 폭격할 것을 제의했다. 이승만 대통령은 물론이고 대한민국의 다수 국민은 그 제의를 지지했다. 그렇지만 만주로의 확전이 소련의 공식적 참전을 불러옴으로써 제3차 세계대전으로 확대될 것을 우려한 트루먼 대통령은 1951년 4월 11일에 맥아더를 해임하고 예편시켜 국내로 불러들였다. 이 무렵 미국정부를 비롯한 참전국정부 그리고 재외한인들 일각에서는 한반도를 중립화해 통일을 이루게 하자는 안이 여러 형태로 제출되었지만,[6] 그것은 소수의 의견으로 끝났다. 대한민국 안에서는 오히려 북진통일론이 우세했고, 북진통일론의 선두에 섰던 이승만 대통령은 트루먼 행정부 그리고 그 다음의 아이젠하워Dwight D. Eisenhower 행정부가 정전을 추구하는 쪽으로 정책을 바꾸자 거기에 저항했다. 미국정부는 '에버레디 작전Operation Everready'을 세워 이 대통령을 대통령에서 물러나게 하려 했다. 그러나 이 대통령은 굽히지 않고, 미국을 비롯한 참전국의 반대를 예견하면서도 유엔군이 관할하던 포로들 가

---

5 United States, Department of State, *The Record on Korean Unification, 1943~1960* (Washington, D.C.: United States Government Printing Office, 1960), pp. 105~107.

6 홍석률(洪錫律), 「중립화통일 논의의 역사적 맥락」, 『역사문제연구』 12(2004), 53~88쪽; 박태균(朴泰均), 「한반도 중립국 통일론과 주한미군」, 『황해문화』 100(2018년 가을), 60~80쪽.

운데 다수를 '반공포로 석방'이라는 이름 아래 신속히 풀어주는 것으로 대항했다. 당황한 미국정부는 정전협정이 체결되면 한미상호방위조약을 체결해주겠다고 약속함으로써 겨우 이 대통령을 무마할 수 있었다.

결국 37개월 계속된 전쟁은 1953년 7월 27일에 판문점에서 대한민국 국군을 포함한 참전국을 대표해 유엔군사령관인 마크 클라크Mark W. Clark 미 육군대장, 조선인민군을 대표해 김일성 최고사령관, 중국인민지원군을 대표해 펑더화이彭德懷 중국인민지원군 사령원[우리식 표현으로는 총사령관] 사이에서 체결된 정전협정으로 마무리되었다. 정전이 성립된 직후인 1953년 10월 1일에 미국정부는 이승만 대통령과의 약속을 지켜 한국정부와 함께 북한을 두 나라의 공동의 적으로 간주하는 전제 위에서 한미상호방위조약을 체결했고, 이 동맹조약은 1954년 11월 17일에 발효하면서 오늘날까지 계속되고 있다.[7]

정전협정의 체결과 제네바회담

대한민국을 포함한 유엔 참전국을 대표해 미국, 그리고 중국과 북한 세 당사자 대표가 서명한 정전협정은 한반도로부터의 모든 외국군의 철수와 한반도문제의 '최종적 평화 해결(a final peaceful settlement)'을 성취하기 위해 관련국 사이에서 '고위급 정치회담'을 개최할 것을 권고했다.[8] 이 권고는 국내외에서 "궁극적으로는 정전협정을 평화협정으로 대체시켜 평화구조를 정착시켜야 한다."라는 논리로 이어지게 된다.

정전협정의 권고에 따라, 1954년 4월 26일부터 6월 15일까지 스위스 제네바에서 미국·소련·중공 및 남북한을 포함한 19개국 회담이 열렸다. 이

7 김계동(金啓東), 『정전협정 전후 한미상호방위조약 체결협상』(경기도 파주시: 경인문화사, 2022).

8 Se-Jin Kim, ed., *Documents on Korean - American Relations: 1943~1976* (Seoul: Research Center for Peace and Unification, 1976), pp. 157~179.

회담에서 한국정부는 14개 항의 통일방안을 제시했다. 그 핵심은 기존 유엔결의대로 남북한 토착인구비례에 따른 유엔 감시 아래에서의 자유총선거 실시였다. 대조적으로 북한은 외국군의 철수와 한미동맹조약의 파기를 그리고 남북협상을 제의했다. 이 회담은 아무런 합의도 끌어내지 못한 채 결렬되었으며, 자연히 기존의 정전협정은 오늘날까지 한반도상황을 규율하고 있다. 이 정전협정 아래, 기존의 분단선은 더 이상 38도선이 아니라 휴전선으로 대체되었으며, 남과 북 사이에는 비무장지대(DMZ)가 새롭게 설정되고, 정전협정의 유지를 위해 중립국감시위원단과 군사정전위원회가 발족했다.[9]

제3항 남한에서의 평화통일론 등장과 북한에서의 '남북련방제' 제의

전쟁의 후유증은 매우 심각했다. 남북한의 경우, 도합 약 백만 명의 사상자와 천만 명의 이산가족을 낳았고 농업과 공업을 위시한 산업구조는 사실상 완전히 파괴되었다. 남과 북 사이의 불신과 적대감은 전쟁 이전에 비해 훨씬 커져 불상용不相容의 수준으로 확대되었다.

이후 남南과 북北은 여전히 상대방을 자신이 회복해야 할 '실지失地'로 여겼다. 남은 공식적으로 무력에 의한 통일, 곧 북진통일을 추구했으며, 북은 '남조선해방'을 표방했다. 비록 그렇다고 해도, 남과 북은 실제로는 자신의 체제를 안정시키고 굳히는 쪽으로 힘을 쏟으면서 대외적으로 '평화적 해결'

9 United States, Department of State, *The Korean Problem at the Geneva Conference* (Washington, D.C.: United States Government Printing Office, 1954); 홍용표(洪容杓), 「1954년 제네바회의와 한국전쟁의 정치적 종결 모색」, 『한국정치외교사논총』 제23집 제1호(2006년 8월), 35~55쪽; 마상윤(馬相潤), 『한국문제에 대한 제네바회의(1954. 4. 26 ~ 6.15)』(국립외교원 외교안보연구소 외교사연구센터, 2024).

을 제시하는 것을 잊지 않았다. 남은 여전히 '유엔의 관찰과 관리 아래에서의 남북한 토착인구비례에 따른 총선거'안을, 북은 '남북교류'안과 '남북불가침협정 체결'안 그리고 토착인구비례에 의해서가 아니라 남북 대등성 원칙에 의한 남북총선거안을 앞세웠다.

평화적 통일로의 전환 분위기는 우선 남한에서 형성되었다. 북진통일정책에 대해 이의를 제기하면서 북한과의 대화와 교류를 제안하는 등 발상의 전환이 나타난 것이다. 처음부터 철저한 반소·반공노선을 걸었던 이승만 정부는 이 발상 자체를 불법으로 여겨 국가보안법으로 다스렸지만, 1956년 5월의 제3대 대통령선거에 입후보한 진보당창당준비위원장 조봉암曺奉岩은 평화통일을 제창하면서 공산국가들과의 대화를 지지했다. 이 때문에 그는 대법원에서 '간첩'으로 유죄판결을 받아 1959년 7월에 처형되었다. 그러나 2011년 1월에 대법원 전원합의체는 재심을 통해 무죄를 선고한다.

1960년의 '4월혁명'을 통해 제1공화국이 붕괴한 뒤 의원내각제를 골격으로 하는 새 헌법이 마련되고, 윤보선尹潽善을 대통령으로, 장면張勉을 국무총리로 하는 제2공화국이 1960년 8월 13일에 출범했다. 윤 대통령은 일제강점기에는 대한민국임시정부 임시의정원의 최연소 의원으로 항일독립운동에 참여했고, 미군정기에는 한국민주당(약칭 한민당) 창당과 『민중일보』 창간 등을 통해 건국운동을 이끌었으며, 대한민국정부 수립 이후 서울특별시장과 상공부장관으로 봉직하다가 제1야당 민주당에 참여해 '대한민국 정치 1번지'라고 불린 서울특별시 종로구에서 국회의원으로 세 차례 선출되는 가운데 민주화운동에 참여했다. 이로써 그는 독립운동과 건국운동 및 민주화운동 모두에 참여한 매우 드문 경력을 지니게 되었다. 이 경력이 인정되어 대통령에 선출된 그는 취임사에서 당시의 국내외상황에 비춰 통일보다 경제건설이 우선임을 강조했으며, 장 총리 역시 같은 노선을 제시했다.

그러나 '4월혁명' 직후 창당된 사회대중당을 비롯한 여러 혁신계 정당은 대체로 북한을 비롯한 공산국가들과의 대화를 지지했다. 서울대학교 학생들이 출범시킨 「서울대학교 민족통일연맹」은 남과 북 사이에 직접적 협상을 시작할 것을 요구하면서 동시에 장면 국무총리에게 미국은 물론 소련도 방문해 그 나라 지도자들과 통일문제를 협의할 것을 제의했다.[10]

김일성 수상은 1960년 8월 14일에 '남북련방제' 제의로써 그들에 호응했다. 주한미군의 철수를 전제로, 그는 남과 북의 대등성의 원칙 위에서 「최고민족위원회」를 구성해 경제와 문화 등 여러 부문에서 교류하고 협력하자고 부연했다.[11] 흐루쇼프Nikita S. Khrushchev 소련공산당 중앙위원회 제1서기 겸 내각 총리는 9월 23일에 행한 유엔총회에서의 연설을 통해 김일성 수상의 제의를 지지했다. 국내외 반응에 고무되어, 북한의 최고인민회의는 11월 22일에 「대한민국 국회 및 남조선의 제諸정당·사회단체들과 인민들에게 보내는 편지·의견서」를 발표하면서 '남북경제·문화교류 및 남북협상회의 개최'를 제의했다. 다른 한편으로, 미국 연방상원의 민주당 지도자인 마이크 맨스필드Mike J. Mansfield 의원은 한반도를 '오스트리아식 중립화모델'에 따라 중립화 방식으로 통일하자고 제의했다. 한국정부는 '남북련방제'와 '오스트리아식 중립화통일' 모두를 배격했다. 그러나 혁신계 지도자들은 중립화통일을 지지하면서 중립화통일운동을 벌였다.[12]

북한은 '남북련방제'를 거듭 제의했다. 이 무렵 유엔에는 지난날 서구제국주의의 식민지였다가 독립을 얻은 아시아와 아프리카의 신생국들이 새로운 회원국들로 참여했고, 자연히 그들의 발언권이 커졌다. 그 결과 1961년 4월 12일에 열린 유엔 정치위원회는 인도네시아가 제안한 남북한동시초청안을 가결했다. 한반도에서 대한민국만이 유일합법정부라는 입장을

---

10 Sungjoo Han, *The Failure of Democracy in South Korea*(Berkeley, C.A.: University of California Press, 1974), p. 201.

11 F.B.I.S., *Daily Report* (August 18, 1960, North Korea).

12 노중선(盧重善) 엮음, 『연표: 남북한 통일정책과 통일운동 50년』(사계절, 1996), 75~78쪽 및 83~85쪽.

고수해 대한민국 대표만을 초청하던 유엔의 결의에 변화가 온 것이다. 당황한 미국정부는 애들레이 스티븐슨Adlai E. Stevenson 유엔대사의 주도 아래 북한이 유엔의 권위와 권능을 인정한다면 남북한동시초청안을 받아들일 수 있다고 후퇴했다. 그러나 북한은 그러한 조건 아래서의 초청이라면 거절한다고 천명함으로써 남북동시초청안은 실현되지 않았다.[13]

1961년에 들어가, 주로 좌파세력이 주도하는 남한에서의 통일운동은 가열되었다. 특히 「민족자주통일중앙협의회」(약칭 민자통)는 남북 사이의 다방면적 교류를 제의했고, 범汎대학 조직인 「민족통일전국학생연맹」은 남북학생의 판문점에서의 회담을 제의하면서 "가자 북으로, 오라 남으로"라는 구호를 외쳤다. 북한은 곧바로 호응했다. 5월 13일에 결성된 「조국평화통일위원회」는 "반목과 편견을 버리고 민주적 화목과 호상互相 리해를 도모하여 허심탄회하게 접촉하고 협상하자! 의견의 차이가 아니라 호상 공통점을 발견하기 위하여 노력하여 남북의 장벽을 터뜨리고 문호를 개방하자!" 라는 선정적 구호를 제시했다.[14]

제4항 '반공'을 '국시(國是)'로 내세운 박정희정부의 통일논의 금압과 김일성의 과격한 군사모험주의

판문점에서의 남북학생회담이 임박한 시점인 1961년 5월 16일에 박정희朴正熙 육군소장은 조카사위 김종필金鍾泌 예비역 육군중령의 도움을 받으며 군사정변을 일으켜 제2공화국을 무너뜨리고 군사정부를 세웠다. 그들은 혁신계의 통일운동 그리고 그것을 통제하지 못하는 장면정부의 '무능'이

---

13 Chonghan Kim, "The United Nations and Dilemmas of Korean Reunification," *The Journal of Asiatic Studies*, Vol. 13, No. 4 (December 1970), p. 426.

14 노중선 엮음, 『연표』, 102~105쪽.

대한민국의 안전 그 자체를 위협하고 있다고 주장하며 군사정변을 합리화했다.

박정희는 그 친형 박상희朴相熙가 공산주의자로서 1946년 가을에 일어난 '대구폭동' 또는 '영남폭동'에, 보는 이에 따라서는 '10월 인민항쟁'에 참여했다가 미군정당국에 의해 총살되었으며, 박정희 본인 역시 미군정기에 남로당에 가입했고 대한민국 정부수립 직후 여수순천에서 좌익 군인들이 일으킨 군사반란에 연루되어 한때 처형의 위기에 빠졌으나 전향함에 따라 구명되었다. 김종필은 그의 장인이 박상희였다. 그래서 당시 주한미국대사관은 5·16군사정변이 좌익에 의해 주도되었다고 판단하고 상당한 기간에 걸쳐 그들을 의심한다.

그 의심을 떨쳐내기 위해서라도 하는 것처럼, 군사정부는 「혁명공약」에서 반공을 '국시國是의 제1의'로 설정하고 미국과의 유대 강화를 강조함과 아울러 역대 정부의 '유엔을 통한 통일' 방안을 그대로 따라갔다. 동시에 기존의 국가보안법을 존속시키면서 북한을 비롯한 공산국가들과의 대화 및 교류·협력 제의를 금압하는 「반공법」을 추가로 제정했으며, 소급입법을 제정해 제2공화국 때 통일운동을 벌였던 사회대중당을 비롯한 좌익적 성향의 인사들을 투옥했다. 또한 '초헌법적' 권력을 행사할 수 있는 중앙정보부를 신설해 국내의 통일논의를 철저히 통제했다. 초대 중앙정보부장에는 김종필이 취임했다.

군사정부는 대외적으로는, 한반도를 대표하는 것은 1948년 12월의 유엔총회가 의결했듯 대한민국 하나이며 따라서 북한을 승인하는 국가와는 단교한다는 '할슈타인 원칙Hallstein Doctrine'을 채택했다. 서독의 외무차관 발터 할슈타인Walter Hallstein은 1955년에 독일을 대표하는 국가는 서독, 곧 독일연방공화국 하나뿐이며 동독, 곧 독일민주공화국은 인정할 수 없다는 논리를 세워 동독을 승인하는 국가와는 수교하지 않는 원칙을 세웠었는데, 한국은 이 원칙을 모방한 것이다.

이렇게 철저히 친미적이고 반공적인 노선을 걸었지만, 박정희와 김종필을 시험한 사건이 일어났다. 박정희의 친형이면서 김종필의 장인인 박상희의 절친으로 미군정기에 '대구폭동'에 가담했다가 체포의 위기에 처하자 월북한 뒤 북한정권에서 무역성 부상을 역임한 황태성黃泰成이 북한정권의 지령을 받고 1961년 9월 1일에 서울에 도착해 박상희의 부인, 곧 김종필의 장모를 찾은 것이다. 놀란 그녀가 사위에게 신고함에 따라 체포된 황태성은 자신이 북한이 남파한 간첩이 아니라 김일성의 '밀사'라고 주장하며 박정희 및 김종필과의 면담을 요청했다. 박정희와 김종필은 이 사건이 미국정부로 하여금 자신들에 대한 기존의 의심을 더 짙게 만들 수 있다고 판단했고, 곧바로 구속해 비공개재판에 회부했다. 대법원은 1963년 10월 22일에 사형을 선고했고, 정부는 1963년 12월 14일에 그를 처형했다.[15]

박정희는 민주공화당을 창당하고 그것을 바탕으로 1963년 10월 15일에 직접선거를 거쳐 12월 17일에 제5대 대통령에 취임했다. 그는 군사정부의 정책을 그대로 승계하면서 미국이 요망했던 일본과의 수교협상을 계속해 1965년 6월 22일에 성사시켰고,[16] 동시에 미국의 요청을 받아들여 남베트남을 지원하기 위해 단계적으로 파병했다. 이것은 그에 대한 미국정부의 의심을 크게 약화시켰으며, 그가 1967년 5월 3일에 제6대 대통령으로 재선되는 데 일정하게 도움을 주었다.

1964년에 남북관계와 관련해 두 개의 중요한 사건이 일어났다. 첫째, 이해 10월 10~24일에 도쿄에서 제18회 하계 올림픽이 열렸을 때, 북한의 신화적 단거리 선수 신금단辛今丹이 참가하기 위해 도쿄에 머문 사실이 밝혀지자 6·25전쟁 때 월남해 서울에서 살던 그녀의 아버지 신문준辛文濬이 서둘러 도쿄로 가 만나고자 했다. 그러나 남북 당국의 합의가 이뤄지지 않아

---

15 박사월(朴思越), 『김형욱 회고록』 전3권(아침, 2985) 2, 69~70쪽.

16 이원덕(李元德), 『대일 청구권협정 및 기본관계조약』(국립외교원 외교안보연구소 외교사연구센터, 2024).

부녀는 만날 수 없었다. 신금단이 자격박탈판정으로 도쿄를 떠나는 10월 9일 당일에 겨우 7분 동안 짧게 만날 수 있었다. 부녀가 눈물 속에 헤어진 이 사건은 남북분단의 상처를 새롭게 일깨우면서 민족주의적 감정을 크게 자극했다.

여기에 영향을 받아 민주공화당의 이만섭李萬燮 의원은 1964년 10월 27일에, 6·25전쟁을 계기로 남북으로 흩어진 가족들이 대한적십자사와 국제적십자사의 공동주관 아래 판문점에서 만날 수 있도록 「남북면회소」를 설치할 것을 제의했다. 그러나 남북교류를 거세게 반대하던 중앙정보부가 압박하자 그는 이 제안을 취소할 수밖에 없었다.[17]

둘째, 친정부 방송사인 『문화방송』의 황용주黃龍周 사장은 1964년 11월에 역시 친정부 매체인 월간지 『세대』에 기고한 「강력한 통일정부에의 의지: 민족적 민주주의의 내용과 방향」이라는 논설을 통해 주한미군의 철수를 전제로 한 남북한 사이의 불가침협정체결과 유엔동시가입 및 남북연방제 채택 등을 제의했다. 황 사장이 박 대통령의 대구사범학교 동문이며 박 대통령에 매우 가까운 인사라는 사실이 알려지면서, 이 논설이 박 대통령의 속셈을 대변한 것이 아니냐는 의문이 제기되는 가운데, 특히 보수적 성향의 야당을 중심으로 비판이 확산되었다. 주한미국대사관 역시 의혹의 눈길을 다시 보냈다. 중앙정보부는 그를 반공법 위반으로 구속했으며, 대법원은 그의 유죄를 확정지었다.

그렇지만 야당 일각에서 박 대통령의 반공일변도적 통일정책을 비판하는 목소리가 제기되었다. 김대중金大中 의원과 서민호徐珉濠 의원 등이 1966년 이후 국회에서 남북대화의 필요성을 강조하고 서 의원의 경우에는 자신과 김일성과의 회담을 제의하면서 통일논의의 분위기를 익혀갔다. 이러한 흐름에 대해, 박 대통령은 1966년 6월 8일에는 한국의 국력이 북한의 국력

17 『동아일보』(1964년 10월 12일 및 27일).

을 압도하게 될 것으로 예상되는 1970년대 후반까지 통일논의 자체를 연기하자고 역逆제의하면서도, 국회가 제출한 『통일백서』에 담긴 건의를 받아들여 1969년 3월 1일에는 내각의 한 부서로 국토통일원을 세웠다. 그렇지만 철저한 반反북한노선에 아무런 변화를 주지 않고 통일논의 그 자체를 통제했다. 심지어 박정희정부는 1966년 7월에 모스크바에서 열릴 제3회 차이콥스키음악콩쿠르에 초청을 받은 한국국적의 재미 첼리스트 정명화鄭明和 양의 소련여행을 허가하지 않았다.

김일성의 대응: 남한에서의 지하당 조직과 게릴라 남파

남한에서 반공주의를 표방하는 강력한 군사정부가 출현하자 김일성 수상은 우선 1961년 7월 6일과 1961년 7월 11일에 소련 및 중공과 각각 군사동맹조약을 체결했다.[18] 이어 1961년 9월 11~18일에 자신이 위원장인 조선로동당의 제4차 대회를 열고 '남조선에서의 민족해방전쟁'을 뼈대로 한 통일정책을 채택했으며, 1964년 3월에 비밀공작을 통해 서울에서 남한의 일부 좌익 지식인들을 결집해 대한민국의 전복을 시도하는 지하정당으로 「통일혁명당」을 발족시켰다. 「통일혁명당」 직전에 역시 대한민국의 전복을 지향하는 「인민혁명당」이 비밀리에 조직되었지만, 그것은 북한의 공작과는 무관하게 남한에서 자생적으로 발생한 것이었다.

「통일혁명당」은 자신의 정체를 감춘 채 『청맥青脈』이라는 월간지를 발행하며 반미사상을 고취했다. 「인민혁명당」이 1964년 8월에 중앙정보부에 의해 검거되었듯, 「통일혁명당」은 1968년 8월에 중앙정보부에 의해 검거되지만, 일단 자신의 대남노선을 지지하는 지하정당의 창당에서도 자신을 갖게 된 김일성 수상은 1965년 4월 15일에는 인도네시아 자카르타에 있

18 북한이 소련과 체결한 조약, 「조선민주주의인민공화국과 소비에트사회주의공화국연방간의 우호·협력 및 상호원조에 관한 조약」 전문은 다음에서 읽을 수 있다. 한정숙(韓貞淑)·홍현익(洪鉉翼)·강윤희(姜倫希)·최우익(崔宇翼) 등이 편집한 『한·러관계사자료집 1990~2003』(서울대학교 출판부, 2005), 677~678쪽.

는 알리아르함사회과학원에서의 연설을 통해 '조선의 혁명을 위한 3면 혁명'론을 표방하면서[19] 훨씬 더 강경한 대남정책을 추구했다.

김일성 수상의 공세적 노선은 1968년 1월 박 대통령의 암살을 위한 무장공비의 청와대 기습과 미해군 푸에블로호 나포[20] 및 11월 동해안 지역으로의 대규모 게릴라부대 침투 그리고 1969년 4월 15일 동해안에서의 미해군 정찰기 EC-121의 격추로 나타났다. 이 호전적 행위들은 당연히 남한에서 남북교류론이나 평화통일론이 성장할 수 있는 분위기를 크게 위축시켰다.

주변 강대국의 남북한 군사충돌 억제

위에서 살폈듯, 1968~1969년의 한반도상황은 극도의 군사대결로 치달리고 있었다. 자연히 주변 열강이 활발히 움직였다. 우선 미국은 1968년 1월에 대통령 특별보좌관 사이러스 밴스Cyrus R. Vance를 서울로 보내 박정희 대통령에게 북한을 상대로 보복하지 않도록 권고했으며, 소련은 1969년 5월에 소련의 명목상의 국가원수에 해당하는 니콜라이 포드고르니Nikolai V. Podgorny를 평양으로 보내 김일성 수상에게 자제를 권고했다. 포드고르니는 거기서 한 걸음 더 나아가 평양에서 열린 대중집회에서 "우리는 극동에서의 긴장완화, 그리고 평화와 안전을 단호하게 옹호한다."라고 연설했다.[21]

---

19 노중선 엮음, 『연표』, 126쪽.

20 정성윤(鄭盛允), 『푸에블로호 피납사건과 한국의 대응』(선인, 2023).

21 *Pravda*(May 17, 1969) in *CDSP*, Vol. 21, No. 20 (June 4, 1969), p. 7; *New York Times*(November 22, 1969); B.C Koh, "The Pueblo Incident in Perspecitive," *Asian Survey*, Vol. 9, No. 4 (April 1969), pp. 264~280; Cyrus Vance, *Hard Choices: Critical Years in America's Foreign Policy* (New York: Simon and Schuster, 1983), p. 144.

제2절 두 개의 코리아를 인정하는 방향으로의 미국의 정책전환과 남북의 대응

남북한 사이의 긴장이 높아가는 한반도 내부의 상황과는 대조적으로, 한반도를 둘러싼 국제환경은 변화하고 있었다. 그것들 가운데 가장 중요한 것은 "아시아의 문제에 미국은 더 이상 군사적으로 개입하지 않을 것이며, 아시아의 문제는 아시아인에게 맡기겠다."는 취지의 새로운 외교 독트린을 표방한 공화당의 리처드 닉슨Richard M. Nixon이 1969년 1월 20일에 대통령으로 취임한 이후 구체적으로 나타났다. 그는 1969년 7월 25일에 태평양에 있는 미국의 속령 괌Guam에서 자신의 외교 독트린을 더 상세하게 발표했다. 그의 뜻의 맞게, 그의 국가안보보좌관 그리고 이어 국무장관으로 승진하는 헨리 키신저Henny A. Kissinger 박사는 국제관계 전반에서의 긴장완화를 추구하면서 그 테두리 안에서 남베트남에서의 철군 그리고 중공과의 관계개선을 추구했다.

이것은 물론 닉슨 행정부의 한반도정책에 대한 변화로 이어졌다. 우선 윌리엄 포터William J. Porter 주한미국대사는 1970년 2월 연방상원 청문회에서 미국정부는 한국정부를 상대로 북한과 대화할 것을 권고하고 있다고 발언했다. 연방상원에서 미국의 대외정책에 큰 영향력을 행사하는 윌리엄 풀브라이트William J. Fulbright 상원 외무위원장은 공감을 표시했다.[22] 이 발언들은 북한의 실체 자체를 부인하면서 북한과의 대화를 거부해온 한국정부에게는 충격 그 자체였다.

---

22 United States Congress, *United States Security Agreements and Commitments Abroad*, Hearings Before Subcommittee on United States Security Agreements and Commitments Abroad of the Committee on Foreign Relations, Senate, 91st Congress, 2nd Session, Part 6 (Washington, D.C: United States Government Printing Office, 1970), pp. 1680~1681.

제1항 박정희 대통령의 남북평화공존 제의와 김대중 후보의 3단계 평화통일론 제의

한국정부의 반응은 박정희 대통령의 1970년 8월 15일 광복25주년 기념 연설로 나타났다. 이 연설에서 그는 북한이 대남적화전략의 포기를 명시적으로 선언하고 그것이 유엔과 같은 국제기구를 통해 확실하게 증명된다면 한국정부는 남북 사이의 인위적 장벽을 제거하기 위한 실질적 조치를 단계적으로 밟아나가면서 북한과 '선의의 경쟁'을 통한 '평화공존'을 추구할 것을 약속한 것이다.[23] 북한정권은 이 제의를 거부했다. 『로동신문』은 8월 22일에 사설을 통해 박정희정권은 "우리와 대화할 자격이 없다."라고 전제하고, 무엇보다 미군철수문제에 대한 언급이 전혀 없음을 지적한 것이다.

박 대통령의 8월 15일자 제의에 이어 고려대학교 아세아문제연구소는 1970년 8월 24~29일에 12개국의 80여 전문가를 초청해 한반도통일문제에 관한 국제학술회의를 열었다. 이 회의에서, 국제정치학자로 명성이 높은 콜럼비아대학교 즈비그뉴 브레진스키Zbigniew F. Brzezinski 교수는 남북한 상호인정과 평화공존의 단계를 거쳐 통일에 이르기까지의 '4단계' 설을 제시했는데,[24] 통일을 이루기 위해서는 몇 단계를 거쳐야 한다는 그의 주장은 통일이라고 하면 분단으로부터 '중간단계'가 없는 통일로의 도약만을 생각하던 그때로서는 새로운 자극이었다.

비슷한 시점에, 일본의 저명한 국제정치학자 가미야 후지神谷不二 게이오대학 교수는 미국과 일본이 북한을 승인하고 소련과 중공이 남한을 승인하는 '교차승인'으로써 한반도의 분단을 안정화시키는 것이 한반도의 긴장완화와 평화공존을 위해 바람직하며, 이것을 실현하기 위해 남북한과 미국·

---

23 연설의 주요 부분은 다음에 수록되었다. 외교통상부, 『한국외교 50년 1948~1998』(외교통상부, 1999), 353~355쪽.

24 『동아일보』(1979년 8월 25일).

소련·중공·일본이 참가하는 다자회의를 소집하는 것이 필요하다고 제의했다.[25] 훗날 자주 쓰이게 되는 '교차승인'이라는 용어가 처음 등장한 것이다. 미국에서 활동하던 김정원金正源 교수도 6자회담안을 제의하면서 이 회담이 남북한 불가침조약을 체결하게 하고 그 조약에 대한 4대국의 보장을 뒷받침하도록 할 것을 제의했다. 그는 1차대전을 평화적으로 마무리하기 위해 프랑스와 영국을 비롯한 승전국과 패전국 독일 사이에 1925년 10월에 스위스 로카르노Locarno에서 성립된 국제안전보장조약을 떠올리며 자신의 구상을 '한반도에 대한 로카르노 타입의 국제안전체제'라고 불렀다.[26]

지난날에는 철저히 금압되었던 남북평화공존론이 박 대통령의 연설을 계기로 확산되는 가운데 1971년 4월에 실시될 제7대 대통령선거를 앞두고 제1야당 신민당의 김대중 후보는 1970년 10월 30일에 '3단계 통일'론을 제시했다. 남북한의 상호인정 → 남북한 상호교류 확대 → 평화통일 구상이 그것이다. 그는 또 미국·소련·중공·일본 등 주변의 4대 관련국으로부터 한반도의 평화와 안전을 보장받는, 그의 표현을 빌린다면, '4대국 안전보장' 구상을 제시함과 동시에 그것의 실현을 위해 4대국과 남북한이 함께 참가하는 6개국 회의의 소집을 제의했다.[27] 박 대통령은 이러한 제안과 구상은 대한민국의 안전을 위태롭게 하는 '무책임한' 것이라고 비판했다.

'북방정책'이라는 용어의 등장

1971년에 들어가, 닉슨 행정부는 남북한관계와 관련해 몇 가지 방안을 더 내놓았다. (i) 1971년 4월에 헨리 로지Henry C. Lodge 주유엔대사가 이끈 위원단은 남북한의 유엔동시가입을 제의했고, (ii) 1971년 6월에 포터 대사

25 『주오고론(中央公論)』(1970년 6월), 146~155쪽.

26 Joungwon A. Kim, "Approaches to Korean Unification," *Journal of Unification Studies* (영남대학교 통일문제연구소), No. 2(October 1971), pp. 63~86.

27 『동아일보』(1970년 10월 31일).

는 연방하원 청문회에서 "미국 국내에서는 한반도의 중립화에 대한 논의가 있다."고 발언함으로써 한반도중립화 안을 비판해온 한국정부를 자극했으며, (iii) 1971년 7월에 군사정전위원회 유엔군 대표 펠릭스 로저스Felix M. Rogers 공군소장은 대표직을 한국군에게 넘겨 군사정전위원회 회담에서 남북이 직접 대화하게 하는 것이 좋겠다고 제의했다.[28]

이러한 제의보다 훨씬 중요한 것은 1971년 말에 미국 국무부의 한국담당관 모튼 애브라모위츠Morton Abramowitz가 한반도문제의 해결을 위해 제시한 '북방정책Nordpolitik'이었다. 출판물만을 놓고 볼 때, '북방정책'이라는 용어가 처음 등장한 것이다. 그는 남북한관계와 동서독관계의 차이를 지적하고 독일방식을 한반도에 적용하는 것에 대해 신중할 것을 권고하면서도, 종국적으로는 한반도문제의 해결을 위해서는 두 개의 독일이 존재한다는 인식 아래 빌리 브란트Willy Brandt 서독 총리가 소련 및 동유럽 공산국가들과의 관계개선을 위해 1969년 10월 이후 추진한 동방정책(Ostpolitik)의 기본 발상을 따를 필요가 있다고 제의했다. 애브라모위츠가 사용한 'Nordpolitik'가 브란트의 'Ostpolitik'에서 나온 것임을 직감할 수 있다.

쉽게 말해, 애브라모위츠는 한반도에 두 개의 코리아가 존재하고 있는 현실을 인정하고 서로 대화하면서 상호 교역과 교류를 통해 적대감을 줄여 나갈 것을 권고했다. 그는 이어 한국은 북한과 함께 유엔에 가입하는 길을 걸을 것 그리고 북한이 요구하는 언커크의 해체를 받아들일 것을 권고했다.[29] 거기서 한 걸음 더 나아가, 그는 미국·소련·중국·일본·남한·북한 6개국이 참가하는 '동북아시아안보회의(Conference on North-East Asian

---

28 로지위원단의 건의는 *New York Times*(April 17, 1971); 로저스 소장의 발언은 *Ibid* (July 7, 1971). 포터 대사의 발언은 United States, House of Representatives, *American-Korean Relations*, 92nd Congress, 1st Session, Hearings Before the Subcommittee on Asian and Pacific Affairs of the Committee on Foreign Affairs, June 1971 (Washington, D.C: United States Government Printing Office, 1969), p. 8.

29 Morton Abramowitz, "Moving the Glacier: The Two Koreas and the Powers," *Adelphi Papers*, No.80 (London: The International Institute for Strategic Studies, 1971).

Security)'를 소집할 것을 권고했다. 우리가 제4장 제2절에서 보게 되듯, 그의 이 제의는 노태우 대통령의 1988년 유엔연설에서 다시 등장한다.

'북방정책'의 선구자들 가운데 한 사람으로 꼽힐 수 있는 애브라모위츠는 스탠퍼드대학교 경제학과를 졸업하고 하버드대학교 대학원에서 국제관계학을 전공해 석사학위를 받았다. 미국의 중화민국대사관에서 경제참사관으로 봉직하고 홍콩총영사관에서 경제담당관으로 봉직하며 동아시아문제에 익숙해진 그는 국무부에서 한국을 담당하며 위의 구상을 제안한 것이다. 그는 훗날 카터행정부에서 태국대사로 봉직하고, 아버지 부시행정부에서 터키대사로 봉직한다.

제2항 「7·4남북공동성명」으로 가는 길

닉슨 행정부가 한국정부를 상대로 남북관계의 개선을 위한 여러 방안을 제시한 시점에서, 중국의 저우언라이周恩來 총리는 베이징을 방문한 『뉴욕타임스』의 편집인 제임스 레스턴James B. Reston과 1971년 8월 5일에 가진 회견에서, 조선반도의 문제는 조선인들에게 맡겨져야 한다고 전제하고 미군의 철수와 언커크의 해체를 제의했다.[30] 이 제의는 전적으로 북한의 주장을 뒷받침한 것이었다.

남북적십자회담의 진행

저우 총리는 별도로 김일성 수상에게 북한이 대화상대로 인정하지 않는 박정희정부와 대화할 것을 권고했다. 중국의 권고를 받아들여 김일성 수상은 캄보디아의 노르돔 시아누크Norodom Sihanouk 친왕을 환영하기 위해

---

30 *New York Times* (August 10, 1971).

1971년 8월 6일에 평양에서 열린 군중대회에서 '박정희'라는 고유명사 그 자체는 쓰지 않았으나 박정희정부를 상대로 남북대화를 시작할 뜻이 있음을 밝혔으며, 대한적십자사 최두선崔斗善 총재는 8월 12일에 '비정치적 인도주의의 원칙 위에서' 남북적십자회담을 개최하자는 제의로 화답했다. 북한의 「조선민주주의인민공화국적십자회」는 곧바로 수락했고, 이에 따라 8월 20일부터 판문점에서 예비회담이 시작되었으며 10월 27일부터 본회담이 서울과 평양을 오가며 진행되었다.

남측은 6·25전쟁이 빚어낸 이산가족의 재회에 초점을 맞춘 방안들을 제의했고, 북측은 거기에 호응하면서도 남북 사이에 평화협정을 체결하는 방안도 내놓았다. 이 제의에 대해, 김일성은 평화협정을 체결하고 미군이 철수한 뒤 남과 북 사이에도 상호감군이 이뤄져야 한다고 부연했다.[31] 한국측은 이 제의를 거부하면서 대화를 이산가족재회에 한정할 것을 주장해 관철했다.

이렇게 북한과의 대화를 시작하면서, 김용식金溶植 외무장관은 1971년 8월 7일에 국회에서 소련과 중공을 향해 만일 그 나라들이 대한민국을 상대로 '적대적 행동'을 하지 않는다면 수교할 용의가 있다고 발언했다. 곧이어 박정희 대통령은 광복절 기념사를 통해 소련과 중공을 비롯한 사회주의국가들과 교류하고 종국적으로 수교할 뜻이 있음을 밝혔다. 1개월 뒤, 정부는 유고슬라비아에 무역사절단을 파견했으며, 동유럽 공산국가들로부터 여행자들을 받아들였다. 이어 1972년 12월에 한국기업들이 동유럽 공산국가들을 포함한 모든 공산국가들과 통상 및 무역을 할 수 있도록 무역법을 고쳤다. 유고슬라비아는 1973년 4월에 사라예보에서 열린 제32회 세계탁구선수권대회 때 한국대표단의 입국을 허용하는 것으로 화답했다. 이때(4월 10일) 19세의 여고생인 이李에리사 양이 이끈 한국여자대표팀은 세계 최강

---

31 *Pyongyang Times* (January 22, 1972).

중공 여자대표팀 그리고 직전대회 우승팀인 일본여자대표팀을 모두 꺾고 한국 구기 종목 사상 최초로 단체전 금메달을 받아 '사라예보의 전설'을 탄생시켰다.[32]

한국정부는 중공과의 관계개선에도 힘을 쏟았다. 우선 서울에서 한국인의 중국상품전 개최를 허용했다. 동시에 함병춘咸秉春 대통령특별보좌관은 캐나다를 방문하고 마오 주석의 신뢰가 매우 두텁다고 알려진 캐나다주재 중공대사 황화黃華에게 중국과의 수교를 협상하기 위해 방문할 뜻이 있음을 밝혔으나 황 대사는 응답하지 않았다.[33] 그뿐만 아니라 한국이 유고슬라비아에 무역대표부를 개설하려고 하자 중공은 북한의 요구를 받아들여 유고슬라비아로 하여금 거절하게 했다.[34]

중공과는 대조적으로 소련은 1971년 9월과 1972년 3월 사이에 비정부적 수준에서였지만 한국에 대해 우호적인 몇 가지 조치를 취했으며 남북한의 유엔 동시가입을 지지하는 것으로 해석되는 논설들을 발표했다.[35] '보편성(universality)의 원칙' 아래 세계의 모든 나라에 유엔가입을 허용해야 한다는 1971년 9월 21일자 『프라우다』의 논설이 그 한 보기였다.[36] 소련은 이후 유엔가입에 관한 '보편성의 원칙'을 일관되게 유지하며, 꼭 20년 뒤인 1991년 9월 17일에 한국과 북한이 유엔에 가입할 때에도 이 원칙을 내세우며 지지한다.

소련은 한국에 대한 제한된 범위 안에서의, 특히 비정치적인 문화와 체육 분야에서의 우호적 조치를 계속했다. 1973년 5월에 모스크바에서 열린

---

32 이헌재(『동아일보』 스포츠전문기자), 「이헌재의 인생홈런: 사라예보 50년 이에리사 "만보 걷기로 몸과 마음의 여유"」, 『동아일보』(2023년 12월 3일, A33쪽).

33 *New York Times* (August 8, 1971, September 2, 1971).

34 장덕준, 『북방정책의 이상과 현실: 아관파천에서 신북방정책까지』(역사공간, 2021), 167~168쪽.

35 『동아일보』(1971년 9월 14일 및 1972년 3월 22일).

36 *New York Times* (September 22, 1971).

제15차 국제연극예술협회총회가 열리고, 1973년 8월에 모스크바에서 제7회 하계 유니버시아드대회가 열리고 9월에 민스크에서 제75회 세계레슬링선수권대회가 열렸을 때, 한국대표단의 입국을 받아들였다. 이 시점에서 소련은 미국의 긴장완화정책에 대체로 호응하고 있었으며, 북한과 중공의 관계가 가까워지고 있는 것을 견제하고 있었다.

닉슨·저우 공동성명의 발표

닉슨 행정부의 중공과의 관계 개선을 위한 외교적 행보는 1971년 7월에 키신저 보좌관의 중공 비밀방문과 수뇌부와의 회담으로 이어졌으며, 그 회담의 합의에 따라 미국은 중화민국의 축출을 전제로 한 중공의 유엔 가입과 유엔 상임이사국 선출을 이끌었다. 실제로 제26차 유엔총회는 1971년 10월 25일에 중국의 유엔대표권을 중화민국에서 중화인민공화국으로 대체하는 결의안을 통과시켰다. 중화인민공화국 외교부장으로서 수석대표로 참석한 차오관화喬冠華는 곧바로 유엔총회에서 연설을 통해 조선문제의 해결책으로 미군의 철수와 언커크의 해체를 제시했다.[37]

닉슨 행정부의 외교적 행보는 1972년 2월 하순에 키신저 보좌관이 수행한 닉슨 대통령의 중국 방문으로 정점에 이르렀다. 미국대통령으로 처음 중국을 방문한 그는 마오와 회담한 데 이어, 저우 총리와 회담했다. 상하이에서 2월 27일에 발표된 닉슨·저우 공동성명은 한국정부로서는 예상은 하고 있었으나 받아들이기 쉽지 않았다. 미국의 입장과 중국의 입장을 따로따로 나열하기는 했지만 서로 합의했다는 해석이 가능한 이 성명에는, 미국과 중국은 남북한 사이의 직접적 대화를 권장한다는 조항에 이어 북한이 주장해온 언커크의 해체를 지지하는 조항이 포함되어 있었기 때문이다. 한국정부에게 언커크는 유엔과 한국을 연결함과 동시에 국제사회에서 남북

---

37 *Ibid* (November 16, 1971).

한관계와 관련해 한국의 정당성을 뒷받침하는 존재였다. 또, 북한을 공식 국호 그대로 「조선민주주의인민공화국」이라고 호칭하면서 미국이 북한과의 관계를 개선할 뜻이 있음을 공개적으로 밝혔다.[38]

남북공동성명의 채택

한국정부는 새로운 국제환경에 적응하지 않을 수 없었다. 이후락李厚洛 중앙정보부 부장은 1972년 5월 2~5일에 비밀리에 평양을 방문하고 김일성 수상과 김일성 수상의 실제實弟이면서 조선로동당 조직지도부장으로 김일성의 후계자로 꼽히던 김영주金英柱를 만났다. 한국정부의 당국자가 김일성을 만난 것은 이 경우가 처음이었다. 북에서는 김영주를 대리해 5월 29일 ~ 6월 1일에 박성철朴成哲 제2부수상 역시 비밀리에 서울을 방문하고 박 대통령과 이 부장을 만났다. 이것은 남북분단 이후 처음으로 남과 북의 정부고위당국자 사이에서 공식 대화통로가 열렸음을 의미했다. 그 결과는 1972년 7월 4일에 서울과 평양에서 동시에 발표된 「7·4 남북공동성명」이었다.

이 성명은 통일의 3대 원칙으로 외세에 의존하거나 외세의 간섭을 받음이 없는 자주, 무력에 의존하지 않는 평화, 그리고 '사상과 이념·제도를 초월한 민족대단결'을 제시했다. 이 3대 원칙 가운데 특히 중요했던 것은 '외세의 간섭 없는 자주'의 원칙 그리고 '사상과 이념 및 제도를 초월한 민족대단결'의 원칙이었다. 앞의 원칙은 한반도문제를 다룸에 있어서 유엔을 배제한다는 해석으로 이어질 수 있었고, 뒤의 원칙은 자유민주주의와 공산주의 모두를 뛰어넘는다는 해석으로 이어질 수 있었기 때문이다. 무엇보다 중요하게 '사상과 이념 및 제도를 초월한'이라는 구절은 훗날 한국정부가 북한을 포함한 공산국가들에 접근할 때 쓰이게 되며, 이러한 점에서 「7·4 남북공동성명」은 북방정책의 단초로도 간주된다.

---

38 *Ibid* (March 8, 1972).

합의 내용을 이행하기 위해, 이후락 부장과 김영주 부장을 공동위원장으로 하는 「남북조절위원회」를 설치·운영하기로 했다. 이 공동성명은 어디에서도 남과 북의 국호를 밝히지 않았으며 그저 '서울'과 '평양'이라는 표현을 썼고, 마지막에서도 국호나 기관이나 직위를 전혀 밝히지 않은 채 "서로 상부의 뜻을 받들어 이후락 김영주"라는 구절로 끝을 맺었다.[39]

박 대통령의 비서실장이던 김정렴金正濂의 회고에 따르면, 박 대통령은 이 부장이 귀환 직후 보고하는 자리에서 '3대 원칙'에 대해, 특히 마지막 원칙에 대해, 불만을 표시했다.[40] 대조적으로, 김일성은 3대 원칙은 물론이고 이 공동성명 전체에 대해 큰 만족을 표시했다. 이 점은 이 공동성명을 보도한 7월 4일자 『로동신문』에서 뚜렷하게 나타났다. 이 신문은 이 공동성명이 '위대한 수령 김일성 동지께서 제시하신 3대 원칙'을 그대로 반영했다고 대서특필한 것이다.

제3항 남북공동성명 직후의 남과 북

남북적십자 회담과 병행해 남북조절위원회 회담도 순조롭게 계속 열렸으며, 성명에서 약속했던 대로 남과 북은 동시에 각각 상대방에 대한 비방을 중단했다. 특히 남한에서는 7·4남북공동성명에 고무되어 한반도 통일에 대한 토론이 활발해졌다. 언론인으로 존경받던 천관우千寬宇 동아일보사 주필은 '복합국가론複合國家論'을 제시하면서 앞으로 통일될 국가의 성격은 자본주의만도 아니고 사회주의만도 아닌 복합적 성격을 갖게 될 것이라

39 Young Whan Kihl, "Koreas' Response to Major Power Rapprochment," In Young C. Kim, ed., *Major Powers and Korea* (Silver Spring, M.D.: Research Institute on Korean Affairs, 1973), pp.151~154; 신종대(辛鍾大), 『7·4공동성명 및 남북대화: 한국의 대북협상과 외교』(선인, 2023).

40 김정렴(金正濂), 『한국경제정책 30년사: 김정렴 회고록』(중앙일보사, 1990), 385~386쪽.

는 논리를 전개했고, 장준하張俊河 전 사상계사 발행인은 천관우의 복합국가론에 공감하면서, 통일이라면 그것이 어떠한 형태이든간에 좋다라는 뜻의 '통일지상론統一至上論'을 전개했다.[41]

그러나 성명 발표로부터 백일이 지난 시점인 1972년 10월 17일에 남에서는 비상계엄령이 선포되고, 급변하는 국제환경 속에서 대한민국의 안보를 굳건히 하며 '평화통일을 위해' 남북대화를 효율적으로 추진하려면 강력한 통치체제가 필요하다는 명분 아래 입법·행정·사법의 3권을 대통령에게 집중시킨 유신체제가 등장했다. 사실상 박 대통령의 친위쿠데타에 근거해 마련된 이 헌법은 「통일주체국민회의」를 신설하고 거기서 대통령을 선출하도록 했다. 12월 27일에 북에서는 김일성 수상을 국가주석으로 격상시키면서 동시에 그에게 '국가의 일체 무력을 지휘통솔'할 권한을 부여함으로써 이미 확고한 그의 1인 독재체제를 더욱 강화한 '사회주의 헌법'을 채택했다. 처음에는 일시적으로나마 이 조치들이 각각 남과 북에서 남북대화의 진전을 뒷받침하기 위한 국내적 필요에서 나온 것으로 받아들여졌다. 그러나 그 헌법들은 남북대화를 빙자한 1인 독재자의 권력강화를 위해 마련된 것임을 곧바로 깨닫게 되었다.

남북공동성명의 발표와 남북회담의 진행 이후 북의 국제위상은 크게 향상되었다. 1973년 한 해에, 그 사이 북한을 승인하지 않았던 북유럽의 덴마크·핀란드·아이슬란드·노르웨이·스웨덴을 비롯해 아르헨티나·이란·토고·다호메이(오늘날의 베냉)·감비아·모리셔스 등이 북한과 외교관계를 수립했다. 북한은 유엔의 산하기관인 세계보건기구(WHO)에 가입할 수 있었으며, 이것은 북한이 유엔의 제네바 사무소와 뉴욕 본부에 각각 옵서버를 파견할 수 있게 만들어주었다. 이로써 남한 대표만 참석했던 유엔총회

---

41 천관우(千寬宇), 「민족통일을 위한 나의 제언」, 『창조』(1972년 9월), 24~34쪽; 장준하(張俊河), 「민족주의자의 길」, 『씨알의 소리』(1972년 9월). 이 글은 박경수(朴敬洙), 『장준하: 민족주의자의 길』(경기도 파주시: 돌베개, 2003), 375쪽에서 읽을 수 있다.

에 북한 대표도 참석할 수 있게 되었다. 북한은 이어 만국우편동맹IPU와 유엔무역개발기구(UNCTAD) 및 유엔교육과학문화기구(UNESCO) 등에 가입했다. 이러한 추세는 계속되어 1971년 시점에서 80대 34의 비율이었던 남북한 수교국가 수는 1975년에 90대 88로 좁혀졌으며, 1974년의 시점에서 북한이 가입한 국제기구의 수는 139개 이르렀다.[42]

기세가 오른 북한은 남한을 상대로 훨씬 공세적인 자세를 취했다. 1973년 3월 16일에는 주한미군의 철수, 남북의 대폭적 상호감군, 남북 평화협정의 체결을 포함한 5개항을 요구했고, 6월 12~14일에는 이 제의를 되풀이했다. 정치적·군사적 내용을 골격으로 한 북측 제의에 대해, 한국의 대응은 비정치적·비군사적 내용을 골격으로 한 단계적·점진적·기능주의적 제의로 일관했다. 이산가족의 재회를 위한 남북적십자회담의 활성화, 기업인들의 상호방문 실현을 통한 지하자원의 공동개발, 그리고 학자들의 상호방문 실현을 통한 한국의 언어와 역사 및 고고학 공동연구 등이 그것들이었다.

제4항 남의 6·23선언 대(對) 북의 고려련방제

일련의 남북대화에서 대조적으로 나타난 것은 한반도의 분단현상分斷現狀을 유지하려는 남한의 자세와 변경시키려는 북한의 자세였다. 남한의 자세는 1973년 6월 23일에 박정희 대통령이 발표한 「평화통일외교정책에 관한 특별성명」(약칭 6·23선언)에서 뚜렷하게 확인됐다. 박 대통령은 우선 "최근의 국제정세는 제2차 세계대전 후의 냉전시대가 끝나고 현상유지를 기조로 하는 열강들의 세력균형으로 평화공존을 유지하는 것이 그 주된 조류"

42 B.C. Koh, "North Korea: Old Goals and New Realities," *Asian Survey*, Vol. 14, No. 1 (January 1974), p. 37; 박영준(朴榮濬), 『데탕트 시기 전후 안보도전과 한국의 대미 및 대일 외교: 한미일 3각 안보협력체제 탄생의 기원』(선인, 2024), 121쪽.

라고 진단하고, "또한 그간 이 지역에 있어서의 일련의 주변정세의 발전으로 미루어 보아서도 국토통일이 단시일 내에 성취되기는 어렵다."라고 전망하면서 "조국통일이라는 민족지상의 염원과 목표를 국제정세의 현실 속에서 어떻게 추구할 것인가의 문제"에 대해, 7개 항의 해결책을 제시했다.

박 대통령은 우선 북한이 우리와 같이 국제기구에 참여하는 것과 국제연합에 가입하는 것을 반대하지 않는다고 밝혔다. 이것은 그러한 용어 자체를 사용하지는 않았으나 한국정부가 고수해온 할슈타인 독트린을 폐기한다는 것을 의미했다. 여기서 나타났듯, 이 선언의 본질은 '통일문제의 잠정화', 다시 말해, 한반도 분단현상의 사실상의 합법화에 있었다.

그는 이어 제6항에서 "대한민국은 호혜평등의 원칙하에 모든 국가에게 문호를 개방할 것이며, 우리와 이념과 체제를 달리하는 국가들도 우리에게 문호를 개방할 것을 촉구한다."고 말했는데,[43] 여기서 「7·4남북공동성명」에서 사용되었던 '이념과 제도를 달리하는' 이라는 구절이 '제도'가 '체제'로 바뀐 채 다시 나타났다. 이 제6항을 근거로 다수의 연구자는 6·23선언을 북방정책의 씨앗으로 간주한다.

박 대통령은 선언을 행동으로 옮기고자 했다. 우선 1973년 8월 20일에 교통부 훈령으로 한국과 공산국가간 상호 선박의 항구 입항과 기항을 허용하는 조치를 취했고, 1974년 4월 12일에는 재무부 훈령으로 공산국의 상사가 한국내 입찰에 참가할 수 있도록 허용하는 조치를 취했으며, 1974년 9월에는 북한과 북베트남을 제외한 모든 공산국가와의 서신교환을 허용하는 조치를 취했다.[44]

거기서 훨씬 한 차원 높게, 외무부는 소련이 비록 비공식적이기는 했으

---

43 *Korea Times* (June 24, 1973).

44 이경숙(李慶淑), 「북방정책과 통일정책」, 『숙명여대 통일논총』 8(1991년 12월), 118쪽에서 재인용.

나 6·23선언에 호의적으로 반응했다는 해외공관의 보고에[45] 고무되어 1973년 후반기에 당시 대사직명을 지닌 채 뉴델리주재 총영사로 봉직하는 노신영盧信永에게 인도정부의 도움을 받아 소련 비밀방문을 성사시키도록 훈령했다. 그는 인도정부는 물론이고 소련정부로부터도 호의적 반응을 받았으며, 1973년 11월에 인도의 수도 뉴델리를 방문한 소련공산당 중앙위원회 서기장 겸 소련 국가원수 레오니드 브레즈네프Leonid I. Brezhnev를 환영하는 외교사절단의 일원으로 공항에서, 이어 인도정부의 공식 환영리셉션에서, 브레즈네프에게 방소의사를 전달했다. 그러나 외무부가 방침을 바꿈에 따라 그는 더 이상 방소를 추진하지 않았다.[46]

한국정부는 남북대화가 진행되고 있던 당시의 분위기를 유지하기 위해 6월 23일에 7개 항의 특별성명을 발표할 계획임을 그 구체적 내용과 함께 북한당국에 미리 알려주었다. 그러했기에 김일성 주석은 6월 23일에 체코슬로바키아공산당 중앙위원회 총서기 후사크Gustav Husak의 평양방문을 환영하는 군중대회에서 「민족의 분렬을 방지하고 조국을 통일하자」는 제목으로 연설하며 박 대통령의 제의를 거부했다. 그것은 '두 개의 조선을 조작해내려는 책동'으로 분단을 고정화시키려는 속셈에서 나왔다는 것이다. 대신에 그는 남북 사이에 모든 각계각층 인민의 대표자들과 정당·사회단체의 대표자들로써 '대민족회의'를 열어, '고려련방공화국'이라는 단일국호 아래 통일국가를 세울 것을 제의했다.[47] 우리가 앞에서 보았듯, 김일성은 1960년 8월 14일에 통일방안으로 '남북련방제'를 제의했었는데, 이제 거기에 국호를 붙이면서 보다 더 구체화시킨 것이다.

김 주석의 제의는 남과 북의 현존 질서와 제도를 그대로 인정하는 것을 전제로 남과 북을 묶고 그 위에 '고려련방공화국'이라는 지붕을 얹자는 구

---

45 기광서(奇光舒), 「한반도 냉전시기 북소관계(1953~1991)」, 한국국제교류재단 편, 『한러관계사』 전2권(제주특별자치도 서귀포시: 한국국제교류재단, 2022), 1, 317쪽.

46 노신영(盧信永), 『노신영 회고록』(고려서적, 2000), 169~172쪽.

47 *The People's Korea* (June 27, 1973).

상으로 해석될 수 있다. 그렇기에 정치학의 관점에서는 단일국가 안에서 성립되는 연방제보다 복수국가 안에서 성립되는 국가연합제에 가까우며, 따라서 박 대통령의 6·23선언처럼 분단상황의 합법화를 지향한 것으로 이해될 수도 있다. 그러나 주한미군의 철수와 한미상호방위조약의 폐기를 동시에 요구했다는 점에서, 현상타파의 성격을 지녔음이 확실했다. 실제로 북한은 대체로 이 시점부터 자신의 군부대가 휴전선을 넘어 남한을 공격할 수 있도록 하기 위해 지하에서 땅굴을 파내려오기 시작한다.

김대중총재납치사건의 발생과 남북대화의 전면 중단

남과 북 사이에 새로운 제의가 교환된 직후인 1973년 8월 13일에, 중앙정보부가 제1야당 당수로 1971년 4월의 대통령선거에서 박 대통령에 도전했다가 도쿄에 망명하고 있던 김대중을 납치했으나 서울의 마포구 동교동 자택 앞에 방기한 사건이 일어났다. 당시 미국 중앙정보국 한국지부장으로 부임한지 얼마 되지 않았던 도널드 그레그Donald P. Gregg의 회상에 따르면, 당시 주한미국대사 필립 하비브Philip C. Habib는 김 총재가 납치되었다는 사실만을 인지한 채 '격분한' 상태에서 그레그 지부장에게 자신은 한국의 중앙정보부가 납치한 것으로 의심하고 있다고 말하면서 자세하게 알아줄 것을 부탁했다. 하비브는 레바논계 미국인으로 아이다호대학교 임학과를 졸업하고 캘리포니아대학교 버클리 캠퍼스 대학원 농경제학과에서 박사학위를 받은 뒤 국무부에 들어가 직업외교관으로 성장했다. 국무부 아시아태평양담당부차관보에 이어 주한미국대사관 참사관으로 봉직했으며 1971년에 주한대사로 승진했고, 이후 아시아태평양담당차관보로 승진한다.

그레그는 서둘러 알아본 뒤 한국의 중앙정보부가 납치한 것이 맞는다고 알려주었다. "박 대통령은 성미가 급하고 자존심이 강하다."는 사실을 잘 알고 있었던 하비브는 직접 대면하면 박 대통령의 반감을 살 수 있다고 판단해 그 길을 피하고, "박 대통령에게 긴급 메시지를 보내 자기는 김대중 납치에 대해 알고 있으며 김이 죽는다면 미국과 서울의 관계가 끝장날 우려가 있다고 말한 데 이어 […] 김을 살릴 수 있는 가능한 모든 수단을 동원하라고 압박했다."[48] 하비브는 특히 이후락이 중앙정보부장으로 재임하는 동안에는 북한에 관한 정보를 공유할 수 없다는 말로 사실상 이후락의 퇴진을 요구했다. 이렇게 미국이 신속히 개입해 김대중 총재의 생명을 구할 수 있었다. 박 대통령은 그해 12월 3일에 이 부장을 해임하고 신직수申稙秀 전 법무장관을 임명한다.

김대중총재납치사건은 우선 남북대화를 중단시키는 중요한 계기가 되었다. 남북조절위원회 북측 공동위원장 김영주는 8월 28일에 김대중납치사건을 남측 공동위원장 이후락이 일으켰다고 비난하면서 이런 사람과 공동위원회를 운영할 수 없다고 주장했다. 이로써 「남북조절위원회」는 종말을 맞이했고, 남북대화는 사실상 전면 중단되었으며 상호 비방은 다시 시작되었다. 1973년 12월 28일에 열린 제28차 유엔총회는 마침내 언커크의 해체를 만장일치로 결의했다.[49] 이것은 오랜 기간에 걸쳐 언커크의 해체를 요구해온 북한에 매우 고무적이었다. 그렇지만 이 유엔총회가 독일에 두 개의 독일이 존재한다는 현실을 인정하고 9월 18일에 동서독의 유엔 동시 가입을 받아들인 것은 박정희정부에게 한반도에 두 개의 코리아가 존재한다는 현실인정 위에서 출발한 6·23선언의 정당성을 합리화할 수 있는 자료가 되었다.

김대중총재납치사건은 다른 한편으로 국내에서는 유신체제반대운동을 출발시키는 촉매제가 되었다. 1973년 10월 2일에 서울대학교 문리대 학생들이 반대시위를 벌인 것을 시발로 이 운동이 각 대학교로 확산되었고 장준

48 Donald P. Gregg, *Pot Shards: Fragments of a Life Lived in CIA, the White House, and the Two Koreas* (Washington, D.C.: New Academic Publishing, 2014); 차미례(車美禮) 옮김, 『역사의 파편들: 도널드 그레그 회고록』(경기도 파주시: 창비, 2015), 216~218쪽.

49 홍석률(洪錫律), 『1970년대 UN에서의 UNCURK 해체 문제』(경기도 파주시: 경인문화사, 2020).

하와 백기완을 비롯한 저명한 재야 지도자들의 반유신운동으로까지 확대되자, 박 대통령은 긴급조치령을 선포하고 비상군사재판소를 열어 참가자들을 가혹하게 처벌한 데 이어, 그들의 배후에 불온한 친북좌경세력인 「전국민주청년학생총연맹」(약칭 민청학련)이 활동하고 있다고 주장하며 수백 명의 대학생들을 구속했을 뿐만 아니라 민청학련의 배후에 「인민혁명당」 잔존세력이 있었다고 주장하며 군사재판을 통해 8명을 사형했다. '사법살인'으로 매도된 이 사건은 특히 서방권에서 큰 반발을 불러일으켜 유신체제 그 자체를 위협하게 된다. 잠시 진정된 것 같던 국내의 반대세력 역시 큰 자극을 받아 결집하기 시작했다. 1974년 12월 25일에 윤보선 전 대통령과 부인 공덕귀孔德貴 여사를 비롯해, 김영삼 신민당 총재와 김대중 전 신민당 대통령후보, 그리고 김수환金壽煥 추기경과 이병린李丙璘 대한변호사협회장 등 각계 인사들은 「민주회복국민회의」를 출범시키면서 반유신운동을 전국적 수준으로 끌어올린다.[50]

이 대목에서 중요하게 상기되어야 할 논점이 있다. 이 시기에, 민청학련 사건을 포함해 여러 시국사건에 연관되어 유신체제에 의해 탄압을 받았던 청년들이 반反유신운동, 유신체제가 끝난 뒤 등장한 제5공화국 시대의 반反전두환운동, 그리고 제6공화국 시대 노태우정부 때 반反정부운동에서 주축을 형성한다는 사실이다. 모두가 그러했던 것은 아니지만, 그들 가운데 적지 않은 부분은 "정부가 정략적 목적에서 '국가폭력'으로써 사건을 조작해 무고한 사람을 고문하고 죄인으로 만들어 투옥한다."는 인식을 체화體化했고, 자연히 "국가는 극소수 지배계급이 법法이라는 도구를 활용해 국민을 억압하려고 한다."라는 마르크스시스트적 국가관國家觀을, 또는 비非마르크시스트적이라고 해도 자유민주주의의 관점에서 기성질서에 대해 대단히 비판적인 인식을 내면화했다. 단순화시켜 말해, 그 일련의 반정부운동의

50 『동아일보』(1974년 12월 26일).

지도부 가운데 자유민주주의의 관점을 지니지 않았으며 심지어 김일성이 제창했다는 주체사상을 받아들인 부분이 노무현정부 그리고 특히 문재인 정부의 대북·통일정책수립에 참여하게 되며 여기에서 여러 이념논쟁이 발생하게 된다.

제5항 언커크 해체 이후 남과 북의 새로운 입장

이처럼 남북대화가 정지되고 언커크가 해체되자, 박정희 대통령은 1974년 1월 18일에 북한을 상대로 현행 휴전협정의 존속이라는 전제 아래 남북한 불가침협정의 체결을 제의했다. 북한은 우선 이 제의가 조선반도의 분단을 고정화하고 미군의 '남조선 강점'을 영구화하려는 음모라고 비난했다. 북한은 이어 1974년 3월 25일에 미국을 상대로 중요한 방안을 제시했다. 최고인민회의는 정전협정이 무의미해진 만큼, 이제 북한과 미국 사이에 평화협정을 맺어 정전협정을 대체해야 한다고 주장한 것이다.[51] 북한은 1955년 이후 남한을 상대로 평화협정을 체결할 것을 여러 차례 제의했었다. 그런데 이제 남한을 배제한 조건 아래 미국과의 쌍무적 평화협정을 체결할 것을 제의한 것이다. 미국은 한국과 협의한 뒤 이 제의를 거부했다.

박 대통령의 대응은 1974년 8월 15일 광복절29주년 기념연설로 나타났다. 그는 남북 사이의 불가침협정 체결을 거듭 제의하고 한반도 전역에서의 토착인구비례에 따른 자유총선거 실시를 제의했는데, 여기서 주목되는 것은 유엔이 언커크를 해체한 상황에 유의해 '유엔 감시하에서의 실시'라는 통상적 구절을 제외한 사실이다. 북한은 주한미군 철수와 한미상호방위조약 폐기가 포함되지 않은 이 제의는 분단을 합법화하려는 '음모'에 지나지

51 *Pyongyang Times* (March 30, 1974).

않는다는 이유로 거부했다.[52]

남과 북 사이에는 새로운 논쟁이 시작되었다. 박 대통령의 그 연설장에 동석했던 부인 육영수陸英修 여사가 해외교포의 일원으로 이 기념식에 참석한 재일교포 청년 문세광文世光이 박 대통령을 암살하기 위해 쏘았으나 방향이 어긋난 총탄에 맞아 운명하자, 정부당국은 암살범이 재일 종북단체 「재일조선인총연합회」(약칭 조총련) 소속이며 북한의 사주를 받았다고 주장했다. 조총련과 북한은 모두 그 주장을 부인했다. 문세광은 재판을 거쳐 1974년 12월 20일에 처형된다.

육 여사의 피살은 국내정치에 중요한 영향을 미친다. 박 대통령과 육 여사 사이의 첫 자녀이며 장녀인 22세의 미혼여성 박근혜朴槿惠가 퍼스트레이디의 역할을 맡으며 국정에 깊숙이 개입하게 된 것이다. 당시 중앙정보부 부장이던 김재규金載圭는 박 대통령에게 그녀가 정체가 분명하지 않은 최태민崔太敏 목사의 조종을 받는다는 의혹을 제기했지만 사실상 통제가 이뤄지지 않았다. 김 부장의 반감은 커졌고 그것은 박 대통령 시해로 이어졌다.

제6항 국제사회의 다자회담안 및 교차승인안 제기

베트남의 공산화통일과 김일성의 무력통일론 재등장

1975년에 북한에게 고무적인 일들이 잇달아 일어났다. 우선 남베트남을 끈질기게 공격해온 북베트남은 마침내 4월 30일에 수도 사이공을 점령함으로써 무력으로 통일하는 데 성공했다. 이것을 예견하면서 김일성 주석은 4월 17~26일에 베이징을 방문하고 마오쩌둥과 저우언라이 및 덩샤오핑을 비롯한 중국 지도부에게 '남조선에서 혁명이 일어나는 경우' 휴전선을 철폐

52 Sungjoo Han, "South Korea: The Policical Economy of Dependency," *Asian Survey*, Vol. 14, No. 1 (January 1974), p. 49.

하고 통일을 달성하기 위해 함께 대응할 것을 제의했다. 그러나 중국 지도부는 '조선민주주의인민공화국이 조선민족을 대표하는 유일한 합법적 주권국가'임을 인정해주면서도 조선의 통일은 평화적으로 이뤄져야 한다는 말로써 자제할 것을 권고했다.[53]

베트남의 공산화로부터 4개월이 지난 8월 25~30일에 페루의 수도 리마에서 열린 78개국 비동맹국가외상회의는 남한의 가입신청을 거부하고 북한의 가입을 받아들였다. 이때 북한과 함께 베트남과 파나마 및 팔레스타인해방기구(PLO)의 가입도 받아들였다. 통일을 성취한 베트남의 외상은 이 회의에서 한국을 공개적으로 매우 거친 말로 매도했으며, 이 회의는 주한미군의 철수를 포함한 결의안을 채택했다.[54]

3자~4자회담안 및 남북교차승인론 재대두와 판문점에서의 군사적 위기 조성

이후 남북한관계가 사실상 동결되면서, 미국은 키신저 국무장관부터 나서서 남북한과 미국 사이의 3자회담 개최 또는 남한·북한·미국·중국 사이의 4자회담 개최를 제의했다. 그 대표적 사례가 1975년 9월 22일에 유엔총회에서 행한 키신저의 연설로, 그는 '한반도에 관련된 국가들의 회의를 통해 현행 휴전협정을 영구적 평화협정으로 대체시키는 문제를 토의할 것'을 제의함과 동시에 미국과 일본이 북한을 승인하고 소련과 중국이 남한을 승인하는 '남북한 교차승인' 안도 제의했다.[55] 한국은 교차승인안도 지지했으나 북한은 그것이 '조선의 분단을 영구화시키는 두 개의 조선 조작 책동'이라고 비난했다.

---

53 Young Hoon Kang, "Kim Il Sung's Trip to Peking," *Journal of Korean Affairs*, Vol. 5, No. 1 (April 1975), pp. 47~51.

54 *Pyongyang Times* (August 30, September 6, 13, 1975); 김도민(金道珉), 『1970년대 박정희 정부의 비동맹외교: 한국의 가입신청문제를 중심으로』(선인, 2023).

55 *Korea Times* (September 24, 1975).

남북한의 갈등이 계속되는 가운데, 1976년 여름에 한반도에서는 전쟁이 일어날 것 같은 군사적 위기가 조성되었다. 8월 18일에 판문점 공동경비구역에서 미군측이 북측을 향한 남측 초소의 시야를 가릴 정도로 무성하게 자란 미루나무의 가지를 치자, 북한군측이 가지치기를 지휘하던 두 명의 미군 장교를 쇠파이프와 손도끼로 살해하고 한국군과 미군의 경비요원 아홉 명에게는 중경상을 입힌 것이다. 이튿날 리처드 스틸웰Richard G. Stilwell 주한미군사령관으로부터 문제의 나무를 절단하기 위한 작전계획을 보고받고, 박정희 대통령은 "미친개에게는 몽둥이가 약"이라는 말로 강경대처의 뜻을 표시했다. 이틀 뒤 미국정부는 핵탑재가 가능한 B-52 폭격기 3대를 포함한 막강한 화력을 한반도에 배치해 북한이 저항할 경우 북한 전역을 초토화하겠다는 의지를 표명하면서 한·미 양국의 군부대원들로 하여금 미루나무 자체를 베어버리고 경비공동구역 안에 북한이 무단으로 설치한 두 개의 바리케이드도 철거하게 했다.

앞의 경우와는 달리, 북한군은 조용히 바라보고만 있었다. 만일 북한군이 다시 개입해 들어온다면 미군측은 곧바로 북한을 공격할 태세였음을 깨달은 것이다. 당시 외무부에서 휴전체제를 담당한 부서인 북미2과 사무관으로 이 사건의 전말을 관찰했으며 훗날 외교통상부 장관으로 활동한 송민순宋旻淳 전 북한대학원대학교 총장은 이 사건을 회고하면서 미루나무절단작업을 "아마 역사상 가장 무시무시하고 비싼 나무절단작업으로 남을 것"이라고 표현했다.[56]

김일성 주석은 곧 책임 주체를 명시하지 않은 채 미군 장교를 살해한 일에 대해 '유감'의 뜻을 미군 측에 전달했으며, 미국정부는 이것을 '사과의 표시'로 받아들였다. 동시에 북측은 공동경비구역을 군사분계선에 따라 북측이 관장하는 구역과 유엔군 측이 관장하는 구역으로 나누자는 유엔군측의

---

56 송민순(宋旻淳), 『빙하는 움직인다: 비핵화와 통일외교의 현장』(경기도 파주시 : 창비, 2016), 19쪽.

몇 해 전 제의를 뒤늦게나마 받아들였다. 이로써 최악의 경우 '제3차 대전'이라도 일으킬 수 있을 정도로 고조되었던 위기는 일단 해소되었다.[57]

다시 활발해진 3자회담 제의

주한미군의 철수를 공약한 민주당 후보 카터James E. Carter가 대통령으로 취임한 1977년 1월 이후, 북한은 카터를 '정의의 인간'으로 치켜세우면서, 1974년 3월에 처음 제의했던 미국과 북한 사이의 양자회담 개최를 거듭 제의했다. 김일성은 자신의 뜻을 담은 친서를 파키스탄의 부토Ali Bhutto 대통령과 가봉의 봉고Omar Bongo 대통령 등을 통해 카터 대통령에게 전달했다.

카터 행정부의 밴스 국무장관은 남한의 참가 없이는 그 제의에 응할 수 없다고 분명히 밝혔다. 이것을 계기로, 1978년 3월 이후 유고슬라비아의 티토Bronz Tito 대통령과 루마니아의 차우셰스쿠 대통령Nicolae Ceauşescu 등이, 그리고 카터 대통령의 국가안보보좌관 브레진스키가 남북한과 미국 사이의 3자회담안을 제시했다. 1979년 5월에는 발트하임Kurd J. Waldheim 유엔 사무총장이 자신과 남북한 대표 사이의 3자회담안을 제시했다.[58]

박정희 대통령은 방한한 카터 대통령과 1979년 7월 1일에 발표한 공동성명에서 남북한과 미국사이의 3자회담안을 받아들였다. 북한은 즉시 거부하면서도, 국제여론을 고려해 한발 물러서는 것 같은 자세를 보였다.[59] 1979년 9월 30일에 유엔에서 열린 비동맹국가외상회의의 비상회의에 참석한 북한의 허담許錟 부총리 겸 외교부장은 일본의 『교토통신共同通信』과 가진 회견에서 미국과의 양자회담안을 제기하면서, 이 회담이 열리면 거기서 한국의 참여를 논의할 수 있다고 덧붙인 것이다.[60]

---

57 Don Oberdorfer and Robert Carlin, *The Two Koreas: A Contemporary History*, revised and updated, 3rd. ed. (New York: Basic Books, 2014), pp. 59~66.

58 『서울신문』 (1979년 5월 5일).

59 *New York Times* (July 1, 1979); 『로동신문』 (1979년 7월 11일).

60 *Korea Herald* (October 2, 8, 1977).

국제사회에서의 활발한 논의는 한국 국내에 영향을 주었다. 한국의 제1야당 신민당의 김영삼 총재는 1979년 6월 11일에 서울의 외신기자클럽에서 연설하며 자신과 김일성 사이의 양자 회담을 제의했다. 1주일 뒤 북한의 김일金一 총리는 김 총재의 제의를 환영하면서 신민당 대표와 조선로동당 대표 사이의 예비접촉을 제의했다.[61] 박정희정부의 사주를 받은 몇몇 집단은 김 총재에게 취소를 요구하며 위해를 가하려고 했다. 그러나 국민의 반응이 싸늘해지자 협박을 중단했다.

소련, 한국에 대한 우호적 자세 보이다

이렇게 남한의 북한과의 관계는 막혔으나, 1978년에 소련과의 관계에서 비록 작지만 고무적인 변화가 일어났다. 4월 20일에 파리를 출발해 서울을 향한 대한항공사 902기는 실수로 소련영공을 침범해 소련상공에서 소련공군의 경고를 받는 가운데 무르만스크 남쪽의 얼어붙은 호수에 기적적으로 불시착할 수 있었으며, 이 사건을 소련정부는 호의적으로 처리했다. 이에 박 대통령은 공식으로 소련정부에 감사의 뜻을 표시했다.

소련은 계속해서 한국에 대해 일정한 범위 안에서이지만 호의적으로 대했다. 8월에 하바롭스크에서 열린 제27차 국제노동조합연맹 총회에 한국대표 6명의 입국을 받아들였고, 이어 9월에 당시 소련을 구성한 공화국들 가운데 하나인 카자흐스탄공화국의 수도 알마티에서 열린 세계보건기구 회의에 신현확申鉉碻 보건사회부 장관의 입국을 받아들였다.[62] 대한민국의 국무위원이 소련에 입국한 첫 사례였다. 카자흐스탄공화국의 공식 기관지 『카자흐스탄 프라우다』는 이 사실을 보도하면서 처음으로 대한민국의 공식 영어명칭인 'Republic of Korea'라는 호칭을 사용했다.

---

61 노중선 엮음, 『연표』, 211쪽.

62 홍석률(洪錫律), 「데탕트기 한국의 대(對)공산권 외교정책」, 『한국문화연구』(이화여자대학교 한국문화연구원) 34(2018년 6월), 307~343쪽.

1979년에도 비슷한 일이 있었다. 소련은 4월 초에 영국을 경유한 한국과의 국제전화선을 개통시켰고, 4월 하순에 국제아이스하키연맹 총회가 모스크바에서 열렸을 때 한국대표단의 입국을 받아들였으며, 8월 12일~18일에 모스크바에서 열린 세계정치학회(IPSA) 제11차 세계대회에 이홍구李洪九 서울대학교 교수와 이상우李相禹 서강대학교 교수를 포함한 한국학자 15명의 입국을 아무런 조건 없이 받아들인 것이다. 이러한 일련의 흐름은 소련과의 관계가 개선될 수 있다는 전망을 낳았다.[63]

제3절 제5공화국의 남북정상회담 개최 시도

1978년 12월에 실시된 제10대 국회총선은 의석수가 아니라 득표율만을 기준으로 볼 때, 집권당인 민주공화당의 패배로 나타났다. 용기를 얻은 반대세력은 목소리를 높였다. 1979년에 들어서서, 유신체제에 대한 국민적 저항은 훨씬 더 강해졌는데도 정권은 "카터 행정부는 유신독재를 지원할 것이 아니라 차라리 주한미군을 철수해 경각심을 주라"는 취지로 발언한 김영삼 신민당 총재의 의원직을 박탈했다. 이것은 저항의 강도를 더욱 높여, 그 저항은 10월에 김 총재의 지역적 거점인 부산과 마산에서 이른바 부마항쟁으로 나타났으며 부마항쟁의 열기는 서울로 옮겨가기 시작했다. 체제와 국민 사이의 대결이 내전內戰으로 악화될 것 같은 분위기 속에서, 10월 26일에 김재규金載圭 중앙정보부장이 박정희 대통령을 시해하는 불상사가 발생했으며, 이것은 자연히 새로운 정치상황을 조성했다.

---

63 Man-woo Lee, "The Prospects for Normalization of Relations Between Moscow and Seoul," *Korea and World Affairs*, Vol. 4, No. 1 (Spring 1980), pp.129~139.

제1항 제5공화국 출범 배경과 과정

제주도를 제외한 모든 지역에 비상계엄령이 내려진 상태에서 유신헌법의 절차에 따라 최규하崔圭夏 국무총리가 10대 대통령에 취임했으나, 유신체제의 철폐를 요구하는 시민운동이 확산되고 앞으로 실시될 대통령 직접선거를 예견하며 야당 지도자 김영삼·김대중·김종필 등이 경쟁하는 가운데, 1979년 12월 12일에 국군보안사령관으로 박 대통령 시해사건의 합동수사본부장을 맡은 전두환全斗煥 육군소장 그리고 제9사단장 노태우盧泰愚 육군소장을 중심으로 한 신군부는 계엄사령관 정승화鄭昇和 육군참모총장의 체포와 수사를 명분으로 군사정변을 일으켜 정권을 장악했다. 이것은 그들에게 '원죄原罪'로 남게 된다. 그래도 민주화세력이 굽히지 않고 반反전두환 운동을 전개하는 가운데, 1980년이 시작되면서 '서울의 봄'이 열리는 것 같았다.

북한은 남한의 이 혼란한 상황을 놓치지 않았다. 1979년 11월에 '북과 남의 합작과 단결을 통한 통일의 출로를 열어나갈 것'을 제의한 데 이어, 1980년 1월에는 '남조선의 각 정당, 단체, 당국의 책임적인 인사들'을 대상으로 남북대화를 재개할 것을 제의했다. 최규하정부도 호응해 1980년 2월 6일부터 판문점에서 남북총리회담의 개최를 위한 남북 실무대표들의 '접촉'이 진행되었다.[64] 국내에서와 남북관계 모두에서 어떤 진전이 있을 것이라는 기대가 조심스럽게 성장했다.

이 기대에 어긋나게 신군부는 1980년 5월 17일에 비상계엄령을 전국으로 확대하고 김대중 총재를 체포했다. 김대중 총재의 지역적 거점인 전라남도 광주시 일원에서 김 총재의 석방을 요구하면서 민주화운동이 일어나자 신군부는 그것을 무력으로 진압해 많은 사상자를 낳았다. 전두환은 곧

---

64 안병영(安秉永), 「남북회담에 거는 기대와 걱정」, 『신동아』(1980년 3월), 154~161쪽.

최규하를 퇴진시키고 유신헌법 절차에 따라 1980년 9월 1일에 11대 대통령에 취임했으며, 집권당으로 민주정의당(약칭 민정당)을 창당하면서 선거인단에 의해 7년 임기의 대통령을 선출하는 것을 뼈대로 한 새 헌법을 만들고 거기에 기초해 1981년 3월 3일에 12대 대통령에 취임했다. 이로써 제5공화국이 출범했다.

그사이 신군부는 김대중 총재가 내란을 선동해 광주의 비극이 일어났다고 주장하고 그 주장에 복종한 육군본부 계엄보통군법회의는 1980년 9월 17일에 그에게 사형을 선고했고, 육군본부 계엄고등군법회의는 1990년 11월 3일에 다시 사형을 선고했으며, 대법원은 1981년 1월 23일에 사형을 확정지었다. 그러나 국내에서는 물론이고 특히 미국을 비롯한 서방권에서는 사형이 부당하다는 여론이 확산되었다. 이 시점에서, 노태우 국군보안사령관은 남덕우南悳祐 국무총리의 건의를 받아들여 전 대통령에게 문제의 심각성을 전달했다. 남 총리는 훗날 다음과 같이 회고했다.

> 노태우 보안사령관에게 점심을 같이 하자고 총리공관으로 초대했다. 전두환 대통령과 가장 가까운 사이라고 생각했기 때문이다. 노태우 사령관에게 문제점을 자세히 설명하고 우리의 진정한 적은 김대중 씨가 아니라 김일성인데 김대중 씨를 처형하면 국내에 소란이 일어나고 한미관계가 극도로 악화되어 결국은 김일성을 기쁘게 만드는 것이 아니겠느냐는 말도 했다. 노 사령관은 내 말에 수긍하고 대통령께 건의하겠다고 약속했다.[65]

전두환 대통령은 당시 레이건 대통령으로부터도 김대중 총재를 처형하지 않도록 강력한 압력을 받고 있던 터에 노 사령관의 건의를 받으면서 대통령의 특사권을 발동하여 무기징역으로 감형했고, 김 총재는 결국 1982년

---

65 남덕우(南悳祐), 「김대중 씨의 구명에 앞장 선 보안사령관」, 노재봉(盧在鳳) 편, 『노태우 대통령을 말한다: 국내외 인사 175인의 기록』(동화출판사, 2011), 232쪽.

말에 형집행정지로 석방되어 미국으로 건너가게 되었다. 이 사실에 대해, 남 총리는 "이런 전두환 대통령의 결단을 이끌어내는 데에는 누구보다도 노태우 보안사령관의 힘이 컸다고 나는 생각한다."라고 회상했다.[66]

제2항 전두환 대통령의 남북정상회담 개최 제의

제5공화국 전두환정부는 본질에서 박정희정부, 특히 유신체제와 동일했다. 특히 대통령선출 방식 그리고 1차적으로 강압력에 의존하는 권력 유지 방식에서 그러했다. 반정부운동이 끊이지 않았던 까닭이 거기에 있었다.

그러나 대북·통일정책에서는 일정한 범위 안에서 차이를 보였다. 우선 제5공화국 헌법은 전문前文에서 '평화적 통일의 사명'을 포함한 데 이어, 제4조에서 "대한민국은 통일을 지향하며, 자유민주적 기본질서에 입각한 평화적 통일정책을 수립하고 이를 추진한다."라고 선언하고, 구체적으로 제66조 3항에서 "대통령은 조국의 평화적 통일을 위한 성실한 의무를 진다."라고 규정해, 박정희정부보다 훨씬 더 적극적이며 심지어 공세적인 자세를 취할 수 있는 법적 근거를 마련한 것이다. 여기에 바탕을 두고, 전 대통령은 1981년 1월 12일에 '김일성 주석'을 상대로 정상회담의 개최를 제의하면서 김 주석의 '조건 없는 서울 방문'을 초청하고 자신도 평양을 방문할 용의가 있음을 밝힌 데 이어, 6월 5일에 그 제의를 되풀이하고, 1982년 1월 21일에 남북통일을 위한 「민족화합민주통일방안」을 제의했다.

북의 「고려민주련방공화국」 대(對) 남의 「남북연합」

이 방안에서 핵심적 부분은 남북정상회담을 통해 '민족공동체 헌장'을 채

66 위와 같음, 233쪽.

택하고, 과도적 통일체제인 '남북연합'을 거쳐 남북대표로써 '민족통일협의회'를 구성한 뒤 이 기구로 하여금 '통일헌법'을 마련한다는 내용이었다. 무엇보다, 비록 과도적 통일체제로 규정하기는 했으나, '남북연합'을 제의함으로써 북의 '고려련방공화국' 안에 접근했다는 점이 주목된다. 전 대통령은 동시에 "이념이 다른 국가라 할지라도 그 국가가 적대적 행위를 취하지 않는다면 인적·물적 교류를 할 용의가 있다."라고 말해, 공산권 국가들에 대해 보다 전향적 정책을 펼칠 뜻이 있음도 나타냈다.[67] 이 제의에 뒤이어, 손재식孫在植 국토통일원 장관은 1982년 2월 1일에 '민족화합을 위한 20개 남북교류시범실천사업'을 제시했다.[68]

전두환정부의 그러한 자세는 어떻게 설명될 수 있는가? 우선 북한이 1980년 10월 10 ~ 14일에 조선로동당 제6차 대회를 열고 김일성의 장남 김정일金正日을 후계자로 공식화하면서 통일방안으로 기존의 「고려련방공화국」에서 한 걸음 더 나아간 「고려민주련방공화국」 창설을 제의한 사실을 상기할 필요가 있다.[69] 이 안은 남북 동수同數의 대표들과 해외동포들의 대표들로써 '최고련방회의'를 구성하고, '최고련방회의' 안에 국정의 모든 현안을 토론하고 결정하는 '상임위원회'를 설치하며, 남과 북의 군대로써 단일한 남북연합군을 설치한다는 내용을 포함했으며, 남과 북 사이의 여러 부문에서의 교류와 협력을 증진하는 데 초점을 맞춘 10개 프로그램을 제시해, 전두환 정부로서 경시하기 어려웠다.

그러나 그것보다 더 중요한 요인이 있었다. 역대 한국정부는, 특히 박정희정부는 북한은 물론이고 국내의 '좌파적·진보적' 세력으로부터 통일문제에 대해 소극적이라는 비판을 받았으며 심지어는 '분단고정화추구세력'

67 노중선 엮음, 『연표』, 220쪽 및 223쪽.

68 위와 같음, 229쪽.

69 위와 같음, 216~219쪽; Dong-bok Lee, "The January 12 Proposal and the Sixth Congress of the KWP," *Korea and World Affairs*, Vol. 5, No. 1 (Spring 1981), pp. 36~52; 송종환(宋鍾奐), 『북한 협상행태의 이해』(오름, 2002), 377~380쪽.

또는 '반反통일세력'으로 매도되었는데, 육군사관학교 11기생이지만 정규 육군사관학교 1기생으로 기존 세대와는 다르다고 자부한 전 대통령은 자신이 박 대통령과 동일시同一視되는 것을 피하고 싶어 했으며, 그러한 맥락에서 그 비판과 매도로부터 벗어나고자 했다.

제3항 '화랑계획'의 진행과 좌절

전 대통령은 1981년 3월에 국가안전기획부 소속으로 주미대사관에서 공사로 봉직하던 손장래孫章來 전 육군소장에게 자신과 김일성과의 회담을 추진하도록 밀명을 내렸다. '화랑계획花郎計劃'으로 명명된 남북정상회담의 성사를 위해 손 공사는 제2공화국 때 유엔대사로 봉직한 임창영林昌榮 박사를 설득했다. 북한 태생의 임 전 대사는 5·16군사정변이 일어나자 뉴욕에 주저앉아 이후 일관되게 반독재민주화운동에 참여했으며, 때로는 「민주민족통일해외한국인연합」(약칭 한민련) 수석의장을 맡아 미국에서의 통일운동을 이끌었고 이 과정에서 평양을 방문해 김일성을 만나 '국가훈장 제1급'과 '조국통일상'을 받았기에 대북창구로 적임이라고 생각한 것이다. 임 박사는 당시 유엔주재북한대사 한시해韓時海를 만나 남북정상회담 개최를 주제로 한 손 공사와의 면담을 성사시켰다. 한시해는 김일성종합대학 졸업생으로 세련되었고 영어에 능통했다.[70] 이로써 북한과의 대화통로가 열렸다. 그렇지만 보고를 받은 김일성은 처음에는 냉담하게 반응했다.[71]

---

70 Oberdorfer and Carlin, *The Two Koreas*, p. 117.

71 김진룡(金津龍), 「장세동·박철언 평양행 내막」, 『월간중앙』(1989년 4월), 367~381쪽; 최문기(崔文基), 「전두환-김일성, 전두환-레이건 정상회담 추진밀사: 손장래 전 주미공사 전 안기부2차장 증언: '사형확정' 김대중을 이렇게 살렸다」, 『월간조선』(1995년 8월), 260~277쪽.

1981년 9월 30일에 서독의 바덴바덴에서 열린 국제올림픽위원회IOC 총회에서 전두환정부는 1988년 여름에 열릴 제24회 올림픽을 경쟁지 일본의 나고야名古屋를 52대 27이라는 압도적 표차로 물리치고 서울로 유치하는 데 성공했다. 유치활동을 직접 지휘했던 노태우 제2정무장관 그리고 정주영鄭周永 전국경제인연합회 회장을 위원장으로 하는 올림픽유치위원회의 노력이 열매를 맺은 것이다. 분단한국에서 역사상 처음으로 올림픽을 개최한다는 소식은 확실히 다수 국민에게 낭보였다.[72]

전두환정부는 올림픽 개최 소식과 함께 공세적 대북제의로 자신에 대한 국민적 저항을 완화하고자 했다. 동시에 올림픽의 성공을 위해서는 소련을 비롯한 공산권의 참가가 반드시 실현되어야 한다고 판단해 그쪽으로 관심을 쏟기 시작했다.[73] 이후 전 대통령의 북한을 포함한 공산권에 대한 발상과 결정은 서울올림픽의 성공을 위해서는 최소한으로는 그들의 훼방을 막고 최대한으로는 그들의 협력이 필요하다는 타산에서 나왔다고 볼 수 있다.

같은 타산에서, 전 대통령은 1981년 10월에 함병춘 전 주미대사를 밀사로 소련에 파견했다. 이때 소련정부는 기본적으로 북한의 통일정책을 지지하지만 동시에 한반도에 사실상 '두 개의 정부'가 존재하는 현실을 지지한

---

72 서울올림픽유치과정에 대한 자료들은 다음과 같다. 전상진(全祥振), 『세계는 서울로: 나의 서울올림픽 9년』(범양사 1989); ______, 「공산권국가들의 올림픽참가를 이끌어낸 노 대통령」, 노재봉 편, 『노태우 대통령을 말한다』, 400~401쪽. 전상진(1929~2021)은 직업외교관으로 외무부 차관보를 거쳐 카메룬대사에 이어 말레이시아대사와 유엔대사를 역임했으며, 1988년 여름 올림픽을 서울로 유치하는 데 큰 공을 세웠고, 이후 서울올림픽조직위원회 사무차장으로 봉사했다.
이연택(李衍澤), 「88서울올림픽과 노태우 대통령」, 노재봉 편, 『노태우 대통령을 말한다』, 384~385쪽; 신종대(辛鍾大), 「서울의 환호, 평양의 좌절과 대처: 서울올림픽과 남북관계」, 『동서연구』(연세대학교 동서문제연구원), 제25권 제3호(2013년 9월), 71~110쪽. 신종대 교수의 이 논문은 서울올림픽을 둘러싼 남북관계, 그리고 남한과 북한이 갖고 있던 각자의 동맹국들과의 관계를 상세하게 설명했다.

73 박철언, 『바른 역사를 위한 증언: 5공, 6공, 3김시대의 정치비사』 전2권(중앙 books, 2005) 1, 65~66쪽.

다는 입장을 전달했으며, 한국측 고위인사를 파견해달라고 요청했다.[74] 전 대통령은 이어 1984년 하반기에 각 해외공관에 소련 외교관과 접촉해도 좋다는 지시를 내렸다.

전두환정부는 서울올림픽 유치를 계기로 국내에서의 지지 확대와 국외에서의 공산권 접근에 활용하고자 했으나 북한의 격렬한 비난에 직면해야 했다. 북한의 반응은, 예컨대, 1981년 12월 3일자 『로동신문』에 잘 나타났다. 이 신문은 "[…] 이번 기회에 사회주의나라들과 쁠럭불가담나라들에 접근하여 '국교' 및 기타 '공식관계'를 맺어보려는 괴뢰들의 책동은 또한 올림픽 간판을 들고 국제적으로 고립된 저들의 처지를 개선하며 나아가서 남조선을 그 무슨 '국가'로 인정받아 보자는 것이다. 이것이 '두개 조선' 정책의 또 하나의 다른 표현인 '교차승인'을 실현하기 위한 교활한 술책이라는 것은 더 말할 것도 없다."라고 주장한 것이다.[75]

노태우 정무장관, 북방정책에 관심을 갖기 시작하다

대체로 이 시점부터 노태우 전 대통령은 북방정책에 관심을 갖기 시작했다. 수도경비사령관에 이어 국군보안사령관으로 봉직한 뒤 1981년 7월에 육군대장으로 전역한 그는 제2정무장관을 거쳐 1982년 3월에 체육부 장관에 취임했다. 자연히 서울올림픽 준비에 참여하게 되었고 더구나 체육부 장관에 이어 내무부 장관을 거쳐 1983년 7월부터 1986년 5월까지 서울올림픽조직위원회 위원장으로 활동하면서, 소련과 중공을 비롯한 공산권 국가의 참가와 협력을 유도하는 과제에 전념하게 되었다. 그의 회상 그대로, 그것은 북방정책에 대한 착상으로 이어졌다.[76]

---

74 엄구호(嚴久鎬), 「한소수교 교섭과정과 역사적 의미」, 한국국제교류재단 편, 『한러관계사』 전2권(제주특별자치도 서귀포시: 한국국제교류재단, 2022), 2, 8쪽.

75 신종대, 「서울의 환호, 평양의 좌절과 대처」, 77쪽에서 재인용.

76 노태우, 『노태우 회고록』 전2권 (조선뉴스프레스, 2011) 하(『전환기의 대전략』), 141쪽.

북방정책의 필요성을 자극한 1983년의 사건들

1983년에 한국의 대외관계에서 북방세계와 관련해 전혀 예상하지 못했던 세 가지 일이 발생했다. 우선 무장한 중국인 승객들은 5월 5일에 중국 선양瀋陽에서 상하이로 가던 중국 여객기를 납치해 한반도의 휴전선을 넘어 강원도 춘천 부근의 미군기지에 불시착한 것이다. 자연히 외교관계가 전혀 없던 두 나라 사이에 공식적인 협상이 진행되었으며, 이 협상에서 중국은 한국의 요구를 받아들여 '남조선'이라는 종전의 비칭 대신에 '대한민국'이라는 국호를 사용했고, 그것을 합의문에서도 그대로 반영했다.[77] 쌍방은 '대한민국'과 '중화인민공화국'이라는 각자의 국호를 명기한 것이다. 동시에 중국은 한국정부의 요구를 받아들여 앞으로 두 나라 사이에 불가항력적으로 발생할 수 있는 일은 "국제법 원칙에 따라 상호주의적으로 해결한다."라는 구절을 포함시켰다.

이 사건은 한국정부로 하여금 중국은 물론이고 소련을 포함한 공산권과의 공식적 관계수립의 필요성을 새삼 절감하게 했다. 그 결과 이범석李範錫 외무장관은 6월 29일에 국방대학원에서 「선진조국의 창조를 위한 외교과제」라는 제목 아래 '특별강연'을 행하면서 "앞으로 우리 외교가 풀어가야 할 최대의 과제는 소련과 중국과의 관계를 정상화하는 일이다."라고 다짐하면서 그것을 '북방정책'으로 명명했다. 6월 29일은 박 대통령의 6·23선언 발표 10주년으로부터 엿새 뒤였다. 그는 '이념과 체제를 달리하는 국가들'과의 수교를 제의한 6·23선언이 10주년을 맞이했음을 상기하면서, 한국정부는 그 선언을 다시 확인한다고 덧붙였다.[78]

---

77 노신영, 『노신영 회고록』(고려서적, 2000), 328~329쪽. 당시 국가안전기획부장이던 저자의 회상이 많이 담겼다. 이 사건을 둘러싼 협상에 관한 연구로 다음이 대표적이다. 이동률(李東律), 『1980년대 한중 외교협상 사례연구: 중국 민항기(1983년) 및 어뢰정(1985년) 사건 협상을 중심으로』(경기도 파주시: 경인문화사, 2023).

78 이범석 장관의 연설에 대한 분석은 다음에서 읽을 수 있다. Sang-seek Park, "Northern Diplomacy and Inter-Korean Relations," *Korea and World Affairs*, Vol. 12, No. 4 (Winter 1988), p. 707.

이 장관의 특별강연으로부터 약 2개월 지난 시점인 9월 1일에 뉴욕 케네디국제공항을 출발해 서울로 향하던 대한항공사 007기를 소련 공군전투기가 사할린 상공에서 격추해 승객과 승무원 모두 269명이 사망한 참사가 일어났다. 전 대통령은 10월 2일~13일에 서울에서 열릴 국제의회연맹(IPU) 총회에 소련의 참가와 협조를 유도하기 위해 소련에 대한 비난을 자제하도록 했다.[79]

참사는 거기서 끝나지 않았다. 북한이 직파한 테러리스트들은 10월 9일에 버마를 방문한 함병춘 대통령 비서실장과 서석준徐錫俊 경제부총리 및 이범석 외무장관을 포함한 전 대통령의 수행원들이 수도 랑군에 위치한 버마의 국부國父 아웅산을 기념하는 묘소를 참배했을 때 폭탄을 터트려 폭사시켰다. 2차대전이 끝나면서 영국으로부터 독립한 버마는 오랜 기간에 걸쳐 「버마사회주의연방공화국」을 유지했고, 대한민국과는 1962년 9월 9일에 총영사관계를 수립했으며 1975년 6월 25일에 대사관계로 승격시켰다.[80] 버마는 1989년 6월 18일에 국명을 「미얀마연방」으로 고치고, 수도 랑군을 양곤으로 고친다.

버마정부는 이 사건이 북한의 공작에 의해 저질러졌음을 확인하고, 항영독립운동의 지도자로 투쟁했기에 국부로 숭앙하는 아웅산1915~1947의 묘지에서, 그래서 '성역聖域'으로 여기는 곳에서, 폭탄테러를 일으켰다는 사실에서도 분격해 곧바로 북한과 단교하면서 북한대사관 직원 전원을 추방했다.[81] 국가테러리즘을 비판하면서 북한과 단교하는 국가의 수는 늘어났으며, 중국공산당 중앙서기처 총서기 후야오방胡耀邦은 북한이라는 단어를 사용하지 않으면서 '최근의 테러사건'을 공개적으로 비난했다.

---

79 박철언, 『바른 역사를 위한 증언』 1, 112~113쪽.

80 외교통상부, 『한국외교 50년, 1948~1988』(외교통상부, 1999), 419쪽.

81 장세동(張世東) 엮음, 『역사의 빛과 그림자: 버마 아웅산국립묘지 폭탄테러사건』(경기도 고양시: 맑은샘, 2013); 라종일(羅鍾一), 『아웅산 테러리스트 강민철』(경기도 파주시: 창비, 2013).

북한의 대응

북한정권으로서는 국제사회의 비난에서 벗어나는 일이 시급했다. 우선 김일성은 남측의 남북정상회담 제의를 논의하겠다는 뜻을 전달했다. 이어, 북한은 1984년 3월에 남한을 상대로 곧 로스앤젤레스에서 열릴 제23차 하계 올림픽에 단일팀으로 참가하는 문제를 논의하기 위한 체육회담 개최를 제의했고 남한이 받아들임에 따라 4월 9일~5월 25일에 세 차례에 걸쳐 회담이 열렸다. 그러나 합의에 이르지 못했다. 1984년 9월에 남한에서 수재가 발생하자 북한은 '구호물자'를 지원하겠다고 제의했으며, 남한은 그 '구호물자'가 필요하지 않았는데도 남북관계를 개선시키는 것이 서울올림픽의 성공을 위해 필요하다는 판단에서 받아들였다.[82] 이것은 1984년 11월부터 1985년 11월까지 남북경제회담의 개최로 이어졌고, 1984년 12월 25일에 전 대통령 특사자격으로서의 임창영의 김일성 면담으로 이어졌다.

임창영의 부인도 참가해 회담 내용을 필기한 이 자리에서 김일성 주석은 정치회담을 열어 서로 얼굴을 마주 보면서 중요한 의제들을 논의하자고 말하며 대면對面의 중요성을 강조했다. 적십자회담은 물론이고 경제회담이나 체육회담으로는 남북관계의 본질적 문제를 해결할 수 없는 만큼 남북정상회담의 필요성에 대해 동의하고, 그 연장선 위에서 1985년 신년사를 통해 남북대화에 대한 지지를 다시 다짐했다.[83] 이러한 배경에서, 1985년 7월에 남북관계의 역사에서 처음인 남북국회회담이 열리기에 이르렀다. 이 회담은 이후 여러 차례 열렸으나 어떠한 합의에도 이르지 못한다.

북한은 이처럼 남한과의 관계를 개선하기 위한 시도를 보여주면서, 동시에 중국과 소련과의 관계 증진에도 힘을 썼다. 우선 1984년 5월 4~11일에

---

82 노중선, 『연표』, 241~242쪽; 대한적십자사, 『대한적십자사 80년사』(대한적십자사, 1987), 210~215쪽.

83 노중선, 『연표』, 245쪽.

중국공산당 총서기 후야오방을 평양으로 초청해 극진히 대접했는데, 그가 평양에 도착했을 때, '2백만 군중'이 '조선력사에서 가장 큰 환영'을 표시했다.[84] 이어 5월 23~25일에 김일성은 1961년 7월 이후 처음으로 모스크바를 방문했다. 기차를 이용한 그의 여행은 '황제적 방식'에 비유되었다. 그는 소련공산당 중앙위원회 서기장 콘스탄틴 체르넨코Konstantin U. Chernenko와 회담하고, 경제 및 군사 원조를 받아내는 데 성공했다. 이 자리에는 훗날 소련 권력구조의 정상에 오르는 미하일 고르바초프Mikhail S. Gorbachev 소련공산당 중앙위원회 정치국 위원이 배석했다. 소련은 북한에 대한 수출을 크게 늘여주었을 뿐만 아니라 소련에 대한 채무액을 크게 줄여주었고, 석탄과 석유를 세계 시장가격보다 훨씬 싼 값으로 제공했다.[85]

제4항 남북정상회담 개최를 위한 남북밀사들의 활동

1985년 2월 12일에 실시된 제12대 국회총선은 전두환 중심의 제5공화국 체제에 대해 심각한 타격으로 나타났다. 집권당인 민정당이 다수를 차지할 수는 있었으나, 김영삼 총재와 김대중 총재의 합심협력에 따라 1985년 1월 18일에 창당한 신한민주당(약칭 신민당)은 창당 25일 만에 예상을 뛰어넘어 서울을 비롯한 주요 도시들에서 압승을 거뒀다. 이 총선은 그사이 억압됐던 국민의 민주화 열망이 매우 컸음을 보여줌과 동시에 제5공화국의 장래가 불안할 것임을 예고했다.

전 대통령은 2월 18일에 대폭 개각으로 대응했다. 노신영 국가안전기획부장을 국무총리로, 장세동張世東 대통령 경호실장을 국가안전기획부장으로 임명했으며, 그사이 검사 신분을 유지한 채 대통령 법무비서관과 정무

84 Oberdorfer and Carlin, *The Two Koreas*, p. 121.
85 위와 같음, pp. 119~123.

비서관으로 봉직한 박철언朴哲彦을 국가안전기획부장 특별보좌관으로 전임했다. 그 사이 정무장관과 체육부장관을 거치며 서울올림픽조직위원장을 맡았다가 국회의원으로 당선된 노태우 대한체육회장은 민정당 대표위원으로 임명되었다.

덩샤오핑, 한국과의 수교 지침 제시

약 1개월 뒤인 1985년 3월 21일에 한국과 중국 사이에 예상하지 못했던 또 하나의 사건이 일어났다. 중국 북해함대 소속 어뢰정 한 척이 한국 서남해안 소흑산도 근처에서 표류하자 한국 해경은 그 선박을 해경기지로 옮겼다. 이틀 뒤 중국 군함 세 척이 한국 영해 안으로 침범해 들어와 문제의 어뢰정을 인계해가려고 시도했으나, 한국 해군과 공군이 견제하기에 이르렀다. 일촉즉발의 상황에서, 한국정부는 미국정부를 통해 "중국 군함이 즉각 퇴거하지 않으면 모든 책임은 중국에 있다."라는 메시지를 중국정부에 전달했다. 다행히 중국정부는 군함을 퇴거시켰고, 한국정부는 어뢰정과 선원들을 중국으로 돌려보냈다. 중국정부는 한국정부의 요구를 받아들여 '사과'한다는 공식문서를 한국정부에 보냈다.[86]

이때로부터 1개월 뒤, 덩샤오핑은 외교부 간부들에게 "이제 남조선하고 수교할 시기가 되지 않았냐. 그 준비를 하는 게 좋지 않겠느냐. 남조선하고 수교하면 중국 물건을 잘 팔 수가 있고, 또 타이완을 견제할 수 있어서 좋은 점이 있다."라는 지침을 주었다. 같은 시점에, 덩샤오핑은 자신의 비밀특사를 전두환 대통령에게 보내 어뢰정사건 처리에 관한 '감사의 뜻'을 전달했고, 전 대통령은 그 특사에게 한중관계의 발전을 위해 계속 노력해달라는 뜻을 표시했다.[87]

---

86 국립외교원 외교안보연구소 외교사연구센터 기획, 『한국 외교와 외교관: 한일관계 · 한중수교 · 한베수교』(국립외교원 외교안보연구소 외교사연구센터, 2022), 219~224쪽.

87 위와 같음, 225~226쪽.

그러면 무엇이 덩샤오핑으로 하여금 그러한 지침을 주도록 했을까? 직접적 대답을 찾기는 어렵다. 다만 추론을 가능하게 하는 자료가 있다. 그것은 정확한 시점을 적시하기는 어렵지만, 덩이 중국공산당의 확고한 실권자로 자리를 잡고 개혁개방노선을 밟기 시작한 때로부터 몇 해 지나서였다.

마오쩌둥이 죽은 때로부터 약 2년이 지난 1978년 12월에 열린 중국공산당 제11기 중앙위원회 제3회 전체회의에서 중국의 개혁개방을 선언하고 1979년 1월에 미국과 정식으로 수교한 이후, 그리고 1982년 9월에 열린 중국공산당 제12차 대회에서 확고한 지도력을 확보한 이후, 덩은 중국의 산업발전을 위한 기술협력을 동아시아의 이웃 국가들에서 찾고자 했다. 덩의 노선에 발을 맞춰 자오쯔양趙紫陽 총리는 문호개방정책의 원칙을 거듭 강조하면서 중국에 대한 외국인의 투자확대를 요청하는 가운데 일본과 한국을 상대로 경제협력을 모색하기 시작했다.

이러한 배경에서, 덩은 1985년에 자신의 핵심 보좌관들로 하여금 일본의 신니데츠新日鐵와 한국의 포항제철을 시찰하게 했다. 박태준 회장은 포항의 공장은 물론 광양의 공장까지 모두 보여주었는데, 철강전문가와 경제전문가 등 두 전문가는 귀국한 뒤 덩에게 "중국의 철강산업을 위해서는 일본의 신니데츠의 기술지원을 받는 것보다 포항제철의 지원을 받는 것이 더 좋겠다."라는 보고를 올렸다. 덩은 곧 자신이 추진하는 중국의 개혁개방을 위해 한국과도 수교하는 것이 좋겠다는 결론을 내렸던 것 같다.[88] 여기서 우리는 제1장에서 논의한 '기업 공헌 명제'를 확인하게 된다.

중국이 한국과의 관계를 개선하려는 뜻은 1983년 8월에 중국에서 열린 유엔 식량농업기구(FAO) 회의에 한국의 공무원을 받아들이고, 1984년 3월에 중국에서 열린 국제테니스대회에 한국선수단을 받아들인 것으로, 그리고 무엇보다 1986년 9월 20일부터 10월 5일까지 서울에서 열린 제10회 아

88 위와 같음, 227쪽.

시아경기대회에 중국선수단을 파견하는 것으로 다시 확인된다. 중국은 북한의 강력한 불참권유를 뿌리치고 600명의 대규모 선수단을 파견한 것이다. 중국선수들을 태운 전세비행기 다섯 대가 처음으로 열린 베이징과 서울 사이의 항로를 직행했다는 사실, 그리고 텔레비전 방송을 통해 서울이 크게 발전한 도시라는 사실과 서울시민들이 중국선수들을 뜨겁게 응원하는 모습에 중국인들이 탄성한다는 보도 등은 북한에게 타격이었다. 한국에서 처음 열린 이 아시아경기대회에서 종합순위 기준으로 중국선수단은 1위를 차지하고, 한국선수단은 2위를 차지한다.[89]

남북정상회담 개최를 위한 비밀협상

중국과의 관계가 개선되는 추세는 환영할 만한 일임이 분명했지만, 전두환 대통령의 1차적 관심은 김일성 주석과의 정상회담 개최에 있었다. 그러한 배경에서, 전 대통령은 손장래 주미공사를 국가안전기획부 2차장으로 전임시켰고 손 공사가 추진했던 남북정상회담 개최 과제는 이제 정권의 제2인자로 자리를 잡은 장세동 부장에게, 그리고 박철언 특보에게 맡겼다. 전 대통령은 정상회담 개최와 관련해, "시기는 언제든지 좋고, 장소 역시 서울·평양·모스크바·베이징 등 어디라도 좋다."고 지시했다. 두 사람은 그 과제를 '88계획'이라고 명명하고, 국가안전기획부 단독으로 기획하고 추진하면서 대통령에게만 보고했다.[90] 노태우 민정당 대표위원에게는 한 차례 보고했다.

우선 북한과의 협상통로를 개설하는 일이 시급했다. 마침 남북적십자회

---

89 오진용(吳鎭龍), 『김일성시대의 중소와 남북한』(경기도 파주시: 나남, 2004), 191쪽; 신종대, 「서울의 환호, 평양의 좌절과 대처」, 84쪽.

90 박철언, 『바른 역사를 위한 증언』, 1, 167~177쪽. 민정기(閔正基) 책임정리, 『전두환(全斗煥) 회고록』 전3권(자작나무숲, 2017). 이 회고록은 제1권 『혼돈의 시대 1979~1980』, 제2권 『청와대 시절 1980~1988』, 제3권 『황야에 서다 1988~현재』로 구성되었다. 제2권 제8장 「김일성과의 대결과 대화」(446~553쪽)가 남북정상회담 개최를 위한 비밀협상을 다뤘다.

담이 5월 하순에 서울에서 열리게 되자 장세동 부장의 비서실장이 직접 북측 대표단 핵심 요원에게 뜻을 전달했고, 북측은 6월 중순에 긍정적으로 회신했다. 이에 따라 박 특보는 1985년 7월 11일, 7월 26일, 8월 9일, 세 차례에 걸쳐 판문점에서 북측 대표 한시해와 비밀회담을 가졌다. 이때 한시해는 유엔대사와 외교부 부부장을 역임한 뒤 조선로동당 통일전선부 부부장을 맡고 있었다. 제3차 비밀회담은 고향방문단 및 공연예술단을 9월 20일~23일에 교환하기로 합의했고, 그 합의는 그대로 실현되었다. 그것에 못지않게 중요하게, 남과 북은 쌍방의 정상을 대리하는 특사를 교환하기로 합의했다.

그 합의에 따라 특사는 북한에서 먼저 왔다. 조선로동당 중앙위원회 비서이면서 조국평화통일위원회 위원장인 허담이 김일성 주석의 특사로 한시해 등을 대동하고 비공개 속에 1985년 9월 4일에 서울에 도착한 데 이어 5일에 경기도 용인군 기흥읍에 있는 최원석崔元碩 동아건설 회장의 별장에서 전 대통령을 만났다.

1929년에 태어난 허담은 아내가 김일성의 고모의 딸, 곧 사촌여동생인 김정숙(김일성의 첫 번째 부인 김정숙과 동명이인이다)이었기에, 소련을 구성한 공화국들 가운데 하나인 우크라이나공화국의 수도 키에프(오늘날의 표기로는 키이우)에 있는 키에프대학을 졸업한 뒤 외무성에서 참사로 일하기 시작했다. 김일성의 외사촌 매부라는 탄탄한 배경에 '치밀하면서도 유연한 성격'을 지녔기에 승진을 거듭해 1969년에 외무성 제1부상을 거쳐 1970년에 외무상으로 승진했고, 1973년에 정무원 부총리로 승진했다. 중국의 저우언라이 총리가 허담을 가리켜 "북조선에 가보니 다른 것은 탐나는 것이 없었는데, 사람 하나는 탐나는 사람이 있었다."고 말할 정도로 눈에 띄는 인물이었다.[91] 1983년에는 조선로동당 중앙위원회 정치국 위원으로, 이어 조선

91 오진용, 『김일성시대의 중소와 남북한』, 115~116쪽.

로동당 중앙위원회 통일전선부 부장과 조국평화통일위원회 위원장으로 승진했다. 그는 1990년에 최고인민회의 외교위원장으로 봉직하다가 1991년에 62세로 사망한다.

허 특사는 김 주석의 친서를 낭독했다. 이 친서에서 김 주석은 "정상회담이 현재의 분렬상태를 확인하고 고정하려는 입장에서 출발해서는 안 되고, 하나의 조선을 만들려는 공통된 지향과 입장으로 임해야 하며, 이러한 기본 입장과 자세에서 7·4공동성명의 정신을 따라야 한다."라고 역설했다. 김 주석은 이어 정상회담이 "평양에서 가능한 한 빠른 시기에 실현되기를 희망한다."라고 덧붙였다.[92]

전 대통령은 큰 흐름에 공감하면서도 4강의 '교차수교'를 제의했다. 이 자리에 배석한 박 특보는 북측이 '외세 배격'에 초점을 맞추며 불가침선언 채택에만 깊은 관심을 보인 사실에 미뤄 한미동맹에 쐐기를 박으려는 속셈을 가진 것으로 회고했다.[93] 허 특사 일행은 6일 평양으로 돌아갔다.

허담의 서울방문에 따라 장 부장과 박 특보는 역시 비공개 속에 1985년 10월 16일에 평양에 도착했다. 그들은 이튿날 주석궁에서 김 주석을 만났다. 박 특보는 당시 73세였던 김일성에 대해 "처음 만난 인상은 아무래도 노쇠한 기색을 지울 수 없다는 것이었다. 귀가 어두운 탓으로 회담 때는 약한 마이크를 앞 책상 위에 두고 있었고, 일어설 때는 가볍게 부축을 받기도 했다."라고 회상했다.[94]

장 부장과 박 특보는 김 주석에게 김 주석의 서울 방문을 초청한다는 전 대통령의 친서를 전달했다. 그 내용의 핵심은 "공동성명의 채택과 불가침선언과 그 제도적 보장장치로 교차수교 문제 그리고 정상회담 이전과는 다른 긍정적인 변화가 필요하다"는 데 있었다. 박 특보의 회고에 따르면, 김

---

92 박철언, 『바른 역사를 위한 증언』 1, 170~171쪽.

93 위와 같음, 176쪽.

94 위와 같음, 192쪽.

주석은 자신이 제의한 '고려련방제안'을 전 대통령이 '고려'하겠다고 한 점을 높이 평가하고, 이 문제와 관련해, 북측이 준비한 「북과 남 사이의 불가침에 관한 선언」 초안과 「평화통일에 관한 북남 공동강령」을 주면서, 1985년이 끝나기 전에 정상회담이 열리기를 기대한다고 덧붙였다.[95]

김 주석은 1988년에 서울에서 열릴 하계 올림픽의 남북공동주최를 거듭 제안하기도 했다. 이 문제와 관련해, 그는 1986년 1월 19~23일에 평양을 처음 방문한 소련 외무장관 에두아르드 셰바르드나제Eduard A. Shevardnadze에게 올림픽의 남북공동주최에 대한 결정이 내릴 때까지 소련이 올림픽에 참가할 것이라는 암시를 자제해줄 것과 동유럽 공산국가들의 불참을 유도해줄 것 그리고 공동주최를 주장하는 북한의 입장을 지지해줄 것을 요청했다. 셰바르드나제의 반응이 만족스럽지 않다고 판단한 김일성은 1986년 5월에는 조선로동당 중앙위원회 국제담당비서 황장엽黃長燁을 소련으로 보내 고르바초프의 핵심 측근들 가운데 한 사람으로 소련공산당 중앙위원회 국제부장인 알렉산드르 야코블레프Alexandr N. Yakovlev를 만나 똑같은 요청을 되풀이하게 했다.[96]

역시 소련의 반응이 미흡하다고 판단한 김일성은 1986년 10월 24~26일에 스스로 모스크바를 방문하고 고르바초프에게 소련과 동유럽 공산국가들의 서울올림픽 불참을 권유함과 동시에 서방권에서 논의되는 남북에 대한 4강의 교차승인안에 대해서도 반대할 것을 요청함과 아울러, 올림픽이 서울에서 열리게 되면 올림픽경기 가운데 적정한 부분이 평양에서 열릴 수 있도록 도와달라고 부탁했다. 그러나 1985년 3월에 소련 권력구조의 정상인 소련공산당 중앙위원회 서기장으로 선출된 이후 '새로운 사고'를 강조하면서 '페레스트로이카perestroika'와 '글라스노스트glasnost' 곧 개혁과 개방을 지향해온 고르바초프는 김일성이 시대착오적 세계관을 지니고 있음을 확

---

95 위와 같음, 192~201쪽.

96 신종대, 「서울의 환호, 평양의 좌절과 대처」, 79~81쪽.

인하면서, 올림픽경기의 분산에 관해서는 그것은 원칙의 문제이지 숫자의 문제가 아니라고 분명한 어조로 거부하고 특히 4강의 남북한 교차승인안에 관해서도 아주 현실적인 만큼 받아들이도록 권유했다.[97]

장 부장과 박 특보 일행은 10월 18일에 서울로 돌아와 30일에 전 대통령에게 보고했다. 전 대통령의 태도는 급변해 있었다. 20일에 부산 앞바다에 북한 무장간첩선 한 척이 침투했다가 격침된 사건을 상기하면서, "평양을 방문하기 전과는 전혀 다른 강경한 태도를 보였다." 그는 "이제는 정상회담을 성사시키려고 노력하지 마라."고까지 지시했다.[98]

유엔의 남북한 대표 초청

남북정상회담 개최 구상이 사실상 다시 좌절된 시점에서, 유엔은 1985년 10월 24일에 창설 40주년을 맞이하게 됨에 유의해 회원국들은 물론 남북한을 포함한 비회원국들의 대표들도 초청해 총회에서 연설할 수 있는 기회를 주었다. 북한은 김일성 주석의 특사자격으로 박성철朴成哲 부주석이 10월 18일에 "북남의 유엔동시가입은 조선의 분단을 영구화하는 것이기에 반대하며, 련방제를 실현해 단일국호 아래 가입하는 것이 바람직하다."라고 연설했다.

한국은 노신영 국무총리가 10월 21일에 연설했다. 그는 남북한의 유엔동시가입이 분단을 영구화한다는 북한의 주장을 반박하면서 "통일 시까지 잠정조치로 남북한의 유엔동시가입을 지지한다."라는 뜻을 거듭 밝혔다. 그는 동시에 '남북한 최고책임자회담의 개최'를 거듭 제의했다.[99]

---

97 Hakjoon Kim, "The Process of Leading to the Establishment of Diplomatic Relations between South Korea and the Soviet Union: 1988~1990," *Asian Survey*, Vol. 37, No. 7 (July 1997), pp. 637~651.

98 박철언, 『바른 역사를 위한 증언』 1, 202~205쪽.

99 노신영, 『노신영 회고록』, 360~366쪽.

제5항 노태우 후보, 6·29선언 발표와 북방정책 선언

5·3인천사태에서 평화의 댐까지

1986년 정초부터 국내는 집권세력과 거기에 저항하며 민주화를 요구하는 세력 사이의 격렬한 대결 속으로 빠져들었다. 무엇보다 대학생들이 대통령 직선제를 요구하며 시작한 개헌운동에 김영삼 총재와 김대중 총재가 적극적으로 참여하면서 반정부투쟁은 전국적으로 확대되었다. 집권세력은 내각제개헌안을 제시하면서 분위기를 바꾸려고 했지만, 민주화운동세력의 저항은 더욱 거세어졌다. 그 저항은 5월 3일에 인천에서 민주화운동세력 가운데 급진적 좌파세력이 '주한미군 철수' 등을 부르짖었을 때 정점에 도달했다.

북한은 남한의 상황이 자신에 유리하게 전개되고 있다고 판단하고, 조선로동당 중앙위원회 국제담당비서 황장엽을 모스크바로 급파해 1986년 5월 16일에 소련공산당 중앙위원회 국제부장 야코블레프와 회담하게 했다. 황장엽은 "남조선의 청년·학생·애국인사들이 미제의 식민지 지배에 불만을 표출하며 반미독립투쟁을 강력하게 전개하고 있고 그 투쟁은 점차 격렬해지고 있으며, 노동자들도 점차 각성해 투쟁에 돌입하고 있고, 신한민주당을 비롯해 민주인사들이 투쟁에 동참하고 있다."라고 설명하면서, "남조선에서 궁정 쿠데타가 일어날 가능성도 배제할 수 없음"을 상기시켰다. 황장엽은 이어 미제와 전정권이 이러한 위기에서 벗어나기 위해 서울올림픽을 강행하려고 한다고 덧붙이면서 소련은 서울올림픽이 남북 공동주최로 바뀌도록 도와줄 것을 거듭 요청했다. 그러나 소련은 냉담했다.[100]

전두환정부와 민주화운동세력 사이의 대결이 점점 날카로워지는 가운데, 전두환정부에게는 정치공학의 차원에서 새롭게 활용할 수 있는 쟁점이 등장했다. 제1야당 신민당의 유성환兪成煥 의원은 1986년 10월 14일에 국회

---

100 신종대, 「서울의 환호, 평양의 좌절과 대처」, 79~81쪽.

에서 "통일이 자본주의나 공산주의보다 상위 개념인 만큼 반공이 아니라 통일이 국시國是가 되어야 한다. 만일 반공이 국시라면 2년 뒤에 열릴 서울 올림픽에 공산국가들이 참가할 수 있겠느냐"라고 발언했다. 전두환정부는 마치 신민당 안에 '빨갱이' 세력이 있다는 식의 분위기를 조성하면서 문제를 확대해 그를 국가보안법 위반으로 구속했다. 서울형사지방법원은 그에게 유죄를 선고했으나, 1992년 9월 22일에 대법원은 '공소기각'을 판결해 무죄를 확정했다.[101] 그는 1992년의 제14대 국회총선에서 당선된다.

남한정국이 혼미를 거듭하는 상황에서, 북한은 1986년 10월 21일에 금강산발전소를 건설해 강원도 내 수자원을 역류시켜 물줄기를 동해로 돌리는 방식을 채택하겠다는 뜻을 밝혔다. 전두환정부는 이것이 남한에 대한 수공水攻을 준비하는 계획이라고 주장하면서, 「남·북 수자원관계 당국자 회담」을 열 것을 제의했다. 북한이 거부하자 전두환정부는 북한의 금강산댐에 상응하는 '평화의 댐'을 건설하자고 제의함과 동시에, 전국적인 반북운동을 전개했다. 민주화운동세력의 개헌운동에 맞불을 놓으려는 의도가 개입되었다.[102]

이처럼 전두환정부가 민주화운동세력의 기세를 꺾으려고 시도했지만 전국의 여러 대학생들이 연합한 「전국반외세반독재애국학생투쟁연합」(약칭 애학투)이 10월 28일부터 31일까지 건국대학교 교정에 집결해 전두환정부의 퇴진을 요구함과 아울러 '주한미군 철수' 등을 표방했다. 전두환정부는 그들이 '좌경용공분자'들이라고 규정하면서 1,525명을 연행하고 그 가운데 1,288명을 구속했다.[103]

---

101 노중선 엮음, 『연표』, 506~507쪽.

102 '평화의 댐' 건설이 정부의 발표 그대로 북한의 수공에 대비하는 작업이었다는 주장은 다음에서 읽을 수 있다. 최동섭(崔同燮), 「평화의 댐, 모든 의혹 풀고 완공」, 노재봉 편, 『노태우 대통령을 말한다』, 671~674쪽.

103 건대항쟁20주년기념사업준비위원회 편, 『10.28건대항쟁20주년 기념자료집』, (건대항쟁20주년기념사업준비위원회, 2006).

전두환정부와 민주화운동세력 사이의 투쟁은 날이 갈수록 격화되었다. 이러한 상황에서, 1986년 12월 24일에 신민당의 이민우李敏雨 총재는 자신이 제시하는 민주화를 위한 여러 선행조건이 충족된다면 내각제 개헌을 수용할 수 있다고 발언했다. 언론매체들은 이것을 '이민우 구상'이라고 명명했다. 김영삼과 김대중을 비롯해 대통령 직선제를 부르짖어온 민주화운동세력은 '이민우 구상'에 반대했으나, 이철승李哲承 전 신민당 대표최고위원은 찬성했다. 이로써 신민당은 분열되는 모습을 보였다. 실제로 1987년에 들어가 김영삼과 김대중 그리고 그 두 지도자를 지지하는 세력은 신민당에서 탈당하고 통일민주당을 출범시켰다. 이에 따라, 신민당은 정통 야당으로서의 위상을 잃고 민정당의 위성정당처럼 남았다.

한국군 지도자들과 미국정부의 견제

1987년에 들어가 "대통령을 내 손으로"라는 국민의 요구는 더욱 거세졌다. 거기에 더해, 국가안전기획부가 반정부운동에 참여한 서울대학교 인문대학 언어학과 3학년 학생 박종철朴鍾哲 군을 고문치사하고도 은폐했던 사건이 『중앙일보』에 의해 1월 15일에 부분적으로, 이어 남시욱南時旭 편집국장이 이끈 『동아일보』에 의해 1월 19일에 전면 폭로되자 국민의 저항은 전국적으로 확대되었다.[104] 이어 6월 9일에 연세대학교 상경대학 경영학과 2학년 학생 이한열李韓烈 군이 반정부시위 과정에서 경찰이 발사한 최루탄에 맞아 혼수상태에 빠진 일이 일어나자 이한열 군에 대한 동정이 전국적으로 확산되면서 반대로 전두환정권에 대한 국민의 저항은 극에 이르렀다. 노태우 대통령후보는 6 · 29선언 직후 누구와도 상의하지 않고 세브란스병원으로 이한열 군을 문병해 쾌유를 빌었다.[105] 안타깝게

---

104 이때의 상황에 대한 남시욱 국장의 회고는 다음에서 읽을 수 있다. 남시욱(南時旭), 「삼양동 노인 사망사건과 박종철 고문치사사건」, 『관훈저널』(2023년 가을), 105~128쪽.

105 이병기, 「네 가지 한(恨)」, 노재봉 편, 『노태우 대통령을 말한다』, 779~780쪽.

도, 이 군은 7월 5일에 숨을 거두는데, 훗날 박종철 군과 이한열 군은 나라의 민주화를 위한 그들의 희생을 기리는 국민에 의해 모두 '열사'로 높임을 받는다.

이제 전두환정권이 선택할 수 있는 길은 두 가지뿐이었다. 하나는 군軍을 동원한 친위쿠데타로, 전 대통령은 이 계획을 세워 육군참모총장에게 지시했다. 육군참모총장은 그 뜻에 따라 6월 19일에 「작전명령 제87-4호」를 전군에 내려보냈다. 그러나 민병돈閔丙敦 특전사령관을 비롯한 주요 군지휘관들은 반대했고, 특히 민 사령관은 만일 그 계획을 실천에 옮기려 한다면 오히려 청와대를 점거하겠다고 협박했다.

거기에 더해, 레이건 행정부는 군대를 동원하지 못하도록 전 대통령에게 강력한 압력을 가했다. 6월 18일에 주한미국대사 제임스 릴리James R. Lilley는 무력의 행사를 자제할 것을 거세게 요구한 레이건 대통령의 친서를 전 대통령에게 전달했다.[106] 릴리 대사는 자신이 청와대에 들어오기에 앞서 주한미군사령관 윌리엄 리브시William J. Livsey 대장을 만났으며 그 역시 무력행사에 반대한다는 데 자신과 의견을 같이했다고 말했다. 곧이어 6월 25일에 국무부 동아시아태평양담당차관보 개스턴 시거Gaston J. Sigur 역시 전 대통령을 만나 같은 뜻을 전달했다.[107] '엄포용'으로 작전명령을 내렸던 전 대통령은 물러나는 모양을 갖추었다.[108]

민주화선언 발표

다른 하나는 전면 승복이다. 1987년 6월 10일에 민정당 대통령후보로 선출된 노태우 대표위원은 「국민화합과 위대한 국가로의 전진을 위한 특별

---

106 James R. Lilley with Jeffrey Lilley, *China Hands: Nine Decades of Adventure, Espionage, and Diplomacy in Asia* (New York: PublicAffairs, 2004). 아들 제프리 릴리와 함께 썼다.

107 Oberdorfer and Carlin, *The Two Koreas*, pp. 132~134.

108 「함영준의 사람과 세상」, "6·29직전 군 출동, 쿠데타 각오하고 막후서 저지," 『온라인중앙일보』 (2014년 7월 20일).

선언」으로 돌파구를 열고자 했다. 노 후보는 전 대통령을 만나 무력사용을 강력히 반대하고 전 대통령과의 교감 속에서 6월 29일에, 대통령 직선제로의 개헌과 김대중 총재의 사면과 복권을 전제한 모든 국민의 자유로운 출마와 공정한 경쟁을 다짐한 8개 항의 이른바 6·29선언을 발표한 것이다. 거기에는 국민기본권의 최대한 신장과 인권보호, 언론 자유와 자율성 보장, 사회 각 부문의 자치와 자율 보장, 지방자치제와 교육자치제 및 대학의 자율화, 정당활동 보장, 사회정화 조치 등이 포함되었다. 그것은 그의 표현으로 '모든 것을 건 승부수'였다.[109]

오늘날에도 한국 민주주의의 역사에서 거대한 변곡점으로, 또는 최영철崔永喆 전 통일부총리의 표현으로는 '한국의 마그나카르타'로[110] 평가되는 이 선언은 국내외에서 큰 환영을 받았다. 미국의 대표적 시사주간지 『타임Time』은 1987년 7월 13일자에서 노 후보를 표지인물로 등장시키면서 '이 시점에서의 인물(Man of the Hour)'로 소개했다. 미국의 또 하나의 시사주간지 『뉴스위크Newsweek』 역시 비슷한 태도를 보였다. 미국 중앙정보국(CIA) 한국지부장으로 봉직하다가 6·29선언 당시 조지 허버트 워커 부시 부통령의 안보보좌관으로 봉직하던 도널드 그레그는 "그것은 한국이 오늘날처럼 아시아의 가장 활기 있는 민주주의국가가 되는 노정路程의 중요한 한 걸음이었다."라고 논평했다.[111] 일본의 중국대사와 인도대사를 역임한 다니노 사쿠타로谷野作太郎는 "이 '민주화선언'은 한국이 박정희 대통령 이래의 강권정치와 결별하고, 한국의 정치와 사회가 '민주화'를 향해서 커다랗게 그 뱃머리를 돌렸다는 의미에서 회기적인 일이 아닐 수 없습니다."라고 평가했다.[112]

---

109 노태우, 『노태우 회고록』 전2권(조선뉴스프레스, 2011) 상, 313~372쪽.

110 최영철(崔永喆), 「한국의 마그나카르타 6·29선언」, 노재봉 편, 『노태우 대통령을 말한다』, 345~352쪽.

111 차미레 옮김, 『역사의 파편들』, 268쪽.

112 다니노 사쿠타로(谷野作太郎), 「6·29선언 예측한 일본의 한국전문가 한 명도 없었다」, 노

국내에서도 마찬가지였다. 우선 전두환 대통령은 6월 30일에 김대중 총재를 사면복권하고 민주화운동가들을 의미하는 '시국관련사범'들을 석방함으로써 6·29선언의 제3항을 충족시켰다. 곧바로 김영삼·김대중·김종필 등 야당 지도자들의 호응 아래, 여야 합의에 따라 대통령 직선제를 뼈대로 하는 개헌이 이뤄졌다. 대한민국 헌법의 역사에서 아홉 번째 개헌이었다. 이어 대통령선거법의 개정이 뒤따랐다. 이로써 6·29선언의 제1항과 제2항 모두가 충족되었다.

대통령선거 유세 때 제기된 통일방안들

자연히 1987년 12월 16일로 예정된 제13대 대통령선거를 앞두고 민주정의당의 노태우 후보, 통일민주당의 김영삼 후보, 평화민주당의 김대중 후보, 신민주공화당의 김종필 후보 사이에 전국에서 유세전이 벌어졌다. 이 과정에서 김대중 후보는 자신이 1970년 10월에 제시한 '3단계 통일'론의 연장선 위에서 '남북공화국연방'안을 제시했고, 김영삼 후보는 자신이 1979년 6월에 제시한 자신과 김일성 사이의 남북정상회담에 기초한 '한민족공동체통일방안'을 제시했다.

대조적으로, 노 후보는 9월 이후 소련 및 중공중국과의 수교와 남북정상회담 개최를 통한 남북관계의 획기적 개선을 제안했으며, 특히 11월 28일에 인천에서 자신이 대통령으로 선출되면 중공과 수교해 40년 넘게 중국대륙과의 교류가 막힘으로써 활력을 잃은 서해안 지역을 되살려 '서해안 시대'를 열겠다고 공약했다. 거기서 한 걸음 더 나아가 소련을 비롯한 모든 공산국가와 수교함으로써 대한민국의 국제환경을 전 방위적으로 확대할 것이고 그 가운데 북한과의 관계개선을 통해 궁극적 통일로 가는 길을 닦겠다고 다짐하면서 자신의 그 구상을 '북방정책'으로 명명했다. 그는 12월 9일에 KBS 1TV 에서도 "서울올림픽이 끝나면 중공과의 무역대표부 설치 및 국

재봉 편, 『노태우 대통령을 말한다』, 147쪽.

교수립, 그리고 소련 및 동구권과의 관계진전이 가능할 것"이라고 전망하고, "1990년 중반까지는 공산권과의 활발한 교류와 남북한 공동협력을 실현토록 할 것"이라고 다짐했다.[113]

노 후보는 우선 아시아태평양법률가회의 회장으로 중국공산당 고위층과 일정한 범위 안에서 교신이 가능한 이병호李丙昊 변호사와 박철언 특보를 통해 덩샤오핑의 장남인 덩푸팡鄧樸方 중국장애인협회 주석의 방한을 추진했다. 덩푸팡을 통해 자신의 중국방문과 덩샤오핑과의 회담을 성사시키고자 한 것이다. 만일 성사된다면 대통령후보로서 이미지를 높일 수 있는 이 계획은 중국측의 미온적 반응으로 진전되지 못했다.[114] 그러나 노 후보는 일본 나카소네 야스히로中曽根康弘 총리의 초청과 특히 미국 레이건 대통령의 초청을 받았다. 김영삼 후보나 김대중 후보 또는 김종필 후보 셋 가운데 어느 누구도 레이건 대통령의 초청을 받지 못했다. 노 후보가 9월 14일에 백악관에서 레이건 대통령과 다리를 꼬고 앉은 채 회담하는 사진은 그가 미국을 상대로 자주적 외교를 수행할 것이라는 이미지 형성에 도움을 주었다.

선거전이 치열하게 전개되던 가운데, 이라크의 바그다드 국제공항을 출발한 대한항공사의 858기가 김현희金賢姬를 포함한 북한의 테러리스트들이 비밀리에 장착한 시한폭탄에 의해 1987년 11월 29일에 버마 상공에서 폭파되어 승무원과 승객 모두 115명이 별세한 참사가 발생했다.[115] 이 참사를 북한의 테러리스트들이 저질렀다는 한국정부의 발표를 믿지 않던 미국정부

---

113 『한국일보』(1987년 11월 8일); 『조선일보』(1987년 11월 26일); 『경향신문』(1987년 12월 10일).

114 박철언, 『바른 역사를 위한 증언』 1, 279~281쪽.

115 안동일(安東壹), 『나는 김현희의 실체를 보았다: KAL 폭파범 김현희 변호인』(동아일보사, 2004). 우리사회 일각에서는 이 사건이 대통령선거를 앞두고 반공분위기를 조성해 노태우 후보의 당선을 유도하려는 세력이 저지른 것으로 보았다. 그러나 이 사건의 재판에 김현희의 변호인으로 참여한 안동일 변호사는 이 사건이 북한의 김정일이 기획하고 집행했다는 결론을 내렸다.

는 정보요원 2명을 파견해 한국정부 관계자의 배석 없이 김현희를 직접 심문한 뒤 북한측 소행임을 100% 확신했다.[116]

연구자들은 북한이 이 참사를 일으킨 이유를 두 가지로 추정했다. 한편으로는, 그 다음해에 열릴 올림픽의 개최지 서울이 '위험한 곳'임을 부각시켜 회원국들의 참가를 막아보려고 했고, 다른 한편으로는 자신의 반대에도 불구하고 서울올림픽에 참가할 것이 확실한 소련과 중국에게 자신은 조선반도에서 긴장을 고조시킬 모험주의노선을 걸을 수 있음을 과시함으로써 서울올림픽 참가를 포기하게 할 계산을 했다는 것이다.[117]

그렇지만 이 참사는 역설적으로 북한과의 관계개선 그리고 북방정책이 얼마나 절실한가를 보여주었다. 비록 그렇다고 해도, 노 후보가 강조한 북방정책이 득표에 어떤 도움을 주었는지는 확인할 수 없다. 한 정치학자의 계량적 연구에 따르면, 당시 유권자의 대부분은 1차적으로 국내정치에 그리고 2차적으로 경제에 관심을 갖고 있었으며, 오직 고학력·고소득·도시 유권자에서만 북방정책이 관심을 받고 있었다.[118]

노태우 후보의 당선과 민주화 추진약속

1971년 4월의 제7대 대통령선거 이후 16년 8개월 만에 처음 실시된 이 직선제 대통령선거에서 유권자 25,873,624명 가운데 89.2%가 투표했다. 이때 시민단체인 공정선거감시단은 서울특별시 구로구 가운데 '구로을乙 선거구'의 부재자 우편투표함에 부정이 있다는 의혹을 제기했으며, 이 의혹 때문에 개표하지 못했다. 중앙선거관리위원회는 이 투표함의 개표와 계표가 끝난다고 해도 그사이 개표와 계표가 끝난 전국 모든 선거구에서의 결과

116 이용준(李庸濬), 『대한민국의 위험한 선택: 전환기 한국외교의 네 가지 위기』(기파랑, 2019), 20쪽.

117 신종대, 「서울의 환호, 평양의 좌절과 대처」, 87~88쪽.

118 박치영(朴稚榮), 「한국대통령 선거와 외교정책 이슈」, 『국제정치논총』, 제29권 제1집(1989년 9월), 25~58쪽.

에 따른 당락을 뒤집지 못한다는 판단 아래 문제의 그 투표함을 봉인했다. 중앙선거관리위원회는 그 투표함을 봉인한 상태에서 노태우 후보가 8,282,738표를 얻어 36.6%의 득표율로 당선되었다고 발표했다.

29년 뒤인 2016년 7월 21일에 한국정치학회는 서울특별시 종로구 선거연수원 대강당에서 그 투표함에 대한 개함과 개표=계표 작업을 실시했다. 개표=계표 실무는 중앙선거관리위원회가 맡았고, 국립과학수사연구소가 투표함 진위 검증을 지원했다. 이 과정을 거친 직후, 중앙선거관리위원회는 문제의 투표함에 위조나 조작이 없었다는 결론을 내렸다. 개표=계표 결과 4,325명의 투표용지를 담은 이 투표함에서, 노태우 후보는 3,133표(74.84%), 김대중 후보는 575표(13.55%), 김영삼 후보는 404표(9.52%), 김종필 후보는 130표(3.06%), 신정일 후보는 1표를 각각 얻었다.[119]

전국 투표에서 2위는 6,337,581표를 얻어 28.03%의 득표율을 기록한 김영삼 후보가, 3위는 6,113,375표를 얻어 27.04%의 득표율을 기록한 김대중 후보가 차지했다. 이것은 양김兩金의 단일화 실패가 결국 노태우 후보의 당선에 기여했다는 결론을 내리게 한다. 4위는 1,823,067표를 얻어 8.06%의 득표율을 기록한 김종필 후보가 차지했다.

그러면 노태우 후보의 당선은 어떤 뜻을 갖는 것일까? 이 물음에 대해, 권위주의체제가 민주주의체제로 전환하는 과정과 그 이후의 민주화 진전 또는 후퇴에 관한 한국정치학계의 연구에서 선두주자 역할을 맡았던 고려대학교 임혁백任爀伯 교수는 "노태우 후보의 당선은 군부쿠데타에 의한 신생민주주의의 '급격한 사망(sudden death)'을 피할 수 있게 했다는 점에서 장기적으로 보면 한국민주주의의 공고화(consolidation)에 역설적인 기여를 했다고 볼 수 있다."라고 논평했다.[120]

119 중앙선거관리위원회의 발표는 바로 그날 여러 매체에 의해 자세히 보도되었다. 그 한 사례는 『연합뉴스』 보도와 『헤럴드경제』 보도이다.

120 임혁백(任爀伯), 『시장, 국가, 민주주의: 한국 민주화와 정치경제이론』(경기도 파주시: 나

「민주화합추진위원회」 구성: '광주폭동'을 '광주민주화운동'으로 재평가

노태우 당선자는 곧바로 이동화李東華 전 통일사회당 당수와 이강훈李康勳 광복회 회장 및 조일문趙一文 전 건국대학교 총장을 비롯한 항일독립운동가들, 고병익高柄翊 전 서울대학교 총장, 육군사관학교 교장과 주영대사를 역임한 강영훈姜英勳 예비역 육군중장, 이회창李會昌 전 대법관, 이병용李炳勇 전 대한변호사협회 회장을 포함해 좌우를 망라한 각계각층의 인사들로써 「민주화합추진위원회」를 구성하고, 자신이 이끌 제6공화국의 국정방향을 마련하도록 했다. 이 위원회는 나라의 민주화를 최우선 과제로 설정하고 거기에 반反민주법령의 개정과 폐지 그리고 복수의 노조 설립 허용 등을 포함시켰다.

그것보다 훨씬 더 중요하게, 1980년 5월 광주 일원에서의 저항을 '폭동'으로 단정했던 전두환정부와는 달리 '민주화운동'으로 정의함으로써, 국민적 대화합의 터전을 마련했다. 이 사실과 관련해, 이양희李良熙 전 국회의원은 "이것은 정치사적으로 훗날 높이 평가받아야 할 대목이라고 보며, 학문적인 연구와 정리도 필요한 과제라고 본다."라고 논평했다.[121]

지난날에도 그러했듯, 북한은 남한에서의 변화의 시기에 개입하는 것을 잊지 않았다. 김일성 주석은 1988년 1월 1일에 '북남조선의 [정부] 당국과 정당들 및 사회단체들의 련합회의'를 소집해 '북남 사이의 군비감축' 그리고 1988년 여름에 서울에서 개최될 제24회 하계올림픽의 '북남 공동개최'를 다룰 것을 제의했다. 이어 이 의제를 협의하기 위한 예비회담을 19일에 판문점에서 열 것을 제의했다.[122] 곧 출범할 새 정부를 향해 공세적 자세를 취한 것이다.

남, 1994), 295쪽.

121 이양희(李良熙), 「겸손한 리더십, 포용의 리더십」, 노재봉 편, 『노태우 대통령을 말한다』, 307쪽.

122 노중선 엮음, 『연표』, 284~285쪽.

제3장
북방정책 추진의 밑거름:
민주화 진전, 7·7선언, 서울올림픽 성공

제 3 장 북방정책 추진의 밑거름:
민주화 진전, 7·7선언, 서울올림픽 성공

제1절 민주화 추진과 '보통사람들의 시대' 개막

제1항 민주화의 추진: 권위주의체제의 민주주의체제로의 전환

우리는 제1장에서 노태우 대통령이 추진한 북방정책의 성공 요인들 가운데 으뜸으로 한국의 민주화를 꼽았다. 민주화의 진전은 서방세계는 물론이고 공산세계도 한국을 새롭게 보게 만들었으며 북방정책에 대한 믿음을 높였기에, 서울올림픽에 적극적으로 참가할 수 있었고 서울올림픽 참가는 한국과의 수교를 결심하게 만든 중요한 동인이 되었다.

그 대표적 사례가 소련으로, 예컨대, 고르바초프 집권기에 그의 참모들 가운데 한 사람이던 올레그 다비도프Oleg Davidov는 "1987년 남한에서 헌법절차에 바탕을 둔 대통령선거와 권력의 평화적 이양[…] 그리고 권위주의정권으로부터의 전환과 단계적 민주주의체제의 기초 구축은 행정적·관료적 모델을 해체시키고 다원적 사회로 넘어가는 과제를 안고 있던 소련의 정치지도층에 한국을 다시 보게 만들었다."라고 썼다. 소련의 한 저명한 평론가도 노 대통령의 취임을 "지난 수년 동안의 한국 역사에서 처음

보는 평화적 정권 교체"라고 칭찬했다.[1] 이러한 맥락에서, 노태우 후보가 대통령에 취임한 이후 민주화가 어떤 내용으로 어떻게 진전되었던가 살피기로 하겠다.

'성숙한 민주주의의 시대'를 약속

제6공화국의 첫 정부를 이끌게 된 노태우 대통령은 1988년 2월 25일에 임기를 시작하면서 우선 민주화의 추진을 다짐했다. 취임사를 통해 그는 "민주주의야말로 인간을 인간답게 만들어주는 정당한 가치이며, 민주주의만이 모두가 자유롭게 살며 자유롭게 참여하는 사회, 사람이 사람답게 사는 사회로 우리를 이끌 것"이라고 전제하고, "우리는 [우리에게 주어진] 새로운 지도地圖인 민주주의가 가르쳐주는 대로 민주주의의 항로로 확실하게 전진할 것"을 다짐했다. 민주화의 의지를 그는 "성실히 사는 국민이 아무 두려움 없이 어디서나 떳떳하고 활기 있게 사는 사회, 국민 각자가 진정한 나라의 주인이 되어 국가발전에 창조적으로 참여하는 민주주의 국가를 만들어 나갈 것"이라고 표현했으며, 그 바탕 위에서 '새 정부는 바로 국민이 주인이 된 국민의 정부'라고 선언하고, "새 정부는 민주주의의 시대를 활짝 열어 모든 국민의 잠재력을 꽃피게 할 것"을 다짐했다.[2]

민주화를 향한 다짐은 계속되었다. "이 나라에 보탬이 되는 일이라면 어느 한 사람만이 할 수 있는 시대가 아니라 어느 누구라도 할 수 있는 '보통사

---

1 Oleg Davidov, "Soviet Policy toward the Korean Peninsula," *Far Eeastern Affairs*, No. 3 (1990), p. 6. Peggy Falkenheim Meyer, "Gorbachev and Post-Gorbachev Policy toward the Korean Peninsula: The Impact of Changing Russian Perceptions," *Asian Survey*, Vol. 32, No. 8 (August 1992), p. 759에서 재인용. 노 대통령이 추진한 민주화가 북방정책 성공의 한 요인이었다는 논지는 다음에서도 읽을 수 있다. Yong-Jick Kim, "The Nordpolitik as President Rho Tae Woo's New Foreign Policy, 1988~1992," 『세계지역논총』 제23권 제1호 (2005), 261~278쪽.

2 재단법인 보통사람들의시대노태우센터 편, 『노태우의 생각 대통령의 연설 1988~1993: 노태우 대통령 연설문집』(늘품플러스, 2023), 35~36쪽.

람들의 시대'가 왔습니다."라고 선언하면서 다음과 같이 부연했다.

> 저는 국민을 일방적으로 이끌어가는 대통령이 되기를 원하지 않습니다. 그렇다고 이끌려 다니는 대통령이 되지도 않을 것입니다. 국민과 어깨를 나란히 하고 꿈과 아픔을 같이 하는 국민의 동행자, 이것이 제가 진실로 추구하는 대통령의 모습입니다. 이제 우리 모두는 '함께 걷는 민주주의'의 출발선상에 서 있습니다.[3]

동서양 민주주의 발전의 역사를 돌이켜 보면, 권위주의체제가 민주주의체제로 전환하는 과정은 다양하다. 이 주제를 깊이 연구한 정치학자들과 사회학자들에 따르면, 그 과정은 우선 억압의 해제와 자유화로 시작하고, 민주화의 개시 단계와 민주화의 실행 단계를 거쳐 민주화의 확립에 도달한다.[4] 그런데 억압해제 및 자유화의 개시와 민주화의 개시는 겹치는 경우가 많음에 유의해, 여기서는 이론적으로 세분해서 논의하는 대신에, 동서양 모두에서 탈脫권위주의화의 과정이 결코 순탄하지 않았다는 전제에서 출발하기로 하자.

정치학자들의 경험적 연구에 따르면, 어느 나라가 권위주의체제에서 벗어나고자 할 때, 기득권을 누려온 권위주의체제 내부의 저항은 매우 크다. 그래서 민주주의로의 발걸음을 시작했으나 퇴행한 사례가 적지 않다. 그 결과, 기득권세력과 민주화운동세력 사이의 대립이 깊어져 나라 전체가 갈등과 혼란에 빠져들기도 한다. 그런데 이제 6·29선언을 계기로 직선제 선거를 거쳐 취임한 대통령 스스로 민주주의의 실천을 약속하고 그 실천을 이

---

3 위와 같음, 40쪽.

4 한상진(韓相震), 『한국사회의 관료적 권위주의』(문학과지성사, 1988), 43쪽 및 제10장; 강민(姜珉), 「제6공화국 민주화의 구조적 한계와 정치상황의 논리」, 한국정치학회 특별심포지움 발표 논문, 1989년 6월 9일, 1~2쪽.

끌어갔기에 저항을 통제할 수 있었다. 그 바탕에는, 대통령 경제수석비서관으로 그의 핵심 참모들 가운데 한 사람이었던 김종인金鍾仁 박사가 회상했듯,[5] "시대가 변화한 만큼 국가의 강압력이 아니라 대화와 타협으로 문제를 풀어야 한다."는 깨달음이 깔려 있었다. 이 점에 관해, 노 대통령 스스로 다음과 같이 회상했다.

과거에는 국가발전을 위해 강력한 지도력이 필수적인 요소였다. 정치적으로 독재니 권위주의니 하는 비난도 많았지만 국민들의 삶의 질을 향상시켰다는 점에서 불가피한 면이 있었다는 점을 인정하지 않을 수 없다.

민주화가 대세가 되면서 상황이 달라졌다. 국민들은 더 이상 권위주의적인 대통령을 원하지 않았다. 보통사람들도 큰소리를 치며 당당하게 꿀릴 것 없이 살아가고 싶어 하는 시대가 된 것이다. 국민들은 대선(大選)을 통해서도 이러한 원망(願望)을 분명히 보여주었다.[6]

권위주의 청산과 '보통사람들의 시대' 구현을 위한 노력

민주화를 추진하면서 노 대통령은 '권위주의의 청산'을 강조했다. "권위는 있어야 하지만 권위주의는 없애야 한다!"라고 하면서, 모든 의식과 행사에서 권위주의적 색채에서 벗어나도록 측근들에게 당부했다. 노창희盧昌熹 대통령 의전수석비서관은 다음과 같이 증언했다.

우리는 대통령과 관련된 행사는 최대한 간소화하고 의례적인 행사는 총리실과 각 부서에 대폭 이관했다. 그리고 각종 행사에서 대통령 임석 시에 '대통령 찬가'를 행사장에서 연주하거나 참석자들이 일제히 일어서 박수를 치게 하는 것, 대통령만 큰 의자에 뚝 떨어져 앉는 것 등에까지 신경을 썼다. […] 각

---

5 노태우 전 대통령 2주기 추도식에서 행한 추도사. 『중앙일보』(2023년 10월 27일), 6쪽.

6 노태우, 『노태우 회고록』 전2권(조선뉴스프레스, 2011) 하, 480~481쪽.

종 행사에 부인을 동반하는 것도 될 수 있는 대로 제한했고, 부인이 언론매체에 노출되지 않도록 했다. […] [대통령 경호에서도] 경호실의 월권행위 근절과 대통령 행사에 따른 시민불편 해소를 위해서 많이 노력했다.[7]

권위주의의 청산은 그의 대통령선거 당시 구호였으며 대통령 취임사에서도 약속한 '보통사람들의 시대' 구현과 동전의 앞뒤를 이루는 것이었다. 그는 흔히 말하는 '잘난 사람'들이 아니라 자신을 드러내지 않은 채 국민으로서의 의무를 감당하며 생업에 충실하게 종사하는 '보통사람'들이 우리 사회의 주류를 형성하고 시대를 이끌어나가기를 기원했다. 그래서 서민들의 고충 가운데 하나인 주택문제 해결을 위해, 우리가 앞으로 보게 되듯, 5개 신도시의 272만 호 건설을 비롯해, 국민의료보험제도 확대와 국민연금제도 기반 구축 등을 이뤄냈다. 재임기에 열성적으로 전개한 '범죄와의 전쟁' 역시 '보통사람'들이 안심하고 살 수 있는 사회를 조성하겠다는 의지의 산물이었다.[8]

노 대통령은 퇴임 이후 '보통사람'처럼 생활하고자 했다. 그 한 예가 일반인과 같이 민간여행사에서 마련한 일정에 따라 하는 패키지투어 참여였다. 노 대통령 때 대통령사정수석비서관을 역임한 김유후金有厚 전 서울고등검찰청 검사장의 증언에 따르면, 노 대통령은 주변에서 말렸으나 "보통사람의 시대가 되게 하려고 대통령이 되었고, 대통령 퇴직 후에는 보통사람이 되려고 하는데 왜 일반인과 같이 여행을 하면 안 되느냐"며, 일본 패키지투어에 참여했고 그 여행을 즐거워했다.[9]

---

7 노창희(盧昌熹), 『어느 외교관의 이야기: 노창희 회고록』(기파랑, 2007), 180~181쪽.

8 김기춘(金淇春), 「대통령, '범죄와의 전쟁'을 선포하다」 및 안응모(安應模), 「6개월에 걸친 조직폭력배와의 전쟁」, 노재봉(盧在鳳) 편, 『노태우 대통령을 말한다: 국내외 인사 175인의 기록』(동화출판사, 2011), 696~698쪽 및 699~701쪽.

9 김유후(金有厚), 「대통령과 패키지투어」, 위와 같음, 754~757쪽.

인간존엄성 존중 및 기본인권 신장

노태우 대통령은 자신의 민주화를 자신의 6·29선언 가운데 제4항인 '인간존엄성의 존중과 기본인권의 신장'으로 시작했다. 이 주제에 관해, 그는 우선 취임사에서 "물질성장과 안보를 앞세워 자율과 인권을 소홀히 여길 수 있는 시대는 끝났습니다. 힘으로 억압하거나 밀실의 고문이 통하는 시대는 끝났습니다. […] 침해되지 않는 인권과 책임이 따르는 자율이 확보될 때 경제도 발전되고 안보도 다져지는 성숙한 민주주의의 시대가 열릴 것입니다."라고 선언했으며, 자신의 회고록에서는 다음과 같이 썼다.

> 국민의 기본권은 선언적이어선 안 되고 구체적이어야 한다. 그것은 개개인의 자유를 달성함으로써 달성될 수 있다. 민주사회에선 한 사람의 자유라도 억울하게 침해되어서는 안 된다. 대(大)를 위하여 소(小)가 희생되어서도 안 된다.[10]

여기서 그는 인권에 관한 한국적 고민을 상기시켰다. "반反인권적인 공산주의세력과 대결하면서 자유민주주의체제를 키우고 지켜가야 하는 2중의 고민"이 그것으로, "반공을 위하여 자유를 희생할 수밖에 없었던 상황이 분명 존재하였다."고 인정했다. 그러면서도 그는 "6·29선언은 그런 단서도 폐기하고 선진국 수준의 자유와 인권을 보장하겠다고 약속했다."라고 부연한 뒤, 자신의 그 약속은 "개발연대의 논리와 획을 그은 것"임을 확실히 했다.

실제로, 노 대통령은 취임을 전후해 형사소송법과 형사보상법을 개정하고 범죄피해구조법을 새롭게 마련했다. 이에 따라 불법연행이 금지되고 악용의 소지가 있는 수사보호실 제도가 폐지되었다. 같은 맥락에서, 수사 단계에서의 변호인참여제도가 채택되었고 보호관찰제도가 도입되었으며 국

---

10 노태우, 『노태우 회고록』, 하, 16쪽.

가보안법도 남용의 소지를 원천적으로 제거하는 방향으로 고쳐졌다.[11] 1989년부터는 해외여행의 자유화가 이뤄졌으며 해외이주도 허가로부터 신고로 바뀌었다. 단국대학교 강민姜珉 교수는 이 일련의 조치들을 민주화의 개시에 앞선 자유화의 개시로 보았다.

인간존엄성 존중이라는 큰 틀 안에서, 노 대통령은 이른바 사상범들도 법이 허용하는 범위 안에서 과감히 석방했다. 그 상징적 사례가 1968년 8월에 중앙정보부가 발표한 통일혁명당 사건으로 대법원에서 무기수로 형이 확정되어 수감되어 있던 신영복申榮福의 특별가석방이었다. 서울대학교 상과대학 경제학과를 졸업하고 서울대학교 대학원 경제학과에서 석사학위를 받은 데 이어 육군사관학교 교관으로 봉직했던 신영복은 석방된 이후 성공회대학교 사회과학부 교수로 임용되어 이 대학교 교육대학원 원장에 이어 대학원 원장으로 봉직했고, 2006년 8월에 정년퇴임한 뒤 이 대학교 사회과학부 석좌교수로 봉직하다가 2014년에 별세했다. 여러 저서 가운데 출소 후 첫 작품인 『감옥으로부터의 사색: 통혁당사건 무기수 신영복 편지』(햇빛출판사, 1988)가 가장 널리 읽혔으며, 20년 20일의 교도소 생활 가운데 닦은 서예의 정화精華로 '신영복체'라는 유명한 글씨체를 남겼다.

자유언론의 창달과 언론자유화의 진전

노 대통령은 민주화를 인간존엄성 존중 및 기본인권 신장과 동시에 언론자유로부터 시작했다. 언론자유를 "모든 자유를 자유롭게 하는 자유의 어머니이면서 민주화의 견인차牽引車"에 비유한 그는 우선 언론기본법 폐지로부터 시작해 정기간행물 등록의 완전 개방, 주재기자제도의 부활, 그리고 신문지면과 구독료의 자율화에 이르기까지 언론자유의 보장을 위한 제도적 장치를 갖췄다. 언론규제를 담당했던 내각의 문화공보부를 문화정책 및

---

11 위와 같음, 16~17쪽.

문화행정에 전념하는 문화부 그리고 격이 낮은 공보처로 분리했고, 문화공보부 아래 기관으로 언론에 간섭하면서 왈가왈부하던 홍보조정실을 폐지했다. 이 일련의 조치들은 '시민권적 · 절차적 민주주의의 확대를 위한 노력'으로 받아들여졌다.[12]

이러한 분위기 속에서, 언론을 철저히 통제했던 유신체제 때 거기에 저항해 자유언론실천운동을 주도했다가 퇴사했거나 퇴사를 당한 동아일보사와 조선일보사 기자들은 합심해 1988년 5월 15일에 일간지로 『한겨레』를 창간했다.[13] 이 신문은 이후 대한민국의 기성질서를, 특히 반공적 · 반북적 법질서와 대북정책 그리고 '비非자주적 친미정책'을 전면적으로 비판하면서, 국가보안법 폐기와 남북화해를 옹호하는 등 '진보 · 좌파' 운동을 이끄는 역할을 수행한다.

노 대통령은 취재와 보도에 대한 규제도 철폐했으며, 개그맨들이 자신을 풍자와 코미디의 자료로 쓰는 것도 허용했다. 출판사 설립규정을 크게 완화해, 1987년 말에 3,004곳이었던 출판사가 3년 만인 1991년 말에는 6607곳으로 두 배 이상 늘어났다. 과거에는 금기禁忌로 여겼던 공산주의권의 일상을 가감 없이 보도할 수 있게 했고, 공산권 작가의 작품도 아무런 제한 없이 출판과 공연이 가능하도록 조치했다.

문학예술작품의 해금(解禁)

취임 직후인 3월 3일에는 월북인지 납북인지 논란이 있었기에 작품들의 출판을 금지했던 문인 김기림金起林과 정지용鄭芝溶의 작품들에 대해 해금 조치를 내렸다. 그 결과, 예컨대, 오늘날까지도 많은 국민이 사랑하는 정지용의 시 「고향」(1932)을 원문 그대로 읽을 수 있게 되었다. "고향에 고향에

12 전용주(全勇柱), 「노태우 대통령과 권위주의 붕괴」, 한국정치학회 · 관훈클럽 편, 『한국의 대통령 리더십과 국가발전』(경기도 고양시: 인간사랑, 2007), 177쪽.

13 한겨레신문사 편, 『한겨레 10년 성과와 미래』(한겨레신문사, 1998).

돌아와도 그리던 고향은 아니러뇨"로 시작하는 「고향」은 작곡가 채동선蔡東鮮의 곡으로 널리 불렸었는데, 그 가사가 금지되었기에, 금지 이전에 그 곡에 맞춰 별도로 작사된 박화목朴和穆의 「망향」(1933)과 이은상李殷相의 「그리워」(1936)가 널리 불렸다. 그런데 이제 정지용의 가사로도 부를 수 있게 된 것이다.

해금은 1988년 7월 19일에 대폭 늘어나, 백석白石을 비롯한 120명의 월북·납북 또는 북한 작가들의 작품들도 읽을 수 있게 되었다. 거기에는 일제강점기에 '시詩는 정지용, 산문散文은 이태준李泰俊'이라는 말을 들었고 '조선의 모파상'으로 불리던 이태준의 작품들도 포함되었다.

1989년에는 거기서 한 걸음 더 나아가 월북한 뒤 북한정권에서 고위직에 올랐던 리기영(李箕永: 최고인민회의 부의장)·한설야(韓雪野: 내각 문화선전상)·홍명희(洪命憙: 내각 부수상) 등의 작품들도 해금했다. 그 대표적 보기가 조선 13대 명종 때 황해도 구월산 일대에서 활동한 '의적義賊' 또는 '의도義盜' 림꺽정을 주제로 한 홍명희의 『림꺽정』이다. 일제강점기인 1928년 11월 21일부터 1939년 7월 4일까지 『조선일보』에 「림꺽정林巨正」이라는 제목 아래 연재했던 이 장편소설은 그 사이 부분적으로만 출판됐었는데, 이 조치를 계기로 1989년에는 홍명희의 손자 홍석중洪錫中이 윤색한 『청석골대장 림꺽정』(평양: 금성청년출판사, 1985)이 서울의 동광출판사에서 출판된 데 이어, 1992년에는 원래의 소설 전체가 10권으로 서울의 사계절출판사에서 출판된 것이다.

1992년에는 북한에서 교육문화성 부상을 역임했으며 '김일성상 계관인' 칭호와 '국기훈장 제1급'을 받은 조영출趙靈出의 작품 61편을 비롯해 월북작가 작품들을 포함한 방송금지곡 847곡을 해제했다. 조영출은 조명암趙鳴岩이라는 예명을 쓰면서, "백마강 달밤에 물새만 울어, 잊어버린 옛날이 애달프구나"로 시작하는 「꿈꾸는 백마강」, "울려고 내가 왔던가 웃을려고 왔던가"로 시작하는 「선창」, "영산강 안개 속에 기적이 울고, 삼학도 등대 아래

갈매기 우는"으로 시작하는 「목포는 항구다」, 그리고 "남쪽나라 바다 멀리 물새가 날으면"으로 시작하는 「고향초」 등 수많은 가요를 작사해 사랑을 받았지만, 일제 말기에 "무명지 깨물어서 붉은 피를 흘려서, 일장기 그려놓고 성수만세聖壽萬歲 부르고 […] 나라님의 병정 되기 소원입니다"라는 「혈서지원血書志願」을 쓴 탓에 친일반민족행위자로 지탄을 받았다. 1948년에 월북한 뒤에는 "만고의 영웅이신, 절세의 혁명가이신, 아아 김일성 원수이시여"로 시작하는 「수령이시어 만수무강하시라」를 지었다.[14]

같은 맥락에서, 노태우정부는 1988년에 그사이 불온하다는 이유로 방송이 금지되었던 가요들도 전면 해금했다. 김민기金敏基 작사 작곡에 양희은楊姬銀 노래로, 운동권을 넘어서서 국민의 대표적 애창가요들 가운데 하나가 된 「아침이슬」1971이 그 대표적 사례였다.[15] 연극을 비롯한 공연물의 사전심의도 폐지했다.

방송에 대한 규제 대폭 완화

방송에 대한 규제도 사실상 크게 완화했다. KBS가 전액 정부출자기관인데도, 6·29선언 직후인 1987년 11월에 언론기관의 특성을 고려해 「정부투자기관 관리기본법」의 규제를 풀어 KBS 이사회를 심의의결기관에서 최고의결기관으로 격상시켜 사장 임명의 추천권까지 주었다. MBC에 대해서도, 1988년 12월에 방송문화진흥회를 신설해 종전에 KBS가 소유하고 있었던 MBC 주식의 대부분을 거기에 출연하도록 하여 정부와는 무관한 주식회사 형태로 체제를 바꿔 MBC의 독자성을 보장해주었다.

언론자유의 신장을 위해서는, 1980년에 신군부의 언론통폐합 조치로 KBS와 MBC 및 CBS만 존속해온 상황을 고려해 민영방송사를 신설해주어

---

14 전봉관(全峯寬), 「전봉관의 해방거리를 걷다: 친일파였다 '김일성 장군님'품에 안긴 스타 작사가의 처세술」, 『조선일보』(2023년 11월 18일 B9쪽).

15 노태우, 『노태우 회고록』 하, 14~15쪽.

야 한다는 요구에 응해, 1990년 11월에 주식회사 서울방송(SBS)의 설립을 허가했다. 케이블TV도 이 시기에 처음 등장해, 방송체제는 다원화되었다.

언론자유에 대한 기자들의 회상

종합적으로, 언론자유와 관련해 조갑제 기자는 다음과 같이 회상했다.

> 노태우 대통령 시절 5년간이 나의 기자생활 37년간 가장 자유롭게 일할 수 있었던 시기로 기억된다. 대통령이 텔레비전 코미디의 소재가 되고, '물태우'란 말이 나오고, 대통령이 해외순방을 끝내고 돌아오는 비행기 안에서 "국내 신문을 읽으면 하늘에서 뛰어내리고 싶다."는 말을 했다는 이야기가 들렸다. 정치적 기사로 해서 기자들이 안기부에 연행된 적이 없는 첫 시기였다. 노 대통령과 측근들은 비판적인 기자들을 누르는 대신 설득하려고 애썼다.[16]

이것은 조갑제 기자만의 경우가 아니었다. 한국기자협회가 1990년 가을에 전국의 기자들을 대상으로 실시한 여론 및 의식 조사에서, 약 73%의 응답자가 제5공화국 때보다 언론의 자유가 확대되었다고 평가했다. 미디어리서치가 1992년 6월에 국민을 상대로 실시한 조사에서, 약 60%가 "언론자유가 나아졌다"고 응답했고, 약 67%가 "누구나 마음 놓고 말할 수 있는 자유가 있다"고 응답했다. 노 전 대통령 스스로 자부했듯, 그의 재임 중 "언론의 자유는 누구도 침해할 수 없는 공고한 기반을 구축한 것이다."[17]

부끄럽게도 불상사가 있었음은 사실이다. 군사정권 아래서의 군사문화를 날카롭게 비판하는 일련의 칼럼들을 발표한 『중앙경제신문』의 오홍근吳弘根 사회부장이 1988년 8월 6일에 테러를 당한 것이다. 노 대통령은 철저한 진상조사를 지시했으며, 그 결과 육군정보사령부의 몇몇 요원들이 저지

---

16 조갑제(趙甲濟) 해설, 『노태우 육성회고록: 전환기의 대전략』(조갑제닷컴, 2007), 20~21쪽.
17 노태우, 『노태우 회고록』 하, 15쪽.

른 사실이 밝혀지자 곧바로 정보사령관을 문책해임했다. 그는 훗날 자신의 회고록에서 '몰지각한 군인이 저지른 사고'였음을 시인하면서 사과의 뜻을 나타냈다.[18]

시민사회의 자율성 회복

민주화에 관한 세계적 정치이론가인 후앙 린츠Juan J. Linz 교수에 따르면, 민주화의 핵심은 사회 각 분야의 자율성 존중이다. 사회구조의 다원화를 인정하고, 사회를 구성하는 기본 세포들이 독자성을 갖고 활력을 발휘하도록 여건을 조성해주고 그것을 뒷받침하는 데 있다는 뜻이다.[19]

노태우 대통령의 민주화는 시민사회의 자율성을 뒷받침해주는 일련의 조치들로 이어졌다. 이 시점에서 시민사회는 성장하여 국가의 일방적 지배를 더 이상 허용하지 않게 되었음을 그는 직시하고 있었다.[20] 수많은 사회단체의 활동이 자율화되어야 개인과 개인 사이의, 단체와 단체 사이의, 그리고 개인 및 단체와 국가 사이의 이해관계를 법의 울타리 안에서 조정해줄 수 있다는 믿음에서, 사회단체들에 대해 정부가 가졌던 통제권을 포기하고 자율성을 부여한 것이다. 노동조합 활동의 자유화, 농업협동조합의 자율화, 그리고 국공립대학교 총장 선임의 자유화 등이 그 대표적 사례들이었다.

민변과 전노협의 출범

이러한 사회적 분위기 속에서, 법조계의 기성질서에 비판적인 변호사들은 1988년 5월 28일에 「민주사회를 위한 변호사 모임」(약칭 민변)을 출범시

---

18 위와 같음, 102쪽.

19 양승태(梁承兌), 「민주화와 민주화의 수사(修辭): 한국 민주화 이념의 정립을 위한 비판적 시론」, 한국정치학회 특별심포지움 발표 논문, 1989년 6월 9일, 9쪽.

20 염홍철(廉弘喆), 「노태우 대통령: 국정운영의 공과」, 한국현대사연구회 편, 『한국현대사연구 근현대사강좌』 11(1999년 12월), 22쪽.

켰다. 민변은 이후 '진보·좌파' 정부의 탄생에 주요한 역할을 수행하고 특히 문재인정부의 경우 대통령 비서실과 내각을 비롯한 여러 국가기관에 직접 참여한다. 민변의 뒤를 이어, '진보적' 성향의 인문사회과학계 학자들은 1988년 11월 5일에 「학술단체협의회」를 발족시키고 한국의 기성질서를 비판하는 학술활동을 전개했다. 특히 마르크시즘의 광범위한 수용 그리고 그것에 바탕을 둔 남북한의 역사와 사회에 대한 분석을 이끌었다.

같은 맥락에서, 기존의 「한국노동조합총연맹」(약칭 한국노총)에 비판적인 노동자들은 1990년 1월 22일에 「전국노동조합협의회」(약칭 전노협)를 출범시켰다. 전노협은 김영삼정부 때인 1995년 11월 11일에 「전국민주노동조합총연맹」(약칭 민노총)으로 개편된다. 그 사이 1989년 5월 28일에 기존 교육제도와 교육행정에 비판적인 교사들은 「전국교직원노동조합」(약칭 전교조)을 출범시켰다. 노태우정부는 이것을 '불법단체'로 간주하고 가입한 교사들을 해임했다. 이후 김영삼정부는 전교조를 묵인하고 해임된 교사들을 복직시키고, 김대중정부는 전교조를 합법적 단체로 공인한다.

지방자치제와 교육지방자치제의 실시

지방자치제와 교육지방자치제에서도 새로운 시대를 열었다. 1987년 12월의 대통령 선거 때 노태우 후보를 비롯해 김영삼 후보와 김대중 후보 및 김종필 후보는 모두 지방자치제와 교육지방자치제의 실시를 공약했다. 그러나 노태우 정부의 출범 이후 늦춰지고 있었다. 그러자 1990년 10월에 평민당 김대중 총재는 지방자치제와 교육지방자치제의 실시를 강력히 요구하며 단식투쟁을 벌임으로써 이 문제에 대한 새로운 자극을 주었다.

노 대통령은 김대중 총재의 논리도 충분히 수용하면서 지방자치제와 관련해서는, 시·군·구 등 기초의회의원 선거를 1991년 3월 26일에 실시했고, 시·도 광역의원 선거를 1991년 6월 20일에 실시했다. 교육지방자치제와 관련해, 1991년 8월 8일과 10일에 지방교육위원 선거를 실시했다. 이로써 1961년 5·16군사정변으로 전면 중단되었던 지방자치제와 교육지방자치제를 부활시켰다.

이것은 6·29선언 가운데 제6항의 약속을 지킨 것이었다. 오랜 기간에 걸쳐 김대중 총재를 모시며 재야에서 민주화운동에 참여했다가 제13대 국회의원으로 봉직한 조홍규趙洪奎는 노태우 대통령의 재임 5년을 논할 때 "민주정치의 풀뿌리라고 하는 지방자치선거를 과감히 실현시킨 사실 또한 가벼이 보아 넘길 일이 아니다."라고 논평했다.[21]

자유로운 정당활동의 보장

노태우 대통령은 6·29선언의 제7항에서 '자유로운 정당활동을 보장하고 대화와 타협의 정치풍토를 조성'할 것을 약속했다. 그가 취임 직후 1988년 4월 26일에 실시한 제13대 국회총선에서 여당인 민정당은 전체 299석 가운데 125석을 얻어 원내 제1당으로는 자리 잡을 수 있었다. 그러나 김대중 총재의 평화민주당이 70석, 김영삼 총재의 통일민주당이 59석, 그리고 김종필 총재의 신민주공화당이 35석을 확보해 각각 제2당, 제3당, 제4당이 되었으며, 이 세 정당의 의석수가 164석에 이르면서 여소야대與小野大 국면이 형성됐다(나머지는 한겨레민주당 1석과 무소속 9석이었는데, 한겨레민주당 당선자가 곧바로 평민당으로 당적을 옮겼고 이에 따라 법적 요건을 잃은 한겨레민주당은 중앙선거관리위원회에 의해 등록이 취소되었다).

민정당의 총재인 노 대통령은 "선거결과를 하늘의 뜻으로 알고 겸허하게 받아들였다." 그는 다음과 같이 토로했다.

> 내가 대통령선거에 임하면서 선언한 3김시대의 종말을 아직은 하늘이 허용하지 않고 있다는 뜻이었다. 김영삼 씨와 김대중 씨는 수십 년간의 민주화투쟁

---

21 조홍규(趙洪奎), 「지방자치의 과감한 실현은 큰 업적」, 노재봉 편, 『노태우 대통령을 말한다』, 339쪽.

을 통해 그 세력이 전국 도처에 깊게 뿌리박혀있기 때문에 그들을 역사의 뒤안길로 흘려보낼 수는 없는 일이었다.[22]

입법부에 대한 존중

국회에서의 여소야대는, 노태우정부가 국회도 여당이 지배함으로써 정권 전체를 정부와 여당이 동일체가 되어 이끌어가는 단점정부單占政府가 아니라, 국정을 정부와 국회가 나눠 이끌어가는 분점정부分占政府가 되었음을 의미했다.[23] 여기서 상기해야 할 점은 제6공화국의 헌법은 지난날과는 달리 대통령에게 국회해산권을 부여하지 않음으로써 국회를 압박할 힘을 없앴지만, 국회에는 국정감사권을 비롯해 국무총리 및 국무위원 해임건의권 그리고 주요 공무원에 대한 탄핵소추권을 부여함으로써 정부를 압박할 힘을 주었다는 사실이다. 게다가 국회 임시회 소집요건을 재적의원의 4분의 1로 줄여주었고, 국회의 연간 회기일수에도 제한을 두지 않았으며 청문회제도를 도입함으로써 국회의 힘은 그 이전 시대에 비해 월등히 커졌다. 의사활동의 TV중계가 허용된 것도 행정부에게는 심리적 부담이 될 수 있었다.[24]

쉽게 말해, 입법부는 지난날 권위주의체제의 시대 때 '통법부通法府' 또는 '행정부의 시녀'로 조롱을 받던 위치에서 벗어나 입법부의 독자성을 확보하게 된 것이다. 이 사실과 관련해 당시 국회의장이던 박준규朴浚圭는 다음과 같이 회상했다.

---

22 노태우, 『노태우 회고록』 상, 438쪽.

23 분점정부와 단점정부에 대해서는 다음의 저술들이 대표적이다. Gary W. Cox and Samuel Kernell, *The Politics of Divided Government*(New York: Avalon Publishing, 1991); Juan J. Linz and Arturo Valenzuela, eds., *The Failure of Presidential Democracy* (Baltimore. M.D.: Johns Hopkins University Press, 1994).

24 이 점은 특히 다음에서 강조되었다. 이현우(李鉉雨), 「1 여소야대 국회에 대한 반응」, 강원택(康元澤) 편, 『노태우 시대의 재인식: 전환기의 한국사회』(경기도 파주시: 나남, 2012), 41~46쪽.

노 대통령의 민주주의 실천에 대한 의지는 국회와 청와대의 관계에서도 잘 나타난다. 당시 나는 국회의장을 3년여 재임하였는데 그 기간 동안 예산안 처리를 포함한 국회 입법활동에 대하여 청와대는 한 번도 간섭을 해 오지 않았다. 오히려 무관심하다 할 정도로 국회 기능에 관여하지 않았다. 오랜 정치활동으로 역대 정권을 가까이서 지켜본 나의 경험을 돌이켜 볼 때, 노 대통령을 제외한 어느 정권이 청와대에 간섭 없이 국회가 독립적으로 기능을 수행하도록 한 바 있었는지 기억이 별로 없다.[25]

국회에 대한 노 대통령의 존중은 전직 국회의원들의 개인적 모임을 「사단법인 대한민국헌정회」로 승격시키는 조치로도 나타났다. 그의 호의 아래 1991년 5월에 「대한민국헌정회육성법」이 제정되었으며, 이에 따라 「사단법인 대한민국헌정회」는 국회에 법인으로 등록되게 된다.

여기서 상기하고자 하는 사실이 있다. 그것은 노 대통령이 대통령 취임식을 국회 본관 앞 광장에서 열었다는 사실이다. 4대 윤보선 대통령이 대통령 취임식을 국회의사당에서 열었던 때로부터 27년 6개월 만의 일이었다. 당시 국회의사당은 중구 태평로에 있었다. 이 사실을 고려하면서 여의도 국회의사당을 기준으로 한다면, 노 대통령은 이곳에서 대통령 취임식을 연 첫 번째 대통령이 된다.

이승만 대통령은 초대 · 2대 · 3대 대통령 취임식을 중앙청광장에서 열었고, 박정희 대통령은 5대 · 6대 · 7대 대통령 때 자신의 취임식을 중앙청광장에서 열었으며, 「통일주체국민회의」를 통한 8대 · 9대 대통령 때 장충체육관에서 열었고, 역시 「통일주체국민회의」를 통한 10대 최규하 대통령은 장충체육관에서 열었으며, 「통일주체국민회의」를 통한 11대 전두환 대통령은 잠실체육관에서 열었고, 선거인단을 통한 12대 전두환 대통령은 잠실체

---

25 박준규(朴浚圭), 「다른 대통령들 정치자금 문제 밝혀진다면, 노 대통령 위치 달라질 것」, 노재봉 편, 『노태우 대통령을 말한다』, 45쪽.

육관에서 열었다.

노태우 대통령이 취임식을 국회 앞 광장에서 연 선례는 이후 후임자들에 의해 존중되어 하나의 관례로 정착되었다. 14대 김영삼 대통령, 15대 김대중 대통령, 16대 노무현 대통령, 17대 이명박 대통령, 18대 박근혜 대통령, 19대 문재인 대통령, 20대 윤석열 대통령 모두 그곳에서 취임식을 가진 것이다. 대통령중심제의 전형인 미국에서는 대통령 취임식이 국회에서 열린다.

'동반협력의 정치' 제의

여소야대에 대한 노 대통령의 대응은 '동반협력의 정치'였다. 1988년 5월 30일에 열린 제13대 국회 개원식에서 그는 "수적數的 우위에 대한 집권당의 일방적 독주와 강행이 통용되던 시대도, 소수당의 무조건 반대와 투쟁의 정치가 합리화되던 시대도 지나갔습니다."라고 연설하면서 '동반협력의 정치'를 제의하고, "국민은 이제 원숙한 정치력으로 대화와 타협에 의한 새로운 의정을 열도록 명령한 것입니다."라고 부연했다. 동시에 그는 '화해의 정치'를 제의했다. "미움과 아픔을 헤집는 것이 아니라, 분열과 대립을 더욱 심화시키는 것이 아니라, 그것을 치유하고 해결하고 통합하는 정치"를 하자는 뜻이었다. 종합해 말해, 그는 오늘날 흔히 쓰는 '협치'를 제의한 것이다.

그는 대통령에 취임하기에 앞서 민정당 대표위원으로, 그리고 제12대 국회의원으로 활동했다. 그 이전에 국회의원으로 활동하다가 대통령으로 봉직한 사례는 이승만과 윤보선 뿐이었다. 박정희와 최규하 및 전두환은 국회의원으로 활동한 경험이 없었다. 비록 짧은 12대 한 대代에 한정된 기간이었으나 온갖 험한 일을 인내심을 갖고 몸으로 겪어야 하는 국회의원 경험은 국회와 정당을 상대로 하는 그의 국정운영에서 '협치'의 중요성을 심어주었던 것이다.

이러한 마음가짐에서 그는 국회에서의 여러 현안을 대화와 협의로 풀어나가고자 노력했으며, 야당이 주도한 입법이라고 해도 농민이나 노동자 쪽의 요구는 웬만하면 받아주면서 헌법이 보장한 대통령의 거부권 행사를 자제했다. 이 사실에 주목해, 한 언론인은 노 대통령이 '사사건건 발목 잡은 김대중·김영삼·김종필 등 야당 지도자들을 수시로 만나 경청하는 리더십'을 발휘했다고 썼다.[26] 1990년 2월에 민정당과의 통합을 원하는 통일민주당 및 신민주공화당과 합당해 민주자유당(약칭 민자당)을 공식 출범시킨 이후, 비로소 분점정부에서 벗어나 단점정부의 지위를 확보하고 입법을 주도할 수 있었다.

김대중 평민당 총재는 3당통합을 '쿠데타'로 단정하고, 강경투쟁 노선의 길을 밟았다. 그렇지만 노태우 대통령은 국정의 원만한 운영을 위해 필요한 경우에는 반드시 김대중 총재와 협의하는 것을 잊지 않았다. 그 한 사례가 걸프전쟁 때의 협의였다. 1990년 8월 이라크가 쿠웨이트를 침공하자 유엔 안전보장이사회는 이라크를 규탄하면서 회원국이건 비회원국이건 모든 나라가 이 지역의 평화와 안정을 위해 적절한 지원을 제공할 것을 요청했다. 미국을 비롯한 우방들은 다국적군을 조직하고 1991년 1월 17일에 이라크를 상대로 개전했고, 이로써 걸프전쟁이 시작되었다. 한국정부는 사우디아라비아에 군의료지원단을 파견하기로 결정했으나 국회의 동의를 받아야 하게 되자 노 대통령은 김대중 총재와 조찬을 같이 하며 협조를 요청하고 김 총재가 "정부가 공약한대로 전투병력을 파견하지 않는다면 협조하겠다."라고 화답함으로써 압도적 찬성으로 동의를 얻어냈던 것이다.[27] 이로써 '동반협력의 정치'의 분위기는 유지될 수 있었다. 종합적으로, 조갑제는 노무현盧武鉉 대통령 때인 2007년에 출판한 책에서 "소위 민주투사들이 집

---

26 김태완(金泰完), 「노태우의 경청하는 리더십: "여소야대 13대 총선 이후 사사건건 발목잡은 3김 수시로 만나"」, 『월간조선』(2017년 6월), 102~107쪽.

27 이상옥(李相玉), 『전환기의 한국외교: 이상옥 전 외무장관 외교회고록』(삶과꿈, 2002), 312쪽.

권했던 지난 5년을 포함하여 역대 정부 가운데 그래도 여야 사이에 정상적인 대화와 타협이 이뤄졌던 시기는 노태우정부 5년간이었다는 점에 별 이견異見이 없을 것이다."라고 썼다.[28]

다른 한편으로, 노 대통령은 재야세력이 제도권으로 진출할 수 있는 길을 열어주는 방향으로 그들을 도왔다. 재야세력이 제도권 밖에서 투쟁하는 것 보다 제도권 안에서 활동하는 것이 정당정치와 의회정치의 발전에 도움이 된다고 믿었기 때문이다. 그 결과 이우재李佑宰 · 김낙중金洛中 · 이재오李在五 · 김문수金文洙 · 장기표張琪杓 등 대체로 온건한 노선의 재야인사들은 1990년 11월 10일에 「민중당」을 창당했다. 노 대통령은 11월 18일에 이우재 대표와 이재오 사무총장 및 장기표 정책위원장 등 3인을 청와대로 초치해 그들의 건의사항을 들었다.[29] 그러나 이 당은 1992년 3월 24일에 실시된 제14대 국회총선 때 지역구에서 1명의 당선자도 내지 못했을 뿐만 아니라 유효투표의 1.5%밖에 득표하지 못해 중앙선거관리위원회에 의해 1992년 3월 30일에 등록이 취소되었다.[30]

선거의 공명성 유지를 위한 노력

노태우 대통령은 선거의 공명성을 유지하기 위해 노력했다. 자신이 대통령에 취임한 이후 처음 실시되는 제13대 국회총선을 앞두고 가진 기자회견에서, 그는 "공정한 선거문화를 통해서 민주주의를 발전시켜야 하겠다고 하는 것은 본인의 확고한 소신입니다."라고 말한 데 이어 "민정당에 […] 설사 우리가 과반수 의석을 못 얻는 한이 있더라도 공명선거를 흐려서는 안 된다고 강조해오고 있습니다."라고 부연했다.[31]

---

28 조갑제 해설, 『노태우 육성회고록』, 23쪽.

29 정해창(丁海昌), 『대통령비서실장 791일: 정해창의 청와대 일지』(경기도 파주시: 나남, 2023), 323~327쪽.

30 황의봉(黃義鳳), 「민중당」, 『신동아』(1991년 2월), 388~403쪽.

31 재단법인 보통사람들의시대노태우센터 편, 『노태우의 생각 대통령의 연설』, 44쪽.

1992년 3월 24일에 실시될 제14대 국회총선을 이틀 앞두고 "군부대 안에서 부재자투표를 놓고 부정선거가 있었다."고 이지문李智文 육군중위가 폭로하자 대통령은 군인의 부재자 투표는 일반 유권자와 마찬가지로 영내營內가 아니라 영외營外에서 실시하도록 제도를 개선했다. 1992년 12월 18일에 실시될 제14대 대통령선거를 앞두고는, 9월 18일에 이 일련의 조치들은 그 목적이 1차적으로 "행정기관이 과거의 타성에 젖어 여당 후보의 당선을 위해 무리하게 과잉충성을 하지 못하도록" 하는 데 있었다. 쉽게 말해, '여당 프리미엄'을 없앰으로써 선거의 공정성을 높이고자 한 것이다.

노 대통령은 투표를 열흘 앞둔 11월 18일에 3당의 대통령 후보와 3부 요인을 청와대로 조치해 "정부는 만에 하나라도 과거와 같은 관권개입이나 행정선거의 의혹이 없도록 필요한 모든 조치를 취할 것이고, 선심사업이라는 오해의 소지가 있는 각종 사업들을 자제할 것"임을 다짐했다.[32] 스스로 민자당을 탈당하고 이어 10월 9일에 현승종玄勝鍾 한림대학교 총장을 국무총리로 하는 중립내각을 발족시켰다. 중립내각에서도 선거에 직접적으로 관련이 있는 내무장관과 법무장관을 정치나 정당에 관여한 경험이 전혀 없었던 순수한 법조인으로 임명했다. 현승종 총리는 다음과 같이 회상했다.

> 한국 헌정사상 최초의 중립내각(1992년 10월 ~ 1993년 2월)은 노태우 대통령의 강한 민주화 실천의지의 산물이라는 역사적 평가를 받게 될 것이라고 나는 확신한다. […] 대통령 선거를 앞두고 구성되는 중립내각은 우리나라에 민주주의를 뿌리내리겠다는 노 대통령의 강한 민주화 의지 실천의 마무리가 아닌가. […] 대통령은 중립내각의 선거관리에 아무런 간섭이 없었다. 나는 그분의 공명선거 의지에 큰 감동을 받았다. 소신껏 중립내각을 이끌고 나갈 수 있었다.[33]

---

32 염홍철(廉弘喆), 「중립선거관리내각 구성의 선거사적 의미」, 김학준·염홍철 엮음, 『선진 한국의 모색』(동화출판사, 1993), 198~200쪽.

33 현승종(玄勝鍾), 「헌정사상 최초로 중립내각의 총리가 되어」, 노재봉 편, 『노태우 대통령을

사정기관의 개혁, 군 정치개입의 억제, 5공청산의 주도

노 대통령의 민주화 시도는 전두환 전 대통령과 그의 핵심 측근들이 국정에 관여할 수 있는 제도적 틀을 사실상 없애는 것으로도 나타났다. 그것은 헌법 제90조에 마련된 「국가원로자문회의」의 무력화無力化로 시작되었다. 전두환 전 대통령이 의장으로, 그의 경호실장이던 안현태安賢泰가 사무총장으로, 그리고 그의 의전수석비서관이던 김병훈金炳薰이 비서실장으로 발령을 받기는 했으나 모두 자진 사퇴하게 해 이 회의 자체가 열리지 못하게 했다. 이어 1989년 3월에 「국가원로자문회의 설치에 관한 법령」을 폐지함으로써, 정식으로 이 기구를 없앴다.

이렇게 전 정부의 입김을 처음부터 제거하면서 군에서도 전 정부에 가까웠던 인사들을 대부분 예편시키고 자신에 가까운 인사들을 요직에 기용했다. 이렇게 함으로써 군에 대한 장악력을 확보한 데 이어 국군조직법과 군인사법 등 법령개정을 단행했다. 이어 국내정치에도 개입하는 등 상당히 큰 권력을 행사하던 국가안전기획부와 국군보안사령부의 기능을 축소시켰다. 국군보안사령부의 경우 상대적으로 힘이 약해 보이는 국군기무사령부로 개명했다. 반면에, 때로는 두 기관에 눌려 지냈던 검찰의 힘을 키워주었다. 이 점에서, 노 대통령 때 국가안전기획부 특별보좌관이었으며 김영삼 대통령 때 환경부 장관이었던 윤여준尹汝雋은 "노 정권이 민주화된 국가운영에서 가장 크게 기여한 것은 군에 대한 통제였다."라고 논평했다.[34]

노 대통령은 민주화의 진전을 위해 자신의 모체와 다름없는 제5공화국 권위주의체제의 유산을 청산하는 작업도 수행했다. 종합적으로, 비리가 잇따라 폭로되면서 국민적 지탄을 더욱 거세게 받는 전두환 전 대통령을 부인

말한다』, 75~79쪽.

34 윤여준(尹汝雋), 『대통령의 자격: 국가 명운을 결정짓는 2012년 대선의 필독서』(메디치미디어, 2011), 360쪽.

과 함께 강원도 인제군 북면 용대리에 있는 대한불교조계종 산하 백담사百潭寺로 떠나게 했다. 내설악 깊은 곳에 자리를 잡은 한적한 산사인 이 절은 일제강점기에 만해 한용운韓龍雲 스님이 머물며 「불교유신론」과 「님의 침묵」 등을 집필했고, 그의 제자 춘성春城 스님이 수행한 곳이다.

노 대통령은 또 광주민주화운동 때 유혈진압에 연결된 정호용鄭鎬溶 예비역 육군대장을 의원직에서 사퇴시켰고, 광주민주화운동 때 육군참모총장으로 유혈진압에 무관할 수 없는 이희성李熺性 예비역 육군대장을 주택공사 이사장에서 물러나게 했다. 또 전두환정부 때 '금융계의 황제'로 불리던 이원조李源祚 의원도 검찰에 고발했다. 이 일련의 조치들에 대해, 노 대통령의 정무비서관이던 염홍철廉弘喆 박사는 다음과 같이 썼다.

> 사실상 전두환정부와 뿌리가 같았던 노태우정부에서 이른바 '5공청산' 을 주도했다. 정국의 주도권을 다시 확보하고자 지배블록 주도로 이루어진 5공청산은 전두환의 대(對)국민사과담화와 백담사 은둔, 전두환 사면과 5공청산의 연내 종결을 이끌어내기 위한 6개항의 민주화 조치, 내각과 당직 개편, 「5공비리 특별수사부」 설치 등으로 이어졌으며, 「5공비리 특별수사부」는 두 달에 걸친 조사 끝에 47명을 구속하고 29명을 불구속하는 등 5공비리 관련자에 대한 대대적인 사법처리를 했다. 그래도 종결되지 않자, 전두환 전 대통령의 국회 증언과 정호용 의원의 의원직 사퇴, 이희성 주택공사 이사장의 사표, 이원조 의원에 대한 검찰 고발 등[야당의 요구를] 수용함으로써 1년 6개월 이상을 끌어오던 5공청산은 여야 합의로 해결되었다.[35]

사법부의 독립

사법부의 독립은 언론의 자유와 함께 민주주의를 뒷받침하는 두 개의 기둥 가운데 하나이다. 노 대통령은 언론의 자유를 보장했듯, 사법부의 독립

35 염홍철, 「노태우 대통령: 국정운영의 공과」, 26~27쪽.

을 존중했다. 더구나 제6공화국 헌법은 5·16군사정변 때 폐지된 헌법재판소를 되살려 헌법에 어긋나는 법령의 제정을 억제했다. 오늘날까지도 존속하면서 민주주의와 인권의 신장에 기여하는 헌법재판소의 전통은 이때 세워졌다고 할 것이다.

(1) 사법부의 독립과 관련해 김덕주金德柱 전 대법원장은 다음과 같이 증언했다.

> 과거 권위주의 정권 시절 사법부가 그 간접적인 영향 아래 고뇌한 것은 숨길 수 없는 사실이다. 물론 사법부의 독립은 사법부 스스로 지켜야 하는 것이지만, 외부 특히 대통령과의 관계가 중요한 요소가 된다. 그런 면에서 노 대통령은 사법행정의 자율성과 재판의 불가침성을 철저하게 보호한 대통령이라고 단언할 수 있다.
>
> 노 대통령은 재임 동안 법관 인사 등 사법행정에 단 한 번도 간섭한 바가 없었을 뿐만 아니라, 재판의 과정이나 결과에 그 어느 누구도 영향을 미칠 수 없게 완벽한 방패 역할을 해주셨다. 국정운영 과정에서 사법부가 하는 일에 불만이 없을 수는 없었을 것이건만, 당시에 정부는 사법부를 충분히 존중하여 예산 등으로 조용히 뒷받침하여 주었을 뿐, 판결이나 법원의 견해를 드러내놓고 비난하는 것과 같은 일은 전혀 하지 않았다.
>
> 노 대통령은 그 이전 어느 대통령보다도 사법권의 독립을 힘써 옹호함으로써, 우리나라 민주주의 정착에 지대한 공헌을 하였다고 할 수 있다. 우리 모두는 노태우 대통령을 가장 민주적인 대통령으로 가슴속 깊이 기억해야 할 것이다.[36]

(2) 변정일邊精一, 「제5장 헌법재판소 초대 사무처장」; ______, 『후회는 없다: 시련과 성취 정치인생 35년의 기록; 변정일 회고록』(경기도 파주시: 물

---

36 김덕주(金德柱), 「사법행정의 자율성, 재판의 불가침성 보호한 대통령」, 노재봉 편, 『노태우 대통령을 말한다』, 49~50쪽.

레, 2018), 153~172쪽.

조규광曺圭光 헌법재판소 초대 소장은 헌법재판소 재판관 전원의 합의로 변정일 변호사를 헌법재판소 초대 사무처장으로 영입했다. 변 처장은 자신의 재임기의 경험을 바탕으로 헌법재판소의 출범과 운영에 관해 자세히 회고했다.

※ 변정일(1942~현재)은 서울대학교 법과대학 법학과를 졸업하고 사법시험에 합격해 서울대학교 사법대학원에서 석사학위를 받은 데 이어 서울형사지방법원 판사를 역임했다. 제10대, 제14대, 제15대 국회의원으로 활동하는 가운데 국회윤리특별위원회 위원장 및 법제사법위원회 위원장을 역임했으며, 이후 변호사로 활동하면서 제주대학교 석좌교수 등을 역임했다.

경제에서의 민주화

노 대통령은 "자유민주주의와 자유시장경제는 자본주의라는 이름의 동전의 양면이다. 정치적 민주화는 경제적 민주화가 연결되어야 온전해지고 제대로 움직인다."라는 믿음을 갖고 있었고, 그래서 시장경제원리의 작동을 핵심으로 하는 경제민주화를 추진했다. 그것은 우선 정부 역할의 재조정으로 나타났다. 정부가 관장해온 인허가제도 등 갖가지 규제요인을 과감하게 축소하고 민간경제주체의 자율적 선택을 최대한 신장시킬 수 있도록 금융자율화를 비롯해 공정거래제도의 확산과 소비자보호정책을 추진했다.

이어 경제능률의 향상을 위해 경제력집중을 단계적으로 완화시켰다. 구체적으로, 대규모 기업집단의 타他회사에 대한 출자총액을 제한함으로써 무리한 기업 확장을 억제시켰고, 대규모 기업집단 안의 상호출자 억제를 위해 계열회사 사이의 직접 상호출자에 대해 공정거래법을 엄격히 적용했다.[37]

---

37 노태우, 『노태우 회고록』 하, 19쪽.

5개 신도시 272만호 건설과 중산층 형성

이러한 경제민주화 조치에 바탕을 둔 노 대통령의 경제정책은 경기도 일산과 분당에서 모두 합쳐 200만 호의 새 주택을 건설한 것을 시발로 경기도 평촌과 산본 및 중동 등에서 신도시 건설로 이어져 5개 신도시의 272만 호 건설이라는 세계에서 유례를 찾기 어려운 기록을 세웠다. 이것은 전국 주택 수의 약 40%를 자신의 임기 5년 동안에 지었다는 것을 의미했다.[38]

동시에 지속적인 경제성장을 이끌었다. 1987년에 3200달러이던 1인당 국민소득은 7200달러를 넘어섰으며, 노동자들의 투쟁도 효과를 보아 임금은 115%가 늘었다. 이것은 소득이 두 배로 늘었음을 의미했다. 임기 5년에 국민의 자동차 보유 대수는 직전의 161만 대에서 523만 대로 늘어 '마이카 시대'가 열렸다. 종합적으로, 당시 대통령 경제수석비서관이었던 김종인 박사는 "노태우정부 5년은 노사관계가 심각했음에도 근로자 임금이 많이 올랐고 중산층이 75~80%로 감으로써 중산층이 제대로 형성된 시기다."라고 평가했다.[39]

신국제공항 건설과 경부고속전철 건설 등

1986년에 47억 달러였던 국제수지 흑자는 제6공화국이 출범한 1988년에는 145억 달러로 늘어났다. 순외채도 줄었다. 1987년에 224억 달러였던 우리나라 순외채가 1992년에는 110억 달러로 절반이나 준 것이다. 이 실적은 노태우정부가 국민복지를 확충할 수 있는 기반이 되었다. 구체적으로, 1977년부터 시작한 국민의료보험제도를 1989년 7월에 도시지역 일반주민에게까지 확대·적용했으며, 국민연금제도의 기반을 구축했고 노인복지와 장애인복지를 향상시켰다. "노태우정부는 서민과 중산층을 위한 복지정권

---

38 조갑제 해설, 『노태우 육성 회고록』, 29쪽; 박승(朴昇), 「한강 이북에 신도시를 지으려는 역발상의 논리: "확신을 가지고 추진하라!"」, 노재봉 편, 『노태우 대통령을 말한다』, 570~573쪽.

39 전민구 기자, 「"노태우 5년, 중산층 제대로 키운 시대": 6·29선언 36주년 기념 학술대회」, 『중앙일보』(2023년 7월 7일).

이었다.”라는 평가는 그래서 나올 수 있었다.[40]

노 대통령은 사회간접자본(SOC) 투자와 확충에도 힘을 쏟았다. 그 대표적 실적이 영종도의 신국제공항 건설, 경부고속전철(KTX) 건설, 서해안 고속도로 건설, 광양제철 건설, 그리고 새만금개발사업 착수 등이었다.[41] 이때 특히 신국제공항 건설과 경부고속전철 건설에 대한 반대가 심했으나, 노 대통령은 꿋꿋이 밀고나가 성사시켰다.

이러한 기반시설들은 오늘날 한국인의 생활을 바꿔놓고 경제가 돌아가는 대동맥의 역할을 하고 있다. 무엇보다 신국제공항 건설과 경부고속전철 건설은 북방정책의 제3차 단계인 “한국인의 생활과 문화의 영역을 옌볜과 연해주 등에까지 확대한다.”라는 노 대통령의 북방정책 구상과 연결된 것이었다.[42]

노사분규 등 사회적 분규에 공권력 투입자제와 「국민경제사회협의회」 발족

경제에서 실적을 쌓아가는 과정에, 특히 노대통령 임기 초기에 노사분규가 잦았다. 여러 기관에서 공권력 투입을 건의했다. 그러나 노 대통령은 그 건의를 끝까지 물리쳤다. 이 사실과 관련해 여러 증언이 있는데, 사실상 같은 취지의 이 증언을 차례로 들어보기로 한다.

우선 당시 대통령 민정수석비서관이었던 정구영鄭銶永은 다음과 같이 증언했다.

---

40 박은식(호남대안포럼 공동대표), 「광주 청년이 바라본 신군부시대 … 정말 모든 게 '암흑기'였나」, 『조선일보』(2023년 4월 13일 A33). 필자는 '광주시민들의 큰 아픔'을 인정하면서도, 그리고 '목숨 걸고 민주화투쟁에 앞장 선 분들'에 대한 경의를 나타내면서도, “이 시기는 암흑기가 아닌 모두의 노력으로 한강의 기적을 완성한 시대인 것이다.”라고 썼다.

41 노건일(盧建一), 「고속철도와 인천국제공항 착공」, 노재봉 편, 『노태우 대통령을 말한다』, 566~569쪽; 이연택(李衍澤), 「서해안 시대: 호남을 위한 특단의 결단」, 위와 같음, 574~579쪽.

42 노태우, 『노태우 회고록』 하, 141~142쪽.

오랫동안 권위주의적이고 강제조치적 정부개입에 꽤 익숙해 있던 입장에서는, 강력한 조치를 취해 정부가 힘 있게 시국을 이끌고 가야한다는 유혹이 들 때가 많았다. 그럴 때마다 강경한 대책과 일사불란한 권력사용을 은근히 건의하던 어느 날, 대통령께서 몇 명 보좌역이 있는 자리에서 "제6공화국의 역사적 의미와 사명은 권위주의로부터 충실한 민주주의로 가는 과도기적 역할을 해내는 것이니, 이 목표를 향해 참고 다듬으면서 작은 것은 묻어두고 큰 목표를 향해 조용히 나아가야 한다."라는 요지의 말씀을 하시는 것이다. 좀 부끄러웠다.[43]

당시 대통령 행정비서관이었던 박승호朴承浩 역시 같은 취지로 다음과 같이 증언했다.

하루는 대통령 내외분께서 청와대 경내를 산책하던 중이었는데 영부인께서 "노사분규로 이렇게 나라가 어지러운데 왜 공권력을 투입하지 않습니까? 그러니 당신을 '물태우'라고 합니다."라며 그간의 답답함을 토로하셨다. 그러자 대통령께서는 영부인의 말씀이 떨어지기 무섭게 버럭 화를 내시면서 "이런 과정을 거치지 않으면 우리나라의 민주화는 요원하다. 지금까지 내가 민주화를 위해 참아왔던 인고(忍苦)의 세월이 모두 물거품이 되고 만다. 무엇보다 우리나라의 민주주의는 다시 과거로 돌아가고 만다."며 열변을 쏟아내셨다. 나는 그때까지 대통령께서 그렇게 화를 내시는 모습을 대한 적이 없었다. 늘 낮고 부드럽고 차분한 목소리였는데 그날만큼은 확연히 달랐다.[44]

노 대통령의 주치의였던 서울대학교 의과대학 교수 최규완崔圭完 박사 역

43 정구영(鄭銶永), 「제6공화국의 사명 권위주의에서 충실한 민주주의로」, 노재봉 편, 『노태우 대통령을 말한다』, 487~488쪽.

44 박승호(朴承浩), 「노사분규 공권력 투입 건의에 "이런과정을 거쳐야 민주화 된다"」, 위와 같음, 808쪽.

시 다음과 같이 증언했다.

누가 그러던데, 이제는 각하께서 그립을 좀 세게 잡으실 때가 되었다고 그러더라고 말씀드렸다. 노 대통령의 반응은 조금 의외였다. "내가 칼자루를 쥐고 있는데 그 칼자루를 세게 쥐고 마음대로 휘두르면, 우리나라의 민주화는 또 퇴보하고 말 거야. 나는 참는 데 도가 튼 사람이니 조금만 더 참아보겠네!" 과연 우리나라 현대사에서 민주화를 이룬 주역이시라고 생각했다.[45]

종합적으로, 노 대통령의 후반기에 청와대 비서실을 이끌었던 정해창丁海昌 대통령 비서실장은 다음과 같이 회상했다.

전반적으로 정부를 향한 요구와 불만이 커져가고 있는 것이 솔직한 현실이었다. 그러나 노 대통령은 서두르지 않았다. 그것은 민주화시대에 걸맞은 자율적 합리적 노사관계 조성이었다. 모든 문제는 노사 간에 자율적인 교섭과 대화를 통하여 스스로 해결하여야 한다는 것이었다. 정부의 개입은 최후의 수단이며 시행하더라도 최소한에 그쳐야 한다는 것이다. 그러한 대원칙 아래 '참고 용서하며 기다리는' 이른바 '참 · 용 · 기'가 민(民)이 주인 되는 민주를 구현하는 올바른 길이라는 확신 때문이었다. 6공화국 출범 이후 3여 년이 지나면서 노사분규 건수도 1990년에는 322건으로 줄어드는 등 노사문제가 나름대로 안정되는 기미를 보였다.[46]

노 대통령은 인내하는 것만으로 상황에 대처하지 않았다. 그는 서구사회의 '경제주체 사이의 사회적 합의 형성'에 관심을 갖고 공무원을 비롯한 관계자들의 해외연수를 거쳐 1990년 4월 10일에 「국민경제사회협의체」를

45 최규완(崔圭完), 「최 박사! 물이 얼마나 무서운지 알겠나?」, 위와 같음, 808쪽.
46 정해창, 『대통령 비서실장 791일』, 112쪽.

상설기구로 발족시켰다. 노 대통령은 이후 청와대에서 경영인 대표들과 노동자 대표들은 물론이고 노동관계 공무원들과 학자들 및 종교인들이 함께 참석하는 이 회의를 직접 주재하면서 임금협상을 포함한 현안에 대해 합의를 끌어내곤 했다.

노 대통령이 시작한 「국민경제사회협의체」는 김대중정부가 1998년의 금융외환위기를 극복하기 위해 대통령 직속으로 설치한 「노사정위원회」의 원형이 되었다. 이후 문재인文在寅정부에서 「경제사회발전노사정위원회」의 설치로 이어졌다가 「경제사회노동위원회」약칭 경사노위로 개편되었다.[47] 이 기구는 윤석열尹錫悅정부에서 역시 대통령 직속의 「경제사회노동위원회」로 불리며, 위원장에는 서울대학교 경영대학 학생 때부터 노동운동에 종사해 퇴학과 투옥의 경험을 지녔고 2선 국회의원을 역임한 김문수金文洙 전 경기도 지사가 임명되었다.

제2항 민주화를 추진한 유연하나 과단성 있는 리더십: '참·용·기'와 '물태우'론

위에서 살폈듯, 노 대통령은 여러 부문에서 민주화를 추진했으며, 권위주의체제를 민주주의체제로 전환하는 역사적 과제에서 괄목할 만한 실적을 보여주었다. 그런데 여기서 잊어서는 안 될 논점이 있다. 임혁백任爀伯 교수가 적절히 지적했듯, 노 대통령이 추진한 민주화는 권위주의세력의 온건파와 민주화세력의 온건파 사이의 정치적 타협에 의해 이뤄졌으며, 따라서 두 세력 각각의 강경파에 의해 위협 받고 있었다는 논점이다.[48] 강원택

47 최승부(崔勝夫), 「6·29선언 정신 기조로 노동정책 크게 바꾸다」, 노재봉 편, 『노태우 대통령을 말한다』, 675~686쪽.

48 임혁백(任爀伯), 『시장, 국가, 민주주의: 한국 민주화와 정치경제이론』(경기도 파주시: 나남,

교수 역시 이 논점에 공감하면서, 노 대통령은 그 타협에 의해 만들어진 '불안한 힘의 균형' 상태를 유지하기 위해 '카리스마를 지닌 강한 리더십보다 부드럽고 타협적인 리더십'을 발휘했다고 논평했다.[49]

당시 노 대통령의 민정수석비서관이던 안교덕安敎德 전 국회의원 그리고 행정수석비서관이던 심대평沈大平 전 충청남도 지사는 노 대통령이 '경청傾聽의 리더십'을 발휘했다고 회상했다. "큰 귀의 소유자답게 당신이 말씀을 하시기보다는 남의 이야기를 경청하는 스타일은 노 대통령의 트레이드 마크였으며, '보통사람들의 시대에는 한 사람의 천재보다 두 명의 보통사람이 함께 토론해내는 결정이 소중하다.'라고 말씀하시며, 그것을 실천했던 경청의 리더십은 노 대통령 임기 전반을 관통하는 국정운영의 철학이기도 했다."라고 부연했다.[50] 노 대통령이 정무2장관이던 때부터 대통령직을 퇴임할 때까지 13년을 모셨으며 특히 대통령 때는 대통령의전수석비서관으로 지근거리에서 보좌했던 이병기李丙琪 전 주일대사는 "내가 지켜본 노태우 대통령의 리더십은 '인내와 포용'이다. 노 대통령은 본인의 삶의 자세로 늘 '참용기'를 강조하셨는데, 참용기는 '참고, 용서하고, 기다린다'는 뜻이다." 라고 회상했다.[51]

그 결과, 노 대통령은 시정에서는 '물태우'로 불리기도 했다. 그러나 그는 태연했다. 이 시기에 청와대를 출입한 서울신문사 정치부의 이경형李慶衡 기자는 다음과 같이 회상했다.

[대통령과의 기자회견에서] 누군가 "시중에서 '물태우'라고 하는데 아십니까?"

1994), 249쪽.

49 강원택, 「서언: 노태우 리더십의 재평가」, ____편, 『노태우 시대의 재인식』, 23~25쪽.

50 안교덕(安敎德), 「육군사관학교 재학시절의 노태우 생도」 및 심대평(沈大平), 「국격을 지켜냈던 보통사람들의 대통령」, 노재봉 편, 『노태우 대통령을 말한다』, 511쪽 및 264쪽.

51 이병기(李丙琪), 「네 가지 한(恨): 외침·빈곤·무지·분단의 한(恨) 풀이에 전력하신 지도자」, 위와 같음, 779쪽.

하고 물었다. … 정색을 하면서 "지금까지의 권위주의시대 … 에서 민주주의 시대로 한꺼번에 건너뛰기는 쉽지 않지요. 역사의 발전은 필요한 과정을 거쳐야 합니다. 이 과정에 징검다리 역할을 하는 것이 역사가 나에게 부여한 소명이라고 생각합니다. 그 징검다리가 될 수 있다면 누가 뭐라고 부른들 어떻습니까."라고 대답했다.[52]

이 대목에서, 주한미군의 한 정보분석관의 의견을 소개하기로 한다.

우리가 보기에는 노 대통령이 민주적으로 해나가려고 하는데, 자꾸만 강해져달라는 주문이 일어나고 있어 걱정이다. 강한 대통령은 독재로 흐르기 쉽다는 것을 알아야 한다. 대통령중심제 안에서 살아온 우리 미국인의 입장에서 보면 노 대통령의 리더십은 결코 약한 것이 아니다. 한국인들은 이제부터 그런 대통령 밑에서 사는 방법을 배워가야 할 것이다.[53]

종합적으로, 진덕규陳德奎 교수는 "[노 대통령은] 수동적 정치, 국민적 합의를 이룩할 수 있는 상황의 조성과 그것에 입각한 정치력의 행사라는 소극성에 치중하였기 때문에 이른바 '물정부'라는 비판을 면할 수 없었[지만 …] 그것 자체가 곧 점진적 정치발전으로 이어질 수 있는 하나의 계기를 제공했던 것이다."라고 논평했다.[54] 임혁백 교수도 비슷한 분석을 제시했다.

'무결정의 결정'이라는 노태우 대통령의 독특한 수동적 리더십이 평화적 정

---

52 이경형(李慶衡), 「민주주의 회복 신념이 강하게 자리 잡고 있었다」, 위와 같음, 842~845쪽.

53 조갑제(趙甲濟), 「노 대통령 과연 약한가」, 김학준 · 염홍철 엮음, 『선진 한국의 모색: 제6공화국 정책평가』(동화출판사, 1993), 224~225쪽에서 재인용.

54 진덕규(陳德奎), 「노태우정부의 권력구조와 정치체제」, 안청시(安淸市) · 진덕규(陳德奎) 공편, 『전환기의 한국민주주의, 1987~1992』(법문사, 1994), 84~85쪽.

권교체를 가능케 한 요인이었다. 노태우 대통령은 권력을 적극적으로 행사하는 유형이 아니라 여론의 향방에 귀를 기울이는 유형의 지도자였다. 그는 반대세력의 전투적 도전에 대해서 긴급조치나 계엄령과 같은 특단의 조치를 취하지 않음으로써 집권세력과 반대세력 간의 전면적 대결을 피할 수 있었다. 그는 3당합당을 통해 거대 여당을 거느리고 있음에도 불구하고 그 권력을 최대한으로 행사하지 않았다. […] 노태우 대통령은 후계자 선출과정에서도 직접 개입하지 않음으로써 집권 여당으로서는 보기 드물게 민주적 과정을 통한 대통령후보의 선출을 가능하게 하였으며, 야당의 중립선거관리내각 요구를 수용함으로써 선거 이후의 정통성 시비를 제거하여 정권의 평화적 이양에 기여하였다.[55]

이 논평을 이어 받으며, 강원택 교수는 "'참고 기다리는' 리더십으로 인해 민주화 직후의 불안정한 전환기를 넘긴 한국정치는 이후 김영삼, 김대중, 노무현으로 이어지면서 민주주의의 공고화鞏固化 과정을 착실하고 안정적으로 이끌어나갈 수 있었다. […] 온건하고 소극적으로 보이는 그의 리더십 스타일에도 불구하고 민주주의로의 전환기에 통치자에게 주어진 시대적 소임을 과단성 있게 실행했던 것이다."라는 결론을 내렸다.[56]

외국인의 평가 가운데 두 가지 사례만 소개하기로 하겠다. 첫째, 도널드 그레그Donald P. Gregg 전 주한미국대사는 2011년에 발표한 글에서, 자신을 "1952년 인연을 맺은 이래 한국의 발전상을 줄곧 경외의 눈으로 바라본 외국인"으로 묘사한 뒤, 그러한 안목에서 노 대통령의 '매우 효율적인 통치 스타일'을 높이 평가하고 "한국이 현 위치에 오르기까지 국가원수의 자리에

55 임혁백(任爀伯), 「지연되고 있는 민주주의의 공고화: 정치민주화의 과정과 문제점」, 한국정치학회·한국사회학회공동학술회의, 「한국의 민주화 10년: 평가와 전망 발표집」, 1997, 15쪽.

56 강원택, 「서언: 노태우 리더십 재평가」, ______, 『노태우 시대의 재인식』, 27쪽 및 33쪽.

서 가장 큰 기여를 한 인물은 박정희, 김대중, 그리고 노태우 이들 세 대통령이라고 생각한다."라고 쓰면서, "장차 세월이 흐르면 한국현대사에서 노 대통령이 상당한 위상을 차지하게 되리라 믿어 의심치 않는다."라고 내다보았다.[57]

둘째, 2012년에 『국가는 왜 실패하는가』라는 공저를 출판한 대런 애쓰모글루Daron Acemoglu MIT 경제학과 교수와 제임스 로빈슨James A. Robinson 하버드대학교 정치학과 교수는 박정희 대통령이 시해된 이후의 한국정치 상황을 설명하며 전두환 대통령이 이끈 권위주의체제에 대해 언급한 데 이어 "노태우는 정치적 개혁들의 과정을 시작했으며(initiated) 그것들은 1992년에 다원적 민주주의의 공고화로 이어졌다."라고 논평했다.[58] 여기서 '1992년'은 제14대 대통령선거에서 민주주의의 회복과 수호를 위해 오랜 기간에 걸쳐 투쟁한 김영삼 후보가 당선된 해이다. 이로써 노 대통령이 시작한 민주화는 다음 단계로 넘어갈 수 있었다.

"노 대통령은 장면 씨 이후 처음 보는 민주주의자"

노 대통령의 민주화 의지와 실적은 그가 퇴임하는 바로 그날(1993년 2월 24일) 아침에 한 원로 야당 정치인이 발표한 글에서도 확인되었다. 제1공화국 때 『동아일보』와 함께 대표적 야당지로 꼽혀 마침내 정부에 의해 폐간조치된 『경향신문』의 정치부장을 역임했으며, 제2공화국 때 장면張勉 국무총리의 공보비서관으로 봉직한 이후 서울에서만 야당으로 5선(7·8·9·10·12대)을 기록한 송원영宋元英이 『경향신문』에 기고한 「비판할 때와 박수칠 때」가 그것이다.

---

57 도널드 그레그, 「한국 현 위치에 오기까지 가장 지대한 기여를 한 대통령」, 노재봉 편, 『노태우 대통령을 말한다』, 96~105쪽.

58 Daron Acemoglu and James A. Robinson, *Why Nations Fail: The Origins of Power, Prosperity, and Poverty* (London: Profile Book, 2012; New York: Crown Business, 2012) / 최완규 번역, 장경덕 감수, 『국가는 왜 실패하는가』(시공사, 2012).

송 의원은 "노 대통령의 임기도 이제 몇 시간 남지 않았다. 우리는 5년 임기를 마치고 퇴임하는 대통령에게 수고가 많았다는 인사를 하며 그의 내일을 축복하고자 한다."라고 시작한 뒤, "그가 6·29선언을 하기 전 국내정세는 격동의 도가니였다. 그것을 극적으로 전환시킨 것이 노 대통령의 6·29선언이었음을 아무도 이론異論하는 사람이 없다. 대통령직선제 개헌, 김대중 씨의 사면복권, 언론자유와 정당활동의 보장 …. 이 모든 것을 지금 말하기는 쉽지만, 거기에는 큰 결단이 없이는 불가능한 것이었다."라고 이어갔다.

송 의원은 "노 대통령의 업적은 괄목한 만한 것이었다."라고 논평하면서, "그 첫째가 물론 민주화이다."라고 단언했다. 그는 다음과 같이 부연했다.

> 박정희 대통령의 유신인가 무엇인가에서부터 전두환 대통령의 집권기간 동안은 이른바 '개발시대'였다고 강변할는지 몰라도 민주주의가 크게 손상되었던 것만은 사실이었다. 이러한 여건 속에서, 노 대통령은 과감할 만큼 모든 면에서 자유를 허용하였다. 그 결과 한때는 학원의 시위, 노사간의 분규 등이 걷잡을 수 없을 만큼 쏟아져 나왔다. 서점에서 조선민주주의인민공화국의 각종 문건을 쉽게 찾을 수 있었으며 심지어 TV토론에서 북한을 찬양하는 사태까지 일어났다. 이러한 사회분위기는 장면정권 이후 초유의 사태였다.
>
> 그러나 노정권은 이 모든 과도기의 물결을 잘 참아 소화한 것이다. 1990년을 고비로 시위와 노사분규는 고개를 숙였으며 모든 면에서 과격분자의 설 땅은 스스로 없어지고 말았다. 따라서 민주주의는 차분히 정착되기 시작하였다.

송 의원은 이어 "[노 대통령이] 민자당의 대통령후보를 투표로 선출케 하고 스스로 당적을 버린 것은 한국의 여당으로는 초유의 일이었다. 그는 여러 차례 언론의 공격을 받았으며 참기 어려운 구설에 몰린 일도 있었다. 그 모든 것을 용케 극복하고 스스로 '물태우'라는 말을 즐기기도 하였다."라고 쓰고, "과연 이러한 대통령을 우리가 언제 가져 보았는가."라고 자문한 뒤, "거듭 말하지만 노 대통령은 장면 씨 이후 처음 보는 민주주의였다."라고 칭찬했다. 송 의원은 다음과 같이 부연했다.

> [노 대통령은] 스스로 군인 출신으로는 마지막 대통령이 되어야 한다고 작심한 흔적이 여러 곳에서 보이기도 하였다. 벌써 1년 전에 그는 이러한 뜻을 표명하였다. 이러한 노 대통령의 보이지 않는 의지가 문민 대통령을 탄생케 하는 밑받침이 되었는지도 모른다. 그리고 선거 때마다 있어온 부정시비도 자취를 감춘 채, 국회의원을 비롯하여 두 차례의 지방의원 선거도 원만히 치렀다. 이것도 노 대통령의 강한 의지가 아니었나 생각된다.

송 의원은 "노 대통령에게 실정도 있었다."라고 지적하면서도, "그러나 전체적으로 볼 때 획기적인 민주화가 모든 것을 커버하고도 남는다."라고 논평하고, "이제 노 대통령을 보내면서 다시금 그의 치적을 높이 평가하는 바이다."라고 매듭지었다.[59]

한 중견언론인의 평가: "민주화의 디딤돌" 놓은 노 대통령

송 의원의 기고로부터 28년 8개월이 지난 시점에서, 『조선일보』의 정지섭 기자는 아프리카대륙에서 영토 크기로 셋째, 인구로 열째 가는 나라 수단Sudan의 최근 상황을 보면서 한국과 대비하는 글을 발표했다. 그는 우선 "수단의 근현대사 궤적 곳곳이 한국이 걸어온 길과 묘하게 겹친다."라고 전제했다. 그는 이어 "암울하던 이 나라가 3년 전 변화의 전기를 맞이했다. 경제난과 독재를 참지 못하고 봉기한 반정부시위에 이은 쿠데타로 [2018년] 봄

59 송원영 의원의 이 글은 전문이 다음에 다시 수록되었다. 정해창, 『대통령 비서실장 791일』, 819~821쪽.

에 알 바시르 30년 폭정이 종식되었다. 야권과 군부는 '질서 있는 민주화'에 뜻을 모으고 과도정부를 출범시켰다. […] 민주화 열망과 경제발전 희망, 한 번도 가보지 않은 길에 대한 불안함의 혼재는 한국의 1987년과 흡사했다."라고 설명했다. 이 글에 나오는 '알 바시르'의 성명은 Omar al-Bashir로, 수단에서 육군사관학교를 졸업하고 이집트의 육군사관학교에서 연수를 받은 뒤 승진을 거듭해 육군준장이던 1989년에 군부쿠데타를 통해 집권한 이후 1993년 10월~2019년 4월에 수단 대통령이었으나 '인종청소'와 '부패' 죄목으로 현재 국제형사재판소에서 재판을 받고 있다.

정지섭 기자는 이어 "그러나 수단은 다시 위기를 맞았다. 군부가 지난 [2023년 10월] 23일에 정변을 일으켜 과도정부를 엎고 권력을 찬탈했다."라고 비난하고, "퇴행 기로에 놓인 수단의 모습은 민주화로 정상국가가 되기가 얼마나 힘든지 보여준다. 수단이 아니더라도 독립 후 60년 안팎 세월 동안 정치 안정이나 경제발전 그 어느 것도 이루지 못한 채 허우적대고 비틀거리는 나라를 찾기는 어렵지 않다."라고 논평한 뒤, 다음과 같은 평가를 제시했다.

> 대한민국은 식민통치를 벗어난 동시대 신생국 중 민주화와 경제발전을 모두 이뤄내며 문화강국까지 된 희귀 사례다. 지금 위상을 다지는 데 1987년의 민주화가 커다란 디딤돌이 되었음을 부인하기 어려울 것이다. 논란이 있지만 그 시대 주역 중 한 명인 노태우 전 대통령의 과(過)에 대한 반성 못지않게 공(功)에 대한 재평가가 나오는 사회적 분위기가 이를 뒷받침한다.[60]

노 대통령이 보여준 "정치는 다수(多數)를 만드는 예술"

『조선일보』 편집국장과 주필을 역임한 강천석姜天錫 논설고문은 대담한 명제를 제시했다. 그는 "우리는 노태우 대통령 시대에 만들어진 틀 속에 살

60 정지섭(조선일보사 국제부 차장), 「데스크에서: 사하라사막에서 본 노(盧)의 공과」, 『조선일보』(2021년 10월 29일).

고 있다."고 말하고, 다음과 같이 부연했다.

> [박정희정권과 전두환정권 이후] 한국 최대 과제는 쿠데타가 아닌 정권교체 방식을 찾아내는 것이었어요. 본인은 군사정변과 관련된 인물이지만, 군인 출신이기에 오히려 쿠데타 재발(再發) 가능성을 상당 부분 제거할 수 있었습니다. 완전히 뿌리를 뽑은 것은 김영삼 대통령이지만, 다음으로 지역근거와 정체성(正體性)이 제각각인 3개 보수정당을 통합해 정권 지반(地盤)을 크게 넓혔어요. 그랬기에 철저한 반공국가인 한국이 냉전의 해체라는 세계 흐름에 빨리 올라타 과거 적대국인 소련·중국과 국교를 정상화할 수 있었습니다.[61]

결론적으로, 강 고문은 "'물러터졌다'해서 '물통령'이라던 노태우 대통령은 돌아보면 '정치는 다수를 만드는 예술'이라는 데 투철했던 대통령이었다."라고 썼다.

약 80일 뒤, 『조선일보』의 정우상 정치부장은 윤석열尹錫悅 정부 2기 내각을 평가하는 자신의 기명 칼럼에서 그것을 노태우정부와 비교하며 다음과 같이 썼다.

> [노태우정부 때] 1989년 헝가리를 시작으로 소련과 중국을 포함해 45국과 수교한 북방외교가 이뤄졌다. 분당·일산 등 신도시 5곳을 건설해 200만 가구 공급을 추진했다. 모두 안 된다고 한 인천국제공항과 경부고속철도는 노태우정부 국책사업이었다. 국민연금 도입과 건강보험 전 국민확대 같은 시대를 앞선 복지정책이 보수정부에서 이뤄졌다. 이 모든 것은 시간이 갈수록 빛이 났다. [노 대통령이 기용한] 당대 최고 인재들이 이뤄낸 성과였고, 대한민국의 전진이었다.[62]

---

61 강천석(姜天錫), 「윤석열 대통령의 시간」, 『조선일보』(2023년 10월 14일 A26쪽).

62 정우상, 「광화문·뷰: '보수는 유능'이란 인식도 시험대에 섰다」, 『조선일보』(2024년 1월 5일)

제2절 민주화 바탕 위에서의 북방정책 추진

제1항 북방정책 전담 보좌관실의 신설

취임사에서 민주화의 시대를 열 것을 선언했던 노태우 대통령은 동시에 북방정책의 추진을 통해 우리 민족의 활동무대를 넓히고 한반도의 평화와 통일을 실현할 수 있는 터전을 마련하겠다고 다짐했다. "우리와 교류가 없었던 저 대륙국가들, […] 이념과 체제가 다른 이 국가들과의 관계개선을 실현해 국제협력을 확대함으로써 동아시아의 안전과 평화, 공동의 번영에 기여할 것"이라고 부연한 데 이어, "세계 어느 곳이든 개의하지 않고 방문해 어느 누구와도 진지하게 대화할 용의가 있음"을 천명했다. 북한에 대해서도 "대화의 문은 언제나 어느 곳에나 열려있다."라고 밝히면서, '대화하며 공존하고 공존하며 협력할 것'을 거듭 다짐했다.[63] 노 대통령은 나흘 뒤인 3·1절 기념연설에서는 '북방국가들과의 적극외교'를 펼칠 것을 다시 다짐했으며, 취임 이후 첫 번째 기자회견을 가진 4월 21일에는 '남북책임자정상회담' 개최를 제의했다.

북방정책의 추진이라는 과제를 위해, 노 대통령은 대통령 비서실 안에 정책보좌관을 신설하고 전두환정부에서 대북정책을 담당했던 박철언 국회의원을 정책보좌관으로 겸직 발령했다. 박 보좌관은 자신이 국가안전기획부장 특별보좌관으로 대북문제를 다루던 때 자신을 보좌했던 염돈재廉燉載·이종백李鍾伯·박원출朴元出·강근택姜根鐸 등을 대통령 비서관으로 영입해 그들을 중심으로 하나의 팀을 만들었다. 이로써 남북정상회담 개최를 실현해 현안들의 해결을 추구하는 것을 궁극적 목표로 한 대북정책과 관련해 전

63 재단법인 보통사람들의시대노태우센터 편, 『노태우의 생각 대통령의 연설』, 38~39쪽.

대통령 때와 계속성을 유지할 수 있게 되었다.

노 대통령은 몇 가지 중요한 후속조치를 취했다. 첫째, 국가안전기획부장에게 박 보좌관과 그의 팀을 "적극 뒷받침하라."고 지시했다. 특히 자신이 추진하는 남북정상회담의 성사를 위한 대북교섭은 박 보좌관이 전담하며, 안기부는 그 일을 지원하는 것으로 업무분담을 분명히 했다. 둘째, 북방정책 수행과 관련해 "외무부는 주도가 될 수 없다"는 결정을 내리면서, 역시 박 보좌관에게 '권한과 책임'을 맡겼다. 셋째, 대통령 비서실에 신설된 안보보좌관이 있으나 당분간 북방정책, 특히 미수교국문제는 박보좌관이 전담하도록 했다. 이러한 조치들이 있었기에, 박 보좌관은 자신의 회고록에서 "북방정책의 구상과 추진의 주체는 청와대 정책보좌관실이었다."라고 장담할 수 있었다.[64]

이러한 뒷받침을 받으며, 박 보좌관은 1988년 4월 21일에 제6공화국 출범 이후 첫 번째 남북 비밀회담을 가졌다. 전두환정부 때 시작된 비밀회담의 연장으로, 통산 제34차였다. 이 회담에서 진전이 있다고 판단한 정부는 6월 3일에 이현재李賢宰 국무총리 명의로 '남북고위당국자회담'을 제의하는 서한을 북측에 보냈다.

「북방정책연구소」의 활동

상황의 진전을 만족스럽게 바라보면서, 박 보좌관은 6월 23일에 북방정책의 싱크탱크로 여의도 63빌딩 52층에 「북방정책연구소」를 개설했다. 여기에는 지역구 출신의 이긍규李肯珪, 김인영金仁泳, 이정무李廷武, 이진우李珍雨 의원과 전국구 출신의 나창주羅昌柱, 강재섭姜在涉, 박승재朴承載, 김정길金正吉, 신영순申英順, 이상회李相回, 양경자梁慶子, 김길홍金吉弘, 최재욱崔在旭, 전용원田瑢源, 조영장趙榮藏, 장영철張永喆, 최운지崔雲芝 의원 등이 참여했다.

---

64 박철언, 『바른 역사를 위한 증언』 2, 83쪽.

연구소는 이어 정종욱鄭鍾旭 교수(서울대), 김덕金悳 교수(한국외국어대), 한승주韓昇洲 교수(고려대), 이기탁李基鐸 교수(연세대), 정용석鄭鎔碩 교수(단국대), 이동복李東馥 국회의장 비서실장 등을 초빙해 의견을 듣기도 했으며, 노 대통령이 구상하는 남북정상회담 개최를 포함한 대북정책과 북방정책 전반을 '청송사업青松事業'으로 명명했다.[65]

이 연구소는 1988년 5월에 소련공산당 고르바초프 서기장의 영문 연설문집을 입수해 고르바초프의 얼굴을 컬러로 앞뒤 표지의 전면으로 삼아 『아시아평화를 위해』로 번역출판했다. 이 책은 고르바초프의 전기, 1985년 9월~1988년 1월의 연설, 기자회견, 『프라우다』의 논설 등을 모은 것으로, 고르바초프가 지향하는 개혁과 개방의 방향을 정확히 설명하고 있었다.[66] 박 보좌관은 소련과 동유럽 공산국가들의 요인을 만나거나 그들을 상대로 비밀협상을 벌일 때 이 책을 나눠주곤 했는데, 호평을 받았다고 회고했다.

제2항 대북·통일정책에서의 새로운 시도: 자료의 개방

노 대통령은 위에서 살폈듯 북방정책 전반을 박 보좌관과 그의 팀에게 맡기면서, 대對북한 및 통일정책에 관해서는 국토통일원에 맡겼다. 이홍구李洪九 장관은 새 시대의 흐름을 정확히 읽으면서 북한 상황 및 남북관계 현황에 대한 언론브리핑을 정례화하고, 국내의 종교단체를 포함한 사회단체들 및 대학과 긴밀하게 대화하며, 북한 자료의 개방을 확대하겠다고 대통령에게 보고해 승인을 받았다. 실제로 국토통일원은 1989년 5월

---

65 위와 같음, 1. 314~315쪽.

66 북방정책연구소 옮김, 『아시아 평화를 위해: 미하일 세르게예비치 고르바초프 아시아관련 발언집』(슬라브연구사, 1988년 8월 25일).

22일에 「북한및공산권정보자료센터」를 서울 광화문우체국 6층에 개설한다.[67]

거기서 한 걸음 더 나아가, 노 대통령은 남과 북 사이의 민간교류를 확대할 것을 강조했다. 보다 구체적으로, 그는 대통령령(1989년 3월 31일)으로 국토통일원 장관이 주재하는 「남북교류협력추진위원회」를 출범시켰고, 1990년 7월 14일에 국회로 하여금 「남북교류협력에 관한 법률」과 「남북협력기금법」을 통과시키도록 독려했다. 이 두 법은 1990년 8월 1일에 노 대통령이 서명함으로써 발효했고, 여기에 발맞추어 국토통일원 안에 1991년 7월 1일에 「교류협력국」이 신설됐다.[68]

제3항 북방정책의 이념적 기초인 민족자존에 입각한 몇 가지 조치들

노태우 대통령이 자신의 취임사에서 밝혔듯, 북방정책의 이념적 기초는 민족자존의 회복이었다. 대통령 취임과 동시에 설정한 4대 국정지표의 첫째가 '민족자존'이었음은 그가 민족자존의 회복에 얼마나 열성적이었던가를 말해주었다. 강대국의 권력정치에 희생되어 국권을 잃었고 분단되었으며 전쟁도 치러야 했던, 그리고 강대국의 국가이익을 따라가는 비非자주적 외교를 해야 했던 과거로부터 벗어나 우리 민족의 시각과 판단에서 자주적 외교를 함으로써 민족자존을 회복하겠다는 그의 결심이 북방정책의 발상과 추진을 추동했던 것이다.

---

67 『한겨레』(1989년 5월 23일).

68 이 과정에 대한 분석은 다음에서 읽을 수 있다. 김천식(金千植), 「노태우정부의 남북교류협력법 제정 과정에 관한 연구」, 북한대학원대학교 북한학박사학위청구논문, 2014년 2월.

용산 미군기지의 평택 이전

그 결심은 우선 서울 한복판인 용산龍山에 위치한 미군기지의 이전 추진을 이끌었다. 노 대통령은 다음과 같이 회고했다.

> 나는 용산지역이 100여 년간 외국군대에 의해 점유되어 왔다는 사실에 주목하게 되었다. 용산이라고 하면 격동기 강북시대의 서울의 중심지인데, 그곳을 임진왜란 때 고니시 유키나가(小西行長)가 주둔하고부터 청나라군, 일본군, 그리고 지금은 미군이 사용하고 있는 곳이다. 이는 내가 강조하는 민족자존의 정신에 비추어 볼 때 바람직하지 않다고 생각했다. 나는 이제 100만 평의 광대한 용산 미군기지를 푸르른 공원으로 만들어 서울시민들에게 되돌려줄 때가 왔다고 생각하기에 이르렀다. 용산에 미국의 성조기가 아니라 우리 태극기가 휘날리고 외국군인들의 군화 소리가 아니라 21세기를 이끌어나갈 우리 어린 아이들의 밝은 웃음소리를 들어야 한다는 소박한 희망이 끓어올랐다.[69]

노 대통령은 곧 행동에 들어갔다. 취임 직후인 3월 17일에 김종휘 안보보좌관에게 이전을 추진하도록 지시하자 김 보좌관 역시 같은 생각이어서 열성적이었다. 김종휘 보좌관은 미국 베이츠칼리지Bates College 정치학과를 졸업한 데 이어 콜럼비아대학교 국제문제대학원에서 국제정치학을 전공해 석사학위를 받았으며 박사과정을 마쳤고 한국유엔대표부를 거쳐 국방대학원에서 교수로 안보문제연구소 소장을 맡았다. 영어가 뛰어난데다가 백악관과 국무부 및 국방부 등 미국 외교안보 분야의 주요 인사들과 교우가 깊었다.

그러나 용산미군기지 이전을 한국군 수뇌부도 반대하고 주한미군 수뇌부도 반대했다. 이 사실에 관해서는, 육사 22기 출신으로 준장 승진을 눈앞

69 노태우, 『노태우 회고록』 하, 395쪽.

에 두고 군에서 오랫동안 모셨던 노 대통령의 부름에 응해 노 대통령 취임과 동시에 대통령 총무수석비서관으로 봉직한 임재길林栽吉의 생생한 회상이 있다. 그에 따르면, 오자복吳滋福 국방장관이 합참의장을 비롯해 3군 참모총장들과 함께 청와대에 들어와 '이전불가'론을 폈으나 설득했다.[70] 오자복 당시 국방장관 역시 훗날 같은 취지로 다음과 같이 회고했다.

〔합참이 중심이 되어 3군 총장까지 불러 검토회를 마친 뒤 대통령에게 '불가'를 보고드리고〕 불호령을 기다리고 있었다. 그런데 이게 웬일인가? 불호령 대신 대통령께서는 내 손을 꽉 쥐시면서 아주 부드러운 목소리로 "여보시오, 오 장관! 긍정적인 답을 찾아보라고 했더니 이렇게 부정적인 내용의 보고를 하면 나보고 어떻게 하라는 거요? 〔…〕 가지고 가서 긍정적인 답이 나올 수 있도록 재검토해 주기 바랍니다." 하시면서 쥐었던 내 손을 놔주시는 것이었다. 만일 대통령께서 언성을 높여서 지시하셨다면 아마도 격론이 벌어졌을 것이다. 유이제강(柔以制強: '부드러움이 강함을 이긴다'라는 뜻 ; 저자 주)! 대통령님의 이 전술에 완전히 당한 것이었다.[71]

정책결정에서 '보텀업' 방식을 선호했던 노 대통령은 이번에는 '톱다운' 방식으로 돌파구를 열었다. 우선 1988년 6월 8일에 청와대를 예방한 미 국방장관 프랭크 칼루치 3세Frank C. Carlucci III를 설득해 동의를 얻어냈다. 칼루치는 프린스턴대학교를 졸업하고 하버드대학교 경영대학원에서 석사학위를 받은 뒤 포르투갈대사와 중앙정보국 부국장 및 국방부 부장관을 거쳐 대통령 국가안보보좌관을 역임한 외교와 국방의 전문가였다. 1개월 뒤에는 청와대를 예방한 조지 슐츠George P. Shultz 국무장관에게 똑같이 제의해

---

70 저자에게 들려준 임재길 총무수석비서관의 회상(2023년 12월 6일).

71 오자복(吳滋福), 「미8군 골프장 찾아오시오」, 노재봉 편, 『노태우 대통령을 말한다』, 518~519쪽.

'원칙적 동의'를 받았다.[72]

국방장관과 국무장관의 동의를 확보한 노 대통령은 한 걸음 더 나아갔다. 1988년 10월 20일에 백악관에서 레이건 대통령을 만난 자리에서 이 문제를 다시 제기해 레이건과 합의를 이끌어냈다. 노 대통령은 레이건 대통령에게 "한국의 젊은이들 가운데 반미反美를 외치는 이들을 좌익으로 보아서는 안 된다. 그들도 6·25전쟁 때 미국이 파병으로써 한국을 지켜준 데 대해 고마워한다. 그러나 서울 중심부에 미군기지가 들어서 있고 그 부지 안에서 미군장성들이 한국장성들과 함께 어울리는 골프장이 있다는 말을 들으면 자존심에 상처를 받게 된다."라고 말하며, 용산기지의 이전을 설득한 것이다. 곧바로 이 회담에 배석한 칼루치 국방장관이 추진에 앞장을 섰다. 골프를 잘 치면서도 한국민의 심정을 이해하고 그사이 용산골프장 사용을 자제했던 릴리 대사 역시 적극적으로 협조했다.

이후 끈질긴 협상의 결과 두 나라는 1989년 2월에 「용산 미군기지 이전에 관한 기본적 합의」에 도달했고 1990년 6월 25일에 「용산 미군 기지 이전에 관한 양해각서」에 서명했다. 여기에 근거해 용산기지는 이후 한국의 여러 정부를 거치며 22년 만인 2018년 6월 29일에 경기도 평택시 팽성읍 대추리 일대로 옮겨졌으며, 1962년에 헬리콥터 추락 사고로 순직한 제6수송중대의 벤저민 K. 험프리스 준위의 이름을 따 캠프 험프리스Camp Humphreys로 불리고 있다.

캠프 험프리스에는 주한미군사령부와 주한유엔군사령부 및 한미연합사령부 등 주한미군 지휘부는 물론이고 주한미8군사령부와 주한미2사단사령부 등 지상군 핵심 부대들이 몰려 있다. 그래서 '주한미군의 두뇌이자 심장부'로 불리기도 하고 '한미동맹의 상징이자 중국을 겨냥한 핵심 전초기지'로 불리기도 한다. 이 기지의 총 면적은 440만 평(1452만 평방미터)으로,

72 노창희, 『어느 외교관의 이야기』, 186~187쪽.

여의도 면적의 5.5배이며 판교 신도시 면적의 1.6배에 이르는데, 해외에 주둔한 미군기지들 가운데 세계 최대의 규모이다. 미군 약 1만5천 명을 비롯해 기지 내 활동인구는 모두 3만5천여 명이다.[73] 다른 한편으로, 용산기지 안에 있었던 미군 골프장 용지에는 대한민국 국립박물관이 들어섰다.

노 대통령 때 대통령 외교안보비서관으로 재직하며 1989년 합의를 비롯해 평택으로의 이전 문제에 관해 기본적 틀을 마련했던 민병석閔炳錫 박사는 훗날 다음과 같이 회고했다.

〔훗날 평택으로의 이전이 확정되었다는 뉴스를 듣고〕 나는 다행스럽다는 마음과 함께, 그렇다면 그간 낭비한 22년이라는 세월을 국민은 어떻게 보상받아야 하는 것일까 하는 허무한 기분을 억누를 수 없다. 지난 20여 년을 노 대통령의 실적을 무시하고 비난하고 조롱하더니, 결국 노 대통령 시절에 이룬 기초로 되돌아온 것은 도대체 무엇을 의미하는 것일까. 역사의 후퇴일까 아니면 역사의 회귀일까. 나는 이를 무책임한 정략가들에 의한 역사의 낭비라는 생각을 지울 수가 없다. 만약 노 대통령 이후의 정권들이 그 기초에 입각하여 역사적 안목을 갖고 대미교섭을 했다면, 지금쯤은 이미 용산기지는 세계 최대의 도심 공원이 되어 시민의 휴식처가 되었을 것이고 평택미군기지도 9조 원의 예산(한국정부 부담액)이 아니라 1조 원 이하의 부담으로 완공되어 있었을 것이라는 생각을 하면 혈압이 저절로 올라가는 것을 어찌할 수가 없다.[74]

민병석 비서관은 서울대학교 문리대 외교학과를 졸업하고 서울대학교 대학원 외교학과에서 석사학위를 받은 데 이어 미국 신시내티대학교대학

---

73 유용원 (『조선일보』 군사전문기자), 「유용원의 군사세계:주한미군, 전차 없는 스트라이커여단 순환배치 … 독자 지상전 대비 서둘러야」, 『조선일보』(2024년 2월 8일 A28).

74 민병석((閔炳錫), 「통일 이후 안보체제 틀 제시, 미군기지 평택이전」, 노재봉 편, 『노태우 대통령을 말한다』, 487~488쪽.

원 정치학과에서 박사학위를 받았다. 애팔래치아주립대학교 정치학과 교수를 거쳐 주미한국대사관에서 의회담당참사관으로 봉직했으며 이어 서베를린한국총영사관에서 총영사로 봉직했고 대통령 외교안보비서관으로 청와대를 떠난 뒤 체코대사로 봉직했다. 이후 국회도서관 관장과 명지대학교 법정대학 정치외교학과 교수로 봉직했다.

평시작전통제권 환수 및 군사정전위원회 수석대표의 한국장성으로의 교체

'민족자존의 회복'이라는 취지에서, 노 대통령은 주한미군의 AFKN TV 채널을 UHF 채널로 바꿀 수 있었고, 미군이 사용하던 정부종합청사 근처 내자호텔을 돌려받을 수 있었다. 거기서 한 걸음 더 나아가, 대통령 취임으로부터 6개월이 지난 시점인 1988년 8월 18일에 군軍에 지시한 「8·18 사업」의 일환으로 그동안 주한미군사령관이 행사하던 우리 군에 대한 평시작전통제권을 환수받는다는 합의를 미국정부로부터 끌어내기에 이르렀다.[75]

노 대통령의 행보는 거기서 끝나지 않았다. 그는 미국과의 협상을 통해 1991년 3월 25일에 군사정전위원회의 수석대표를 미군장성으로부터 한국군장성으로 교체할 수 있었다. 이것은 정전협정이 체결된 때로부터의 38년 만의 처음으로, 이때 임명된 이가 육사 18기 출신의 황원탁黃源卓 소장이었다.[76] 그는 18기에서 대표화랑으로 뽑힐 정도로 엘리트로 인정받았으나 12·12군사정변 때 신군부에 저항하다가 체포된 정승화 육군참모총장의 수석부관을 지냈다는 이유로 견제를 받고 있었는데, 노 대통령이 소장으로 승진시킨 데 이어, 한미연합사령부와 유엔군사령부에서 근무하며 외국인

---

75 이필섭(李弼燮), 「건군 이래 최대 군(軍) 개편: 평시작전지휘권 환수 기반」, 위와 같음, 534~538쪽.

76 노태우, 『노태우 회고록』 하, 399쪽.

들과 자유스럽게 친분을 쌓을 정도로 영어가 뛰어나고 친화력이 높은 점을 고려해, 군사정전위원회 수석대표로 임명한 것이다. 이후 그는 파나마대사를 거쳐 김대중정부에서 대통령 외교안보수석비서관을 맡아 남북정상회담에 참석했고 독일대사로 봉직한다. 황원탁 소장의 군사정전위원회 수석대표 취임을 계기로 남북 대화나 협상의 시대에 한국군 장성들은 북한군 장성들에 훨씬 더 효율적으로 대처할 수 있는 경험을 쌓을 수 있었다.

전쟁기념사업회의 출범과 전쟁기념관 개관

노태우 대통령은 8·15해방 이후 한민족의 역사에서 가장 큰 참극이었던 6·25전쟁에 대해서도 깊은 관심을 가졌다. 자신이 직접 참전했고 이를 계기로 육군사관학교에 입교했으며 이후 군생활을 계속하며 전쟁의 참상과 후유증을 인식하고 있었던 그로서, 이 전쟁이 '좌파 수정주의학파'에 의해 왜곡되고 또 그 왜곡된 역사인식이 앞으로 나라를 이끌어갈 젊은이들의 의식을 좌경화시키고 있는 현실을 우려하면서, 취임 직후인 1988년 6월 22일에 전쟁기념사업회를 설립하도록 국방부에 지시했다.

이에 따라 전쟁기념사업회법이 제정·공포되고, 1989년 1월 31일에 '전쟁의 교훈을 통해 전쟁예방과 조국의 평화적 통일을 이룩하는 데에 이바지함을 목적으로 하는' 전쟁기념사업회가 국방부 산하의 특수법인으로 창립되었다. 산하의 전쟁기념관은 1991년에 서울특별시 용산구 이태원로 29에서 착공해, 1994년 6월 10일에 개관했다. 2019년 8월 17일 현재 누적 관람객이 3천만 명을 넘어섰다. 현재 국방부 차관과 국회의원을 역임한 정치학자 백승주白承周 박사가 회장을 맡고 있다.

옛 조선총독관저 부수고 청와대 신축

청와대의 역사는 고려시대로 올라간다. 고려 숙종 때인 1104년에 당시 남경南京이라고 불렸던 오늘날의 서울에 이궁離宮을 지었는데, 조선 태조가 수도를 오늘날의 서울인 한성부漢城府로 옮기며 1394년에 새 궁궐을 그 이궁 터 근처에 지었고, 세종대왕이 1426년에 역시 이 부근에 경복궁景福宮을 지으면서 경복궁의 북문인 신무문神武門 밖으로 후원에 해당하는 이 지대를 경무대景武臺라 불렀다. 경복궁의 '경'과 신무문의 '무'를 따서 경무대로 명명했다는 해석이 통설로 되어 있다.

경복궁은 임진왜란 때 소실되었다가, 1868년에 흥선대원군興宣大院君이 재건했다. 이후 일제강점기인 1927년에 경복궁 뒤뜰에 일본인이 조선총독 관저를 세웠고, 7대 총독 미나미 지로南次郎 → 8대 총독 고이소 구니아키小磯國昭 → 9대 총독 아베 노부유키阿部信行가 썼다. 이어 미군정기에는 남한 주둔군사령관 존 하지John R. Hodge 육군중장이 관저로 썼고, 대한민국 정부가 수립된 뒤 이승만 대통령이 경무대라는 이름을 되찾아 자신의 관저로 썼다. 1960년 '4월혁명'으로 이 대통령이 물러난 뒤, 제4대 대통령으로 취임한 윤보선 대통령은 입주하면서 경무대라는 이름이 독재와 3·15부정선거를 연상시키는 것을 피하기 위해 경무대의 지붕이 '푸른 기와'로 되어 있음에 착안해 '푸른 기와집'이라는 뜻의 청와대로 고쳤고, 이후 박정희 대통령 → 최규하 대통령 → 전두환 대통령 → 노태우 대통령의 관저로 쓰였다.

노 대통령은 "수많은 외국의 지도자들을 구 일본 총독관저에서 맞이한다는 것이 부끄러운 일"이라고 생각하고, 청와대를 새로 짓기로 결정했다. 그래서 본관(집무실)과 관저 그리고 프레스센터인 춘추관까지 동시에 신축하도록 하고, 임재길 총무수석비서관에게 맡겼다. 임 수석은 "새로 짓는 본관이나 관저와 춘추관은 우리나라의 고유문화와 건축미를 대표하여야 하고, 민족자존을 지키면서 동시에 높아진 나라의 위상과 국민의 긍지에 어긋나지 않도록" 최선을 다했다. 그 결과 춘추관(1990년 9월), 관저(1990년 10월), 본관(1991년 8월)이 차례로 완공되었다.[77] 같은 취지에서, 노 대통령은 경복궁

---

77 임재길(林栽吉) 편, 『청와대 건설지』(1992: 비매품); ______, 「2년 3개월의 공정: 새 청와대의 춘추관, 관저, 본관이 차례로 완공되다」, 위와 같음, 733~734쪽.

을 복원했다.[78]

이후 김영삼 대통령 → 김대중 대통령 → 노무현 대통령 → 이명박 대통령 → 박근혜 대통령 → 문재인 대통령이 청와대를 관저로 썼다. 그러나 윤석열 대통령은 "청와대를 국민에게 돌려준다."라는 공약을 지키기 위해, 청와대에 입주하지 않고 서울특별시 용산구 용산동에 있는 국방부 신청사를 집무실로 쓰고, 한남동 외교장관 공관을 관저로 쓰고 있다.

설날의 회복

'민족자존의 회복'을 추구한 노 대통령은 우리 고유의 명절인 설날을 회복시켰다. 당시 음력설은 '민속의 날' 로 불리며 그날 당일만 공휴일로 지정되어 있었다. 노 대통령은 "우리 민족은 일제의 탄압 속에서도 꿋꿋이 우리의 민족적 전통을 지켜왔습니다. 그 전통을 지켜나가기 위해서라도 민속의 날을 본래의 설날로 회복해야 합니다. [다른 공휴일을 줄이고] 설날 공휴일을 2~3일 늘려 추석과 더불어 우리나라 최고의 명절인 설날을 즐길 수 있게 한다면 국민이 진정으로 반가워할 것입니다."라는 김용갑金容甲 총무처 장관의 건의를 받아들인 것이다.[79]

78 신웅수(申鷹秀), 「청와대 신축에 수입 소나무 안 된다」, 위와 같음, 726~730쪽.

79 김용갑(金容甲), 「민족의 명절 설날을 회복한 대통령」, 위와 같음, 209~213쪽.

제3절 7·7선언: 대북·통일정책의 대전환

제1항 7·7선언의 발표

앞에서 지적했듯, 민주화와 북방정책을 동시에 추진하는 노 대통령에게 당면한 또 하나의 시급한 과제는 서울올림픽의 성공적 개최였다. 보다 구체적으로 말해, 소련과 중국을 비롯한 공산국가는 물론이고 북한도 참가하게 함으로써, 취임사의 표현으로, "지구촌의 모든 사람에게 길이 기억될 가장 성공적인 대회로 승화시키는" 일이었다.

서울올림픽 개최에 대한 북한과 재야운동권의 도전

개최국으로서 완벽에 가깝게 준비하고 있는 과정에, 새로운 문제가 일어났다. 북한이 이 대회를 서울과 평양에서 나누어 개최해야 한다고 제의했기 때문이다. 이에 따라 국제올림픽위원회 부위원장 아스위니 쿠마르 Ashwini Kumar는 1985년 7월 중순에 평양을 방문하고 박성철朴成哲 국가부주석과 회담했다. 박성철은 "올림픽 공동주최, 올림픽경기의 북남 균등배분, '조선평양·서울올림픽경기대회'로의 명칭 명명 등 세 가지 요건이 충족되는 조건 아래에서만 우리는 올림픽에 참가할 수 있다."라고 말하면서, "북남이 첨예하게 대치하고 있는 상황에서 자칫 사소한 군사충돌로 올림픽에 재앙을 가져오는 사태가 일어날 수 있다."라고 위협하는 것을 잊지 않았다.[80] 곧이어 북한의 정무원 총리 정준기鄭浚基는 담화 형식을 빌려, 88올림픽의 북남공동주최를 제의했다. 서울올림픽조직위원회는 "올림픽 공동주최는 있을 수 없는 일"이라고 반박했다.[81]

---

80 신종대, 「서울의 환호, 평양의 좌절과 대처」, 89쪽.

81 위와 같음.

이 시점에 국제올림픽위원회 위원장 사마란치가 개입했다. 그는 올림픽헌장에 미뤄 공동주최는 불가능하지만 일부 종목의 북한개최 여부는 서울올림픽조직위원회와 협의해 결정할 수 있다는 담화를 발표해, 서울올림픽을 방해하려는 북한을 협상으로 유도하고자 했다. 이 제안에 따라 국제올림픽위원회의 주재 아래 1985년 2월 이후 1987년까지 스위스 로잔에서 네 차례 남북체육회담이 열렸으나 합의에 이르지 못했다. 결국 북한은 1988년 1월 12일에 올림픽 불참을 선언했다.[82] 다른 한편으로, 미국은 중국의 주선 아래 1987년 12월부터 서울올림픽 개최 직전까지 북한과 몇 차례 실무급 접촉을 가지면서 이 문제를 협의했으나 역시 합의에 이르지 못했다.[83]

그런데도 한국 안에서 재야운동권이 남북공동주최를 제의해 문제를 다시 키웠다. 북한이 제의한 것과 같은 내용으로 제의한 것이다. 특히 5월 11일에 함석헌咸錫憲과 문익환文益煥을 비롯한 35인의 재야인사가 노 대통령과 김 주석에게 공동주최를 호소하는 서한을 발표하고, 북한의 『로동신문』이 곧바로 호응하자, 「민주통일민중운동연합」(약칭 민통련)과 「전국대학생대표자협의회」(약칭 전대협)를 비롯한 재야단체들은 하계올림픽의 남북공동개최를 요구하는 운동에 돌입했다.[84]

이홍구 국토통일원 장관은 정부를 대변해 이 운동에 비판적 자세를 보였다. 그는 우선 올림픽의 남북공동개최를 실현하기 위해서는 국제올림픽위원회의 결정이 긴요한데, 국제올림픽위원회가 이 결정을 끌어내기 위한 시간적 여유가 부족하다고 설명했다. 그는 이어 현시점에서 볼 때 북한이 서울올림픽에 대표단을 보내는 것이 순리이며 남북관계의 개선을 위해서도

82 외교통상부, 『한국외교 50년 1948~1998』(외교통상부, 1999), 260쪽.

83 김계동(金啓東), 『북한의 외교정책: 벼랑에 선 줄타기외교의 선택』(백산서당, 2002), 215~217쪽.

84 『경향신문』(1988년 5월 11일 및 5월 20일).

바람직하다고 덧붙였다.[85]

재야운동권은 굽히지 않았다. 「서울지역총학생회연합」(약칭 서총련)과 전대협은 남북한대학생회담을 6월 10일에 판문점에서 개최하기 위한 '투쟁'에 들어갔다. 이홍구 장관은 6월 9일에 다시 정부를 대변해 공식성명을 발표하고, 국무총리가 6월 3일에 남북고위당국자회담을 제의해놓고 북한의 반응을 기다리는 중이며 또 대통령이 남북학생교류를 추진할 뜻이 있음을 천명했음을 상기시킨 뒤, 정부로서는 남북당국 사이의 협의와 보장 아래 남북학생교류가 실현될 수 있도록 대북교섭을 추진할 것이며 이 과정에서 학생들을 포함한 각계와의 폭넓은 대화를 추진할 것임을 약속했다. 그는 또 남북학생교류의 내용·방법·범위 그리고 남북왕래절차와 신변안전보장 등에 관한 구체적 합의를 이끌기 위한 남북실무회담에 북한이 응할 것을 촉구했다. 북한은 자신들로서는 모든 준비를 끝냈기에 그러한 회담은 필요하지 않다는 논리로 그의 제의를 거부했다.[86]

다행히 민정당과 평민당을 비롯한 원내 4개 정당의 대표들은 '남북학생판문점회담'안에 반대한다는 데 합의했다. 그들은 학생들의 통일에 대한 열정을 충분히 이해한다고 전제하고 그러나 매우 중요한 이 문제에 대해서는 정부와 국회에 맡겨달라고 호소했다. 『동아일보』와 『조선일보』를 비롯한 주요 매체들 그리고 「대한교육연합회」(약칭 대한교련)를 비롯한 사회단체들은 학생들에게 자제를 요구했다. 그런데도 약 2만 명의 대학생들은 6월 10일 연세대학교 교정에 집결하고 출발을 시도했으며 정부는 경찰력으로써 그 시도를 막았다.

---

85 『평화신문』 14(1988년 8월 14일~20일).

86 국토통일원, 『민족공동체 형성을 통한 통일로의 전진: 이홍구 강론집(1988. 2~ 1989. 5)』(국토통일원, 1989), 131~142쪽.

제2항 7·7선언의 내용

서울올림픽의 성공적 개최를 위해 특단의 전향적前向的 조치가 기대되는 분위기 속에서, 노 대통령은 국내외상황을 모두 고려하며, 1988년 7월 7일에 「민족자존과 번영을 위한 대통령 특별선언」(약칭 7·7선언)을 발표했다. 이 선언과 관련해, 구본태具本泰 국토통일원 정책기획실장과 박철언 청와대 팀의 강근택 비서관은 자신들이 초안을 만들었다고 회고했고,[87] 박철언 보좌관은 그 초안을 바탕으로 자신의 보좌관실이 최종안을 만들었다고 회고했다.

이 선언은 여섯 개 항으로 구성됐다. 그 핵심은 북한을 타도의 대상이 아닌 '함께 번영해야 할 동반자'로 규정하면서 북한과의 관계개선에 적극성을 표시한 데 있다. 구체적으로, (ⅰ) 남북 사이의 인적 교류를 적극적으로 추진하고 해외동포들의 자유로운 남북왕래를 위해 문호를 개방하며, (ⅱ) 이산가족들의 생사확인과 서신왕래 및 상호방문을 실현하기 위해 적극적으로 지원할 것이고, (ⅲ) 남북사이의 교역을 '민족 내부의 교역'으로 간주해 활성화할 것이며, (ⅳ) 남북 모든 동포의 삶의 질을 향상시킬 수 있도록 민족경제의 균형적 발전이 이루어지기를 희망하면서 비군사적 물자에 대해 우리 우방들이 북한과 교역을 하는 데 반대하지 않고, (ⅴ) 남북대표가 국제무대에서 자유롭게 만나 민족의 공동이익을 위해 서로 협력할 것을 희망했다. 제4항과 관련해, 경제기획원은 10월 7일에 (ⅰ) 국내민간상사의 북한물자교역허용과 북한물자중계허용 및 (ⅱ) 남북경제인상호접촉과 방문허용 등을 포함한 「대북경제개방조치」를 발표한다.[88]

마지막으로, 노 대통령은 "한반도의 평화를 정착시킬 여건을 조성하기

---

87 『북방정책과 7·7선언』, 143~149쪽.

88 김윤환(金潤煥), 「한국의 북방정책과 북한의 태도: 경제분야를 중심으로」, 『사회과학연구』(경희대학교 사회과학연구소) 14(1988), 15~25쪽.

위해 북한이 미국 및 일본 동 우리 우방과의 관계를 개선하는 데 협조할 용의가 있으며, 또한 우리는 소련과 중국을 비롯한 사회주의국가들과의 관계 개선을 추구하고자 한다."라고 덧붙였다.[89] 이 항은 남북한에 대한 미·일·소·중 등 4강의 교차접촉과 교차승인을 제의함과 동시에 서울올림픽 개막을 약 70일 앞둔 시점에서 소련과 중국을 비롯한 공산주의국가들 전체에 대한 우호적 자세를 표현한 것이었다. 노 대통령은 훗날 "나는 남북한 6천만(당시) 동족뿐 아니라 미국 ·소련·중국·일본의 지도층을 청중이라고 생각했다."라고 회상한다.[90]

미국을 통해 소련과 중국에 전달하다

노 대통령은 선언 이틀 전인 7월 5일에 신동원申東元 외무차관을 주한미국대사관에 보내 릴리James R. Lilley 대사에게 선언문 사본을 전달하게 했으며, 미국은 이 선언을 지지한다는 뜻과 함께 이 사본을 소련과 중국측에도 알려주도록 부탁하게 했다. 당시 한국정부는 소련 및 중국 측에 직접적 대화통로가 없었기에 미국에게 '중개자 역할'을 맡긴 것이다. 릴리 대사는 이 선언을 '적극적이며 건설적'이라고 높이 평가하면서, "이 선언이 미국의 대對북한정책에 변화를 가져올 것"이라고 말하고 소련 및 중국 측에 전달할 것을 약속했고 실제로 그렇게 했다.[91]

이 선언을 계기로 미국 국무부는 한국정부와 협의한 뒤 그동안 미국정부가 북한과 관련해 취했던 몇 가지 금지 또는 제한 조치, 예컨대, 북한인의 미국입국비자발급 제한, 미국인의 북한방문, 미국인의 북한에 대한 금융투자 금지 및 제한 그리고 북한에 대한 인도적 물품의 상업적 수출 제한 등을

89 전문은 재단법인 보통사람들의시대노태우센터 편, 『노태우의 생각 대통령의 연설』, 68~70쪽에 있다.

90 노태우, 『노태우 회고록』 하, 144쪽.

91 위와 같음, 146쪽.

일정하게 완화했다. 미국 국무부는 이것을 '그다지 크지 않은 이니셔티브(a modest initiative)'라고 불렀다.[92]

여기서 잠시 릴리 대사의 한국과의 관계를 돌이켜보기로 한다. 릴리 대사는 아버지가 미국 스탠다드석유회사의 중국지사장으로 봉직했기에 산둥성山東省 칭다오青島에서 1928년에 태어났으며, 어머니는 중국여성을 보모로 두고 그를 키웠다. 그래서 그는 표준중국어, 이른바 만다린Mandarin 또는 관화官話를 능숙하게 사용할 수 있었고 중국문화에 친해졌다. 동양학에 강한 예일대학교에서 학부를 마치고 조지워싱턴대학교 대학원에서 석사학위를 받은 뒤 중앙정보국에 들어가 중국전문가로 활동했고, 미국의 사실상의 대만주재대사관인 대만주재협회 사무소장에 이어 주한대사로 봉직했다. 이때 그는 전두환정부에 반대하는 한국민의 민주화투쟁을 군대를 동원해 진압해서는 안 된다는 레이건 대통령의 친서를 전 대통령에 직접 전달했다. 그는 주한대사에 이어 주중대사로 봉직했는데, 이때는 톈안먼사태를 무력으로써 진압한 중국정부를 비판했다. 특히 중국정부에 비판적인 지식인인 천체물리학자 팡리즈方勵之 중국과학기술대학 교수와 그의 아내의 '망명'을 받아들여 미국대사관 안에서 18개월 동안 생활하게 했고, 결국 미국으로 출국할 수 있도록 도왔다. 릴리 대사는 2009년에 81세로 별세한다.

제3항 7·7선언의 역사적 의미, 그리고 국내외와 북한의 반응

7·7선언은 남북관계를 '남북대결이 아닌 대북포용을 가능케 한 첫 번째 공식문건'이었다. 이러한 점에 유의해, 경남대학교 김근식金根植 교수는 노 대통령이 추진한 북방정책의 한계를 지적하면서도, "대북포용정책의 체계

---

92 Don Oberdorfer and Robert Carlin, *The Two Koreas: A Contemporary History*, revised and updated, 3rd edition (New York: Basic Books, 2014), p. 150.

화는 김대중정부 시기에 정립되었지만 사실 포용정책의 내용과 방향은 노태우정부부터 시작되었다. 대북포용정책은 노태우정부의 7·7선언에서 그 역사적 첫걸음을 내딛은 뒤 노무현정부까지 우여곡절과 기복을 겪으면서 포용의 전략과 방식이 조금씩 진전되어왔다."라고 논평했다.[93]

7·7선언의 성격이 그러했기에, 미국정부도 지지했지만, 소련과 중국 역시 호의적으로 반응했다. 중국의 덩샤오핑은 중국을 방문하고 있던 미국의 조지 슐츠 국무장관과 7월 10일에 가진 회담에서 긍정적으로 반응했고, 소련공산당 국제부 부부장 코와렌코는 7월 12일에 일본 『마이니치심분每日新聞』과의 회견에서 "7·7선언은 지금까지의 한국측의 태도에 비추어볼 때 한 걸음 전진한 것"이라고 논평했다.[94]

외국에서의 지지와 나란히 국내에서는 평화민주당을 비롯한 세 야당이 모두 그날로 7·7선언을 전폭적으로 지지했다. 국회는 곧바로 외무통일위원회 그리고 통일정책특별위원회를 소집하고 이홍구 국토통일원 장관에게 7·7선언의 배경과 앞으로의 방향을 설명하도록 요청했다. 이후 두 위원회는 간담회나 공식회의의 형식을 통해 이 장관의 출석을 자주 요청했다. 여기서 이 장관은 7·7선언을 "형식으로는 대통령 특별선언이지만, 사실에 있어서는 국민의 선언이다."라고 말하고, "그것은 국민의 힘과 국민이 만들어 놓은 여유와 국민의 희망과 기대, 이러한 것들이 바탕이 되어서 나온 선언이지, 어떤 대통령 한 사람이나 또한 정부가 만들어낸 선언이 아니다."라고 부연했다. 그는 이어 국토통일원이 기존의 「민족화합민주통일방안」을 보완하려고 연구하고 있으며, 중국과 소련과는 개별적으로 '공동경제권' 수립을 구상하고 있다고 밝혔다.[95]

---

93 김근식(金根植), 「대북포용정책의 개념, 평가, 과제: 포용의 진화 관점에서」, 『한국과 국제정치』 제24권 제2호(2008년 봄), 13~14쪽.

94 이석호(李錫浩), 「한국북방정책의 변천과정과 결정요인」, 『국제정치논총』 제28집 제2호(1989년 3월), 135쪽에서 재인용.

95 이홍구(李洪九), 「민주화시대의 통일정책: 한국능률협회 경영자 하계세미나 특강(1988년 7

세 야당이 전폭적으로 지지했는데도, 전대협과 민통련을 비롯한 재야운동권은 7·7선언을 '분단고정화 정책'이라고 비판하면서 "1948년에 남과 북에 각각 국가가 성립됨으로써 분단의 고정화가 이루어진 40주년을 맞이하는 8월 15일에 남북학생회담이 판문점에서 열려야 한다."라고 제의했다. 북한 역시 7·7선언에 부정적으로 대응했다. 북한의 「조국평화통일위원회」는 7월 11일에 성명을 발표하고 "7·7선언이라는 것은 미 제국주의가 만들어놓은 설계에 따라 분단을 영구화하려는 의도에서 나왔다."라고 비판하고, 김일성이 1988년 1월 1일에 제의한 '북남 당국·정당들·사회단체들의련 합회의'를 열 것을 되풀이했다.[96]

북한은 거기에서 한 걸음 더 나아갔다. 최고인민회의상설회의 양형섭楊亨燮 의장은 7월 21일에 대한민국 국회 김재순金在淳 의장 앞으로 편지를 보내 '북남 국회련석회의'를 개최하자고 제의했다.[97] 이 제의는 대한민국 국회의원 전원과 북한 최고인민회의 대의원 전원의 참석을 전제하는 것이었다. 만일 이 회의가 열린다면, 대한민국 국회의원의 수가 299명임에 비해 최고인민회의 대의원의 수는 687명임을 고려할 때 순전히 숫자로만 따진다면 2배가 넘는 북한이 주도할 수 있게 되어 있다.

여야 4당은 7월 22일에 대표회담을 열었다. 이 자리에서 민정당의 윤길중尹吉重 대표위원, 평민당의 김대중 총재, 통일민주당의 김영삼 총재, 신민주공화당의 김종필 총재는 북한의 제의를 긍정적으로 평가한다는 데 합의했다. 이 대표회담에 정부를 대표해 참석한 이홍구 장관 역시 긍정적으로 답변했다. 그는 7·7선언의 취지에 맞게 결정하는 것이 바람직하다고 전제하고 남북국회회담의 성사를 위해 남과 북이 각각 10~20명의 대표를 뽑아

월 21일)」, 효당(曉堂)이홍구문집간행위원회 편, 『이홍구문집』 전5권(경기도 파주시: 나남, 1996), III, 309~327쪽.

96 노중선(盧重善) 엮음, 『연표: 남북한 통일정책과 통일운동 50년』(사계절, 1996), 313쪽.

97 『동아일보』 (1988년 7월 22일).

의제와 절차를 마련하도록 하는 것이 좋겠다는 의견을 제시했다. 남과 북은 이후 1988년 12월까지 몇 차례의 실무 접촉을 판문점에서 열지만 합의하지는 못한다.

7·7선언 후속으로서의 노태우 대통령의 남북정상회담 개최 제의와 김일성 주석의 호응

이러한 흐름 속에서, 노태우 대통령은 1988년 8월 15일에 광복절기념 연설을 통해 김일성 주석에게 자신이 평양을 방문해 남북정상회담을 열 뜻이 있음을 제의했다. 이 제의는 노 대통령의 '남북책임자간의 정상회담 개최' 제의(1988년 4월 21일)와 이현재 국무총리의 '남북고위당국자회담 개최' 제의(1988년 6월 3일)에 뒤이은 것이었다.

김일성 주석은 '조선민주주의인민공화국 창건 40주년'을 하루 앞두고 평양에서 열린 군중대회에서 "[남조선 고위급 인사]의 평양방문을 환영하며 그와 남조선 주둔 미군의 철수, 조선과 미국 사이의 평화협정 체결, 북남조선 사이의 불가침선언 채택을 전제로 한 고려민주련방공화국의 수립을 논의할 용의가 있다."라고 연설했다.[98] 여기서 '남조선 고위급 인사'는 노 대통령을 가리킨 것으로 풀이됐고, 자연히 남북정상회담이 열릴 것 같은 전망이 우세해졌다.

98 노중선 엮음, 『연표』, 313~337쪽.

제4절 서울올림픽의 성공

제1항 동서 양대진영이 모두 참가한 서울올림픽

'화합과 전진' 그리고 '서울은 세계로! 세계는 서울로!'라는 구호 아래 1988년 9월 17일~10월 2일에 서울에서 열린 제24회 하계올림픽에는 국제올림픽위원회 회원국 167개국 가운데 북한 그리고 쿠바 · 니카라과 · 에티오피아 · 세이셸 · 알바니아 등 6개 공산국가와 국내사정으로 참가가 어려워진 아프리카의 마다가스카르를 제외한 160개국으로부터 1만 3,626명의 선수들과 임원들이 참가했다. 이로써 서울올림픽은 역대 최대 규모의 올림픽이라는 기록을 세웠다.

1976년 캐나다 몬트리올에서 열린 제21회 하계올림픽에는 아프리카의 일부 국가들이 남아프리카공화국의 인종차별정책에 항의한다는 뜻에서 불참했고, 1980년 소련 모스크바에서 열린 제22회 하계올림픽에는 1979년에 있었던 소련의 아프가니스탄 침공에 항의해 미국을 비롯한 서방국가들이 불참했으며, 1984년 미국 로스앤젤레스에서 열린 제23회 하계올림픽에는 그 불참에 대한 보복으로 소련을 비롯한 공산국가가 불참했다. 국제사회에서는 1980년의 올림픽과 1984년의 올림픽을 '반쪽짜리 올림픽'이라고 이름 붙였다.

대조적으로, 서울올림픽의 경우에는 서방세계는 물론 소련과 동유럽국가들 및 중국의 참가를 성사시켜 이념과 체제를 뛰어넘어 동서 양대진영의 거의 모든 국가가 참가함으로써 비로소 완전한 올림픽이 되었다. '손에 손 잡고 벽을 넘어서' 라는 주제가가 울려 퍼진 가운데 진행된 서울올림픽은 350만 명이 경기를 관람하고, 123개국의 1,583개 언론사와 66개국의 128개 방송사에 의해 9,200시간 동안 위성중계되어 40억 세계인의 관심을 모았다.[99] 이로써 서울올림픽은 대한민국의 국가적 위상을 크게 올렸으며 국민의 자긍심을 높였다.

소련의 참가에 한정해 말한다면, 소련은 올림픽 개최 1개월 전에 소련 참가자들과 관객들을 위한 영사단을 서울로 파견했다. 그 격格과 규모에 관계없이, 이것은 한국과 소련 사이의 관계에서 소련의 정부기구가 서울에 개설된 최초의 사례였다. 소련은 곧이어 514명의 선수와 141명의 임원 등 655명을 파견했으며, 발쇼이발레단과 모스크바오케스트라를 비롯해 소련이 세계적으로 자랑하는 예술단들을 파견함과 아울러 소련에 살고 있던 고려인들을 중심으로 다양한 문화프로그램을 개발해 보여주었다. 이것은 소련이 한국에 대해 성의를 갖고 있음을 한국측에 전달하는 것으로 풀이되었다.[100]

올림픽이 성공하도록 한국 국민 모두가 정성을 쏟았고, 그 뜻에서는 서울올림픽조직위원장으로 활동한 노 대통령도 마찬가지였다. 그는 대통령 취임으로부터 6주가 지난 4월 5일에 식목일을 맞아 청와대 구내에 '구상나무'를 심었다. 이 나무는 세계 어디에도 없고 한국에서만 자라는 희귀 수목으로, 학명學名 '아비에스 코레아나Abies Koreana'가 말하듯 한국만의 나무이다. '나무박사'로 불리는 경북대학교 박상진朴相珍 명예교수는 2023년에 "구상나무는 산꼭대기 같은 곳의 서늘한 기후를 좋아하는데, 환갑 정도가 된 이 나무가 따뜻한 서울에서도 이제까지 잘 자란 것은 1991년에 신축된 청와대 본관 건물 옆으로 시원한 바람골이 생겨서일 것"이라고 설명했다.[101]

---

99 외교통상부, 『한국외교 50년, 1949~1998』, 258쪽.

100 Hakjoon Kim, "The Process of Leading to the Establishment of Diplomatic Relations between South Korea and the Soviet Union: 1988~1990," *Asian Survey*, Vol. 37, No. 7 (July 1997), pp. 637~651. 필자는 이 논문에서 한국과 소련이 수교하게 되는 과정을 자세히 설명했다. 소련과의 수교에 대한 다음의 제5절에서도 출전을 밝히지 않고 인용하기로 한다.

101 허윤희(『조선일보』 기자), 「나무박사 박상진이 들려주는 청와대의 대통령 나무(하)」, 『조선일보』(2023년 10월 25일 A20쪽).

제2항 "민주화가 서울올림픽의 성공을 가져왔다"

서울올림픽이 성공적으로 끝나면서, 이홍구 장관은 '국무위원의 입장에서보다는 […] 정치학자의 시각에서' 올림픽의 성공이 갖는 의미 그리고 올림픽 이후의 당면과제에 대해 세 편의 평론을 발표했다. 논지가 서로 연결된 이 일련의 평론들에서, 그는 우선 "서울올림픽의 성공은 세계문화사의 흐름으로 봤을 때 서구문명에 대한 동양문명의 [성공적] 도전이었다."라고 평가한 데 이어, "올림픽의 성공은 그 무엇보다도 민주화에서 비롯되었음을 잊어서는 안 된다. 이번 올림픽이 국민의 협력과 참여를 바탕으로 한 국민적 행사가 될 수 있었던 것은 이를 민주화의 한 단계 성공을 자축하는 축하연으로 삼으려는 잠재적 공동의식이 널리 깔려 있었기 때문이다."라고 역설했다. 이 점과 관련해, 그는 다음과 같이 감동적으로 썼다.

> 만약 지난 1년에 걸친 민주화과정이 실패했더라면 과연 우리가 올림픽을 성사시킬 수 있었을지는 장담할 수 없다. 복잡하고 어두운 인연으로 얽혀왔던 4당 총재가 함께 박수를 보내는 장면을 흐뭇하게 보는 것도, 일부 학생들의 올림픽 반대시위가 올림픽을 국민적 행사로 승화시킨 시민적 축제 분위기에 밀려버린 것도, 민주화에 대한 국민의 여망과 안도감을 반영하는 것이었다. 지난날 남들이 우리의 발전을 칭찬하여도, 심지어 공산권 국가들마저 우리를 부러워하여도, 우리 스스로는 나라의 발전을 선뜻 시인하기를 주저하였던 것은 단지 발전이 수반하는 부작용이나 누락시킨 낙후부문에 대한 불만에서가 아니라 민주화의 부진에서 오는 정통성의 위기에 억눌렸기 때문이다. 그러한 정통성의 위기로부터 해방되는 것이 얼마나 홀가분한 것인가를 우리는 올림픽을 통하여 실감한 것이다.[102]

---

102 이홍구, 「중도세력의 확대와 민주개혁」, 『이홍구문집』 IV, 618쪽.

서울대학교 신범식辛範植 교수도 비슷한 취지에서 논평했다. 그는 "특히 1988년의 서울올림픽은 북방정책 추진에 있어서 하나의 분수령과 같은 중요한 기여를 했다."라고 쓴 것이다.[103]

제3항 서울올림픽을 계기로 한국 인식을 새롭게 한 소련

공산권 국가들도 서울올림픽을 높이 평가했다. 대표적으로 소련은, 우리가 제5장 제1절에서 자세히 보게 되듯, 민주화의 뒷받침을 받은 서울올림픽의 성공을 스스로의 눈으로 확인하면서 한국을 다시 평가하게 된 것이다.[104]

우선 그사이 한국에 대해서는 거의 침묵이나 무시로 일관했던, 그러나 혹시 게재한다고 해도 비판하거나 폄훼하던 소련의 신문과 잡지가 1988년 한 해에만 한국에 관해 195건의 기사를 실었다. 그것들의 대부분은 서울에 파견된 소련특파원들이 쓴 것들로, 한국의 문화와 생활스타일 그리고 경제발전 등을 다뤘는데, 특파원들은 모두 자신들이 '새로운' 한국을 보았다고 강조했다.『워싱턴포스트』의 돈 오버도퍼Don Oberdorfer 기자는 소련측 보도 경향을 다음과 같은 취지로 소개했다.

> 이때 소련특파원들의 대표 역할을 맡았던 비탈리 이그나텐코(Vitaly Ignatenko)는 "내가 처음 본 서울은 충격 그 자체였다. 그동안 이 나라에 관해 내가 읽었던 것은 낡은 것으로, 나는 마치 21세기에 들어온 것 같았다. 그는 훗날 고르

---

103 신범식(辛範植), 「북방정책과 한국-소련/러시아 관계」, 하용출(河龍出) 편, 『북방정책: 기원: 전개: 영향』(서울대학교 출판부, 2003), 76쪽.

104 이 점을 강조한 대표적 논문은 다음이다. James W. Riordan, "Korea-Soviet Union Relations: The Seoul Olympics and Catalyst and Stimulator of Political Change," *Korea and World Affairs*, Vol.12, No.4 (Winter, 1998), pp. 769~770.

바초프의 공보비서관이 되었다가 국영통신사 『타쓰(Tass)』의 사장이 된다. 모스크바의 유력 주간지 『오고뇩(Ogonyok)』의 특파원 비탈리 우마셰프(Vitaly Umashev)는 "한국을 제3세계에 속하는 국가로 생각하던 나의 인식은 사라졌다."라고 단언하고, "러시아에서는 반체제 인사들이 자신들의 전단지를 복사하는 데 쓰는, 따라서 그 사용이 아주 제한되어 있는 제록스 복사기를 남한에서는 여기저기서 쉽게 볼 수 있었다."라고 부연했다. 그동안 남한을 미국 '군사주의'의 요새로만 묘사했던 소련공산당 대변지 『프라우다』는 경기가 끝난 뒤 "남한의 스포츠시설은 세계 최고였다. 한국인의 전통적 미소(微笑)와 예법은 너무 낮게 평가되어왔다."라고 썼다.

오버도퍼 기자의 소개는 다음과 같은 취지로 이어졌다.

소련의 텔레비전은 서울올림픽에서 진행된 경기 내내 한국으로부터 14시간에서 16시간에 걸쳐 보도했다. 소련인들에게 텔레비전방송의 보도가 준 충격은 훨씬 더 강력했다. 2억에 가까운 소련인들은 올림픽 개막식은 물론이고 텔레비전이 보도한 서울 경기장 밖도 주의 깊게 보았다. 167명의 모스크바 거주자들을 대상으로 삼은 한 비공식 조사에 따르면 70% 이상이 그 보도에 접했다. 많은 러시아인은 한국인들이 소련을, 미국을 상대로 하는 경우에도, 응원하는 것에 놀라기도 하고 기뻐하기도 했다. 소련선수단이 1위를 차지하자 소련인들의 사기는 올라갔다. 고르바초프의 한 보좌관은 "사람들이 소련인들을 그렇게 진심으로 환영하는 곳은 [한국 말고는] 이 지구상 어느 곳에도 없다."라고 보고했다.[105]

실제로 소련은 금메달 55개를 포함해 132개의 메달을 획득해 1위를 차지

105 Oberdorfer and Carlin, *The Two Koreas*, pp. 156~157.

했고, 동독이 금메달 37개를 포함해 102개의 메달을 획득해 2위를 차지했으며, 미국이 금메달 36개를 포함해 94개의 메달을 획득해 3위를 차지했다. 한국은 금메달 12개를 포함해 33개의 메달을 획득해 4위를 차지했다.

제5절 유엔총회에서의 '한반도평화체제' 제의

노태우 대통령은 올림픽 성공이라는 화려한 성과를 안고 제43차 유엔총회에 참석했다. 그는 10월 19일에 159개국 대표가 참석한 유엔총회에서 「한반도에 화해와 통일을 여는 길」이라는 제목으로 연설하면서, 7·7선언의 뜻을 다시 밝히고 북한을 상대로는 남북정상회담을 개최해 '불가침 또는 무력불사용에 합의하고 이를 공동으로 선언할 것'과 군비축소 등의 문제를 진지하게 논의하고 타결할 것을 제의함과 동시에 "현행 휴전협정을 항구적인 평화체제로 대체하는 구체적 방안에도 합의할 것"을 제의했다. 그는 "북한이 당장 문을 열고 개방을 실시하는 데 어떠한 어려움이 있다면 휴전선 안 비무장지대 안에 '평화시平和市'를 건설해 [… 거기서] 30년 이상 헤어졌던 가족들이 자유로이 만나고 [… 남과 북이] 폭넓은 교환·교류·교역을 실시할 수 있게" 할 것도 제의했다.

그는 "중국과 소련 등 사회주의 국가들이 우리와 다방면에 걸친 교류와 협력에 전진적인 자세를 보이고 있는 것을 고무적인 현상으로 평가[한다]"라고 말하고, 동북아시아에서 남한과 북한 그리고 미국·소련·중국·일본 등 6개국이 함께 참석하는 「동북아시아평화협의회의」를 소집할 것을 제의했다. 이 회의는 "이 지역의 평화와 안정, 이 지역의 발전과 번영을 위한 모든 문제를 폭넓게 다루어 나갈 수 있을 것"이라고 부연했다.[106] 우리가 제5

106 재단법인 보통사람들의시대노태우센터 편, 『노태우의 생각 대통령의 연설』, 74~82쪽.

장 제1절에서 자세히 보게 되듯, 소련은 노 대통령의 이 연설을 고르바초프의 크라스노야르스크 연설에 대한 화답으로 받아들이고 높이 평가하면서 호의를 표시했다. 대조적으로, 이 시점에서는 미수교국이던 중국은 냉담한 태도를 보였다.[107]

대한민국 대통령으로서는 처음으로 유엔총회에서 연설한 그는 곧이어 백악관으로 레이건 대통령을 예방했다. 대한민국정부 수립 이후 최초의 국빈방문이었다. 노 대통령이 동북아시아의 평화와 한반도의 통일에 관해 자신의 의견을 개진하자 레이건 대통령은 노 대통령의 7·7선언과 유엔연설에 대한 지지를 확실하게 표시했다.

이번에는 북한도 움직였다. 노 대통령 연설 다음날인 10월 19일에 외교부 제1부부장 강석주姜錫柱는 유엔총회에서 연설하며 대화와 통일에 방해가 되는 법의 철폐와 남조선이 미국과 함께 실시하는 대규모 군사훈련의 중지 등을 전제조건으로 평양에서 정상회담을 열 것을 제의했다. 북한은 거기서 한 걸음 더 나아갔다. 11월 7일에 중앙인민위원회, 최고인민회의상설회의, 정무원 3자의 연합회의를 열고 '포괄적 평화방안'을 제시했다. 그것은 (i) 남북 및 미국 사이의 3자 회담을 열어 단계적 미군무력 철수와 남북 군축방안을 마련하고, 그 토대 위에서 북미간 평화협정과 남북조선 불가침선언을 채택하며, (ii) '북남 고위급 정치군사회담을 열어 북남간 당면한 정치군사적 대결상태를 완화할 대책을 세울 것 등을 포함했다. 여기에 토대를 두고 '조선민주주의인민공화국 정무원 총리' 리근모李根模는 11월 16일에 '북남정치군사회담'을 개최하자고 제의했다.[108]

---

107 이석호, 「한국북방정책의 변천과정과 결정요인」, 136쪽에서 재인용; 이상옥, 『전환기의 한국외교』, 362쪽.

108 김형기(金炯基), 『남북관계변천사』(연세대학교 출판부, 2010).

제4장

북방정책의 첫 결실:

헝가리를 필두로 동유럽 공산국가들 및 몽골 그리고 이라크와의 수교

제 4 장 북방정책의 첫 결실:
헝가리를 필두로 동유럽 공산국가들 및 몽골 그리고 이라크와의 수교

제1절 헝가리와의 수교

제1항 북방정책의 첫 대상으로 헝가리를 선택한 배경

역사에서 한국과 비슷했던 헝가리

노태우 대통령은 7·7선언 직전에 박철언 보좌관으로 하여금 헝가리와의 수교협상을 시작하게 했다. 그러면 헝가리는 어떤 나라인가?[1] 북위 45.48도 ~ 48.35도에 위치한 헝가리는 면적이 약 93,000 평방킬로미터로 한반도의 5분의 2이면서 한국의 0.94배에 해당하며, 인구는 969만 명인데 그 가운데 170만 명이 수도 부다페스트에 살고 있다. 중부 유럽에 위치한 지정학적 위치로 말미암아 주변 강대국의 침략을 자주 받았다. 9세기에는 독일에 패전했고, 13세기에는 몽골의 침략으로 국토 전체가 황폐해졌으며, 16세기에는 터키[오늘날의 표기로는 튀르키예]의 침략을 받아 터키의 지배 아

---

1 헝가리에 관해 저자는 다음에서 이미 설명했다. 김학준, 「13. 노선을 두고 엇갈렸던 헝가리의 공산주의자들: 쿤 벨러, 너지 임레, 카다르 야노시, 루카치 죄르지」, ______, 『혁명가들: 마르크스에서 시진핑까지 세계공산주의자들의 삶과 죽음』(문학과지성사, 2013), 335~355쪽; 김학준·장덕준 분담집필, 『러시아사: 선사시대에서 푸틴시대까지』(경기도 용인시: 단국대학교 출판부, 2018), 380~382쪽.

래 살았고 서부 일부는 오스트리아에 귀속되었다. 1867년에는 나라 전체가 합스부르크황실이 지배하는 오스트리아제국에 합병되어 「오스트리아·헝가리이중제국二重帝國」의 일원으로 살아야 했고, 그래서 1914년에 1차대전이 일어났을 때 원하지 않게 이 전쟁에 끌려들어야 했다. 1918년에 1차대전이 끝나면서 「오스트리아·헝가리이중제국」이 해체되어 헝가리는 독립을 얻을 수 있었으나 패전국이 되었기에 1920년에 국토의 71%와 인구의 60%를 인접국에 양도하지 않으면 안 되었다.

헝가리는 자연히 실지회복을 가장 큰 국정 목표로 삼았으며, 그 연장선 위에서 2차대전 때 자신들 판단으로는 승전이 예견되는 나치독일 주도의 추축국樞軸國에 가담했다. 그런데도 나치독일은 1944년 3월에 헝가리를 점령하고 괴뢰정부를 세운 뒤 사실상 직접 통치했다. 헝가리의 주인은 다시 바뀌었다. 1944년 12월부터 소련의 지배를 받게 되었고, 2차대전이 끝나면서 독립을 얻기는 했으나 사실상 소련의 위성국이 된 것이다. 이러한 우여곡절을 겪으면서 국경의 변경이 뒤따랐고, 현재 오스트리아·크로아티아·루마니아·세르비아·슬로바키아·슬로베니아·우크라이나 등 7개국과 접경하고 있다.

돌이켜보면 헝가리는 유럽 땅에 있지만 한국과 일정하게 역사적 유대가 있는 나라다. 헝가리라는 국명은 언어학의 용어를 빌린다면 '외부명칭(exonym),' 곧 바깥 나라들이 부르는 이름이다. '흉노족의 나라,' 또는 영어로는 '훈Hun족의 나라'라는 뜻이 강하다. 대조적으로, 스스로 부르는 이름을 의미하는 '내부명칭(endonym)'으로는 '마자르Magyar'이다. 이때 'g'를 'ㅈ'이 아니라 'ㄱ'으로 읽으면 '마가르'가 된다. 이 점에 착안해, 신복룡申福龍 교수는 헝가리는 다름 아닌 '말갈'족이 세운 나라라고 보았다.[2] 중국의 주학연朱學淵 교수도 같은 견해를 제시했다.[3] 헝가리 사람들은 우리와 마찬가지로

2 신복룡(申福龍), 『한국정치사론』 증보판(박영사, 1982), 7~27쪽.

3 주학연(朱學淵) 저, 문성재(文盛哉) 역주, 『진시황은 몽골어를 하는 여진족이었다: 비교언어

대부분 어린 시절에는 엉덩이에 몽골반점이 나타나며, 성姓을 먼저 쓰고 다음에 이름을 쓴다.

왜 헝가리를 첫 번째 나라로 선정했나?

헝가리를 북방정책 추진에서 첫 번째 나라로 선정한 이유에 대해 세 가지 설명이 있다. 첫째, 박철언 보좌관에 따르면, "헝가리 민족이 동양계인 마자르족으로 우리와 정서가 비슷하다."는 설명이다. 이어 그는 "헝가리는 당시 동구권 국가 중 개혁과 개방의 선두주자였고, 소련으로부터도 가장 독립적인 위치에 있었다."라고 부연했다.[4]

이것은 사실이었다. 헝가리는 2차 대전 종전 이후 위성국으로 출발했으나 너지 임레Nagy Imre 정부 때인 1956년 10월에 동서냉전에서 중립외교를 지향할 것을 선언했으며 다당제를 옹호하면서 반소자유화운동을 전개했다. 흐루쇼프Nikita S. Khrushchev정권은, 당시 헝가리주재소련대사로 훗날 소련 공산당 중앙위원회 서기장이 되는 유리 안드로포프Yuri V. Andropov의 강력한 건의를 받아들여 군대를 동원해 헝가리를 침공하고 너지정부를 전복시킨 뒤 친소적인 카다르 야노시Kadar Janos정권을 세웠다. 세계적 실존주의 철학자 사르트르Jean Paul Sartre가 이 사태를 보고나서야 소련과의 결별을 선언한 것은 유명한 이야기이다.

카다르정권은 국민에게 환영받던 너지정부 전복의 동조자로 비쳐 '정통성'을 의심 받게 되었다. 이에 카다르정권은 국민의 생활을 안정시키는 것으로써 지지를 얻기 위해 그 나름으로 많은 노력을 기울여 노동자들이 작업장에서 적어도 소시지가 들어간 빵을 굴라쉬Goualsh라는 이름의 수프와 함께 먹을 수 있게 해주었고, 그래서 '굴라쉬 공산주의'의 시대를 열 수 있었

학으로 밝혀낸 중국북방민족들의 원류』(우리역사연구재단, 2009).

4 박철언, 『역사를 위한 바른 증언: 5공, 6공, 3김시대의 정치 비사』 2(랜덤하우스중앙, 2005), 86쪽.

다. 헝가리의 위치가 서방세계에 가까운 것도 서방세계와 교류하는 데 유리했다. 대우大宇를 비롯한 한국의 기업들이 동유럽 공산국가들 가운데 제일 먼저 진출한 나라가 헝가리였다는 사실이 그 점을 말해주었다.

1980년대 후반에 들어와 헝가리는 동부유럽의 공산국가들 가운데 제일 먼저 친서방적 개혁과 개방의 길을 걸었다. 특히 그로스 카로이Grósz Károly가 1987년 5월에 총리에 취임한 데 이어 1988년 5월에 「헝가리사회주의노동자당」 서기장에 선임된 이후 서방세계와의 경제통상 증진을 국정운영의 으뜸으로 설정했고, 소련권 국가들 가운데 제일 먼저 서울올림픽 참가를 결정했으며, 1987년 12월에는 역시 소련권 국가들 가운데 처음으로 대한무역진흥공사(KOTRA)의 부다페스트 상주사무소 개설을 허용했고, 1988년 3월에는 헝가리 상공회의소가 서울에 무역사무소를 열게 했다. 그로스는 대체로 공산주의의 틀을 지키는 가운데 개혁과 개방을 추구한 정치지도자였다. 그래서 공산주의의 틀을 아주 버리고 서방식의 체제와 노선을 추구하는 지도자들과 마찰을 벌였으며, 결국 그들에게 패배해 1988년 말 이후 권력을 잃는다.

둘째, 박철언 보좌관실에서 봉직한 염돈재 비서관에 따르면, 대우그룹 김우중 회장의 중개가 발단이었다. 전두환정부 말기에, 헝가리와 관계가 많았던 김 회장이 '헝가리수출입은행장인가 하는 사람'으로부터 "20억 달러를 주면 수교를 하겠다."라는 제의를 받았고, 김 회장이 이 제의를 당시 국가안전기획부 정주년鄭炷年 국제정보국장에게 전달했으나, 정권 말기여서 진전을 보지 못했다. 노태우정부가 출범하고 북방정책을 추진하게 되면서 염 비서관이 그 사실을 상기하고 「북방정책협의조정실무위원회」에 보고하자 이 회의는 헝가리정부를 상대로 협상을 재개하기로 결정했다.[5]

---

5 염돈재 비서관의 발언, 국립외교원 외교안보연구소 외교사연구센터 편, 『북방정책과 7·7선

셋째, 노 대통령의 회상이다. 서울올림픽조직위원장으로 서울올림픽을 준비는 과정에서 가까워진 안토니오 사마란치Juan Antonio Samaranch y Torelló 국제올림픽위원장 그리고 국제올림픽위원회의 스폰서 역할을 맡았던 아디다스Adidas의 호르스트 다슬러Adolf Adi Dassler 회장은 서울올림픽 참가를 주저하던 공산주의국가 대표들을 설득해주었는데, 그들 가운데 우선 헝가리 국제올림픽위원인 필 슈미트Phil Schmidt를 연결해주었다. 펜싱 국가대표로 올림픽에서 메달을 받았던 슈미트 위원은 헝가리의 참가를 확약했을 뿐만 아니라 체코슬로바키아 및 폴란드 등 여타의 동유럽 위원들을 연결해주었다. 이러한 인연을 존중해 노 대통령은 취임과 더불어 북방정책을 추진하면서 박철언 보좌관에게 가장 먼저 헝가리와 수교할 것을 지시했다.[6]

위의 세 가지 회고는 서로 어긋나는 것이 아니라 보완하고 있다. 그 요소들이 겹쳐진 상태에서 헝가리를 수교협상의 첫 번째 대상으로 잡았던 것이며, 그 결정은 적절했다.

그런데 여기서 상기할 사실이 있다. 그것은 그 이전에 한국 정치학계가 쌓은 학술교류의 실적이다. 연세대학교 동서문제연구원은 정치외교학과 김달중金達中 교수의 기획 아래 1985년 10월에 서울에서 뮌헨대학교와 한·독학술회의를 열면서 패널리스트들 가운데 한 사람으로 헝가리 과학원 산하 세계경제연구소 선임연구원 하모리 야노Hamori Jano 박사를 초청한 것을 계기로 학술교류를 시작했으며, 이 과정에서 1986년 10월에 김달중 교수가 세계경제연구소를 방문했고, 1987년 10월에 세계경제연구소 연구실장 카다르 벨라Kadar Bella 박사가 방한했으며, 1988년 5월 22~23일에는 부

언』(국립외교원 외교안보연구소 외교사연구센터, 2020), 60~61쪽.

6 노태우, 『노태우 회고록』(조선뉴스프레스, 2011) 하(『전환기의 대전략』), 149~151쪽.

다페스트에서 두 나라 사이의 첫 양자회의가 열렸다.[7] 이 모든 경우에 헝가리 학자들은 헝가리정부에 보고해 승인을 받았다. 이것은 헝가리정부가 한국과의 교류와 더 나아가 수교를 염두에 두고 있었음을 의미했다.

제2항 수교협상

이러한 배경에서, 박철언 보좌관은 헝가리를 상대로 수교협상에 나섰다. 그는 이 프로젝트를 '푸른 다뉴브 강'이라는 암호명으로 불렀다. 다뉴브 Danube 강은 독일 남부에서 발원해 헝가리를 비롯한 여덟 나라를 지나 흑해로 빠지는 대표적인 국제하천으로, 독일어로는 도나우Donau라고 불렀다. 이 강은 오스트리아의 왈츠곡 황제 요한 스트라우스 2세Johann Strauss II가 1866년 프로이센과의 전쟁에서 패전한 뒤 우울해진 오스트리아 국민의 사기를 올려주고자 1867년에 작곡한 경쾌하면서도 힘찬 「아름답고 푸른 도나우」로 국제사회에서 더욱 유명해졌다. 이 다뉴브 강의 서쪽에 '부다'가 있었고 동쪽에 '페스트'가 있었는데, 1893년에 합쳐져 부다페스트가 되었다.

박 보좌관은 7·7선언 발표 하루 전인 7월 6일에 헝가리의 수도 부다페스트로 비밀리에 출발했다. 재무부 심형섭沈亨燮 국제금융국장, 경제기획원 최대화崔大和 대외경제협력관, 상공부 채재억蔡載億 통상진흥국장 등 세 명이 수행했다. 외무부 민형기閔形基 구주국장은 비밀유지를 위해 따로 갔다. 헝가리가 북한정권이 수립된 직후인 1949년 11월부터 북한과 수교해왔으며 북한이 헝가리의 서울올림픽 참가는 물론 한국과의 수교 그 자체를 막으려고 시도하고 있음을 고려해 비밀을 지킬 필요가 절실했다.

대표단은 12일까지 헝가리의 데미안Demján Sándor 신용은행장, 바르타

7 김달중 교수의 발언, 『북방정책과 7·7선언』, 54~56쪽.

Bartha Ferenc 국립은행총재, 마르요이Marjai Jozsef 부총리, 그리고 그로스 「헝가리사회주의노동자당」 서기장 겸 총리 등을 상대로 협상을 이어나갔다. 핵심의제는 한국이 헝가리에 제공해야 할 차관의 규모였다. 헝가리측은 수교의 조건으로 '15억 달러 이상의 차관'을 요구했으나 한국측은 그 액수를 줄이려고 노력했다. 밀고 당기는 협상이 계속되었지만, 합의에 이르지는 못했다.[8]

이후 1988년 8월 9일~12일에 그로스 서기장 겸 총리의 특사인 바르타 총재가 이끄는 헝가리의 협상단이 비밀리에 한국을 방문했고, 바르타 특사는 11일에 노 대통령을 만나 그로스의 친서를 전달했다. 이 친서에서 그로스 서기장 겸 총리는 "헝가리는 서울올림픽의 성공을 확신해 사회주의국가들 가운데 제일 먼저 참가를 결정했습니다."라고 말한 데 이어 "한반도문제는 남과 북이 대화를 통해 평화적으로 해결하기를 바라며, 한반도문제의 해결을 위한 한국측의 건설적인 제안들을 적극 지지합니다."라고 덧붙였다.[9]

8월 12일에 두 나라는 한국이 4년간 유상차관 총 6억 5천만 달러의 경제협력을 제공하기로 하고 상호 수도에 상주대표부를 개설하기로 하며 50%의 경제협력이 이뤄지면 곧바로 외교관계를 수립한다는 데 합의했다. 이 과정에서 늦게나마 상황을 파악한 북한은 급하게 김일성의 차남 김평일金平一을 대사로 임명하고 특별기편으로 부다페스트로 보내 수교를 막고자 했으나 때는 이미 늦었다.

양국의 합의에 따라 8월 23일에 박 보좌관은 민형기 구주국장을 포함한 협상단을 이끌고 부다페스트로 가 바르타 특사와 회담한 뒤 8월 26일에 최종 합의서에 서명했다. 보안을 지키기 위해 48시간 전에야 미국측에 알렸는데, 이 때문에 미국측은 섭섭해 했다. 노 대통령은 "이 일이 과장되어 미국측이 나의 북방외교를 못마땅해 한다는 오해를 불러일으키기도 했지만,

---

8 박철언, 『바른 역사를 위한 증언』 2, 81~103쪽.

9 노태우, 『노태우 회고록』 하, 151쪽.

이후 미국측은 나의 북방외교를 전폭적으로 지원해 주었다."라고 회고했다.[10] 따라서 1988년 10월 25일에 부다페스트에 대한민국상주대표부가 개설되었으며 12월 27일에 서울에 헝가리상주대표부가 개설되었다.

초대 대사에는 한탁채韓鐸埰 그리고 에트레 산도르Etre Sandor가 각각 임명되었다. 1989년 2월 1일에 상주대표부는 대사관으로 승격하며, 한 대사와 에트레 대사가 역시 초대 대사로 임명되었다. 에트레 대사는 1941년에 부다페스트에서 태어나 1959년~62년에 김일성종합대학에서 수학한 뒤 1963년에 외무부에 들어갔으며 1979~84년에 북한대사로 봉직했다. 때때로 평양식 발음과 어투를 쓰기는 했지만 한국어를 유창하게 구사했다.[11] 한탁채 대사는 1935년생으로 서울대학교 법과대학을 졸업하고 뉴욕총영사관 부영사로 출발한 정통 직업외교관으로, 카이로총영사와 주미공사를 거쳐 헝가리대사로 발탁되었고 훗날 태국대사로 봉직한다.

북한의 반발

헝가리가 한국과의 수교 결정을 발표하자, 북한은 우선 김평일을 불가리아 대사로 전임시킴과 동시에 헝가리정부를 상대로, 헝가리 외무담당국무장관이 "헝가리 역사상 외국으로부터 그토록 무례한 비난을 받은 적은 없었다."라고 말할 정도의 폭언을 퍼부었다.[12] 예컨대, 『조선중앙방송』은 헝가리정부의 결정을 "미제국주의의 침략적인 대對조선 대對아세아 전략의 산물인 남조선당국자들의 북방외교[에 순종한 결과로], 프롤레타리아국제주의에 대한 배신이며 […] 맑스-레닌주의와 로동계급의 혁명원리에 대한 참을 수 없는 배반이며 비겁하고 파렴치한 행위"라고 비난했으며, 『로동신문』은 "괴뢰들이 던져주는 몇 푼의 달러에 몸을 파는 헝가리의 행동에서는

---

10 위와 같음, 152~153쪽.

11 「에트레 산도르 주한헝가리 상주대표부 대사 오찬간담회: 한국-헝가리 교류의 첫 장(1988년 12월 16일) 언론회관 기념회견장」, 『신문연구』 47(1988년 여름), 298~314쪽.

12 위와 같음, 153쪽.

사소한 민족적 자존심과 계급적 립장도 찾아보기 힘들다."라고 비난한 것이다.[13]

북한은 처음에는 헝가리와 단교하겠다고 말했다. 그러나 단교하지는 않고 다만 불쾌감의 표시로 일정한 기간에 걸쳐 후임 대사를 파견하지 않고 대리대사를 두어 공관을 운영하게 했다.

제3항 수교 이후 한국과 헝가리의 관계 발전

한국과 헝가리의 관계는 순조롭게 발전했다. 노 대통령은 1989년 11월 22~24일에 헝가리를 국빈으로 방문했고, 국회연설을 통해 한국의 북방정책이 북한의 고립화가 아니라 북한의 개방화를 추구하는 것이며, 한국은 북한과 함께 평화통일의 길을 걷고자 한다는 뜻을 밝혔다. 그는 '북한의 김일성 주석'을 향해 남북정상회담을 조속히 개최할 것을 거듭 촉구했으며, 이 회담에서 "군축과 상호불가침선언을 포함한 모든 현안을 전제조건 없이 논의하고 해결할 수 있을 것"임을 다짐했다.[14]

답례로 1990년 11월에 괸츠 아르파드Göncz Árpád 헝가리 대통령이 한국을 방문했다. 괸츠 대통령은 우리가 앞에서 살핀 1956년의 민주화운동에 참여했다가 구속되었고 퇴학당한 일이 있었던 '혁명가적' 기질을 갖고 있었다. 이후 농업전문가로 성장한 그는 1993년 11월에 비공식으로 대전 엑스포를 참관해 「헝가리의 날」 행사에 참석했다. 이후 두 나라 정치지도자들의 교환방문이 잇따랐다. 노무현 대통령 때인 2006년 3월에는 헝가리주재 북한대사관 직원이 가족과 함께 헝가리주재 한국대사관에 망명을 요청해, 한

---

13 이석호, 「한국북방정책의 변천과정과 결정요인」, 146~147쪽에서 재인용; 김지영(金志寧), 『한국·헝가리 수교협상』(국립외교원 외교안보연구소 외교사연구센터, 2023), 83쪽.

14 재단법인 보통사람들의시대노태우센터 편, 『노태우의 생각 대통령의 연설』, 168쪽.

국으로 올 수 있었다. 그 사이 한국측은 헝가리에 빌려준 차관을 미수금 없이 전액을 회수했다.

종합적으로, "한국과 헝가리의 외교관계 수립은 한국외교에 있어 획기적인 사건이다." 부다페스트대학교에서 박사학위를 받았으며, 헝가리어로 쓰인 1차 자료를 철저히 점검해 두 나라의 수교과정을 면밀히 분석한 김지영金志寧 교수는 다음과 같이 부연했다.

> 헝가리와의 수교를 통하여 한국외교가 전방위적으로 세계무대에 등장하는 계기가 되었으며, 국제외교 무대의 중요한 행위자로 등장하였음을 의미한다. 헝가리와의 수교 이후 한국은 여타 동유럽국가들과 연속적으로 외교관계를 수립하였으며, 그 효과는 오늘날까지도 지속되고 있다. […] 한국과 헝가리와의 수교는 한국외교에 있어서 한국의 국익을 최우선시하는 관점에서 독자적이고 자주적으로 성공적인 협상을 이루어낸 사례라고 평가할 수 있을 것이다.[15]

우리나라와 헝가리와의 우호친선은 오늘날에도 계속되고 있다. 노태우 대통령의 아들인 노재헌盧載憲 변호사가 「수교 30주년 기념 한 · 헝가리친선협회」를 발족해 두 나라 사이의 우호친선관계를 이어가고 있다.

---

15 김지영(金志寧), 『한국 · 헝가리 수교협상』, 87~89쪽.

제2절 폴란드 및 유고슬라비아 등 동유럽국가들과의 수교 그리고 몽골 및 이라크와의 수교

제1항 동유럽국가들과의 수교

헝가리의 결정은 여타 동부유럽 공산국가들이 차례로 한국과 수교하는 큰 길을 열어주었다. 1989년 한 해에 우선 폴란드(11월 1일)가 한국으로부터 일정한 규모의 차관 제공을 약속받으면서 수교에 응했다. 이틀 뒤 외무차관·재무차관·통상차관으로 구성된 폴란드 대표단이 서울을 방문하고, 한국의 경제전문가들에게 폴란드정부가 추진해야 할 화폐정책의 방향에 대해 문의했다.[16] 이것은 폴란드가 1차적으로 차관에 관심이 컸으나 부차적으로 자신이 추진하는 경제개혁과 관련해 한국의 경제전문가들로부터 이론과 경험을 배우려는 데도 관심이 컸음을 의미했다.

폴란드의 뒤를 이어, 유고슬라비아(1989년 12월 27일) → 체코슬로바키아(1990년 3월 22일) → 불가리아(1990년 3월 23일) → 루마니아(1990년 3월 30일)가 수교에 응했다. 1991년에는 서울올림픽에 불참했던 알바니아(8월 22일)가 뒤를 이었다. 동유럽에서 가장 낙후한 국가로 불리던 알바니아는 대외적으로는 철저한 쇄국정책을 쓰면서 대내적으로는 무자비한 철권통치를 이어가던 엔베르 호자Enver Hoxha가 죽으면서 노선을 변경한 것이다. 체코족과 슬로박족이 함께 세웠으나 갈등이 심했던 체코슬로바키아는 서로 아무런 충돌 없이 합의를 거쳐 1992년 12월 31일에 체코족 중심의 체코와 슬로박 중심의 슬로바키아로 나뉘었다. 사람들은 이것을 '벨벳 이혼'이라고 불렀다. 한국은 체코와는 별도의 수교가 필요 없었으나 별도의 수교가 필

16 이한빈(李漢彬), 「제16장 북방이 시야에 들어오다」, ______, 『일하며 생각하며: 이한빈 회고록』(조선일보사, 1996), 402~404쪽.

요한 슬로바키아와는 1993년 1월 1일에 수교했다.[17] 앞에서 거명된 나라들 역시 한국으로부터의 차관 제공에 관심을 가졌다. 그러나 한국정부가 '선先수교'를 앞세우자 물러섰다.

여기서 다시 상기해야 할 논점이 두 가지 있다. 첫째, 이라크를 제외한 그 모든 나라가 공산주의를 버리는 등 체제와 노선을 바꾼 것이 한국의 수교 제의에 응한 1차적 요인이었다는 것이다. 여기서도 우리는 제1장에서 논의했던 '이동복 명제'를 다시 확인하게 된다. 둘째, 이라크를 포함한 그 나라들은 모두 수교 이전에 이미 한국과 일정하게 경제통상에서 교류와 협력을 증진시켜왔다. 이 경험에서 그 나라들은 한국과의 수교가 자신들의 경제발전을 위한 경제협력에서 도움이 될 것이라고 계산한 것이다. 여기에서도 우리는 제1장에서 논의했던 '기업 공헌 명제'를 다시 확인하게 된다.

제2항 몽골과의 수교

아시아에서는 몽골(1990년 3월 26일)이 수교에 응했고, 아중동阿中東에서는 이라크(1989년 7월 9일)와 알제리(1990년 1월 15일) 등이 뒤를 이었다. 아시아의 사회주의 및 공산주의 국가들 가운데 처음으로 한국과 수교한 몽골의 경우, 수교 당시의 국명은 「몽골인민공화국」이었으나 1년 뒤인 1992년 2월 13일에 「몽골국」으로 고쳤다. 수도 「울란바토르Ulaanbatar」는 '붉은 영웅'이라는 뜻으로, 독일의 뮌헨 그리고 오스트리아의 빈과 비슷한 북위 48도에 있으나 시베리아 찬 공기의 영향을 받아 전 세계에서 가장 추운 수도이다.

몽골의 면적은 한반도의 일곱 배, 대한민국의 열다섯 배이며, 세계18위이다. 프랑스·스페인·이탈리아·영국을 모두 합친 것에 맞먹는다. 내륙국

17 서병철(徐丙喆), 「북방정책과 한국·동유럽관계」, 『국제정치논총』 제29권 제3호(1990년 3월), 95~104쪽.

으로, 카자흐스탄에 이어 두 번째로 크다. 그러나 인구는 수교 당시 약 2백만 명이었고, 오늘날에는 부산광역시의 인구 약 340만 명 정도이다.

몽골정부는 1991년 3월에 유엔의 재정지원을 받아 재무차관을 비롯한 30~50명 규모의 고위 공무원들을 서울로 보내 한국개발연구원과 새마을연수원을 비롯한 몇몇 기관에서 도합 1개월에 걸쳐 한국의 경제발전 전략과 경험을 배우게 했다. 이 사례 역시 우리가 앞에서 살핀 폴란드의 사례와 성격을 같이 했다. 이후 한국과 몽골과의 관계는 빠르게 발전해, 오치르바트 몽골 대통령이 1991년 10월 22~25일에 방한해 노태우 대통령과 정상회담을 가졌고, 이상옥李相玉 외무장관이 1992년 4월 17~20일에 몽골을 공식방문했다.[18]

몽골사람은 한국을 '솔롱고,' 곧 '무지개가 뜨는 나라'라고 부르고 한국인을 '솔롱고스,' 곧 '무지개가 뜨는 나라의 사람'이라고 부르면서 깊은 애정을 표시한다. 몽골은 1990년대 이후 강우량이 너무 적어 나무가 죽고 샘과 시내가 사라지는가 하면 강江도 많이 줄어들면서 국토의 사막화현상이 진행되고 있다. 대비책으로 몽골정부는 2030년까지 10억 그루의 나무를 심는 계획을 추진하고 있으며, 한국은 이 계획에 적극 동참하고 있다. 이 계획은 사막화의 진행 속도를 늦추거나 진행 그 자체를 막는 효과를 낳는 것으로 평가된다.

제3항 이라크와의 수교

그러면 이라크와의 수교는 어떻게 이뤄진 것이었나? 우리나라와 이라크와의 관계는 1981년 6월에 총영사관계로 출발했다. 한국은 총영사관계를

18 이상옥(李相玉), 『전환기의 한국외교: 이상옥 전 외무장관 외교회고록』(삶과 꿈, 2002), 900~915쪽.

하루빨리 대사관계로 격상시키고 싶어 했다. 그러나 외교관을 스파이로 의심하는 성향이 강한데다가 한국을 '미제의 하수인' 정도로 오인한 이라크의 사담 후세인Saddam Hussein 대통령은 한국과의 대사관계 수립을 꺼렸다. 그래도 한국이 대사관계로의 격상을 요청하면 경협제공을 우선적으로 요구했다. 말하자면 '선경협 후수교'의 자세를 취한 것이다.

이러한 이라크의 태도가 바뀐 것은 이라크가 1980년부터 시작한 이란과의 전쟁이 끝난 1988년 8월 직후부터였다. 전후복구사업에 착수하게 되면서, 외무장관은 물론이고 후세인 대통령도 한국과의 경제협력 필요성을 절감하게 된 것이다. 후세인은 이란과의 전쟁 때도 이미 이라크에 진출한 우리 기업들이 공사를 중단하지 않고 성실하게 일한 것을 기억하면서 한국과 관계를 개선하도록 외무장관을 독려했다. 이때 한국이 '선先수교'를 요구하자 이라크는 1989년 7월 9일에 바그다드에서 열린 두 나라 외무장관 회담에서 수교에 응했다.

초대 대사에는 그사이 총영사로 봉직한 최봉름崔奉凜을 임명했다. 최 대사는 1934년생으로 서울대학교 법과대학을 졸업한 정통 직업외교관으로 코트디부아르 대사를 거쳐 이라크 총영사 → 대사로 봉직했으며 튀니지대사를 마지막으로 외무부를 떠난다.[19] 여기서 다시 상기해야 할 대목이 있다. 그것은 헝가리로부터 시작해 소련과 중국을 거쳐 베트남에 이르기까지 북방정책의 결과로 수교를 성사시킨 뒤 개설하게 된 대사관의 대사에는 예외 없이 직업외교관을 임명했다는 사실이다. 이것은 노 대통령이 인사에서 '전문직업주의'를 존중했음을 의미한다.

---

19 김용호(金容浩), 『외교영토 넓히기: 대한민국의 수교역사』(대한민국역사박물관, 2016), 186~187쪽.

제5장

북방정책 성공의 상징:

소련과의 수교,
그리고 소련의 후계국가 러시아연방과의 관계 발전

제5장 북방정책 성공의 상징:
소련과의 수교, 그리고 소련의 후계국가 러시아연방과의 관계 발전

제1절 고르바초프의 '신사고(新思考)': 개혁과 개방의 시각에 비친 한반도

제4장에서 보았듯, 헝가리를 필두로 루마니아에 이르기까지 공산권에 속했던 9개 국가와의 수교가 이뤄지면서 다음 목표는 소련과 중국으로 설정되었다. 박철언 보좌관, 그리고 그가 이끌던 팀은 초기에는 "소련보다는 중국의 문을 먼저 열고자 했다." "대중·대소 관계는 되도록 균형을 유지하되, 미국 등 우방국과의 관계를 고려하여, 중국과의 수교를 우선 추진하고자 한 것이다."[1]

제1항 소련과의 수교를 중국과의 수교보다 앞세운 배경

북한을 대함에 있어 중국보다 부담이 덜 했던 소련

대조적으로, 노태우 대통령은 "소련과의 수교를 중국보다 먼저 서둘렀다." 그는 다음과 같이 설명했다.

---

1 박철언, 『바른 역사를 위한 증언: 5공, 6공, 3김시대의 정치비사』 전2권(랜덤하우스중앙, 2005) 2, 185쪽.

나는 남북한 간의 긴장을 비롯한 한반도문제를 해결하기 위해 진시황(秦始皇)이 중국대륙을 통일했을 때 취했던 원교근공(遠交近攻) 전략을 그대로 원용하기로 했다. 북한과 가까운 공산권국가들과 먼저 손을 잡고 나중에 북한과의 관계를 개선한다는 전략이다.

그런데 중국 지도부는 고르바초프가 이끄는 소련에 비해 북한의 김일성과 가까운 편이었다. 그에 비해 소련은 기본적으로 유럽국가여서 지리적으로 가까운 중국보다는 한반도에 대한 이해관계가 적고 한국과의 경제협력에 상당한 매력을 느끼고 있었다. 변화의 속도도 빨라 한국과 외교관계를 수립하는 데 있어 중국보다 유연한 입장을 취할 수 있었다. 과거의 역사를 보더라도 중국은 신중한 편이어서 먼저 나서는 경우가 드물었다. 우리는 소련이 한국과 수교하는 것을 보면 중국도 따라오게 될 것이라고 판단해 소련을 먼저 공략하기로 한 것이다.[2]

노 대통령의 외교안보보좌관 김종휘 역시 소련과의 수교를 앞세웠다. 그 이유로 그는 다음과 같은 여섯 가지를 꼽았다.

첫째, 중국과 소련이 각각 김일성과 유지한 인간관계에 대한 고려였다. 당시 중국 지도부는 김일성과 수십 년에 걸쳐 친교를 유지하면서 북한을 지지한다고 수없이 다짐했기에 한국과 수교하기가 쉽지 않음에 반해, 고르바초프로 대표되는 소련 지도부는 김일성과 그러한 인연이 없어서 한국과 수교하는 데 따른 부담이 덜했다고 판단했다.

둘째, 지정학적 고려였다. 중국 입장에서는 북한이 절대적으로 중요한 데 반해, 소련은 기본적으로 인구의 4분의 3이 우랄산맥 서쪽에 사는 유럽국가인 만큼 중국에 비해 북한을 상대적으로 덜 중요하게 생각할 것으로 판단했다.

셋째, 소련과 일본의 관계를 고려했다. 2차대전의 승전국이 된 소련은 원래

---

2 노태우, 『노태우 회고록』 전2권(조선뉴스프레스, 2011) 하(『전환기의 대전략』), 193쪽.

일본 영토였던 일본 북방의 섬 넷을 자신의 영토로 장악하고 있었다. 일본은 소련의 캄차카반도 아래에 수십 개로 구성된 쿠릴열도와 일본의 홋카이도 북쪽 사이에 있는 이 섬들을 돌려달라고 계속 요구했으며, 따라서 소련에게 일본은 골치아픈 존재였다. 이 문제를 떠나 일본에게 소련은 가장 큰 안보위협이었다. 소련은 일본을 견제하기 위한 방편의 하나로 한국과 수교할 가능성이 클 것으로 판단했다.

넷째, 당시 중국에는 외국인의 직접투자가 안정적으로 이루어지고 있었음에 반해, 소련은 그렇지 못했다. 따라서 중국보다는 소련이 한국으로부터의 경제협력 필요성을 절감하고 있을 것으로 판단했다.

다섯째, 중국과 소련의 외교행태에 나타난 차이에 주목했다. 중국외교는 상당히 신중한 데 반해, 소련외교는 소소한 문제에 얽매이지 않는 만큼 한국과의 수교에 결단을 내릴 수 있다고 판단했다.

여섯째, 국가안보에서의 고려였다. 북한에 대한 정치적 영향력은 중국이 크지만, 군사적 영향력은 소련이 더 컸던 만큼, 소련과의 수교가 더 시급하다고 판단했다.[3]

여기서 세 번째 요인에 대해 부연하면, 소련은 일본으로부터의 차관과 투자를 기대하고 실제로 공식회담을 통해 요구하기도 했다. 그러나 일본은 북방영토문제의 해결 없이는 소련의 제의에 응할 수 없다고 버텼다. 소련은 자신이 한국과 수교하고 경제협력을 증진하면 일본이 자극을 받아 소련과의 협상에 소련이 원하는 방향으로 움직일 것으로 기대하고 있었다.[4]

---

3 김연광(金演光) · 배진영(裵振榮), 「7 · 7선언 20주년 인터뷰: 김종휘 전 대통령 외교안보수석비서관; "'7 · 7선언은 한국인의 활동공간'을 전(全) 지구적으로 확대했다."」, 『월간조선』 (2008년 7월), 210~231쪽.

4 Byung-Joon Ahn, "South Korean-Soviet Relations: Contemporary Issues and Prospects," *Asian Survey*, Vol. 31, No. 9 (September 1991), pp. 816~825.

노태우정부의 북방정책을 깊이 연구한 미국의 한 정치학자는 “소련은 지정학적 이해관계에서 북한을 바라볼 때, 중국보다 덜 얽매여 있으므로 중국에 앞서 한국에 접근할 수 있었다.“라는 취지의 분석을 제시했다. 거기에 더해, 중국은 타이완 문제를 안고 있기에 ‘하나의 중국’을 고수해야 했고 따라서 ‘하나의 조선’을 표방하는 북한을 뿌리치기 어렵지만, 소련은 그러한 부담에서 자유로웠다는 것이었다.[5]

제2항 고르바초프의 권력장악이 갖는 의미

소련으로 목표를 설정한 결정은 결코 무모한 것이 아니었다. 왜냐하면 소련공산당 중앙위원회 정치국 위원이던 미하일 고르바초프Mikhail Sergeyevich Gorbachev가 소련 권력구조의 정상인 소련공산당 중앙위원회 서기장으로 선출된 1985년 3월 11일 이후 ‘노보에 미셸레니에noboe mishellenie,’ 곧 ‘신新사고(new thinking)’ 라는 큰 틀 안에서 여러 단계를 밟으며 노선의 변경을 확실하게 보여주고 있었기 때문이다.

그러면 고르바초프는 어떤 사람이었으며 그의 등장은 무엇을 의미했는가?[6] 고르바초프는 소련을 구성한 공화국들 가운데 하나인 러시아연방공화국의 캅카스 산맥 인근에 위치한 메드베젠스키군郡 스타브로폴Stavropol 지방의 프리볼노에 마을에서 1931년에 태어났다. 1931년에 태어났다는 것은

---

5 Charles K. Armstrong, “South Korea's 'Northern Policy,” *The Pacific Review*, Vol. 3, No. 1 (1990), pp. 35~45.

6 고르바초프의 인적 사항과 정치적 성장은 저자가 다음에서 자세히 설명했다. 김학준(金學俊) · 장덕준(張悳俊) 분담집필, 『러시아사: 선사시대에서 푸틴시대까지』(단국대학교 출판부, 2018), 521~535쪽. 고르바초프의 전기로는 다음이 대표적이다. Strobe Talbott and Donald Morrison, *Mikhail S. Gorbachev: An Intimate Biography* (New York: Time, 1988). 고르바초프의 회고록은 우리나라에서 다음과 같이 번역됐다. 김홍식 · 이기동 공역, 『선택: 미하일 고르바초프 최후의 자서전』(프리뷰 2013).

그가 볼셰비키혁명 세대가 아니었고 또 스탈린의 냉혹한 철권통치를 경험하지도 않았으며 2차대전에 참전하지도 않았음을 의미했다. 이 사실만으로도 그는 그 이전의 정치지도자들과 구별되었다.

아버지는 농부였고, 어머니 역시 아버지와 함께 집단농장에서 일했다. 그래서 그는 어려서부터 농기구를 다루면서 컸다. 농민이라는 출신 성분은 노동자와 농민의 국가를 표방하는 소련에서 출세의 걸림돌이 되지 않았으며, 그가 훗날 중앙당에서 농업담당 서기로 일하는 데 도움이 되었다.

어려서부터 성실하고 근면했던 고르바초프는 학교 성적도 좋아서 당시 소련의 엘리트들이 진학하는 모스크바국립대학교 법과대학에 진학할 수 있었고, 재학 때 역시 모스크바국립대학교 학생이던 한 살 아래의 라이사 티타렌코Raisa M. Titarenko를 만나 결혼했으며, 사이에 이리사라는 이름의 딸 하나를 두었다. 고르바초프는 자신의 무남독녀인 이 딸에 대해 "내 평생 최고이면서 가장 성공적인 작품이다."라고 말하곤 했다. 1955년에 법학사학위를 받고 졸업하면서 자동적으로 변호사가 되었다. 이것은 그 이전의 소련 정치지도자들에게서 볼 수 없는 학력이면서 경력이었다. 그 이전의 정치지도자들은 학력이 낮았으며 대체로 기술직업학교에서 기초소양을 닦았다.

당시 소련에서는 법률가가 존경을 받지 못했다. 거의 모두가 독재정권의 손발 노릇을 하면서 인권을 탄압하는 '법률기술자'라는 이미지가 강했기 때문이었다. 그래서 그는 법률가의 길을 걷지 않고 공산당에 들어가 '아파르치크,' 곧 당료의 길을 걸었다. 고르바초프는 술을 많이 마시는 소련인과는 달리, 특히 공산당원과는 달리, 술을 입에 대지 않고 담배를 피우지도 않으면서 하루 열 시간씩 부지런히 일했다. 게다가 아첨할 줄도 몰랐다.

그렇지만 고르바초프에게 '출세'의 길이 열렸다. 고려인 농학자 블라디미르 황Vladimir Huan이 개발한 파와 양파가 소련 어느 곳이든 심으면 풍작이 되는 '농업혁명'을 일으키자 그동안 농업정책의 실패로 곡물을 비롯한 채소 등을 미국과 캐나다 등 서방세계에서 수입해야 했던 브레즈네프정권은 블라디미르 황의 고향인 프리보노예 시市 농업담당 서기 고르바초프에 주목한 것이다. 구체적으로, 중앙당 정치국 위원인 유리 안드로포프는 고르바초프를 1971년에 중앙당 중앙위원으로 발탁했으며, 1978년에 중앙당 서기국의 농업담당서기에 이어 1979년에 중앙당 정치국 후보위원으로, 1980년에 정치국 정위원으로 발탁했다. 고르바초프 스스로 프리보노예에서 근무할 때 그 지역의 고려인들이 부지런히 일하며 자녀교육에도 열중하는 사실에 주목하고 고려인들에 대해 좋은 인상을 갖게 되었다.[7]

'노인정치' 로부터의 탈피

이 무렵 소련은 '노인정치(gerontocracy)'의 시대를 경험하고 있었다. 고르바초프가 정치국 정위원으로 승진한 1980년의 시점에서, 소련공산당 중앙위원회 서기장 브레즈네프는 74세였고, 제2인자 안드로포프 국가공안위원장은 66세였으며, 제3인자 콘스탄틴 체르넨코Konstantin U. Chernenko 중앙당 총무부장은 69세였고, 알렉세이 코시킨Aleksei N. Kosygin 총리는 76세였으며, 미하일 수슬로프Mikhail A. Suslov 정치국 정위원은 77세였다. 빅토르 그리신Viktor V. Grishin 정치국 정위원 겸 모스크바시당위원장은 66세였고, 코시긴의 뒤를 이은 니콜라이 티호노프Nicholai S. Tikhonov 총리는 74세였으며, 안드레이 그로미코Andrei A. Gromyko 정치국 정위원 겸 외무장관은 71세였고, 드미트리 우스티노프Dmitri F. Ustinov 정치국 정위원 겸 국방장관은 72세였다.

1982년에 브레즈네프가 죽고 안드로포프가 그를 승계했으나 안드로포프는 1984년에 죽었으며 체르넨코가 그를 승계했으나 체르넨코는 1985년에 죽었다. 이로써 1982~1985년 3년에 소련은 국장國葬을 세 차례나 치렀다.

---

7 김월화(金月和), 『한국과 소련:기자가 본 인식과 현실』(학문사, 1990), 155~156쪽.

그런데도 체르넨코의 후임을 결정하는 9명의 정치국에서 노인층은 71세의 그리신을 밀었다. 그렇지만 그리신이 서기장으로 선출되면 '지도층의 마비'가 올 것이라는 위기를 느낀 그로미코를 비롯한 몇몇 정위원은 위원들 가운데 최연소인 54세의 고르바초프를 지지했으며, 그 결과 고르바초프는 5대 4의 아슬아슬한 득표로 서기장에 선출되었고, 레닌으로부터 시작해 스탈린 → 흐루쇼프 → 브레즈네프 → 안드로포프 → 체르넨코에 이은 일곱 번째의 최고 권력자가 된 것이다. 이로써 소련은 노인정치의 시대에서 벗어날 수 있었다.

고르바초프는 우선 정치국과 서기국을 노년층에서 장년층으로 교체했다. 28년에 걸쳐 외무장관을 수행하면서 외무부를 장악하고 있던 그로미코를 한직인 국가원수로 밀어내고, 자신의 측근인 57세의 에두아르드 세바르드나제Eduard A. Shevardnadze 정치국 후보위원을 정위원으로 승진시키면서 외무장관으로 기용했으며, 중앙위원회 건설부장으로 54세인 보리스 옐친Boris N. Yeltsin을 정치국 후보위원으로 발탁함과 동시에 그리신을 정치국에서 사퇴시키고 그가 맡았던 모스크바시당 제1서기를 겸하게 했고, 또 한 사람의 심복 알렉산드르 야코블레프Alexandr N. Yakovlev 전 캐나다대사를 중앙위원회 선전부장으로 기용했다. 야코블레프는 상당히 높은 수준의 정치이론가로, 고르바초프의 이념에 맞게 소련이 나아갈 길을 설계하며 사실상 고르바초프 체제의 제2인자로 자리 잡게 된다.

제3항 고르바초프의 '신(新)사고'

이렇게 시대의 변화를 상징하는 최고권력자의 지위에 오른 그는 곧바로 '신사고'를 내세웠으며, 그것은 구체적으로 '페레스트로이카[개혁]'와 '글라스노스트[개방]'의 이름 아래 인식과 정책에서 질적인 변화로 나타났다. 당시 소련의 대표적 이론가들의 한 사람이던 바실리 미키브Basily Mikheev는 "신사고는 인류의 공동가치를 우선시하고 따라서 국제관계에서의 탈이데올로기화를 추구하는 데서 출발한다."라고 설명했으며, 또 다른 이론가인 아벨 아간베기안Abel Aganbegyan은 "신사고는 세계의 모든 국가의 상호 의존을 인정하고, 계급적 · 민족적 · 종교적 및 여타의 이해보다 인류의 생존 그 자체를 1차적 공동 목표로 설정한 것으로부터 출발한다."라고 설명했다.[8]

그들을 비롯한 소련의 이론가들은 고르바초프의 '신사고'는 다음 네 가지 의미를 가졌다고 설명했다.

첫째, 미국을 '소련을 상대로 전쟁을 도발하려는 제국주의 국가'로 보는 레닌주의적 발상을 버리고 소련과 함께 국제평화를 구축하려는 국가로 간주해 미국과의 관계를 내구성 있는 '새로운 데탕트' 시대로 발전시켜야 한다.

둘째, 미국과의 관계를 재편하면서, 국제공산주의운동의 다양성을 인정하는 바탕 위에서 소련의 사회주의국가들과의 관계를 재구성한다.

셋째, 국제분쟁을 가능한 한 군사적 방법이 아니라 외교적 방법으로 해결한다. 이것은 우선 유럽에서 핵무기와 재래식 무기에서의 감축으로 이어져야 한다.

넷째, 소련경제의 활성화와 부흥이 시급한데, 그 목표를 달성하려면 소련의 서방과의 관계를 경제관계에 역점을 두어야 한다. 그렇게 하려면 소련의 경제구조를 재편해 서방세계가 소련을 상대로 자본과 기술을 제공할 수 있도록 유인해야 한다.[9]

---

8 Vasily V. Mikheev, "A Korean Settlement: New Political Thinking vs. Old Ambitions," *Korea and World Affairs*, Vol. 13, No, 4 (Winter 1989), p. 680; Abel G. Aganbegyan, "Problems of Integrating the Soviet Union Economy into the World Economy," a paper read at the Korea Development Institute, Seoul, April 1990, p. 8.

9 이 주제에 관한 저자의 분석은 다음이다. Hakjoon Kim, "The Process of Leading to the

이러한 새로운 인식 위에서, 소련은 실제로 미국과의 관계개선에 힘을 썼다. 고르바초프는 1985년 11월 19~21일에 제네바에서 열린 로널드 레이건Ronald W. Reagan 대통령과의 제1차 정상회담 이후 1986년 10월 11~12일에 아이슬란드의 수도 레이캬비크Reykjavik에서 열린 정상회담을 포함해 여러 차례 정상회담을 가지면서 마침내 1987년 12월 8일에 워싱턴에서 중거리핵전력(INF)에 관한 협정을 체결함으로써 유럽에서의 핵무기감축을 위한 첫발을 내디뎠고, 1986년 1월에는 「2000년을 향한 핵군축: 소련의 계획」을 발표했다. 고르바초프는 지난날 같으면 철저히 은폐했을 국내에서의 불상사에 대해서도 과감히 공개했다. 대표적인 사례가 1986년 4월 26일에 소련을 구성하는 공화국들 가운데 하나인 우크라이나공화국의 체르노빌에 있는 원자력발전소에서 방사능이 유출된 사고가 일어났을 때 비록 열흘 뒤이지만 전면 공개한 일이다.

'브레즈네프 독트린'의 폐기

같은 흐름 속에서, 1988년 8월 21일에 고르바초프는 꼭 20년 전에 있었던 소련군의 체코슬로바키아 침공은 분명히 잘못이었다고 공개적으로 시인했다. 1968년 봄에 체코슬로바키아에서 체코슬로바키아공산당 제1서기로 막 선출된 알렉산드르 둡체크Alexandr Dubček의 지도력 아래 소련식 사회주의에 반대하며 '인간의 얼굴을 가진 사회주의'라는 새로운 노선을 추구하는 운동이 전개되자, 브레즈네프 서기장이 이끈 소련은 "모든 사회주의국가는 '프롤레타리아 국제주의'의 테두리 안에 포함된 만큼 그들의 개별적 주권은 이미 제약된 것이며, 따라서 그들은 마음대로 '프롤레타리아 국제주의' 노선으로부터 이탈할 수가 없고, 그러므로 만일 어느 한 사회주의국가가 이탈한다고 판단될 때 다른 사회주의국가들은 힘을 합쳐 그것

Establishment of Diplomatic Relations between South Korea and the Soviet Union: 1988~1990," *Asian Survey*, Vol. 37, No. 7 (July 1997), pp.164~165.

을 막을 권리가 있다."라는 이론으로 체코슬로바키아를 침공해 둡체크정권을 붕괴시켰던 것이다. 서방의 언론매체들은 이것을 '브레즈네프 독트린' 또는 '제한주권론' 이라고 불렀는데, 고르바초프의 발언은 이 독트린의 폐기를 의미했다.

'브레즈네프 독트린'의 폐기는 1989년 8월에 다시 확인되었다. 폴란드에서 반정부운동이 확산되자 고르바초프는 소련군의 개입을 거부하면서 폴란드 공산정부에게 비非공산주의적 '솔리다르노시치'[영어로는 Solidarity: 단결 또는 유대]라는 이름의 자유노조운동 세력을 이끄는 레흐 바웬사Lech Wałęsa에게 정권을 이양하도록 권고함으로써 사태를 수습할 수 있었다.

이것은 동유럽 공산국가들이 각각 '나의 길My way'을 걷게 만들었다. 1989년 11월 9일에는 동독시민들이 베를린장벽을 무너뜨리면서 서독으로 또는 서방세계로 합류해 들어갔으며, 곧이어 11월 17일 ~ 12월 29일에는 체코슬로바키아에서 비폭력 시민혁명이 일어나 공산정권을 무너뜨렸다. 루마니아에서도 시민혁명이 일어나 12월 25일에 독재자 차우셰스쿠 내외를 처형했다.[10] 서방의 언론매체들은 '나의 길'이라는 노래를 불렀던 미국의 가수 프랭크 시나트라Frank Sinatra의 이름을 따서 이제 국제공산주의권에는 '시나트라 독트린'이 유행하고 있다고 논평했다. 이러한 흐름 속에서, 1990년 10월 3일에 동독정권이 붕괴하면서 서독에 합류함으로써 독일통일이 성취되어도 소련은 수수방관할 수밖에 없었다. 소련은 이어 1991년 6월에는 소련권의 경제동맹체인 코메콘(COMECON: 경제상호원조회의)을 해체시켰고, 다음 달에는 소련권의 군사동맹체인 바르샤바군사조약기구를 해체시켰다.

---

10 김학준, 『혁명가들: 마르크스에서 시진핑까지, 세계공산주의자들의 삶과 죽음』(문학과지성사, 2013), 제12장 ~ 제14장.

동아시아에 대한 접근: 크라스노야르스크 연설 등

소련은 아시아, 특히 동아시아에 대해서도, 이데올로기에서 벗어나 실용주의의 원칙에 서서 훨씬 더 적극적으로 접근했다. 이 사실은 고르바초프가 차례로 행한 연설, 곧 1986년 2월 26일의 제27차 당대회 개막연설과 7월 28일의 블라디보스토크 연설 에서 확연히 드러났다. 이 두 연설은 소련이 '아시아태평양 국가'임을 강조하면서 동시에 극동에 많은 관심과 이해를 갖고 있으며 이 지역국가들과의 경제협력을 희망한다고 선언함으로써, 소련의 대외정책이 유럽에 집중된 것이 아니라 극동에 대한 적극적 접근으로 나타날 것을 예고했다.

아시아태평양지역에서의 소련의 새로운 정책은 행동으로 나타났다. 그것은 1986년 5월에 고르바초프의 베이징 방문 및 덩샤오핑과의 회담을 통해 중국과의 관계를 정상화시키고, 일본과의 관계를 개선하기 위해 노력하는 것으로 시작했다. 그것은 이어 아프가니스탄으로부터의 철군으로 이어졌다. 소련은 브레즈네프정권 때인 1979년 12월 24일에, 자신의 세력권이자 남쪽 국경을 접한 아프가니스탄에서 이슬람반군세력으로부터 위협을 받는 친소정권을 보호하기 위해 파병했는데, 이것을 서방세계에서는 '소련판 베트남 개입'이라고 명명하면서 소련이 큰 수렁에 빠졌다고 조롱했다. 실제로 소련은 자신의 능력으로 감당하기 어려운 아프가니스탄 주둔을 계속해야 했고, 서방세계의 관찰자들은 이것이 소련을 '붕괴'로 이끌 것이라는 전망까지 제시했다. 그런데 거의 10년이 지난 1988년 5월에 철군을 시작해 1989년 2월 15일에 끝낸 것이다. 동시에 소련은 자신의 지원을 받는 베트남을 설득해 캄보디아에서 베트남군을 철수시키도록 했고, 소련의 위성국이나 다름 없었던 몽골에 주둔하는 소련군을 75%나 감축했다.[11]

---

11 김종표(金鍾杓), 「한·러시아 관계의 새로운 방향」, 『국사관논총』 60(1994년 12월), 201~233쪽.

소련의 한국에 대한 열성적 관심은 1988년 9월 16일의 크라스노야르스크 연설에서 확실해졌다. 고르바초프는 이 연설에서 동아시아에서 유관국들의 군대의 병력과 활동의 제한을 다루면서 동시에 한반도의 긴장완화를 다룰 다자회의를 제의하고 남북한 사이의 대화를 촉구했으며 소련과 남한 사이의 경제관계 개선과 증진을 기대했다. 여기서 주목되는 것은 고르바초프의 크라스노야르스크 연설이 서울올림픽 하루 전에 행해졌다는 사실이다. 고르바초프는 한국과 경제관계를 맺고 싶은 열망을 그러한 방식으로 표현했다고 하겠다. 이 선언의 뒤를 이어 고르바초프의 외교 보좌역인 알렉산드르 보빈Alexandr Bovin은 『마이니치심분每日新聞』과의 회견(1988년 10월 11일 보도)에서 코리아에 2개의 독립된 국가 존재를 인정할 필요가 있으며 남북한 유엔동시가입이 필요하다고 말했다.[12]

고르바초프는 남한에 대한 과감한 접근을 시도하면서 북한에 대해서는 지난날과는 달리 공개적으로 비판하기 시작했다. 특히 1987년에 들어서서는, 소련공산당 기관지 『프라우다』와 소련정부 기관지 『이즈베스챠』 등이 북한의 비효율적인 경제체제, 전체주의적 주민통제, 그리고 김일성 우상화 정책 등을 직설적으로 비판했다. 학자들도 조선의 현대사를 자신들의 시각에서 썼다. 예컨대, 김일성이 조선을 일제의 식민지배로부터 해방시켰다는 북한의 공식적 해석을 조롱했으며, 6·25전쟁이 김일성에 의해 일어났다는 논문도 발표했다. 심지어 한 학자는 루마니아에서 민중봉기에 의해 차우셰스쿠 정권이 붕괴한 것처럼 북한에서도 유사한 일이 발생할 수 있을 가능성에 대비해야 한다고까지 주장했다.[13]

고르바초프의 일련의 언행들은 북한을 초조하게 만들었다. 그리하여 조

---

12 Sung-Ho Joo, "Soviet Policy on Seoul-Moscow Normalization," *Comparative Strategy*, Vol. 13, Issue. 4 (1994), pp. 429~445; 엄구호(嚴久鎬), 『한국·러시아 수교협상(1990)』(국립외교원 외교안보연구소 외교사연구센터, 2023), 37쪽.

13 전홍찬(全洪燦), 「소련의 대북한 정치적 영향력 행사에 관한 연구: 근거와 실재」, 『러시아연구』(서울대학교 러시아연구소) 1(1992년 1월), 247~269쪽에서 재인용.

선로동당 중앙위원회 국제담당비서 황장엽黃長燁은 1988년 10월 18일에 모스크바에서 고르바초프의 최측근 가운데 한 사람인 야코블레프를 상대로 고르바초프의 크라스노야르스크 연설을 비판하면서, 소련의 한국 접근과 더 나아가 수교에 반대한다는 의사를 전달했다. 황장엽은 '침략적' 미군기지가 여전히 남아있으며 반反민중적이고 반反통일적 정권이 지배하는 남조선을 소련이 승인하려고 하는 것은 '맑스레닌주의와 프롤레타리아국제주의'를 배반하는 행위라고 비난했다. 야코블레프는 소련이 남한을 승인하지 않겠다고 확언하지는 않았다. 그러나 그는 "세계는 변했고, 그것이 사회주의권에도 좋다."라고 대꾸했다.[14]

바로 다음 날, 야코블레프는 소련공산당 중앙위원회 국제부 수석부부장 카렌 브루텐츠Karen Brutents에게 곧 열릴 정치국 회의에서 다뤄질 첫 번째 의제가 남한에 관한 것이라고 알려주었다. 브루텐츠는 곧 당료들 및 학자들과 토론한 뒤 남한과의 관계를 밀접하게 발전시킬 방향에 관한 제안서를 마련했다. 이 제안서에 기초해, 대외경제를 관장하던 블라디미르 카멘체프 Vladimir Kamentsev 부총리가 1988년 11월 10일에 소련공산당의 최고 결정기관인 중앙위원회 정치국 회의에서 "극동지역에서 가장 유망한 경제파트너가 될 수 있는 나라는 한국인만큼, 한국과의 관계정상화를 서두르지 않으면 시기를 놓칠지도 모른다."라고 보고하자, 고르바초프는 곧바로 동의했고 정치국 회의는 만장일치로 채택했다.[15]

이렇게 볼 때, 소련이 남한과의 수교를 최종적으로 결정한 날은 1988년 11월 10일이었다고 하겠다. 이후 소련 외무부는 소련공산당 중앙위원회와의 회의를 통해 남북한의 유엔동시가입 그리고 그것이 받아들여지지 않는

---

14 신종대(辛鍾大), 「서울의 환호, 평양의 좌절과 대처: 서울올림픽과 남북관계」, 『동서연구』(연세대학교 동서문제연구원), 제25권 제3호(2013년 9월), 97~98쪽.

15 Don Oberdorfer and Robert Carlin, *The Two Koreas: A Contemporary History* (New York: Basic Books, 1997), p. 155.

경우 남한의 단독가입 등을 검토했으며, 소련 외무부는 1990년 1월에 소련 주재북한대사 권희경의 이임인사 때 "가까운 장래에 한·소간 외교관계 수립이 불가피함"을 통보했다.[16]

제2절 노태우정부의 초기 대응

제1항 모스크바와 서울을 오간 밀사들

중국과의 수교보다 소련과의 수교를 먼저 이루기로 결심하고 있던 노태우 대통령은 고르바초프정부의 한반도정책 추이를 주도면밀하게 관찰하면서 적시에 대응했다. 대체로 이 시점에서, 노 대통령의 회고에 따르면, 김종휘 외교안보보좌관과 박철언 정책보좌관이 각각 여러 통로를 통해 소련측과 접촉을 이어갔다.[17] 그러나 김종인 경제수석비서관도 일정하게 역할을 수행한 것이 확인된다.[18]

노 대통령의 친서와 고르바초프의 메시지 교환

우선 박철언 보좌관은 자신이 유지하고 있던 인맥을 통해 소련의 요인들을 서울과 모스크바에서 만날 수 있었다. 특히 1988년 8월 29일부터 9월 10일까지 모스크바를 비밀방문하고 소련 외무부 블라디미르 루킨Vladimir Lukin 차관보에게 수교를 희망한다는 노 대통령의 친서를 전달했다. 고르바초프에게 보내는 첫 친서에서, 노 대통령은 우선 "한반도의 불안한 상황이

16 엄구호, 『한국·러시아 수교협상(1990)』, 39~40쪽.
17 노태우, 『노태우 회고록』 하, 193~194쪽.
18 김종인, 『영원한 권력은 없다: 대통령들의 지략가 김종인 회고록』(시공사, 2020), 202~215쪽.

이제는 공고한 기반 위에서 항구적 평화로 대체되어야 한다는 데 모두가 공감하고 있습니다."라고 썼다. 그는 이어 "남북간의 상호불신은 이 지역의 평화회복에 장애가 되어왔는바, 이에 나는 7·7특별선언을 통해 남북간에 신뢰회복을 기하며, 북한으로 하여금 책임 있는 국제사회 일원으로 우리의 노력에 동참하도록 권유함으로써 40년간의 적대관계를 선의의 동반자관계로 전환해 평화통일의 길을 마련하고자 했던 것입니다."라고 설명하고, "이같은 우리의 노력에는 각하를 비롯한 세계지도자들의 이해와 협조가 긴요합니다."라는 말로써 고르바초프의 적극적 협력을 요청했다. 이 친서에 대해, 고르바초프는 곧바로 회답하지는 않았다. 그러나 고르바초프가 9월 16일자에 행하는 크라스노야르스크 연설은 노 대통령에게는 자신의 7·7 선언에 대한 회답으로 들린다.[19]

노 대통령의 친서를 전달한 뒤, 박 보좌관은 소련의 대외정책 결정에 많은 영향력을 행사하는 미국캐나다연구소 소장 게오르기 아르바토프Georgy A. Arbatov 박사와 동방학연구소 소장 미하일 카피차Mikhail S. Kapitsa 전 소련 외무부 차관을 비롯해 세계경제국제관계연구소IMEMO 등 국립 연구소들의 고위인사들을 만나 노 대통령이 추진하는 북방정책의 성격과 방향을 자세히 설명했다. 이 과정에서, 한국인으로 콜럼비아대학교 대학원 정치학과에서 소련학을 전공해 박사학위를 받고 오리건주 루이스앤클라크대학(Lewis and Clark College)에서 봉직하던 하만경河萬璟 교수 그리고 미국에서 사업하며 소련을 자주 방문하는 교포 김성찬 사장의 직접적 도움을 받았다.[20]

소련의 반응은 고무적이었다. 그들은 한국이 민주화의 방향으로 변화하고 있음을 인정하면서 한국과의 수교가 소련에 필요하다는 논리를 주저없이 펼쳤다. 예컨대, 소련정부의 입장을 대변하는 일간지 『이즈베스치아Izvestia』는 소련에서 한국학의 대모代母로 불리는 파냐 샵시나Fanya Isaakovna

19 노태우, 『노태우 회고록』 하, 190~191쪽.
20 박철언, 『바른 역사를 위한 증언』 2, 124~143쪽.

Shabshina 박사가 북한의 고려연방제는 실현성이 없으며 소련의 한국승인은 소련의 국가이익에 유익하다는 논설을 게재했다. 그녀는 일제강점기에 소련이 서울에 유지했던 소련총영사관에서 소련 국가공안위원회 주재관으로 봉직하며 사실상 실세로 활동했던 아나톨리 샵신Anatoly I. Shabshin의 부인이었다. 일제 패망 직후 그녀는 남편과 함께 박헌영이 이끌던 조선공산당을 적극 지원했으며, 미군정이 소련의 서울총영사관을 폐쇄하자 귀국해 조선공산당과 북한정권을 옹호하는 글들을 발표했었다. 이러한 경력의 그녀가 이제는 한국을 옹호하는 논설을 발표했다는 데에서 남북한의 커다란 변화를 실감하게 된다. 샵시나에 이어 또 한 사람의 한국전문가 콘스탄틴 플레샤코프Constantine V. Pleshakov는 '조선민주주의인민공화국'은 '민주주의'도 아니고 '인민'을 위한 것도 아니며 '공화국'도 아니라고 조롱하는 논문을 발표했다.[21]

소련으로부터의 방한이 이어졌다. 극동문제연구소 소장 미하일 티타렌코Mikhail L. Titarenko 박사는 한양대학교 중소연구소 소장 유세희柳世熙 박사의 초청으로 1988년 9월에 방한해, 서울에서 한양대학교 - 러시아극동문제연구소 제1차 한소학술회의를 열고 두 나라 사이의 협력방안 그리고 종국적인 수교 가능성에 대해 논의했다.

티타렌코에 이어 동방학연구소 수석부소장으로 3세 교포인 게오르기 김Georgy Kim 박사가 1988년 12월에 방한했고, 노 대통령은 12월 15일에 청와대에서 게오르기 김 박사를 접견했다. 이 자리에서 게오르기 김은 "노태우 대통령의 취임 이후 나타난 한국의 변화에 좋은 인상을 받고 있다."라는 고르바초프의 메시지를 전하고, 노 대통령이 유엔총회 연설에서 "우리는 북

---

21 Peggy Falkerheim Meyer, "Gorbachev and Post - Gorbachev Policy toward the Korean Peninsula: The Impact of Changing Russian Perceptions," *Asian Survey*, Vol. 32, No. 8 (August 1992), pp. 763~764에서 재인용; Constantine V. Pleshakov, "Republic of Korea-USSR Relations: Psychological Choices and Political Changes," *Korea and World Affairs*, Vol. 14, No. 4 (Winter 1990), p. 695.

한을 고립시키지 않고 함께 나아가려고 한다."라는 취지로 연설한 사실을 상기하면서 "크게 감명을 받았다."라고 말하고나서, 두 나라 관계의 발전 방향에 관한 의견을 물었다.

노 대통령은 "관계개선은 빠르면 빠를수록 좋다고 생각하며, 우선 영사관계를 맺는 것이 바람직하다."라고 대답했다. 게오르기 김이 남북관계의 전망을 묻자, 노 대통령은 "북한의 체제를 변질시키지 않으면서 도와줘 안정시키고, 김일성 주석에서 김정일 비서로 넘어가는 취약기를 오히려 도와주려는 생각이다."라고 대답했다. 게오르기 김은 매우 긍정적으로 화답했다. 이때 노 대통령은 소련을 구성하는 공화국들 가운데 하나인 아르메니아공화국에서 일어난 지진으로 말미암아 많은 사상자가 발생한 데 대해 고르바초프에게 위로의 뜻을 담은 친서를 게오르기 김에게 주었다.[22]

학술교류는 1989년에도 이어졌다. 1월에 연세대학교 동서문제연구원은 러시아과학원 유럽연구소와 학술교류협정을 맺었고, 4월에는 단국대학교 미·소연구소가 러시아과학원 경제연구소 극동분소와 서울에서 한소경협 세미나를 열었다. 9~10월에는, 게오르기 아르바토프 박사와 미하일 카피차 박사를 비롯한 소련의 거물급 학자들이 서울을 방문하고 한국의 학자들과 의견을 나누었다.

제2항 공식 통로의 개설

경제인의 교류 역시 활발해졌다. 1989년 1월에 현대그룹 정주영鄭周永 명예회장은 모스크바를 방문하고 소련상공회의소 소장 블라디슬라브 말케비치Vladislav Malkevich와 한소협력위원회를 발족시켰다. 이 시점에 서울의 현

22 박철언, 『바른 역사를 위한 증언』 2, 146쪽.

대그룹과 LG그룹이 모스크바로 진출했다. 곧이어 소련상공회의소 부소장 블라디미르 골라노프Vladimir Golanov가 서울을 방문하고 대한무역진흥공사 이선기李宣基 사장과 두 나라 사이에 무역사무소를 세우기로 합의했다. 교역은 더욱 활발해져, 교역량은 1989년에 6억 달러에 이르렀으며, 1990년에 10억 달러로 뛰었다.

정계 고위급 인사들의 왕래도 잦아졌다. 우선 김영삼 통일민주당 총재는 서울올림픽 때 소련기자단 단장으로 활동했던 이그나텐코의 추천에 따른 세계경제국제관계연구소(IMEMO) 소장 예브게니 프리마코프Yevgeniy Primakov 박사의 초청으로 1989년 6월 2~10일에 모스크바를 방문했다. 세계경제국제관계연구소가 김 총재의 통일민주당과 발표한 공동성명은 김 총재가 한국의 정치지도자로서 처음 방소한 사실을 지적하고, 그의 방소는 두 나라 사이의 새로운 관계의 도래를 상징하는 역사적 의의를 지닌다고 높이 평가했다.[23]

이 계제에, 김영삼 총재는 6월 6일에 세계경제국제관계연구소 행정실장 키리첸코의 알선으로 조선로동당 정치국 위원이면서 정무원 외교부장인 허담許錟을 만날 수 있었다. 허담은 김 총재에게 자기가 타고온 김일성 주석의 전용기로 당장 평양으로 가서 김 주석과 회담할 것을 제의했다. 김 총재는 출국하기 전 노 대통령과의 합의를 존중해 남북정상회담이 성사된 이후 방문하겠다고 대답했다.[24]

이러한 과정을 거쳐, 1989년 1월에 서울에서 열린 한·소간 영사기능 수행에 관한 협의의 결과, 1989년 4월 3일에 소련무역대표부 서울사무소가 개설되었고, 대한무역진흥공사 모스크바사무소가 개설되었다. 이로써 두 나라의 국교가 끊긴지 85년 만에 공식 통로가 열린 것이다.

---

23 엄구호, 『한국·러시아 수교협상(1990), 59쪽.

24 통일민주당, 『평화와 통일의 염원을 안고』(통일민주당, 1989); 김영삼(金泳三), 『김영삼 회고록: 민주주의를 위한 나의 투쟁』 전3권(백산서당, 2000), 3, 187~198쪽.

이어 1989년 11월에 싱가포르에서 열린 한·소간 영사기능수행에 관한 제2차 협의를 거쳐 1990년 2월 22일에 직업외교관 출신으로 브라질대사와 뉴욕총영사를 역임한 공로명孔魯明이 이끄는 주소한국영사처가 대한무역진흥공사 모스크바사무소 안에 개설되었고, 3월 19일에 한국어에 능통한 한국전문가 로엔그림 예피모비치 예레멘코Loengrim Yefimovich Eremenko가 이끄는 주한소련영사처가 서울에 개설되었다. 이렇게 인적 왕래가 빈번해지면서, 1990년 4월부터 모스크바와 서울을 왕래하는 정기여객선과 정기항공선이 공식으로 출발하기에 이르렀다.

비슷한 시점인 1990년 2월 26일에 아나톨리 로구노프Anatoly Logunov 모스크바국립대학교 총장 일행이 연세대학교 총장의 초청으로 대한민국정부가 소련인에게 처음 발급한 입국사증을 받고 연세대학교를 방문했다. 김영삼 민자당 총재는 로구노프 총장을 만나 노태우 대통령이 고르바초프 서기장에게 보내는 친서를 전달했으며, 로구노프 총장은 귀국 즉시 고르바초프에게 전달했다. 엄구호 교수는 이것이 "[두 나라의] 수교에 매우 긍정적 영향을 미치는 계기가 되었다."라고 보았다.[25]

제3항 몰타회담에 대비한 부시 대통령과의 협의

한국과 소련 사이에 인적 교류가 활발해지고 공식 통로가 개설되는 과정에 북방정책과 관련해 노태우 대통령과 부시 대통령 사이에 중요한 협의가 있었다. 노 대통령이, 부시 미국 대통령과 고르바초프 소련공산당 서기장이 1989년 12월 2~3일에 지중해의 섬 몰타에서 만난다는 보고를 받았을 때는 독일과 헝가리 방문을 마치고 영국을 방문하던 11월 28일이었다. 당시

25 엄구호, 『한국·러시아 수교협상(1990), 62~63쪽.

유럽에서는 베를린장벽이 무너지고 독일통일이 가시권에 들어섰을 뿐만 아니라 동유럽 공산정권들이 크게 흔들리면서 2차대전을 종결지은 얄타체제의 붕괴와 그것을 대체할 새로운 국제체제의 등장을 눈앞에 두는 등 세계가 대격변을 맞이하고 있었다. 이 시점에서 미소 정상회담이 열린다는 것은 역시 얄타체제의 한 부산물로 분단의 비운을 겪은 한국으로서 당연히 주시해야만 했다.

노 대통령은 런던에서 곧바로 부시 대통령과 통화해, 부시가 고르바초프에게 한반도의 긴장완화를 위한 한국정부의 노력과 북방정책을 설명하고 북한이 호응하도록 소련이 영향력을 행사할 것을 요청했다. 노 대통령은 이어 한반도 문제도 주요 의제들 가운데 하나로 설정하고 북한에 대한 소련의 무기지원을 중단하는 문제도 제기할 것을 부탁했다.[26] 오진용 박사는 "노 대통령의 이러한 제안은 시기적으로 매우 적절했다."고 논평했다.

부시 대통령은 노 대통령의 제안을 흔쾌히 받아들였다. 그러나 몰타회담에서 한반도와 관련해 무엇이 어떻게 논의되었는지는 알 수 없다. 오 박사의 심층적 연구에 따르면, "후에 나온 몰타회담 관련자료 가운데 '한반도'라는 글자는 어디서도 찾아볼 수 없다." 그렇지만 오 박사는 "몰타회담 이후 부시는 노태우에게 '소련이 한반도의 긴장완화를 위해서 적극적이고 유익한 일을 할 것'임을 알려왔다. 한국과 소련의 관계가 순조롭게 발전할 것임을 암시한 것이다."라고 단정했다.[27]

한국과 소련의 관계가 빠르게 진전될 것이 예견되면서, 미국 국무부의 한국·북한문제 실무책임자인 스펜서 리처드슨Spencer Richardson은 1990년 3월 7일에 의미있는 발언을 했다. 이날 조지타운대학교 외교대학원 한국외교정책 특강 시리즈의 하나인 「미국의 전망: 한국의 북방정책과 남북관계」

---

26 민병욱(閔丙旭), 「노 대통령 유럽순방, 무엇을 남겼나」, 『신동아』(1990년 1월), 123쪽; 오진용(吳鎭龍), 『김일성시대 중소와 남북한』(경기도 파주시: 나남, 2004), 226~228쪽.

27 위와 같음, 230~231쪽.

에서, 그는 "만약 앞으로 6개월 이내에 소련이 한국과 공식 외교관계를 수립해도, 미국은 놀라지 않고 이를 환영할 것이며, 북한이 현재의 대미정책을 수정하지 않는 한, 소련이 한국을 승인한다고 해도 미국은 북한에 대해 아무런 조치를 취하지 않을 것"임을 분명히 했다.[28]

제4항 고위 당정대표단의 소련방문

미국과 소련 사이의 협의가 이처럼 계속해서 진전하고 있는 상황에서, 마침 1990년 3월 15일에 고르바초프는 헌법개정에 따라 소련 대통령으로 취임했다. 이 계제를 활용해, 이제 3당통합을 계기로 여당 민주자유당의 대표최고위원이 된 김영삼 그리고 이제 정무장관으로 승진한 박철언을 주축으로 한 고위 당정대표단이 세계경제국제관계연구소(IMEMO)의 초청으로 3월 19일에 방소의 길에 올랐다.

출국 이전부터 갈등을 드러냈던 두 사람은 모스크바에서 개별적으로 움직였다. 김 대표최고위원과는 별도로, 박 장관은 소련공산당 국제부 수석부부장 브루텐츠를 만나 '양국관계의 조속한 정상화'를 희망하는 노 대통령의 친서를 전달했다. 1998년의 친서에 이은 두 번째 친서였다. 박 장관은 노 대통령의 친서에 대한 고르바초프의 회답을 문서로 작성해줄 것을 요구했다. 소련측은 주저했다. 브루텐츠는 "우리 러시아 속담에는 '모스크바 시市는 한 번에 이루어지는 것이 아니다'라는 말이 있다."라고 운을 뗀 뒤 자신과의 대화로 매듭짓자고 제의했다. 그래도 박 장관이 문서를 줄 수 없다면 친서를 돌려달라고 응대하자, 고르바초프 대통령 안보보좌관 아나톨리 체르니아예프Anatoly Cherniayev는 "고르바초프 대통령은 노 대통령의 친서를

28 위와 같음, 235~236쪽.

두 차례 받았으며, 두 나라 관계를 계속 증진할 필요가 있다는 노 대통령의 견해에 전적으로 공감하고, 한반도의 정세가 정상화되도록 협조하겠다." 라는 뜻을 담은 노트를 작성해 박 장관에게 주었다.[29] 브루텐츠는 박 장관과 함께 앞으로의 원만한 의사소통을 위한 연락창구로 나자로프 KGB 도쿄 주재원, 양국의 영사처장, 그리고 핫라인으로 도쿄주재 『리체라투르나야 가제트[문학신문]』 기자이면서 노보스티통신사 도쿄 지국장인 워치슬라브 이바노비치 두나예프 등을 활용하기로 합의했다.

다른 한편으로, 김 대표최고위원은 3월 21일에 크렘린 대통령궁에서 고르바초프 대통령을 만나 소련과의 수교를 희망한다는 노 대통령의 뜻을 전달했으며, 고르바초프는 공감의 뜻을 표시했다. 이때 주목할 만한 것은 『모스크바방송』이 김 대표최고위원의 동정을 매일 긍정적으로 자세하게 보도한 사실이다.

방소를 마무리하면서, 김 대표최고위원은 26일에 다시 세계경제국제관계연구소와 공동성명서를 발표했다. 핵심은 두 나라 사이의 정치적 · 경제적 협력을 증진시키기 위해 '협력관계를 수립하는 것'이 바람직하다는 데 있었으며, 그것은 두 나라 사이의 공식적 관계 수립이 임박했다는 해석을 낳았다. 이어 『모스크바방송』은 김 대표최고위원의 방소가 '쌍방의 관계 발전에 획기적 계기가 될 것'이라고 논평했다.[30]

북한은 곧바로 반발했다. 4월 6일자 『로동신문』은 「론평」을 통해 "만일 소련이 남조선과 외교관계를 설정하는 데로 나아간다면, 그것은 조선에 두 개의 국가가 있다는 것을 법적으로 인정하고 조선반도의 분단을 더욱 고착시키는 것"이라고 힐난했다.[31] 그런데도 『모스크바방송』은 이튿날 소련 외무부 대변인의 말을 인용해 "일정한 방향에서 남한과의 접촉을 발전시키는

29 박철언, 『바른 역사를 위한 증언』 2, 155~161쪽.
30 오진용, 『김일성시대의 중소와 남북한』, 237~239쪽.
31 위와 같음, 239쪽에서 재인용.

것이 유익하다는 점에 대해 북한측에 이해를 구했다."고 밝힌 것이다. 이것은 김 대표최고위원의 방소에 대해 소련과 북한 사이에 이미 대화가 있었음을 드러내는 것이었다.[32]

김 대표최고위원은 귀국 직후 수행한 한국기자들을 상대로 "이제 한반도에서 전쟁은 더 이상 일어나지 않을 것이다."라고 발언함으로써, 자신의 '외교 능력'을 과시하고자 했다. 김 총재는 훗날 자신의 회고록에서 "나의 7박8일간에 걸친 소련방문은, [그리고 고르바초프 대통령과의 전격적인 회동은] 한마디로 냉전체제 속에 45년간이나 동결되었던 한국과 소련 사이의 직접대화 통로를 마련했다는 점, 그리고 가까운 장래에 국교수립 전망을 밝게 해줌으로써 한반도의 평화와 안정 확보에 커다란 진전을 이루었다는 점에서 큰 의의가 있는 것"이라고 자부했다.[33]

이 소련방문은 김영삼 대표최고위원과 박철언 정무장관 사이의 갈등을 공개적으로 폭발시키는 결과를 낳았다. 노 대통령은 박 장관을 해임하는 것으로 사태를 수습했다.

제5항 미·소 외무장관 회담과 한반도

이상에서 보았듯, 노 대통령이 소련과의 수교를 위해 여러 방면으로 노력하고 있던 시점에 미국 국무장관 제임스 베이커 3세James A. Baker III는 소련 외무장관셰바르드나제와 1990년 4월 4~6일에 워싱턴에서 회담하고, 고르바초프가 5월 30일 ~ 6월 4일에 미국을 방문해 부시와 정상회담을 갖는다고 발표한 데 이어, "미국은 한·소접근을 환영하며, 동시에 북한과의 관계개선을 희망한다."고 밝혔다. 이 발언은 미국과 소련의 외무장관이 한·

---

32 위와 같음, 238쪽.

33 김영삼, 『김영삼 회고록: 민주주의를 위한 나의 투쟁』 3, 255~268쪽.

소관계에 대해 '깊은 대화'를 나눴다는 해석을 가능하게 했다. 바로 다음 날인 4월 6일에 『평양방송』이 한·소수교의 움직임에 대해 '절대 허용치 않을 것'을 강하게 밝힌 사실, 또 북한의 그러한 반발을 알면서도 『모스크바 방송』이 북한의 반발을 언급하지 않으면서도 한·소관계에는 아무런 영향이 없을 것임을 시사한 것도 한·소수교가 가시권에 들어섰다는 추론을 확산시켰다.[34] 이러한 흐름 속에서, 김종휘 외교안보보좌관이 5월 초에 비밀리에 방미해 백악관의 요인들을 만난 것은 자연스러웠다.

여기서 우리는 몰타회담 이후에 한·소관계의 진전을 향해 하나의 흐름이 이어지고 있음을 감지하게 된다. 쉽게 말해, 노 대통령의 부탁에 응한 부시 대통령이 몰타에서 고르바초프 대통령과 협의했으며 그것이 미·소 외무장관 회담에서 구체화되었다는 추론을 가능하게 한다는 뜻이다.

제3절 노 대통령과 고르바초프 대통령 사이의 샌프란시스코 정상회담

제1항 샌프란시스코 정상회담이 열리기까지

슐츠 전 미국무장관의 중개

위에서 살폈듯, 한국과 소련 사이에는 수교를 위한 분위기가 성숙하고 있었다. 그러나 정책결정의 최종적 핵심기관인 소련공산당 중앙위원회 정치국은 결정을 내리지 않고 있었다. 무엇보다 여전히 큰 힘을 발휘하는 국가공안위원회와 군부 및 외무부 모두 반대하고 있었기 때문이다. 원래 보

34 위와 같음, 239~240쪽.

수적 성향이 강한 국가공안위원회의 경우, 고르바초프의 국내에서의 자유화정책과 해외에서의 친서방정책을 의심스러운 눈으로 바라보고 있었으며, 북한에 대한 무기판매로 이익을 얻고 있는 군부는 자신의 기득권이 줄어들 것을 우려하고 있었다. 외무부의 경우, 티타렌코 극동문제연구소장이 지적했듯, "소련이 조선과 1961년에 체결한 상호우호원조조약이 여전히 유효한 만큼, 소련의 한국과의 관계 증진이 소련의 조선과의 관계에 해가 되어서는 안 된다."라는 입장을 유지하고 있었다.[35]

소련과의 수교를 성사시키기 위해서는 결국 고르바초프의 결심을 이끌어내야 한다는 판단을 내리고 있던 노태우 대통령에게, 대통령 경제수석비서관으로 막 취임한 김종인 박사가 1990년 3월 하순께 자신과 친분이 두터운 조지 슐츠George P. Shultz 전 미국무장관을 소개했다.[36] 슐츠는 1920년에 태어나 프린스턴대학교를 졸업하고 매사추세츠공과대학교MIT 대학원에서 경제학박사학위를 받았으며 시카고대학교에서 교수로 가르치다가 닉슨 행정부에서 노동부 장관으로 봉직한 데 이어 레이건 행정부에서 재무부 장관과 국무부 장관을 차례로 역임한 관계의 거물이었다. 그는 또한 벡텔Vechtel과 같은 미국의 중심적 대기업에서도 사장 또는 회장으로 봉직했다.

슐츠는 1990년 4월 7일에 서울을 방문하고 청와대에서 노 대통령을 만났다. 바로 앞제2절 제5항에서 보았듯, 4월 7일은 미·소 외무장관 회담이 고르바초프의 방미계획을 발표한 직후였다. 이 사실은 슐츠의 노 대통령 예방이 1989년 12월 2~3일 몰타에서의 미·소 정상회담을 이어받은 미·소 외무장관의 합의를 알리기 위했던 것이라는 해석을 가능하게 한다.

노 대통령을 예방한 자리에서, 슐츠는 중요한 사실을 알려주었다. 고르바초프가 5월 말과 6월 초에 미국을 방문해 백악관에서 조지 부시 대통령과 회담을 가진 뒤 자신이 교수로 봉직하고 있는 스탠퍼드대학교를 방문

---

35 이석호, 「한국북방정책의 변천과정과 결정요인」, 146쪽에서 재인용.
36 김종인, 『영원한 권력은 없다』, 211쪽.

해 자신을 면담하고 나서 샌프란시스코를 거쳐 귀국할 계획이라는 내용이었다.

도브리닌의 등장과 노 대통령의 도브리닌 접견

노 대통령은 곧바로 김종휘 외교안보보좌관에게 자신과 고르바초프 사이의 회담을 성사시키도록 지시했다. 김 보좌관실의 실무 비서관들은 성사 가능성을 '5%'라고 보면서, 이 계획의 암호명을 5%로 정했다. 우선 김종휘 보좌관은 5월 초 워싱턴을 방문하고 부시 대통령의 국가안보보좌관 브렌트 스코우크로프트Brent Scowcroft와 국무부 동아시아태평양차관보 리처드 솔로몬Richard H. Solomon을 차례로 만나 미국측의 협조를 요청했다. 그들은 적극 돕겠다고 약속했다.

당시 정무장관에서 해임되어 쉬고 있던 박철언 역시 협상에 나섰다. 그는 염돈재와 함께 도쿄로 가서 브루텐츠가 지명했던 두나예프 노보스티 도쿄지국장을 만나 노 대통령의 뜻을 고르바초프에게 전달해줄 것을 요청했으며, 박철언의 회고에 따르면, 두나예프는 그렇게 했을 뿐만 아니라 고르바초프가 자신의 밀사로 아나톨리 도브리닌Anatoly F. Dobrynin을 서울로 보낸다는 뜻을 전달했다.

다른 한편으로, 1989년 1월에 정무차관보로 임명된 직업외교관 출신의 이정빈李廷彬은 모스크바에서 열리는 제7차 전직국가수반회의(InterAction Council)에 참석할 신현확申鉉碻 전 국무총리에게 도브리닌 방한을 성사시켜 줄 것을 요청했다. 이 회의는 전 서독 총리 헬무트 슈미트Helmut Schmidt가 전직 대통령들과 전직 총리들 그리고 전직 거물급 외교관들로 구성한 비공식적 기구였다. 신 총리는 모스크바에서 슈미트와의 협의를 마친 뒤 도브리닌이 방한할 수 있음을 알려왔다.[37]

---

37 엄구호, 『한국·러시아 수교협상』(1990), 53~54쪽.

도브리닌은 1919년에 노동자의 아들로 태어나 외무부 산하 고등외교관 학교를 졸업한 뒤 1946년에 외무부에서 경력을 시작해 흐루쇼프정권 때인 1962년에 주미대사로 취임한 이후 고르바초프정권 초기까지 무려 24년 8개월에 걸쳐 소련의 주미대사로 봉직하면서 미국의 여섯 대통령(케네디 → 존슨 → 닉슨 → 포드 → 카터 → 레이건)을 차례로 상대했던 소련 외교계의 거물이었다. 그는 특히 존 F. 케네디 대통령 시절인 1962년 10월에 일어난 쿠바 미사일 위기 때, 케네디 대통령의 동생 로버트 케네디 법무장관을 상대로 조용히 협상을 성공적으로 이끌었으며, 브레즈네프정권 때는 닉슨 대통령과의 정상회담을 성사시켰다. 고르바초프정권 초기에 귀국해 소련공산당 중앙위원회 국제부장으로 봉직하고 있었는데, 고르바초프는 영어와 프랑스어에 능숙하기도 한 그를 자신의 외교고문으로 기용한 것이다.[38] 도브리닌이 1986년 초에 주미대사에서 물러나며 소련공산당 중앙위원회 국제부장으로 옮겨간다는 이야기를 듣고 레이건 대통령은 "아니, 도브리닌 대사가 공산주의자라는 말입니까?"라고 말했을 정도로 부드러우면서도 신중한 인품으로 널리 알려졌다.[39]

도브리닌은 서울에서 1990년 5월 23~25일에 열리는 제8차 전직국가수반회의에 소련대표로 참석한다는 명분으로 방한했다. 그가 방한하기 위해서는 한국정부의 입국사증이 필요했는데, 이와 관련해 다음과 같은 일화가 있다.

> 도브리닌의 비서가 당시 모스크바에 있는 대한민국영사처에 자신과 도브리닌의 입국사증을 신청했다. 영사처의 부영사가 "입국사증을 받으려면 인터뷰를 해야 하니까 사흘 뒤에 도브리닌이 직접 영사처로 와야 한다."라고 응대

38 도브리닌은 다음과 같은 회고록을 남겼다. Anatoly Dobyrnin, *In Confidence: Moscow's Ambassador to America's Six Cold War Presidents, 1962~1986* (Now York: Times Books, 1995).

39 노태우, 『노태우 회고록』 하, 199쪽.

하자, 그 비서는 세 시간 뒤에 다시 와서 "입국사증을 신청한 사람이 아주 중요한 사람인데 직접 오라고 하니 소련정부가 아주 불쾌하게 생각을 하고 있다."라고 반발을 했다. 부영사는 도브리닌이 누군지를 잘 알면서도 모르는 척 하고 "인터뷰는 우리 규정이니 그대로 따라야 한다."라고 설명하고 공로명 영사처장에게 보고를 드렸더니 공 처장은 "과연 도브리닌이 직접 오겠느냐?"라고 걱정을 하셨다. 몇 시간 뒤에 그 비서로부터 전화가 왔다. "인터뷰를 위해 도브리닌이 직접 영사처를 방문하겠는데, 부영사를 만나는 것 보다는 대사와 면담하는 형식을 갖춰달라."라고 부탁했다. 부영사는 "그것은 가능하다. 내가 배석을 하겠다."라고 대답했다. 실제로 도브리닌은 영사처를 방문했으며 공 처장과 면담하면서 소련정부가 앞으로 취할 정책 방향에 대해 자세히 설명했다. 영사처는 이 사실을 본부에 그대로 보고했다.[40]

도브리닌은 단신으로 5월 22일에 청와대를 예방하고, 노 대통령과 구내의 상춘재常春齋에서 회식했다. 이 자리에는 노 대통령 이외에 노재봉盧在鳳 비서실장, 김종휘 외교안보보좌관, 김종인 경제수석비서관 등 극소수 참모들만이 배석했다. 도브리닌은 고르바초프가 6월 5일에 샌프란시스코에서 노 대통령과 만날 수도 있음을 전달하면서 조건을 내걸었다. 회담의 주제는 '한국으로부터의 경제협력'에 한정한다는 것이었다.

도브리닌은 자신의 이 메시지를 문서가 아니라 구두에 한정했으며, 한국측이 국가공안위원회와 외무부를 포함한 소련의 어떤 기관을 상대로도 이 메시지를 확인해서는 안 된다고 덧붙였다. 그 기관들은 한국과의 정상회담 개최에 반대하고 있는 만큼, 만일 이 메시지를 알게 되면 반대운동을 일으킬 것이라고 경고하면서, 이 결정을 알고 있는 사람은 소련에서는 고르바

---

40 백주현(白宙鉉) 대사 구술, 국립외교원 외교안보연구소 외교사연구센터 편, 『남북기본합의서와 한반도비핵화공동선언』(선인, 2023), 171~172쪽. 백주현은 훗날 휴스턴총영사와 카자흐스탄대사를 역임한다.

초프와 도브리닌 자신 둘 뿐으로, 심지어 고르바초프의 측근들 가운데 측근인 셰바르드나제 외무장관조차 모르고 있음을 강조했다. 한국의 국가안전기획부도 외무부도 도브리닌이 서울에 온 사실은 알고 있었으나 이 메시지를 갖고 노 대통령을 만난다는 사실은 모르고 있었다.

당시 소련은 외환의 부족으로 큰 어려움에 빠져있었다. 대다수 국민이 절실히 요구하는 생필품을 공급하려면 서구 선진국들로부터 사들여야 하는데 그렇게 할 외환이 없었고, 서구 선진국들은 소련의 채무이행 능력을 아주 낮게 보았기에 빌려줄 생각이 없었다. 이러한 형편은 고르바초프가 도브리닌을 서울로 보내면서 "우리는 돈이 필요해."라고 한 말에 그대로 반영되어 있었다.[41]

도브리닌이 이 자리에서 요청한 액수에 대해서는 노 대통령의 회고록이나 김종인의 회고록은 전혀 말하지 않았다. 그러나, 오버도퍼와 칼린의 공저는, 노 대통령이 자신들에게 그 액수가 "수십억 달러의 차관(a loan of some billions of dollars)'이었다고 말했다고 썼다.[42] 이 공저가 출판된 뒤, 노재봉 비서실장은 다음과 같이 회고했다.

> 얼마를 빌려달라고 하는 거냐 했더니 처음에 50억 달러 빌려달라고 하기에, "당신도 여기 올 적에 한국 경제사정을 훤히 알고 왔을 텐데 외교에서 그런 문제는 보통 흥정을 하는 게 아니냐? 그러니까 30억 달러로 하자."라고 하자, 도브리닌이 이의 없이 30억 달러를 받아들였어요.[43]

이 액수는 오버도퍼와 칼린의 공저가 제시한 액수와 사실상 같은 것 같다. 두 사람은 노 대통령이 퇴임한 직후인 1993년에 노 대통령에게 이 문제

---

41 Oberdorfer and Carlin, *The Two Koreas*, pp.162~163.

42 위와 같음, 163쪽.

43 노재봉 전 대통령 비서실장 발언, 국립외교원 외교안보연구소 외교사연구센터 편, 『남북한 UN 동시가입』(도서출판 선인, 2021), 275쪽.

를 다시 물어보았다. 노 대통령은 도브리닌이 소련의 경제가 '절망적인 상황'에 빠져있다고 말하면서 한국이 '주요한 기여'를 하기를 기대하고 있다고 말했다고 회고했다. 노 대통령은 "외교관계가 수립된 이후에야 도울 수 있다."라고 대답했다고 덧붙였다.[44]

회담 장소를 둘러싼 협상

노 대통령은 고민하지 않을 수 없었다. 구두 전언 하나만 믿고 태평양을 건너야 할 것인가? 만약 현장에 고르바초프가 나타나지 않는다면 개인적으로도 그렇지만 무엇보다 국가적으로 큰 망신이 아닐 수 없지 않겠는가? 노 대통령의 회고에 따르면, 그의 참모들 가운데 "대통령이 '희대의 사기극'에 휘말리는 것은 아닌가 우려하는 사람도 있었다."[45]

그러나 노 대통령은 도브리닌의 전언을 믿기로 결정했다. 노 대통령을 대통령이 되기 이전인 민정당 대표이던 때부터 아주 가까이에서 보좌했던 김종인 당시 경제수석비서관의 회상에 따르면, 노 대통령은 "돌다리를 두드려 보고 건너는 사람 정도가 아니라, 두드려 보고 또 두드려 보고도 건너지 않고 걱정하는 사람이었다."[46] 그렇게 신중한 그가 도브리닌의 전언을 믿은 까닭은 무엇이었을까? 노 대통령은 다음과 같이 대답했다.

> 도브리닌의 방한이 우리가 전에 여러 채널을 통해 소련측에 보냈던 사안들에 대한 고르바초프의 반응이라고 생각했다. 내가 어떤 생각을 갖고 있는지를 고르바초프가 감지해 반응하는 것이라고 보았다. 공산주의 세계의 변혁을 시도하는 고르바초프로서는 나 같은 파트너가 필요할 것이라고 판단했다.[47]

---

44 Oberdorfer and Carlin, *The Two Koreas*, p.163.
45 노태우, 『노태우 회고록』 하, 199쪽.
46 김종인, 『영원한 권력은 없다』, 173쪽.
47 노태우, 『노태우 회고록』 하, 199~200쪽.

여기서 우리는 1989년 12월 2~3일에 몰타에서 열렸던 미·소 정상회담을 앞두고 노 대통령이 부시 대통령에게 한반도문제와 자신의 북방정책을 고르바초프 대통령에게 설명해줄 것을 부탁했고 부시가 거기에 응해 회담이 끝난 뒤 노 대통령에게 회답한 사실을 상기하는 것이 좋겠다. 노 대통령은 부시와의 협의를 통해 고르바초프의 의중을 헤아리고 있었던 것이다.

비록 그렇다고 해도, 노 대통령의 핵심 보좌관들은 그의 출발에 앞서 적어도 개최 장소와 시간은 공식적으로 발표되어야 한다고 건의했다. 도브리닌은 개최 하루 전에야 발표할 수 있다고 버텼다. 도브리닌이 고르바초프와 부시 사이의 정상회담에 배석하기 위해 워싱턴에 도착한 직후 김종휘 외교안보보좌관은 비밀전화로 그에게 "귀하는 서방세계의 미디어체제를 잘 알고 있지 않느냐. 공식발표가 가능하도록 고르바초프를 설득해주기 바란다."라고 제의했다. 몇 시간 뒤, 도브리닌은 고르바초프의 동의를 알려왔으며, 이에 따라 청와대는 5월 31일에 공식으로 발표했고 곧바로 크렘린궁이 뒤따랐다.

회담 장소로 소련측은 두 정상의 안전을 고려한다는 명분 아래 샌프란시스코주재 소련총영사관을 제시했다. 노 대통령은 안 된다고 거절했다. 조선왕조의 고종은 1896년에 일제에 의한 민비의 시해를 경험하면서 서울주재러시아공사관으로 망명했으며, 역사는 이것을 아관파천俄館播遷이라고 불렀다. 노 대통령이 "내가 소련총영사관에서 고르바초프를 만난다면, 우리 국민은 제2의 아관파천으로 비난할 것이다. 나는 그렇게 할 수 없다."라는 논리로써 거절하자, 슐츠는 자신의 처가가 소유하고 있는 페어몬트호텔을 소개했다.[48] 한국측도 소련측도 모두 동의했다.

48 김종휘 외교안보수석비서관 구술, 국사편찬위원회 편, 『고위관료들, '북핵위기'를 말하다』 (경기도 과천시: 국사편찬위원회, 2009), 57쪽.

제2항 한·소수교의 대문을 연 노·고르바초프 정상회담

샌프란시스코 도착 첫날

노 대통령은 6월 3일에 샌프란시스코 국제공항에 도착했다. 대통령을 수행한 김종인 경제수석비서관은 슐츠 전 국무장관이 대통령을 영접하러 공항에 나와 있었다고 회상했다. 그러나 노 대통령 그리고 역시 대통령을 수행한 노창희 의전수석비서관은 모두 슐츠가 페어몬트호텔로 예방했다고 회상했다.

슐츠는 김종인 경제수석비서관에게 "대통령과 함께 골프나 치러 갑시다."라고 말했다. 김종인은 이렇게 회상했다.

> [슐츠의 말은] 귀를 의심하게 했다. […] 이런 역사적인 순간을 앞두고 골프를 치자니, 무슨 엉뚱한 말인가 싶었다. 그랬더니 슐츠의 대답인즉 "이럴 때일수록 느긋한 자세를 보여야 한다"는 것이다. 우리가 소련에 매달리는 듯한 모습을 보이면 안 된다는 것이다. 과연 협상의 대가답다고 감탄했다.[49]

김종인은 슐츠의 이 이야기를 노 대통령에게 전했다. 김종인의 회고는 다음으로 이어졌다.

> [노 대통령은] 고개를 흔들었다. 한국에서 출발하기 전부터 대통령은 대단히 초조해하고 있었다. 이루어질지 말지조차 모르는 회담을 하기 위해 일국의 대통령이 지구 반대편까지 날아간 것 아닌가. 일종의 도박으로 보일 수도 있는 일이었다. 이미 언론에 보도가 되었기 때문에, 회담이 무산되면 전 세계적으로 창피한 일이었다. 미국에 도착해 대통령은 계속 호텔 방에만 머물러 있었다. 노태우 특유의 소심함에 좀 애잔하기도 하고, 약소국의 설움이란 이런 것

49 김종인, 『영원한 권력은 없다』, 213쪽.

인가 하는 생각도 들었다. 우리는 고르바초프가 샌프란시스코에 언제 도착하는지조차 정확히 모르고 있었다.[50]

슐츠는 "이번의 한 · 소 정상회담은 만남 그 자체만으로도 큰 의의가 있는 것이니 회담에서 혹시 한 · 소 수교가 합의되지 않더라도 너무 조급하게 생각하지 마십시오."라고 충고했다. 그는 훗날 방대한 분량의 자서전을 출판했는데,[51] 자신의 국무장관 시절(1982년 7월 16일~1989년 1월 20일)에 초점을 맞추었기에, 노 대통령과 고르바초프의 이 회담에 대해서는 언급하지 않았다.

노 대통령이 투숙한 페어몬트호텔에서는 레이건 전 미국 대통령도 투숙하고 있었다. 고르바초프를 만나기 위해서였다. 레이건은 곧바로 노 대통령을 예방하고 환담을 나눴다.

긴장된 기다림

6월 4일에, 솔로몬 차관보가 내방해 백악관에서 있었던 부시와 고르바초프 사이의 정상회담 내용을 설명해주었다. "고르바초프는 한국과의 관계를 개선하려는 이유로 경제교류 가능성을 지적했고, 한국과의 관계개선이 북한과의 관계를 복잡하게 만들었지만 그에 구애되지 않고 한국과의 관계를 진전시키겠다고 말했습니다."라고 전하고, 이어 "우리가 감지하기로는 소련이 한국과의 경제관계를 증대하려는 데에는 일본으로 하여금 소련에 대한 무역 및 투자에 좀 더 적극적으로 나오게 하려는 간접적인 압력수단으로 이용하고자 하는 의도도 있는 것 같습니다."라는 분석 역시 알려주었다.[52]

---

50 위와 같음, 214쪽.

51 George Shultz, *Turmoil and Triumph: My Years as Secretary of State* (New York: Maxwell Macmillan International, 1993).

52 노창희(盧昌熙), 『어느 외교관의 이야기: 노창희 회고록』(기파랑, 2007), 217쪽.

6월 5일 회담 당일, 노 대통령과 일행은 호텔에서 긴장된 시간을 보내야 했다. 발표된 고르바초프의 일정에 따르면, 스탠퍼드대학교를 방문해 미국 기업인들과의 간담회가 끝난 뒤 호텔로 돌아와 노 대통령과 회담한 뒤 저녁 일찍 블라디보스토크로 떠나기로 되어 있었고 오후 4시 전에는 호텔로 돌아오는 것으로 알고 있었는데 4시가 넘어서도 도착하지 않았기 때문이다. 이러다가 혹시 고르바초프가 "시간이 없어서 미안하다"면서 약속을 깨뜨리고 귀국해버리는 것은 아닐까 하는 부질없는 생각까지 들어서 답답하고 초조한 시간을 보내고 있었다.[53]

은유적 화법이 교환된 정상회담

그러던 가운데 오후 5시 20분이 되어서야 노재봉 비서실장이 상기된 표정으로 대통령 거실로 들어와서 "전화가 왔습니다. 곧 [신관 23층에서] 만나자고 합니다."라고 보고했다. 본관 7층에 있었던 일행은 부리나케 호텔 로비로 내려가, 미국측 경호원의 안내로 신관 엘리베이터를 타게 되었다. 엘리베이터 앞에서 소련 경호원들은 노 대통령 수행원들의 머릿수를 하나씩 세더니 "다섯 명만!" 하면서 막아섰다. 그들의 태도가 어찌나 투박하고 거친지 잠시 실랑이가 벌어졌고, 최호중 외무장관은 영어로 "나는 대한민국 외무장관이야!" 소리치며 엘리베이터에 들어섰다. 한국 경호원은 한 명도 허용되지 않았다.[54]

소련 경호원들은 22층에서 일행을 내리게 하고 긴 복도를 지나 맨 끝 쪽에 있는 큰 방으로 안내했다. 수행했던 노창희 의전수석비서관의 회상에 따르면, "방에 들어서니 소련 경호원 몇 명만 서성거릴 뿐 우리를 영접하는 사람이 아무도 없었다. 내심 불쾌해서 아무도 말이 없고 어색하고 불편한 분위기가 이어졌다. 옆에 가만히 서 있는 대통령이 보기에 민망해서 '좀 앉

53 위와 같음, 218쪽.
54 위와 같음, 218쪽.

아서 기다리시지요' 했더니, '어 … 괜찮아' 간단히 대꾸하고 그대로 서 있었다."[55] 5분쯤 지나서야 도브리닌이 헐레벌떡 나타나 "누가 이 분들을 이곳으로 안내했나! 회담장은 바로 위층인데."라고 소리친 뒤 일행을 23층 고르바초프의 객실로 안내했다.

거기서 노 대통령과 고르바초프 대통령 사이의 최초 회담이 열렸다. 소련측에서는 마슬류코프Yuri D. Maslyukov 정치국원, 프리마코프 대통령위원회 위원, 도브리닌 대통령 외교고문, 체르나예프 대통령 안보보좌관, 말케비치 상공회의소 소장, 그리고 한국측에서 최호중 외무장관, 김종인 경제수석비서관, 김종휘 외교안보보좌관, 노창희 의전수석비서관, 이수정李秀正 공보수석비서관 등이 배석했다. 노 대통령의 말을 노창희 의전수석비서관이 영어로 통역하면 고르바초프는 그대로 알아들었고, 고르바초프의 말을 소련측에서 영어로 통역하면 노 수석이 노 대통령에게 우리말로 통역했다.

고르바초프는 자리에 앉자마자 "세계가 변화하고 우리 스스로가 변하고 우리 두 나라 관계와 입장이 변화하고 있는데 '우리가 왜 못 만나겠는가.'라고 생각해서 각하의 면담 제의를 수락한 것입니다."라고 말문을 열었다.[56] 노 대통령이 고르바초프 대통령에게 김종인 경제수석비서관을 소개하자, 고르바초프는 장난스러운 표정으로 바라보더니 갑자기 김 수석의 옆구리를 툭 치며 그가 왼손에 들고 있던 파일을 가리키고는 "이게 왜 이렇게 얇습니까?" 하고 물었다. 김 수석은 "그날은 경협을 주로 의논하기로 한 날인데 우리가 준비한 '선물'이 좀 부족한 것 아니냐는 다소 뼈 있는 말을 하는 것"으로 받아들였다. 어떻든 "회담의 긴장을 깨는 그의 농담에 모두 함께 웃었다."[57]

---

55 위와 같음.

56 위와 같음.

57 김종인, 『영원한 권력은 없다』, 216쪽.

김종인 수석에 따르면, “고르바초프는 은유적인 화법을 즐기는 사람이었다.” 그래서 고르바초프는 경협이라는 용어조차 사용하지 않고 “양적인 발전을 통해 질적인 발전을 도모하자.”라고 말했다. 쉽게 말해, 경협부터 시작하고 성과가 쌓이면 나중에 수교를 해도 늦지 않다는 뜻이었다. “사과가 익기도 전에 따서 먹으면 맛이 없다.”는 비유를 쓰기도 했다. 노 대통령은 “우리나라에서 나는 참을성이 많은 사람으로 정평이 나 있는데, 내가 과일이 익었다고 하면 그것은 틀림없이 맛있을 겁니다.”라고 대응하며 수교부터 하자는 뜻을 비쳤다.[58]

고르바초프는 “러시아 속담에 ‘얼음이 녹아 대하大河로 흘러내린다’라는 말이 있는데, 양국관계도 그렇게 될 것입니다.”라고 말하며, 긍정적인 여운을 남기면서도 수교까지는 시간이 좀 걸릴 것이라는 뜻을 표시했다. 노 대통령은 “우리 속담에 ‘시작이 반’이라는 말이 있습니다. 양국관계는 훌륭한 시작을 했습니다.”라는 말로써, 고르바초프에 화답하면서도 수교를 당길 것을 거듭 제의했다. 그런데도 고르바초프 쪽에서 경협에 적극적으로 나오자, 김 수석은 경협을 추진할 의사를 밝히면서 “어느 정도 달러를 경협자금으로 제공할 의사가 있다.”라고 대답했다. 김종인은, “통역관이 ‘어느 정도 달러’라는 부분을 ‘수십억 달러’라고 바꿔 통역하는 바람에, 별다른 의미 없이 말했던 그 표현이 나중에 시빗거리가 될 줄은 몰랐다.”라고 회고한다.[59] 우리가 앞에서 보았듯, 노재봉 비서실장은 자신도 배석한 노 대통령과 도브리닌 사이의 면담에서 이미 ‘30억 달러’가 거론되었다고 회고했으므로, 김종인 수석의 이 회고는 재검증을 필요로 한다.

고르바초프는 노 대통령에게 한반도의 안전과 평화를 위해 소련이 무엇을 하면 좋겠느냐고 물으면서 자신이 김일성에게 전할 메시지가 있으면 말해달라고 요청했다. 노 대통령은 우선 김일성에게 자신의 남북정상회담 제

---

58 노창희, 『어느 외교관의 이야기』, 220쪽.

59 김종인, 『영원한 권력은 없다』, 217쪽.

의를 받아줄 것을 설득해달라고 부탁했다. 그는 이어 "우리는 결코 군사적 우위를 추구하지 않을 것이며 군사적 공격을 의도하지 않을 것임을 각하께서 분명히 인식해주시기 바랍니다. 각하께서 이와 같은 우리의 확고한 대對북한 군사정책을 북한에 전해 그들이 부족한 재원을 더 이상 불필요한 군비 확장에 쓰기보다는 주민들의 복리향상을 위해 사용하기를 간절히 기대합니다."라고 말하고 "우리는 북한을 적대자로 여기지도 않고 고립시키려고 하지 않고 있으며 북한과 교류와 협력을 증진시키려고 합니다."라고 강조했다. 고르바초프는 "북한의 김일성 주석은 수십 년간 주한미군과 핵무기에 대해 크게 불쾌하게 생각하고 그에 대해 우려하고 있습니다."라고 응답했다. 노 대통령은 "미군의 핵무기에 대해서는 내가 그것을 확인할 입장에 있지 않습니다. 핵무기는 미·소 간에 해결할 문제입니다. 다만 나는 어느 나라든지 핵을 제거해야 한다는 데 찬성하고 있습니다."라고 말했다.[60]

사진촬영이 있기까지

고르바초프가 '환하게 웃는' 가운데 회의를 마치자, 노 대통령은 "오늘 우리의 만남을 기념하도록 사진을 찍는 것이 좋겠습니다."라고 제의했다. 그러나 북한과의 관계를 고려해서 고르바초프는 "그것은 곤란합니다."라고 잘라 말했다. 노 대통령은 창밖으로 보이는 바다를 가리키면서, "저 태평양 건너편에 한국과 시베리아가 있는데, 저쪽에서는 오늘 이 방에서 무슨 일이 있었는지 많이 궁금해하고 있을 것이니 그 궁금증을 풀어줍시다."라고 말하며 재차 사진촬영을 요청했다.

고르바초프는 웃으면서, "우리가 만났다는 것을 공개하는 데 반대하는 것은 아니지만 사진은 좀 곤란합니다. 우리 속담에 귀한 것일수록 가슴속에 소중히 간직하라는 말이 있습니다."라는 좋은 말로 다시 거절했다. 노

---

60 노태우, 『노태우 회고록』 하, 203~204쪽.

대통령도 물러서지 않았다. "우리 속담에는 백문이불여일견百聞而不如一見이라는 말이 있습니다. 만약 사진이 없으면 우리 국민은 내가 아무리 설명해도 이 분위기를 잘 이해하지 못할 것입니다."라고 응수한 것이다. 노 대통령이 쉽사리 물러설 기색이 없음을 간취한 도브리닌은 역시 그렇게 느끼던 고르바초프에게 응하도록 권고했고, 고르바초프는 마침내 "정 그러시다면 좋습니다."라며 동의했다. 문밖에서 소련 경호원들의 제지로 입장하지 못하고 있던 한국의 사진기자들을 비롯해 여러 사진기자가 몰려 들어와 사진을 찍었고, 이 사진들이 다음날 국내외 언론에 크게 실리면서 두 나라 사이의 관계가 새롭게 열리고 있다는 사실을 만천하에 널리 알렸다.[61] 훗날 고르바초프는 "노 대통령의 첫인상은 아주 좋았다. 나는 노 대통령과 두 나라 사이의 중요한 쟁점들에 관해 토론할 수 있다는 믿음을 갖게 되었다."라고 회고했다.

고르바초프와의 회담을 마치고 러시아 인사말인 '도 다스비다니아(또 만납시다)'를 주고받은 뒤, 노 대통령은 곧바로 백악관으로 부시 대통령을 예방하고 미국의 지원에 대해 고마움을 표시했다. 부시 대통령은 회담의 성공을 축하하면서 미국은 한·소관계의 발전을 계속 지원하겠다고 다짐했다. 당시 주한미국대사 도널드 그레그Donald P. Gregg는 부시의 접견이 미국은 노 대통령의 소련과의 수교 노력을 반대하고 있다는 남한사회 일각의 믿음을 깨뜨리는 데 이바지했다고 백악관에 보고했다.[62] 훗날 부시 대통령은 자신이 노 대통령과 고르바초프 대통령 사이의 샌프란시스코 정상회담을 '주선(arrange)'했다고 회상한다.[63]

61 노창희, 『어느 외교관의 이야기』, 218~221쪽.

62 Oberdorfer and Carlin, *The Two Koreas*, p.164.

63 조지 허버트 워커 부시, 「한반도 전술핵 철수 결심, 미국의 핵 감축에 큰 힘」, 노재봉 편, 『노태우 대통령을 말한다』, 81쪽.

대조가 된 북한과 중국의 반응

노 대통령과 고르바초프 대통령의 정상회담이 끝난 뒤, 북한은 불만을 표시했다. 북한주민들이 들을 수 있는 『중앙방송』은 사실 자체를 일절 말하지 않았으나 지하 흑색방송인 『구국의 소리방송』을 통해, 식민지국가와 공산종주국인 소련의 대통령 사이의 회담 자체가 국제외교의 관례에도 어울리지 않고, 상식에도 어긋나는 이변이라고 억지를 부렸다.

대조적으로, 중국은 이 회담을 상세히 보도했다. 리평 총리는 방송을 통해 "우리는 이 회담에 대해 주시했다. 중국정부는 남조선에 도움이 되고, 조선반도에서 긍정적으로 이바지할 수 있는 조치라면, 어떤 나라의 그 어떤 활동이라도 환영할 것"이라고 논평했다.[64]

제3항 '실패론'과 반론

샌프란시스코 회담이 '성공'이었다는 일반적인 해석과는 달리, '실패'였다는 주장이 있다. '실패론'의 대표적이면서 사실상 유일한 논자가 소련과의 수교를 이루기 위해 사전작업을 적극적으로 이끌었던 박철언 전 장관이다. 그 근거로 그는 다음의 세 가지를 꼽았다.

첫째, "회담 장소에 고르바초프가 30분이나 늦게 도착하는가 하면, 노 대통령은 경호원도 없이 엘리베이터에 올라타는 어이없는 일이 벌어졌다." 둘째, "더 큰 문제는 노 대통령이 고르바초프에게 경제지원을 할 용의가 있다고 경제문제에 비중을 두고 얘기를 진행하려 하자, 고르바초프는 냉담한 반응을 보였다. 한·소수교를 돈으로 풀려 했던 참모들이 상황 판단을 제대로 하지 못한 것이다." 이 점에 대해 그는 "나는 처음부터 계속 '선先 수교 후後 경협'을 주장했는데, 김종휘-김종인 라인에서 수교를 위해 30억 달러의

64 오진용, 『김일성시대의 중소와 남북한』(경기도 파주시: 나남, 2004), 249쪽.

경협을 약속해야 한다고 주장했으니 노 대통령의 '정상회담 말씀자료'의 포인트는 이미 크게 잘못되었던 듯 싶다."라고 부연했다. 셋째, "소련측에서는 그동안 막후 핫라인이었던 박철언의 모습을 볼 수조차 없었다." 이 점에 대해, 그는 "정상회담을 성공시킨 공功을 자신의 것으로 돌리기 위해 […] 나와 염돈재 라인을 제외한 채로 회담을 하려다 보니 내용에 있어서는 한마디로 실패작으로 끝났다."라고 부연했다. 종합해서, 그는 "한·소수교 문제에 관하여 아무런 합의가 없는 실패한 정상회담이었다."라고 매듭지었다.[65] 염돈재 비서관도 비슷한 취지에서 '실패론'을 전개했다.[66]

노 대통령에 대한 소련측의 의전과 경호가 미흡한 것은 사실이며, 수교를 끌어내지 못한 것도 사실이다. 그렇지만, 앞에서 보았던 슐츠의 충고, 곧 "이번의 정상회담은 만남 그 자체만으로도 큰 의미가 있는 것이니 회담에서 혹시 수교가 합의되지 않더라도 너무 조급하게 생각하지 마십시오."라던 충고를 떠올릴 필요가 있다. 우리 속담에도 "첫술에 배부르랴"라는 가르침이 있지 않은가. 노 대통령 스스로 회담 성사에 만족스러워 했다. 무엇보다 고르바초프에게는 한국으로부터의 경제지원이 가장 절실해서 이 문제를 먼저 거론하지 않고는 만남 그 자체가 사실상 어려웠던 것이 그때의 형편이었다. 당시의 양국관계를 면밀히 분석한 『워싱턴포스트』의 오버도퍼와 국무부의 칼린이 "한국의 경우, 소련의 정책전환에 있어서 근본적인 이유는 경제적이었다."라고 쓴 것은 정확했다.[67]

이 회담으로부터 4개월이 지나지 않은 시점인 9월 30일에 마침내 수교가 성사되었다는 사실은 이 회담이 공식 수교로 가는 중요한 징검다리였음을 의미했다. 이 회담의 시작과 끝을 면밀히 분석한 엄구호 교수는 "결과적으

---

65 박철언, 『바른 역사를 위한 증언』, 2, 166쪽.

66 염돈재 비서관 발언, 국립외교원 외교안보연구소 외교사연구센터 편, 『북방정책과 7·7선언』(국립외교원 외교안보연구소 외교사연구센터, 2020), 100~101쪽.

67 Oberdorfer and Carlin, *The Tow Koreas*, p. 155.

로 샌프란시스코 정상회담 이후 3개월 만에 수교가 되었으므로, 샌프란시스코 정상회담이 실패했다는 평가는 과장된 평가로 보이며 한·소수교에 결정적 기여를 한 것으로 평가된다."라고 논평했다.[68]

종합해서, 국제적으로 명성이 높은 영국의 시사주간지 『이코노미스트 *The Economist*』가 표지에서 노 대통령이 냉전구조의 한 구석을 허무는 일에서 기관차(Locomotive) 역할을 수행했다는 뜻으로 'Locomotive'를 'Rohcomotiv'라는 신조어新造語를 써가면서 대서특필한 사실은 회담 그 자체의 의미를 뒷받침했다. 미국의 동부 유력지 『크리스찬 사이언스 모니터The Christian Science Monitor』가 6월 8일자에서 이 회담을 '남한의 소련과의 관계에서 돌파突破를 극화劇化한 역사적 모임'이라고 논평한 데 이어, 이것은 "노 대통령에게 개인적인 승리일 뿐 아니라 남한을 위한 정치적 쿠(a political coup for South Korea as well as a personal triumph for President Roh)"라고 부연한 것 역시 서방세계의 긍정적 평가를 상징했다.

제4절 수교, 그리고 노 대통령의 모스크바 방문과 고르바초프의 제주도 답방

제1항 수교를 위한 두 나라 사이의 협상

한·소 정부대표자들의 모스크바 회담

샌프란시스코 회담이 끝난 때로부터 45일 정도 지난 1990년 7월 20일에 청와대에 소련측 전문이 들어왔다. 8월 2일에 모스크바에서 '경협 회담'을

68 엄구호, 『한국·러시아 수교협상(1990)』, 57쪽.

열기로 하되, 한국측 단장은 반드시 경제를 다루는 인사여야 하며 외무부 관리는 오지 말라는 내용이었다.[69] 김종인 경제수석비서관을 단장으로 하고 김종휘 외교안보보좌관을 부단장으로 하며 20여 명이 참가한 한국정부의 고위대표단은 8월 2일~3일에 모스크바에서 제1부총리이며 국가계획위원회 위원장인 유리 마슬류코프가 이끈 13명의 소련정부의 고위대표단과 회담했다. 이것은 두 나라 관계의 역사에서 최초의 정부 대 정부 회담이었다.

김종인 수석의 회상에 따르면 "소련은 겉으로는 사회주의 강대국이지만 안으로는 완전히 무너져가는 중이었다." 그래서 "소련측은 오로지 '경협자금을 얼마나 받을 수 있을 것인가'에 대해서만 관심이 있었고, '경협 먼저, 수교 나중'이라는 입장이 확고해보였다. 한국 외무부는 이해하는 입장을 보이면서 "사회주의 국가들은 일단 돈을 쥐어줘야 협상이 잘 풀린다."라면서 경협론에서 출발하자는 주장을 펼쳤다.

김종인 수석은 생각을 달리했다. 그의 표현으로, "한번 부딪혀보기로 했다. 되든 안 되든 '수교 먼저'를 주장해보기라도 해야 할 것 아닌가." 그래서 그는 마슬류코프에게 "당신 나라 대통령은 양적 발전을 하고 나서 질적 발전을 하자고 하는데 거꾸로 해보는 게 어떤가. 우리는 작은 나라이고 당신들은 대국이다. 설마 우리가 당신들을 속이고 약속을 어길 리 있겠는가."라고 단도직입적으로 말을 꺼냈다.

마슬류코프의 반응은 부정적이지 않았다. 이에 김종인은 "당신 나라와 우리나라는 시스템이 다르다. 우리는 민주주의국가다. 당신 나라는 대통령이 하라고 하면 그렇게 되지만 우리는 국민이 있고 언론이 있어 대통령 마음대로 모든 일을 할 수 있는 나라가 아니다. 특히 우리나라 사람들은 돈거래에 굉장히 신중한 편이다. 서로를 승인하지도 않는 적대국끼리 어

69 김종인, 『영원한 권력은 없다』, 218쪽.

떻게 돈거래를 할 수 있느냐 하는 비판의 목소리가 나오면 나도 감당할 방법이 없다. 그러니 수교부터 먼저 하자."라고 설득했다. 마슬류코프는 휴가 중이던 고르바초프와 통화한 뒤 활짝 웃으며 "수교부터 하자."라고 화답했다.[70]

회담은 빠르게 진전해, 두 나라 사이에 공업·과학·기술 등 광범위한 분야에서 협력을 증진하기로 합의했다. 그러나 마슬류코프는 수교에 관해서는 문서로 써주기를 주저했다. 그래서 김종인 수석은 회담이 끝난 3일 저녁에 리셉션을 하는 자리에 참석한 KBS 기자들에게 자신이 마슬류코프와 이야기를 나누는 장면을 촬영하도록 하고 마슬류코프의 입에서 "수교부터 하기로 했다."라는 말이 나오도록 유도해 기록으로 남겼다.

박철언 장관의 막후교섭

정부대표단과 별도로, 박철언 전 장관 역시 뛰었다. 박철언은 크게 보아 대체로 두 방면으로 접근했다.[71] 첫째, 자신이 원래 친교를 유지했던 인사들, 예컨대, 소련공산당 국제부 수석부부장 브루텐츠, 동방학연구소장 카피차, 극동문제연구소장 티타렌코, 소련외무부 차관보였다가 이제 소련을 구성하는 공화국들 가운데 면적·인구·영향력에서 가장 큰 러시아연방공화국 국회의 외무위원장으로 승진한 루킨 등을 차례로 만나 수교를 앞당길 것을 촉구했다. 그들 가운데 카피차는 두 나라 정부대표단 사이의 공식회담을 긍정적으로 평가하면서 수교협상에 대해 '희망적 전망'을 제시했다. 박철언은 9월 4일에는 소련 과학아카데미가 「대화, 평화 그리고 협력」이라는 제목 아래 블라디보스토크에서 주최한 아시아태평양회의에 공로명 영사처장과 함께 참석하고 이 회의에서 개막연설을 끝낸 셰바르드나제 외무장관과 대화했다. 셰바르드나제는 "한국 외무장관에게 안부 전해주시고,

---

70 위와 같음, 218~219쪽.

71 박철언, 『바른 역사를 위한 증언』 2, 167~180쪽.

이번 가을 유엔에서 만나자고 전해주십시오. 한·소 외교수립은 서로 노력하면 곧 이뤄집니다."라고 말했다.

둘째, 박철언은 보리스 옐친이 대통령으로서 이끄는 러시아연방공화국의 주요 인사들을 집중적으로 면담했다. 그의 관찰로, 이 시점에서 "소련 연방정부는 이미 힘을 잃어가고 있었고, 러시아연방공화국이 새롭게 떠오르고 있었으며 […] 이미 고르바초프는 '지는 해'요, 옐친은 '떠오르는 태양'이었고, […] 옐친의 국민적 인기는 그야말로 하늘을 찌를 듯했다." 무엇보다, 한국과의 수교에 옐친이 훨씬 더 적극적으로, 경우에 따라서는, 소련에 앞서 러시아연방공화국이 한국과 수교할 뜻이 있음을 내비쳤다.

제2항 셰바르드나제의 평양방문과 김영남과의 회담

두 나라 정부대표단 사이의 협상이 성공적으로 마무리된 데에 비非정부적 접촉이 겹쳐, 소련은 마침내 한국과의 수교를 결정했다. 그러나 발표에 앞서, 격렬한 반발이 예상되는 북한을 무마하는 일이 남았다. 셰바르드나제는 1986년 1월의 첫 방문 이후 세 번째로 9월 3일에 평양을 방문하고 김영남金永南 외교부장에게 수교 결정을 통보하면서, 한국과의 수교에도 불구하고 소련이 1961년에 북한과 맺은 상호방위원조조약은 그대로 유효할 것이라는 점을 강조했다.[72] 여기서 상기되어야 할 사실은 셰바르드나제는 소련의 결정을 설명한 것이 아니라 일방적으로 통보했다는 사실이다.

김영남은 차갑게 대응했다. 김영남은 우선 셰바르드나제가 외무장관으로 1988년 12월에 평양을 방문하고 김일성을 만난 뒤 자신과 회담하며 "소련은 남한과 비공식적 관계를 계속하겠지만 남한과 외교관계를 수립하지

---

72 이하 셰바르드나제와 김영남의 회담에 관한 내용은 전적으로 다음에 의존했다. Oberdorfer and Carlin, *The Two Koreas*, pp. 167~169.

않을 것"이라고 확약한 사실을 상기시켰다. 그 회담에서 셰바르드나제가 "나는 공산주의자다. 공산당원으로 말하건대, 소련 지도부는 남한과 외교관계를 수립할 의도도 없고 수립하지도 않을 것"이라고 강조했음이 사실이다. 그런데 2년도 채 지나지 않아, 셰바르드나제는 그 다짐을 뒤집은 것이다.

김영남의 반발은 계속되었다. (i) 남조선과 소련의 수교는 조선반도의 영구분단에 국제적 적법성을 부여하는 결과를 가져온다는 것, (ii) 무엇보다 미국과 함께 조선반도를 분단시킨 두 나라 가운데 하나인 소련의 남조선과의 수교는 어느 다른 나라의 행위보다 그 의미가 엄중하다는 것, (iii) 소련이 남조선과의 외교관계를 설정하는 것은 교차승인을 실현하여 조선을 영원히 분렬시키려는 남조선당국자들의 북방정책을 실현시켜주게 된다는 것, (iv) 소련이 남조선을 승인하면 남조선은 조선민주주의인민공화국의 사회주의를 분쇄하고 조선민주주의인민공화국을 집어삼키기 위해 더욱 분투할 것이며 그로써 조선반도의 긴장은 고조된다는 것, (v) 소련의 남조선 승인은 1961년의 조·소동맹조약의 근간을 무너뜨리게 되고 동맹조약의 본질적 내용이 사문화됨으로, 조선민주주의인민공화국은 우리가 희망하는 무기를 개발하지 않겠다는 약속에 더 이상 얽매이지 않을 것이라는 것, (vi) 남조선과의 외교관계 수립은 전체 조선인민들, 특히 남조선인민들의 통일의지에 '찬물을 끼얹고 그림자를 드리운다'는 것 등의 취지로 말했다.[73] 다섯 번째 발언은, 간단히 말해, 핵무기를 개발하겠다는 의사의 표시로 해석되었다. 이 회담을 깊이 취재한 『워싱턴포스트』의 오버도퍼 기자는 자신이 만난 소련의 한 참석자는 김영남이 '핵무기'를 개발하겠다고 말했다고 덧붙였다.[74]

셰바르드나제는 다음 날 김영남을 만난 자리에서 북한의 핵무기 생산은

73 엄구호, 『한국·러시아 수교협상(1990)』, 42~44쪽.

74 Oberdorfer and Carlin, *The Two Koreas*, pp. 170~171.

북한의 서방세계 및 국제사회와의 관계를 심각하게 해칠 것이라고 경고한데 이어 한반도에서 핵무기가 쓰일 가능성은 전혀 없다고 설명했다. 한반도에서의 핵무기 사용은 남과 북 모두를 황폐하게 만들고 중국도 해칠 것이라고 부연했다. 셰바르드나제는 김일성 주석을 예방하겠다고 요청했다. 그러나 김영남은 김 주석이 현재 평양에 없으며 예방은 매우 어려울 것이라고 대꾸했다. 셰바르드나제는 매우 언짢은 마음으로 예정보다 몇 시간 일찍 평양을 떠났다.[75]

셰바르드나제가 평양을 떠난 뒤, 북한 외교부는 김영남의 발언 내용을 「비망록」으로 다듬어 9월 12일에 북한주재소련대사관에 전달했다. 북한정부는 「비망록」의 내용을 9월 19일에 내각 기관지 『민주조선』에 발표했다.[76]

북방정책 또는 소련과의 수교가 결과적으로 북한의 핵개발을 촉발시켰다는 주장

우리는 앞에서 김영남의 여섯 가지 요점의 발언을 살피는 가운데 사실상 그가 핵무기 개발의 뜻을 밝힌 사실을 지적했다. 이것에 주목해 노 대통령의 북방정책이 결과적으로 북한을 핵개발로 치닫게 했다는 분석을 제기하는 연구자들이 있다.

우선 김세균金世均 교수는 한국의 북방정책과 북한의 핵개발을 직접 연결시켜 말하지는 않았으나, 북방정책이 "북한을 국제적으로 더욱 고립시키는 전략으로서의 의미를 지닌 것이 되어 남북관계를 더욱 악화시킬 것이다."라는 분석을 제시했다.[77]

---

75 위와 같음.

76 오진용, 『김일성시대의 중소와 남북한』, 257~260쪽.

77 김세균(金世均), 「북방정책과 통일정책」, 『국제정치논총』 제29집 2호(1990년 3월), 143~154쪽.

당시 북한주재소련대사였던 알렉산드르 카프토Alexandr Kapto는 자신의 회고록에서 한·소수교가 북한을 고립시켜 핵무기개발에 적극 나서게 했다는 주장의 근거가 되었다고 썼다.[78] 호주국립대학교Australian National University의 앤드류 맥Andrew Mack 교수는 북방정책에 따른 한국의 소련과의 수교를 북한은 자신의 핵개발을 합리화하는 명분으로 활용하고 있다고 지적했다.[79]

직업외교관 출신의 위성락 전 러시아대사는 훨씬 더 확실하게 북방정책과 북한의 핵개발을 연결시켰다. 그는 김영남의 발언에 주목하면서 "북핵문제의 시발점이 여기에 있었다."라고 쓰고, 이어 "북한은 한·소수교 이후, 소련의 붕괴와 중국의 변질된 사회주의를 목도하고 생존을 명목으로 핵 카드를 집어든다."라고 쓴 뒤, 다음과 같이 주장했다.

> 북방정책은 탈냉전 흐름을 활용한 우리의 외교지평 확대 노력이었으나, 결국에는 냉전적 사고에 따른 북한배후잠식외교로 귀결되었다. 우리가 외교적으로 연전연승을 거두고 북한은 계속 곤경에 처하자 우리 쪽의 승리주의 의식은 드높아졌다. 그것이 [북한의] 핵개발로 이어졌다. […] 북방정책의 의도치 않은 결과라고 해야 할 것이다.[80]

언행이 신중한 위 대사는 "그러나 그것을 과오라고 말하고 싶지는 않다."라고 덧붙였다.

신종대 교수는 훨씬 더 선명하고 자세하게 다음과 같이 썼다.

---

78 엄구호, 『한국·러시아 수교협상(1990)』, 42쪽에서 재인용.

79 Andrew Mack, "Signs of a Thaw?," *Pacific Research*, Vol.3, No.4 (November 1990), p.17.

80 위성락, 「한·소 수교과정의 회고」, 『외교』(2021년 1월), 183쪽, 189쪽, 191쪽. 위 대사는 같은 취지를 다음의 글에서 되풀이했다. 위성락, 「정전 70주년에 외교를 생각한다」, 『중앙일보』(2023년 10월 25일 31쪽).

북한은 올림픽을 향해 축포를 터트리며 나아가는 남한을 좌절과 고립감 속에서 지켜보면서 여러 위협과 경고 그리고 테러를 가했으나, 사회주의국가들마저 이 대열에 기꺼이 동참하는 상황에서는 속수무책일 수밖에 없었다. 그러나 그와 같은 체제경쟁에서의 남한의 일방적 승리가 곧 남북관계의 개선과 한반도의 평화 그리고 통일환경 조성에 기여하지 못했다. 오히려 사태는 그 역(逆)의 방향으로 치닫고 있었다. 남북한 체제경쟁에서 남한이 일방적 승리를 거두고 북한의 교차승인 시도가 좌절되는 바로 그 지점에서, 북한은 극도의 고립상태와 생존위협을 타파하기 위하여 핵을 통한 자체적인 균형전략을 모색했다.[81]

앞의 주장에 대한 반론

당시 북방정책의 추진에 참여한 익명의 한 고위관료는 "북방정책이 결과적으로 북한을 고립시켜 북핵문제로 이어지는 부정적인 [결과를] 초래했다는 주장"에 대해, 다음과 같이 비판했다.

그런 주장은 논리적으로 설득력이 없습니다. 우리는 북한을 고립시키지 않았습니다. 북한 스스로가 고립을 선택했습니다. 우리는 공산권과 수교하면서 북한에 대한 단교를 요구한 적이 없습니다. … 북한은 체제유지를 위하여 고립을 선택했습니다. 중소분쟁 이후 북한은 (소련과 중국에 대한) 등거리정책을 통하여 정권을 유지했습니다. 개방의 조건을 우리가 북한에 만들어주었다고 하더라도 북한의 적극적인 운신의 폭은 제한되어 있었습니다. 외부지원이 상실된 상황에서 외부개방을 하면 정권유지가 힘들기 때문에 개방을 선택하지 못했습니다. 핵개발은 정권유지용이라고 봅니다. 이는 북방정책의 영향이라기보다는 북한체제의 취약성 때문이라고 보아야 합니다.[82]

---

81 신종대, 「서울의 환호, 평양의 좌절과 대처」, 104쪽.
82 신욱희(申旭熙), 「압박과 배제의 정치: 북방정책과 북핵 1차 위기」, 『한국정치외교사논총』

김종휘 외교안보수석비서관은 "북한의 핵무기 선택은 북방정책의 영향이 아니라, 1960년대부터 시작되었습니다. 북방정책 때문에 북한이 핵무기를 개발하였다고 추론하면, [김대중 대통령과 김정일 국방위원장 사이의 2000년 6·15선언] 때문에 북한이 농축우라늄을 이용한 핵무기 개발을 선택하였다고 추론하는 것과 마찬가지입니다."라고 논평했다. 셰바르드나제 소련 외상이 한소수교 결정을 김영남 북한 외교부장에게 알려주자 김영남이 핵무기 개발 의사를 밝힌 것에 대해서도, 김종휘 수석은 그것을 '대소협상용'으로 평가했다. 소련에 대한 불만, 지원감소에 대한 반발 등을 표현하는 수단이었다는 것이다.[83]

박철언 장관 역시 북한책임론을 폈다. 그는 우선 북한이 1987년에 대한항공기폭파사건을 일으킴으로 말미암아 국제사회에서 테러국가로 낙인이 찍힌 사실을 지적하면서, "그런 이유로 미국 및 일본과의 관계개선이 쉽지 않았다."라고 분석한 데 이어, "북한의 고립의 원인은 북방정책이 아니라 북한 정책결정집단의 경직성이다. 북한 수뇌부가 시대의 거대한 변화와 한국의 대북포용정책의 진의를 파악하지 못했다."라는 결론을 제시했다.[84] 국가안전기획부에 이어 청와대에서 박철언 보좌관의 실무단 일원으로 봉직하며 오랜 기간에 걸쳐 북한 핵문제를 다뤘던 강근택 대사 역시 본질적으로 같은 논리를 전개했다. 북한은 아무리 늦게 잡아도 1970년대 이후 일관되게 핵을 개발하면서도 끝까지 드러내지 않으려고 하다가 김영남과의 회담이 결렬되면서 항의의 일환으로 거칠게 반응한 것으로 해석했다.[85]

직업외교관 출신인 이규형李揆亨 전 러시아대사 및 전 중국대사는 매우

제29집 제1호(2007년 8월), 210쪽에서 재인용.

83 김종휘 수석비서관 발언, 국사편찬위원회 편, 『고위관료들, '북핵위기'를 말하다』(경기도 과천시: 국사편찬위원회), 67쪽.

84 박철언 장관 발언, 위와 같음, 91쪽.

85 강근택 대사 발언, 국립외교원 외교안보연구소 외교사연구센터 편, 『남북한 UN동시가입』(선인, 2021), 116~118쪽.

신중하게 이 논쟁에 접근하면서, "너무 결과론적으로 바라보는 부분이 있는 것 같다."라고 전제하고, 북방정책이 북한의 고립과 핵무장을 가져왔다는 논리는 "너무 지나친 논리전개"라고 말했다.[86] 연세대학교 장훈각張訓珏 교수 역시 북한에 책임이 있다는 것으로 해석되는 논리를 전개했다. "북한의 선택에 대한 한국정부의 예상과 대응이 적절하였는지에 대한 보다 깊은 논의가 필요하다."라고 전제하고, 다음과 같은 결론을 제시했다.

> 북한은 대외환경 변화에 적극 대응하여 체제의 변신을 선택하기보다는 최소한의 개방과 세습체제의 안정적 구축, 그리고 오래전부터 진행해 온 핵무기 보유를 통한 체제의 생존을 선택하였다. 특히 핵무기의 선택을 통한 생존전략은 남한의 안보에 대한 치명적인 위협이 됨과 동시에 세계적인 핵질서를 흔드는 파괴력을 지니고 있는 문제로 한국은 물론 현 질서에 이해관계를 가진 국가들의 강력한 반대를 불러일으키는 결과를 빚었다. 북한의 핵선택은 북방정책의 한 기둥이었던 북미, 북일 관계의 정상화를 막는 가장 근본적인 요인이 되었고, 남북기본합의서의 좌절을 의미했으며, 북한의 고립을 초래하는 원인이 되었다.[87]

김일성 주석의 대응

소련의 한국 승인 예정에 충격을 받은 김일성 주석은 선양瀋陽을 방문하고 1991년 9월 11일에 중국공산당 총서기 장쩌민을 만난 데 이어 12일에 덩샤오핑을 만났다. 방문지를 베이징이 아니라 선양으로 선택한 쪽은 김일성 주석이 아니라 덩샤오핑과 장쩌민 등 중국공산당 수뇌부였다. 김 주석은 무엇보다 전 세계에서 공산체제 자체가 모두 붕괴하는 것이 아닌지 걱정하

---

86 이규형 대사 발언, 위와 같음, 55~56쪽.

87 장훈각(張訓珏), 「노태우정부의 북방정책과 남북관계: 북핵위기를 중심으로」, 『동서연구』(연세대학교 동서문제연구원), 제23권 제2호(2011년 12월), 170쪽.

면서 중국이 소련의 뒤를 이어 한국과 수교하게 되는 것을 경계하고 있었다. 장쩌민과 덩샤오핑은 모두 소련에서는 공산주의가 붕괴하고 있으나 중국과 베트남 그리고 쿠바에서는 공산주의가 여전히 유지될 것이라는 말로써 김일성을 안심시키면서도 중국이 한국과 수교하지 않을 것이라는 언질은 주지 않았다.[88]

김일성 주석은 그때로부터 보름 뒤 자민당의 실세로 알려진 가네마루 신金丸信 전 부총리가 이끌고 자민당과 사회당 소속의 일본 국회의원 44명으로 구성된 사절단의 예방을 받았다. 김일성으로서는 일본과의 수교로 대외관계에서의 실점을 만회하고자 한 것이다. 가네마루는 김일성을 만나 감복해 눈물까지 흘렸으며, "조선은 하나다"라는 북한의 일방적 주장에 동조하면서 "전후戰後 45년간에 대해 배상하겠다." 밝혔다. 거기서 한 걸음 더 나아가 일본의 북한과의 수교를 약속했으며, 조선로동당과 함께 자민당과 사회당 등 3당 합의문을 발표했다.

일본 외무성은 그의 언행을 전면적으로 비판했다. 일본정부의 1차적 관심사인 북핵에 대해 전혀 말하지 않은 사실을 꼬집으면서 배상이나 수교는 현시점으로서는 불가능하다는 입장을 분명히 밝혔다. 여기에도 영향을 받아 그는 10월 8일에 청와대로 노 대통령을 예방하고 자신의 평양방문에 대해 설명했다. 노 대통령이 평양에서의 그의 언행을 비판하자 그는 '사죄'한다며 머리를 숙였다.[89] '금권정치의 거물'로 불리던 그는 불법정치자금을 받은 일로 1992년에 유죄판결을 받은 데 이어 1993년에는 탈세 혐의로 구속되었다가 1996년에 85세로 별세한다. 그는 일본의 북한과의 수교의 길을 열고자 했으나, 수교회담은 이후 몇 차례 열리다가 아무런 결실 없이 끝을 맺는다. 일본측이 "북조선 핵문제의 해결 없이는, 그리고 일본인납치문제에 대한 정직한 설명과 해법의 제시 없이는 수교교섭의 진전은 불가하다."

---

88 Oberdorfer and Carlin, *The Two Koreas*, pp. 170~171.

89 노태우, 『노태우 회고록』 하, 282~285쪽.

라는 입장을 일관되게 견지했기 때문이었다.[90]

제3항 유엔에서의 수교합의

앞에서 보았듯, 셰바르드나제 외무장관은 박철언 전 장관에게 곧 한국의 외무장관과 유엔총회에서 만나 수교에 합의할 것임을 알렸었다. 실제로 그는 제45차 유엔총회에 참석한 계제를 빌려 1990년 9월 30일(한국시간 10월 1일)에 한국의 최호중 외무장관을 만나 두 나라 수교에 정식 합의하고 공동성명을 발표했다.[91] 원래 셰바르드나제는 1991년 1월 1일자로 수교하기로 결심하고 공동성명 초안 러시아어본에도 그 날짜를 써놓았었다. 그러나, 최 장관이 "두 나라 모두에 이롭고 좋은 일을 굳이 몇 달을 미룰 필요가 있느냐. 특히 오늘은 새 세대를 이끌어 나갈 아동을 위한 세계정상회의가 열리고 있는 뜻깊은 날인 만큼 두 나라의 수교도 다음 세대에 희망과 용기를 줄 수 있도록 이날을 택하는 것이 좋겠다."라며 앞당길 것을 제의하자, 셰바르드나제는 현장에서 펜으로 '1990년 9월 30일'로 고쳤다. 최 장관 역시 공란으로 남아있던 한국어본에 '1990년 9월 30일'을 써넣었다.[92]

셰바르드나제가 수교 날짜를 앞당긴 데 대해 두 가지 해석이 있다. 첫째,

---

90 김계동(金啓東), 『북한의 외교정책: 벼랑에 선 줄타기외교의 선택』(백산서당, 2002), 266~269쪽.

91 공동성명 전문은 다음에 수록되었다. 외교통상부, 『한국외교 50년, 1948~1998』(외교통상부, 1999), 350쪽.

92 최호중(崔浩中), 「한소수교의 막후비화: 최호중 당시 외무장관의 특별기고」, 『월간조선』(1992년 9월), 452~465쪽. 한 · 소수교와 이후의 러시아와 남북한의 관계에 대한 논문으로 국립외교원 외교안보연구소 외교사연구센터 · 한국정치외교사학회 공동개최, 『한 · 러수교 30주년 기념 학술회의: 한 · 러관계의 역사적 전개와 향후 전망』(2020년 10월 8일, 외교타운 12층 KNDA Hall)에 수록된 다음의 세 논문을 지적할 수 있다. 신범식(辛範植), 「러시아의 시각에서 본 탈냉전 이후 러 · 북관계의 전개」, 73~108쪽, 엄구호(嚴久鎬), 「한 · 러수교와 양국관계의 발전」, 109~128쪽, 이지수(李志樹), 「한 · 러수교, 복교의 역사적 재조명」, 129~144쪽.

그가 김영남으로부터 '협박에 가까운 무례를 당해 감정이 무척 상해 있었기' 때문이라는 설명이다. 오버도퍼와 칼린은 셰바르드나제가 '1990년 9월 30일'을 기재하면서 나지막하지만 옆에 있는 수행원들이 다 들을 수 있을 정도의 크기로 "이것으로 우리의 우방인 북한 친구들도 정신을 차릴 것"이라고 러시아어로 중얼거렸다고 썼다.[93] 둘째, 9월 28~30일의 어느 시점에 한국정부의 '새로운 경협' 안을 접수한 소련정부가 수교 날짜를 한국정부가 원하는 대로 앞당겨도 좋다는 훈령을 주었기 때문이라는 분석이다.[94]

공동성명의 발표와 동시에, 1904년에 국교가 끊어졌던 두 나라는 86년 만에 국교를 다시 열었고, 서울과 모스크바에 각각 소련과 대한민국의 대사관을 개설했다. 대한민국의 초대 소련대사에는 그동안 주소영사처장이던 공로명이, 소련의 초대 대한민국대사에는 주필리핀대사이던 올레그 소콜로프Oleg M. Sokolov가 부임했다. 이로써 한반도의 주변 4강 가운데 소련은 남북한 모두와 외교관계를 맺은 최초의 나라가 되었다.

북한의 반발은 즉각적이었다. 수교가 발표된 직후 『로동신문』은 「달러로 팔고 산 외교관계」라는 제목의 논평에서 지난 날 고르바초프와 셰바르드나제 모두가 남조선을 승인하지 않을 것이라고 약속한 사실을 상기시킨 뒤, 오늘날의 소련은 '사회주의 국제주의'를 고수하던 지난날의 소련이 아니라 완전히 다른 성격의 나라로 타락했다고 비난했다. 보다 구체적으로, 이 신문은 소련이 단돈 23억 달러를 받고 사회주의 국가의 위신과 영예 그리고 자신의 동맹의 이익과 신의를 팔아버렸다고 매도했다. 여기서 '23억 달러'는 당시 남한이 수교를 조건으로 소련에 제공하기로 약속한 것으로 보도된 차관의 액수였다.[95]

---

93 Oberdorfer and Carlin, *The Two Koreas*, p. 169; 노태우, 『노태우 회고록』 하, 209쪽; 최일송, 「북방정책과 한·러관계 발전방향」, 『한국외교사논집』 2(2021), 127~128쪽.

94 곽성웅(郭成雄), 「경협이 한소수교의 급진전에 미친 영향 연구: 1990년 공개 외교문서를 중심으로」, 『한국정치외교사논총』 제43집 제2호(2022년 2월), 41~71쪽.

95 Oberdorfer and Carlin, *The Two Koreas*, p. 169.

종합적으로, 엄구호 교수의 표현을 빌린다면, "북방정책의 핵심으로 한국외교의 대전환점을 이룬 것은 노태우정부의 한 · 소수교였다." 다시 엄 교수의 해석으로, "노태우정부는 북방외교를 통해 한 · 소수교를 이루었을 뿐만 아니라 [이후] 역대정부가 보수정부건 진보정부건 나름의 북방외교를 지속할 수 있었던 토대를 마련하였다."[96]

제4항 노 대통령의 모스크바 방문

수교가 공식 발표되면서, 소련정부는 노 대통령의 방소를 초청했다. 11월 중순에, 한소경제협회 정주영 회장의 초청으로 「한소경제협력 및 과학기술협력 세미나」에 참석하기 위해 방한한 메드베데프Vadim Medvedev 소련대통령위원회 위원은 그 계제를 활용해 청와대로 노 대통령을 예방하고 고르바초프 대통령의 친서를 전달했다. 12월 중순에 소련을 국빈으로 방문할 것을 요청하는 친서였다. 메드베데프는 소련이 부분적으로는 한국산 상품을 구입하기 위해 그리고 나머지는 아무 조건 없이 한국으로부터 총 40억 달러의 차관을 바라고 있다는 고르바초프의 요청도 함께 전했다.

노 대통령의 방소를 준비하던 시점인 1990년 12월 10일에 노르웨이의 노벨평화상위원회는 수도 오슬로에서 고르바초프에 대한 1990년도 노벨평화상 수여식을 열었다. 당시 국제사회에서 일어나고 있는 엄청난 변화와 평화운동에서 선도적 역할을 담당한 데 대한 인정이었다. 이로써 그는 71번째이면서 공산권 지도자로서는 최초의 노벨평화상 수상자가 되었으나 국내 형편으로 참석하기 어려워 외무부 제1차관 아나톨리 코발료프Anatoly

---

96 엄구호, 『한국 · 러시아 수교협상(1990)』, 45쪽, 김의곤(金義坤), 「한 · 소수교의 의의와 한반도통일의 방향」, 김학준 · 염홍철 엮음, 『선진한국의 모색:제6공화국 정책평가』(동화출판사, 1993), 289~303쪽.

Kovalyov가 대리로 수상했다. 코발료프가 대독한 성명에서, 고르바초프는 "개혁과 개방은 이제 더 이상 소련에 국한된 것이 아니라 인류 전체의 안전과 평화에 연결된 과제"라고 역설했다.

자신을 상대로 한국과의 수교를 성사시킨 고르바초프가 노벨평화상을 받는 것을 흐뭇한 마음으로 바라보며, 노 대통령은 12월 13~16일에 모스크바를 방문했다. 대한민국의 대통령이 소련 땅을 밟는 첫 사례였다. 한국과 소련의 수교에 반대한 북한의 테러집단이 모스크바에 잠입한다는 정보에 접한 최석립崔石立 대통령 경호실장은 소련의 경호책임자에게 이를 설명하고 경호 경비 병력을 최대한 동원해줄 것을 강력히 요청했고 그의 적극적 협력을 이끌어냈다. 최 실장은 훗날 "소련 외무장관 일행의 성대한 영접을 받으신 후 소련군 의장대를 사열하시는 노 대통령의 모습이 너무나 당당하시고 자신감이 흘러넘쳐 보였다."라고 회상했다.[97]

노 대통령은 14일 오전에 고르바초프 대통령과 정상회담을 가진 직후 「대한민국과 관계의 일반원칙에 관한 선언」(약칭 모스크바선언)을 발표했다.[98] 여러 많은 분야에서 두 나라 사이의 교류와 협력을 증진시킬 것을 다짐한 이 선언 가운데 특히 한반도 통일과 관련해 중요한 부분은 다음과 같다.

> 양 대통령은 […] 한반도의 평화가 동북아시아와 세계의 평화를 위하여 중요하다는 데 인식을 같이하고, 한반도의 통일이 한국민(영어본에서는 the Korean nation)의 염원임을 확인[한다.]
>
> 양 대통령은 한·소 관계의 발전이 아시아·태평양지역에서 평화와 안보의 강화에 기여하고, 이 지역에서 진행 중인 변화에 부응하는 것이며, 아시아에

---

97 최석립(崔石立), 「한국·소련 수교, 한국·중국수교의 역사현장을 경호하다」, 노재봉 편, 『노태우 대통령을 말한다』, 794~795쪽.

98 국어본 전문은 다음에 수록되었다. 한정숙(韓貞淑)·홍현익(洪鉉翼)·강윤희(姜倫希)·최우익(崔宇翼) 공편, 『한·러관계사료집 1990~2003』(서울대학교 출판부, 2005), 39~40쪽. 영어본은 253~255쪽, 러시아어본은 451~453쪽에 수록되었다.

서 대결적 사고방식과 냉전의 종식을 가속화하고, 지역협력에 기여하며, 남·북한의 통일을 위한 긴장완화와 신뢰구축을 촉진시킬 것임을 확신한다.

소비에트사회주의공화국연방은 남·북한간에 정치적·군사적 대결의 종식과 전 한국민(영어본에서는 the entire Korean people)의 의사에 따라, 평화적인 방법으로 한국문제(영어본에서는 the Korean problem)의 공정하고 공평한 해결을 위한 생산적인 남북대화의 지속을 지지한다.

이 선언은 마지막에 와서 "양 대통령은 대한민국과 소비에트사회주의공화국연방 간의 교류와 접촉의 확대가 각자의 제3국과의 관계에 영향을 주거나 각자의 다자·양자 조약이나 협정상의 의무수행에 장애가 되지 않아야 한다는 데 인식을 같이 한다."는 구절을 포함했다. 이 구절은 소련이 상호협력방위조약을 유지하고 있는 북한을 염두에 둔 것으로 해석되었다.

노 대통령은 자신의 이 방소 때 20명 정도의 기업인들을 대동했다. 소련이 희망하는 경제협력에 관심이 있다는 것을 보여주기 위해서였다. 그러나 소련에 대한 원조의 계획과 규모에 대해서는 모스크바회담에서는 다루지 않되 1991년 1월에 서울에서 두 나라 사이에 협상을 열고 결정하기로 합의했다. 이때 노 대통령은 고르바초프에게 "원조에 관한 한, 걱정하지 않아도 된다. 내 말을 믿어도 된다."라고 말했다고 소련의 한 고위관리는 회상했다.[99]

노 대통령은 고르바초프와 정상회담을 마친 뒤 14일 오후 모스크바국립대학교를 방문하고 「냉전의 벽을 넘어 평화와 번영을 향하여」라는 제목으로 연설했다. 그는 한국이 어떻게 발전해왔는가를 상세히 설명한 데 이어, "나는 서울을 출발한 한국의 젊은이들이 고속철도를 타고 시베리아를 가로질러 모스크바의 젊은이들과 어울려 스톡홀름으로, 파리로, 이스탄불로 동

---

99 Oberdorfer and Carlin, *The Two Koreas*, p. 176.

반여행을 떠나는 내일이 올 것을 확신합니다. 그날을 앞당기기 위해 우리 모두 어깨를 나란히 하여 앞으로 나아갑시다. 마스크바, 베치나야치베 슬라바! [모스크바여, 영광이 영원하여라!]"라는 말로 연설을 마쳤다. 학생들은 우레와 같은 박수와 환호성으로 화답했다.

노 대통령의 조크와 위트 역시 인기를 끌었다. 그는 가는 곳마다 "모스크바가 굉장히 추운 도시라고 해서 서울을 출발할 때 추위를 피할 수 있는 털모자와 두꺼운 옷을 갖고 왔다. 그런데 와보니 서울보다 더 따뜻했다. 참 이상하다고 여겨 가만히 생각해보니 '이게 고르바초프가 제창하고 있는 페레스트로이카의 훈풍이구나, 그래서 따뜻하구나.'하는 것을 깨달았다."라는 말로 고르바초프의 페레스트로이카를 칭찬했다. 이 말에 언제나 박수갈채가 터져 나오곤 했다.[100] 노 대통령은 유서 깊은 모스크바국립대학교로부터 명예정치학박사학위를 받았다. 이것은 그가 1989년 10월에 방미했을 때 조지워싱턴대학교로부터 명예법학박사학위를 받았던 데 이은 두 번째 명예박사학위 수위였다.

노 대통령은 15일 오전 크렘린궁 영빈관에서 러시아연방공화국 대통령 옐친과 만났다. 옐친은 소련 안에서 러시아연방공화국이 차지하는 비중을 강조하면서, 한국이 러시아연방공화국과도 수교할 것을, 그리고 경제와 문화 및 과학기술 분야에서 협력할 것을 제의했다. 노 대통령은 소련과의 수교가 이제 석 달도 되지 않았음을 상기시키면서 완곡하게 사양했다. 고르바초프와 옐친 모두를 면담한 그는 훗날 "고르바초프가 공립학교 장학생이라면, 옐친은 시골학교의 고학생이다."라든가 "고르바초프가 온화하고 친근하며 서구화한 반면, 옐친은 말이 적고 무뚝뚝한 편이었다."라고 비교하곤 했다.[101]

노 대통령의 정상회담과는 별도로, 최호중 외무장관은 셰바르드나제 외

---

100 노태우, 『노태우 회고록』 下, 214~215쪽.

101 위와 같음, 214쪽 및 223쪽.

무장관과 회담했다. 최 장관이 6·25전쟁 그리고 1983년의 소련전투기에 의한 대한항공기 피격에 대해 언급하자, 셰바르드나제는 6·25전쟁에 대해 "그러한 일이 되풀이되지는 않을 것"이라고 말한 데 이어 대한항공기 피격에 대해 "무고한 많은 희생자를 낸 것을 매우 가슴 아프게 생각하며 다시 있어서는 안 될 일이라고 믿는다."라고 말했다. 최 장관은 이 사실을 수행기자단에 발표했다. 국내 매체들은 소련의 '공식 사과'로 받아들이고 크게 보도했다.[102] 대조적으로, 최호중 외무장관의 후임인 이상옥 장관은 셰바르드나제가 소련의 입장을 옹호하면서 책임은 인정하지 않고 다만 유감의 뜻을 표했을 뿐이라고 그 의미를 제한했다.[103] 최 장관은 1990년 말의 개각에서 통일부 장관 겸 부총리로 승진하며, 그의 상대역이었던 셰바르드나제 외무장관은 1991년 1월에 알렉산드르 알렉산드르비치 베스메르트니흐Alexandr A. Bessmertnykh 주미소련대사에게 자리를 물려준다.

모스크바 방문을 늦췄어야 했다는 주장과 반론

노 대통령은 모스크바 방문과 「모스크바 선언」 채택을 만족스럽게 여겼다. 그러나 박철언 장관은 노 대통령의 모스크바 방문에 앞서 늦출 것을 건의했다. "이미 외교관계가 수립되었는데 소련이 자신들의 국내사정으로 너무 서두르는 전략에 우리가 보조를 맞춰줄 필요가 없고, 남북관계에서도 북을 자극할 수 있기 때문에 1991년 봄 이후에 서서히 소련을 방문하는 것이 좋겠다는 생각이었다." 그래서 그는 1990년 12월 초에 노 대통령에게 "고르바초프는 지는 해입니다. 옐친은 이미 떠오르고 있습니다. 수교까지 한 마당에 거액을 들여 엄동설한에 모스크바를 방문할 이유가 어디 있습니까? 재고해보셔야 하지 않겠습니까."라고 직언했다.

---

102 최호중, 「한소수교의 막후 비화」, 465쪽.

103 이상옥(李相玉), 「제7부 소련/러시아: 1. 대소 경제협력차관 문제의 타결」, ______『전환기의 한국외교: 이상옥 전 외무장관 외교회고록』(삶과꿈, 2002), 719쪽.

박 장관의 회고에 따르면, "노 대통령은 정색하며 크게 역정을 냈다." 노 대통령은 "고르바초프는 미국이 적극 지원해주고 있으니 오랫동안 세계적 지도자의 자리를 가질 것이고, 옐친은 떠버리다. 이번에 가야 한다. 김종휘 보좌관도 그러더라."라고 반박했다.[104]

모든 일에는 타이밍이 매우 중요하다. 실기失機하면 대사大事를 그르칠 수 있어, 이것을 경계하는 말들이 있다. 누구나 잘 기억하듯, 한문으로는 '물실호기勿失好機'로 표현하고, 영어로는 "쇠가 뜨거울 때 두드려라(Strike the iron when it is hot)"라고 표현한다. 당시 소련은 특히 국내적으로 하루가 다르게 급변하고 있었기에, 예상하기 어려운 급변이 일어나기 전에 방문한 것은 적기適期의 방문이었다. 노 대통령의 방문이 있었기에 4개월 뒤 고르바초프의 제주도 답방이 뒤따랐고, 여기서 고르바초프가 유엔가입에 관한 한국정부의 자세를 지지해줌으로써 다음 제6장 제3절에서 보게 되듯 중국이 뒤따르게 되며 그것들이 겹쳐 북한이 한국정부의 제의를 받아들임으로써 남북한 유엔 동시가입이 실현되었다.

두 나라 사이의 경협회담

모스크바에서의 합의에 따라, 1991년 1월 7일에 로가초프Igor Rogachev 소련 외무차관이 경제관료들과 외무관료들을 대동하고 방한했으며, 1월 18일에 마슬류코프 제1부총리가 정부대표단을 이끌고 방한했다. 이로써 두 나라 사이의 경협 협상이 본격적으로 진행됐다. 이 협상에서 김종휘 외교안보보좌관은 "소련이 북한에 전투기·전차·미사일 등 고도정밀무기를 공급하고 있는 한, 우리는 경협을 제공하기 어렵다."라고 버텼다. 마슬류코프는 "한국과의 경협이 이뤄지면, 북한에 대한 군사협력은 중단하겠다."고 다짐했다. 이러한 조건 아래, 한국은 소비재 차관 15억 달러, 뱅크 론 10억

104 박철언, 『바른 역사를 위한 증언』 2, 183쪽.

달러, 플랜트 차관 5억 달러로 구성된 30억 달러의 경협을 약속했다. 이 회담은 이어 두 나라 사이의 과학기술협력과 자원협력 및 어업협력 등에 대해서도 구체적인 합의를 끌어냈다. 대한민국 국회는 1991년 2월 7일에 소련에 대한 경협안에 동의했다.[105]

그러면 두 나라의 약속은 이후 어떻게 되었나? 한국의 경우, 30억 달러 가운데 14억 7천만 달러는 집행했고, 나머지 절반은 집행하기에 앞서 소련이 해체되었기에 잔여 달러 집행을 중지했다. 소련은 약속을 지켰다. 차관으로 받은 액수만큼의 전쟁물자, 예컨대 전차 · 장갑차 · 헬리콥터기 · 미사일 등을 공급했으며, 이것은 후일 한국정부의 무기개발에 도움을 주었으니, 김영삼정부와 노무현정부 때 이뤄진 '불곰 사업'이 그것이었다.[106] 북한에 대해서는 한 대의 전투기, 한 대의 전차, 한 기基의 미사일도 주지 않았다. 석유 공급도 거의 중단했다. 이것은 첨단무기와 석유를 소련으로부터의 지원에 의존하던 북한에 큰 타격이었다.

이렇게 볼 때, "한국의 안보는 14억 달러의 경협자금으로 몇 십 억 달러, 몇 백 억 달러에 해당하는 효과를 거둔 셈이 되었다."라는 노 대통령의 자평自評은 과장이 아니었다.[107] 거기에 더해, 한국이 '소비재 차관'의 명목으로 제공한 삼성과 LG 등 한국 대기업의 상품들은 특히 모스크바시민들의 인기를 끌면서 상품의 인지도認知度를 높여 이후 그 상품들이 계속해서 '러시아 시장에서 우위를 차지하게 된' 의외의 효과를 낳았다.[108]

---

105 위와 같음, 715~731쪽. 정한구(鄭漢九), 「한 · 소 정상회담과 한 · 소 관계 발전 전망」, 『동서연구』(연세대학교 동서문제연구원), 4(1991년 12월), 135~151쪽.

106 윤성민(『한국경제』 논설위원), 「K방산 심장, 국방과학연구소(ADD)」, 『한국경제』(2023년 11월 10일 A35).

107 노태우, 『노태우 회고록』 하, 217쪽.

108 위성락 대사의 발언, 국립외교원 외교안보연구소 외교사연구센터 편, 『북방정책과 7 · 7선언』(국립외교원 외교안보연구소 외교사연구센터, 2020), 170~171쪽.

제5항 고르바초프의 제주도 답방

노 대통령은 모스크바 회담 때 고르바초프의 답방을 초청하면서 회담 장소를 제주도로 제시했다. 여전히 북한을 고려해야 할 고르바초프가 서울을 방문하기는 어려울 것임을 헤아리고 또 일본 방문을 계획하고 있음을 파악하고 있었기에, 일본에서의 회담을 마치고 귀로에 경관이 수려한 제주도에서 만날 수 있도록 배려한 것이다.

예정대로 고르바초프는 4월 16일~19일에 일본을 방문하고 가이후 도시키海部俊樹 총리와 회담했으나 합의에 이르지 못했다. 앞에서 이미 설명했듯, 소련은 일본으로부터 경제지원을 받고자 했지만, 일본은 '북방도서' 문제가 해결되지 않고서는 경제지원을 베풀 수 없다고 버텼기 때문이었다. 고르바초프는 사실상 빈손으로 귀국하는 길에 1991년 4월 19일 늦은 저녁 제주도에 도착했다. 소련의 최고 권력자가 한반도에 발을 디딘 것은 이때가 처음이었으며, 두 정상의 만남은 세 번째였다.

밤늦게 숙소 신라호텔에서 베풀어진 환영만찬에서, 노 대통령은 "우리나라에 이런 속담이 있습니다. 요리솜씨가 나쁜 부인은 손님을 초대해 놓고 입맛을 돋우기 위해 저녁식사를 가능한 한 늦게 내온다고 합니다. 그러면 손님들은 요리솜씨를 탓하지 않고 맛있게 먹는다는 것이지요. 그러나 오늘 저녁 여러분에게 내놓은 요리는 이러한 이유로 늦게 차린 것이 아닙니다. 우리는 정말 훌륭한 요리를 준비해서 상을 차리려고 노력했습니다. 그 이유는 소비에트국가의 수장이자 소련공산당의 최고 지도자가 역사상 최초로 우리나라를 방문했기 때문입니다."라는 유머러스한 표현으로 말문을 열었다.[109] 그는 이어 두 나라의 관계는 '따뜻한 봄'을 맞이하고 있다고 말하면서 이곳에서의 만남이 한반도의 냉전과 불신, 그리고 긴장과 전쟁 위험 등

---

109 「소련 대통령과 대한민국 대통령의 회담」, 『이즈베스티아』(1991년 4월 20일), 한정숙 · 홍현익 · 강윤희 · 최우익 공편, 『한 · 러관계사료집 1990~2003』, 621~623쪽에서 재인용.

을 제거하고 평화와 협력, 나아가 통일로 가는 길을 열게 될 것임을 확신한다고 덧붙였다.

고르바초프는 답사에서 1년 전만 해도 오늘과 같은 일은 상상조차 할 수 없었다고 말하면서 두 나라 사이의 협력을 원만하고 전면적으로 발전시키는 데 있어 어떠한 객관적인 장애도, 또 어떠한 주관적인 장애도 없다고 생각한다고 강조했다. 그는 두 나라가 서로의 관계를 새로운 세계정치의 기준에 기초하여 발전시키고 있으며 이것은 아주 좋은 본보기, 특히, 아시아 태평양지역의 국가들에게 좋은 본보기가 될 것이라고 강조했다.[110]

정상회담과 남북한 유엔가입 논의

정상회담은 오전 11시부터 시작되었다. 이 회담에서, 고르바초프는 노 대통령에게 두 나라 사이의 선린협력조약의 체결을 불쑥 제의했다. 배석한 이상옥 외무장관이 이 '돌출적 제의'에 대해, 노 대통령에게 "외교경로를 통해 협의하는 것이 좋겠습니다."라고 쓴 쪽지를 올리자, 노 대통령은 원칙적 찬성의 뜻을 표하면서 두 나라 외무부에 검토를 맡기자고 대응했고, 고르바초프는 동의했다.

이 회담에서 중요했던 의제들 가운데 하나는 남북한의 유엔가입 문제였다. 노 대통령이 한국은 남북의 동시가입을 추구하고 있으나 북의 가입을 원하지 않을 경우 한국의 단독가입을 추진할 뜻을 밝히자, 고르바초프는 동시가입을 위한 노력을 계속하되 그래도 북이 응하지 않아 한국이 단독가입을 신청한다면 소련은 거부권을 행사하지 않겠다는 다짐을 주었다.[111] 소련의 이러한 입장은 중국에 영향을 미친다. 우리는 제6장 제3절에서 남북한의 유엔가입을 다시 살피기로 한다.

이 제주도 회담에서 고르바초프에 대해 노 대통령이 다시 확인한 사실이

---

110 위와 같음; 이상옥, 『전환기의 한국외교』, 735쪽.

111 위와 같음, 736~737쪽.

있다. 그것은 고르바초프가 경제에 대해 너무 모른다는 사실이었다. 노 대통령의 표현으로, "그는 이자利子의 개념조차 제대로 파악하지 못한 듯 보였다." 노 대통령의 회상은 다음으로 이어졌다.

> 그는 정치개혁을 하게 되면 경제발전도 저절로 따라올 것이라고 믿었던 것 같다. 정치개혁을 하면서도 공산주의를 포기하지 않음으로 혼란을 가중시켰다. 만약 그가 시장경제에 대해 어느 정도의 지식만 가졌더라도 소련경제가 그렇게 망가지지는 않았을 것이다. 그는 자신의 약점을 뒤늦게 깨달은 것 같았다.[112]

정상회담을 마친 뒤 고르바초프는 부인과 함께 산책하다가 동행하던 기자들에게 자신이 꼭 얄타에 와 있는 것 같다고 말했다. 얄타는 어떤 곳인가? 당시 소련을 구성한 공화국들 가운데 하나인 우크라이나공화국의 크림반도에 있는 세계적 미항美港들 가운데 하나가 얄타이다. 그 사실보다 우리에게는 2차대전을 종결지은 회담들 가운데 하나인 미국·소련·영국 등 3대 연합국의 수뇌가 1945년 2월에 회담한, 이른바 얄타회담으로, 특히 한반도를 북위 38도선을 경계로 남과 북으로 나눈 회담으로 잘 알려져 있다. 이것은 사실이 아니다. 얄타회담에서 그러한 의제가 제기된 일도 없었고 합의된 일도 없었으나, 우리에게 사실과 관계없이, 그 지명은 분단의 상처를 만든 곳으로 각인되었다. 사람들은 처음에는 고르바초프가 얄타에 대한 한국인의 인식을 알고 그러한 화두를 꺼내는 것으로 생각했다. 그러나 전혀 아니었다. 그는 얄타회담과 한반도와의 연관성을 모르고 있었으며, 실제로 자신이 얄타에 와 있는 것이 아닌가 생각한 정도로 제주도의 분위기는 얄타의 그것과 아주 비슷했던 것이다.

---

112 노태우, 『노태우 회고록』 하, 224쪽 및 229쪽.

제주도에서의 정상회담을 계기로 고르바초프는 이후 제주도를 무척 사랑하게 되었다. 1994년 3월에 제주도에서 열린 포럼에 참석하고 서귀포시에 있는 유명한 '쉬리의 언덕' 그리고 역시 서귀포시 안덕면 사계남로에 있는 '사계어촌체험마을' 등을 둘러봤으며, 아내 라이사 여사는 해녀들과 대화를 나눴다. 고르바초프는 2001년 11월에도 다시 한국을 찾았으며 11월 13일에 한국외국어대학교로부터 명예정치학박사학위를 받았다. 아내 라이사 여사는 1999년 9월 20일에 백혈병으로 독일 뮌스터대학병원에서 별세하며, 고르바초프는 2022년 8월 30일에 모스크바에서 별세한다.

제5절 소련의 붕괴와 러시아연방의 소련승계 그리고 옐친 대통령의 방한

제1항 '3일천하'로 끝난 소련의 반(反)고르바초프 쿠데타

원래 스웨덴 방식의 온건한 사회민주주의 노선을 구상하고 있던 고르바초프는 귀국 직후 마르크스·레닌주의와 계급투쟁을 포기하는 혁신적 소련 공산당 강령을 마련했다. 이것은 그를 실각시킨 쿠데타를 불러일으켰다. 제주도를 떠난 때로부터 4개월을 지난 1991년 8월 19일에 소련에서는 고르바초프를 실각시킨 쿠데타가 일어났다. 부통령 겐나디 이바노비치 야나예프Gennady I. Yanayev, 총리 발렌틴 세르게예브비치 파블로프Valentin S. Pavlov, 국방위원회 부위원장 올레그 드미트리예비치 바클라노프Oleg D. Baklanov 3인은 그날 새벽에, 흑해 연안에서 휴가 중이던 고르바초프 대통령이 건강 때문에 직무를 수행할 수 없게 되어 헌법에 따라 부통령이 대통령직을 승계했다고 발표한 것이다.

그들은 발표 그 시점에 국가비상사태를 선언하고 자신들이 급조한 국가비상위원회가 향후 6개월에 걸친 기간에 국가정권을 이양받았다고 일방적으로 선언했다. 이 선언에 따르면, 그 3인에 더해 모두 8인으로 위원회를 구성했는데, 서방세계는 국가공안위원회 위원장 블라디미르 알렉산드로비치 크류츠코프Vladimir A. Kryuchkov가 이 위원회를 이끄는 것으로 해석했다. 그들은 모두 소련의 구체제를 지지하면서 고르바초프의 개혁개방정책을 비판하고 있었다. 서방언론이 이 쿠데타를 '보수세력에 의한 쿠데타'로 명명한 까닭이다.[113]

그러나 그들의 쿠데타는 국내외에서 심각한 도전을 받았다. 우선 국내에서는 러시아연방공화국 대통령 옐친이 국가비상위원회 구성 그 자체를 불법이라고 규탄하면서 고르바초프가 소련 대통령직에 복귀할 때까지 전 국민이 총파업을 비롯한 여러 수단을 통해 전면 투쟁할 것을 촉구했다. 옐친은 서방세계를 향해 국가비상위원회를 비난하고 그들에 협조하지 말 것을 호소했다. 미국이 곧바로 호응했다. 부시 대통령은 옐친과 통화하면서 미국의 전폭적 지지를 다짐했다. 쿠데타 세력은 굴복할 수밖에 없었고, 이로써 쿠데타는 사흘 만에 실패로 끝났다.

한국정부는 고르바초프의 대통령직 복귀를 지지하는 입장을 일관되게 유지했다. 8월 22일 노 대통령은 청와대 출입기자단을 상대로 "자유와 민주주의를 향한 소련국민의 결의와 용기가 위대한 승리를 가져왔다."라는 취지의 담화를 발표했다. 대통령직에 복귀한 고르바초프는 8월 28일에 노 대통령에게 감사의 뜻을 담은 친서를 보내왔다. 대조적으로, 『로동신문』이 쿠데타 직후 곧바로 "사회주의의 승리가 력사적인 필연이다."라는 취지의 논설을 발표한 데 드러났듯, 북한은 쿠데타세력에 동조하는 입장을 명

113 이하의 러시아 상황전개는 다음에서 자세히 읽을 수 있다. 김성환(金星煥), 『격동하는 러시아정치: 현직 외교관이 본 변화와 전망』(지식산업사, 1994). 저자가 러시아주재대한민국대사관 1등서기관으로 봉직하던 때 자신이 목격한 상황을 정리한 책이다.

백하게 보여주었다. 소련이 해체된 뒤 소련을 계승한 러시아연방은 그때까지 지속된 러시아의 북한에 대한 원조를 일방적으로 중단하는 것으로 보복한다.[114]

제2항 소련의 해체와 러시아연방의 승계

고르바초프가 대통령직에 복귀했다고 해도 그와 그가 이끌던 소련 중앙정부의 위신은 추락했고, 쿠데타 근원지로 지목된 소련공산당은 8월 29일 자로 해산되었으며, 반면에 국민의 편에 서서 항쟁을 선도한 옐친의 위신이 크게 오르면서 소련 중앙정부를 러시아연방 정부가 접수하거나 대체한 것 같은 상황이 펼쳐졌다.

혼란을 틈타 9월 6일에 에스토니아공화국과 라트비아공화국 및 리투아니아공화국 등 발트 3국이 독립을 선언했고 유엔은 그들을 새 회원국으로 받아들였다. 곧이어 우크라이나공화국 역시 소련으로부터의 독립을 선언하자 소련의 해체는 시간문제로 남았다. 이에 러시아연방공화국은 12월 21일에 우크라이나공화국 및 벨라루스공화국(구 백러시아공화국)을 비롯한 여타의 공화국들과 카자흐스탄공화국 수도 알마티에서 독립국가연합(CIS: Commonwealth of Independent States)를 출범시켰으며, 러시아연방공화국이 구소련의 후계국으로 구소련의 국제적 권리와 의무를 승계했다. 고르바초프는 12월 25일에 대통령 사임을 발표하고 핵무기 사용코드를 옐친에게 이양했다. 이로써 레닌이 주도한 볼셰비키혁명의 산물로 1917년 11월에 성립된 소련은 완전히 소멸되었다. 이 과정에서 노태우정부는 발트 3국을 비롯한 구소련으로부터 독립한 국가들을 승인하고 외교관계를 수립했다.

---

114 이상옥, 『전환기의 한국외교』, 746~751쪽; 김종표, 「한·러시아 관계의 새로운 방향」, 224쪽.

이러한 급변 속에서도, 노 대통령은 퇴임한 이후 고르바초프를 몇 차례 더 만났다. 노 대통령은 고르바초프에 대해 "머리가 영민하고 순발력이 있었으며 지혜로운 안목을 지닌 지도자였다. 무엇보다도 착한 사람이었다." 라고 회상하면서, "나는 고르바초프의 역사적 역할을 긍정적으로, 그리고 높게 평가하고 싶다. 나는 동서냉전을 평화적으로 종식시킨 데 대해서 고르바초프가 담당한 역할을 인정해야 한다고 생각한다. [⋯] 그는 인류가 고마워해야 할 사람이다."라고 매우 호의적으로 논평했다.[115]

고르바초프도 노 대통령에 대해 호의적으로 회상했다.

러시아와 한국뿐 아니라 전 세계에 있어서도 큰 의의를 가지는 역사적 사건에 우리가 참여하였던 시간들을 늘 만족스럽게 회상하곤 합니다. 1990년 6월 샌프란시스코에서 가졌던 첫 만남에서 우리는 냉전이 남긴 또 하나의 흔적을 씻어낼 수 있었습니다. 그 후 얼마 지나지 않아 양국 간 수교가 이루어졌습니다. 모스크바와 아름다운 섬 제주에서 가졌던 정상회담도 생각이 납니다. 특히, 제주도 정상회담은 마치 양국관계가 이미 수십 년 지속되어온 듯한 분위기 속에서 이루어졌습니다. 그래서 나는 노 대통령의 초청에 응해 다시 한 번 동화 같은 섬 제주도를 비공식 방문하였고 그때는 우리가 이미 공식적인 직위에서 벗어난 뒤였죠.

노 대통령으로 인해 한국은 민족부흥의 중요한 시기를 맞이할 수 있었음을 말하고 싶습니다. 노 대통령이 페레스트로이카 시기 우리나라에 진정한 연대감을 보여주었던 정부 인사였다는 사실도 말하지 않을 수 없습니다. 우리는 함께 미래를 위한 밑거름을 만들어 왔습니다.[116]

115 노태우, 『노태우 회고록』 하, 227~228쪽.

116 미하일 고르바초프, 「노 대통령, 그분 있어 한국이 부흥의 시기를 맞이할 수 있었다」, 노재봉 편, 『노태우 대통령을 말한다』, 87~88쪽.

제3항 옐친 대통령의 방한

옐친의 정치적 성장과정

제4절 제4항에서 이미 지적했듯, 노태우 대통령은 1990년 12월의 모스크바 방문 때 당시 소련을 구성한 공화국들 가운데 하나인 러시아연방공화국의 대통령이던 옐친을 접견하고 방한을 초청했었다. 옐친은 1931년 2월 1일에 우랄산맥 지역의 공업중심지인 스베르들로포스크Sverdlovsk — 옛 이름으로는 에카테린부르크 — 지구의 한 작은 마을 부트카Butka에서 농민의 아들로 태어났다. 집안은 매우 가난했으며, 그래서 아버지는 건설노동자로 전신했다가 다시 집단농장으로 돌아왔다. 자연히 그의 어린 시절은 힘들었다. 집은 너무 추워 보온을 위해 집에서 기르는 산양을 끌어안고 자야 했고, 즐거운 일이나 맛있는 것과는 인연이 없이 살아야 했다. 그래도 학교에서는 언제나 우수한 성적을 발휘했고, 반장으로 뽑혔다. 그러나 중학생 때 친구들과 수류탄을 훔쳐 분해하는 일을 하다가 수류탄이 터져 손가락 둘을 잃기도 했다.[117]

옐친은 1955년에 우랄지역에 있는 카로프공과대학 토목공학과를 졸업하고 토목기사증을 받았다. 그는 곧 우랄지역의 주택건설공단에서 토목기사로 사회생활을 시작했다. 그는 주로 현장에서 일했으며 참으로 많은 경험을 쌓았다. 1년 뒤인 1956년에 주임기사로 승진함과 아울러 나이나 요시브나 기리나Naina I. Girina와 결혼했다. 그들 사이에는 옐레나Yelena와 타티아나Tatyana의 딸들이 태어난다.

옐친은 만 30세가 된 1961년에 소련공산당에 입당했다. 그렇다고 해서 토목기사로서의 일을 그만둔 것은 아니었다. 그는 토목기사로 우수성과 성실

---

117 옐친의 자서전은 영어로 다음과 같이 번역되었다. Baris N. Yeltsin, *Against the Grain: An Autobiography* (New York: Summit Books, 1990). 이 영역본은 국내에서 다음과 같이 번역되었다. 조영환 감역, 『고백』(하늘땅, 1990); 박시종, 『고백』(왦과함, 1990). 옐친에 대해서는 이미 다음에서 자세히 설명했다. 김학준·장덕준 분담집필, 『러시아사』, 584~590쪽.

성을 발휘해 우랄 지역의 주택건설공단에서 건설부장으로 승진할 수 있었다. 당에서도 승진이 계속되었다. 그는 인구 약 120만을 포용한 스베르들로프스크의 당서기로 승진한 데 이어, 1976년에는 제1서기로 승진한 것이다. 이때 그는 모스크바에서 수슬로프와 브레즈네프로부터 직접 격려를 받았다.

옐친의 정치적 경력에 있어서 매우 중요한 변화는 1985년 7월에 이뤄졌다. 4개월 전에 소련공산당 중앙위원회 서기장으로 취임한 고르바초프가 그를 중앙위원회의 건설부장으로 발탁한 것이다. 이로써 모스크바에서의, 그리고 중앙정계에서의 생활이 시작되었다. 5개월 뒤에 그는 모스크바시당의 제1서기로, 동시에 중앙당의 정치국 후보위원으로 승진했다. 그의 이러한 승진은 그를 '개혁가'라고 평가한 고르바초프의 보살핌에 힘입은 것이었다.

그러나 옐친은 서서히 고르바초프를 비판하기 시작했다. 고르바초프의 개혁이 너무 늦게 진행되고 있다는 것이었다. 옐친의 거침없는 비판은 1987년 10월 21일에 공개적으로 나타났다. 이에 모스크바시당위원회는 11월 11일에 고르바초프의 참석 아래 회의를 열고 옐친을 제1서기로부터 해임했다. 그는 곧 정치국 후보위원으로부터도 해임되었으며 스베르들로프스크지구당으로 전임되었다.

그러나 1989년 3월에 그는 모스크바의 한 선거구에서 제1차 인민대표회의에 압도적 지지를 받아 대의원으로 선출되었다. 이때부터 그는 부패의 척결을 외치는 개혁의 선봉장으로 국민의 기대를 모았으며, 그 기세로 1990년 5월에 소련의 한 구성공화국으로서의 러시아연방공화국의 최고소비에트 의장으로 당선되었는데, 이 자리가 러시아연방공화국의 국가원수로 간주되었다. 그는 새 헌법에 따라 1991년 4월에 실시된 직접선거에서 마침내 대통령에 당선되기에 이르렀다. 1991년 8월에 일어난 쿠데타는 그에게 새로운 도전이었다. 그는 쿠데타에 감연히 대항해 모스크바의 중심가에서 시민들과 함께 싸움으로써 '민주주의의 수호자'라는 칭송을 국내외에서 받았으며, 그해 말에 소련이 해체되었을 때 소련의 적법한 계승자로서의 러시아연방의 대통령으로 러시아 역사의 대전환을 관리하게 되었다.

노 대통령과의 회담: 연해주 개발을 둘러싼 토론

옐친 대통령은 원래 1992년 9월 13일부터 16일까지 일본을 방문한 다음 9월 16일부터 18일까지 우리나라를 방문하기로 합의했다. 두 나라 방문의 목적은 같았다. 경제원조를 받고자 하는 것이었다. 그러나 고르바초프 때처럼 일본이 '북방도서' 해결을 앞세우자, 옐친은 방일을 포기하면서 동시에 방한을 연기했다. 그렇지만 이상옥 외무장관은 안드레이 코지레프 Andrei V. Kozyrev 러시아 외무장관과의 긴밀한 협의를 계속해 1992년 10월 5일에, 한국은 블라디보스토크에 총영사관을 개설하고 러시아는 부산에 총영사관을 개설한다는 데 합의했으며, 이어 옐친의 방한일정을 조정했다.

옐친의 방한은 결국 1992년 11월 18~20일에 이뤄졌다. 이로써 그는 그의 표현으로 "아시아국가들 가운데 한국을 제일 먼저 방문한 러시아 대통령이 되었다." 우리 시각에서는, 소련을 포함한 러시아의 최고 권력자가 서울에 도착해 국빈으로서의 격식을 갖춘 방문을 한 것은 이번이 처음이었다. 그를 맞이해 노 대통령은 11월 19일에 정상회담을 가졌다. 이 회담에서 옐친은 한국의 경제발전을 높이 평가하고 한국은 이제 '세계의 모범'이 되었다고 칭찬하면서, 러시아는 이데올로기로부터 완전히 탈피한 만큼 두 나라 사이의 관계는 '새로운 시대'를 맞이하고 있다고 강조했다. 옐친은 이어 한국 정부와 기업들에게 제안할 23개 공동프로젝트 목록을 제시했다. 그것들은 광업 분야, 목재 채벌 및 가공 분야, 건설산업 분야, 해산물가공공장건설 분야, 경공업·식료품·의약품·소비재·여행 분야 등 광범위한 분야에 걸쳤다. 옐친은 동시에 러시아의 채무상환을 1994년까지 연기해줄 것을 거듭 요청했다.[118]

---

118 이상옥, 『전환기의 한국외교』, 816~842쪽.

노 대통령은 과거사 청산에 관련된 문제들을 제기했다. 우선 스탈린 시대에 연해주 일대에서 중앙아시아로 강제이주된 한인들의 명예를 회복시켜주고 러시아인과 동등한 법적 지위를 향유할 수 있도록 적절한 법적 조치를 취해줄 것을 요청해 호의적 대답을 받아냈다. 그러나 "그들을 원래의 생활터전인 연해주의 한 지역으로 끌어모으자."는 노 대통령의 제의에 대해서는 한마디로 어렵다고 했다. "그렇지 않아도 소수민족들이 들고 일어나 소련연방이 깨지고 민주주의를 부르짖어 골치를 앓고 있는데, 민족성이 강한 한인들이 한곳으로 모이게 되면 보통 어려운 문제가 아니므로 [각하의] 구상에 대해 심정적으로는 공감하지만, 현실적으로는 받아들이기 어렵다."는 것이었다.

이에 노 대통령은 "연해주지역을 개발해서 발전시키면 우리 한국이 잘살게 되는 것이 아니라 당신네 나라의 극동지역이 잘살게 되는 것이다. 풍부한 지하자원을 가진 동토凍土의 땅을 왜 묵혀두려 하는가. 우리가 무슨 침략적 근성이라도 있다고 생각하는가."라고 설득했다. 노 대통령은 "연해주를 개발하는 데 사람이 필요하지 않은가. 기술자와 투자할 자본가를 한국에서 보낼 수 있다. 그러나 연해주 현지의 인력이 있어야 한다. 어떻게 할 것인가. 거기 중앙아시아에 있는 한인들이 그래서 연해주로 와야 하지 않겠는가."하고 다그치듯 말했다. 그러자 옐친은 "한인들이 무리를 지어 집단으로 연해주로 가는 것은 어렵지만, 개별적으로 가는 것은 막지 않겠다."고 물러섰다.[119]

노 대통령은 이어 우리 민족에게 엄청난 재앙을 안겨주었던 비극의 6·25전쟁에 관한 자료의 공개를 요청했다. 이 전쟁이 스탈린의 고무와 지원에 힘입어 일어난 것을 염두에 두고 그 실상을 밝히고자 하는 국민적 여망을 대변한 것이었다. 옐친은 긍정적으로 답변하고 자료의 공개를 위한 조

---

119 노태우, 『노태우 회고록』 하, 232쪽.

치를 밟겠다고 약속했다. 옐친은 1994년 6월 김영삼 대통령의 모스크바 방문 때 이 전쟁에 관한 극비문서들을 넘겨준다. 이 문서들은 이 비극이 전쟁을 일으키자는 김일성의 발의에 동조하며 김일성을 고무하고 군사적 · 경제적 지원을 아끼지 않은 스탈린과 스탈린에 동조한 마오쩌둥으로부터 비롯되었음을 보여준다.[120]

노 대통령은 1983년에 소련공군기에 의해 발생한 대한항공 007기 피폭참사에 관한 자료 제공을 요청했다. 옐친은 이 사건과 관련해 한국 국민과 희생자 유가족에 조의를 표하고 '우의와 사과의 뜻으로' 비운의 그 비행기의 블랙박스 본체와 조종사 녹음테이프가 들어있는 가방을 전달했는데, 거기에는 진상 규명의 열쇠가 되는 비행경로기록기FDR의 테이프가 빠져있음이 뒤늦게 밝혀져 논란을 빚었다.[121]

정상회담이 끝난 뒤, 노 대통령과 옐친 대통령은 「대한민국과 러시아연방간의 기본관계에 관한 조약」에 서명했다. 우리나라가 세계의 많은 국가들과 체결한 조약들 가운데 국가원수들 사이에 서명된 최초의 조약이었다. 1990년 12월 14일에 채택된 모스크바선언을 다시 확인한 이 조약은 1993년 7월 7일에 발효한다.[122] 이 조약의 체결에 뒤따라, 같은 날에 「대한민국 정부와 러시아연방 정부 간의 세관분야에서의 협력 및 상호지원에 관한 협정」, 「대한민국 정부와 러시아연방 정부 간의 소득에 대한 조세의 이중과세 회피를 위한 협약」, 「대한민국 정부와 러시아연방 정부 간의 문화협력에 관한 협정」이 체결되었다.[123]

---

120 Hakjoon Kim, "Russian Foreign Ministry Documents on the Origins of the Korean War," *Korea and World Affairs*, Vol. 20, No. 2 (Summer 1996), pp. 248~271.

121 이상옥, 『전환기의 한국외교』, 838~842쪽.

122 조약 전문 한국어본 · 영어본 · 러시아본은 각각 다음에 있다. 한정숙 · 홍현익 · 강윤희 · 최우익 공편, 『한 · 러관계사료집 1990~2003』, 90~92쪽; 306~309쪽; 509~512쪽.

123 협정 전문 한국어본 · 영어본 · 러시아본은 각각 위와 같음, 93~97쪽, 99~109쪽, 110~113쪽; 310~315쪽, 316~329쪽, 330~334쪽; 513~518쪽, 519~535쪽, 536~540쪽에 있다.

옐친의 대한민국 국회에서의 연설

정상회담을 마친 뒤, 옐친 대통령은 국회의 본회의에서 연설했다. 그는 우선 러시아가 "허위와 무자비한 폭력으로 사람들의 인격과 천성을 왜곡시켰던 공산주의를 포기하고, 자유와 평화를 애호하며 시장경제와 민주주의 그리고 인간의 권리와 존엄성을 지향하는 경제적 정치적 개혁을 지속적으로 추진할 것"임을 천명했다. 그는 이어 "한국과 러시아 사이에 소외와 대결의 시대는 지나고 새로운 협력의 시대가 열렸다."라고 선언하면서, 특히 한국의 기업들이 러시아 시장에서 보다 적극적으로 활동해줄 것을 요청했다.

옐친은 이어 "한반도 통일의 열쇠는 남북한 당사자가 쥐고 있는 만큼 남북한 사이의 건설적 대화와 타협으로써 평화적 통일을 성취할 것을 기대한다."고 밝히고, 1983년의 대한항공기 피격에 대해 "우리는 무고한 사람들의 죽음을 깊이 애도하며 이 사고의 희생자 가족 및 한국인들에게 진심으로 위로의 뜻을 전한다."고 말한 뒤, "본인은 다시는 이러한 사고가 발생하지 않을 것임을 확신한다."라고 다짐했다. 1950년의 6·25전쟁에 대해서도, 스탈린을 비난했다. 이 감동적인 연설로 그는 국회에서 무려 열한 차례에 걸쳐 뜨거운 박수를 받았다. 국회연설에 이어, 그는 노 대통령과 함께 27개 항의 「한·러공동선언」을 발표했다.[124]

---

124 이상옥, 『전환기의 한국외교』, 830~835쪽. 공동선언의 한국어본과 영어본은 각각 다음에서 읽을 수 있다. 한정숙·홍현익·강윤희·최우익 공편, 『한·러관계사료집 1990~2003』, 114~116쪽; 335~338쪽.

제6장

북방정책의 궁극적 목표인 한반도 평화통일을 향한 큰 걸음:

「한민족공동체통일방안」 발표, 남북고위급회담 진전, 남북한유엔동시가입 실현, 「남북기본합의서」 및 「한반도비핵화공동선언」 채택 등

제 6 장 북방정책의 궁극적 목표인 한반도 평화통일을 향한 큰 걸음:

「한민족공동체통일방안」 발표, 남북고위급회담 진전, 남북한유엔동시가입 실현, 「남북기본합의서」 및 「한반도비핵화공동선언」 채택 등

노태우 대통령은 북방정책을 전략적 차원에서 세 단계로 나눠 추진했다. 제1단계는 소련·중국·동유럽 공산국가들과의 수교였다. 공산권과의 수교로써 "북한을 완전히 포위하자는 것이었다." 우리는 제4장에서 동유럽 공산국가들과의 수교를 살폈고, 제5장에서 소련과의 수교를 살폈다. 중국과의 수교는 제7장에서 다루기로 한다.

제2단계는 남북한 통일이었다.

제3단계는 북방정책의 최종 목표로, "우리의 생활·문화권을 중국의 옌볜과 러시아의 연해주 등에까지 확대시킨다는 것이었다." 이 과제는 「제8장 맺음말」에서 다루기로 한다. 이 제6장은 노 대통령이 북방정책의 제2단계인 남북한 통일을 지향한 일련의 정책과 실적을 검토하기로 한다. 구체적으로, 그는 1989년에 「한민족공동체통일방안」을 공식화하고, 1991년에 남북한의 유엔동시가입을 실현했으며, 1990~1992년에 남북관계의 역사에서 처음으로 남북고위급회담(남북총리회담)을 열어 「북남기본합의서」와 「한[조선]반도비핵화공동선언」을 채택하고 발효시켰다.

제1절 「한민족공동체통일방안」의 공식화

제1항 노 대통령, 통일원에 새로운 대북정책 수립 지시

북방정책의 제2단계를 '남북한 통일'로 설정한 노 대통령에게 거기에 걸맞는 통일방안의 마련은 중요한 과제였다. 그는 우선 서울대학교 사회과학대학 정치학과 교수 이홍구李洪九 박사를 국토통일원 장관으로 발탁하고, 그 과제를 맡겼다. 새삼스런 설명이 필요 없이, 이 교수는 미국 예일대학교 대학원에서 정치학박사학위를 받고 케이스웨스턴리저브대학교(Case Western Reserve University) 정치학과 조교수를 역임한 뒤 귀국해 서울대학교 사회과학연구소 소장, 한국공산권연구협의회 회장, 한국정치학회 회장 등을 맡았던 한국정치학계의 중진이었다. 이미 1975년에 국제학술회의에서 남북통일방안으로 '코리안 코먼웰스Korean Commonwealth'의 구성을 제의한 그는 1976년 이후 자신의 그 안을 '한민족공동체'로 부르며 국제사회에 널리 알렸다. 한국의 정치학자로서는 처음으로 세계정치학회IPSA 집행위원으로 봉사했고, 세계정치학회가 3년에 1회 개최하는 세계대회를 1979년 8월 12~18일에 브레즈네프 시대의 모스크바에서 개최했을 때 남북한이 걸어온 길을 비교한 논문을 발표했다.[1]

노 대통령은 당선자 때 이 교수를 찾고 통일정책과 통일방안에 관한 의견을 물었다. 이 교수는 우선 시대적 과제는 1차적으로 민주화의 진전임을 전제하고 대북문제에 관한 새로운 접근방법을 자신의 '코리안 코먼웰스' 안을 중심으로 자세히 설명했다. 당선자는 "국민이 원하는 것은 민주화와 통

---

1 Hongkoo Lee, "Dialectics of Unbalanced Growth: The Case of Two Koreas," in Chong-sik Chung and Hakjoon Kim, eds., *Korean Unification Problems in the 1970s* (Seoul: Research Center for Peace and Unification, 1980), pp. 50~88.

일이다. 나는 민주화의 과제를 성실히 수행할 것이고, 통일에 대해서는 북한과의 대결에 집착할 것이 아니라 민족자존의 회복이라는 차원에서 화해에 역점을 두면서 새롭게 접근해야 하겠다."라고 말한 뒤, "이 교수가 내각에 들어와 나에게 말한 그대로 추진하기 바란다."라고 제의했다. 이 교수는 그 제의를 받아들여 노태우정부의 초대 국토통일원 장관으로 봉직하며, 이후 대통령특별보좌관에 이어 주영대사로 봉직하고, 김영삼정부에서 통일부총리에 이어 국무총리로, 김대중정부에서 주미대사로도 봉직한다.[2]

노 대통령의 대북·통일정책에 관한 기본 입장

노태우정부가 출범한 당시 국민의 대다수는 국정의 여러 부문에서 변화를 요구하고 있었으며, 그 점은 대북·통일정책 분야에서도 마찬가지였다. 이미 대통령선거 과정에서 통일방안을 제시했던 민주정의당·통일민주당·평화민주당·신민주공화당 등의 사례들을 제외하고, 새 정부 출범 5주 이내에 한정해도, 2월 29일에 한국기독교교회협의회(KNCC)가 발표한 「민족의 통일과 평화에 대한 한국기독교회 선언」으로부터 시작해 3월 29일에 한겨레민주당이 발표한 「한겨레공동체통일방안」에 이르기까지 세 개의 통일방안이 새롭게 제시되었는데,[3] 그것들에 공통되는 흐름은 좌파적 또는 진보적 성향이었다. 한겨레민주당의 경우에는 북한이 제의해온 '단일국호 아래서의 유엔가입'도 포함했다. 정당들 이외에 주요한 대학교의 학생회들도 남북학생회담의 개최를 비롯해 좌파적 성향의 제안을 발표하면서 정부에 대한 투쟁을 선언했다.

확실히 대북·통일정책을 입안하고 집행해야 할 국내적 여건에는 큰 변화가 일어나고 있었다. 노 대통령은 그 변화를 숙지하면서 이 문제는

---

2 김학준(金學俊), 『이홍구 평전: 효당(曉堂) 이홍구(李洪九) 전 국무총리의 정치철학과 현장실천』(중앙books, 2023), 366~368쪽.

3 노중선(盧重善) 엮음, 『연표: 남북한 통일정책과 통일운동 50년』(사계절, 1996), 285~287쪽.

국회에서의 충분한 토론을 통해 합의를 끌어내고 그 바탕 위에서 정책을 추진하는 것이 좋겠다는 뜻을 지녔고 자신의 그러한 뜻을 이 장관에게도 말했다.

노 대통령과 호흡을 맞춘 이 통일원 장관의 구상

노 대통령으로부터 전권을 위임받은 이 장관은 이 과제와 관련해 다음과 같은 견해를 일관되게 유지했다. 첫째, 그는 통일의 문제를 민족사회가 국가에 우선한다는 전제 아래 시간적 차원과 공간적 차원이라는 이원적 차원에서 접근해야 한다는 자세를 취하면서, 흔히 사람들은 통일이라고 하면 분단 이전의 원상으로 돌아가는 것을 연상하는데 역사에서 '원상복귀'는 있어 본 일이 없음을 상기시키고 "통일이라는 것은 전혀 다른 새로운 차원의 정치체제를 만드는 것"이라고 해설했다. 그러한 맥락에서, 그는 우리가 지향해야 할 목표는 '코리안 코먼웰스' 곧 '한민족공동체'의 실현이라고 역설했다.

둘째, 그는 통일논의를 교조적으로 이끌어가서는 안 된다는 입장을 분명히 했다. 이 점과 관련해, 그는 통일논의가 '애국심의 경쟁'과 연결되어서는 안 된다고 역설하면서, "일부 재야세력이 표방하는 무조건적 통일론은 도저히 받아들일 수 없다."라고 단언했다.

셋째, 그는 "통일논의의 전제는 진정한 민주화"라는 명제를 거듭 제의했다. 민주화의 길을 착실하게 걷지 않을 때는 정부가 통일에 관해 바른 말을 해도 그것은 '추상적이고 구호적인 정책'에 지나지 않게 되어 국민이 신뢰하지 않는다고 말했다.

넷째, 그는 김일성을 중심으로 하는 북한의 권력 핵심층이 '베트남 병(Vietnam Syndrome)'에 걸려 있다고 분석했다. 북베트남 그리고 남베트남 내부의 베트콩이 힘을 합쳐 마침내 남베트남을 공산화했듯, 북한이 남한 안의 '친북세력'을 지원하고 고무해 북한과 함께 남한을 공산화할 수 있다는

'환상적인 병'에 걸려 있는 상태에서 대남정책을 이끌고 있으며, 따라서 우리는 그 점에 늘 경각심을 가져야 한다고 경고했다.

다섯째, 그는 남과 북 사이에 공적인 수준에서 대화가 열려야 한다는 점을 강조했다. 그는 동시에 민간 차원에서의 교류가 더욱 확대되어야 한다는 것이 정부의 기본 입장임을 거듭 확인했다.

여섯째, 매우 중요하게, 그는 정부가 북한의 '고립'을 추구하지 않는다고 확언했다. 그는 오히려 북한이 서방세계와의 접촉과 교류를 확대하면서 국제사회에 진출할 수 있도록 정부로서는 돕고자 한다고 말하면서, 미국과 일본을 비롯한 서방세계가 북한을 승인하고 또 소련과 중국을 비롯한 공산국가들이 한국을 승인하는 이른바 교차승인을 지지하고 있음을 분명히 했다.

일곱째, 그는 "분단의 현실과 대결의 역사 속에서 사회와 국가의 안전을 보장하는 책임을 정부는 갖고 있다."라고 전제하고, "따라서 전체주의체제인 북한과의 교섭이나 대화는 정부가 주도할 수밖에 없다."라고 단언했다. 이 점과 관련해, 그는 "통일논의의 과정에서 반反헌법적으로 나오는 탈선 그리고 선거를 통한 민주정치의 운영을 부정하는 통일론은 용인될 수 없다."라고 부연했다. 그러나 통일문제를 놓고 국내에서 벌어지고 있는 '중구난방衆口難防의 혼란' 때문에 민주화나 개방정책을 후퇴시킬 수 없다는 것이 정부의 의지라고 다짐했다.

여덟째, 그는 통일정책과 북방정책은 유기적이면서 상호보완적 관계에 있다는 해석을 제시했다. 북방정책이 성공해 소련과 중국이 한국과 국교를 수립하면 북한은 고립감에 빠진 채 자신을 유지하고자 더 움츠러들어 남북대화를 외면하게 될 것이라는 일부 논자들의 주장에 대해, 그는 북방정책의 성공은 북한이 개방으로 전환하고 남북대화에 적극적으로 호응하도록 자극을 줄 것이라고 대답했다.

제2항 북한의 통일공세와 남한 일각의 호응

이미 제3장 제3항에서 지적했듯, 김일성 주석은 1988년 1월 1일에 신년사를 통해 북남연석회의의 소집을 제안하고, 북한의 중앙인민위원회와 정무원 및 제諸정당·사회단체 연합회의는 1월 13일에 북남연석회의의 소집을 위한 북남예비회담의 소집을 제의한 데 이어, 북한의 북남연석회의 준비위원장 허담許錟은 3월 8일에 그 제의를 되풀이하면서,[4] 노태우정부를 압박했다. 이후 우리가 제4장과 제5장의 여러 곳에서 보았듯, 북한은 7·7선언과 서울올림픽에 관련해 본질적으로 동일한 제의를 거듭했다.

북한은 그러한 대남행태를 계속했다. 1988년 9월 8일에 김일성 주석은 「조선민주주의인민공화국 창건 40주년 경축대회」 연설을 통해 「북남고위급회담」의 개최를 거듭 제의하면서, "우리나라의 북과 남이 현실적으로 서로 다른 사상과 제도가 존재하는 조건에서 조국통일을 실현하기 위하여서는 누가 누구를 먹거나 먹히지 않고 일방이 타방을 압도하거나 압도당하지 않는 공존의 원칙에서 그 제도를 뜯어고치고 두 자치정부를 련합하는 방법으로 하나의 통일국가를 형성하여야 한다."라고 부연했다.[5] 그는 10월 18일에는 루마니아의 차우세스쿠 대통령의 방북을 환영하는 연설을 통해 '이른바 교차승인, 교차접촉, 북남 유엔동시가입' 등의 제안을 '두 개의 조선'을 만들어내는 책략이라고 비난했다.[6] 차우세스쿠는 김일성을 '존경'하면서 김일성 방식의 통치로써 국민을 학대하고 탄압하다가 방북으로부터 1년 2개월 뒤 국민봉기에 의해 부인과 함께 처형된다.

우리가 이미 제4장 제2절 제2항에서 보았듯, 1988년 11월 16일에 「북남정치군사회담」 개최를 제의했던 북한은 12월에 들어와 네 개의 통로를 통

---

4 위와 같음, 284~287쪽.

5 위와 같음, 333~334쪽.

6 위와 같음, 337쪽.

해 남북대화의 개최를 재촉했다. (ⅰ) 12월 9일에는 「조국평화통일위원회」라는 이름으로 한국의 좌파적 운동권이 세운 「범민족대회추진본부」를 상대로 '남조선으로부터의 미군 핵무기 제거' 등을 포함한 정치·군사 문제를 논의하기 위한 '범민족대회'를 개최하자고 제의했고, (ⅱ) 12월 20일에는 '조선민주주의인민공화국 정무원 총리'의 이름으로 미군 철수와 북남 상호 감군 등을 포함한 정치·군사 문제를 논의하기 위한 회담을 개최하자고 제의했으며, (ⅲ) 12월 21일에는 「조선체육위원회」의 이름으로 「대한체육회」를 상대로 남북체육회담을 개최하자고 제의했고, (ⅳ) 12월 26일에는 「제13차 세계청년학생축전 조선준비위원회 조선학생위원회」의 이름으로 1989년 7월에 평양에서 열릴 제13차 「세계청년학생축전」에 전대협의 참가를 제의하면서 이 문제를 논의하기 위한 양측 회담을 1989년 3월에 판문점에서 개최하자고 제의했다.[7]

그러면 「세계청년학생축전」이란 무엇인가? 「세계청년학생축전(World Festival of Youth and Students: 약칭 WFYS)」은 1947년에 체코슬로바키아의 수도 프라하에서 시작된 사회주의 국가들과 좌익계열 청년들의 행사로, 냉전 시기에 공산권 국가나 제3세계 국가에서 열렸다. 때때로 주최국 형편 때문에 거르기는 했으나 4년에 1회 열렸다. 북한은 1981년에 국제올림픽위원회가 1988년 하계올림픽의 개최지를 서울로 결정하자 이것을 막기 위해 여러 시도를 벌였지만 좌절되자, 제13차 축전을 평양에서 여는 것으로 맞불을 놓겠다고 타산했다.

그래서 1987년부터 축전준비위원회를 발족시키고 이 평양축전이 서울올림픽보다 더 큰 행사임을 과시하기 위해 북한으로서는 감당하기 어려운 과도한 예산을 투입함과 동시에, 축전이 아시아에서는 처음 열린다는 점을 내세워 남한을 상대로도 참가를 제의했다. 북한전문가들은 북한이 평양축

---

7 예컨대, 「남북범민족대회 내년 1월경 갖자」, 『동아일보』(1988년 12월 10일); 「세계청년학생축전 한국대표 정식초청 전대협에 북한 서신」, 『경향신문』(1988년 12월 26일).

전 개최로 많게는 자신의 1990년도 무역 총액을 초과한 미화 60억 달러(한화 약 7조 8천억 원 상당), 적게는 역시 1990년도 무역 총액에 맞먹는 미화 40억 달러(한화 약 5조 2천억 원)의 결손을 감당해야 했으며, 이것은 그 어느 쪽이든 북한이 21세기 이전 시기에 저지른 '5대 결손사업' 가운데 하나가 된다고 평가한다.

1989년 새해에 들어가 북한의 대남공세는 훨씬 더 활발해졌다. 1월 1일에 김일성 주석은 신년사를 통해 실명實名은 제시하지 않은 채 민주정의당·평화민주당·통일민주당·신민주공화당의 총재들이 참석하는 「북남정치협상회담」을 가능한 한 빠른 날에 개최할 것을 제의했다. 김일성 주석은 김수환金壽煥 추기경 그리고 재야 통일운동가인 '문익환文益煥 목사'와 '백기완白基玩 선생'의 실명은 밝히면서 그들 역시 이 회담에 초청한다고 말했다.[8]

민주정의당의 총재인 노태우 대통령은 김일성 주석의 이 제의가 자신을 사실상 대한민국 대통령으로 인정하지 않은 채 한국의 여러 정당 지도자 가운데 한 사람으로 대우하려는 것으로 보고 거부하면서, 강영훈姜英勳 총리가 1988년 12월 28일에 제의한 「남북고위당국자간회담」을 수락할 것을 북한에 요구했다. 평화민주당의 김대중 총재, 통일민주당의 김영삼 총재, 신민주공화당의 김종필 총재 역시 모두 김일성의 제의가 시의적절하지 않다는 이유로 거부했다.[9] 다만 김일성의 「북남정치협상회담」 제의를 거부한 김영삼 총재는 2월 1일에, 자신이 평양을 방문해 '김일성 주석'과 대화할 뜻이 있다고 밝혔다.[10]

그러나 재야운동권의 대표적 인사들인 문익환과 백기완은 찬성했다. 그들은 거기서 한 걸음 더 나아가 여러 갈래의 재야인사를 집결시켜 1989년 1월 21일에 기존의 민통련을 「전국민족민주운동연합」(약칭 전민련)으로 확

---

8 김일성의 1989년 신년사 전문은 다음에서 읽을 수 있다. 『북한』(1989년 2월), 179~188쪽.

9 「북한 종래 정치협상방안 되풀이」, 『동아일보』(1989년 1월 4일).

10 노중선 엮음, 『연표』, 354쪽

대했으며, 결과적으로 '민족해방(NL)' 노선을 추구하는 '반체제 인사'들이 결집한 전민련은 김일성이 제의한 「북남정치협상회의」에 매우 가까운 「남북범민족정치협상회의」의 개최를 제의했다. 이러한 흐름 속에서, 전대협은 1989년 1월 20일에, 평양의 세계청년축제에 자신의 대표단을 파견하겠다고 발표했다.[11] 다른 한편으로, 38도선 이북에 위치한 강원도 통천군通川郡 출신의 정주영鄭周永 현대그룹 명예회장은 김일성 제의와 무관하게 고향 방문 형식으로 1월 23일~2월 2일에 북한을 방문하고 북한당국과 금강산공동개발 등에 합의하고 돌아왔다.[12]

제3항 노태우정부, '체제연합' 안을 제시하면서 재야운동가들의 밀입북을 비판하다

이홍구 장관과 김대중 총재 사이의 토론

이 소용돌이 속에서, 이홍구 국토통일원 장관은 남북관계에 관한 새로운 구상을 발표하고 동시에 재야 통일운동가들의 방북에 대해 원칙적인 동의를 표시했다.[13] 그는 우선 1989년 2월 24일에 국회 외무통일위원회에서 국토통일원이 남과 북의 '제체연합'을 연구하고 있다고 보고했다. 그는 "한반도에는 두 개의 체제가 하나의 기정사실로 존재하고 있다는 인식 아래, 통일이 될 때까지 잠정적 조치로 어느 쪽도 상대방을 흔들지 않는다는 조건을 유지한 채 두 체제를 연결하고 그 위에 하나의 지붕을 얹는다는 것이 '체제연합'의 기본 발상"이라고 설명했다. 그의 설명은 그의 '체제연합' 안이 사

---

11 「전대협, 평양축전 참가 20일 답신 전달」, 『한겨레』(1989년 1월 18일).

12 노중선 엮음, 『연표』, 354쪽.

13 이홍구·안병영, 「대담: 통일은 장정(長征) … 평화정착이 선결」, 『한겨레』(1989년 5월 18일).

실상 국가연합안과 크게 다르지 않음을 보여주었다.[14]

이 장관의 설명을 듣고 당시 국회의원이던 평화민주당의 김대중 총재가 곧바로 질문했다. 자신이 1987년 대통령선거 때 제의한 '공화국연방' 안과 '체제연합' 안 사이에 무슨 차이가 있느냐는 물음이었다. 이 장관은 아무런 차이가 없다고 대답했다. 그러자 김 총재는 "그렇다면 정부와 여당 그리고 친여단체들은 어째서 나의 안을 '친북적'이라고 비난했느냐"고 반문했다. 이 장관은 김 총재의 안은 전혀 '친북적'이 아니며 국토통일원의 연구에 하나의 중요한 참고자료가 되었다고 대답했다. 주요 매체들은 이 장관의 구상과 답변에 호의적으로 논평했다.[15]

'통일운동가'들의 밀입북

이 장관은 이어 재야 통일운동가들의 방북계획에 대해 7·7선언의 정신에 비추어 반대하지 않겠으나 그들이 방북 전에 정부와 협의할 것을 요청했다. 그러나 전대협은 정부와의 협의를 거부했다. 이에 따라 정부 대변인 최병렬崔秉烈 문화공보부 장관은 2월 28일에 성명을 발표하고, 북한이 한국의 대학생 일반이 아니라 전대협 하나만을 특정해 초청한 사실을 상기시키면서 북한이 7·7선언을 한국 내부의 국론을 분열시키겠다는 자신의 대남전략을 위해 악용하고 있다고 비판했다.[16]

재야운동가들의 밀입북은 문익환 목사로부터 시작되었다. 그는 3월 하순에 도쿄를 거쳐 평양으로 들어가 3월 27일에 김일성 주석과 회담한 데 이어 4월 2일에 「조국평화통일위원회」 위원장 허담과 공동성명을 발표했다. 이 공동성명은 남과 북이 연방제를 추진해야 한다는 내용을 포함했다.[17] 곧

14 장명봉(張明奉), 「새 통일방안, 체제연합이냐 국가연합이냐」, 『신동아』(1989년 2월), 152~162쪽.

15 「국회회담 연내 평양개최 예상」, 『동아일보』(1989년 2월 24일).

16 「남북범민족회의 최(崔) 문공 중지촉구」, 『경향신문』(1989년 7월 28일).

17 「'문익환 등 입북' 수사 안기부 발표」, 『동아일보』(1989년 5월 2일); 「임수경 양 판문점 넘어

이어 한국의 저명한 작가 황석영黃晳暎이 뒤따랐다. 그는 3월 27일에 김일성 주석을 만난 데 이어 「민족예술인총연합」 대변인 자격으로 북한의 「조선문학예술총동맹」 제1부의장 최영화와 남북교류협력에 관한 공동성명을 발표했다.[18] 김일성 주석은 4월 24일에 "노태우 대통령과 남조선의 민주인사들이 우리의 초청을 받아들여 조속히 우리와 만나기를 희망한다."라고 발언해,[19] 남한으로부터의 밀입북을 부추겼다.

6월 27일에는, 평화민주당 소속 서경원徐敬元 의원이 1988년 8월에 밀입북해 김일성 주석을 만났으며 「조국평화통일위원회」의 위원장 허담으로부터 미화 5만 달러를 받고 역시 비밀리에 귀국한 사실이 드러났다. 그는 검찰 수사에서 자신이 받은 돈 5만 달러 가운데 1만 달러를 김대중 총재에게 주었다고 진술했으며, 검찰은 이 진술을 근거로 김 총재를 소환했으나 김 총재는 전면 부인했다.[20]

임수경 양의 평양축전 참석

잦은 밀입북의 충격이 가시기 전에, 6월 30일에는 전대협 소속의 한국외국어대학교 불어학과 4학년 학생 임수경林琇卿 양이 7월 1~8일에 평양에서 열리는 세계청년축제에 참석하고자 중국을 거쳐 평양에 도착한 사실이 발표되었다. 177개 국가로부터 약 22,000명이 참가한 이 축전에 참가한 임 양은 김일성 주석을 만난 뒤, 7월 7일에 북한의 「조선학생위원회」 위원장 김창룡과 함께 「조국의 자주적 평화통일을 위한 남북청년학생공동선언문」을 발표했다. 여기에는 「7·4 남북공동성명」이 통일원칙으로 채택했던 '자주·평화·민족대단결의 원칙'을 재확인하고, 휴전협정

와」, 『동아일보』(1989년 8월 15일); 노중선 엮음, 『연표』, 359~360 쪽 및 365~366쪽.

18 위와 같음, 365~366쪽 및 369~371쪽.

19 위와 같음, 371쪽.

20 *Korea Times* (June 28, 1989, August 25, 1990); 「서경원 의원(평민) 구속」, 『동아일보』(1989년 6월 28일).

의 평화협정으로의 대체와 남북불가침 선언의 채택 및 주한미군의 단계적 철수, 남북 유엔동시가입의 반대 및 남북 교차승인의 반대 등을 포함한 8개 항이 담겼다. 그녀에 뒤따라 미국에서 방북한 문규현文奎鉉 신부의 '보호'를 받으며 46박 47일의 북한체류를 마치고 8월 15일에 휴전선을 넘어 서울로 돌아온다.[21]

정부는 재야인사들의 밀입북과 '불법적인 휴전선 통과'를 비판했다. 정부는 8월 16일에 공식성명을 발표하고, 북한이 한국 내부의 여론을 분열시키고자 시도하고 있음을 상기시키면서 북한을 상대로 하는 협상에서 정부가 주체라는 사실을 인정해야 한다고 강조하고, '불법적인 휴전선 통과'는 휴전체제에 도발하는 행위라고 지적했다. 그녀는 국가보안법 위반으로 구속되어 징역 5년형을 받고 수감생활을 하다가 김영삼정부 때 특사로 석방되며, 민주통합당 소속의 제19대 국회의원으로 활동한다.

1990년 9월 6일에 열린 제1차 남북고위급회담에 북한대표단을 이끌고 서울에 온 연형묵延亨默 북한 총리가 청와대를 예방한 자리에서 노태우 대통령에게 당시 수감되어 있던 임수경 양의 '선처'를 부탁했다. 노 대통령은 "연 총리. 임수경 양은 당신들이 염려하기 전에 내 딸이오. 나한테 맡기세요."라고 응수했다. 이 사실을 회상하면서, 당시 대통령 비서실장이었던 노재봉盧在鳳은 다음과 같이 부연했다.

> [1989년 5월에 일어난] 부산 동의대(東義大) 사건으로 학생 또래의 전경 일곱 명이 학생들 손에 불에 타서 죽은 사건이 있었다. 경찰서에 마련된 문상 자리에서 향을 피우고 묵념을 하시는 [노 대통령의] 볼에는 눈물이 흐르고 있었다. [연 총리에게 임수경 양에 대해 말하던 때] 같은 심정이었으리라고 믿는다.[22]

---

21 임수경 · 지승호, 『임수경 스토리』(Human & Books, 2016). 이 책은 전문적 인터뷰어 지승호가 묻고 임수경이 답한 형식의 책이다. 이 책에 따르면, 임수경 양은 김일성 주석이 약 170명의 축전 참가자를 접견할 때 그들 가운데 일원으로 김 주석을 1분 정도 만나 대화했다.

22 노재봉, 「군 출신 대통령은 내가 마지막이오」, ___편, 『노태우 대통령을 말한다: 국내외 인사

제4항 보수·우익 일부로부터의 도전

노 대통령의 대북정책에 대한 도전은 '친북·좌파'로부터 활발히 제기되었지만, 보수·우익의 일부로부터도 제기되었다. 흔히 '극우'로 불리기도 한 그들은 노 대통령이 북한을 포함한 공산권에 대해 '유화적' 자세를 과시함으로써 국민 사이에 반공의식이 해이해졌으며, 그 결과 불법적인 밀입북이 계속되기에 이르렀다고 비판했다. 그들 가운데 김용갑金容甲 총무처 장관은 1989년 3월 14일에 노 대통령의 '대북 유화정책'에 항의하며 사표를 제출했다. 그는 육군사관학교 졸업생으로 중앙정보부 그리고 그 후신인 국가안전기획부에서 고위 공무원으로, 이어 전두환 대통령 때 민정수석비서관으로 봉직했던 '대북 강경파'였다.[23] 1주일 뒤 민병돈閔丙敦 육군사관학교 교장은 노 대통령의 실명을 말하지는 않았으나 당시의 사회 분위기를 설명하며, "우방국과 적성국의 구분이 흐려졌고 국민의식 면에서 해괴하고도 위험한 상황이 조성됐다."라는 공개연설로 그 비판에 가세했다.[24]

노 대통령은 곧바로 김 장관의 사표를 수리하고 민 교장을 해임했을 뿐만 아니라 예편시켰다. 이것은 노 대통령으로 대표되는 중간 우파가 '극우'를 견제함에 성공하고 있음을 의미했다.

그렇지만 노 대통령도 부분적으로 양보했다. 1972년 7월 4일의 남북공동성명은 '통일의 3대 원칙'으로 자주·평화·민족대단결을 채택했고, 이후 한국정부는 그것을 그대로 고수했다. 빈번한 밀입북을 보면서, 보수·우익이 "제3원칙인 민족대단결이 한국 안의 '친북세력'에게 '친북'의 길을 걷게

175인의 기록』(경기도 파주시: 동화출판사, 2011), 69쪽.

23 『중앙일보』(1989년 3월 18일). 김용갑 장관은 당시의 상황을 다음에서 자세히 회고했다. 김용갑, 「민족의 명절 설날을 회복한 대통령」, 노재봉 편, 『노태우 대통령을 말한다』, 209~213쪽.

24 「식사(式辭) 전후 경례 안 해」, 『동아일보』(1989년 3월 21일).

하는 이론적 근거가 되고 있으므로 폐기되어야 한다."라고 주장하자, 노 대통령은 그 주장을 받아들인 것이다. 그리하여 그는 1989년 8월 15일의 광복절 44주년 기념식 연설에서 '통일의 3대 원칙'을 말하면서 '민족대단결'을 '민주'로 대체했다.[25]

노 대통령은 이 연설에서 통일문제에 관해, 통일국가는 민주적 방식에 의해 민족공동체 회복이라는 중간단계를 거쳐 단일국가 형태로 세워져야 하며 국민 개개인의 자유·인권·행복이 보장되어야 한다고 선언했다. 보수·우익은 공감을 표시했다. 그러나 재야 운동권세력은 불만을 표시했다.

제5항 노 대통령, 「한민족공동체통일방안」 발표

'극좌'와 '극우'의 도전을 이겨내며, 노태우 대통령은 1989년 9월 11일에 국회에서의 특별선언을 통해 정부의 공식적 통일방안으로 「한민족공동체통일방안」을 발표했다.[26] 이 방안을 확정 짓는 정부 내의 회의에서 박철언朴哲彦 대통령 정책보좌관은 '새한민주연합국'·'한겨레연합공화국'·'고려연합공화국'·'고려민주연합공화국' 등을 제시했지만,[27] 결국 이홍구 국토통일원 장관이 일관되게 제시한 「한민족공동체통일방안」이 채택되었다. 그러면 이 방안은 구체적으로 어떤 내용을 담았는가?

이 방안은 남과 북에 서로 다른 체제가 있다는 현실을 인정하고 통일로 가는 과도적 중간단계로서 '남북연합'을 상정한 데서 출발했다. 이 '남북연

---

25 『동아일보』(1989년 8월 16일).

26 재단법인 보통사람들의시대노태우센터 편, 『노태우의 생각 대통령의 연설』(늘품플러스, 2023), 1988~1993: 노태우 대통령 연설문집 132~139쪽; 정대규(鄭大圭), 「한민족공동체통일방안」, 『통일문제연구』(영남대학교 통일문제연구소) 14 (1990년 12월), 143~153쪽.

27 박철언(朴哲彦), 바른 역사를 위한 증언: 5공, 6공, 3김시대의 정치 비사』 전2권(랜덤하우스중앙, 2005), 2, 37쪽.

합'에서 남과 북은 각각 주권국가로 남지만 국제법에서의 관계가 아니라 국내법에 준하는 '특수한 법적 유대관계'를 갖는다. '남북연합'은 최고 의결기구로 '남북정상회의,' 남북 정부 대표로 구성되는 '남북각료회의,' 남북 국회의원으로 구성되는 '남북평의회,' 그리고 실무를 관장하는 '공동사무처' 등을 두고, 서울과 평양에 각각 연락대표를 파견해 상주시키며, 이리한 기구들과 시설들을 설치하기 위해 비무장지대의 평화구역 안에 '평화시平和市'를 건설한다. 여기서 중요한 짓은 남과 북의 같은 수의 국회의원으로 구성되는 '남북평의회'가 '통일헌법' 안을 마련해 민주적 절차와 방법을 거쳐 확정하고 공포한 뒤, 이 헌법의 규정에 따라 통일국회와 통일정부를 구성해 하나의 통일된 민족국가를 완성한다는 구상이다.

이 「한민족공동체통일방안」에 따르면, 이러한 과정을 밟는 과정에서 남과 북의 정상은 회담을 열어 평화와 통일을 위한 기본방향과 '남북연합'의 설치와 운영에 관한 사항 등을 담은 '민족공동체 헌장'을 채택한다. 그리고 '남북연합' 아래 남과 북 사이의 개방과 교류 · 협력을 통해 문화공동체 · 사회공동체 · 경제공동제 · 정치공동체를 실현하고 민족사회의 동질화와 통일의 기반을 다지며, 궁극적으로는 개개인의 자유 · 인권 · 행복이 보장되는 민주주의국가 건설을 지향한다.

여야의 협의를 끌어낸 과정: 인내와 포용에 바탕을 둔 노 대통령의 리더십을 중심으로

이 안을 마련하기까지, 이홍구 장관은 평화민주당의 김대중 총재, 통일민주당의 김영삼 총재, 신민주공화당의 김종필 총재 등을 찾아가서 상의하고 그들의 의견을 들어 반영하기도 했다. 이 과정에 대해, 이 장관은 다음과 같이 회상했다.

노태우 대통령은 스스로 "내가 센터포워드(최전방 공격수)가 아니고 세 분야당 총재들이 센터포워드다. 4당이 같이 해야 한다. 다른 민주적 방법은 없다."라고 생각했다. 지금 봐도 합리적 생각이었다. 국회 통일특별위원회에 크지 않은 통일단체들도 다 와서 의견을 얘기했다. 그런 절차를 밟은 게 중요했지만, 무엇보다 청와대와 정부가 안 나섰다는 것도 중요했다. 대통령이 나한테 어떤 쪽으로 가라는 얘기를 한 번도 한 적이 없다. 내가 3김 총재와 만나 충분히 논의하고 상의했다. 성공할 수밖에 없는 게 노태우 대통령의 입장을 3김 총재가 믿었다. 또 그 지도자들이 자기 당에 대한 절대적인 컨트롤이 있었다.[28]

세 야당과의 협의를 거쳐 확정한 사실과 관련해, 연세대학교 박명림朴明林 교수는 다음과 같이 논평했다.

한민족공동체통일방안은 4당체제 합의의 산물이자, 노태우·김영삼·김대중·김종필 4당 지도자들의 지도력의 결과였다. 이념적으로 가장 거리가 멀 것 같았던 노태우와 김대중 사이의 긴 의견 교환과 완벽한 타협을 보며, 우리는 민족문제의 탈진영화와 초당적 합의를 향한 두 지도자의 국량과 혜안에 놀라게 된다.

당시 급진 재야와 학생들의 통일 열정과 민주주의 분출 — 일부는 공공연히 친북노선을 견지하고 있었다 — 에도 불구하고, 끝까지 보수정부와 합의를 추구한 반대당의 두 지도자 김대중·김영삼의 진영 초월과 의회주의는 높은 찬사를 받아 마땅하다. 여야 합의를 이루어내기 위해 최대한 야당의 의견을 수용하여 절충하려 한 노태우의 인내와 포용의 리더십은 강조할 필요도 없다. 전문가의 견해와 식견을 존중한 노태우의 국정운영 역시 중요하였다. 그는 이

28 최영재, 「YS정권 핵심실세가 회고하는 문민정부 5년: 이홍구」, 『신동아』(2000년 12월), 230~247쪽 가운데 234쪽; 고정애, 「의회주의 발전에 관심·계획 있는 후보가 안 보인다」, 『중앙일보』(2021년 11월 112일), 28~29쪽. 앞에서 인용된 문단은 29쪽에 있다.

홍구를 포함해 해당 분야 전문가들의 의견과 자율성을 최대한 존중하며 정책을 결정하였다.[29]

국내외에서의 반응은 비교적 호의적이었지만, 북한은 곧바로 거부했다. 9월 14일자 『로동신문』은 논평을 통해 [한민족공동체통일방안이] 우선 분단의 현상을 고착화하고 분열의 심화를 꾀하는 것이며 주한미군문제에 대해 전혀 언급하지 않았다고 비난했다. 이 논평은 통일을 말하기 위해서는 무엇보다 주한미군 철수가 선행돼야 한다고 강조하면서 '고려민주련방공화국' 안을 되풀이하고, 이 모든 문제를 다루기 위해 북과 남의 당국자와 정당들과 사회단체들 그리고 해외동포들의 약 60명 대표들로써 「민족통일협상회의」를 구성하고 그 회의를 열자고 제의했다. 북한의 정당·사회단체연석회의는 9월 28일에 그 내용을 담은 편지를 서울의 19개 정당 및 사회단체 지도자들에게 보냈다.[30] 국내에서도 재야세력은 「한민족공동체통일방안」이 기본적으로 분단을 고정화하려는 데 목적이 있다는 이유를 들어 비판했다.[31]

노 대통령이 발표한 「한민족공동체통일방안」은 김영삼정부 때 「민족공동체통일방안」이라는 이름으로 계승되며, 그 후임인 김대중정부 이후 오늘날까지도 비록 그 이름 자체는 아니었으나 본질적 내용에서 계승된다. 그만큼 이 통일방안은 생명력을 지녔던 것이다.

---

29 박명림(朴明林), 「남북기본합의 30주년에 부쳐」, 『중앙일보』(2021년 12월 15일), 35쪽.

30 노중선 엮음, 『연표』, 401~402쪽.

31 「북한, '한민족공동체통일안' 거부」, 『동아일보』(1989년 9월 15일),

제2절 남북고위급회담의 시작: 제1차 ~ 제3차 회담

제1항 남북고위급회담 개최의 국내외 환경

돌이켜보면, 노태우 대통령의 취임 첫해인 1988년은 남한에는 성취의 해였으나 북한에는 좌절의 해였다. 남한에서는 평화적 정권교체를 바탕으로 민주화가 진전되는 가운데 7·7선언이 발표되고 서울올림픽이 성공적으로 마무리된 데다가 노 대통령의 유엔연설을 통해 평화통일 의지가 국제적으로 거듭 확인되었다. 무엇보다 소련과 중국을 비롯한 공산국가들이 남한과의 화해 또는 수교를 지향하고 있었다.

북한은 그 흐름을 막으려고 온갖 시도를 계속했으나 헛일로 끝났다. 그러나 기대할 수 있는 움직임은 남아있거나 더 확대되고 있었다. 남한에서, 한편으로는 진정한 의미에서의 건전한 통일열망이 성장하고, 다른 한편으로는 남한 기존질서와 한미관계에 타격을 주면서 북한에 대해서는 고무적인 친북좌파 성격의 통일운동이 확산되는 현상이 바로 그것이었다. 우리가 제1절에서 말한 '베트남 병'에 걸려있는 북한의 집권세력은 남한에서의 이 현상을 자신의 통일전선전략에 맞춰 잘 이용하면 남한의 공산화까지지는 아니라고 해도 남한의 기존질서를 크게 교란시킬 수 있다고 타산했다. 여기서, 우리가 제4장 제2절 제2항에서 보았듯, 북한의 리근모李根模 총리는 1988년 11월 16일에 「북남고위급 정치·군사회담」 개최를 제의했던 것인데, 그 제의는 1988년 6월 3일자 이현재李賢宰 국무총리의 「남북고위당국자회담」 제의에 대한 뒤늦은 반응이었다.

이후 국내외에서 여러 제안이 뒤따랐다. 스위스 글리온Glion에서 열린 제2차 「남북기독자협의회」는 1988년 11월 25일에 「한반도 평화통일 선언」을 발표하면서, (i) 정전협정의 평화협정으로의 전환, (ii) 남북간 불가침선언의 발표 채택, (iii) '외세의 철수와 핵무기의 철거' 등을 포함한 여러 과제를 제기했다. 여기에 더해, 남한의 재야인사들이 '민중이 주체가 된 통일'론을 제기하는 가운데, 남과 북 사이에서는 '남과 북의 사회단체와 해외교포단체의 대표들 및 개별 인사들'로 범민족대회를 열자는 제안이 오갔다.[32]

제2항 예비회담의 진행

이처럼 통일논의가 가열되는 상황에서, 우리가 제6장 제1절 제3항에서 보았듯, 남한의 강영훈 총리는 1988년 12월 28일에 「남북고위당국자간회담」의 개최 제의로써 북한 리근모 총리의 제의에 대응했다. 리근모 총리의 후임인 연형묵延亨默 총리는 1989년 1월 16일에 "쌍방 총리를 단장으로 하고 군軍 실권자를 포함해 7명의 대표로 구성되는 「북남고위급 정치·군사회담」을 서울과 평양에서 개최하자."라고 제의하면서, 이 회담을 준비하기 위해 각각 차관급을 단장으로 하는 5명의 대표로 구성되는 예비회담을 판문점에서 열 것을 제의했다.[33]

남측이 받아들임에 따라, 1989년 2월 8일에 제1차 예비회담이, 3월 2일에 제2차 예비회담이 10월 12일에 제3차 예비회담이, 11월 15일에 제4차 예비회담이, 12월 20일에 제5차 예비회담이, 1990년 1월 31일에 제6차 예비회담이 모두 판문점에서 열렸다. 남측 수석대표는 송한호宋漢虎 통일원 차관이, 북측 수석대표는 폴란드대사를 역임한 백남순(白南淳: 일명 白南俊) 정무원 참사실장이 맡았다. 대체로 이 시점에, 북한은 한국정부가 1970년대 말에 북한의 남침에 대비해 마련한 방안들 가운데 하나로, 휴전선 이남

---

32 노중선 엮음, 『연표』, 344~349쪽.

33 위와 같음, 349~352쪽.

으로부터 서울로 진입하는 대로大路에 북한 탱크의 전진을 막기 위해 구축한 콘크리트 장벽의 철거를 새 의제로 제기했다.

예비회담이 두 차례 열린 이후, 국제적으로는 우리가 제4장과 제5장의 여러 곳에서 보았듯, 소련이 탈脫공산화하고 동유럽 공산정권들이 줄줄이 무너지면서 한국과 수교하는 '세계사의 대격변'이 일어나면서 북한 권력층을 당황하게 하였다. 김일성 주석의 1990년 신년사는 그러한 대격변에 대한 북한의 입장을 반영했다. 그는 "우리식대로 살아나가자라는 구호를 높이 들고 사회생활의 모든 분야에서 주체를 철저히 세워나가야 하겠습니다."라고 호소한 데 이어, "우리는 앞으로 어떤 바람이 불어와도 당은 인민을 믿고 인민은 당을 믿고 광명한 미래를 내다보면서 신심과 락관에 넘쳐 투쟁해나감으로써 성스러운 주체혁명위업을 끝까지 완성하여야 할 것입니다."라고 당부한 것이다. 이 신년사에서, 그는 "콘크리트 장벽부터 허물어 버려야 합니다."라고 거듭 말했다.[34] 노태우 대통령은 3·1절 기념사를 통해 김일성 주석에게 남북정상회담의 개최를 다시 촉구했다.

1990년에 들어서서, '세계사의 대격변'은 계속되었다. 소련과 한국 사이의 정상회담이 이뤄졌고 동독은 붕괴 직전에 이르렀다. 남북관계에도 작지만 뜻있는 변화가 일어났다. 1990년 3월 12일에 한국의 정부투자기관인 고려무역은 인삼차를 비롯한 40톤 분량의 15만6천 달러어치 북한산 화물을 1989년 6월에 개설된 한국·중국 간 해운정기항로를 통해 인천항에서 받아들인 것이다.[35]

이러한 배경에서, 남과 북은 1990년 7월 3일에 제7차 예비회담을 열고, 7월 26일에 제8차 예비회담을 열어 본회담개최에 관한 합의서를 채택하기로 결정했다. 이렇게 본회담 개최에 관한 합의가 사실상 이뤄지자, 북한의 「조국평화통일위원회」 위원장 허담은 7월 5일에 「북남간의 접촉과 래왕을

34 전문은 다음에 있다. 『북한』 (1990년 2월), 170~179쪽.

35 노중선 엮음, 『연표』, 413쪽.

실현시키기 위한 원칙적 입장」을 일방적으로 선언했다. 그 선언의 핵심은 해방 45주년이 되는 오는 8월 15일부터 판문점 공동경비구역 내 북측지역을 개방하는 만큼 남측에서 방북을 원하는 사람은 누구든 이 지역을 거쳐 방북해도 좋다는 데 있었다.

노태우 대통령은 7월 20일에 「남북간의 민족대교류를 위한 특별선언」으로 대응했다. 8월 15일을 전후한 닷새 동안을 '민족대교류의 기간'으로 설정하고 판문점 공동경비구역 내 남측지역을 개방해 북한동포들을 제한 없이 받아들이며 그들이 남쪽의 어느 지역이라도 자유로이 방문하고 만나고 싶은 사람을 아무라도 만날 수 있도록 허용한다는 뜻이었다. 노 대통령은 7월 22일에는 정부 관계부서에 「교류협력법 시행령」을 하루빨리 마련하도록 지시했다. 시행령과 시행규칙 등은 11월 19일에 공포된다.[36]

남북 사이의 교류와 협력의 증진을 위한 물결이 마치 급류처럼 흐르는 분위기 속에서, 1990년 7월 26일에 열린 제8차 예비회담은 마침내 본회담에 관한 합의를 이끌어냈다. (i) 명칭은 「남북북남고위급회담」으로, (ii) 의제는 '남북북남간의 정치적 군사적 대결상태 해소와 다각적인 교류협력실시 문제'로, (iii) 일자와 장소는 '제1차 회담은 9월 4~6일 서울, 제2차 회담은 10월 16~19일 평양 개최'로, (iv) 대표단은 '총리를 수석대표로 하는 7명'으로 구성한다는 등의 내용이었다.[37]

제3항 남북고위급회담의 시작과 진행

합의에 따라, 남과 북은 제1차 남북고위급회담을 1990년 9월 5~6일에 서울에서 열었다. 남측에서는 강영훈 총리를 단장=수석대표로 하는 대표단

36 위와 같음, 425~429쪽 및 446쪽.

37 위와 같음, 430쪽.

이 참석했고, 북측에서는 연형묵 총리를 단장=수석대표로 하는 대표단이 참석했다.

강영훈 수석대표 대(對) 연형묵 수석대표

강영훈 총리는 1921년에 평안북도 창성군에서 태어났으며 만주국 건국대학을 졸업하고 소련군 점령 하의 북한을 벗어나 월남한 뒤 미군정이 설립한 군사영어학교를 졸업하고 육군소위로 임관된 이후 진급을 계속해 국방차관을 거쳐 제6군단장에 이르렀다. 이때 4월혁명이 일어나자 정부는 그에게 군대를 동원해 진압할 것을 명령했으나 거절했다. 이어 육군사관학교 교장(육군중장)으로 봉직하던 때 5·16군사정변이 일어나자 거기에 반대함에 따라 투옥되었고 석방되면서 미국으로 건너가 서던캘리포니아대학교 대학원 정치학과에서 소련의 군사전략을 연구해 석사학위에 이어 박사학위를 받았다. 1970년대 말에 귀국해 한국외국어대학교 대학원장을 거쳐 외무부 외교안보연구원장에 취임했고, 제5공화정 이후 주영대사에 이어 로마교황청대사로 봉직했으며 노태우정부에서 13대 국회의원에 이어 제2대 국무총리로 봉직했다.[38]

그의 상대역인 연형묵은 1931년에 함경북도 경원군에서 태어났다. 부모는 일제강점기에 김일성이 이끈 항일무장투쟁에 참여했으며 그 시기에 김일성이 심한 독감에 걸렸을 때 치료에 참여한 것으로 알려질 정도로 김일성과 가까웠다고 한다. 부모가 모두 전사했기에 연형묵은 어린 시절을 고아처럼 보내다가, 김일성이 항일무장에 참여했다가 전사한 독립군의 자녀들을 위해 1947년에 세운 「만경대혁명가유자녀학원」(오늘날의 「만경대혁명학원」)에서 수학했으며, 김일성종합대학에서 기계공학을 전공해 공학사학위

38 그의 자서전으로 다음이 있다. 강영훈(姜英勳), 『나라를 사랑한 벽창우: 강영훈 회고록』(동아일보사, 2008). 그는 주영대사 시절을 회고한 『한 외교관의 영국 이야기』 (정우사, 1987) 도 출판했다.

를 받고 졸업한 뒤, 6·25전쟁 때는 만경대혁명학원 졸업생들이 중심이 된 김일성친위중대에서 활동했다. 전쟁이 소강상태에 들어가게 되자 체코슬로바키아의 수도 프라하의 프라하공과대학에 유학해 역시 기계공학을 전공하고 학사학위를 받았다.

연형묵은 1968년에 조선로동당 중앙위원회 부부장으로 기용된 데 이어 1970년에 조선로동당 중앙위원회 위원 겸 내각 중공업부장으로 승진했고, 1975년에 정무원 부총리와 조선로동당 정치국 후보위원에 올랐으며, 1988년 12월에 정무원 총리에 올라 북한대표단을 이끌고 서울로 온 것이다. 이로써 그는 대한민국을 방문한 최초의 북한 총리가 되었다.

그는 1992년 12월에 총리에서 해임되면서, 조선로동당 자강도당 책임비서 겸 인민위원회 위원장으로 보임되고 2005년 5월까지 재임한다. 자강도慈江道는, 쉽게 말해, 우리가 오랫동안 부르던 명칭으로는 평안북도의 북부 지방에 해당된다. 연형묵은 김일성이 죽은 1994년 7월 이후 몇 해 동안 전국적으로 굶주림이 계속된 상황에서 김일성의 후계자 김정일이 내세운 '고난의 행군' 시기에 스스로 노동자들과 마찬가지로 허름한 집에서 옥수수밥을 먹으며 살면서, 자강도의 도청소재지 강계江界를 염두에 두고 '강계 정신'을 부르짖으며 도민들을 독려해 모든 도 가운데 유일하게 경제성장을 과시한 것으로 알려졌다.

제1차 회담

남측 강영훈 총리는 8개 항의 「남북관계 개선을 위한 기본합의서」안을 제시한 뒤 경제협력 등 다각적인 교류를 제의하면서, 서울과 평양에 각각 상주연락대표부를 개설할 것을 제의했고, 북측 연형묵 총리는 남한의 국가보안법 폐기와 핵무기·주한미군 철수를 선결적 문제로 내세우면서 교류와 협력은 정치적·군사적 신뢰를 바탕으로 추진해야 한다고 제의했다. 북측이 남북의 유엔가입 문제와 관련해 단일의석으로 유엔에 가입하는 안을 제

기함에 따라 남과 북은 이 문제를 연구하기 위한 별도의 대표단을 구성해 실무협의하기로 합의했다.[39]

9월 6일 오후에, 노 대통령은 연 총리를 비롯한 북한 대표단 전원을 청와대에서 접견하고, 이어 연 총리를 따로 접견했다. 이 별도의 자리에서 노 대통령은 김일성이 '6·25전쟁을 일으킨 장본인'임을 분명히 지적하고, 그러한 비극이 다시 일어나지 않도록 남북간 협력관계를 발전시킨다면 '죄를 벗는 큰일을 하게 되는 것'임을 상기시켰다. 노 대통령은 이어 남북정상회담이 빠른 시일 안에 열리기를 희망한다는 뜻을 밝히면서, "[현재 78세인] 김 주석이 앞으로 살면 얼마나 더 살겠는가. 나는 아직 젊어 앞으로 누구라도 만날 기회가 있다. 하지만 김 주석은 노령이어서 그럴 기회가 별로 없다. 다른 누구를 위해서라기보다 정상회담은 당신들 주석을 위해서도 백 번 좋은 일이다. 그러니 이 뜻을 솔직하게 그대로 전해달라."고 덧붙였다. 연 총리는, 노 대통령의 회상으로는, "아주 진지한 표정으로 예, 알겠습니다. 꼭 말씀을 드리겠습니다."라고 답변한 뒤, 남북이 유엔에 단일의석으로 가입하기를 희망한다는 뜻을 제시한 데 이어, 문익환 목사 등 방북인사들의 석방과 한미 팀스피리트훈련의 중단을 요구했다. 북측 대표단은 7일 돌아갔다.[40]

연형묵 총리에게 자신의 남북정상회담 개최 제의를 김일성 주석에게 꼭 전달할 것을 당부한 노태우 대통령은 10월 하순에 서동권徐東權 국가안전기획부 부장을 평양으로 밀파해, 김일성과 김정일 모두에게 그 뜻을 직접 전하도록 했다. 서 부장의 평양방문은 이미 김일성과 김정일 두 사람 모두를 만났던 김우중金宇中 대우그룹 회장이 알선한 것으로 알려졌다. 돌아온 서 부장은 김정일의 건강에 이상이 있다는 여러 소문과는 달리 건강하며 북한

---

39 수석대표로서의 회고는 다음이다. 강영훈, 「남북고위급(총리)회담 여담」, 청농(靑儂)강영훈박사고희기념 논문집간행위원회 편, 『민족통일의 길: 청농강영훈박사고희기념』(법문사, 1992), 393~398쪽.

40 노중선 엮음, 『연표』, 438~439쪽. ; 노태우, 『노태우 회고록』 전2권(조선뉴스프레스, 2011) 하(전환기의 대전략), 297~298쪽.

을 실질적으로 이끌고 있다는 자신의 관찰, 그리고 노 대통령의 남북정상회담개최 제의에서 남측이 김 주석의 「고려민주련방공화국」 제안을 받아들인다면 응할 수 있다는 북측의 대답을 보고했다. 이 사실에 대해, 서 부장은 뒷날 다음과 같이 증언했다.

> 내가 평양에서 돌아와서 남북정상회담이 성사되지 못한 전말을 보고했더니, 노 대통령은 "서 부장. 우리가 서둘러 북측의 요구를 무조건 받아들이는 어리석은 짓은 하지 아니하는 것이 상책이요. 연방제통일방안은 남북분단의 고착화와 김일성 지배체제 확립을 위한 허구의 통일방안입니다."라고 오히려 격려해 주셨다.[41]

11월 초순에 북한은 조선로동당 중앙위원회 대남담당비서 윤기복尹基福을 서울로 밀파하고, 서 부장에게 똑같은 뜻을 알렸다. 노 대통령은 그 제안을 받아들일 수 없었으며, 그리하여 남북정상회담은 열릴 수 없었다. 이 사실에 대해서도, 서 부장은 앞의 증언과 같은 취지로 다음과 같이 증언했다.

> 윤 비서가 연달아 연방제통일방안을 언급하자 가만히 듣고만 있던 노 대통령이 "연방제통일 소리 그만하시오. 귀 따갑소."라고 한 마디 던져서 윤이 당황한 일이 있었다. 우리의 단호한 입장을 거듭 확인한 셈이다. 윤이 평양에 돌아가서 김일성 주석에게 그 대목을 사실대로 보고했을까 궁금하다.[42]

여기서 우리는 노 대통령이 남북정상회담의 개최를 열망하면서도 북한

---

41 서동권(徐東權), 「"연방제 안 된다." 노 대통령의 확고한 의지: 나의 김일성 부자와의 극비회담 비화」, 노재봉 편, 『노태우 대통령을 말한다』, 433쪽.

42 위와 같음.

의 연방제통일방안을 부분적이라도 수용하면서까지 성사시키고자 하지 않았음을 확인하게 된다. 평생을 국가안보를 위해 헌신한 그로서 국가안보를 위태롭게 할 수 있는 북한의 연방제통일방안에 대해서는 확실하게 선을 그은 것이다.

북한은 전술을 바꾸었다. 1992년 4월 초에 윤기복을 다시 보내 "4월 15일의 김일성 주석 80세 생일에 맞춰 노 대통령을 평양으로 초청해 정상회담을 갖자."라는 김 주석의 제의를 전달한 것이다. 노 대통령은 이 제의가 김일성 생일축하행사의 하나로 정상회담을 이용하려는 속셈에서 나왔음을 알고 거절했다.[43]

제2차 회담

제1차 남북고위급회담이 끝난 직후인 1990년 9월 11~12일에 김일성은 선양에서 장쩌민 및 덩샤오핑과 회담했다. 이 자리에서 덩은 김에게 현재 진행중인 남북총리회담을 비롯해 각종 남북대화에 보다 성의있는 자세로 임하는 것이 좋겠다는 의견을 제시했다. 김은 귀국 직후 조선로동당 중앙위원회 정치국 회의를 열고 북남고위급회담을 진전시킬 것을 지시했다.[44]

이러한 배경에서, 제2차 남북고위급회담은 1990년 10월 17일~18일에 평양에서 열렸다. 남측 대표단을 이끌고 방북한 강영훈 국무총리는 북한을 방문한 최초의 대한민국 국무총리가 되었다. 이 회담에서, 남측은 남북 사이의 통행·통신·통상 등 3통에 관한 구체안을 제시하고 3개 부문별 공동위원회의 설치를 제의했고, 북측은 상호제도의 존중과 내정불간섭의 원칙을 담은 북남불가침선언의 채택을 제의했다. 그러나 합의를 끌어내지 못한 채 끝났다.

김일성 주석은 곧바로 남측 대표단을 초청했다. 이 자리에서 강 총리가

---

43 임동원(林東源), 『피스메이커: 임동원 회고록』(중앙books, 2008), 202쪽.

44 오진용(吳鎭龍), 『김일성시대의 중소와 남북한』(경기도 파주시: 나남, 2004), 301~306쪽.

고위당국자회담의 한계를 지적하며 "두 정상께서 만나 평화협정과 불가침 선언 문제를 허심탄회하게 논의하시면 좋겠다."라고 말하자, 김 주석은 "총리회담에서 모든 것이 합의된 후에 만나 악수를 해야 의미가 있지, 그전에 만나야 무슨 소용이 있겠느냐"라며 거절했다. 그렇지만 김 주석은 "두 개의 지방정권을 두고 한 나라 한 민족을 만들어야 한다."라고 말하며 고려련방제를 언급하는 것을 잊지 않았다. 그래서 강 총리가 "주석께서 말씀하시는 고려련방제와 노 대통령께서 말씀하시는 「한민족공동체통일방안」과는 큰 차이가 없습니다. 평화통일로 가는 중간단계를 남북연합이라는 것으로 하자는 것인데, 그것은 주석께서 주장하시는 고려련방제와 다를 게 없다고 생각합니다. 그러니 두 정상께서 만나 얘기를 해보시면 좋겠습니다."라고 권고했다. 김 주석은 "아니오, 아니오" 하면서, "두 개의 지방정권을 두고 한 민족 한 나라를 만들어야 합니다."라는 말을 되풀이했다.[45]

이때 김 주석의 바로 뒤에 서서 걸으며 그를 보았던 임동원林東源 대표는 다음과 같이 회상했다.

> 김 주석의 오른 귀 뒤에는 알려졌다시피 달걀만한 큰 혹이 달려 있었다. 하체가 상체의 무게를 감당하기 힘든 듯, 그의 걷는 모습은 왠지 불안해 보였다. 강 총리가 짐짓 김 주석의 건강을 칭찬하며 건강의 비결을 묻자 그는 이렇게 답했다. "나는 인생을 낙관적으로 삽니다. 하늘이 무너져도 솟아날 구멍이 있다고 믿으며 삽니다." 굵고 우렁우렁한 목소리가 인상적이었다.[46]

김일성 주석은 꼭 6개월 뒤 일본 『마이니치심분每日新聞』과의 회견에서도(1991년 4월 19일 보도) "하늘이 무너져도 솟아날 구멍이 있다."라는 조선의 속담을 되풀이한다. 그만큼 그는 북한 국내외상황의 위급성을 실감

---

45 노태우, 『노태우 회고록』 하, 301~302쪽.

46 임동원, 『피스메이커』, 196쪽.

하고 있었다. 그러나 그 구절은 북한의 국내 어느 매체에도 보도되지 않았다.

다시 임동원 대표의 관찰로 돌아가기로 한다. 임 대표는 평안북도 출신으로 일제가 패망한 뒤 소련점령을 경험하다가 1950년 가을에 17세 소년으로 단신 월남했고, 육군사관학교를 졸업한 데 이어 서울대학교 문리대 철학과를 졸업했다. 제5공화국 전두환정부 때 육군소장으로 예편한 뒤 나이지리아대사와 호주대사를 역임했고, 노태우정부에서 외무부 외교안보연구원 원장으로 봉직하고 있었다.

자연히 북한 방문에 대한 감회가 새로웠던 그는 자신이 관찰한 북한의 모습에 대해서도 회상했는데, 그 일부는 다음과 같다.

> 첫눈에 비친 것은 벌거벗은 산하였다. 울창한 나무숲으로 가득한 남녘의 산과는 달리 나무가 거의 보이지 않는 벌거벗은 황토색 민둥산에는 [김정일 농법에 따라 나무를 베고 빈 터를 만들어 산꼭대기에까지 만들어놓은 밭인] 다락밭의 흔적만이 남아 있었다. […] 내가 북한땅에 들어서며 받은 첫 인상은 북한경제의 낙후성이었다. 어쩌다가 이다지도 처참하게 헐벗고 가난한 나라가 되어버렸단 말인가! 그동안 우리가 북한의 능력을 너무 과대평가해왔다는 느낌이 들 수밖에 없었다. 남한의 1인당 국민총생산(GNP)은 이미 5,000달러를 넘어섰지만, 북한은 대략 1,000달러 정도로 알려져 있었다. 그러나 북한에 가보니 그러한 수치조차 도저히 믿을 수 없을 지경이었다.[47]

활발해진 문화 · 체육 교류

앞에서 보았듯 연방제 문제와 유엔가입 문제의 '장애물'을 넘지 못한 채 공식 회담은 교착했으나, 남북 사이의 문화 · 체육 교류는 활발히 이어갔다.

---

47 위와 같음, 191~193쪽.

1990년 10월 11일과 23일에 남북통일축구대회가 평양과 서울에서 차례로 열렸고, 10월 11~14일에 제1회 남북영화제가 뉴욕에서 열렸으며, 10월 18일에 「범민족통일음악회」가 평양의 2·8문화회관에서 열렸고, 10월 25일에 남측의 정동성鄭東星 체육부 장관과 북측의 김유순金有順 국가체육위원회 위원장은 1991년 4월에 일본에서 열릴 세계탁구선수권대회와 1992년에 스페인 바르셀로나에서 열릴 하계 올림픽대회 등에 남북 단일팀을 구성해 파견하는 문제에 공동합의문을 발표했다.[48] 연말에는, 「1990송년 통일전통음악회」가 남북한 합동공연으로 12월 9월~12일에 서울에서 열렸다.

제3차 회담

이러한 행사도 치르면서, 제3차 남북고위급회담은 1990년 12월 12~13일에 서울에서 열렸다. 한국과 소련 사이의 수교가 이미 이뤄졌고 한국과 중국이 상대방 수도에 영사기능을 갖는 무역대표부를 각각 개설하기로 발표한 직후여서, 북한은 심리적으로 위축되어 있었다.

남측은 남북기본합의서를 먼저 채택한 뒤 북측이 제의한 불가침선언을 남측이 제2차 회담 때 제시한 「남북간의 화해와 협력을 위한 공동선언」과 통합해 「남북 불가침과 화해·협력에 관한 선언」이라는 하나의 문건으로 채택할 것을 제의했다. 남측은 불가침선언은 선언으로만 그치는 것이 아니라 정말 실현되어야 한다는 뜻에서 불가침을 확실히 보장할 수 있는 장치를 전제해야 하며 그러한 내용을 담은 8개 항의 불가침 방안도 제시했다. 이에 대해, 북측은 자신의 불가침선언 제안을 남측이 제2차 회담 때 제의한 화해협력안과 통합해 다루자고 맞서면서, 남조선으로부터 핵무기와 미군을 철수해야 한다는 기존의 제의를 되풀이했다. 결국 이 회담 역시 아무런 합의를 끌어내지 못하고 끝났다.[49]

---

48 노중선 엮음, 『연표』, 444~455쪽.

49 위와 같음, 451쪽; 노태우, 『노태우 회고록』 하, 304~305쪽.

대체로 이 무렵인 1991년 12월 초에 미국 국무장관 제임스 베이커 3세 James A. Baker III는 미국이 아시아에서 취할 외교노선을 제시한 논문을 발표했다. 걸프전에서의 압도적 승리와 소련의 해체 이후 미국이 사실상 단극 체제로 세계를 이끌게 되었음을 문장으로 표현하지는 않았으나 염두에 둔 것으로 보였다. 이 논문에서 베이커 장관은 북한의 핵무기 개발을 지적하면서 "참으로 한반도에서의 핵확산이 제기하는 매우 진정한 위험은 이제 위협이다."라고 썼다. 그는 또 노 대통령의 북방정책 그리고 북한과의 관계 개선을 위한 노력을 높이 평가하고, "한반도의 화해와 궁극적 재통일의 과정은 한국인의 주도에 기초할 필요가 있다."라고 인정하면서도, 유럽의 사례를 지적하면서 "남북대화가 진전함에 따라 남북한과 동북아시아의 4강의 하나의 포럼forum을 형성할 가능성을 탐색하는 것이 좋겠다."라는 취지를 밝혔다.[50]

이 뒷부분은 한반도문제의 해결을 위한 '2+4' 구상을 밝힌 것으로 해석되면서 한국 안에서 논란을 불러일으켰다. 베이커 국무장관이 11월 14일에 노태우 대통령을 예방한 자리에서 노 대통령은 '2+4' 방식은 독일문제 해결에 적용되었던 방식임을 지적하고, 독일의 상황과 다른 한반도의 상황에 적용되는 데 한계가 있음을 상기시켰다. 베이커 장관은 노 대통령의 의견에 공감했다.[51]

---

50 James A. Baker III, "America in Asia: Emerging Architecture for a Pacific Community," *Foreign Affairs*, Vol. 70, No. 1(Winter, 1991), pp. 1~18.

51 정해창(丁海昌), 『대통령 비서실장 791일: 정해창의 청와대 일지』(경기도 파주시; 나남, 2023), 319~320쪽.

제3절 남북의 유엔 동시가입

제1차 남북고위급회담이 끝난 직후, 북한이 필사적으로 막고자 한 한국과 소련의 수교가 1990년 9월 30일에 이뤄졌고, 10월 3일에 동독정권이 소멸되면서 서독으로 합류했으며 이로써 북한에 남한 주도의 한반도통일을 연상시키는 서독 주도의 독일통일이 실현되었다. 제5장 제4절 제5항에서 보았듯, 1990년 12월과 1991년 4월에는 노 대통령의 소련방문과 고르바초프 소련대통령의 답방이 각각 성사되었다. 특히 고르바초프는 제주도에서의 회담에서 한국의 남북유엔동시가입 제안을 적극 지지하고, 북한이 응하지 않는 경우 한국이 단독가입을 신청해도 유엔 안전보장이사회에서 거부권을 행사하지 않을 것임을 밝혔다.

북측 제의의 문제점: "남북한 유엔 동시가입은 한반도 분단 고정화"라는 허구

위에서 보았듯, 이 시점이면 남북한의 유엔동시가입을 지지하는 분위기가 무르익어가고 있었다. 그렇지만 김일성 주석이 1990년 5월 24일에 「조국통일 5개 방침」을 밝히는 가운데,[52] '단일의석에 의한 북남유엔 공동가입' 그리고 '공동가입 이후 대표권의 북·남 교대행사'를 제의한 이후 북한은 일관되게 남북한의 유엔 동시가입을 반대하고 있었다.

'단일의석에 의한 북남 유엔 공동가입'안은, 이상옥 당시 외무장관의 표현으로는, '허구적 논리에 기반한 비현실적 제안'이었다.[53] 첫째, "북남의 유엔가입이 조선반도의 분단을 영구화한다."라는 논리는 타당한가? 그렇지 않다. 이 시점에서 남과 북은 각각 129개 국가 및 100개 국가와 외교관계를 맺고 있었고, 그 가운데 89개 국가가 남과 북을 동시에 수교하고 있었다. 북한

---

52 노중선 엮음, 『연표』, 417~418쪽.

53 이상옥(李相玉), 『전환기의 한국외교: 이상옥 전 외무장관 외교회고록』(삶과꿈, 2002), 49쪽.

의 논리대로라면, 북한은 89개 국가와 동시에 수교를 하지 말았어야 한다.

다른 예를 들면, 「예멘아랍공화국」이라고 불린 북예멘과 「예멘인민민주주의공화국」이라고 불린 남예멘은 각각 1947년 9월 30일과 1967년 11월 30일에 유엔에 가입했으나 1990년 5월 22일에 통일을 성취했고, 동독과 서독 역시 1973년 9월 18일에 유엔에 동시가입했으나 1990년 10월 3일에 통일을 성취했다. 이 사례들은 분단된 국가들이 함께 유엔 회원국이었다는 사실이 통일에 아무런 장애가 되지 않았음을 보여주었다.

둘째, '단일의석에 의한 공동가입'론이다. 이것은 회원국 자격에 관한 유엔헌장의 규정에 어긋나고 대표단 구성에 관한 유엔총회 의사규칙에도 저촉되는 법적 문제를 안고 있는 '실현불가능한 제안'이었다. 이 점에 대해, 당시 이상옥 외무장관은 다음과 같이 명쾌하게 설명했다.

> […] 남북한이 12개의 유엔 직속기관 및 전문기구에 다 같이 별개로 회원국으로 가입하고 있었는데, 유엔에서는 단일의석으로 공동가입해야 한다는 주장은 자가당착(自家撞着)이라고 하지 않을 수 없었다. 또한 남북한간에 대외정책노선에 관한 기본적 합의가 이루어지지 않은 상황하에서 단일의석으로 공동가입하여 남북한이 교대로 의석을 가진다는 것은 유엔회원국으로서의 권리행사와 의무이행의 일관성이라는 측면에서 극복할 수 없는 문제점을 야기하게 되는 것이었다. 분단 반세기 동안 우리측의 수많은 노력에도 불구하고 전화 한 통이나 우편엽서 하나 주고받는 문제에도 합의하지 못했던 남북한관계의 현실에 비추어 유엔에서 제기되는 정치·안보·경제·사회 문제에 관해 남북한이 일관성 있는 입장을 취하는 것이 불가능하다는 것을 쉽게 예견할 수 있는 일이었다. 결국 북한의 단일의석공동가입안은 끝내 한국의 유엔가입을 저지하기 위한 책략에 불과한 것이었다.[54]

---

54 위와 같음, 50쪽.

유엔 회원국들의 동향과 중국의 암시

유엔 회원국들 사이에서도 북한의 단일의석 공동가입안은 철저히 외면되고 있었다. 1990년 가을에 열린 제45차 유엔총회에서 동유럽의 공산국가들을 포함한 71개국의 대표가 기조연설을 통해 한국의 입장을 지지한 데 반해, 북한의 입장을 지지한 사례는 전혀 없었다. 특히 이 총회의 과정에서 10월 1일에 부시 미국대통령은 한국의 입장을 확고히 지지한다는 뜻을 다시 밝혔다. 미국의 역대 대통령 가운데 유엔총회 연설에서 유엔가입에 관한 한국의 입장을 명시적이면서 단호하게 지지한 것은 이번이 처음이었다.[55] 이것은 당시 현홍주玄鴻柱 유엔대사가 백악관과 꾸준히 협의한 결과였다.[56] 당시 외무부 주무국장이던 문동석文東錫 국제기구조약국 국장은 훗날 "[현 대사는] 사안을 전략적으로 다루는 게 발달하셨어요. 그분이 유엔대사를 할 때 우리 가입문제에 대해서 정말로 몇 걸음을 나아갈 수 있게 기초를 닦아주셨습니다."라고 회고했다.[57]

현홍주 대사는 서울대학교 법과대학 법학과 재학 때 고등고시 사법과에 합격하고 서울대학교 사법대학원에서 석사학위를 받은 데 이어 콜럼비아대학교 대학원에서 법학석사학위를 받았다. 육군법무관에 이어 법무부 검사로 봉직하고 국가안전기획부 제1차장으로 봉직하다가 제12대 국회의원으로 선출된 이후 민정당 사무차장으로 노태우 민정당 대표위원을 보좌했다. 그의 인품과 뛰어난 영어실력을 인정한 노 대통령은 첫 내각에서 그를 법제처 처장으로 기용했으며, 곧 유엔대사로 임명한 데 이어 미국대사로 임명한다.

유엔 회원국들 사이에서는 한국의 입장에 대한 지지는 거의 절대적이었지만, 문제는 거부권을 갖고 있는 5대 상임이사국들 가운데 하나인 중국이

---

55 위와 같음, 48쪽.

56 오준(吳俊) 전 유엔대사 증언, 국립외교원 외교안보연구소 외교사연구센터 편, 『남북한 UN 동시가입』(선인, 2021), 85쪽.

57 문동석 전 국장 증언, 위와 같음, 191쪽.

었는데, 중국은 1990년 11월 초순 중국의 관영통신사 『신화사新華社』 홍콩 지사가 홍콩주재한국총영사관과 유지해온 비공식 통로를 통해 한국이 유엔동시가입을 성급히 추진하지 말고 북과의 대화를 계속할 것을 권고하면서, 만일 한국이 단독으로라도 가입하고자 할 경우 한·중관계에 '악영향'을 끼칠 수 있다는 우려를 표명했다. 이에 대해, 한국측은 남북고위급회담에서 북측을 계속해서 설득할 것임을 약속한 대신에, 남북한의 유엔동시가입은 한반도의 긴장완화와 평화정착에 기여할 뿐만 아니라 중국의 국가이익에도 도움이 될 것임을 강조하면서 중국이 '긍정적이며 건설적인 역할'을 맡아줄 것을 요망했다.[58]

이 과정에서 '비선秘線'이 움직였던 것이 확실하다. 당시 청와대와 중국 고위층 사이에서 의사소통의 역할을 맡았던 선경鮮京그룹의 이순석李順石 사장이 1990년 10월에 중국 국무원 톈지윈田紀雲 부총리를 만난 자리에서 중국은 남북한 동시가입에 반대하지 않는다는 암시를 받고 선경그룹의 최종현崔鍾賢 회장에게 보고하자 최 회장이 노 대통령에게 전달했던 것 같다.[59] 중국정부의 그러한 방침이 섰음은 1990년 11월 30일에 열린 미·중 외무장관 회담에서 암시되었다. 제임스 베이커 미 국무장관이 첸지천 중국 외교부장에게 남북한의 유엔 동시가입을 받아들이도록 종용한 데 대해, 첸 부장은 "1990년에는 안 된다."라고 말했으나, 1991년에 대해서는 답변하지 않았던 것이다.[60]

미국정부의 결정에 발을 맞춰, 토마스 피커링Thomas A. Pickering 유엔주재미국대사는 노창희 유엔대사에게 도움말을 주었다. 보우든칼리지 Bowdoin College를 최우등으로 졸업한 그는 터프츠대학교 플레처법률외교대학원에서 석사학위를 받았으며, 이미 인도대사와 러시아대사를 역임한

58 이상옥, 『전환기의 한국외교』, 58~59쪽.

59 김장환(金長煥) 당시 홍콩총영사 발언, 『남북한 UN 동시가입』, 300쪽 및 304~305쪽.

60 이상옥, 『전환기의 한국외교』, 59쪽.

미국 외교계의 거물이었다. 그는 한국이 중국의 입장에 대해 너무 과민하다고 지적하면서, "자신의 경험에 비춰 안전보장이사회 이사국들 가운데 절대다수가 한국의 입장을 지지하는 경우 중국은 따라갈 수밖에 없을 것"이라고 말하며 의연하게 대처하라고 권고해준 것이다.[61]

1991년의 상황과 노 대통령의 확고한 의지

유엔가입 문제를 둘러싼 남북 사이의 갈등은 1991년 연초부터 극명히 드러났다. 김일성 주석은 1월 1일자 신년사를 통해 「북남당국·정당수뇌협상회의」의 개최를 제의하는 가운데 북남 유엔동시가입에 대한 반대를 분명히 하면서, 단일의석가입을 거듭 제의했다. 노태우 대통령은 1월 8일의 연두기자회견을 통해 남북정상회담 개최를 다시 제의하면서, 1991년에는 남북의 유엔동시가입을 반드시 실현할 것이며 만일 북측이 응하지 않는다면 한국의 단독가입이라도 실현할 것을 다짐했다.[62]

북한의 반발이 뒤따랐다. 『로동신문』은 2월 19일에 남측이 "국제적 세력균형의 변화를 틈타 유엔 무대를 통해 두 개의 조선을 강요하려 하고 있다. [⋯] 이 같은 흉악한 민족분렬책동에 절대로 보조를 같이 할 수 없다."라는 강경한 반응을 보이면서, 남측이 "민족을 소모적인 대결로 몰아넣는 데 대해 비싼 대가를 치러야 할 것이며 민족이 재난적인 전쟁의 위험에 직면하게 되고 아시아와 세계 평화가 위태롭게 되는 데 대해 책임져야 할 것"이라고 비난했다. 북한은 며칠 뒤 유엔 각 회원국에 배포한 비망록을 통해 단일의석공동가입 주장을 되풀이하면서 유엔가입은 북남 사이의 합의 아래 이뤄져야 하며 남측의 일방적 가입 시도는 북남관계를 극도로 악화시키고 조선반도의 긴장을 격화시키게 될 것이라고 위협했다.[63]

---

61 노창희, 『어느 외교관의 이야기』, 246~248쪽.

62 위와 같음, 239~240쪽; 노중선 엮음, 『연표』, 410쪽.

63 노창희, 『어느 외교관의 이야기』, 240쪽에서 재인용.

한국의 재야운동권도 유엔가입에 관한 정부의 입장을 비판하는 목소리를 높였다. 예컨대, 문익환 목사가 위원장을 맡은 「조국통일범민족연합 남측본부 결성준비위원회」는 1991년 1월 23일에, 이어 독일 프랑크푸르트에서 열린 「조국통일에 관한 국내외 통일문제전문가·기독자 간의 대화모임」은 2월 3일에, 7·4남북공동성명의 정신을 따를 것을 전제하면서 한반도 평화통일방안을 제시했는데 거기에는 '단일의석공동가입'을 비롯해 북한의 주장에 유사한 안들이 포함되었다.[64]

그러나 노 대통령의 의지는 확고했다. 그리하여 노창희 대사가 이끈 유엔대표부는 4월 5일에 유엔 안전보장이사회 의장에게 "대한민국 정부는 1991년도 총회에서 유엔가입을 위하여 필요한 조치를 취할 것이다."라고 다짐하면서도, 북한을 배려해 북한 역시 대한민국과 함께 가입하기를 바란다는 뜻을 함께 담은 각서를 제출했다. 안전보장이사회 의장은 같은 날에 이 각서를 전체 회원국에게 배포했다. 노창희 대사의 표현으로, "이 각서는 우리에게는 유엔을 향한 '출사표'인 동시에 북한과 중국에게는 일종의 '최후통첩'이기도 했다."[65]

리펑 중국 총리의 방북과 북한 설득

그때로부터 1주일 뒤인 4월 11일에 중국 외교부 대변인은 리펑李鵬 총리의 북한방문에 관한 공식 발표가 있을 것임을 예고했다. 고르바초프 소련 대통령의 제주도 답방 계획 그리고 그 경우 소련은 유엔가입에 관한 한국정부의 입장을 지지할 것이라는 예상이 보도된 것이 중국정부를 움직이게 한 하나의 요인이 된 것으로 보였다. 실제로 고르바초프가 4월 19~20일의 답방 때 한국정부의 입장을 지지했다는 보도가 뒤따르자, 4월 25일에 중국은 리 총리가 5월 3~6일에 평양을 방문한다고 공식발표했다. 이 발표는 세바

---

64 노중선 엮음, 『연표』, 453~454쪽.

65 노창희, 『어느 외교관의 이야기』, 248쪽.

르나드제 소련 외무장관이 소련의 한국과의 수교 발표에 앞서 그 결정을 북한에 통보하기 위해 방북했던 전례를 연상하게 하는 것이었다.

리펑 총리가 평양으로 출발하는 바로 그날에, 김대중 신민당 총재는 남북한의 유엔동시가입을 지지하는 서한을 유엔 사무총장 하비에르 페레스 데 케야르Javier Pérez de Cuéllar에게 보냈다. 제4대 쿠르트 발트하임Kurt J. Waldheim의 후임으로 제5대 유엔 사무총장으로 선출된 페루 출신의 이 노련한 외교관은 1982년 1월부터 1991년 12월까지 10년에 걸쳐 유엔 사무총장으로 활동했다. 이 시기에 동유럽의 공산정권이 줄줄이 무너지고 독일이 통일됨과 더불어 마침내 소련이 해체되는 등 역사적 격변이 계속해서 일어났고 동서냉전이 종식되었다.

케야르 사무총장에게 보낸 이 서한에서 김 총재는 "남북한의 유엔가입은 남북한이 함께 유엔에 가입해 7천만 한민족의 의사가 반영되고 한반도 평화에 기여해야 한다는 두 가지 원칙에 기초해야 한다."라고 전제하면서, 그러한 논리에서 볼 때 남북한의 유엔동시가입은 바람직하다는 뜻을 밝히고 유엔동시가입이 한반도의 영구분단을 가져온다는 북한의 주장은 근거가 없으며 국제적 지지도 받지 못한다고 정확하게 설명했다. 그러나 그는 그러한 논리에 비추어 "대한민국의 유엔단독가입은 한민족의 불완전한 의사표시이며 한반도 평화에 부정적 영향을 끼칠 것"이라고 덧붙였다. 종합적으로 보아, 김 총재는 노태우정부가 추진한 남북한의 유엔동시가입은 찬성했으나 차선의 방법으로 추진하는 한국의 유엔단독가입에 대해서는 반대한 것이다.

자신의 서한에 대한 기자들의 질문을 받은 뒤, 김대중 총재는 "북한이 유엔에 가입할 수 있는 계기를 마련해 주었는데도 결단을 내리지 않을 경우, 유엔은 당연히 한국만의 가입을 승인할 수밖에 없을 것"이라는 점을 인정했다.[66] 비록 기자회견에서 단독가입안의 불가피성을 인정했으나, 그것은

---

66 『중앙일보』(1991년 5월 4일).

이미 케야르 사무총장에게 보낸 서한에는 포함되지 않았기에, 차선의 방법으로 한국의 단독가입을 추진하던 노태우정부에게는 그의 서한이 부담스러웠던 것은 사실이다.[67]

김대중 총재의 서한이 발표된 다음 날인 5월 4일에 리 총리는 김일성 주석과 회담했다. 중국의 관영매체들은 리 총리가 김 주석의 '1민족 1국가 2제도 2정부'식 연방제 통일방안을 지지했다고만 보도하고 유엔가입문제에 대해서는 침묵했다. 그러나 중국 외교부 대변인은 5월 9일에 열린 정례 브리핑에서 일본기자의 질문을 받고 그 문제에 대한 협의가 있었음을 시인했다. 한국의 외무부 본부는 한 동유럽국가의 한 북한대사관이 "리 총리와 연 총리 사이에 그 문제에 관해 '긴장된 분위기 속에서' 논의가 진행되었으며 중국이 유엔가입문제에 대해 북한의 입장을 전적으로 지지하는 것이 아니라고 설명했다."라는 말을 들었다는 정보를 입수했다.

곧이어 장쩌민江澤民 중국공산당 총서기가 5월 15~19일에 모스크바를 방문하고, 고르바초프와 한반도정세에 대해 논의했다. 5월 19일에 발표된 두 지도자 사이의 공동성명은 그들이 남북한의 유엔가입에 대해서도 의견을 교환했다고 명시했다.[68]

북한의 유엔동시가입 수용 발표

더 버틸 수 없게 된 북한은 외교부 성명을 통해 5월 27일에 북남조선의 유엔동시가입을 수용한다고 발표했다. "남조선당국자들이 기어이 유엔에 단독으로 가입하겠다고 하는 조건에서 이것을 그대로 방임해둔다면 유엔무대에서 전 조선민족의 리익과 관련된 중대한 문제들이 편격적[편파적: 저자 주]으로 논의될 수 있고 그로부터 엄중한 후과가 초래될 수 있다."라고 전제한 이 성명은 "우리가 이것을 결코 수수방관할 수 없다. 조선민주주의인

67 노창희, 『어느 외교관의 이야기』, 250쪽

68 이상옥, 『전환기의 한국외교』, 80~81쪽.

민공화국 정부는 남조선당국자들에 의하여 조성된 이러한 일시적 난국을 타개하기 위한 조치로서 현 단계에서 유엔에 가입하는 길을 택하지 않을 수 없게 되었다."라는 논리로써 자신을 합리화했다.[69]

북한의 결정은 북한에 도움이 되는 것이었다. 만일 북한이 끝까지 동시 가입을 거부해 한국만 가입하게 된 경우 북한은 이후 뒤늦게라도 가입을 신청한다고 해도 상임이사국의, 특히 미국의 거부권 행사를 피하기 어려울 수도 있다. 그렇게 되면, 북한은 영영 국제사회의 고아가 된다. 이 점에 대해 첸지천 중국 외교부장은 다음과 같이 회상했다.

> 당시 북한이 가장 걱정하던 상황은 한국의 유엔가입신청이 순조롭게 통과되고 북한의 신청은 좌절되는 것이었다. 나는 김영남 외교부장에게 유엔의 이번 남북한동시가입 심의절차를 상세하게 소개하고 중국이 각국과 잘 협조해 처리할 것이라며 북한의 우려를 해소했다.
>
> 김일성이 [1991년 6월에] 묘향산에서 나와 회견할 때에도 유엔가입문제에 대해 별도로 이야기를 나눴다. 그는 남북유엔가입문제는 상황이 어떻건 반드시 한꺼번에 처리해야 한다고 말했다. 만일 이를 나눠 토론하게 되면 미국은 반드시 핵사찰 문제를 내세워 부결권을 행사할 것이고, 그렇게 되면 북한의 입장은 매우 어렵게 된다는 이야기였다. 그는 또 유엔문제에 있어 북한은 중국에 부담을 주지 않을 것이며, 중국 또한 북한을 어려운 입장으로 만들지 않기를 바란다고 당부했다.[70]

북한의 영국주재공사로 봉직하다가 대한민국으로 귀순한 태영호太永浩 국회의원의 증언은 첸 부장의 회고를 뒷받침한다. 태 의원에 따르면, 북한

---

69 노창희, 『어느 외교관의 이야기』, 255쪽에서 재인용; 오진용, 『김일성시대의 중소와 남북한』, 319쪽에서 재인용.

70 첸지천 지음, 유상철 옮김, 『열 가지 외교 이야기: 중국외교의 대부 첸치천의 국제정치 비망록』(랜덤하우스중앙, 2004), 159쪽.

은 한국만 유엔에 가입되고 북한은 가입되지 않는 상황을 피하고자 동시가입에 응했고, 한국보다 먼저 가입원을 제출했다는 것이다.[71]

당시 대통령비서실에서 정책비서관으로 봉직하며 남북관계를 다뤘던 강근택 전 우크라이나대사의 회상은 태영호 의원의 증언을 보다 더 구체적으로 뒷받침했다. 그에 따르면, 우리가 앞에서 살핀 리펑 중국 총리의 방북 때, 리펑이 김일성 주석에게 "너희가 이번에 유엔동시가입을 안 하면 영원히 못한다. 동시가입이 추진되지 않으면 북한은 미국이 거부권을 행사하기 때문에 가입 못한다."라고 설명하자, "북한으로서도 상당히 겁을 냈다."는 것이었다.[72]

남북한의 유엔동시가입 실현

북한은 7월 8일에, 남한은 8월 5일에 각각 유엔 사무총장에게 가입신청서를 제출했다. 「회원국가입심사위원회」는 8월 6일에 남북한의 개별적 가입신청을 「남북한가입권고결의안」 하나로 묶어 전원일치의 의견으로 채택했으며, 유엔 안전보장이사회는 이 결의안을 8월 8일 역시 전원일치로 채택했다. 9월 17일(한국시간 18일)에 개막한 제46차 유엔총회는 당시 159개 회원국 가운데 143개 회원국이 공동으로 제안한 이 가입안을 그날 오후에 채택했다. 이로써 국호의 알파벳 순서에 따라 '조선민주주의인민공화국(Democratic People's Republic of Korea)은 160번째로, 대한민국(Republic of Korea)은 161번째로 회원국이 되었다. 이날 마이크로네시아Micronesia와 마셜군도(Republic of the Marshall Islands) 등 2개 태평양도서국가, 그리고 막 소련에서 탈퇴한 에스토니아Estonia · 라트비아Latvia · 리투아니아Lithuania 등 발트 3개국이 함께 회원국으로 받아들여졌다.[73]

---

71 태영호(太永浩), 『3층 서기실의 암호: 태영호 증언』(기파랑, 2018), 26~27쪽.

72 강근택 대사 구술, 『남북한 UN 동시가입』, 107쪽.

73 노창희, 『어느 외교관의 이야기』, 262~268쪽.

곧바로(9월 17일 당일 오후 6시) 대한민국 국기가 조선민주주의인민공화국 국기와 함께 유엔본부 건물 정면의 만국기 게양대에 게양되었다. 그동안 유엔에 '상임옵서버' 자격으로 대한민국유엔대표부를 대표했던 노창희 대사는 이틀 뒤 정식 회원국으로 대한민국유엔대표부 '상임대표'로 사무총장에게 신임장을 제출했다.

이때 한국정부는 관례에 따라 축하기념물을 유엔에 보내기로 했다. 여러 대안을 고려하다가, 노 대통령은 이어령李御寧 문화부 장관의 건의를 받아들여 세종대왕이 왕비의 별세를 계기로 석가의 공덕을 찬양하기 위해 1447년에 지은 『월인천강지곡月印千江之曲』의 원본을 확대한 복사본과 그것을 인쇄한 당시의 활자를 재주조한 특수 전시물을 제작해 보내기로 결정했다. 이어령 장관의 회상에 따르면, "한국이 금속활자를 처음 만들어 쓴 나라요, 막강한 한자문화권에서도 독창적인 한글을 창제한 나라로 전 세계에 그 문화의 위상을 보여주기 위해서였다."[74]

대한민국 정부는 1949년 1월 19일에 고창일高昌一 외무장관서리의 명의로 처음 유엔가입을 신청했다. 그러나 거부권을 가진 5대 상임이사국들 가운데 하나인 소련의 거부권 행사로 실현되지 못했다. 당시 5대 상임이사국은 미국 · 영국 · 프랑스 · 중화민국 · 소련이었고, 중화인민공화국은 1971년에 이르러서야 중화민국을 대체하고 상임이사국이 되었다. 이후 네 차례 더 신청했으나, 역시 소련의 거부권 행사로 좌절되었다. 북한은 1949년 2월 9일에 박헌영朴憲永 외무상 명의로 처음 유엔가입을 신청했다. 그러나 소련을 제외한 나머지 4개 상임이사국의 거부권 행사로 실현되지 못하였다. 1949년을 기점으로 삼아, 42년 만에 남북한은 유엔 회원국이 된 것이다.

대한민국은 자신의 '건국' 과정과 6 · 25전쟁 때 유엔으로부터 결정적 도

---

74 이어령(李御寧), 「참용기로 세운 문화의 집」, 노재봉 편, 『노태우 대통령을 말한다』, 310~311쪽.

움을 받은 사실을 잊지 않고 언커크가 해체되기 직전 해인 1973년 이전까지 유엔 회원국이 아니면서도 유엔창립일인 10월 24일을 「유엔의 날」이라는 이름으로 기념하여 공휴일로 지정했다. 그러나 이제 당당한 유엔 회원국이 된 것이다.

김대중정부의 외교통상부는 "정부수립 이후 40여 년간 한국외교 최대 현안의 하나였던 유엔가입의 실현은 정부의 유엔외교는 물론이고 외교 전반에 질적인 변화를 가져왔다."라고 설명하고, 스스로 다음과 같이 부연했다.

> 냉전체제 붕괴 이후 새로운 국제질서 속에서 국제적 평화와 안정을 위한 유엔의 역할이 부각되고 있으며 특히 환경 · 인권 · 개발 등 경제 · 사회 문제가 역점 과제로 부상하면서 유엔 및 각종 국제기구의 역할이 강화되고 있는 가운데, 한국의 유엔외교도 국제적 평화와 안전 유지 및 인류 공동번영에 적극 참여하며, 유엔 및 각 국제기구에서 논의되는 주요 문제에서 국익을 최대한 확보함과 동시에 한반도 통일에 대한 사전 정지작업을 이룬다는 장기적 목표를 갖고 추진하게 되었다.[75]

노태우 대통령의 유엔총회 연설

대한민국이 유엔 회원국으로 받아들여지자, 노태우 대통령은 9월 24일에 유엔총회에서 「평화로운 하나의 세계공동체를 향하여」라는 제목으로 약 20분에 걸쳐 기조연설을 했다. 이 연설에서 그는 북한을 국호 그대로 '조선민주주의인민공화국'이라고 호칭하고 '우리의 형제'라고 부른 데 이어, (i) 한반도의 정전협정을 평화협정으로 전환시키고, (ii) 남북 사이에 핵문제에 관한 협의와 '실질적 군비감축'을 추진하며, (iii) 남북 사이에 '사람과

75 외교통상부, 『한국외교 50년, 1948~1998』(외교통상부, 1999), 224쪽.

물자와 정보의 자유로운 교류'를 실현할 것을 제의했다.[76] 여기서 중요한 것은 핵문제를 공개적으로 거론했다는 사실이다. 한국정부는 그동안 주한 미군이 보유한 핵무기에 대해 '시인도 부인도 하지 않는' 미국정부의 NCND(Neither Confirm Nor Deny) 정책을 받아들여 언급을 자제했었는데, 이제 거기서 벗어난 것이다.[77]

확실히 대한민국의 유엔가입은 대내외 상황을 충분히 고려하고 목표를 설정한 노 대통령의 추진력의 산물이었다. 제1장에서 인용한 당시 문동석 외무부 국제기구조약국장의 지적 말고도, 현홍주 전 유엔대사가 "1990년 말 노 대통령의 결단이 없었더라면 유엔가입의 목표는 더 시간을 두고서야 가능했을 것이다."라고 쓴 것은[78] 그 점을 뒷받침하는 또 하나의 자료이다. 이렇게 볼 때, 노 대통령이 대한민국이 유엔 회원국이 된 이후 유엔총회에서 처음으로 연설한 대한민국 대통령이 되었다는 것은 자연스러운 귀결이었다.

노 대통령의 연설에 이어, 북한의 연형묵 총리는 10월 2일에 유엔총회에서 연설했다. 이 자리에서, 그는 김일성 주석의 '고려민주련방공화국' 안을 되풀이했다.[79]

한국인의 활발해진 유엔진출

그사이, 유엔 비회원국이어서 옵서버 지위 밖에 갖지 못했으나, 대한민국은 유엔의 거의 모든 직속기관과 전문기관의 회원국으로 국제사회를 위해 일정한 역할을 수행했다. 고려대학교 이신화李信和 교수의 조사에 따르면, 2015년 1월 기준으로, 유엔 산하 82개 국제기구 모두에 가입해 있고, 45

76 이 연설의 전문은 다음에서 읽을 수 있다. 재단법인 보통사람들의시대노태우센터 편, 『노태우의 생각, 대통령의 연설』, 315~323쪽.

77 임동원, 『피스메이커』, 204~205쪽.

78 현홍주(玄鴻柱), 「시국대책 '후보계획' Plan B」, 노재봉 편, 『노태우 대통령을 말한다』, 373쪽.

79 노중선 엮음, 『연표』, 472쪽.

개 국제기구에서 총 530명의 한국인이 일하고 있다. 이 수치數値는 1999년의 193명에서 크게 늘어난 것이고, 1992년 한국인 직원이 한 명도 없었던 유엔본부에서는 97명이 일하고 있다.[80]

한국이 회원국이 된 이후 국제기구에서 수장首長으로 또는 핵심요원으로 활동하는 한국인은 훨씬 늘어났다. (i) 고려대학교 법과대학 교수 박춘호朴椿浩 박사는 1996년에 독일의 함부르크에 본부를 둔 국제해양법재판소(ITLOS: International Tribunal for the Law of the Sea) 재판관으로 선출되어 재선을 거쳐 별세한 2008년까지 봉직했고, (ii) 서울고등법원 권오곤權五坤 부장판사는 2001년에 구舊유고슬로비아국제형사재판소(ICTY: International Criminal Tribunal for the Former Yugoslavia)의 상임재판관으로 선출되었고, 이후 부소장으로 봉직하다가 2016년에 퇴임했다. 이 재판소는 지난날 유고슬라비아연방공화국의 한 구성공화국이었던 세르비아공화국의 대통령이었으며 이후 유고슬라비아연방공화국의 대통령이었던 슬로보단 밀로셰비치Slobodan Milošević와 그의 몇몇 동료가 유고슬라비아연방공화국이 해체되는 과정에서 '세르비아민족우선주의'를 내세워 다른 소수민족들을 집단학살한 일련의 사건들을 다룬 재판소였다. 2001년에 수감되었던 밀로셰비치는 결국 2006년에 옥사했다.

이 재판소에서 역시 재판관으로 선출되었던 육군법무감(소장) 출신의 박선기朴宣基 변호사는 이후 르완다국제형사재판소(ICTR: International Criminal Tribunal for Rwanda) 비상임 재판관으로도 봉직했다. 이 재판소는 1994년에 아프리카 르완다에서 부족들 사이에서 벌어진 내전 때 80만 명 이상이 학살된 참사 때의 학살범들을 처벌하기 위해 1997년에 런던에 본부를 두고 설립되었다.

(iii) 2003년 서울대학교 의과대학을 졸업한 의사 이종욱李鍾郁은 세계보

---

80 이신화(李信和), 「중견국외교로서의 한국 국제평화활동(PKO)」, 손열 · 김상배 · 이승주 편, 『한국의 중견국외교: 역사 · 이론 · 실제』(명인문화사, 2016), 239쪽.

건기구(WHO: World Health Organization)에서 남태평양 오지의 어려운 환자들을 돌보는 일부터 시작해 2003년에 이 기구 사무총장으로 선임되어 3년 임기를 마쳤고, (iv) 대한민국 외교통상부 장관을 역임한 반기문潘基文은 2007~2016년에 제8대 유엔 사무총장으로 선출되었으며, 그사이 2013년에 미국의 경제잡지 『포브스Forbes』가 선정한 전 세계에서 가장 영향력 있는 인물 가운데 한국인으로서는 가장 높은 32번째로 선정되었고 2016년에는 미국의 세계적 외교안보논문집 『포린 폴리시Foreign Policy』가 선정한 세계의 사상가 100인 가운데 한 사람으로 선정되었으며, 유엔사무총장 퇴임 이후 2017년에는 국제올림픽위원회(IOC) 윤리위원장으로 선출되었다. (v) 서울대학교 법과대학 교수 백진현白珍鉉 박사는 2009년 3월에 국제해양법재판소 재판관으로 선출되었는데, 2017년 이후 2022년에 소장으로 봉직했으며, 2022년 10월 1일 ~ 2023년 9월 30일에 다시 재판관으로 봉직했다. 임기택林基澤 주영한국대사관 공사참사관이 런던에 본부를 둔 「국제해사기구(IMO: International Maritime Organization)」 사무총장으로, 그리고 이회성李會晟이 「기후변화에 관한 정부간협의체(IPCC: International Panel in Climate Change)」 의장으로 활동한 것도 좋은 사례이다.

유엔기구가 아니지만 의전에서 더 높은 격으로 대우받는 국제형사재판소(ICC: International Criminal Court)에서도 한국인이 활동했다. 지난날 2차대전의 독일 전범들을 처벌하기 위해 뉘른베르크전범재판소가 설립되었고 일본 전범들을 처벌하기 위해 도쿄전범재판소가 설립되었으며, 바로 앞에서 보았듯, 또 구舊유고슬라비아국제형사재판소와 르완다국제형사재판소가 설립되었다. 그것들은 모두 한시적인 기구였다. 그러나 국제형사재판소는 국제 전범을 처벌하기 위해 2000년 7월 1일에 로마조약에 의해 네덜란드의 공식 수도는 아니지만 중앙정부 청사가 위치했기에 실질적인 수도로 불리는 헤이그The Hague에 본부를 두고 설립된 상설재판소다. 우리나라가 2003년 2월에 가입함에 따라 한국인의 재판관 진출이 가능해져, 서울대학교 법과대학 교수 송상현宋相現 박사는 2009년에 재판관으로 선출되었다가 소장으로 선출되어 2015년까지 봉직했다.

송상현 소장은 서울대학교 법과대학 법학과를 졸업하고 고등고시 사법과와 행정과 모두 합격하고 미국 튤레인대학교 법과대학 대학원에서 석사학위를 받았으며 영국 케임브리지대학교 법과대학 대학원에서 디플로마를 받은 데 이어 풀브라이트 장학생으로 뽑혀 미국 코넬대학교 법과대학 대학원에서 법학박사학위를 받았다. 서울대학교 법과대학 교수로 부임한 이후 하버드대학교 법과대학 교수를 비롯해 서구권의 여러 법과대학에서 교수로 활동했고, 정부의 무역위원회 위원장으로도 봉직했다. 현재 서울대학교 법학전문대학원 명예교수다.

유엔 평화유지군에서의 활동

2023년 12월 현재 유엔 회원국들은 모두 194개이다. 대한민국은 유엔 사무총장을 배출했을 뿐만 아니라, 유엔에서나 유엔을 통해서나 여러 방면에서 활동하며 세계평화에 기여하고 있다. 예컨대, 유엔 안전보장이사회에서 비상임이사국으로 활동했고, 유엔 경제사회이사회에서 의장국으로 활동했으며, 2013년 9월에는 멕시코 · 인도네시아 · 튀르키예 · 호주와 함께 MIKTA(믹타:Mexico, Indonesia, Korea, Turkey, Australia)의 출범을 주도했다.[81]

특히 (ⅰ) 김영삼정부 때 세 차례, 김대중정부 때 한 차례, 노무현정부 때 두 차례, 「상록수부대」를 파견했고, (ⅱ) 이명박정부 때인 2010년 7월에 「국제평화지원단」(일명 「온누리부대」)을 창설해 오늘날까지 유지하고 있다. 이신화 교수의 조사에 따르면, 2015년 10월 기준으로 유엔 평화유지군에 군과 경찰병력을 보낸 나라들 가운데 615명을 보낸 한국은 39위에 이르고

---

81 위와 같음, 240쪽.

있다.[82] 다른 한편으로, 2023년 10월 현재 분담금 납입을 기준으로, 대한민국은 유엔의 10대 기여국에 속한다.[83]

제4절 한반도 핵무기 문제와 남북고위급회담의 합의 도달: 제4차 ~ 제8차 회담

제1항 한반도의 핵무기 및 비핵화 문제

남한에 미군이 배치한 핵무기를 철수 또는 폐기해야 한다는 주장은 이미 1950년대 이후 북한에 의해 꾸준히 제기되었다. 그 시발은 미국 아이젠하워 행정부가 1957년에 핵탄두를 장착한 로켓을 남한에 배치할 계획이라는 보도가 나온 직후인 1957년 5월 30일에 북한 외무성이 발표한 성명일 것이다. 이 성명은 "남조선에 신형 무기를 반입함으로써 남조선을 원자전쟁 기지로 전변시키려는 미제 지배층의 책동을 견결히 반대한다."라고 천명한 것이다. 이어 김일성 수상은 1957년 9월 27일에 최고인민회의에서 행한 연설에서 "남조선이 미제의 원자기지로 전변되는 것을 허용하지 말아야 합니다."라고 강조했다.

실제로 미국은 1958년 1월에 전술핵무기인 어네스트 존Honest John이라는 이름의 지대지地對地 로켓을 남한에 배치했고, 핵폭탄을 장착한 F-4 팬텀 4기를 전라북도 군산의 공군기지에 배치했다. 이것이 주한미군에 배치된 최초의 핵미사일이다. 이 대목에서, 우리는 북한이 1950년 6월 25일에 남침전쟁을 일으켰기에 미국으로부터 어네스트 존을 불러들였음을 상기하지

---

82 위와 같음, 242쪽.

83 박홍순(朴興淳), 「유엔 안보리 개혁의 논쟁과 갈등」, 『헌정(憲政)』(2023년 11월), 68~71쪽.

않을 수 없다.

이에 앞서 한국정부와 미국정부는 1956년 2월 3일에 「원자력의 비군사적 사용에 관한 대한민국정부와 미합중국정부 간의 협력을 위한 협정」을 체결했다. 여기에서부터 한국에는 '원자력 시대'가 열린 것이다. 한국정부는 이어 1958년에 「원자력기본법」을 제정하고 1958년 2월 3일에 한국원자력연구소를 설립했으며, 1959년 1월에 한국정부 최초의 원자력전담행정부서로 원자력원原子力院을 설립하고 전 문교장관 김법린金法麟을 원장으로 임명했다. 서울대학교 공과대학은 원자력공학과를 개설하고 1959년 새 학년도부터 신입생을 받아들였다.[84]

박정희 대통령의 핵무기 개발 시도와 좌절

한국정부는 미국의 전술핵 배치를 미국정부의 한국 안보에 대한 공약의 실천 가운데 매우 중요한 부분으로 받아들였다. 그러나 닉슨 독트린의 등장은 박정희 대통령을 불안하게 만들었다. 그래서 박 대통령은 닉슨 대통령이 괌에서 자신이 지향하는 정책의 내용을 보다 더 구체적으로 발표한 직후인 1969년 8월 22일에 샌프란시스코에서 그를 만나 그가 혹시 주한미군을 감축시키려는 것은 아닌가 하는 우려를 표시했다. 닉슨은 주한미군에 변화가 있을 경우, 사전에 알려주겠다고 약속했다.

그러나 닉슨은 이후 한국정부와 아무런 협의 없이 1971년 말까지 주한미군 2개 사단 가운데 1개 사단인 제7사단을 철수했으며 잔여 병력도 휴전선으로 이동시키고 휴전선에 대한 감시와 경비를 한국군에게 맡겼다. 제7사단의 철수는 주한미군의 역사에서 1949년의 철수와 1954년의 철수에 이은 세 번째 철수였다.[85] 미국의 한국안보 공약에 의심을 품게 된 박 대통령에

84 한국원자력연구원 편, 『한국원자력연구원 50년사: 1959~2009』(대전광역시: 한국원자력연구원, 2009).

85 김태우(金泰宇), 『북핵을 바라보며 박정희를 회상한다』(기파랑, 2018), 106쪽.

게 1972년의 상하이공동성명에 나타난 미국의 중공과의 합의는 그 의심을 더 키우는 또 하나의 요인이 되었다.

박 대통령의 응답은 1970년 8월 6일에 각 군 산하에 흩어져 있던 군 연구기관들을 통합해 국방부 산하에 국방과학연구소(ADD: Agency for Defense Development)를 설립하고, 동시에 대통령 직속으로 무기개발위원회를 비밀기구로 설립하는 것으로 나타났다. 이 두 기관의, 특히 후자의 목적은 미사일을 포함한 핵무기를 개발하는 데 있었다. '자주국방'이라는 구호와 '율곡사업'이라는 이름으로 추진된 이 계획은 한국원자력연구소가 1974년 4월 12일에 프랑스의 국영 핵연료재처리 회사인 SGN과 계약을 맺는 데까지 나아갔다. 이어 한국원자력연구소는 1975년 1월 15일에 프랑스의 핵연료시험제조회사(CERCA)와 핵연료제조장비 및 기술도입 계약을 맺었다.[86]

1970년대 초 이후 남베트남의 붕괴가 가시권에 들어오면서 남한사회에서 대한민국의 안보에 대한 우려가 커지자, 미국은 그 우려를 줄이고자 남한에 핵탄두를 더 많이 배치해 1972년 현재 그 수는 763개에 이르렀다(이후 950기로 늘어났다). 1975년 4월에 마침내 남베트남이 붕괴하자, 제임스 슐레신저James R. Schlesinger 미국 국방장관은 1975년 6월에, 상황에 따라 남한에 전술핵무기의 사용을 고려할 수 있다고 천명했다. 1976년 2월에 실시된 제1차 한미 팀스피리트훈련은 전술핵무기 활용 계획을 포함했으며, 1976년 8월 판문점에서 북한군이 미루나무 가지치기를 하던 미군 장교들을 살해한 직후 미군은 공군과 해군의 핵 자산을 전개했다.[87]

대체로 1972~1974년의 어느 시점에 박 대통령의 핵무기 개발 계획을 인지한 미국정부는 그것을 포기시키기 위해 회유도 하고 압박도 하기도 했다. 리처드 스나이더Richard L. Sneider 주한미국대사에서 슐레신저의 후임 도널드 럼스펠드Donald H. Rumsfeld 국방장관에 이르기까지 미국정부의

---

86 김태우, 위와 같음, 118쪽.

87 위와 같음, 200~201쪽.

메시지는, 특히 럼스펠드의 표현으로는, 미국이 한국에 대한 전술핵무기를 계속 배치하되 그런데도 한국정부가 핵개발계획을 포기하지 않는다면 미국정부는 한미상호방위조약의 폐기를 포함하여 한미관계 전반을 재검토한다는 협박이었다. 동시에 미국정부는 프랑스정부에 압력을 가해, 결국 프랑스 회사들로 하여금 한국원자력연구소와 맺은 계약을 취소하게 했다.[88]

1976년의 어느 시점에서 박 대통령은 완전히 물러섰다. 그 표징의 하나로, 그는 1968년 7월 1일에 핵확산방지조약에 가입했으나 국회비준을 미루다가 1975년 3월 20일에 비로소 비준동의 절차를 마쳤다.[89]

그렇지만 미국정부는 의심을 완전히 풀지 않고 계속해서 의혹을 유지했다. 송민순宋旻淳 전 외교통상부 장관의 표현으로, "미국은 한국의 핵무기 욕구를 항상 휴화산 같은 존재로 간주해왔다."[90] 실제로 박 대통령은 1976년 12월 1일에 핵연료개발공단을 개설했고, 1978년 9월 26일에 국방과학연구소는 충청남도 안흥 해변에서 '백곰(NHK-1)'으로 명명된 지대지地對地 미사일 실험발사에 성공함으로써 대한민국은 세계 일곱 번째 미사일 개발국이 되었다.[91] 미국은 1978년에 박 대통령의 한국안보에 대한 우려를 덜어주기 위한 수단의 하나로 박 대통령이 제시한 한미연합사령부 창설에 동의했다.[92] 이어 1975년 8월 27일에 박 대통령은 방한한 슐레신저 국방장관에게 핵개발을 완전히 포기한다는 비밀각서를 써주었고, 슐레신저는 이것을

---

88 전진호(全鎭浩), 『1970년대 한미 원자력협정: 1972년 체결 신협정(74년 개정)을 중심으로』(선인, 2023).

89 Oberdorfer and Carlin, *The Two Koreas*, pp. 55~59.

90 송민순(宋旻淳), 『빙하는 움직인다: 비핵화와 통일외교의 현장』(경기도 파주시: 창비, 2016), 33쪽.

91 이경서(李景瑞), 『박정희의 자주국방: 박정희 대통령의 마지막 10년, 그리고 4대 핵공장과 백곰 유도탄』(이른아침, 2023). MIT 공학박사로 국방과학연구소 부소장을 역임한 저자는 '백곰' 개발의 전 과정을 책임지고 수행했다.

92 김태우, 『북핵을 바라보며 박 대통령을 생각한다』, 124~125쪽; 한용섭, 『핵비확산의 국제정치와 한국의 핵정책』, 204쪽.

닉슨의 후임인 제럴드 포드Gerald R. Ford 대통령에게 전달했다.

1979년 10·26사태로 박 대통령이 시해되고 12·12사태를 통해 전두환 정권이 등장하자 미국정부는 전두환정권에 압력을 가해 핵무기 개발 그 자체를 근본부터 막고자 했다. 정통성의 결여 때문에 자신의 존립을 전적으로 미국에 의지해야 했던 전두환정권은 거기에 호응해 1980~1981년에 국방과학연구소를 사실상 해체하다시피 했으며, "한국의 핵 및 미사일 연구·개발과 관련되어 남아있던 연구인력·조직·예산을 1981년 2월 로널드 레이건Ronald W. Reagan 대통령의 초청에 따른 미국방문 전에 모두 없애버렸다." 한용섭 교수의 표현으로, "이로써 한국이 1974년부터 추진해왔던 핵무기 개발 관련 기록과 역량은 완전히 사라져버렸다."[93]

남한의 핵무기에 대한 북한과 남한 내부에서의 경고

박정희 대통령의 핵무기 개발계획을 인지하면서, 북한의 경고는 1950년대의 '원자전쟁' 또는 '원자기지'에 대한 경고로부터 1970년대 후반에 자연히 '핵무기'에 대한 경고로 바뀌었다. 1976년 8월 17일에 당시 북한 총리 박성철朴成哲이 스리랑카의 수도 콜롬보에서 열린 제5차 비동맹국수뇌회의에서 연설하며 '남조선에 반입된 핵무기를 비롯한 모든 전쟁 수단들의 제거'를 요구한 것이 그 사례였다.[94]

1980년대에 들어와 북한은 '조선반도의 비핵화'를 본격적으로 제의했다. (i) 1986년 6월 23일에 「조선민주주의인민공화국 정부」가 「조선반도의 비핵·평화지대 창설을 위한 협상」을 제의하며 발표한 성명, (ii) 1987년 7월 13일에 「조선민주주의인민공화국 외교부」가 「조선반도의 비핵·평화지대 창설」에 관해 발표한 성명, (iii) 1987년 7월 23일에 「조선민주주의인민공화국 정부」가 「조선반도에서의 단계별 군축실현을 위한 북남조선과

---

93 한용섭, 『핵비확산의 국제정치와 한국의 핵정책』, 207쪽.

94 노중선 엮음, 『연표』, 57쪽, 59쪽, 196쪽.

미국간의 다국적 군축협상」에 관해 발표한 성명, 그리고 (iv) 1987년 11월 11일에 북한의 「조국전선 · 조국평화통일위원회 련합회의」가 남조선 대표들에게 보낸 편지 등이 그 내용을 담았다.[95] 그 제의들에 나타난 공통점들은 다음과 같이 요약될 수 있다.

첫째, 우리는 핵무기의 실험과 생산 · 저장과 반입을 하지 않으며 외국의 핵기지를 포함한 모든 군사기지의 설치를 허용하지 않으며 외국의 핵무기들이 자기의 영토 · 영공 · 영해를 통과하는 것을 허용하지 않을 것이다.

둘째, 미국은 남조선에 대한 새로운 핵무기 반입을 중지하며 이미 반입한 모든 무기들을 단계별로 축감하고 나아가서 그것을 완전히 철수하며 조선반도에서 핵무기 사용과 관련한 모든 작전계획들을 취소하기 위한 조치를 취하여야 한다.

셋째, 우리는 '미국 정부와 남조선 당국'이 조선반도를 비핵지대, 평화지대로 만드는 데 대한 우리의 제의와 관련하여 그 어떤 협상이 필요하다면 그 협상의 형식에 구애됨이 없이 그 어느 때나 응할 것이다.

남한사회에서도 비슷한 취지의 제의가 있었다. 대체로 1984~1986년의 시기에 표문태, 최열崔冽, 박수복, 리영희李泳禧 등 지식인들은 핵무기의 위험성을 경고하면서 한반도의 비핵지대화를 제안하는 등 반핵운동을 전개했다.[96] 1988년 3월 6일에 「민중의 당」은 자신의 통일정책에 '핵무기 즉각 철수'를 포함시켰고, 3월 29일에 「한겨레민주당」은 자신의 '한겨레공동체 통일방안'에 '핵무기의 제조금지, 실험금지, 반입금지의 비핵 3원칙 실현'을 포함시켰으며, 4월 15일에 서울대학교 총학생회 산하 「조국의 평화와

---

95 위와 같음, 261쪽, 273~274쪽, 280쪽.

96 이행선, 「1980년대 리영희의 핵 인식과 반핵: 한반도의 비핵지대화, 핵불감증 비판, 군사주권의 회복」, 『동북아역사논총』 82(2023년 12월), 369~408쪽.

자주적 통일을 위한 특별위원회」는 발족선언문에 "이 땅에서 핵무기와 핵기지를 완전히 철거하는 문제를 들고 모든 노력을 불사한다."라는 구절을 포함시켰고, 4월 16일에 「서울지역총학생연합건설준비위원회」는 자신의 선언에서 '핵무기 및 핵기지 철수투쟁'을 포함시켰으며, 6월 2일에 「한국기독교장로회 여신도회 전국연합회」는 자신의 입장에 '반핵평화운동'을 포함시켰다.[97]

북한의 유엔대표부 박길연朴吉淵 대사는 1988년 6월 9일에 열린 유엔 특별총회에서 '조선반도의 비핵지대화'를 거듭 제의했다. 7월 20일에 최고인민회의는 7개 항으로 구성된 「북남불가침에 관한 공동선언(초안)」을 발표하면서, 제4항에서 "조선반도의 지역 안에 주둔해 있는 외국군대와 핵무기를 단계적으로 철거시키는 조치를 취한다."라고 다짐했다.[98]

남한사회의 호응이 뒤따랐다. 계훈제桂勳梯를 대표로 하는 재야인사 85명은 1988년 8월 5일에 「자주 · 민주 · 통일국민회의」를 결성하면서 여러 제안을 발표하는 가운데 미국이 대한민국을 상대로 '신新식민주의'를 추구하고 있으며 '한반도의 분단영구화'를 꾀하고 있다고 비난함과 아울러 "미국이 이 땅에 배치한 각종의 핵무기는 넓고도 넓은 자신들의 땅으로 도로 가져갈 것을 강력하게 요구한다."라는 구절을 포함했다. 비슷한 맥락에서 「한반도 평화와 통일을 위한 세계대회 및 범민족대회 추진본부」는 8월 28일에 발표한 「한반도평화선언」에 "한반도의 핵무기는 즉각 폐기되어야 하고 한반도는 비핵지대로 되어야 한다."라는 조항을 포함했다.

마치 남한사회의 호응에 고무된 듯, 북한의 '남조선에서의 핵무기 철수' 요구는 끊이지 않았다. 1988년 11월 7일에 북한의 「중앙인민위원회 · 최고인민회의상설회의 · 정무원 련합회의」는 '평화보장 4원칙과 포괄적인 평화방안'을 채택하면서, '남조선에 배치된 핵무기 철수' 그리고 "남조선에서 철

97 노중선 엮음, 『연표』, 286쪽, 288쪽, 290쪽, 291쪽, 301쪽.

98 위와 같음, 305쪽, 318쪽.

수하게 된 핵무기를 포함한 일체 무기와 전투기술 기재들을 남조선에 넘겨 주지 않는다."라는 조항을 두었다.[99]

제2항 북한의 핵 연구와 개발의 역사

여기서 우리는 핵과학 연구와 핵무기 개발이 북한에서 어떻게 진행되었는가 살필 필요를 느낀다.[100] 많은 연구자가 이미 공통으로 지적했듯, 김일성 수상은 6·25전쟁 과정에서 미국의 핵무기 위협에 위기를 느꼈다.

1950년 11월 30일 트루먼 미국 대통령이 기자회견에서 핵을 '무기의 하나'라고 부르면서 한국전에 핵무기 사용 가능성을 배제하지 않을 것으로 해석되는 발언을 한 사실, 1950년 12월 24일 맥아더 유엔군사령관이 한국전에 참가한 중공군을 격퇴하기 위해 원자탄 사용을 트루먼에게 건의한 사실, 1951년 4월 5일 미국 합동참모회의가 중공군의 38선 이남으로의 제2차 대규모 월경이나 소련 폭격기의 공격이 있을 경우 핵으로써 보복할 것을 검토한 사실, 맥아더가 해임된 뒤 후임 리지웨이 사령관 역시 원폭 사용을 건의한 사실, 그리고 1953년 초 아이젠하워 대통령이 교착상태에 빠진 휴전협정을 성사하기 위해 원폭 사용을 고려한 사실 — 이 모든 것을 보도를 통해 알게 된 김일성은 긴장과 위기를 느끼지 않을 수 없었다.

원자폭탄이 불러일으킨 긴장감 또는 위기감이 구체적으로 어떻게 북한

---

99 위와 같음, 326쪽, 331쪽, 340쪽.

100 다음의 저술들에 의존했다. (ⅰ) 정현숙, 「1950~1960년대 북한의 '핵잠재력확보 전략'에 대한 연구: 원자력의 평화적 이용정책의 지속과 변화를 중심으로」(『현대북한연구』 21권 2호, 2018); (ⅱ) 김보미, 「북한 핵프로그램의 시작과 성장: 1950~1960년대를 중심으로」(『통일정책』 2권 1호, 2019); (ⅲ) 이상택, 「북한 군사전략의 역사적 고찰」(『군사』 112, 2019); 이러한 저술들에 바탕을 두고 저자는 다음의 논문을 발표했다. 김학준, 「집요했던 북한의 핵 개발」, 화정평화재단 21세기평화연구소 편, 『기로에 선 북핵: 바이든 시대 전문가 진단』(동아일보사 부설 화정평화재단, 2020), 228~240쪽.

의 정책으로 이어졌는가에 대한 해답을 현재로서는 찾기 어렵다. 그러나 한 가지 확실한 것은 김일성이 전쟁이 진행되고 있던 1952년 10월에 「조선과학원」을 설립했다는 사실이다. 그는 11월 이 신설기관의 제1회 회의를 주재하면서 원자력 연구의 중요성을 강조했으며, 12월 1일 이 기관 산하에 원자력연구소를 설립했다. 그는 이 연구소에 '공업 · 농업 · 의학 부문에서 활용될 수 있는 방사성동위원소에 대한 연구'라는 과제를 부과했는데, 북한 스스로 '[북한] 과학의 최고 전당'이라고 부른 조선과학원은 핵물리학 연구와 핵무기 개발을 이끌어간다.

조 · 소과학기술협력협정의 의미

1953년 7월 27일 휴전협정이 성립됨으로써 김일성 수상은 북한의 안보에 대해 어느 정도 안도할 수 있었다. 그러했기에 그는 그 동안 국정과제의 제1순위로 내세웠던 '조국통일'보다는 '전후 경제복구와 경제건설'에 역점을 두는 새 정책을 공식 채택했다. 그렇지만 '핵무기 사용 가능성'에 대한 미국정부의 간헐적 언급 등은 '핵위협'을 더욱 느끼게 했을 것이다.

이후 북한의 행보는 1954년에 조선인민군 편제 안에 「핵무기방위부문」을 설치하는 조치로 이어졌으며, 그것보다 훨씬 더 중요하게, 1955년 2월 5일 소련과 「과학기술협력에 관한 5개년 협약」을 체결하는 조치로 이어졌다. 이 협약에는 '핵의 공동연구'를 비롯해 기술경험과 데이터 교환, 기술문서 이전, 기술전문가 교환, 기타 형태의 기술지원 제공 등의 내용이 포함되었다.

그러면 소련은 왜 북한을 상대로 그러한 협약을 맺어주었던 것일까? 그 해답은 당시 '원자력의 평화적 이용'이라는 명분 아래 미국과 소련이 국제사회를 상대로, 특히 아시아와 아프리카의 제3세계를 향해 전개한 '핵기술 전파' 경쟁에서 찾을 수 있다. 쉽게 말해, 미국이 그렇게 했듯, 소련 역시 자신의 진영 안에 이미 들어온 국가들의 이탈을 방지하거나 앞으로 끌어들이고 싶은 국가들의 가입을 유인하기 위해 핵기술을 제공하고자 한 것이다. 이 사실은 북한의 핵 연구와 종국적 개발에 대한 소련의 지원이 소련의 세계정책에 연결되어 있었음을 말해주었다.

그 배경이야 어떠했던, 소련과의 이 협약을 계기로, 김일성 수상은 원자력 연구의 중요성을 거듭 강조하면서 일련의 조치를 취했다. 1955년 3월에 열린 과학원 총회에서 그는 원자력과 핵물리학에 관한 연구소를 설치할 것을 지시했으며, 6월에는 원자력의 평화적 이용에 관한 동유럽 과학회의에 과학원 소속 6명의 과학자를 파견했다. 그는 이어 1955년 7월 1일 김일성종합대학에서의 연설에서 "현시기 과학의 새로운 분야를 개척하는데서 원자물리에 대한 연구를 강화하는 것이 중요하며, [···] 원자력에 대한 연구를 시작할 때가 되었다."라고 말했으며, 1956년 1월 21일에는 '원자력을 정치적으로 리용하기 위한 연구사업을 시작할데 대한 과업'을 제시했다. 이에 따라, 김일성종합대학 물리학부에 핵물리강좌가 개설되고, 과학원에 「원자 및 핵물리학 연구소」가 설립되었다.

두브나연구소 창립 참여와 전문가 파견

소련의 독재자 스탈린이 사망한 때로부터, 3년이 지난 1956년 2월 하순 모스크바에서 열린 소련공산당 제20차 대회에서 소련공산당 중앙위원회 제1서기 겸 소련정부 총리 흐루쇼프는 역사적으로 매우 중요한 의미를 갖는 연설을 했다. 그는 우선 스탈린의 무자비한 폭압통치 그리고 거기에 수반됐던 1인 개인숭배를 통렬히 비난했으며, 이어 소련은 핵전쟁을 피하기 위해 미국과의 평화공존을 추구할 것이라는 새로운 노선을 제시했다.

이 연설의 여파는 동유럽을 포함한 소련권 전체에 미쳤지만, 북한도 예외가 아니었다. 김일성 수상은 그사이 자신을 상대로 형성됐던 1인 개인숭배에 일시적이나마 제동을 걸을 수밖에 없었다. 그러나 흐루쇼프의 연설에 고무된 반反김일성세력이 자신에게 도전했을 때 제압할 수 있었다.

이러한 북한 내부에서의 권력투쟁의 소용돌이 속에서도, 핵 분야에 있어서 북한의 소련과의 협력은 지속됐다. 우선 북한은 소련이 헝가리·폴란드·동독·루마니아·알바니아·체코슬로바키아 등 동유럽국가들 그리고 중공 및 몽골 등 동북아국가들과 함께 1956년 3월 26일 모스크바 근교의 두브나Dubna시市에 「다국적 핵연합연구소(북한의 표현으로는 「련합원자핵연구소」, United Institute for Nuclear Research, UINR 또는 Joint Institute for Nuclear Research, JINR)」를 세울 때 최학근을 비롯한 다수의 물리학자를 파견했으며, 이 연구소 설립에 관한 협정 및 연구소 헌장에 서명했다. 동시에 북한은 소련과 「원자력의 평화적 이용 협력에 관한 협정」을 체결했다.

북한은 곧이어 1956년 9월 23일 이 연구소에 가입한 국가들의 대표자 회의가 두브나에서 열렸을 때, 과학자들과 당·정부요인들로 구성된 대표단을 파견했다. 북한은 석 달 뒤인 12월 3일 이 연구소에 정식으로 가입하고 비록 아주 미미한 액수였지만 분담금을 지불했다. 이렇게 볼 때, 1956년은 북한의 핵 연구 및 개발에 있어서 매우 중요한 의미를 갖는 해였다고 할 것이다. 어떤 북한전문가들은 1956년을 북한 핵개발에서의 원년으로 보기도 한다.

소련의 북한 핵 과학자 육성 지원

이 대목에서 한 가지 상기해야 할 사실이 있다. 그것은 이 시점에 비록 극소수였지만 북한에도 핵물리학과 원자물리학에 관련된 전문학자들이 있었다는 사실이다. 일제강점기에 교토제국대학 이학부에서 이론물리학을 전공한 도상록(1903~1990), 교토제국대학에서 공업화학을 전공했으며 이학박사학위를 받은 리승기(1905~1996), 그리고 한인석 등은 모두 해방 직후 서울의 대학들에서 가르치다가 6·25전쟁 발발을 전후한 시기에 월북해 모두 김일성종합대학 교수로 봉직했는데, 그들 가운데 가장 중요한 역할을 수행한 이는 도상록이었다. 학계에서는 이 세 사람을 북한에서의 핵 연구와 개발의 제1세대라고 부른다.

그들은 곧 두브나에서 연수를 받고 귀국한 신진 연구자들과 함께 핵물리학 또는 원자력 연구를 진행시켰다. 두브나 그리고 소련에서의 연수는 소련이 연수계획을 중단시킨 1990년까지 계속되는데, 그 사이 연수를 받고 귀국한 250~300명의 과학자들이 제2세대 및 제3세대를 형성함과 동시에 북한 핵개발의 중추를 담당했다. 제2세대를 대표하는 과학자가 최학근으로, 그는 1986년 12월 정무원의 원자력공업부 부장으로까지 승진해 1990년대의 핵 개발을 이끌어갔다. 서상국 및 정근 등도 중요한 역할을 수행했다.

북한이 소련의 「다국적 핵연합연구소」와 협력관계를 세운 때로부터 3개월 뒤인 1956년 12월 25일에 「과학발전10개년전망계획(1957~1966)」을 발표하면서, 과학원 산하에 「과학발전10개년전망계획작성위원회」를 조직했다. 이 계획에서 주목되는 것은 "원자력 프로그램을 적극적으로 추진한다."라는 계획으로, 거기에는 원자력 분야의 인력을 양성하는 계획이 포함되었다. 실제로 이 계획 아래, 북한은 1차적으로 소련에서의 연수를 통해 많은 핵물리학자 또는 핵과학자들을 길러냈다.

원자력 또는 핵과학에 관한 북한의 소련과의 협조는 1957년 10월 11일 두 나라 사이의 「과학원 과학협조에 관한 협정」 체결로 이어졌다. 6개월 뒤인 1958년 4월 북한은 주소대사 리신팔 등을 통해 소련 외무장관 그로미코에게 핵의 평화적 이용을 전제로 원자력개발을 지원할 것을 요청했다. 김보미金甫美 박사의 연구에 따르면, "이때는 시기적으로 두 나라의 관계가 악화하기 전이었고, 북한지도부가 핵무기 개발이 아닌 원자력의 평화적 이용을 여러 차례 반복적으로 요청한 터라 소련도 우호적인 반응을 보였다." 따라서 1959년 9월 북한과 「핵공동개발협정」을 체결해 원자로 건설 및 핵폐기물저장실험실 건설 등을 포함해 서로 연결된 프로젝트의 비용을 감당해 주었다.

이 협정이 북한에 준 혜택은 컸다. 이 협정에 근거해, 두 나라는 「9559계약」을 맺었는데, 이 계약에 따라 두 나라의 전문가들은 공동으로 북한의 지질을 연구한 뒤 소련의 지원 아래 세워질 원자력연구소의 건설부지로 평안북도 영변(寧邊: 북한의 발음으로는 '녕변')을 선정할 수 있었다. 소련은 1개월 뒤 북한의 과학원이 헝가리 과학원 및 체코슬로바키아 과학원과 각각 「과학원 과학협조에 관한 협정」을 체결할 수 있도록 도와주었다.

여기서 강조될 점이 있다. 그것은 이상에서 살핀 소련의 대북지원은 북한의 핵개발 그 자체를 지원한 것이 아니었다는 점이다. 소련은 원자력의 평화적 이용과 관련한 미국의 경쟁을 염두에 두고 지원한 것이었고, 그 규모도 소련이 여타 사회주의 국가에 제공한 지원에 비해 아주 작은 것이었다. 김보미 박사의 표현으로, "소련의 입장에서 북한이 핵기술 지원대상에서 우선적으로 고려될 이유는 없었다."

남한에서의 반북적 군사정권의 출범과 북한의 대응

1960년대에 들어와 북한의 핵과학정책 또는 핵개발정책에는 변화가 일어났다. 그 변화는 북한이 자기의 든든한 후방지원국으로 여기고 있던 소련과 중공 사이의 '분쟁'이 점점 뚜렷해지는 현상으로 시작되었다. 소련이 1956년의 흐루쇼프 연설을 계기로 미국과 평화공존을 추구하는 데 대해 중공이 그것을 '수정주의'로 단정하며 반발하면서 1958년부터 '이념논쟁'이 전개된 것이다.

국제주의운동권이 균열을 보이는 상황 속에서, 남한에서 1961년 5월 16일에 박정희 장군을 중심으로 반공적이면서 반북한적인 군사정변이 성공했다. 김일성 수상은 곧바로 위기를 느끼고, 이틀 뒤 조선로동당 중앙위원회를 열어 국방력강화 방침을 채택하면서 국방예산을 증액시키기 위해 1961년을 기점으로 추진되고 있던 7개년경제계획을 2년 연장하기로 결정했다. 김일성 수상은 곧이어 7월과 8월에 소련과 중공을 차례로 방문해 각각 상호방위협력조약을 끌어낼 수 있었다. 이 과정에서 그는 원자력의 중요성을 다시 인식한 것으로 보인다. 이것은 그가 1961년 9월 11일에 조선로동당 제4차 대회를 열고, '원자력공업을 통한 인민경제의 발전'이라는 지침을 제시했으며 이 지침에 근거해 원자력 분야의 중추적 지도기관으로 원자력위원회를 출범시키는 것으로 나타났다.

소련의 대북 원자로 지원

중공과 소련이 '이념논쟁'을 벌이는 상황에서, 김일성 수상은 서서히 중공 쪽으로 기울어지면서도 중립을 지키려고 노력했다. 이 분쟁에서 북한이 아주 중공 쪽으로 기울어지는 것을 견제하기 위해 소련은 1962년에 북한에 IRT-2000 연구용 원자로에 관한 기술과 장비를 제공했으며, 핵시설 건설에 필요한 기술 등을 제공하기 시작해 1962년에 북한 최초의 원자력연구소인 원자력발전소가 평안북도 영변과 평안북도 박천博川에 설립될 수 있었다. 북한 스스로는 김일성종합대학과 김책공업대학에 각각 핵물리학원을 세워 핵 분야의 과학자와 기술자를 길러내기 시작했다.

그렇지만 소련이 1962년 10월에 일어난 '쿠바 미사일위기' 때 자신이 비밀리에 쿠바에 구축한 미사일기지를 철수시키라는 케네디 미국 대통령의 최후통첩을 받아들였을 때, 중공의 마오쩌둥은 물론 김일성 역시 이것을 '미 제국주의에 대한 굴복'으로 여기면서 크게 반발했다. 그 이후 북한의 중공 편향은 두드러져 소련을 공개적으로 비난하기에 이르렀다.

소련을 믿을 수 없다고 판단한 중공은 자신의 원폭개발계획 추진에 박차를 가했으며, 1964년 10월 16일 원폭실험에 성공했다. 이에 김일성은 중공에 원폭개발에 관한 지식과 기술을 나눠줄 것을 요청했다. 그러나 중공은 그 요청을 거절했다.[101] 이러한 상황에서, 김일성은 핵무기 자체 개발에 깊

---

101 Oberdorfer and Carlin, *The Two Koreas*, pp. 196~197.

은 관심을 갖기에 이르렀고, 그러한 관심은 1964년에 국방과학원과 핵물리학연구소를 세우는 것으로 나타났다.

북한이 중공 쪽으로 기울었는데도, 소련은 북한에 대한 지원을 아주 끊지는 않았다. 그러나 그 액수와 지원은 크게 줄였다. 1963년에는 2메가와트급 IRT-2000 연구용 원자로에 관한 기술과 장비를 제공하는 것으로 그쳤다. 1963년분이 1965년에 하나의 원자로로 완공된 뒤 1967년에 정상적으로 가동되었다. 정현숙 박사가 적절히 지적했듯, "이로써 북한의 원자력정책은 연구에서 실행 단계로 진입하게 되었다."

대체로 1966년 후반에 들어서서 북한은 다시 소련 쪽으로 기울었다. 이에 따라, 소련은 1967~69년에는 함대함 미사일, 지대지 로켓, 해안방위미사일 등을 북한에 제공했으며, 이것들을 기초로 삼아, 북한은 1960년대 말기에 핵개발의 토대를 구축할 수 있었다.

1970년대 후반의 국제정치 상황과 북한의 핵무기 개발 착수

이용준李容濬 전 북핵대사가 이미 분석했듯, 1970년대 후반은 공산진영의 위세는 높아졌지만, 반면에 서방진영은 열세에 몰리던 시기였다. 이 대사는 다음과 같이 부연했다.

> [이 시기는] 냉전체제 하에서 소련을 필두로 하는 공산진영의 위세가 극에 달하여 누구도 소련의 붕괴를 상상조차 하지 못하던 시기였고, 제4차 중동전쟁(1973년), 베트남, 캄보디아 라오스 등 인도차이나의 공산화(1995년) 베냉 · 모잠비크 · 앙골라 · 에티오피아 · 소말리아 등 아프리카 제국의 연쇄적 공산화(1975~1976년), 니카라과 공산화(1979년), 이란 회교혁명(1979년), 소련의 아프가니스탄 침공(1979년) 등으로 인해 정치적으로나 군사적으로나 미국과 서방진영이 크게 열세에 몰리던 시기였다.[102]

---

102 이용준(李容濬), 『북핵 30년의 허상과 진실: 한반도 핵게임의 종말』(경기도 파주시: 한울,

한반도의 상황도 마찬가지였다. 다시 이 대사의 표현으로, “북한이 베트남의 공산화를 계기로 무력남침을 염두에 두고 남침땅굴건설(1974년), 박정희 대통령 암살 시도(문세광사건, 1974년), 판문점도끼만행사건(1976년) 등 공세적이고 호전적인 대남정책을 구사하던 시기였다.”[103] 이처럼 국제상황과 한반도상황이 자신에게 유리하게 돌아가고 있다고 확신한 김일성은 독자적 핵무기 개발계획을 행동으로 옮기기 시작했다.

미국과 프랑스에 의해 포착된 북한 핵개발

북한의 핵개발은 비록 더디기는 했지만, 1980년대에 이르러 국제사회의 주목을 받을 정도로 진전됐다. 평안북도 영변에서의 대규모 핵연구시설의 건설이 그 대표적 사례였다. 미국의 정보기관이 1982년부터 영변에서의 비밀스러운 건설공사 현장을 밀착감시하던 터에, 프랑스 상업인공위성 SPOT 2호가 1989년에 영변 핵시설 사진을 공개하자 국제사회가 주목하기 시작한 것이다. 이때로부터 미국은 소련을 통해 북한에 강력한 압력을 행사함으로써 1985년 12월 12일에 북한으로 하여금 핵확산방지조약에 가입하게 할 수 있었다. 그렇다고 해서 북한의 핵개발이 정지된 것은 아니었다. 북한은 은밀하게 영변을 중심으로 핵개발을 진전시켰으며, 이 사실은 1989년 초에 미국의 고고도 인공위성을 통해 확인되었다. 이것은 다음 항에서 보게 되듯, 남북고위급회담에 영향을 준다.

미국정부는 한국에 대해서도 눈길을 돌렸다. 북한의 핵개발이 확인되면서 남한이 마치 “우리도 핵무기를 개발해야 하겠다.”라고 나서거나, 심한 경우에는 마치 이라크가 프랑스의 지원을 받으며 건설하던 핵시설을 이스라엘공군이 1981년에 정밀타격으로 파괴한 「바빌론 작전」을 모방해 북핵시설을 폭격하려는 의욕을 가질 수도 있다고 우려한 것이다. 그래서 1989

2018), 49쪽.

103 위와 같음.

년 말에 미국의 제임스 베이커 국무장관은 최호중崔浩中 외무장관에게 친서를 보내, 북한의 핵개발에 대한 정보공유의 뜻을 밝히면서 미국이 어떤 수단을 동원해서라도 북한의 핵개발을 저지할 터이니 한국은 결코 일반적인 행동을 하지 말라고 말했다. 최 장관은 "한국은 독자적인 행동을 취하지 않을 터이니, 한미간 긴밀한 협력을 통해 북한의 핵무기 개발을 반드시 저지해야 할 것이다."라는 답서를 보냈다.[104]

제3항 남북고위급회담 재개 직전의 동아시아 국제관계: 특히 미국과 한국의 비핵화 조치 선언 그리고 중국과 북한의 새로운 관계 정립

북한 핵개발에 대한 의혹의 표면화

제3차 남북고위급회담은 1990년 12월 13일에 핵심 문제에 대해서는 합의하지 못한 채 끝을 내면서 제4차 회담을 1991년 2월 25일에 평양에서 열기로 합의했지만, 그 회담은 예정대로 열리지 못하고 8개월이 지난 10월에야 열리게 된다. 그 회담이 그렇게 지연된 배경에는 우선 1991년에 1월 17일에 이라크의 쿠웨이트 침공으로 시작되고, 2월 28일에 그것을 저지하기 위해 '사막의 폭풍' 작전이라는 이름으로 미국이 주도한 다국적군의 승리로 마감된 걸프전쟁이 있었다. 미국이 발동한 첨단 신병기의 위력과 막강한 화력은 소련과 중국은 물론이고 북한도 새삼 놀라거나 두렵게 만들었으며 이후 그 나라들의 결정에 영향을 주었다. 이어 남북한의 유엔동시가입 문제가 중국과 북한 사이에 '뜨거운 감자'로 다시 떠올랐으며, 소련에서 고르바초프를 실각시키려는 쿠데타가 일어났다가 실패한 사건이 있었다. 동시

104 송민순(宋旻淳), 『빙하는 움직인다』, 32~33쪽.

에 소련의 해체가 눈앞으로 다가오고 있었다.

거기에 더해, 걸프전쟁을 성공적으로 마무리한 시점에서 미국정부는 이라크가 핵확산방지조약에 가입했고 국제원자력기구(IAEA: International Atomic Energy Agency)의 사찰을 받아왔는데도 핵시설 일부를 감추고 비밀리에 핵개발을 계속했음을 확인하면서, 북한의 핵개발에 대해서도 의혹을 품기 시작했다. 이에 따라 미국정부는 우선 한국정부와 협의했다. 그 첫 번째 협의가 1991년 5월 11일에 있었던 폴 월포위츠Paul D. Wolfowitz 국방부 정책담당차관과 이상옥 외무장관 사이의 서울에서의 회담이었다. 월포위츠 차관은 북한이 국제원자력기구의 핵안전협정(Nuclear Safeguard Measures Agreement)을 체결하는 것만으로 부족하다고 전제하고, 체결 이후 사찰을 실제로 어떻게 실시하느냐의 문제를 제기한 데 이어 핵무기 개발 위협을 완전히 제거하기 위해 북한의 핵 재처리 시설이 철거되어야 한다는 점을 강조했다. 그는 이 마지막 문제를 남북고위급회담에서 논의할 것을 제의했다.[105] 실제로 도널드 그레그Donald P. Gregg 주한미국대사는 노 대통령과 김종휘 외교안보수석비서관 및 이상옥 외무장관과 이 문제에 대해 협의했다.[106]

미국에서의 남한 핵무기 철수론 등장

대체로 이 무렵 한국과 미국 안에서는 학계와 언론계를 중심으로 한국에 대한 핵무기 배치가 군사적 관점에서 더 이상 필요하지 않으므로 철수시키고, 또 그 철수는 북한의 핵무기 개발에 대한 구실을 제거하게 될 것이라는 견해가 성장하고 있었다. (i) 미국 연방하원 스티븐 솔라즈Stephen Solarz의 1990년 9월 11일자 발언, (ii) 『뉴욕타임스』의 1991년 2월 4일자 사설, (iii) 로버트 스칼라피노Robert A. Scalapino 교수와 김경원金瓊元 교수가 중심이 된

---

105 이상옥, 『전환기의 한국외교』, 435쪽.

106 위와 같음, 440쪽.

「한·미관계위원회」의 1991년 2월 11일자 건의, (iv) 윌리엄 테일러William Taylor 박사의 1991년 3월 28일자 강연, 그리고 (v)『조선일보』의 1991년 4월 8일자 사설 등이 그 사례들이었다.[107] 이러한 배경에서,『로스앤젤레스 타임스』가 1991년 6월 9일에 미국정부 관리들을 인용하면서 부시 행정부가 북한의 핵무기 개발을 저지하기 위한 노력의 하나로 남한으로부터 미국의 핵무기를 철수할 것을 고려하고 있다고 보도했을 때, 놀라움으로 받아들여지지 않았다.

예외적으로, 이종구李鍾九 국방장관은 정부가 북한의 핵개발에 대한 '선제공격'을 구상하고 있다고 해석될 수 있는 발언으로 물의를 빚었다. 1991년 4월 12일에 「한국신문편집인협회」 주최 조찬간담회에서, 그는 "우리의 외교적 노력에도 불구하고 북한이 호응하지 않을 경우 강력한 대응조치를 강구할 것"이라고 발언하고, 이 발언의 진의眞意에 대해 한 참석자의 질문을 받자 "북한의 핵개발 계속 때 예방적 차원의 선제공격도 배제할 수 없다."라고 답변했다. 이 답변이 파문을 빚자 그는 곧 문제의 발언을 취소했으나, 북한의 「조국평화통일위원회」는 4월 14일에 성명을 발표하고, 그의 발언이 북한에 대한 사실상의 선전포고라고 비난했다.[108]

이 장관의 발언에 대해, 훗날 김종휘 외교안보수석비서관은 "정부 내 부처 간 협의를 거친 의도적 발언이었느냐"는 질문을 받고 '단발성 사건'이었다고 단언하면서, 다음과 같이 부연했다.

> 북한에 선제공격하면 뭐 합니까? 제2의 한국전쟁이 발발합니다. 감당하지 못할 정치적 문제입니다. 이러한 단발성 사건이 정부의 공식 입장일 수 없습니다. 미국은 [1968년에 북한에 의한] 푸에블로호 [나포] 사건이 발생하였을 때, [그리고 1969년에 북한에 의한] EC-121[피격]사건이 발생하였을 때도 북한과 전

---

107 위와 같음, 439쪽.

108 위와 같음, 428~431쪽.

쟁하지 못했습니다. 전두환 대통령같이 강력한 사람도 [1983년에] 아웅산에서 자기 참모를 다 잃고도 북한에게 보복공격을 가하지 못했습니다. 북한과의 전쟁은 간단한 문제가 아닙니다. 일회성 사건으로 보시면 됩니다.[109]

국제원자력기구의 개입

북한의 핵무기개발에 대한 미국 안에서의 흐름을 볼 때, 이 시점에서 국제원자력기구가 개입한 것은 자연스러웠다. 1957년 7월에 유엔의 결의에 따라 오스트리아의 수도 빈에 본부를 두고 설립된 국제원자력기구는 매년 4회(3월, 6월, 9월, 12월) 정기이사회를 여는데, 1991년 6월 10일에 열릴 정기이사회에서 「대對북한핵안전협정체결촉구결의안」을 논의할 것을 공지했다. 북한은 빠르게 대응했다. 우선 오스트리아주재북한대사 전인천이 5월 28일에 국제원자력기구 사무총장 한스 블릭스Hans Blix 박사를 방문한 데 이어, 북한의 외교부 순회대사 진충국이 특사로 빈에 와서 6월 7일에 블릭스 총장을 방문하고, 북한이 핵안전협정에 서명할 것임을 밝히면서도, 최종 문안을 확정하기 위한 전문가 회담의 소집을 제의했다. 다른 한편으로, 북한의 박길연 유엔대사는 6월 11일에 "우리가 핵무기확산금지조약의 핵안전협정에 서명할 용의는 있으나 핵무기를 보유하고 있지 않은 우리만 핵사찰을 받는 것은 부당하며 남조선에 있는 미군 핵기지의 공개와 국제감시도 동시에 이뤄져야 한다."라고 반박했다.[110]

블릭스 총장은 1928년에 스웨덴 웁살라에서 태어나 케임브리지대학교 대학원에서 국제법을 전공해 법학박사(Ph.D.) 학위를 받은 데 이어, 스톡홀름대학교 법과대학을 졸업하며 법무박사(J.D.) 학위를 받고 변호사 자격을 얻으면서 스톡홀름대학교 법과대학 교수로 출발했다. 이후 제네바에서

---

109 김종휘 외교안보수석비서관 구술, 국사편찬위원회 편, 『고위관료들 '북핵위기'를 말하다』(경기도 과천시: 국사편찬위원회, 2009), 69쪽.

110 노중선 엮음, 『연표』, 461~462쪽.

열린 군축회의에 스웨덴 대표단 그리고 유엔주재스웨덴대사관의 일원으로 참가했고, 스웨덴 외무장관을 역임한 뒤 국제원자력기구의 사무총장으로 선출되었다. 그는 1986년 4월에 소련을 구성한 공화국들 가운데 하나인 우크라이나공화국의 체르노빌에 있는 원자력발전소에서 방사능누출사고가 일어났을 때 진상을 조사하는 연구단을 이끌면서 국제사회에 널리 알려졌다.

북한의 제의를 받아들여 국제원자력기구 정기이사회는 결의안 채택을 보류했다. 그 대신 정기이사회에서 표출된 이사국들의 우려를 담은 성명을 의장이 발표함과 동시에 북한에 그 우려를 전달하기로 결정했다. 동시에 7월 중순까지 진충국 대사가 제의한 실무교섭을 통해 협정 초안을 마무리하고 9월에 열릴 정기이사회가 그것을 승인하면 북한은 지체 없이 그리고 조건 없이 서명할 것을 촉구했다.[111] 한국 외무부는 6월 8일에 북한이 실제로 국제원자력기구와 핵안전협정을 체결할 때까지의 과정을 예의 주시할 것임을 경고했다.[112]

노 대통령과 부시 대통령의 한반도비핵화 합의

국제사회에서의 논의와 진전을 보면서, 노태우 대통령은 미국 국빈방문을 앞두고 1991년 6월 27일에 한반도 비핵화에 관해 처음으로 견해를 밝혔다. 청와대출입기자단과 가진 오찬간담회에서 그는 "한반도를 사정권射程圈으로 하는 소련과 중국 등의 핵무기를 그대로 두고 한반도만 비핵지대화한다는 것은 사실상 무의미하므로, 무엇보다 북한의 핵무기 제조부터 막고 나아가 주변 핵무기보유국들과 상의해 가능하면 비핵화하는 것이 바람직하다."라고 말하고, 자신의 이 견해에 고르바초프 소련 대통령도 공감했으며, 7월 2일에 있을 부시 미국 대통령과의 정상회담에서 논의할 것이라고

111 이상옥, 『전환기의 한국외교』, 444~445쪽.
112 위와 같음, 442쪽.

덧붙였다.[113]

실제로 노 대통령은 7월 2일에 백악관에서 열린 부시 대통령과의 회담에서 이 문제에 대해 협의했다. 그들의 합의 내용을 이 회담에 배석한 이상옥 외무장관은 다음과 같이 요약했다.

> 노 대통령과 부시 대통령은 북한이 IAEA와의 핵안전협정을 조속히 체결하여 IAEA의 전면적인 핵사찰을 받아야 하며 북한의 이러한 조치는 NPT 당사국으로서 당연한 의무이며 어떠한 다른 문제와도 연계될 수 없다는 기존 입장을 재확인하고, 북한의 핵무기 개발을 저지하기 위한 공동의 외교적 노력을 다해 나가기로 합의하였다.
>
> 또한 양국 대통령은 미국이 북한과 직접 협상하는 것은 적절하지 않으므로 한국이 주도적으로 북한과 한반도 비핵화 문제를 협상하는 것이 바람직하다는 데 인식을 같이하고 이에 관하여 양국 고위 관리들이 협의토록 할 것에 합의했다.[114]

한국과 미국 사이의 한반도 비핵화 협의는 북한에 자극을 주었다. 북한 외교부는 7월 30일에 성명을 발표하고 「조선반도 비핵지대화 공동선언」 채택을 제의했다. "조선의 북과 남은 조선반도에 비핵지대를 창설하는데 합의하고 이를 공동으로 선언한다."라는 것이 그 핵심이었다.[115] 북한의 제의는 시기적절했다. 바로 그 다음날 부시 미국 대통령과 고르바초프 소련 대통령은 자신들이 1989년 12월 3일에 몰타에서 냉전의 종식을 선언한 정신에 따라, 제1단계 전략무기감축조약(START: Strategic Arms Reduction Treaty) I을 모스크바에서 체결한 것이다.

---

113 위와 같음, 446쪽.

114 위와 같음.

115 노중선, 『연표』, 465~466쪽.

노 대통령은 9월 23일에 부시 대통령과 뉴욕 월도프아스토리아호텔에서 다시 회담했다. 이 자리에서 부시는 한국에 대한 미국의 안보공약을 재확인함과 동시에 전 세계에서 미국의 모든 전술핵무기를 폐기할 계획을 곧 발표한다는 암시를 주었다. 실제로 9월 27일 저녁에 부시는 지상 및 해상 발사 단거리 핵무기의 해체와 폐기를 선언했다. 그가 어느 특정한 지역이나 국가를 지칭하지는 않았으나 여기에는 한국에 배치된 수천 발의 핵포탄과 핵탄두가 포함된 것으로 해석되었다. 부시의 이 선언은 미국의 '핵 선제 불사용 정책(negative security assurance)'을 다시 확약한 것이었다. 적敵이 미국이나 미국의 동맹국을 핵으로 공격하지 않는 한, 미국이 먼저 핵을 사용하지 않는다는 보장으로, 거꾸로 적이 미국이나 미국의 동맹국을 핵으로 공격하면 미국은 핵으로 방어한다는 뜻이다. 이 선언은 우리가 앞으로 보게 되듯, 「한[조선]반도의 비핵화에 관한 공동선언」 채택에 기여한다.[116]

이미 그날 오전에 부시 대통령의 친서를 받았던 노 대통령은 부시 대통령의 선언 즉시 '전폭적으로 지지하고 환영하는' 성명을 발표했다.[117] 이튿날 우선 고르바초프 소련 대통령이 환영연설을 했으며 북한 역시 환영성명을 발표했다.[118] 다시 이틀 뒤, 폴 월포위츠 미국 국방부 정책담당차관은 부시 대통령의 제의에는 북한에 대한 메시지가 포함되어 있다고 지적하면서, "북한은 핵무기를 손에 넣으려는 어떠한 야심도 포기해야 한다."라고 강조했다.[119]

중국의 북한 핵개발 반대와 김일성의 방중

북한의 핵개발에 대한 국제사회의 반대는 계속되었다. 9월 26~28일에, 제

116 송민순, 『빙하는 움직인다』, 34쪽.
117 이상옥, 『전환기의 한국외교』, 458쪽.
118 노중선, 『연표』, 472쪽.
119 오진용, 『김일성시대의 중소와 남북한』, 332쪽에서 재인용.

임스 베이커 미국 국무장관은 유엔총회에 참석한 첸지천 중국 외교부장과 "북한이 핵개발을 포기하고 국제원자력기구의 핵사찰을 받도록 한다."라는 데 합의했으며, 이 합의를 10월 4일에 중국을 방문할 김일성 주석에게 중국의 지도자들이 전달하기로 결정했다.[120] 첸 외교부장은 거기서 한 걸음 더 나아가 김 주석이 중국을 방문하는 바로 그날에 오스트리아 빈의 국제원자력기구를 본부를 방문하면서 공개적으로 "조선반도에서 핵무기가 개발되는 것을 단호히 반대한다. [북조선이] 핵무기를 독자 개발하는 것은 조선반도뿐만 아니라 중국에도 바람직하지 않다."라고 선언했다. 중국 외교부장이 북한의 핵개발을 반대한다는 입장을 공개적으로 밝힌 것은 이번이 처음이었다.[121]

이러한 배경에서, 김일성 주석은 10월 4일부터 15일까지 중국을 방문하고, 덩샤오핑을 비롯해 양상쿤楊尙昆 국가주석, 장쩌민 총서기, 리펑 총리, 완리萬里 전국인민대표대회 위원장 등을 만났다. 중국의 지도층은 김 주석에게 (i) 북한도 중국처럼 사회주의체제를 유지하면서 개방과 개혁을 추진함이 바람직하며, 외국의 자본과 기술을 도입하려면 조선반도의 평화적 환경조성이 필수적이니 조속히 남북협상을 타결짓고, (ii) 미국이 조선반도에서 핵무기를 철수하려고 하는 만큼 북한은 이 기회를 활용해 핵개발 의혹을 해소하며, (iii) 중국의 한국과의 수교가 불가피하다는 점을 거듭 설득했다.[122] 그리고 덩샤오핑체제가 개혁개방의 모델로 설립한 '경제특구'의 실상을 시찰하도록 권유했다.

김 주석은 일단 이 권고를 모두 받아들이는 자세를 보였다. 그래서 칭다오靑島와 난징南京을 비롯한 중국의 '경제특구'를 방문했다. 귀국 직후에는 조선로동당 중앙위원회 정치국 회의를 열고 자신의 결심을 알렸고, 이에

120 위와 같음, 333쪽.

121 위와 같음.

122 위와 같음, 334~340쪽; 임동원, 『피스메이커』, 205쪽.

따라 우리가 앞으로 보게 되듯, 북한은 남북고위급회담에서 「남북기본합의서」 및 「한반도비핵화선언」에 동의한다. 그리고 1991년 12월 28일에는 중국의 경제특구를 모방해 「[함경북도] 라진·선봉자유무역지대의 설치 계획」을 발표한다.[123] 그 대가로 중국공산당 중앙군사위원회는 북한이 먼저 남침하지 않는다는 조건으로, 1992~93년의 2년 동안 매년 75억 위안(미화 14억1천2백만 달러)의 군사원조를 제공하고, 최신 무기와 군사기술도 이전하고 공여하기로 결정했다.

북핵 또는 한반도 핵무기에 관한 국제적 동향은 한국 국내에 직접적 영향을 주었다. 그것은 예컨대 1991년 10월 14일에 「한반도 비핵군축 실현을 위한 공동대책위원회」가 9개 항으로 구성된 '핵무기금지법안'을 국회에 입법청원하는 형태로 나타났다. 이 법안의 핵심은 핵무기의 제조·실험·개발·보유·국내반입은 물론 핵무기 사용을 상정한 군사훈련을 전면 금지하도록 하는 조항이었다.[124]

제4항 제4차 남북고위급회담

이렇게 핵무기에 관해 강대국들 사이에서 조율이 이뤄지고, 또 한국-미국 사이와 북한-중국 사이에서 조율이 이뤄지면서, 제4차 남북고위급회담은 1991년 10월 22~25일에 평양에서 열렸다. 북측 단장은 여전히 연형묵 총리였으나, 남측 단장은 새로 임명된 정원식鄭元植 총리였다. 정 총리는 서울대학교 사범대학 교육학과를 졸업하고 미국 피바디사범대학에서 박사학위를 받은 뒤 서울대학교 사범대학 교수로 봉직하다가 노태우정부에서 문교장관을 거쳐 국무총리로 임명되었다. 전임자 강영훈 총리평안북도와 마찬

123 위와 같음, 206쪽.
124 노중선, 『연표』, 472~473쪽.

가지로 이북 출신(황해도)이었다. 이 회담은 「남북[북남] 사이의 화해와 불가침 및 교류·협력에 관한 합의서」를 채택하기로 합의하고, 그 합의서의 내용 및 문안 조정을 위한 대표접촉을 빠른 시일 안에 판문점 「평화의 집」(남측)과 「통일각」(북측)에서 번갈아 개최한다는 데 합의했다.[125]

남북고위급회담의 진전을 확인하면서, 노태우 대통령은 1991년 11월 8일에 「한반도의 비핵화와 평화구축을 위한 선언」(통칭「한반도비핵화 5원칙」)을 발표했다. 그것은 우선 다음과 같은 핵심적인 주제 세 개를 포함했다.

> (i) 우리는 핵에너지를 평화적 목적을 위해서만 사용하며 핵무기를 제조·보유·저장·배비(配備)·사용하지 않는다.
>
> (ii) 우리는 「핵무기의 확산방지에 관한 조약」과 이에 따라 국제원자력기구와 체결한 「핵안전조치협정」을 준수하여 한국 내의 핵시설과 핵물질은 철저한 국제사찰을 받도록 하며, 핵연료 재처리 및 핵농축 시설을 보유하지 않는다.
>
> (iii) 우리는 핵무기와 무차별 살상무기가 없는 평화적인 세계를 지향하며, 화학생물무기의 전면적 제거를 위한 국제적 협력에 적극 참여하고 이에 관한 국제적 합의를 준수한다.

노 대통령은 "이제 북한이 국제사찰을 피하며 핵무기를 개발해야 할 아무런 이유도 명분도 있을 수 없습니다."라고 말하고, 북한이 이 선언에 상응하는 조치를 취할 것을 강력히 촉구했다. 구체적으로, 그는 다음과 같이 말했다.

> 북한은 우리와 함께 핵재처리 및 농축 시설의 보유를 분명히 포기해야 할

---

125 위와 같음, 473쪽.

것입니다. 북한이 「핵안전조치협정」에 조속히 서명하고 이와 같은 조처를 취한다면, 남북한은 고위급회담을 통해 핵문제를 포함한 모든 군사안보문제를 협의·해결해 나갈 수 있을 것입니다.[126]

북한은 11월 12일에 외교부 대변인 담화를 통해 노 대통령의 선언을 비판했다. 그 선언이 "조선반도 비핵지대화의 핵심인 미국 핵무기 철수에 대해 한마디도 언급하지 않고 있다."는 것이다. 외교부 대변인은 "우리는 핵사찰을 우리에 대해서만 일방적으로 할 것이 아니라 남조선에 있는 미국 핵기지에 대한 사찰이 공정하게 동시에 진행되어야 한다."고 주장했다. 북한 외교부는 이어 11월 25일에 성명을 발표하고, "미국이 남조선으로부터 핵무기 철수를 시작하면 우리는 핵안전협정에 서명할 것"이라고 약속하면서, "남조선에서의 미국 핵무기의 존재 여부를 확인하기 위한 사찰과 우리의 핵시설에 대한 사찰을 동시에 진행하고, 이 문제를 협의하기 위한 우리와 미국 사이의 협상을 진행할 것"을 제의했다.[127]

제5항 제5차 남북고위급회담: 「남북기본합의서」 채택

제5차 남북고위급회담은 1991년 12월 11~13일에 서울에서 열렸다. 이 회담은 마침내 4개 장章과 25개 조항으로 구성된 「남북 사이의 화해와 불가침 및 교류 협력에 관한 합의서」(약칭 「남북기본합의서」)를 채택하는 데 성공해, 남측의 정원식 수석대표와 북측의 연형묵 대표단장은 12월 13일 오전 9시에 각각 대한민국 국무총리와 조선민주주의인민공화국 정무원 총리의

126 위와 같음, 474~475쪽; 한용섭(韓庸燮), 『핵비확산의 국제정치와 한국의 핵정책』(박영사, 2022), 212~213쪽.

127 노태우, 『노태우 회고록』 하, 476쪽.

이름으로 서명하기에 이르렀다. 1972년 7월 4일의 남북공동성명이 서명자의 국호와 직명을 전혀 밝히지 않았음에 비해, 그때로부터 19년 5개월 뒤에 체결된 이 문서는 서명자의 국호와 직명을 밝힌 것이 또 하나의 특징이었다. 이 사실에 주목해, 고려대학교 교수 안인해安仁海 박사는 "기본합의서는 남북한이 공개적인 협의를 거쳐서 채택·발효된 최초의 공식 합의문이다." 라고 논평했다.[128]

김연철金鍊鐵 교수가 노 대통령의 북방정책을 일정하게 비판하면서도 '남북관계의 역사에서 제도적 합의의 최고 수준'으로 평가한[129] 이 문서는 남북관계가 '나라와 나라 사이의 관계가 아닌 통일을 지향하는 과정에서 잠정적으로 형성되는 특수관계'라는 것을 인정하고, 평화통일을 성취하기 위한 공동의 노력을 경주할 것을 다짐하면서, 합의 내용을 그 핵심적 주제를 기준으로 다음과 같이 세 분야로 정리했다.

(i) 남북[북남] 화해를 위해 상대방 체제의 인정·존중, 내정 불간섭, 비방·중상 중지, 파괴·전복 행위 금지, 국제무대에서의 협력, 그리고 현 정전상태를 남북[북남] 사이의 평화상태로 전환 및 그때까지 정전협정을 준수한다.

(ii) 남북[북남] 불가침을 위해서 무력 불사용 및 불침략, 분쟁문제의 협상을 통한 평화적 해결, 불가침의 경계선은 정전협정 규정과 지금까지 쌍방이 관할해온 구역으로 하고, 불가침의 보장을 위해 여러 가지 군사적 신뢰조성조치와 군비감축을 실현한다.

(iii) 남북[북남] 교류·협력을 위해서 경제·과학·기술·예술·보건·체육·보도 등 여러 분야의 교류협력 실현, 자유왕래와 접촉, 이산가족 상봉

---

128 안인해(安仁海), 『중국과 미국 그리고 한반도: 패권의 딜레마 II』(파니쥬 books, 2021), 90쪽.

129 김연철(金鍊鐵), 「노태우의 북방정책과 남북기본합의서: 성과와 한계」, 『역사비평』 97 (2011년 겨울), 80~110쪽.

및 재결합, 끊어진 철도·도록 연결 및 해로 항로 개설, 우편·전기통신 교류 등을 실현한다.

양측 대표단은 곧바로 청와대를 방문했다. 이 자리에 참석한 임동원 대표는 "노 대통령은 훌륭한 합의서를 채택한 데 대해 만족을 표명하고 양측 대표단의 노고를 차하한 뒤, '시작이 반이라고 했듯 이제부터는 합의서 내용을 성실히 실천해서 통일을 이루는 역사의 금자탑을 세워야 할 것입니다'라고 말했다."라고 회상했다. 다시 임 대표의 증언에 따르면, 김일성 주석도 만족하였다. 그래서 개성에 헬리콥터를 보내 북측 대표단 가운데 핵심 인사만 평양의 주석궁으로 불러들여 '극진한 환영'을 베풀었다.[130]

그러면 김일성 주석은 왜 그렇게 만족스러워했던가? 국토통일원 남북대화사무국 대화운영부장을 역임한 뒤 당시 통일원 산하 민족통일연구원 부원장으로 남북고위급회담에 참가하지는 않았으나 이 회담을 관찰했던 정세현丁世鉉 박사는 「남북기본합의서」 채택을 보고 받은 김일성 주석이 이 합의서를 들고 "이것으로써 적敵들의 발목을 잡았다. 이 문서는 천군만마千軍萬馬보다도 위력하다."라고 말했다는 후문을 들었다고 소개했다. 훗날 통일부 장관을 두 차례 맡았던 정 박사는 "'적들의 발목을 잡았다'라는 제1조에서부터 4조까지, 상호 체제 인정 존중, 상호 내정불간섭, 상호 파괴전복 활동 중지, 상호 비방중상 중지 그거예요. 북한으로서는 당시 그게 절실하게 필요했던 거예요. 즉 흡수통일 되지 않을 보장을 받았다는 뜻이죠."라고 풀이했다.[131]

김종휘 대통령 외교안보수석비서관의 표현으로, 이 합의서 채택 직후 "북한은 흡수통일이나 정권붕괴가 금방 일어나지 않으니까 자신감을 회복하였다." 그 결과, 다시 김 수석의 관찰로는, 북한은 남한에서의 임박한 정

---

130 임동원, 『피스메이커』, 228~229쪽.

131 정세현 장관 구술, 『남북기본합의서와 한반도비핵화공동선언』, 35쪽.

부 교체를 기다리기도 하면서 남북대화를 중단시켰다.[132]

「한[조선]반도비핵화공동선언」 가서명

「남북기본합의서」가 채택된 직후인 12월 18일에 노태우 대통령은 한국에는 그 어느 곳에서도 핵무기가 없다는 '핵부재'를 공식 선언했다. 북한은 12월 26일에 「중앙인민위원회 · 최고인민회의 련합회의」를 열고, 남북[북남]기본합의서를 공식 승인했다.[133]

제5차 남북고위급회담의 연장선 위에서, 한[조선]반도 핵문제 협의를 위한 제1차 남북대표 접촉(12월 28일)과 제2차 남북대표 접촉(12월 27일)에 이어 제3차 남북대표 접촉(12월 31일)을 거쳐 1991년 12월 31일 17시 30분에 양측 수석대표들은 「한[조선]반도의 비핵화에 관한 공동선언」(약칭 「한[조선]반도비핵화공동선언」)에 가서명하고, 각각 필요한 절차를 밟아 다음 제6차 고위급회담에서 발효하기로 합의했다. 그 내용은 다음과 같다.

> 남과 북은[북과 남은] 한반도[조선]를 비핵화함으로써 핵전쟁 위험을 제거하고 우리나라의 평화와 평화통일에 유리한 조건과 환경을 조성하며 아시아와 세계의 평화와 안전에 이바지하기 위하여 다음과 같이 선언한다.
>
> (i) 남과 북은[북과 남은] 핵무기를 시험 · 제조 · 생산 · 접수 · 보유 · 저장 · 배비 · 사용하지 아니한다.
>
> (ii) 남과 북은[북과 남은] 핵에너지를 오직 평화적 목적에만 이용한다.
>
> (iii) 남과 북은[북과 남은] 핵처리 시설과 우라늄 농축시설을 보유하지 아니한다.
>
> (iv) 남과 북은[북과 남은] 한[조선]반도 의 비핵화를 검증하기 위하여 상대측이 선정하고 쌍방이 합의하는 대상들에 대하여 남북[북남]핵통제공동

---

132 김종휘 외교안보수석비서관 구술, 국사편찬위원회 편, 『고위관료들, '북핵위기'를 말하다』, 73쪽.

133 노중선 엮음, 『연표』, 479쪽.

위원회가 규정하는 절차와 방법으로 사찰을 실시한다.

(v) 남과 북은[북과 남은] 이 공동선언의 이행을 위하여 공동선언이 발효된 후 1개 월 안에 남북[북남]핵통제공동위원회를 구성 운영한다.

(vi) 이 공동선언은 남과 북이[북과 남이] 각기 발효에 필요한 절차를 거쳐 그 문본(文本)을 교환한 날부터 효력을 발생한다.[134]

이 문서를 한국의 국무회의는 1992년 1월 23일에, 북한의 「중앙인민위원회·최고인민회의상설회의 련합회의」는 2월 5일에 각각 승인했다. 노 대통령은 2월 17일에 「남북기본합의서」와 함께 이 문서에 서명했다. 통일원은 "합의서 등이 헌법 60조에서 비준동의를 규정하고 있는 국가간의 조약이 아니라는 판단에 국무회의 심의 의결을 거쳐 대통령의 최종재가를 마침으로써 국내 발효절차를 마쳤다."라고 발표했다.[135]

이 회담에 군비통제 전문가로 참가했던 육군소장 박용옥朴庸玉 박사는 훗날 자신의 상대역이었던 조선인민군 정찰총국장 김영철金英徹 육군소장이 자신에게 "이 공동선언에 쓰인 용어들의 90%는 너희 쪽에서 나왔다. 그러므로 이것은 우리의 합의가 아니라 너희 합의이다."라고 말하는 것을 듣고 과연 이 공동선언이 제대로 지켜질 것인지 우려했다고 회상했다.[136] 박용옥 박사의 우려는 결국 현실로 나타난다. 1971년 이후 남북대화에 참여한 이동복李東馥 남북고위급회담 남측대표단 대표는 자신의 오랜 경험에 비춰볼 때 「남북기본합의서」와 「한반도비핵화공동선언」 모두 앞으로 문구의 해석을 둘러싸고 '동곡이주同曲異奏' 현상이 재연될 것으로 걱정했다고 회상했다.[137]

---

134 위와 같음, 479~480쪽.

135 위와 같음, 482~484쪽.

136 Oberdorfer and Carlin, *The Two Koreas*, p. 206.

137 이동복(李東馥), 「대북회담 전문가 이동복의 비록 1: 남북대화의 전부를 말한다」, 『월간조선』(2000년 9월), 340쪽.

제5차 남북고위급회담이 「남북기본합의서」를 채택하고 그 연장선 위에서 「한반도비핵화공동선언」을 발표한 직후인 1992년 1월 22일에 뉴욕 주유엔미국대표부에서 1953년 7월의 휴전 이후 처음으로 북미고위급회담이 김용순金容淳 조선로동당 중앙위원회 국제부장과 아놀드 캔터Arnold Kantor 미국 국무부 정무차관(미국 국무부의 제3인자) 사이에 열렸다. 김용순으로서는 최초의 방미였다. 캔터의 눈에 '평균적 미국인보다 훨씬 비싼 옷을 입었으며 아주 세련된 영리한 사람'으로 비친 김용순은 다음 회담 기일에 합의하거나 이 회담에 관한 공동성명을 발표하자고 제의했다. 그러나 캔터는 두 가지 모두를 거부했으며, 회담은 아무런 진전 없이 끝났다.[138]

이 회담의 결렬에 대해 그 책임 소재를 놓고 논쟁이 일어났다. 위성락 전 러시아대사는 노태우정부가 미북관계의 진전에 반대해서, 보다 구체적으로, 김용순과 캔터의 접촉이 1회에 그쳐야 한다고 주문했기에, 진전될 수 없었다고 보았다.[139] 그러나 7·7선언의 작성에 참여하기도 했던 강근택 전 우크라이나대사는 책임이 북한에 있었다고 단언했다. 북한이 핵을 개발하고 있다는 의혹, 그리고 그 의혹을 규명하려는 국제원자력기구의 사찰 요구에 불응하거나 지연시키는 자세 등은 종합적으로 북한과의 수교를 망설이게 한 핵심적 요인이었고, 이것이 미국과 일본이 북한과의 수교를 주저하거나 꺼리게 했다는 관찰을 제시했다.[140]

---

138 위와 같음, 208쪽.

139 위성락 대사 구술, 『북방정책과 7·7선언』, 201~202쪽.

140 강근택 대사 구술, 위와 같음, 194~195쪽.

제6항 제6차 남북고위급회담: 「한[조선]반도비핵화공동선언」 발효

제6차 남북고위급회담은 1992년 2월 19~21일에 평양에서 열렸다. 이 회담은 제5차 회담의 합의대로, 「남북[북남]기본합의서」를 발효시켰다. 이어 3월 20일에 남과 북은 「남북기본합의서」와 「한[조선]반도비핵화공동선언」을 유엔군축회의 사무국에 공동제출했다.

이 공동선언과 관련해, 이 주제를 깊이 연구한 한용섭 교수는 "북한이 [이 …] 공동선언을 규정대로 잘 이행하였더라면, 남북한은 NPT체제를 잘 준수하면서 평화공존과 번영을 모색할 수 있었다."라고 논평하며, 다음과 같이 부연했다.

> 탈냉전이후 2006년 10월 북한의 제1차 핵실험 직전까지 미국은 한국에 대한 안보공약을 이행하기 위해 주한미군의 전술핵무기 철수 이후 재래식 군사력으로만 북한의 남침을 억제하는 재래식 억제전략을 유지하고 있었다. 한국도 한반도비핵화가 실현되리라는 기대를 갖고 남북한 간에 재래식 군사력 균형을 유지하려고 노력하였다. 북한도 1990년대에는 한반도에서 북한과 한·미 사이에 억제력의 균형이 이루어졌기 때문에 평화가 유지되고 있다고 발표한 바 있다. 따라서 북한이 비핵화 합의를 잘 준수했더라면, 한·미 간에 확장억제를 강화할 필요도 없었고, 한반도는 남북 사이에 재래식 군사력 균형을 이루고, 재래식 군비통제와 평화체제 수립을 추진할 수 있는 분위기였고, 한미동맹은 군사적 동맹에서 주한미군의 점진적 철수를 기반으로 정치적 동맹으로의 전환을 고려하고 있었다.[141]

---

141 한용섭, 『핵비확산의 국제정치와 한국의 핵정책』, 216쪽.

그런데도 북한은 「한반도비핵화공동선언」을 위반하고 비밀리에 핵개발을 지속했으며, 북한의 비밀 핵개발 시설에 대해 IAEA가 특별사찰을 요구하자 북한은 "IAEA의 특별사찰 요구는 [우리 공화국의] 최고 리익에 대한 침해"라고 반발하면서, 김영삼정부가 출범한 직후인 1993년 3월 12일에 NPT를 탈퇴한다고 선언했다.[142] 이로써 '제1차 북핵위기'가 발생한다.

제7항 제7차 남북고위급회담

제7차 남북고위급회담은 1992년 5월 6~8일에 서울에서 열렸다. 이 회담은 「남북[북남]군사공동위원회 구성·운영에 관한 합의서」와 「남북[북남] 교류·협력공동위원회 구성·운영에 관한 합의서」 및 「남북[북남]연락사무소의 설치·운영에 관한 합의서」의 서명을 끝내고 곧바로 발효시켰다.

제7차 회담이 끝난 직후의 시점은 북한과 국제원자력기구 사이의 핵안전협정이 발효되고 북한이 이 협정이 요구한 최초 보고서를 제출한 시점에 일치했다. 이에 따라, 블릭스 총장은 5월 11~16일에 북한을 공식 방문하고, 그사이 의심의 대상이 된 영변 핵시설을 비롯해 여러 시설을 두루 사찰했다. 그 결과 그는 "가장 큰 관심사인 핵재처리시설은 건물이 80% 정도 완성되었고 내부장비는 40% 정도 갖추어져 있었으나 건설작업이 중단된 상태이며, 북한이 추출한 플루토늄은 폭탄 제조용으로 보기에는 너무도 미소한 분량인 데다 핵무기개발까지에는 장비에서나 기술에서 몇 가지 단계를 더 거쳐야 할 것"이라고 전망하면서, "결론적으로 북한이 핵무기를 개발하고 있다는 명확한 증거는 없다."라고 밝혔다. 이어 5월 말에는 첫 번째의 사찰을 통해 북한이 신고한 보고서의 내용을 확인하는 한편 '사용 후 연료봉'이

---

142 위와 같음

원자로 안에 제거되지 않은 채 그대로 보존되어 있음을 확인하고 모두 봉인 조치를 취했다. 그러나 그는 북한이 민간용 실험실이라고 주장하는 방사는 화학실험실이 북한이 주장하는 목적을 수행하기에는 상당히 대규모로 핵 재처리 시설로 전용될 수 있는 시설로 보인다고 덧붙였다.[143]

비록 단서를 달기는 했으나 전반적으로 북한의 핵개발 의혹을 정확히 제기하지 못한 이 사찰 결과에 대해, 미국정부의 반론이 뒤따랐다. 1992년 3월에 미국의 군사전략을 완전히 새롭게 평가하면서 특히 북한 핵개발 의혹에 대해 강경히 대처할 뜻을 담은 「국방기획지침(Defense Planning Guidance)」을 발표한 미국정부는 그동안 수집해온 북한의 핵개발 관련 첩보위성 사진들을 국제원자력기구에 공개했는데, 그것들은 북한당국이 은폐한 2개의 폐기물저장소를 보여주었다. 거기에 더해 미국정부는 "북한이 자진신고한 플루토늄 추출량(90g)을 분석한 결과 그것은 세 번에 걸쳐 재처리되었으며 모두 148g으로 추정된다."라고 주장했다. 이에 따라, 북핵을 보는 국제사회의 시각은 훨씬 심각한 쪽으로 바뀌었다.[144]

비록 그렇다고 해도 표면적으로는 '화해' 분위기가 고조되자 북한에서 일정한 범위 안에서 개혁과 개방을 지지하는 것으로 알려진 김달현金達玄 정무원 부총리 겸 대외경제위원장이 7월 19~25일에 차관급 고위관리들을 대동하고 서울을 방문했으며, 남측의 최각규崔珏圭 경제부총리를 만나 북의 남포경공업단지 건설 시범사업에 대한 남측의 협력을 협의했다. 노 대통령은 7월 24일에 청와대에서 그를 접견하고 남북경협에 관한 호의적 자세를 보여주었다.

김달현은 김일성의 어머니 강반석의 인척으로 김일성종합대학을 졸업

---

143 장훈각(張訓珏), 「노태우정부의 북방정책과 남북관계: 북핵위기를 중심으로」, 『동서연구』(연세대학교 동서문제연구원) 제23권 제2호(2011년 12월), 164쪽.

144 임동원, 『피스메이커』, 242쪽; Oberdorfer and Carlin, *The Two Koreas*, pp. 209~212; 이용준, 『북핵 30년의 허상과 진실』, 86~89쪽.

한 뒤 김일성종합대학 교원을 거쳐 국가계획위원회 위원장을 역임했다. 화학공업과 경공업 및 무역 분야의 전문가이면서 장차 북한의 총리 후보로 꼽혔으며, 김정일의 결정에 따라 서울을 방문할 수 있었다. 그러나 북한이 자본주의 국가들과 협력해야 하며 군수용軍需用 전력을 민수산업 쪽으로 돌리는 안을 제기했다가 군부의 미움을 산 데 이어 김정일의 미움까지 사서 결국 지방의 「2 · 8비날론련합기업소」 지배인으로 강등되었고, 거기서 2000년에 죽는다. 울화병으로 죽었다는 풍설과 자살했다는 풍설이 나돌았으나 확인되지는 않았다

여전히 겉으로 보기에 '화해 분위기'는 계속되었다. 1992년 9월 1일~6일에 「아세아의 평화와 녀성의 역할에 관한 제3차 평양토론회」는 예정대로 열렸고, 김일성 주석은 한국측 대표단이 서울로 출발하기 직전인 6일에 주석궁에서 오찬을 베풀었다.[145]

제7차 남북고위급회담이 열리던 시점을 전후해, 북측은 비전향장기수 리인모(李仁模: 우리식 표기로는 이인모)의 무조건 송환을 요구하기 시작했다.[146] 리인모는 1917년에 함경남도 풍산군에서 화전민의 유복자로 태어나 도쿄공업고등학교에 다니다가 중퇴하고 귀국했으며 항일운동에 참여해 활동하다가 산속으로 피신한 뒤 일제패망을 맞이했다. 곧 고향으로 돌아가 조선로동당의 풍산 및 홍남지역 선전국장으로 활동하던 때 6 · 25전쟁이 일어나자 조선인민군 문화부 소속 종군기자로 낙동강 전선까지 내려왔다. 유엔군의 반격으로 북한군이 후퇴하자, 그는 피난길에 오르다가 지리산으로 들어가 빨치산이 되었으나 체포되어 광주포로수용소에 수용되었다. 1956년에 출소했지만 지하당 활동에 참여한 탓에 1961년 6월에 부산에서 다시 붙잡혀 국가보안법 위반으로 27년형을 선고받았다. 1976년에 만기가 되었

145 안인해(安仁海), 「서장(序章) 김일성 주석을 만나다」, ____, 『중국과 미국 그리고 한반도』, 19~28쪽.

146 노중선, 『연표』, 482~483쪽.

으나 그 직전인 1975년에 새로 제정된 사회안전법에 의해 보호감호처분을 받아 1988년 10월까지 복역했다. 청주보안감호소에서 출소한 뒤 양아들 김상원의 경상남도 김해 집에서 생활하며 비전향장기수의 존재를 국내외에 크게 알렸다.

1991년에 『월간 말』에 자신의 수기 「내 청춘 통일에 묻어」를 6회에 걸쳐 연재하고,[147] 이것이 『로동신문』에 실리면서 북한은 1991년 9월에 대남방송인 『평양방송』을 통해 리인모의 송환을 요구했다. 2개월 뒤 제5차 남북고위급회담이 서울에서 열리자 취재하러 내려온 북한의 『중앙방송』 기자가 부인과 외동딸의 편지와 사진을 남측 취재진에 전했으며, 이후 북한은 1992년 9월로 계획된 제8차 「남북고위급회담」을 앞두고 그의 송환을 줄기차게 요구했다.

남북고위급회담의 남측 차석대표였던 김종휘 대통령 외교안보수석비서관의 회고에 따르면, 노태우 대통령은 "여러 가지 전향적인 입장에서 검토해보라."고 지시했다. 노 대통령은 광복 47년이 되는 1992년 8월 15일을 기해 이산가족의 고향방문 상시화常時化와 판문점면회사무소 설치 그리고 북한이 납치한 동진호 선원 12명의 송환을 실현시키고자 했으며, 그것을 위해 이인모의 북송요구에 응할 수 있다고 판단한 것이다. 그러나 북측은 이인모의 송환만을 요구했다.[148] 이 문제와 관련해, 남측 대표단 내부에서 '훈령조작' 논쟁이 벌어졌다. 노 대통령의 뜻을 남측대표단의 한 대표가 왜곡시켰다는 것이었다.

---

147 이인모, 「인민군 종군기자 34년의 통한」, 『월간 말』(1989년 4월), 34~35쪽; ______, 「'적색독서회'에서 북로당 창당까지」, 위와 같음(1989년 10월), 134~145쪽; ______, 「말하라 지리산이여」, 위와 같음(1989년 11월), 108~117쪽; ______, 「눈내리는 지리산」, 위와 같음(1989년 12월), 120~128쪽; ______, 「통일이여 해방이여」, 위와 같음(1990년 1월), 144~176쪽; 「나의 사랑하는 북한 아내에게」, 위와 같음(1991년 2월), 59~61쪽.

148 김종휘, 「"북방정책이 국정의 최우선 과제이다"」, 노재봉 편, 『노태우 대통령을 말한다』, 418쪽.

리인모는 김영삼정부 출범 직후인 1993년 3월 10일에 정부의 '조건 없는 송환' 방침에 따라 북한에서 '영웅' 대접을 받으면서 돌아갈 수 있었다. 2007년 6월 17일에, 조선로동당 중앙위원회와 최고인민회의상임위원회 및 내각은 공동으로 그가 별세했으며 시신은 평양의 「인민문화궁전」에 안치되었다고 발표했다. 그들은 사인死因을 '남조선 감옥에서 당한 고문의 후유증'으로 설명했는데, 그가 북한에 돌아간 뒤 14년 3개월 지나서임을 고려하면 그 설명은 대남비방선전의 일환으로 풀이된다.

제8항 제8차 남북고위급회담

제8차 남북고위급회담은 1992년 9월 16~17일에 평양에서 열렸다. 이 회담은 「남북[북남] 화해공동위원회 구성 · 운영에 관한 합의서」, 「남북[북남] 사이의 화해와 불가침 및 교류 · 협력에 관한 합의서」의 「제1장 남북[북남] 화해의 이행과 준수를 위한 부속합의서」, 「남북[북남] 사이의 화해와 불가침 및 교류 · 협력에 관한 합의서」의 「제2장 남북[북남] 불가침의 이행과 준수를 위한 부속합의서」, 「남북[북남] 사이의 화해와 불가침 및 교류 · 협력에 관한 합의서」의 「제3장 남북[북남] 교류 · 협력의 이행과 준수를 위한 부속합의서」 발효에 합의하고, 그 사실을 발표했다. 이 회담은 1992년 12월 21~24일에 제9차 남북고위급회담을 서울에서 개최한다는 데 대해서도 합의했다.

이후 남한 내부에서 당연히 남북관계의 장래에 대한 기대가 확산되었으나 거기에 제동을 걸게 되는 여러 사건이 일어났다. 첫째, 국가안전기획부는 10월 6일에 「남한조선노동당중부지역당 간첩사건」을 발표했다. 이 발표에 따르면, 조선로동당 정치국 후보위원으로 북한 권력서열 22위인 리선실李善實이 남파되어 서울대학교 학생 황인오 · 황인혁 형제를 포섭해 서울과 인천을 비롯한 24개 주요 도시에서 350명의 조직원을 확보해 「남한조선노동당중부지역당」을 조직했다. '1940년대 말의 남로당 사건 이후 최대 규모의 간첩사건'으로 단정한 안기부는 이 사건에 연루되어 구속된 혐의자만 62명이고 수배된 혐의자는 3백 명을 넘는다고 주장했다.[149] 이러한 상황에서, 김달현 부총리의 서울방문에 대한 답례로 북한을 방문하기로 예정되었던 최각규 경제부총리의 방북은 실현될 수 없었다.

사건의 내용이 워낙 심각했기에, 이 발표 내용의 사실성 여부를 둘러싸고 논란이 일어났다. 12월 18일로 예정된 제14대 대통령선거를 약 2개월 앞두고 발표된 사실에 주목한 쪽에서는, 국가안전기획부가 여론을 오랜 기간에 걸쳐 '남북화해협력'을 주장해온 김대중 후보에게 불리하고 '남북화해협력'에 신중한 자세를 유지해온 김영삼 후보에게 유리하도록 유도하고자 '냉전적인 반공·반북 분위기 조성'으로 돌렸다고 주장했다.[150] 훗날 김대중정부는 국가안전기획부를 국가정보원으로 개명·개편하는데, 김대중정부를 이어받은 노무현정부가 국가정보원의 산하 임시기구로 발족시킨 「과거사진실위원회」는 국가안전기획부의 발표를 사실로 확인했다.

둘째, 10월 8일에 워싱턴에서 열린 제24 한미연례안보협의회의 공동성명이 뒤따랐다. 이 회의는 "남북 상호 핵사찰 등에서 의미 있는 진전이 없을 경우, 1993년에는 한미 팀스피리트훈련을 실시하기 위한 준비조치를 계속할 것"을 결정하고 공동성명으로 발표한 것이다. 이것은 남북관계진전의 문제와 북핵의 문제를 연계해서 북측과 협상해야 한다는 '연계전략'에 힘을 실어주었고, 두 문제를 병행하면서 북측과 협상해야 한다는 '병행전략'의 힘을 약화시켰다.[151]

훗날 이 회의에 참석한 한국의 국방장관이 정부와 협의하지 않고 동의했

149 『동아일보』(1992년 10월 7일).

150 임동원, 『피스메이커』, 298쪽.

151 위와 같음, 264쪽 및 298쪽; 노중선 엮음, 『연표』, 508쪽.

다는 주장이 제기되었으며,[152] 당시 주한미국대사이던 도널드 그레그는 대북강경파인 미국의 국방장관 리처드 체니Richard Cheney: Dick Cheney가 단독으로 그러한 결정을 내렸다고 힐난하면서, "그것이야말로 내가 대사로 봉직하던 기간 중에 미합중국이 결정한 유일한 최악의 실수였다고 지금도 생각한다."고 말했다.[153]

팀스피리트훈련 재개결정 발표는 결국 북한이 남북고위급회담의 진전을 거부하는 중요한 요인이 되는 만큼, 이 훈련에 관한 임동원 대표의 설명을 들어보기로 한다.

> 1976년부터 시작된 '팀스피리트 한미연합기동훈련'은 그 참가 병력과 장비 규모가 매년 증가되어, 최고수준에 이른 1988년에는 미군 78,000명을 포함하여 218,000명을 기록하는 등 세계 최대규모의 군사기동훈련이다. 여기에는 핵무기를 탑재한 항공모함 전단도 참가하기 때문에, 북한은 '핵전쟁 연습'이라며 이 훈련이 실시될 때마다 크게 반발했다. 훈련시즌이 돌아오면 북한은 경제건설에 투입되어 있던 병력은 물론 예비병력까지 총동원하며 약 3개월간 준전시태세에 돌입해야 하기 때문에 경제활동에도 큰 타격을 입기 마련이다.[154]

김종휘 대통령 외교안보수석비서관 역시 같은 취지로 다음과 같이 설명했다.

> 북한은 팀스피리트훈련을 정말 두려워했습니다. 팀스피리트훈련하면 김일성 지시에 의해서 전부 땅속으로 들어갔습니다. 전부 땅속으로 들어가는데, 그 비용이 얼마나 많이 듭니까. 경제손실이 막대합니다. 지하진지 구축은 쉬

152 정세현 장관 구술, 『남북기본합의서와 한반도비핵화공동선언』, 42쪽.

153 차미례 옮김, 『역사의 파편들』, 358쪽.

154 임동원, 『피스메이커』, 298~299쪽.

운 일이 아닙니다. 예전에 대만 금문도에 중국의 포격을 피하기 위하여 진지를 만들어놓았는데, 냉난방장치가 잘 되어 있는 좋은 진지였어요. 그런 진지에서도 몇 시간밖에 머물지 못합니다. 북한의 경제사정상 그러한 진지를 구축했다고 생각하지 않습니다.[155]

북한은 곧바로 반발했다. 10월 12일의 외교부 대변인 성명으로부터 시작해 10월 27일의 당·정·사회단체 연합회의의 발표에 이어 11월 2일의 외교부 대변인 성명 그리고 이후 여러 형태의 성명을 통해 팀스피리트훈련의 취소를 강력히 요구했다. 특히 제9차 남북고위급회담이 열릴 12월 21일을 앞두고 북한은 이 회담이 열릴 수 있도록 훈련재개의 결정을 철회한다는 뜻을 공표하라고 요구했다.

며칠 뒤 국제원자력기구는 의혹이 해소되지 않은 북한의 핵시설에 대한 특별사찰을 요구했다. 북한은 그 시설은 '비핵군사시설'이라고 주장하면서 '비핵군사시설'을 사찰하는 것은 자국의 중대한 국익을 위협할 수 있다는 논리로 거부했다. 한국과 미국은 그렇다면 1993년도 팀스피리트 훈련을 재개할 수밖에 없다고 반박했다.[156] 이에 북한은 1993년 1월 29일에 「북남고위급회담 [북측] 대표단」 이름의 성명을 통해 모든 남북대화의 중단을 선언했으며, 이로써 제9차 회담은 열릴 수 없었다.[157]

여기서 남북대화 중단의 책임소재 논쟁을 정리해보자. 앞의 몇몇 항에서 이미 보였듯, 책임소재를 구명하는 일이 단순하지는 않지만, 기본적으로 북한에 있다. 북한은 「남북기본합의서」 성립으로 남측에 의해 체제유지가 보장되었다고 자신한 뒤 핵시설에 대한 특별사찰도 거부하고, 남한에

155 김종휘 외교안보수석비서관 구술, 국사편찬위원회 편, 『고위관료들, '북핵위기'를 말하다』(경기도 과천시: 국사편찬위원회, 2009), 73쪽.

156 Oberdorfer and Carlin, *The Two Koreas*, pp. 214~216; 장훈각, 「노태우정부의 북방정책과 남북관계」, 167쪽.

157 임동원, 『피스메이커』, 300~302쪽.

서 곧 실시될 대통령선거 결과를 본 뒤 자신의 방침을 세우기로 결심한 것이다.[158]

「남북고위급회담」 총결산

종합하건대, "남북고위급회담은 1989년 2월 예비회담으로 시작하여 1993년 1월 마지막으로 열린 「남북[북남]핵통제공동위원회 회담」까지 4년 동안 본회담 8회를 포함하여 그 테두리 안에서 열린 실무대표 회담과 분과별 회담 등을 합쳐 총 130여 회의 각종 남북회담을 개최하는 기록을 남겼다."[159] 이것은 노태우 대통령이, 자신이 명명한 우리 민족의 4대 한恨 가운데 하나인 분단의 한을 풀기 위해 얼마나 많은 노력을 기울였던가를 사실적으로 말한다. 그러나 김영삼정부가 시작되면서 첫 몇 개월을 빼어놓고는 모든 기간에 걸쳐 남북관계는 정체되거나 악화된다.

158 책임소재 논쟁 그 자체는 위에서 자세히 읽을 수 있다.

159 위와 같음, 302쪽.

제7장

북방정책의 대단원:

중국과의 수교 그리고 베트남과의 수교

제 7 장 북방정책의 대단원:
중국과의 수교 그리고 베트남과의 수교

노태우 대통령이 정력적으로 추진한 북방정책은 1992년 8월 24일의 중국[중화인민공화국]과의 수교로 대단원을 장식했다. 거기에 이어 그 해를 넘기지 않고 1992년 12월 22일에는 베트남[베트남사회주의공화국]과 수교하기에 이르렀다. 대한민국, 그리고 중국 및 베트남 등 동아시아의 이 세 나라에는 공통점이 있다. 한반도와 베트남은 모두 중국과 접경했으며, 그들은 모두 분단국이었거나 아직도 분단국이고, 한때 서로 총을 겨누었던 교전국이었다는 사실이다.

우선 분단국이라는 시각에서 살피면, 제2차 세계대전이 끝나면서 세계 여러 곳에서 분단국 또는 분열국이 나타났다.[1] 예컨대, 인도는 인도와 파키스탄 및 세일론(오늘날의 스리랑카)으로 나뉘었고, 이후 파키스탄은 파키스탄과 방글라데시로 나뉘었으며, 몽골은 오늘날의 몽골국인 외몽골과 중화인민공화국 안으로 편입된 내몽골 그리고 러시아연방 안의 부랴티야공화국 등으로 나뉘었다.

그러나 국제사회에서는 그 나라들을 논외로 하고 흔히 네 개의 분단국이 나타났다고 말한다. 유럽에서는 동[독일민주공화국: 동독]과 서[독일연방공화국:

---

1 분단국 또는 분열국의 성격과 그 사례들은 다음의 책이 자세히 설명했다. Gregory Henderson, Richard Ned Lebow, and John G. Stoessinger, eds., *Divided Nations in a Divided World* (New York: David Mckay, 1974).

서독]로 나뉜 독일, 아시아에서는 대륙[중화인민공화국]과 섬[중화민국]으로 나뉜 중국, 남[대한민국]과 북[조선민주주의인민공화국]으로 나뉜 한반도, 그리고 역시 남[베트남공화국: 월남]과 북[베트남민주공화국: 월맹]으로 나뉜 베트남 등이 그것들이다. 그것들 가운데 동서독은 동독이 해체되면서 서독으로 합류해 1990년에 평화롭게 통일을 이뤘다.

이어 교전국이라는 시각에서 살피면, 6·25전쟁 때 대한민국은 '항미원조(抗美援朝: 미국에 저항하고 조선을 원조한다)'라는 이름 아래 북한을 지원하며 개입한 중국과 교전했고, 남베트남과 북베트남이 겨누었던 베트남전쟁 때 대한민국은 남베트남을 지원하기 위해 참전했다. 이 전쟁은 1975년에 북베트남의 승리로 끝났으며, 통일을 성취한 「베트남민주공화국」은 「베트남사회주의공화국」으로 개명해 오늘에 이르고 있다. 다른 한편으로, 같은 공산국가이면서도 베트남과 중국은 국경분쟁의 연장선 위에서 1979년 2월부터 1개월에 걸쳐 전쟁을 치렀고, 이후에도 여러 차례 국경분쟁을 겪었으며, 2009년 1월에야 국경분계선을 공식으로 확정지었다.

대한민국의 중국과의 수교 그리고 베트남과의 수교가 갖는 의미를 충분히 이해하기 위해서는 조선=한국이 그들과의 수교 이전에 중화인민공화국 및 중화민국 그리고 남베트남 및 북베트남과 각각 유지했던 역사를 이해하는 것이 중요하다. 국제관계에서는 '과거'보다는 '현재'와 '미래'가, 따라서 '이상주의'도 중요하지만 '현실주의'가 훨씬 더 중요함을 그 사례들은 일깨워주기 때문이다. 그러한 맥락에서, 이 제7장은 그 역사를 먼저 소개하고 이어 수교의 과정을 설명하기로 한다.

제1절 중화인민공화국과의 수교 이전의 남북한과 중국

제1항 중국에게 한반도가 갖는 의미

한반도의 지정학적 위치: 순망치한(脣亡齒寒)의 시각

한반도와 중국의 관계는 수천 년 전으로 올라간다. 여기서 중요하게 상기되어야 할 점은 그 관계가 동아시아에서 한반도가 갖는 지정학적 위치에 결정적인 영향을 받았다는 사실이다. 새삼 말할 필요 없이, 한반도는 유라시아대륙과 태평양 사이에, 좁혀 말한다면, 중국과 일본 사이에 위치해서, 대륙세력이 태평양으로 진출하려면 한반도를 지나가야 하고 해양세력 = 태평양세력이 대륙으로 진출하려면 역시 한반도를 장악해야 했다. 이러한 맥락에서, 중국인의 눈으로는, 중국과 한반도의 관계는 중국과 베트남의 관계와 마찬가지로 "입술이 없어지면 이가 시리다."라는 뜻의 순망치한脣亡齒寒으로 요약되었다. 중국인에게 한반도는 중국이라는 '이'를 보호하는 '입술'이었던 것이다. 그래서 자신의 '순치지국脣齒之國' 또는 '순치지교脣齒之交'인 조선=한국이 자신의 적국 또는 비非우호국에 의해 장악되는 것을 막고자 했다. 다른 한편으로, 한반도는 중국의 머리를 가격할 수 있는 '망치'로 여겨졌고 일본의 심장을 찌를 수 있는 '단도短刀'로 여겨져서, 중국으로서도 일본으로서도 한반도가 자신의 적국 또는 비우호국의 손에 넘어가는 것을 막아야 했다.[2]

그래서 중국은 그것이 한족漢族의 중국이든 북방민족의 중국이든 엄연히 독립국인 조선을 자신의 '부용국附庸國' 또는 '속국屬國'으로 여기며 국왕이

---

2 Soon Sung Cho, *Korea in World Politics, 1940~1950: An Evaluation of American Responsibility* (Berkeley and Los Angeles, C.A: The University of California Press, 1967), p. 5; Frederick Foo Chien, *The Opening of Korea: A Study of Chinese Diplomacy*(n. p.: The Shoe String Press, Inc., 1967), p. 16.

왕위에 오를 때 '책봉冊封'으로써 승인하고 '조공朝貢'을 바치게 하며 그 대가로 조선을 지켜준다는 외양을 갖추었다. 같은 맥락에서, 일본은 그것이 명치유신 이전이든 이후이든 조선을 자신이 중국으로 나가기 위해 '빌리는 길[假道]'로 여기거나 '합병'해야 할 대상으로 여겼다. 고조선 이후의 조선=한국의 역사에서 그러한 사례를 많이 찾을 수 있지만, 멀리 거슬러 올라가지 않고 조선왕조 때에 한정해 말한다면, 임진왜란·정묘호란 및 병자호란·청일전쟁·러일전쟁 그리고 일제의 조선 침략과 강점 모두가 그러한 지정학의 산물이었다.

조선=한국인의 독립운동에 대한 중국국민당 및 중국공산당의 지원

한반도를 바라보는 중국인의 전통적인 인식은 일제강점기에 조선=한국인이 전개한 항일독립운동에 대한 중국인의 지원에서도 나타났다. 1911년 10월 10일의 신해혁명辛亥革命을 이끌었던 쑨원孫文 그리고 그의 후계자 장제스蔣介石는 1919년 10월 10일에 상하이에서 공식적으로 중국국민당을 출범시켰고 그것을 바탕으로 1925년 7월 1일에 광둥廣東에서 중화민국을 건국했다. 대조적으로, 천두슈陳獨秀와 리다자오李大釗 및 마오쩌둥毛澤東 등 공산주의자들은 1921년 7월 23~31일에 상하이에서 비밀리에 중국공산당을 창당했다.

중국국민당은 상하이에서 1919년 4월 11일에 출범한 대체로 보수우익적 성격의 대한민국임시정부를 지원했고, 장제스정부에 쫓겨 1934년 10월에 '장정長征'의 길에 올랐다가 368일 만에 중국의 서북방 변두리에 위치한 산시성陝西省 옌안延安에 정착한 중국공산당은 대체로 좌파적 성격의 조선인 항일독립운동가들을 지원했다. 중국국민당이든 중국공산당이든 모두 조선=한국을 '청일전쟁 이후 일제에 의해 빼앗긴 실지失地'로 여겼고, 그것을 '회복'하기 위해서는 앞으로 자신에게 충실할 조선=한국의 지도자들을 후원해야 한다는 발상에서였다.

조선 = 한국의 독립을 뒷받침한 중화민국

비록 그렇다고 해도, 중화민국 정부가 조선 = 한국의 독립을 뒷받침한 사실은, 특히 국제회의에서 후원한 사실은, 공평하게 인정되어야 할 것이다. 첫째, 1943년 11월 22일부터 26일까지 이집트의 수도 카이로에서 열린 제1차 카이로회담에서다. 미국의 루스벨트Franklin D. Roosevelt 대통령과 영국의 처칠Winston S. Churchill 총리 및 중화민국의 장제스 총통 사이에서 열린 이 회담에서 연합국의 세 정상은 조선 = 한국의 자유와 독립을 지지하기로 합의했다. 소련공산당 중앙위원회 서기장이며 내각 총리인 스탈린Iosif D. Stalin이 뒤늦게 동의함에 따라 12월 1일에 루스벨트와 처칠은 네 정상의 합의를 담은 카이로선언을 발표할 수 있었다. 이 선언에 "앞에서 말한 세 강대국은 코리아 인민의 노예화에 유의해 적당한 시기에 코리아가 자유롭고 독립적이 되어야 한다고 결정했다."라는 조항이 포함되었다. '앞에서 말한 세 강대국'은 물론 미국 · 영국 · 중화민국을 말하며, 이 조항을 흔히 '코리아 조항'이라고 부른다.

둘째, 포츠담회담에서다. 2차대전에서 이탈리아에 이어 독일이 이미 항복했고 일본의 패망을 눈앞에 둔 시점인 1945년 7월 17일~8월 2일에 트루먼 미국 대통령과 스탈린 소련 총리 및 처칠 영국 총리(곧이어 클레멘트 애틀리Clement R. Attlee 총리로 대체)는 독일 포츠담에서 회담하면서 회담이 진행되던 7월 26일에 일본의 무조건 항복조건을 규정하는 선언(약칭 포츠담선언)을 발표했다. 이 회담에 중화민국 장제스 총통은 참석하지 않았으나 전신을 통해 선언에 동의했다. 이 선언은 '카이로선언의 실행'을 다짐한 조항을 포함했다. 이로써 중화민국 정부는 카이로회담에 이어 포츠담회담에서도 조선=한국의 자유와 독립을 뒷받침한 것이다. 이러한 까닭으로 중화민국은 조선=한국을, 특히 대한민국을 자신의 '형제지방(兄弟之邦: 형제의 나라)'이라고 불렀다.

제2항 일제패망 이후 중화인민공화국 성립 직전까지의 남북한 그리고 중국국민당 및 중국공산당

일제가 패망하면서, 대한민국임시정부의 초대 대통령이었으나 곧 메별하고 원래의 활동무대였던 미국으로 돌아가 미국정부와 국제연맹을 상대로 일관되게 항일독립운동을 전개하던 이승만은 미군정과 미국 극동군사령관 맥아더Douglas MacAthur 원수의 도움을 받아 1945년 10월 16일에 귀국해 자유민주주의를 지향하며 친미적 성향을 지닌 송진우宋鎭禹 중심의「한국민주당」(약칭 한민당)과 제휴하면서 건국운동을 전개했다. 일제강점기에 국내에서 항일독립운동을 주도했으며 일제의 패망 직후 서울에서「조선건국준비위원회」를 출범시켰고 그것을「조선인민공화국」창건으로 연결했던 여운형呂運亨과 그리고 역시 지하에서 경성콤그룹을 결성해 항일독립운동을 이끌었던 박헌영朴憲永이 중심이 된「조선공산당」은 처음에는 이승만을 지지하다가 곧 이승만에 반대하면서 각각 독자노선을 걸었다.

이승만에 이어 대한민국임시정부 지도자들은 두 차례로 나뉘어 미군이 제공한 수송기로 중화민국의 수도였으며 대한민국임시정부의 청사가 있던 쓰촨성四川省 충칭重慶을 떠나 미군이 점령한 남한으로 돌아왔다. 주석 김구金九는 부주석 김규식金奎植과 함께 제1진에 속해 11월 5일에 충칭을 떠나 상하이를 거쳐 11월 23일에 서울에 도착했다. 외무총장 조소앙趙素昻과 법무총장 신익희申翼熙 등 제2진에 속한 인사들은 1945년 12월 2일에 서울에 도착했다.

북한에서는 우선 소련점령군의 비호를 받으며 극동러시아에서 귀국한 김일성金日成이 최용건崔庸健과 김일金一 등 자신의 항일게릴라 동지들과 함께 평양에서「조선공산당북부조선분국」(이하 약칭「분국」)을 세웠다. 일제 패망 직후 북한의 정치에서 흔히 '만주파'라고 불린 이 세력이 가장 강력했다. 이들과 별개로, 소련을 구성하는 공화국들에 속한 우즈베키스탄공화국과 카자흐스탄공화국 등에서 성장한 조선인들 가운데 소련점령군의 통역 또는 비서 등으로 기용되어 귀국한 이들은 허가이許哥而를 중심으로 '소련계'를 형성했는데, 그들은 「분국」 설립에 협조했다. 옌안에서 중국공산당의 비호를 받았던 김두봉金枓奉과 최창익崔昌益 등은 귀국해 '옌안계'를 형성하고 역시 「분국」 설립에 협조하면서도 마오쩌둥이 표방한 신新민주주의론을 염두에 두고 「조선신민당」을 창당했다. 그렇지만 당시 국공내전에 빠져 있던 중국공산당은 옌안계를 도울 여력이 전혀 없었다.

국내에서 항일운동에 종사했던 세력도 있었다. 우선 오기섭吳淇燮 등 국내파 공산주의자들이 발언권을 행사하면서 「분국」의 설립을 도왔다. 역시 국내에서 일제에 비타협적 자세를 견지했던 조만식曺晩植 등 민족주의자들이 있었다. 민중의 신망을 받고 있었던 조만식은 곧바로 「조선민주당」을 창당해, 기독교도들과 지주들을 중심으로 하는 우파 민족주의세력을 결집하고 있었다.[3]

이러한 상황 속에서, 미국·소련·영국·중화민국 등 4대 연합국은 분단된 한반도의 통일문제를 다루기 위해 1945년 12월 16~26일에 모스크바에서 외무장관 회담을 열었다. 이 회담은 12월 27일에 「코리아에 관한 의정서」를 발표했는데, 그 핵심은 조선인에 의한 임시정부를 세우되 5년 이내의 기간에 4대국의 '신탁통치'를 받게 하며 이 합의의 진행을 위해 「미·소 공동위원회」를 구성·운영한다는 데 있었다. 이 회담에 중화민국 정부는 국내사정으로 외교부장을 파견하지 못했으나 그 의정서에는 동의했다. 이것은 중화민국 정부가 카이로회담과 포츠담회담에 이어 세 번째로 국제회담에서 조선 = 한국의 자유와 독립을 위해 노력했음을 보여주었다.

북한은 소련의 강력한 지령에 따라 이 의정서를 받아들였으며, 그 기초

3 일제패망 직후 북한에서 전개된 정치상황에 관한 설명은 대체로 다음에 의존했다. Chong-sik Lee, "Politics in North Korea: Pre – Korean War Stage," *China Quarterly*, No. 14(April – June 1963), pp. 4~11.

위에서 김일성은 소련점령군의 비호 아래 1946년 2월에 자신을 위원장으로 하는 「북조선림시인민위원회」를 발족시켜 북한 단독정권 수립의 길에 들어섰다. 「북조선림시인민위원회」는 1946년 10월에 북조선 전역에서 공산당 특유의 흑백투표 방식의 선거를 실시해 대의원들을 선출하고 1947년 2월에 최고인민회의를 구성했으며, 그것을 통해 「북조선림시인민위원회」를 역시 김일성을 위원장으로 하는 「북조선인민위원회」로 확대한다. 다른 한편으로, 남한에서는 조선공산당을 비롯한 좌익계 정당들을 제외하고는 이승만 · 김구 · 김규식 등이 중심이 되어 신탁통치반대운동을 이끌었고, 특히 이승만의 경우, 1946년 6월 이후, 북한의 단독정권 수립에 대항해 남한에서만이라도 정부를 세우는 운동을 이끌었다.

그사이 「미 · 소공동위원회」는 1946년과 1947년에 각각 한 차례씩 모두 두 차례 열렸으나 모스크바 의정서의 방향으로 분단을 해소하고 통일정부를 세우는 목표에 전혀 접근하지 못했다. 여기에서 이승만은 유엔을 통한 통일정부의 수립을 향해 활동했으며, 우여곡절을 겪은 뒤 유엔은 결국 1947년 10월에 유엔한국임시위원단을 창설하고 이 위원단의 감시 아래 한반도 전역에서 토착인구비례 원칙에 따라 총선거를 실시한다는 결의안을 채택했다. 그러나 북한이 소련정부의 지령에 따라 이 위원단의 입북을 거부하자 유엔은 1948년 2월에 이 위원단의 감시 아래 선거가 가능한 지역, 곧 남한에서 총선거를 실시한다는 결의안을 채택했다.

이 두 차례의 경우에도 유엔 5대 상임이사국 가운데 하나인 중화민국이 적극 참여했으며, 호주 · 캐나다 · 프랑스 · 인도 · 필리핀 · 엘살바도르 등과 함께 이 기구의 위원국으로도 참여했다. 그 결과 1948년 8월 15일에 이승만을 대통령으로 하는 대한민국 정부가 세워졌다. 이로써 중화민국은 카이로 → 포츠담 → 모스크바에 이어 네 번째로 조선 = 한국의 자유와 독립을 위한 국제적 합의를 뒷받침했다. 반면에 북한은 유엔의 이 활동을 처음부터 부인하고, 1948년 9월 9일에 소련의 지령에 따라 김일성을 수상으로 하는 「조선민주주의인민공화국」 정부를 세웠다.

유엔은 1948년 12월 12일에 파리에서 열린 제3차 총회에서 대한민국 정부를 총선거가 실시된 지역에서의 '유일한 합법적 정부'로 승인했다. 이것을 근거로 대한민국 정부는 유엔이 대한민국 정부를 한반도에서의 '유일한 합법적 정부'로 승인했다고 주장한다. 이 주장에 대해, '유일한 합법적 정부'라는 유엔의 승인은 '총선거가 실시된 지역,' 곧 남한에 국한된다는 반론이 제기되었다. 그러나 유엔이 이 정부가 한반도 전역에서의 정부가 아니라고 선언하지는 않았으며, 조선민주주의인민공화국 정부에 대해서는 아무런 승인이 없었음에 비추어, 한반도에서 그러한 정부로 승인된 정부는 대한민국 정부밖에는 없음을 내세우며 그 반론을 거부한다.

대한민국의 중화민국과의 관계

반공주의를 지향한 대한민국은 처음부터 역시 반공주의를 표방한 중화민국과 우호관계를 유지했다. 장제스 총통이 이끌던 중화민국은 대한민국 정부 수립 직후인 1949년 1월 4일에, 미국에 이어 두 번째로 대한민국을 승인했다. 그사이 대한민국정부는 1948년 11월 7일에 중화민국 수도 난징南京에 항일독립운동가 정환범鄭桓範을 특사로 하는 주중특사관駐中特使館을 개설했는데,[4] 이것은 미국에 외교공관을 세운 것보다 앞선 것이었다. 대한민국정부는 1949년 8월 25일에 주중특사관을 곧 주중대사관으로 승격시키고 초대 대사에 대한민국임시정부 교통총장을 역임한 신석우申錫雨를 임명했다. 이후 한국정부는 국무총리 겸 국방장관을 역임한 이범석李範奭, 한국의 항일독립운동가로 중국국민당군 소장을 역임한 김홍일金弘壹, 육군참모총장을 역임한 백선엽白善燁, 항일독립운동가로 공군참모총장을 역임한 최용덕崔用德, 김구 주석의 아들 김신金信, 육군참모총장에 중앙정보부장을 역

---

4 공로명(孔魯明), 『나의 외교 노트: 안에서 듣고 보고 겪은 한국외교 50년』(기파랑, 2014), 52~53쪽.

임한 김계원金桂元 등 거물급 인사들을 대사로 임명했다. 중화민국정부는 그사이 서울에 개설했던 총영사관을 대사관을 승격시켰으며, 초대 대사에 샤오위린邵毓麟을 임명해 그는 1947년 7월에 부임했다.

중국에서는 새로운 중요한 상황이 전개되었다. 일제가 패망하면서, 그사이 갈등과 대립을 '국공합작'이라는 이름 아래 봉합했던 중국국민당과 중국공산당은 '국공내전'에 들어갔으며, 승전을 거듭한 중국공산당은 1949년 10월 1일에 베이징에서 중국공산당 중앙위원회 주석 마오쩌둥을 중앙정부의 주석으로 하고, 류샤오치劉少奇를 중앙정부의 부주석으로 하며, 저우언라이周恩來를 국무원 총리 겸 외교부장으로 하는 중화인민공화국의 '성립'을 선포했다. 훗날 중국공산당과 중화인민공화국에서 최고권력자가 되는 덩샤오핑鄧小平은 이때 중국공산당 중앙위원회 위원이었다.[5]

중화인민공화국은 승세를 몰아 광저우廣州를 함락시킨 데 이어 11월 30일에는 중화민국의 마지막 수도였으며 대한민국임시정부의 마지막 피난처였던 쓰촨성의 충칭을 점령했으며, 장제스가 마지막 거점으로 삼고 있던 쓰촨성의 수도 청두成都를 위협했다. 이에 장제스는 1949년 12월 10일에 청두를 떠나 곧장 타이완으로 갔고 거기서 중화민국 정부를 이끌었다.[6]

---

5 이 중국공산당 지도자들에 대해서는 저자가 저자의 다음 책에서 자세히 소개했기에 여기서 되풀이하지 않겠다. 김학준(金學俊), 『혁명가들: 마르크스에서 시진핑까지 세계공산주의자들의 삶과 죽음』(문학과 지성사, 2013), 449~483쪽; 485~516쪽; 517-552쪽.

6 위에서 서술한 중국국민당군과 중국공산당군 사이의 군사대결 그리고 거기에 따른 장제스 총통의 이동은 다음에 자세히 나와있다. 장성구(張星九) · 오회련(吳懷連) 지음, 한인희(韓仁熙) 옮김, 『대만현대정치사』 전2권(지영사, 1992) 상, 25~62쪽.

제3항 중화인민공화국의 성립 이후

북한·중공 외교관계 수립

중화인민공화국은 조선민주주의인민공화국과 우호관계를 유지했다. 북한정권이 수립된 때로부터 2주 지난 1948년 9월 23일에 마오쩌둥 중국공산당 주석은 김일성 수상과 그리고 북한에서 '국가원수'에 해당하는 김두봉 최고인민회의 상임위원장에게 축전을 보내며 "조선민주주의인민공화국은 조선반도에서 유일한 합법적 정부이다."라고 선언했다. 동시에 『인민일보』는 대한민국을 상대로 '미제국주의가 만든 남조선 괴뢰정권'으로 매도했다. 북한정권은 중화인민공화국이 '성립'되었을 때 곧바로 승인하는 것으로 보답했다. 성립 당일인 1949년 10월 1일에 김일성과 김두봉은 축하 전문과 사절단을 파견한 것이다. 저우언라이 총리 겸 외교부장은 10월 6일에 두 나라 사이에 외교관계 수립을 선언하는 전문을 보냈으며, 이로써 중공은 소련을 비롯한 동유럽 공산국가들에 이어 북한을 승인한 아홉 번째 국가가 되었다.

이 대목에서 상기되어야 할 점이 있다. 그것은 중공의 성립이 북한정권에 큰 정신적 격려가 되었다는 사실이다. 이 무렵 북한정권의 지도자들의 연설은 마치 중국공산당이 중국국민당을 물리친 것처럼 북한정권이 '남조선 괴뢰정권'을 패퇴시킬 것이라는 데 초점을 맞추고 있었다. 이러한 자신감을 부채질한 것이 중국공산당이 자신의 중국인민해방군에 속해 있던 조선인 병사들을 몇 차례에 나눠 북한으로 돌려보낸 일이다. 중공군의 일원으로 국공내전에 참전해 얻은 경험을 가진 그들은 귀환과 동시에 조선인민군에 편입되어 조선인민군의 약 3분의 1을 차지하기에 이르렀다.[7]

---

7 북한과 중공의 초기 외교 및 군사 관계에 대해 저자는 다음에서 상세히 설명했다. Hakjoon Kim, "The Korean War and China: Sino-North Korean Relations before the Chinese Intervention in the Korean War," In ______, *Korea's Relations with Her Neighbors in a Changing World* (Seoul: Hollym, 1993), pp. 578~671.

중공의 대륙장악과 한국정부의 대응

중국공산당이 중국대륙을 장악한 것은 우선 동아시아의 반공국가들에게 경계의 대상이 되었다. 필리핀의 퀴리노Elpidio Quirino y Rivera 대통령은 1949년 3월 초에 '반공적 태평양동맹' 안을 제의했고, 이승만 대통령은 곧바로 지지했다. 이 대통령은 거기서 한 걸음 더 나아가 그 구상을 현실화하기 위한 회담을 한국에서 개최할 것을 제의하면서, 퀴리노 대통령과 장제스 총통을 초청했다. 퀴리노는 응하지 않았으나 장제스가 응함에 따라 이 대통령은 장 총통과 1949년 8월 6~8일에 진해鎭海에서 회담했다. 두 지도자는 마치 서유럽에서 미국을 중심으로 북대서양조약기구(NATO)가 결성되었듯, 동아시아에서도 미국을 중심으로 '태평양조약기구'가 결성되기를 희망했다.[8] 그러나 트루먼 정부는 냉담했다.

그래도 이승만 대통령은 굽히지 않았다. 이 회담의 연장선 위에서, 1953년 11월 29일에 타이베이를 방문해 장 총통과 회담하고 「아시아민족반공연맹(APACL: Asia People's Anti-Communist League)」을 출범시키기로 합의했다. 이 합의를 바탕으로 이 기구는 1954년 6월 15일에 대한민국과 중화민국 이외에 필리핀과 남南베트남 및 태국 등을 회원국으로 하여 서울에 본부를 두면서 정식으로 발족했으며, 1967년 9월에 「세계반공연맹(WACL: World Anti-Communist League)」으로 확대된다.

---

8 이 회담에 대해 당시 외무장관이던 임병직은 다음에서 짧게 회상했다. 임병직(林炳稷), 『임정에서 인도까지: 임병직외교회고록』(여원사, 1964), 321~397쪽; _____, 『임정에서 인도까지: 임병직장관 회고록』(앞 책의 발췌본)(외교통상부 외교안보연구원, 1998), 183쪽. 한국정부의 뜻은 당시 외무장관이던 임병직의 다음 논문에 부분적으로 나타났다. Ben C. Limb, "The Pacific Pact: Looking Forward or Backwards," *Foreign Affairs*, Vol. 29, No. 4 (July 1951), pp. 539~549. 당시 중화민국의 외교부장이던 사오위린(邵毓麟)은 다음과 같이 회상했다. 소육린(邵毓麟) 저 · 하정옥(河正玉) 역, 「부록 3 진해회담」, _____, 『승리전후: 항일전 승리 후의 한 · 중 측면사』(민조사[民潮社], 1969), 160~185쪽.

6·25전쟁과 중공

국공내전에서의 중공의 승리, 중공의 후원에 따른 조선인민군의 성장, 그리고 그 결과로 1948년 2월 8일에 김일성을 최고사령관으로 하는 조선인민군의 공식창군은 김일성에게 남침을 결심하게 만든 요인이 되었다. 그것보다 가장 중요한 것은 소련 총리 스탈린의 결심이었다. 그래서 김일성은 조선인민공화국의 내각 수상이 된 1948년 9월 9일 이후 당시 북한주재소련대사이던 테렌티 스티코프Terenti F. Stykov를 통해 스탈린과의 회담을 주선해줄 것을 요청했고, 마침내 1949년 3월 3~25일에 모스크바를 방문해 스탈린과 회담하면서 개전에 대한 동의와 지원을 요청했다. 그러나 스탈린은 미국의 군사개입 가능성을 경고하면서 동의하지 않았다. 1949년 10월 1일 중화인민공화국의 성립 그리고 비슷한 시점에서의 소련의 원자폭탄실험 성공은 스탈린으로 하여금 김일성의 계획을 재고하게 했으며, 1950년 1월에 스티코프 대사를 통해 동의를 전했다.

그사이 마오쩌둥은 스탈린과의 정상회담 그리고 그것을 통한 중소우호동맹조약의 체결을 위해 모스크바에 머물면서 1949년 12월 16일과 12월 24일에 스탈린과 회담했고, 1950년 1월 22일에 저우언라이가 배석한 채 스탈린과 제3차 회담을 열었다. 그 결과 1950년 2월 14일(현지시간)에 「중소우호동맹상호원조조약」이 체결되었으며, 이 조약은 1950년 4월 11일에 발효했다. 이 회담으로부터 약 45일이 지난 1950년 3월 30일에 김일성은 비밀리에 모스크바를 방문해 4월 25일까지 머물렀고, 스탈린으로부터 지원을 약속받았다. 그러나 스탈린이 마오의 동의를 받으라고 지시함에 따라 김일성은 1950년 5월 13~15일에 비밀리에 베이징을 방문해 마오와 회담했다. 당시 중화인민공화국은 건국으로부터 겨우 7개월 정도 지났기에 국내외적으로 안정되어있지 못했으며, 따라서 중국군의 해외파병을 요구할 수 있을 전쟁계획에 협조하기가 쉽지 않았다. 그렇지만 스탈린의 동의가 있었다는 김일성의 말을 들은 데 이어 그 말을 뒷받침한 5월 14일자 스탈린의 전보를

받은 마오는 '썩 내키지 않은 심정으로' 동의했다.[9]

1950년 6월 25일에 북한의 남침이 개시되었을 때, 소련과 중공은 모두 신중한 자세를 보였다. 미국의 군사개입이 두려웠기 때문이었다. 대조적으로, 중화민국 정부는 주일대한민국대표부를 통해 지상군 2개 사단의 파병을 제의했다. 이승만 대통령은 주일대한민국대표부에, 도쿄에 본부를 둔 미극동군의 사령관으로 이제 유엔의 결의에 따라 미국을 비롯한 참전 16개국의 군대를 지휘하는 맥아더 유엔군사령관과 협의하라고 지시했다. 맥아더는 거절했다. 중화민국 군의 참전은 중공에게 북한에 파병할 명분을 준다는 것이었다.[10]

맥아더 사령관은 9월 15일에 인천상륙작전을 기적적으로 성공시키고 서울을 탈환한 데 이어 북진을 계속했다. 이 시점에서, 저우언라이는 만일 유엔군이 38도선을 넘어 북진하면 중공은 참전하지 않을 수 없다고 경고했다. 유엔군이 그 경고를 무시하고 1950년 10월 1일에 38도선을 넘어 북진을 계속하자 소련은 중공에게 참전을 권유했고, 중공군은 마침내 10월 15일에 비밀리에 압록강을 건넜으며, 11월 26일부터 본격적으로 남진하기 시작했다. 중공의 참전을 전혀 예상하지 못했던 미군 중심의 유엔군은 후퇴하지 않을 수 없었다.

중공군은 남진을 계속해 1950년 12월 31일에 3차 공세를 시작해 1951년 1월 4일에 서울을 점령했다. 유엔군과 중공군이 일진일퇴一進一退를 계속하

---

9 중화인민공화국의 6·25전쟁 참전에 관해서는 많은 연구가 뒤따랐다. 대표적인 저서는 다음이다. Allen S. Whiting, *China Crosses the Yalu: The Decision to Enter the Korean War* (Stanford, C. A.: Stanford University Press, 1968); Chen Jian, *China's Road to the Korean War: The Making of the Sino−American Confrontation* (New York: Columbia University Press, 1994).

10 소육린(邵毓麟: 사오위린), 『사한회억록(使韓回憶錄: 근대 중한관계 사화(史話)』(타이베이: 전기문학출판사, 1980)/ 이용빈·강경민·김민하·이해룡·홍대진 공역, 『사오위린 대사의 한국외교회고록: 중화민국과 한국의 근대관계사』(경기도 파주시: 한울엠플러스, 2017), 285~370쪽.

는 가운데 유엔군이 서울을 다시 탈환했으나 전선이 교착되자 맥아더는 만주와 중국대륙에 대한 폭격을 제의했다. 제3차 세계대전으로의 확전을 우려한 트루먼 대통령은 1951년 4월 11일에 그를 해임해 예편시키고 국내로 불러들였다.

매우 중요한 고비를 넘기면서 소련은 1951년 6월 23일에 공식으로 정전을 제의했고, 유엔군이 응함에 따라 1951년 7월 8일 개성에서, 이어 1951년 10월 8일부터 판문점에서 정전회담이 진행되었다. 우리가 제2장 제1절 제2항에서 살폈듯, 1953년 7월 27일에 유엔군과 중공군 및 북한군 3자 사이에서 정전협정이 체결되고 이에 따라 중공은 정전협정을 평화협정으로 전환시키는 미래의 과제에 참여할 수 있게 되었으며, 1954년의 제네바회담에도 참여하게 되었다.

제4항 휴전 이후 대한민국의 중화인민공화국과의 수교 이전 남북한의 중국과의 관계

덩샤오핑의 집권 이전 (1): 미·중공 상하이공동성명 이전

1953년 정전으로부터 1992년 한중수교까지의 39년의 시기에 세계정세에는 물론 동아시아정세에도 커다란 변화가 여러 차례 일어났고, 이에 따라 한국과 북한의 중공과의 관계에서도 일정하게 변화가 일어났다. 첫째, 덩샤오핑이 1978년 12월에 중국공산당 중앙위원회 중앙정치국 상무위원 겸 중국공산당 중앙군사위원회 주석에 선출됨으로써 중국의 최고권력자로 등장하기 이전까지 25년의 시기이다.

동서냉전의 이 시기에, 중공은 우선 「평화공존 5원칙」을 자신의 외교정책에서의 근간으로 삼았다. 당시 국무원 총리이면서 외교부장이던 저우언라이는 1953년 12월에 베이징을 방문한 인도대표단에게 두 나라 사이의 관계를 「평화공존 5원칙」에 따라 발전시키자고 말했으며 1954년 5월 28일에 자와할랄 네루Javāharlāl Nehrū 인도 총리와 회담하며 거듭 확인했다. 그것은 ⅰ) 영토보전과 주권의 상호존중, ⅱ) 상호불가침, ⅲ) 상호내정 불간섭, ⅳ) 호혜평등, ⅴ) 평화공존 등을 포함했다. 제3세계 29개 국가가 1955년 4월 18~24일에 인도네시아의 반둥에서 제1차 아시아·아프리카회의를 열었을 때, 제3세계가 지향할 외교원칙으로 「평화공존 5원칙」을 채택했다. 이후 중공은 자신의 대외관계 원칙으로 이것을 제시하곤 했다.

그렇지만 대한민국에 대해서는 적대적이거나 기껏해야 비우호적이었다. 대한민국 역시 중공에 대해 적대적이거나 비우호적이었다. 대한민국은 중화민국과 우호친선관계를 유지해, 박정희 대통령은 1966년 2월 16~18일에 타이베이를 방문하고 장제스 총통과 정상회담을 열면서 반공의 유대를 강조했다. 두 정상은 18일에 발표한 공동성명에서 중공을 "아시아에서의 모든 분쟁의 근원으로서 그 인근제국의 정치독립과 영토보존에 대한 심각한 위협이며 세계의 평화와 안전에 대한 공포가 되었다."라고 비난했다.[11] 박 대통령의 타이베이 방문은 대한민국 대통령의 마지막 타이베이 방문이었으며, 장 총통은 1949년 8월에 진해를 방문한 이후 1975년 4월에 만 87세로 별세할 때까지 더 이상 대한민국을 방문하지 않았다.

반反중공의 맥락에서, 한국은 1966년 6월 14~16일에 서울에서 대한민국·중화민국·일본·필리핀·태국·말레이시아·호주·뉴질랜드·남베트남 등 9개국을 회원국으로, 라오스를 옵서버로 하는 「아시아태평양이사회(ASPAC: Asian and Pacific Council)」를 출범시켰다. 이 기구는 공동성명에서 중공의 핵실험을 비판하는 등, 중공에 대한 경계심을 드러냈다. 중공은 곧바로 한국을 비난했다. 이 기구는 제26차 유엔총회가 1971년 10월 25일에 중화민국을 추방하고 중화인민공화국을 회원국 및 상임이사국으로 받아들

---

11 외무부 외교연구원 편, 『한국외교의 20년』(외무부 외교연구원, 1967), 569~571쪽.

이면서 자연스럽게 소멸된다.

반면에 북한과는, 비록 북한이 중공과 소련 사이의 이념분쟁 또는 군사대결 속에서 때로는 친소의 길을 걸었다고 해도, '피로 맺어진, 깨질 수 없는 전투적 우의'를 상기하면서 대체로 우호적 관계를 유지했다. 중공은 1960년 3월에 1961년에서 1964년까지 북한의 경제와 기술을 돕는 두 개의 협정을 맺어주었고, 남한에서 군사정변이 일어난 직후인 1961년 7월 11일에는 북한과 우호와 상호원조를 다짐하는 사실상의 방위조약을 체결했다. 1963년 9월에는 중공의 국가주석 류샤오치가 평양을 방문하고 김일성 수상과 회담하면서 천지天池를 포함한 백두산의 정상으로부터 남반부를 북한의 영토로 인정함으로써 오랫동안 계속됐던 두 나라 사이의 접경문제를 해결했다. 두 나라의 우호는 계속되었다. 1965년에는 상품교류에 관한 협정이, 1966년에는 문화교류에 관한 협정이 각각 체결되었다.

소련은 중공으로 기울어지는 북한을 방관하지 않았다. 1966년 4월에 소련공산당 제23차 대회에 참석하기 위해 북한의 국가원수 최용건이 모스크바를 방문했을 때 소련공산당 서기장 브레즈네프 및 총리 알렉세이 코시긴Alexei Kosygin과 차례로 가진 회담을 계기로, 소련은 1966년 3월 말부터 1966년 말까지 12개 이상의 공식사절단을 북한에 파견하고 문화와 통상에서의 교류를 활성화했다. 이러한 전환점에서, 북한은 1966년 8월 12일자 『로동신문』의 사설 「자주성을 옹호하자」를 통해 중소분쟁에서의 중립을 선언했으나 사실상 친소로 전환했다.

미국에서 닉슨 행정부가 출범하고 사토 에이사쿠佐藤榮作 총리가 이끄는 일본과의 관계를 강화하자 북한의 중공과의 관계는 다시 바뀌었다. 특히 사토 총리가 1969년 11월 19~21일에 워싱턴을 방문하고 11월 21일에 닉슨 대통령과 공동성명을 발표하면서 남한과 타이완의 안전을 일본의 안전에 직결되는 중요한 문제라고 선언하자, 저우언라이 중공 총리는 1970년 4월에 평양을 방문하고 김일성 수상과 회담한 뒤 미국과 일본이 일본의 재무장을 통해 '군국주의'를 부활시키고 있으며 남조선을 일본의 군사기지로 만들고 있다고 비난하면서 두 나라는 여기에 맞서 공동투쟁한다는 공동성명을 발표했다.[12]

덩샤오핑의 집권 이전 (2): 닉슨 방중과 남북한의 대중관계

1971년 여름 세계는 다시 한번 놀라운 소식을 접했다. 닉슨 대통령이 자신의 국가안보보좌관 헨리 키신저Henry A. Kissinger 박사가 미국과 중공의 적대관계를 우호관계로 전환하기 위해 7월 9일에 은밀하게 베이징을 다녀왔으며, 자신은 그 목적을 위해 1972년 초에 베이징을 방문할 계획이라고 발표한 것이다. '미제와의 투쟁'을 강력히 옹호한 북한 수뇌부는 불안에 빠졌다. 그러나 중공으로부터 북한에 대한 끝없는 지원을 약속 받으면서, 적어도 표면적으로는 닉슨의 중공방문이 중공의 승리라고 단정하는 태도를 취했다. 북한의 관영 『중앙통신』의 1971년 8월 6일자 논평이 그 보기였다. 이 논평은 닉슨의 방중은 미국정책의 완전 실패라고 단정하고, "[6·25전쟁의 휴전회담 때] 판문점에서 백기를 들었던 미국이 이제 다시금 베이징에 백기를 들고 가게 되었다."라고 주장했다. 중공의 보상이 뒤따랐다. 중공은 1971년 8월 8~16일에 북한의 경제대표단을 베이징으로 초청해 두 나라 사이의 상호원조 및 경제협력에 관한 협정에 조인했고, 1971년 9월 9일에 군사원조에 관한 협정을 체결했다.

그것들보다 훨씬 중요하게, 중공은 한반도문제의 핵심쟁점들에서 북한

---

12 조순승(趙淳昇), 「북괴와 중·소분쟁」, 『신동아』(1968년 10월), 145~158쪽; Chong-sik Lee, "North Korea Between Dogmatism and Revisionism," *Journal of Korean Affairs*, Vol. 1, No.1(April 1971), p. 23. Chin O. Chung, *Pyongyang Between Peking and Moscow: North Korea's Involvement in the Sino-Soviet Dispute, 1958~1975* (University, A. L.: University of Alabama Press, 1978); Helen -Louise Hunter, "North Korea and the Myth of Equidistance," *Korea and World Affairs*, Vol. 4, No. 2(Summer 1980), pp. 273~278; 김학준(金學俊), 「제9장 중소분쟁 속의 북한외교: 1945~1992」, _____, 『강대국관계와 한반도』(을유문화사, 1983), 234~268쪽.

의 입장을 정확히 대변했다. 중공은 1971년 10월 25일에 제26차 유엔총회에서 상임이사국의 지위를 확보하면서 북한이 오랜 기간에 걸쳐 요구한 언커크의 해체와 주한미군의 철수를 유엔총회를 통해 제의했으며, 1972년 2월 27일에 발표한 미국과의 상하이공동성명을 통해 그 제의를 되풀이했다. 그 공동성명이 남북한으로 하여금 1972년에 「7·4남북공동성명」에 합의하게 했음은 제2장 제2절 제2항에서 살폈다.

실제로 언커크는 중공의 주도 아래 1973년 12월 28일에 공식적으로 해체되었다. 또 국제정세의 변화에 적응해 중공을 포함한 공산권에 접근하려는 남한의 외교적 시도들(예컨대, 1973년의 6·23선언 등)에 대해 호응하지 않았다. 그렇지만 중공은 북한의 대남무력통일노선을 지지하지는 않았다. 김일성이 베트남의 공산화통일을 내다보며 1975년 4월에 베이징을 방문했을 때 중공지도층은 그를 진정시켰다.

덩샤오핑의 집권 이후

둘째, 덩샤오핑이 중국의 최고권력자로 등장한 1978년 12월 이후 한국과 수교한 1992년 8월까지 14년의 시기이다. 이 시기의 중국의 북한 및 남한과의 관계에 대해서는, 특히 한·중수교를 실현하려는 남한의 시도, 그것을 저지하려는 북한의 시도, 그리고 북한을 설득하려는 중공의 노력 등에 대해서는, 제2장 제3절에서 자세히 살폈기에 되풀이하지 않기로 한다. 다만 "쥐를 잡기 위해서는 그것이 검은 고양이든 흰 고양이든 상관없다."라는 '흑묘백묘黑猫白猫'론 그리고 "산꼭대기에 올라가기 위해서는 남쪽 언덕으로 가든 북쪽 언덕으로 가든 상관없다."라는 '남파북파南坡北坡'론을 앞세운 덩샤오핑이 실용주의노선을 추구함에 따라 북한이 자제를 요청했거나 심지어 반대했는데도 중공은 중공과의 관계를 개선하려는 남한의 여러 시도에 점진적으로 부응했다는 사실을 상기하도록 하겠다.

이것은, 우리가 제1장에서 살핀 '이동복 명제'가 지적했듯, 소련에서 개혁을 추구한 고르바초프가 집권했기에 한국과의 관계개선에 이어 수교가 가능했던 것처럼, 중공에서도 실용주의자 덩샤오핑이 집권했기에 중공과의 관계를 개선하고 수교하려는 한국의 시도가 종국적으로 열매를 맺을 수 있었음을 의미한다. 이 점에서, “1952년 이후 내가 직접 만나본 아시아 지도자들 가운데 나는 덩을 제일의 인물로 꼽고 싶다. 리처드 닉슨이 중국의 개방에 대해 으뜸가는 역할을 해낸 사람이라면, 덩은 그 새로운 관계를 자본화하는 데 가장 크게 기여한 사람이다.”[13]라는 주한대사 도널드 그레그Donald Gregg의 회상을 재음미하는 것이 좋겠다.

제2절 중화인민공화국과의 수교

제1항 수교를 향한 교섭창구의 정비

제2장 제4절에서 이미 살폈듯, 1988년 9~10월 서울에서의 하계올림픽에 중국이 참가하고 1990년 9~10월 베이징에서의 아시아경기대회에 한국이 참가한 것을 계기로 한국과 중국의 관계는 서서히 가까워졌다. 게다가 노태우 대통령이 1987년 대통령선거 때 후보로서 중국과 수교를 이뤄 서해안시대를 열겠다고 공약했으며, 취임사에서 북방외교의 추진을 다짐한 것을 기억하는 사람들은 그가 중국과 수교를 열망한다는 것을 간파할 수 있었다.

이것을 이용해 자신이 노 대통령의 ‘특사’ 또는 ‘밀사’인 것처럼 행세하며

---

13 Donald P. *Gregg, Pot Shards: Fragments of a Life Lived in CIA, the White House, and the Two Koreas* (Washington, D.C.: New Academic Publishing, 2014); 차미례(車美禮) 옮김, 『역사의 파편들: 도널드 그레그 회고록』(경기도 파주시: 창비, 2015), 271쪽.

중국측에 접근하는 사람이 적지 않게 나타났다. 당시 중국의 고위층을 접촉하던 박철언朴哲彦 체육청소년장관의 표현으로 "중국과의 접촉이 우후죽순雨後竹筍으로 난립해[…]" 중국측에서는 "통로가 너무 많아 곤란합니다. 더 이상의 통로는 필요 없다고 노 대통령에게 전달해주십시오."라고 호소할 정도였다.[14] 김종인金鍾仁 당시 대통령 경제수석비서관이 노 대통령의 지시를 받고 1990년 8월에 베이징을 방문해 당시 중공의 최고권력자들인 '8대 원로'의 한 사람인 보이보薄一波를 만나 한·중수교에 대해 말을 꺼냈을 때 보이보는 "지금 당신 나라가 하는 행위를 보면 베이징 하늘에 시커먼 구름이 몰려오고 천둥번개가 요란한데 비는 한 방울도 떨어지지 않는 것과 같다."라고 대답했는데, 그 시적詩的 표현에 요약되었듯, '특사' 또는 '밀사'는 몰려들었으나 성사된 일은 전혀 없었다.[15] 그러나 노 대통령은 이상옥李相玉 외무장관 이전에는 김종휘金宗輝 외교안보수석비서관과 박철언 체육청소년장관에게만 일을 맡겼을 뿐 어떤 특정한 사람을 '특사' 또는 '밀사'로 파견한 일이 없었다.[16]

중화민국의 대응: '이중승인'과 '무실외교'

중화민국 정부는 자기 나름으로 대응하고자 했다. 우선 롄잔連戰 외교부장은 1988년 12월에, 중공과 수교하려 하거나 수교한 나라도 동시에 중화민국과 외교관계를 유지하거나 개설할 수 있다는 '이중승인二重承認'을 허용할 수 있음을 시사했다. 중공은 곧바로 반박했다. 중공은 "중공과 수교를 원하는 나라라면 타이완과는 외교관계를 가질 수 있다는 생각을 버려야 한

14 박철언(朴哲彦), 『바른 역사를 위한 증언: 5공, 6공, 3김시대의 정치비사』 전2권(랜덤하우스중앙 2005), 제2권, 197쪽.

15 김종인(金鍾仁), 『영원한 권력은 없다: 대통령들의 지략가 김종인 회고록』(시공사, 2020), 220~224쪽.

16 노태우(盧泰愚), 『노태우 회고록』 전2권(조선뉴스프레스, 2011) 하(『전환기의 대전략』), 242~244쪽.

다"고 명백한 표현으로 말한 것이다. 이후 '이중승인'이라는 말은 사라졌다.

'이중승인' 방안을 포기한 뒤, 리덩후이李登輝 중국국민당 주석 겸 중화인민공화국 임시총통은 1989년 6월에 열린 중국국민당 제13기 2중전회에서 '무실외교務實外交' 방안을 제시하고, 경제원조 제공을 무기로 아프리카와 중남미의 가난한 나라들에 접근했다. 그 결과, 카리브해 연안의 그레나다 및 니카라과를 비롯해 아프리카의 라이베리아와 레소토 및 중앙아프리카 등과 수교할 수 있었다. 그는 1990년 3월에 타이완에서 처음 실시된 직선제에서 총통으로 당선된 이후 이 정책을 더욱 강하게 밀고 나간다.

한·중외무장관, 수교를 거론

중공과의 대화에 진전이 보이지 않던 상황에서, 1990년 9월 유엔총회에 참석한 최호중崔浩中 외무장관은 역시 유엔총회에 참석한 첸지천 중국 외교부장과 짧게 담소할 수 있었다. 최 장관이 두 나라가 공식관계를 가질 여건이 성숙되지 않았느냐고 말한 데 대해, 첸 부장은 빙그레 웃으면서 영어로 'Patience,' 곧 '인내'라는 한 마디만 되풀이했다. 최 장관은 "우리는 대만을 별로 의식하지 않았지만, 중국은 북한을 몹시 의식하고 있었다."라고 회고했다.[17] 비록 그렇다고 해도, 그리고 그것이 공식적인 회담은 아니었다고 해도, 한중 외무장관이 얼굴을 맞대고 수교를 거론한 것은 이 경우가 처음이었다.

우리는 앞으로 첸지천 부장을 자주 대하게 될 것이므로 그에 대해 알아보기로 한다. 그는 1928년에 톈진에서 태어났으나 상하이에서 자라났으며 소년시절에 중국공산당에 입당해 지하활동에 참여했다. 중화인민공화국 성립 이후에는 청년단 간부로 활동하다가 1995년부터 8년에 걸쳐 소련주재중국대사관에서 봉직했으며 귀국한 뒤 중앙정부의 고등교육부에서 섭외

17 최호중(崔浩中), 『빛바랜 영광 속에 후회는 없다: 최호중 회고록』(삼화출판사, 1999), 41~42쪽.

국부국장으로 봉직했다. 1960년대 후반의 문화대혁명 광란기에 곤욕을 치뤘으며 1972년에 소련주재중국대사관 참사관으로 재기했다. 1974년에 아프리카의 기니대사(기니비소대사 겸임)로 대사반열에 올랐으며 1976년에 외교부 신문국국장 겸 대변인을 역임하고 1982년에 외교부 부부장으로 승진해 소련 및 동유럽을 담당했고, 1985년부터 중국공산당 중앙위원회 정위원이 되고 1988년 3월에 외교부 부장으로 발탁되었다. 1993년에는 부총리로 승진해 외교부장을 겸했고 1998~2003년에는 부총리만 맡았다. 그를 자주 상대했던 이상옥 외무장관은 "첫 면담을 통해 나는 첸 부장이 가식과 제스처 없이 진지하게 얘기하는 성품과 조용히 일을 처리하는 스타일을 [지녔음을] 느낄 수 있었다."라고 회상했다.[18] 그는 2017년에 만 89세로 별세한다.

제2항 무역대표부의 상호 개설

이 무렵 중국은 동남아시아 국가들과 관계를 개선하고 있었다. 1990년 8월 8일에, 인도네시아와 복교한 것이 그 시발이었다. 수카르노 대통령 아래 친중공노선을 걸었던 인도네시아는 1965년 9월 30일에 수카르노 대통령에 큰 타격을 가해 결국 그의 실각을 가져온 군부 쿠데타가 일어난 것을 계기로 1967년 10월 30일에 중공과 단교했던 것인데, 23년 만에 외교관계를 회복했다. 중국은 이어 1990년 10월에 싱가포르와, 1991년 9월에 브루나이와 각각 외교관계를 수립함으로써 동남아연합(ASEAN: Association of Southeast Asian Nations) 국가 모두와 외교관계를 맺게 되었다.

중국은 한국과의 관계에서도 진전을 보였다. 그 신호는 1990년 10월 17일에 노태우 대통령을 예방한 조지 슐츠George P. Shultz 전 미국 국무장관으

18 이상옥(李相玉), 『전환기의 한국외교』 138쪽; 첸치천 지음, 유상철 옮김, 『열 가지 외교이야기: 중국외교의 대부 첸치천의 국제정치 비망록』(랜덤하우스중앙, 2004), 말미.

로부터 왔다. 슐츠는 자신이 재직하는 스탠퍼드대학교 후버연구소로 3~4주 전에 자신을 예방한 중국의 전직 미국대사와 나눈 대화를 다음과 같이 소개했다.

그와 만나보니 소련이 [1990년 9월 30일에] 한국과 정식 수교한 것에 큰 감명을 받은 것 같았습니다. 제가 몇 주 후에 각하를 만나 뵙게 된다고 말했더니 자진해서 중한관계를 설명하면서, 중국은 한국과 경제 및 교역 관계를 계속 확대하기를 원한다는 점을 강조했습니다. 그는 또 최근 들어 [남북총리회담을 염두에 두고] 남북관계에 의미 있는 진전이 있었다고 말하면서 한국과의 정식 국교는 남북관계의 진전에 달려 있다고 했습니다.[19]

슐츠 장관은 자신이 중국인들과 접촉해본 과거의 경험을 바탕으로 다음과 같은 권고를 덧붙였다.

저는 그들과 교섭하는 데는, 첫째, 자신의 입장을 분명히 하고, 둘째, 교섭이나 흥정에 적극성을 보이되, 셋째, 너무 조급하지 말아야 한다는 것이 올바른 방식이라 생각합니다. 중국인들은 남의 허점을 이용해서 최대한의 이득을 꾀하는 데는 역사적으로 이골이 난 사람들입니다. 제가 보기에 한국이 중국을 필요로 하는 것보다 중국이 한국을 필요로 하는 것이 더 큰 것 같으며 대(對)북한관계도 각하의 뜻대로 풀려가고 있기 때문에 중국이 결국은 각하의 품으로 걸어 들어오는 날이 올 것입니다.[20]

노 대통령은 같은 취지로 화답했다. "중국인들도 우리에게 '서둘지 말라. 때는 오고 있다.'고 말하며, 나도 그렇게 느끼고 있다."고 대답한 것이다. 그

19 노태우, 『노태우 회고록』 하, 250쪽.
20 위와 같음, 250~251쪽.

러면서도 그 나름의 어려움을 털어놓았다. "한국의 기업인들이 성급하게 중국과의 관계확대를 바라고 있으며 두 나라 정부 사이의 관계정상화도 서둘러야 한다는 생각을 갖고 있고, 이런 점을 중국측에서 역이용하는 경향도 나타나고 있는 것 같다."고 설명했다. 그래서 "경제인들에게 너무 조급한 행동이나 반응을 보이지 말도록 권고하고 있다."라고 덧붙였다.

슐츠가 예고했듯, 한국과 중국 사이의 관계에는 진전이 나타났다. 1990년 10월 20일에 서울과 베이징에 두 나라가 각각 '무역대표부' — 중국의 표현으로는 '무역연락사무소'[21] — 를 개설하기로 합의한 것이다. 한국의 무역대표부는 대한무역진흥공사(KOTRA)의 산하기관으로, 중국의 무역대표부는 국제무역추진위원회(CCPIT: 별칭 중국국제상회 CCOIC)의 산하기관으로 출발했다. 이렇게 '비非정부' 기관의 외양을 취했으나 실질적으로는 '정부' 기관이나 다름없었다.

한국정부는 외무차관과 캐나다대사를 역임한 직업외교관 출신의 노재원盧載源대사를 「대한무역진흥공사 주駐베이징대표부」 대표로 임명해, 그는 1991년 1월 27일에 부임해 현판식을 열었다.[22] 중국은 1991년 4월 9일에 서울에 쉬다유徐大有를 대표로 하는 「국제무역추진위원회 주駐서울대표처」를 개설한다.

돌이켜보면, 무역대표부 개설은 오히려 늦은 감이 있었다. 이미 1988년에 두 나라 사이의 교역액은 10억 달러를 돌파했다. 무역량이 크게 증가함에 따라 홍콩을 경유하는 간접무역은 갈수록 부적절해졌다. 그렇지만 북한은 이 추세에 불만을 표시했으며, 중국이 한국과 무역대표부 개설을 교환하겠다는 뜻을 전했을 때 거세게 항의했다. 1989년에 김일성 주석이 베이징을 방문해 장쩌민 총서기와 논의하고 1990년에 김일성이 선양에서 다시

---

21 첸지천 지음, 유상철 옮김, 『열 가지 외교 이야기』, 58쪽.

22 이상옥, 『전환기의 한국외교』, 126~128쪽; 윤해중(尹海重), 『한중수교 밑뿌리 이야기: 윤해중의 30년 중국외교 발자취』(이지출판, 2012), 90~95쪽.

장쩌민 총서기와 대화를 나눈 뒤에야 동의했다.[23]

중화민국의 관심표명

한국과 중국 사이의 무역대표부 개설 교환은 중화민국의 관심을 받았다. 대한민국의 국회에 해당하는 입법원의 량쑤룽梁肅戎 원장은 1990년 11월 26~29일에 서울을 방문하고 노태우 대통령을 예방했다. 그는 노 대통령에게 "한국의 북방외교 추진을 충분히 이해하고 있으며 북방외교 추진과 동시에 한국이 중화민국과의 관계도 발전시키기 바란다."라고 말한 데 이어, 한국이 중공과 수교할 때 중화민국과의 관계는 어떻게 하려고 하느냐는 취지로 물었다.

노 대통령은 "개인적인 의견을 밝히자면 새로운 친구를 사귀었다고 옛 친구를 버리는 것은 동양의 윤리에 맞지 않는다고 본다. 귀국이 당한 고통도 이해한다. 나는 새로운 친구를 사귀어도 옛 친구를 더욱 중히 여기는 것이 도리라고 본다."라고 대답했다. 1991년 1월 초에 대한민국 국회 외무통일위원회 소속 의원들이 타이베이를 방문했을 때 리덩후이 총통은 노 대통령의 그 말을 전해 듣고 '깊은 감동'을 받았었다고 말했다.[24]

제3항 한·중 사이의 공식회담 진행

비슷한 시점에, 외교적으로 매우 중요한 행사가 서울에서 열렸다. 유엔아시아태평양지역경제사회위원회(ESCAP: Economic and Social Commission for Asia and the Pacific: 에스캅) 제7차 총회가 1991년 4월 1일부터 10일까지 롯데호텔에서 열린 것이다. 주최국이 총회 의장을 맡는 관례에 따라 의장

---

23 첸지천 지음, 유상철 옮김, 『열 가지 외교이야기』, 158쪽.

24 조희용, 『중화민국 리포트』, 87쪽 및 91쪽.

으로 선출된 이상옥 외무장관은 4월 2일에 중국대표단 단장인 류화츄劉華秋 외교부 부부장과 남북한의 유엔가입과 한중수교에 관해 의견을 나눴다.

이 장관은 특히 중국의 한국과의 수교가 '두 개의 한국'을 인정하는 것이 아님을 역설했다. 중국이 한국과 수교하면 '두 개의 한국'을 인정하는 것으로 비쳐지고 그것은 다른 나라들이 '두 개의 중국'을 인정하는 결과로 이어질 것을 경계하는 중국정부를 무마하기 위해서였다. 류 부부장은 이 장관에게 1992년으로 예정된 에스캅 제8차 총회가 베이징에서 열릴 수 있도록 도와줄 것을 요청했고, 이 장관은 지지를 공개적으로 표시했으며, 서울총회는 4월 10일 폐회 직전에 베이징개최를 결정했다.[25]

이러한 진전의 흐름 위에서, 박철언 체육청소년장관은 1991년 7월 2~7일에 「베이징 2000년 올림픽유치위원회」의 초청으로 중국을 방문했다. 이때 우사오쭈伍紹祖 체육장관 등 중국정부의 요인들은 그에게 한·중수교에 반대하는 김일성 등 북한의 최고위층 인사를 존중하는 중국공산당의 혁명1세대와 원로 등 최고지도부 5인을 설득할 것을 권고했다. 5인은 덩샤오핑을 비롯해, 국가주석 양상쿤楊尙昆, 전국인민대표대회 상무위원장 완리萬里, 중국공산당 총서기 장쩌민江澤民, 국무원 총리 리펑李鵬 등이었다. 박 장관은 귀국 직후 두 나라의 수교가 북한을 어렵게 하는 것이 아니라 결과적으로 남한·북한·중국 등 관계 당사국들 모두에 이롭다는 내용으로 장문의 편지를 중국문과 국문으로 써 노 대통령의 재가를 얻은 뒤 7월 25일에 보냈다.[26] 박 장관은 동시에 수교실무를 총괄하는 톈지윈田紀雲 부총리, 치우자와鄒家華 부총리, 그리고 첸지천 외교부장에게도 같은 요지의 편지를 보냈다. 박 장관은 자신이 친교를 유지하던 몇몇 중국인 요인들로부터 자신의 편지를 받은 중국의 최고지도자들이 한국과의 수교에 대해 '긍정적 반응'을 보이기 시작했다는 소식을 전해 들었다고 회상했다.

---

25 이상옥, 『전환기의 한국외교』, 128~130쪽.

26 박철언, 『바른 역사를 위한 바른 증언』 2, 203~208쪽.

한국과 중국 사이의 공식 대화는 계속되었다. 이상옥 외무장관은 유엔총회 기간 중인 1991년 10월 2일에 역시 유엔총회에 참석하고 있던 첸지천 중국 외교부장을 만나 대화를 나눌 수 있었다. 두 나라 외무장관 사이의 최초의 이 회담에서 이 장관은 수교의 필요성을 제기했고, 첸 부장은 "과도적인 관계를 유지하는 가운데 조용히 실질적인 관계를 발전시켜나가는 것이 중요하다."라고 답변했다. 이 장관은 이 회담이 "양국 수교를 향한 하나의 이정표road map를 상정하는 것이 가능[하게 해주었다.]"라고 논평하며 '만족'을 표시했다.[27]

제4항 노태우 대통령의 첸지천 외교부장 접견

중국 외교부장의 최초 방한

한·중 외무장관의 회담을 계기로 두 나라 사이의 대화는 한 차원 높게 계속되었다. 노태우 대통령은 11월 초순 중국을 방문하기 앞서 서울을 방문한 슐츠 전 미국 국무장관을 접견한 자리에서, 중국과 수교하고 싶다는 자신의 평소의 뜻을 다시 밝히며 중국정부의 요인들을 만날 때 전달해줄 것을 당부했다. 슐츠는 덩샤오핑과 장쩌민 등을 만나 노 대통령의 뜻을 전달했으며, 곧 첸지천 외교부장이 서울에서 열릴 아시아태평양경제협력체(APEC: Asia-Pacific Economic Cooperation) 각료회의에 참석할 때 중국측의 답을 전달할 것임을 알려왔다.[28] 이 기구는 유엔과 같이 주권국가가 참가하는 것이 아니라 경제주체가 참가해 경제문제를 토론하는 논단으로, 개회 때 국기國旗나 국장國章 등의 표지를 걸지 않는다. 그래서 홍콩도, 그리고 타이완도 비록 '차이니즈 타이베이Chinese Taipei'라는 이름 아래서지만, 참가할

---

27 이상옥, 『전환기의 한국외교』, 134~138쪽.

28 노태우, 『노태우 회고록』 하, 260쪽.

수 있었다.[29]

실제로 6주 뒤인 1991년 11월 12일부터 14일까지 아시아태평양경제협력체 제3차 각료회의가 서울에서 열렸고, 이 회의에 중화인민공화국에서는 첸지천 외교부장과 리란칭李嵐清 대외경제무역부장이 참석했다. 중화인민공화국의 외교부장이 대한민국을 방문한 것은 이번이 처음이었다. 첸지천의 표현으로, "중국 외교부장이 서울에 나타난 것은 당시만 해도 하늘이 다 깜짝 놀랄 일이었다." 그래서 그의 공항도착 때부터 기자들이 몰려들었다. 호텔에 도착하니, "기자들이 몰려 물 샐 틈 없이 에워쌌다. 플래시를 터트리고 카메라 앵글을 맞추고 길고 짧은 각양각색의 마이크를 들이댔다." 그들의 관심은 아시아태평양경제협력체의 회의보다 중국이 언제 한국과 수교할 것이냐에 있었다. "너무나 시끄럽고 혼란스러워 질문을 제대로 들을 수가 없었으며 도대체 대답을 할 수가 없었다." 기자들은 중국대표들이 체류하는 층까지 올라와서는 스위트룸의 문 앞을 점거하는 바람에 방에 들어갈 수가 없을 정도였다. 그래서 한국의 영접요원들은 아예 그 층을 봉쇄하고 전담경찰을 배치했다. 이들은 밤낮으로 경비를 서며 질서를 유지하고 미연의 사태를 예방하는 등 그들의 정상적인 출입을 보장해주었다.[30]

노 대통령의 실리론 및 의리론 전개

11월 12일에 노태우 대통령은 첸지천 부장과 리란칭 부장을 청와대에서 접견했다.[31] 대한민국 대통령이 중화인민공화국의 외교부장을 접견한 것은 이번이 처음이었다. 노 대통령은 두 나라의 5천년 역사를 회상하면서 "우리 조상들이 양국관계를 밀접하게 만들었는데도 지난 45년 동안 양국의

---

29 첸지천 지음, 유상철 옮김, 『열 가지 외교이야기』, 148쪽.

30 위와 같음, 145~146쪽.

31 이하 노 대통령의 첸 부장과 리 부장과의 대화는 다음에서 읽을 수 있다. 노태우, 『노태우 회고록』 전2권(조선뉴스프레스, 2011) 하(『전환기의 대전략』), 245~248쪽.

외교관계가 단절된 것은 부끄러운 일"이라고 지적하고, "우리는 동구와 소련을 들러서 베이징으로 가고 있습니다. 아직 중국과는 수교관계가 없지만 마음으로는 베이징이 더 가깝게 느껴집니다. 옛날에는 우리나라 당진唐津에서는 아침 일찍 산둥반도山東半島에서 들려오는 개 짖는 소리를 들을 수 있었다고 합니다."라는 말로 중국에 대한 친근감을 표시하는 것으로써 대화를 시작했다. 이 대화에 대해, 첸 부장은 노 대통령이 "한국의 서해안과 중국의 산둥반도 간에는 개와 닭 울음소리가 서로 들릴 정도로 가까운 사이다."라고 말했으며, 산둥반도를 언급한 까닭은 그가 '산둥 노盧씨의 후예'라고 생각한 데 있었다고 회상했다.[32]

노 대통령은 이어 "나는 북방정책을 추진하면서 우리가 빨리 서해안을 개발하고 중국도 중국의 동해안을 개발해 양국이 서로 경제발전 경험을 나눌 수 있다면 양국 발전에 도움이 될 것이라는 꿈을 꾼 적이 있습니다. 나는 우리 양국이 지난 반세기 동안의 관계단절을 회복하는 것이 역사적인 사명이라고 생각합니다."라는 말로써 실리론實利論을 폈다. 노 대통령은 그 다음으로 의리론義理論을 전개했다.

우리는 오랜 역사를 통해 중국이 신의와 의리를 중시하는 나라라고 알고 있습니다. 우리 역시 그에 못지않은 나라라고 자부합니다. 우리는 중국이 6·25 전쟁 등을 통해 맺은 북한과의 의리를 중시한다는 것을 충분히 이해합니다. 우리 역사에도 유사한 예가 있는데 400년 전 도요토미 히데요시(豊臣秀吉)가 중국의 명(明)나라를 치기 위해 조선에 길을 열어 달라고 했을 때 중국과의 형제 같은 의리를 생각해 거절했습니다. 그 일로 인해 우리는 전(全) 국토가 황폐화되다시피 하는 수모와 역경을 겪어야 했습니다. 이러한 역사적 사실에 대해 우리나라 사람들은 자랑스럽게 생각하고 있습니다. 우리가 이러한 역사적 배경을 바탕으로 현실적인 지혜를 모은다면 중국·한국·북한은 의리를 배반하

---

32 첸지천 지음, 유상철 옮김, 『열 가지 외교이야기』, 151쪽.

지 않고 관계를 구축해 나갈 수 있다고 생각합니다.

노 대통령은 마지막으로 한국이 북한을 '흡수통일'하려는 속셈을 갖고 있는 것이 아닌가 하는 중국의 경계심을 풀어주고자 했다. "내가 여러 번 밝혔듯이 우리는 북한이 우려하고 있는 독일식 흡수통일은 생각하지 않고 있습니다. 우리는 동족인 북한과의 오랜 적대관계를 버리고 신뢰를 회복해 협력관계를 맺자는 것이지, 우리의 경제력이 강하다고 해서 지배하자는 것은 결코 아닙니다."라고 역설한 것이다. 첸 외교부장은 "상당히 감동하는 표정이었다." 첸 부장은 "각하의 말씀을 귀국하는 대로 중국지도부에 보고하겠습니다."라고 대답했다. 노 대통령은 1992년 9월에 양상쿤 국가주석을 만났을 때 첸 부장이 그 말을 그대로 한 사실을 확인할 수 있었다.

노 대통령은 마지막으로 자신이 부시 대통령을 비롯해 서방의 정치지도자들에게 중국의 톈안먼사태에 관해 중국의 지도부를 공개적으로 비난하지 않도록 당부해 그들로부터 공감을 받아낸 일을 회상했다. 노 대통령은 오랜 역사적·문화적 전통을 지닌 중국 지도부의 자존심을 손상하면 오히려 역효과를 낳는다는 점을 설득했던 것인데, 첸 부장은 중국의 지도부가 이 사실에 고마움을 느끼고 있다고 전했다.

훗날 첸 부장은 자신의 회고록에서 노태우 대통령을 매우 좋게 회상했다. "노태우 대통령은 비록 군인출신이지만 비교적 온화했으며 중국과의 수교문제에 있어선 단호한 태도를 취했다. 대화할 때 시종 만면에 미소를 머금고 매우 점잖은 모습이었다."라고 묘사했다.

제5항 제2차 한·중 외무장관회담 및 미·중 외무장관회담

이틀 뒤인 4월 14일에 두 나라 외무장관은 조찬회의를 가졌다. 이 자리에서 이상옥 장관이 현재 비정부기구인 두 나라의 무역대표부를 정부기구로 격상시킬 것을 제의하자, 첸지천 부장은 현재의 상태가 적합하다고 대답하며 신중한 반응을 보였다. 첸 부장의 신중성은 계속되었다. 그는 당시 남북 고위급회담이 진전을 보이는 것을 긍정적으로 평가하면서 북한의 미국 및 일본과의 관계개선에 진전되기를 희망한다고 말했다. 그는 특히 북한이 핵사찰을 받아야 미국 및 일본이 북한과의 관계를 개선할 수 있다는 자세를 북한은 받아들이기 어렵다고 설명했다. 전반적으로, 모든 일을 '조용히 진행시키는 것'이 필요하다고 역설했다.[33]

이 회담과 관련해 첸 부장은 중국과의 수교를 조속히 실현하려는 이 장관에 대해 "물이 흐르는 곳에 도랑이 생긴다(水到渠成: 수도거성)"라는 중국속담을 소개하는 것으로 답을 대신했다고 회상했다.[34] 첸 부장은 또 하나의 일화를 소개했다. 박철언 체육청소년장관이 자신의 동생인 당시 톈진天津시 부시장과 가까운 사이라고 소개하면서 자신을 보자고 몇 차례 전화를 해왔으며, 밤 11시가 될 무렵 자신의 방에서 박 장관을 만났다고 회고한 것이다. 박 장관은 자신이 노태우 대통령의 허락을 받고 첸 부장을 만나는 것이라고 말하며, 큰 금 열쇠를 자신에게 주고 작은 금 열쇠를 자신의 동생에게 전해주기 바란다고 덧붙였는데, 귀국한 뒤 두 개의 금 열쇠를 중국인민은행으로 보내 감정을 시킨 결과 모두 순금이어서 외교부에 등록시키고 맡겼다고 회상했다. 박철언 장관은 훗날 자신의 회고록에서 첸 부장의 설명에 '상당한 왜곡'이 있었다고 논평했다.[35]

한·중 외무장관회담에 이어 미·중 외무장관회담이 뒤따랐다. 아시아태평양경제협력체각료회의에 참석했던 베이커 미국 국무장관이 1991년 11월 15~17일에 베이징을 방문하고 첸 외교부장과 회담한 것이다. 이 자리에

33 이상옥, 『전환기의 한국외교』, 145~148쪽.

34 첸지천 지음, 유상철 옮김, 『열 가지 외교이야기』, 153쪽.

35 박철언, 『바른 역사를 위한 바른 증언』 2, 210~214쪽.

서 첸은 베이커에게 "미국이 북한과 수교하고 중국이 한국과 수교하는 데 대한 미국 측의 견해를 물었다." 베이커는 그러한 교차승인이 되려면 북한이 우선 핵개발을 포기하고 국제원자력기구의 핵사찰을 전면 수용해야 한다는 기존의 입장을 되풀이하면서, 중국이 북한에 대해 영향력을 행사하는 것이 중요하다고 강조했다. 이에 대해, 첸 부장은 북한에 국제적 압력을 가하는 것은 오히려 역효과를 초래할 우려가 있으므로 이 문제는 남북한 사이에서 합의하는 방향으로 해결되어야 한다고 말하고, 북한은 국제사회로부터 고립되는 것을 우려하고 있으며 중국도 그러한 상황은 바람직하지 않은 것으로 판단한다고 대답했다.[36]

1991년 말 이후 수교를 위한 분위기는 계속해서 성숙했다. 1991년 12월 10~13일에 서울에서 열린 제5차 남북고위급회담에서 남북총리는 「남북기본합의서」에 서명했고, 12월 31일에 남북대표는 「한반도의 비핵화에 관한 공동선언」에 가서명했다. 1991년 11월 18~20일에 일본과 북한은 베이징에서 국교정상화를 위한 제5차 회담을 열었고, 1991년 12월 31일에 한국과 중국의 무역대표부는 베이징에서 두 나라 사이의 무역협정을 체결했다. 1992년 1월 7일에 북한 외교부는 북한이 국제원자력기구와 핵안전협정에 서명하고 비준하기로 결정했음을 발표했으며, 같은 날 한국 국방부는 북한의 요구를 받아들여 1992년도 한미 팀스피리트훈련을 중단한다고 발표했다.

중국측의 호의적 변화

이러한 흐름 속에서, 중국 외교부는 1992년 1월 4일 중국의 언론기관들에 이제부터 '남조선'을 '한국'으로 표기해도 좋으며, '대한민국'이라는 공식국명도 제3국의 발언을 인용하는 경우에는 사용해도 좋다는 지침을 내

---

36 위와 같음, 148~150쪽.

렸다. 동시에 외교부 고위당국자는 제3국 대사와 면담한 자리에서 한국과의 수교 시기에 관해 질문을 받고 중국으로서는 1992년 말까지는 한국과 수교할 수 있게 되기를 바라고 있으나 북한과도 협의해야 할 것이라고 답변했다.

그것들에 못지않게 중요하게, 거의 1년 동안 공개석상에 나타나지 않았던 덩샤오핑이 1992년 1월 21일에 공개적으로 개혁개방정책실험의 상징인 선천深圳을 방문하고 중국의 개혁개방정책이 적어도 100년간 지속되어야 할 것이라고 말했다. 그는 이어 1월 18일부터 2월 21일까지 우창武昌·선천·주하이珠海·상하이 등을 순방하며 개혁개방정책을 뒷받침하는 발언을 계속했다. 이것을 흔히 남순강화南巡講話라고 불렀는데, 개혁개방의 속도를 늦추고 국내안정에 힘을 쏟자는 그룹을 견제하고, 개혁개방의 폭을 넓히면서 속도를 빨리 하자는 그룹을 지원하는 행위로 간주되었다.[37] 결과적으로 하나의 부산물로 한국과의 수교를 더 이상 늦추지 말고 매듭을 지어 경제협력을 활성화자는 결정으로 이어지게 되었다.

실제로 베이징의 한국무역대표부는 중국 외교부가 한국과의 수교 문제에 대해 '진전'을 보이고 있다고 보고해왔다. 이상옥 외무장관은 마침 오스트리아대사로 전임하는 이시영李時榮 외무차관보가 타이완·홍콩·중국으로부터 초청을 받아 1992년 2월 14~27일에 그곳들을 순방하게 되자 베이징 방문 때 중국 외교부 당국자들을 상대로 한국과의 수교에 대한 입장을 타진하도록 지시했다. 이 대사가 첸 부장을 만났을 때, 그는 4월에 베이징에서 열리는 에스캅 총회 때 이상옥 장관과 의견을 교환하게 되기를 바란다고 대답했다. 그리고 외교부 고위당국자들은 한국이 현재 '비정부' 수준의 무역대표부를 '정부' 수준으로 승격시킬 것을 제의해온 사실을 상기시키며 중간단계를 거치는 것보다 때가 되면 직접수교로 가는 것이 좋겠다는 뜻을

---

37 위와 같음, 162~154쪽.

밝혔다. 이 장관이 이 사실을 노 대통령에게 보고하자 노 대통령은 "중국과의 접촉에서 우리측이 서두른다는 것을 보여서는 안 되며 원칙을 지키며 수교를 추진하라."고 지시했다.

첸지천 외교부장, 한·중수교 논의 시사

중국정부가 한국에 대해 우호적 자세로 전환하고 있다는 표징은 계속해서 나타났다. 우선 중국은 국회에 해당하는 전국인민대표대회(약칭 전인대) 제7기 제5차 회의를 1992년 3월 20일부터 4월 3일까지 베이징에서 개최하면서, 홍콩주재 한국특파원 7명에게 취재를 허가했다. 그들이 1991년 1월 말 베이징주재 한국무역대표부 개설 때 한 차례 베이징방문이 허용된 이후 여러 차례 취재차 비자를 신청해도 거부당했던 사례에 비춰, 이 조치는 확실히 새로운 전환으로 해석될 수 있었다.

또 하나의 표징은 3월 20일에 리펑 국무원 총리가 전국인민대표대회에서 행한 연설에서의 변화였다. 한반도와 관련해, 그는 "조선민주주의인민공화국과는 전통적인 우호관계를 계속 유지할 것"임을 다짐하고, "조선반도에서 긴장완화의 추세가 나타나고 있는 데 대해 기쁘게 생각하며, 이 같은 추세가 계속 발전될 것을 충심으로 희망한다."라고 말했을 뿐, 중국정부가 늘 사용하던 "조선의 자주적이며 평화적인 통일을 위한 조선민주주의인민공화국의 제안들을 지지한다."라는 구절을 생략했다.

사흘 뒤, 첸 부장은 내외신 기자회견을 가졌다. 이때 한·중수교의 '조건과 시간표'를 묻는 한국기자의 질문에 대해, 첸 부장은 "시간표가 없다."라고 답변한 뒤, 이 문제를 놓고 자신이 4월에 베이징에서 열릴 에스캅 총회 때 한국 외무장관과 회담할 것임을 밝히며 그때 이 문제가 논의될 수 있음을 시사했다.[38] 훗날 첸 부장은 "한국과의 수교에는 시간표가 없다."라는 자

38 이상옥, 『전환기의 한국외교』, 158~160쪽.

신의 말속에서 "예리한 기자들은 무엇을 느꼈으리라."라고 회상했다.[39] 돌이켜보면, 그 말은 수교가 임박했음을 암시한 것이었다. 이렇게 한국과의 수교를 결정하면서, 중국은 4월 15일의 김일성 주석 80세 생일축하행사에 양상쿤 국가주석을 보내고 그 결정을 통보했다. 김 주석은 중국이 중한관계와 북미관계를 조화시켜 처리해줄 것을 바라며 또 중국이 좀더 깊이 생각해줄 것을 희망한다고 대답했다.[40]

제6항 중화인민공화국과의 수교협상

첸지천 외교부장, 이상옥 장관에게 수교협상 제의

에스캅 제48회 연차총회는 예정대로 1992년 4월 14~23일에 베이징에서 열렸다. 이상옥 외무장관은 4월 12일에 베이징에 도착했는데, 대한민국 외무장관으로서는 최초의 방중이었다. 이 계제에, 첸 부장이 공언했듯, 이 장관과의 회담을 4월 13일 오전에 댜오위타이釣魚臺 국빈관에서 열었다. 세 번째의 한·중 외무장관회담이었다. 이 회담의 내용은 바로 그날 오후 언론발표문에 일곱 개 항으로 담겨 널리 알려졌다. 두 장관은 "최근의 국제적 추세가 화해와 협력의 시대로 나아가고 있으며, 이러한 추세에 맞춰 두 나라가 세계평화의 증진 및 공동번영을 위해 함께 노력할 것"을 다짐했으며, "두 나라가 여러 분야에서의 실질적 협력관계를 가일층 심화시키기로 합의"했음을 밝히고, 한반도의 비핵화가 이뤄지기를 희망했다.[41]

양측의 참모들이 배석한 공식회담에 이어, 두 장관은 취재진을 비롯한 다른 사람들의 이목을 피하기 위해, 댜오위타이 국빈관의 다른 방을 빌려

39 첸지천 지음, 유상철 옮김, 『열 가지 외교이야기』, 160쪽.
40 위와 같음, 162~163쪽.
41 이상옥, 『전환기의 한국외교』, 167쪽.

곧바로 통역만을 배석시킨 채 단독회담을 열었다. 이 자리에서 첸 부장은 '상부의 위임'에 의해 수교교섭을 비밀리에 개시할 것을 정식으로 제의했다. 이 장관은 훗날 자신의 회고록에서 자신도 수교회담 개시를 제의할 생각이었지만 첸 부장이 먼저 제의했을 때 '적지 않게 놀랐다.'라고 썼다.[42] 당시 이 장관을 수행했던 김석우金錫友 외무부 아주국장은 이 장관으로부터 그 말을 전해 들었을 때의 감회를 "너무도 뜻밖의 일이었고 한국 최대의 외교적 과제를 풀어주는 선물이기도 했다."라고 표현했다.[43]

첸지천 부장은 수교교섭에 관한 '비밀유지의 중요성'을 거듭 강조했다. 외부에 알려지면 국제관계가 매우 불편하게 되므로 그 같은 장애가 발생하지 않도록 '극도의 비밀유지'를 필요로 한다고 역설했다. 이 발언은 물론 특히 북한과 타이완을 의식한 것이었다. 교섭 장소는 중국과 한국 또는 제3국도 좋으며 어느 한 장소로 고정시키지 않아도 된다고 덧붙였다. 마지막으로, 첸 부장은 수교교섭이 두 나라 외교당국 사이의 교섭으로 일원화되어야 한다고 강조하면서, "이 장관이 보내지 않은 사람은 인정하지 않겠다."라고 다짐했다. 이 장관은 4월 17~20일에 몽골을 공식방문하고 21일에 귀국하게 되어 있었으므로, 통역을 맡았던 이영백李英百 사무관을 14일에 서울로 보내 자신이 요약한 문서를 노창희 외무차관에게 전달하게 했다. 이 장관은 노 차관에게 이 문서를 받는 즉시 김종휘 외교안보수석비서관에게 주어 대통령에게 보고하도록 하고, 이상연李相淵 국가안전기획부장에게도 그 내용을 알려주도록 지시했다.[44]

이상옥 장관은 첸지천 부장과 회담을 마친 뒤 곧바로 리펑 국무총리를 예방했다. 리 총리는 두 나라 관계가 급속히 발전하고 있는 것을 만족스럽게 생각한다면서 "물이 흐르면 도랑이 생긴다."라는 속담을 상기시키며 두

---

42 위와 같음, 165~166쪽.

43 김석우(金錫友), 『남북이 만난다 세계가 만난다: 해방둥이의 통일외교』(고려원, 1995), 249쪽.

44 이상옥, 『전환기의 한국외교』, 168쪽.

나라 사이의 실질적 협력관계가 계속 확대되어 나아가면 좋은 성과를 거둘 수 있을 것이라고 말했다.[45] 이 장관은 이어 다른 나라 대표들과 함께 장쩌민 총서기를 예방했다.

예비회담 준비

이상옥 외무장관은 귀국 즉시 노태우 대통령에게 그사이의 교섭내용과 앞으로의 방향을 보고했다. 곧바로 예비회담을 위한 대표단 구성에 착수했다. 김종휘 대통령 외교안보수석비서관을 수석대표로, 권병현權丙鉉 전 미얀마대사를 차석대표로 내정하고 중국측에 통고했다. 직업외교관으로 성장한 권 대사는 외무부에서 중국을 담당하는 동북아2과장에 이어 아주국장을 역임한 외무부의 대표적 중국전문가였다. 권 대사는 중국과의 수교를 성사시키기 위한 교섭을 '동해사업東海事業'이라는 암호이름을 붙이면서 보안을 유지하기 위해 노력했다.[46] 그는 훗날 호주대사를 거쳐 중국대사로 활동한다.

중국측은 쉬둔신徐敦信 외교부 부부장을 수석대표로, 장루이지에張瑞杰 외교부 대사를 차석대표로 내정했다고 알려왔다. 쉬 수석대표는 훗날 주일대사로 발탁될 정도로 외교부의 중진이었고, 장 차석대표는 북한주재중국대사관에서 근무해 한국어에 능통했으며 스리랑카대사와 에티오피아대사를 역임했다. 한국측이나 중국측 모두 예비회담의 성공을 위해 무게있는 외교관들을 배치한 것이다. 양측 모두 수석대표를 두기는 했으나, 회담은 차석대표들과 그들의 보좌관들 사이에서 진행된다.

---

45 위와 같음, 170~171쪽.

46 「북한·대만 따돌린 25년 전 '동해사업' "이제는 부상(浮上)한 중(中)이 한(韓)에 힘 투사하려 해": 한중수교 주역 신정승 전 주중대사」, 『신동아』(2017년 8월), 148~159쪽. 수교 당시 외무부 외교안보연구원 연구관이었으며 훗날 주중대사로 봉직한 신정승 대사는 다음과 같은 회고록도 남겼다. 신정승, 「한중수교 30주년의 회고와 향후 한중관계」, 『동북아역사포커스』 제2호(2022년 가을), 20~30쪽.

중화민국정부의 거듭된 문의

중화인민공화국과 대한민국 사이의 관계에 수교를 향한 중요한 변화가 일어나고 있음을 감지한 중화민국정부는 장옌시蔣彦士 총통 비서장을 총통 특사로 1992년 3월 31일부터 4월 14일까지 서울에 파견할 것을 제의했다. 중화인민공화국과의 수교가 가까워지고 있다고 판단하고 있던 한국정부는 완곡히 거절해 결국 5월 6일부터 9일까지 방문하도록 조절했다. 장 특사는 1915년생으로 중화민국정부에서 교육부장에 이어 외교부작을 역임한 뒤 총통 비서장으로 봉직하고 있었다. 그는 장샤오옌蔣孝嚴 외교부 정무차장을 대동했다.[47]

장 특사는 우선 이상옥 외무장관을 만난 데 이어 5월 7일에 노 대통령을 예방하고 리덩후이 총통의 친서를 전달했다. 이 친서에서 리 총통은 한국이 중공과 경제관계만 유지하고 정치관계는 맺지 않도록 요망했으며, 노 대통령 내외가 가까운 시일 안에 타이베이를 방문해줄 것을 제의했다. 장 특사는 노 대통령에게 "중공은 북한에 대한 영향력 상실을 원하지 않기 때문에 한반도 통일을 방해하려 할 것입니다."라고 말하며 중공과의 수교를 만류하고자 했다. 동시에 중화민국정부의 6개년 경제개발계획에 한국기업의 참여를 크게 확대하겠다고 덧붙였다.[48] 그런데 이 자리에서 미묘한, 그러나 중요한 변화가 있었다. 노 대통령은 지난 날 과는 달리 "우리는 새 친구를 얻기 위해서 옛 친구를 저버리는 일은 하지 않을 것입니다."라던 한국 측의 통상적 인사말을 생략한 것이다.[49]

---

47 박두식(朴斗植)·심양섭(沈良燮), 「한국-대만 단교 비사」, 『월간조선』(1992년 11월), 394~413쪽.

48 노창희(盧昌熙), 『어느 외교관의 이야기: 노창희 회고록』(기파랑, 2007), 287쪽.

49 조희용, 『중화민국 리포트』, 237쪽.

제7항 한·중 예비회담에서의 합의

중화민국정부의 우려를 무마시켜 놓은 채, 대한민국정부와 중화인민공화국정부 양측은 제1차(1992년 5월 14~15일 베이징 댜오위타이), 제2차(1992년 6월 2~3일 베이징 댜오위타이), 제3차(1992년 6월 20~21일 서울 워커힐호텔) 등 세 차례에 걸쳐 예비회담을 열었다. 1차 회담과 2차 회담은 모두 출입이 철저히 통제되는 특수구역에서 열렸기에 보안의 유지에 아무런 문제가 없었다. 그러나 워커힐호텔의 경우에는 보는 눈이 많아서 보안상 어려움이 있었지만, 국가안전기획부에서 적절히 대처해 별문제 없었다.[50]

예비회담은 제기된 여러 쟁점에 대해 다음과 같은 합의를 끌어냈다. 첫째, 중화인민공화국과 타이완의 관계에 대해서다. 중국측은 "대한민국 정부는 중화인민공화국 정부가 전 중국을 대표하는 유일한 정부이며, 타이완이 중국의 불가분의 일부분임을 승인한다."라는 표현을 주장했으나, "대한민국 정부는 중화인민공화국 정부를 중국의 유일합법정부로 승인하며 오직 하나의 중국만이 있고 타이완은 중국의 일부분이라는 중국의 입장을 존중한다."는 표현으로 합의되었다. 한국의 중국과의 수교 후 한국과 타이완과의 관계에 대해서다. 한국측은 자신이 오랜 기간에 걸쳐 타이완과 가져온 '특별한 관계'를 고려해 타이완과 '최고 수준의 비공식 관계'를 유지해야 한다고 제의했으며, 중국측은 그 제의를 받아들였다.

둘째, 한반도의 통일에 관해서다. 중국측은 "중화인민공화국 정부는 한반도가 조기에 평화적으로 통일되는 것이 한민족의 염원임을 존중하고, 한반도가 한민족에 의해 평화적으로 통일되는 것을 지지한다."라는 한국측의 제의를 받아들였다. 이 합의의 바탕에는 중국이 과거의 북한일변도정책에서 벗어나 남북한과 대등한 관계로 발전시켜야 한다는 한국측 제안이 놓여

50 노창희, 『어느 외교관의 이야기』, 285쪽.

있었다.

셋째, 두 나라 정상 사이의 회담에 대해서다. 이 주제에 대해서는 앞으로 두 나라 외무장관 사이에서 또는 특사 사이에서 매듭짓기로 합의했다.

넷째, 6·25전쟁에 대해서다. 한국측은 중국의 참전으로 한국민이 받은 피해와 희생을 고려해 중국측의 '적절한 해명'이 있어야 한다고 주장했으며, 중국측은 자신의 국경이 위협받는 상황에서 참전이 불가피했다고 주장했다. 양측은 각각 자신의 예비회담 기록에 남긴다는 선에서 합의했다.

다섯째, 서울의 타이완대사관 부지 및 건물 등 재산문제에 대해서다. 한국측은 국제법과 국제관례에 따라 처리할 것임을 다짐하고, 베이징에 개설할 대사관 및 대사관저 신축을 위한 중국측의 '각별한 배려와 협조'를 요청했다. 이어 서울과 베이징 사이의 직항로 개설 등을 위한 회담의 조속한 개최에 합의했다.[51]

첸지천 부장의 방북과 김일성 주석 설득

중요한 쟁점들에 대한 합의가 이뤄지면서 중국은 첸치천 외교부장을 북한에 보냈다. 첸 부장은 7월 15일에 평양으로 비행해 김일성 주석을 만나 한국과 수교협상이 진행되고 있다는 장쩌민 총서기의 구두 메시지를 전했다. 김 주석은 "우리는 중국이 독립적이고 자주적이며 또 평등한 입장에서 자신의 외교정책을 결정하는 것을 이해한다. 우리는 앞으로도 계속 중국과의 우호관계 증진을 위해 노력할 것이다."라고 말한 데 이어 "우리는 일체의 어려움을 극복하고 계속해서 자주적으로 사회주의를 견지하고 또 사회주의를 건설해 나아갈 것이다."라고 다짐했다. 첸 부장은 "내 기억 중에 이 회견은 김 주석이 역대 중국대표단과 회견한 것 가운데 가장 짧았다. 또 회견 뒤에는 관례처럼 따르던 초대연회도 없었다."라고 회상했다. 첸 부장은

51 위와 같음, 209~214쪽.

그날로 베이징에 돌아가 장 총서기에 보고했다.[52]

북한의 동의도 받아내면서, 두 나라는 1992년 7월 29일에 베이징 댜오위타이에서 비공개리에 본회담을 열었다. 한국측에서는 노창희 외무부 차관이 중국측에서는 쉬둔시 외교부 부부장이 각각 수석대표로 참석했으며, 예비회담에 참석했던 양측 대표 전원이 배석했다. 남의 눈에 띄지 않으려고 대표들은 두 팀으로 나뉘어 각각 홍콩 경유 또는 도쿄 경유로, 그리고 항공기도 국적기 대신 외국 항공기로 베이징에 들어갔다. 본회담 자리에서 예비회담이 마련한 공동성명에 대한 가서명(이니셜)이 있었다. 양측은 8월 24일 아침에 이상옥 외무장관과 첸치천 외교부장이 베이징에서 공동성명에 서명하고 발표하기로 합의했다.[53]

두 나라 외무장관, 수교합의문 서명과 발표

이제 한국으로서도 타이완에 통보할 일이 남았다. 외무부는 공식통보를 두 차례에 나눠 1차 통보는 수교발표 1주일 전인 8월 18일에, 2차 통보는 수교 발표 사흘 전인 8월 21일에 하기로 결정했다. 실제로 8월 18일 오전 11시에 이상옥 장관 진수지金樹基 중화민국한국대사에게 "그동안 한국과 중국 사이의 수교교섭에서 실질적인 진전(substantive progress)이 있었으며, 구체적 사항은 곧 통보할 것"이라고 말했다. 진 대사는 당황한 어조로 구체적 내용을 곧바로 알려달라고 요구했으나, 이 장관은 며칠 안에 다시 만나 알려주겠다고 대답하면서 면담내용을 대외비로 해주기를 당부했다. 이 장관은 동시에 박노영朴魯榮 중화민국주재한국대사에게 알렸으며, 노 차관은 그레그 주한미국대사와 가와시마 유타카川島裕 주한일본공사(대사 부재중)를 만나 통보했다.[54]

---

52 첸지천 지음, 유상철 옮김, 『열 가지 외교이야기』, 164~ 165쪽.

53 노창희, 『어느 외교관 이야기』 291~293쪽.

54 이상옥, 『전환기의 한국외교』, 222~223쪽.

중화민국 정부의 반발은 즉각적이었으며 거셌다. 우선 장샤오옌 외교부 정무차장은 8월 19일 아침 박노영 주중한국대사를 불러 "한국과 중화민국 관계에 엄중한 결과를 초래한 데 대해 모든 책임을 져야 할 것이며, 중화민국과 역사적으로 같은 관계를 가져온 한국정부가 친구를 저버리려고 하는 것은 받아들일 수도 없고 용서할 수도 없다."라는 격렬한 표현으로 비난했다. 이튿날 진수지 대사는 이상옥 장관에게 같은 취지로 항의하면서, 만일 중화민국과의 외교관계 유지가 불가능할 때는 중화민국의 한국주재대표기구에 중화민국 명칭이 사용되어야 한다고 요구했다.

다음날 이 장관은 진 대사에게 한국정부가 8월 24일자로 중화인민공화국과 외교관계를 수립하고 중화민국과의 외교관계를 단절한다고 공식통보했다. 이 장관은 동시에 자신이 8월 23~25일에 첸 외교부장의 초청으로 중국을 공식방문하며 8월 24일에 첸 부장과 함께 두 나라 사이의 외교관계 수립에 관한 공식성명에 서명하고 발표할 것임을 알렸다. 이 장관은 중화민국과의 단교가 불가피했음에 대해 '유감'을 표시하면서 "그러나 한국정부는 귀국 정부와의 오랜 우호협력관계를 고려해 가능한 최상의 비공식 관계를 유지하고자 한다."는 뜻을 분명히 밝혔다.[55] 바로 이 날짜로, 서울 명동의 중화민국대사관에서는 중화민국의 국기인 청천백일기青天白日旗가 내려졌다.

예정대로 이상옥 외무장관은 8월 23일에 베이징에 도착하고, 24일 오전 9시(한국시간 오전 10시)에 베이징 댜오위타이 국빈관 팡페이위안芳菲苑에서 첸지천 외교부장과 함께 두 나라의 수교에 관한 공동성명에 서명하고 그 전문을 발표했다. 이 공동성명은 "대한민국 정부는 중화인민공화국 정부를 중국의 유일합법정부로 승인하며, 오직 하나의 중국만이 있고 타이완은 중국의 일부분이라는 중국의 입장을 존중한다."라는 다짐(3항) 그리고 "중화

---

55 위와 같음, 227~229쪽.

인민공화국 정부는 한반도가 조기에 평화적으로 통일되는 것이 한민족의 염원임을 존중하고, 한반도가 한민족에 의해 평화적으로 통일되는 것을 지지한다."라는 다짐(5항)을 포함했다.[56]

노태우 대통령의 화답이 뒤따랐다. 공동성명이 발표된 바로 그 시점에, 그는 공동성명의 취지에 맞게 특별담화를 발표했다. 그는 특히 "지난 4년 동안 북방외교의 중요 목표들을 달성하게 된 것은 국민 모두가 합심협력해 국력을 안으로 배양하고 밖으로 신장시킨 결과이며, 우리 외교가 급변하는 주변정세에 능동적이고 슬기롭게 대처해 얻어진 결과"라고 말했다.[57]

노 대통령은 1992년 9월 22일에 제47차 유엔총회에서 「평화와 번영의 21세기를 향하여」라는 제목으로 기조연설을 했다. 세 번째가 되는 자신의 이 유엔총회 기조연설에서, 그는 한중수교가 이뤄졌음을 상기시키고, "그것은 전후 47년 동안 동북아시아 전체를 얼어붙게 했던 냉전의 멍에를 벗고, 동족간에 피를 흘리게 했던 한국전의 아픔을 덜게 하는 큰 진전"이었다고 평가했다.[58] 두 나라는 8월 27일자로 베이징과 서울에 각각 대사관을 개설했으며, 한국정부는 주베이징무역대표부 노재원 대표를 주중국대사대리로 임명하고 중국정부는 주서울무역대표부 페이지아이裵家義 부대표를 주한국대사대리로 임명했다. 곧이어 한국정부는 중국정부의 동의와 국내 절차를 거쳐 노재원 대사대리를 초대 중화인민공화국대사로 임명했으며 노 대사는 9월 15일에 양상쿤 국가주석에게 신임장을 제정했고, 중국정부는 외교부 아주국 장팅옌張庭延 국장을 초대 대한민국대사로 임명해 그 역시 9월 15일에 노태우 대통령에게 신임장을 제정했다.

---

56 전문은 위와 같음, 246~247쪽에 있다. 한중수교의 과정에 대한 분석으로 다음이 있다. 박두복(朴斗福), 「한중수교와 중국의 대한반도정책」, 김학준 염홍철 엮음, 『선진한국의 모색: 제6공화국 정책평가』(동화출판사, 1993), 304~326쪽.

57 「한중수교에 즈음한 특별담화」 전문은 다음에 있다. 재단법인 보통사람들의시대노태우센터 편, 『노태우의 생각 대통령의 연설 1988-1993: 노태우 대통령 연설문집』(늘품플러스, 2023), 402~305쪽.

58 연설문 전문은 다음에 있다. 위와 같음, 412~420쪽.

장 대사는 1934년생으로 베이징대학 조선어학과를 졸업하고 외교부에 들어가 북한주재중국대사관에서 세 차례에 걸쳐 13년 동안 근무해 조선=한국어에 능통했다. 1989년부터 아주국 부국장으로 재임하면서 한중수교 교섭에 직접 참여했고 아주국 국장으로 승진한 데 이어 한국대사로 임명된 것이다. 부인 탄찡譚靜 여사도 베이징대학 조선어학과를 졸업하고 외교부에서 근무했으며, 한·중수교 당시 아주국 한국과 1등서기관이었다.[59]

총영사관의 개설

한중수교가 이뤄짐에 따라, 두 나라는 총영사관을 상대국에 개설했다. 대한민국의 경우, 상하이(上海: 1993년 7월 14일), 칭다오(青島: 1994년 9월 12일), 선양(瀋陽: 1999년 7월 8일), 광저우(廣州: 2001년 8월 28일), 청두(成都: 2005년 2월 26일), 시안(西安: 2007년 9월 20일), 우한(武漢: 2010년 10월 25일)에 총영사관을 개설했고 다롄(大連: 2012년 8월 29일)에 출장소를 개설했다. 홍콩의 경우, 중화인민공화국에 소속되기 이전인 1949년 5월 1일에 영사관을 개설했으며 곧 총영사관으로 승격시켰다. 중화인민공화국의 경우, 부산광역시(1993년 9월 6일), 광주광역시(2007년 3월 23일 영사사무소, 2009년 6월 18일 총영사관), 제주특별자치도 제주시(2012년 7월 14일)에 총영사관을 개설했다.

한중수교의 의미

한중수교의 의미에 관해서는 많은 논평이 뒤따랐다. 그것들 가운데 대표적인 것으로 서울대학교 국제대학원 교수 박태균朴泰均 박사의 논평을 지적할 수 있다. 그는 다음과 같이 썼다.

> 무엇보다도 1992년에 가장 중요했던 사건은 한국과 중국의 수교였다. […] 한·중수교는 한국의 무역구조를 바꾸어 놓았다. 수출주도형 경제성장을 추진

59 이상옥, 『전환기의 한국외교』, 259~260쪽.

하면서도 일본과 미국 외에 수출시장을 확대하지 못하고 있었던 한국으로서는 경제적으로 새로운 전환을 맞이할 수 있었고, 향후 30여 년간 한국의 주요 무역 상대국 순위를 바꾸어 놓았다. 또한 한·미 동맹을 외교의 축으로 하면서도 중국과의 관계를 심각하게 고려하지 않을 수밖에 없는 상황이 되면서 한국의 외교정책을 실리외교로 바꾸어 놓는 계기가 되기도 하였다.[60]

한·중수교와 한·소수교 비교

한국과의 수교와 관련해, 중국의 정책결정 과정은 소련의 정책결정 과정과 본질적이지는 않지만 약간의 차이를 드러냈다. 소련의 경우, 고르바초프 대통령과 그의 대통령궁 보좌진을 정점으로 한 '위[上]로부터 아래[下]로 내려가는' 이른바 톱다운top down 방식이었다. 중국의 경우에도, 최고권력자인 덩샤오핑의 양해와 승인이 전제되어 있었기에 외교부가 움직였다는 점에서 역시 톱다운 방식이었다. 그러나 외교부 실무진을 바탕으로 '아래로부터 단계를 밟아 위로 올라가는' 이른바 보텀업bottom up 방식의 모습도 때때로 보여주었다. 그것 외에 김용호金容浩 교수는 다섯 가지 차이점을 지적했다.

첫째, 한·중 수교는 비교적 점진적으로 이루어졌으나, 한·소 수교는 매우 짧은 시간에 급속도로 이루어졌다. 둘째, 한·중 수교는 외무부가 교섭의 단일 창구였으나 한·소 수교의 경우 외무부 외에 정보기관, 집권당 등이 개입하였다. 셋째, 한·중 수교 과정에서는 경협에 대한 논의가 일체 없었으나 한·소 수교의 경우 경협이 매우 중요한 의제로 다루어졌다. 넷째, 수교 이전에 한·중 간에는 무역대표부가 개설되었으나 한·소 간에는 영사처가 개설되었다. 마지막으로 지적할 것은 한·중 수교의 경우 제3국(타이완과 북한)에 대한 고려가

60 박태균(朴泰均), 「박태균의 역사와 비평: 한·중수교 30년 … 미·중격돌 헤쳐갈 새해 우리의 전략은?」, 『중앙일보』(2022년 12월 23일).

필요했으나 한·소 수교의 경우 제3국에 대한 고려가 별로 심각하지 않았다.[61]

제8항 노태우 대통령의 중화인민공화국 국빈방문

노태우 대통령은 중화인민공화국 양상쿤 국가주석의 초청을 받고 대한민국 대통령으로서는 처음으로 9월 27일부터 9월 30일까지 중화인민공화국을 국빈방문했다. 중국정부는 노 대통령의 방문을 축하하기 위해 톈안먼광장에 대형 태극기를 게양하고, 톈안먼 앞 가로등을 비롯한 도로 양변에 태극기와 중화인민공화국 국기인 오성홍기五星紅旗를 나란히 게양함과 동시에 댜오위타이 국빈관으로 가는 2킬로미터 가로를 오색 깃발로 장식했다.[62]

중국정부는 9월 28일 오전 10시에 인민대회당 동편 광장에서 양상쿤 국가주석을 비롯한 중국정부의 요인들이 참석한 가운데 공식환영식을 열었다. 중국인민해방군 육·해·공군 의장대 사열에 이어 의장대 분열식이 있었다. 공식 환영식이 끝난 직후 인민대회당에서 노 대통령은 양 국가주석과 단독회담 및 확대회담을 가졌다. 이튿날인 9월 29일에는 오전과 오후에 각각 리펑 총리와 장쩌민 총서기와 회담했다. 한국정부는 노 대통령이 덩샤오핑을 만날 수 있도록 요청했다. 그러나 중국정부는 그가 만 88세의 고령이고 공직을 떠난 뒤 외국의 어느 지도자와도 만나지 않고 있음을 상기시켰다. 노 대통령이 중국을 방문한 때로부터 한 달 뒤인 10월 23~28일에 일본 천황 아키히토明仁가 방문했을 때도 마찬가지였다. 덩샤오핑은 그때로부터 4년 6개월 뒤인 1997년 2월에 별세한다.

노 대통령의 중국 수뇌부와의 회담 내용은 베이징을 출발하는 30일 오전

---

61 김용호, 『외교영토 넓히기: 대한민국의 수교 역사』(대한민국역사박물관, 2016), 209쪽.

62 이상옥, 위와 같음, 261~276쪽; 노창희(盧昌熹), 위와 같음, 282~299쪽.

에 발표된 「공동언론발표문」에 8개 항으로 정리되었다.[63] 그 핵심은 "양국 지도자들은 한반도에 있어서의 긴장완화 추세가 계속 발전되어 나가야한다는 데 합의하였다."라는 5항에 있었다.

노 대통령을 수행했던 정해창丁海昌 대통령 비서실장은 자신의 감회를 다음과 같이 썼다.

> 이번 대통령의 국빈방문이 우리나라의 국가원수로서는 반만년 역사상 처음 있는 일이었다는 점이다. 우리나라는 오랫동안 중국이란 대국으로부터 많은 침략을 받고 복속을 요구받았으며 모욕적인 일을 참아야 했던 것 또한 너무나 많았다. 감히 생각할 수가 없던 변화가 일어난 것이다. 인민대회당 동편 광장에서 우리 대통령께서 인민군 의장대를 사열하고 분열식을 통하여 경례를 받는 늠름한 모습을 바라보면서 참으로 감격의 눈물을 삼키지 않을 수 없었다. 그뿐인가, 공항에 도착하여 숙소로 이동하는 도로 연변에 휘날리는 태극기에다가 도로 양변에 중국인민해방군 병사들이 일정한 간격으로 도열하였다. 이와 같이 삼엄한 도열과 경호는 만리장성(萬里長城)을 오갈 때를 비롯해 차량이 이동할 때 빠짐없이 행해졌다.[64]

노 대통령의 대한민국임시정부 청사 방문

노 대통령은 곧바로 상하이로 비행해 대한민국임시정부 청사를 방문하고. 당일 저녁에 서울에 도착했다. 처음부터 끝까지 수행했던 최석립崔石立 대통령 경호실장은 "북한요원이 따라다녀서 지금도 그때를 생각하면 몹시 긴장했던 기억이 새롭다."라고 회상했다.[65]

---

63 전문은 다음에 있다. 『노태우의 생각 대통령의 연설』, 421~422쪽.

64 정해창(丁海昌), 『대통령 비서실장 791일: 정해창의 청와대일지』(경기도 파주시: 나남, 2023), 658쪽.

65 최석립(崔石立), 「한국-소련수교, 한국-중국수교의 역사현장을 경호하다」, 노재봉(盧在鳳) 편, 『노태우 대통령을 말한다: 국내외 인사 175인의 기록』(동화출판사, 2011), 794~795쪽.

대한민국 대통령이 대한민국임시정부 청사를 방문한 것은 이번이 처음이었다. 그러나 시간제약으로 윤봉길 의사가 1932년 4월에 상하이를 침략한 일본군 수뇌부를 도륙한 홍커우공원虹口公園 그리고 대한민국임시정부 2대 대통령 박은식朴殷植 및 군무총장 노백린盧伯麟 등 항일애국선열들의 유해가 안치된 만국공묘萬國公墓 등은 방문할 수 없었다. 노 대통령은 수행한 정해창 비서실장으로 하여금 방문해 경의를 표하게 했다.[66]

제9항 중화민국과의 단교에 대한 진사사절단의 파견 그리고 대표부의 교환개설

중화인민공화국과의 수교를 위해 중화민국과의 단교는 불가피했다. 중화민국이 어떤 나라인가. 앞에서 자세히 설명했듯, 일제강점기에는 대한민국임시정부를 지원했고 일제패망 이후에는 대한민국의 '건국'을 지원했으며, 그 이후 일관되게 유엔을 비롯한 국제사회에서 대한민국을 지지했다. 그러나 변화하는 국제환경 속에서, 대한민국은 지난날의 적국 또는 적성국이었던 중화인민공화국과 수교하기에 이르렀고 그것은 '하나의 중국'을 표방하는 중화인민공화국의 절대적 요구에 응하는 것 이외에 다른 방법이 없었다.

그래도 오랜 옛 벗에 대한 예의는 지켜야 했다. 여기서 김재순金在淳 전 국회의장을 단장으로 하는 진사사절단陳謝使節團을 타이베이에 파견하게 되었다. 이 사절단에는 장제스 총통 때부터 그곳 고위 인사들과 폭넓게 교류해왔던 정일권丁一權 전 국무총리 및 전 국회의장이 포함되었다. 중화인민공화국과의 수교 그리고 중화민국과의 단교 발표로부터 3주일 지난 1992

66 정해창, 『대통령 비서실장 791일』, 655쪽.

년 9월 15일에 사절단이 타이베이의 중정中正 국제공항에 도착하자 장샤오옌蔣孝嚴 외교부 정무차관과 진수지金樹基 전 주한대사 등이 반갑게 영접했다. 그러나 공항 귀빈실에 들어가려는 순간 공항직원들이 갑자기 몰려들어 "중화민국 귀빈실은 배신자들에게는 열리지 않는다."라며 사절단원들의 앞을 가로막았다. 그들은 한국이 '배신기의(背信棄義: 신뢰를 어기고 의리를 버렸다)'했다고 비난한 것이다. 김재순 단장은 하는 수 없이 귀빈실 복도에 선 채 '부형청죄負荊請罪'의 도착성명을 읽어나갔다. 글자 그대로 '형틀을 짊어지고 벌을 받겠다.'라는 자세였다.[67]

그렇지만 중화민국정부의 반응은 여전히 냉랭했다. 행정원장과 외교부장은 만났지만, 리덩후이李登輝 총통은 만날 수 없었다.[68] 한국과 중화민국의 관계는 여러 차례 실무적 절충을 거쳐 김영삼정부 때인 1993년 7월 27일에 일본 오사카大阪에서 합의에 도달했다. 핵심적 내용은 "주타이베이한국대표부(Korean Mission in Taipei)와 주한국타이페이대표부(Taipei Mission in Korea)라는 명칭의 대표기구를 각각 타이베이와 서울에 설치하며, 대표부는 경제협력·통상증진·문화교류·재외국민보호 등 제반 분야 협력을 추진한다."라는 것이었다. 이 합의 직후 한국측은 중국측에 대해 한·중수교 때 합의한 '하나의 중국' 원칙을 충분히 고려하여 타이완측과 비공식 관계를 수립했음을 통보했다. 수교협상 과정에서 이미 동의했던 중국측은 그 통보를 그대로 받아들였다.

한국정부는 1993년 11월에 「주타이베이한국대표부」를 개설하고, 한·미연합사령부 부사령관과 중화민국대사 및 브라질대사를 역임한 한철수韓哲洙 예비역 육군대장을 초대 대표로 발령했다. 타이완은 린춘시엔林尊賢 그레나다대사를 「주한국타이베이대표부」 초대 대표로 임명해 그는 1994년 1

---

67 김재순(金在淳), 「중국과의 약속 지키려 대만에 단교사실 함구했다」, 노재봉 편, 『노태우 대통령을 말한다』, 39~40쪽.

68 노창희, 『어느 외교관의 이야기』, 297쪽.

월 20일에 부임했다. 그레나다는 카리브해에 있는 영연방국의 일원이다.[69] 한국 정부의 마지막 중화민국대사로 단교에 따른 어려움을 겪어야 했던 수도군단장 출신 예비역 육군대장 박노영 대사는 로마교황청대사로 전보되었다.

제3절 베트남과의 수교 이전의 베트남과 남북한

제1항 「베트남민주공화국」 성립 전후 시기의 베트남과 호찌민

베트남의 지리와 자원

먼저 베트남의 지리부터 살피기로 한다. 동남아시아의 인도차이나반도 동부에 위치한 베트남은 남북으로 약 1,600킬로미터에 걸쳐 길게 뻗어 있으면서, 동쪽으로는 남중국해에 닿았고 그 너머로는 필리핀을 바라보고 있으며, 서쪽으로는 라오스 및 캄보디아와, 그리고 북쪽으로는 중국과 접경하고 있다. 라오스 및 캄보디아 너머로 태국을 바라보고 있다. 수도는 북부에 있으며 오랜 기간에 걸쳐 베트남 역대 왕조의 수도였던 하노이河內이다.

면적은 한반도의 약 1.4배로 세계 66위를 차지하고, 인구는 2024년 현재 약 9천950만 명으로 세계 15위를 차지한다. 인구의 약 7할이 농촌에 약 3할이 도시에 산다. 약 55개의 민족으로 구성된 이 나라에서 베트남족이 전체 인구의 약 88~90%를 차지하며, 자연히 베트남어가 공용어이다. 그렇지만 오랜 기간에 걸쳐 우리나라처럼 한자를 함께 쓴다. 남부와 중부 및 북부 사

---

69 이상옥, 『전환기의 한국외교』, 292~293쪽; 조희용(曺喜庸), 『중화민국 리포트 1990~1993: 대만단교 회고』(선인, 2022), 480~483쪽.

이에 차이가 있으나, 오뉴월 무더위가 심하고 1년에 100일 정도 비가 내린다. 천연자원·광물자원·농림수산자원·해양자원 모두가 풍부하며, 쌀·커피·천연고무 등이 대표적 수출품이다. 문자해득률이 95%에 이를 정도로 높고 머리와 손재주가 뛰어나며 부지런해 발전잠재력이 매우 크다.

신라 때부터 대한제국 때까지 베트남과의 관계

우리가 월남越南이라고 부른 베트남이라는 말을 들으면, '월남파병'부터 떠올리는 경우가 많다. 그러나 이 나라와 우리나라의 관계는 '통일신라'로 거슬러 올라간다. 고승 혜초慧超가 인도의 다섯 나라를 순례하고 귀국한 뒤 727년경에 저술한 『왕오천축국전往五天竺國傳』에 그가 오늘날의 베트남을 들렀던 기록이 나오는 것이다. 고려시대에는 대월大越 리조李朝의 왕자들이 국내정변을 피해 고려로 건너와 정선이씨旌善李氏 및 화산이씨花山李氏의 시조가 되었고, 오늘날 베트남에서는 그들의 후예를 베트남의 해외동포로 인정한다.[70] 조선왕조 때는 조선이 중국으로 파견한 사신들과 베트남이 중국으로 파견한 사신들 사이에서 교우가 있었다.

대한제국 멸망기에, 당시 일본으로 망명해 활동하던 청의 개혁사상가 량치차오梁啓超는 역시 일본으로 망명한 베트남의 독립운동가 판보이쩌우潘佩珠와 1905년에 요코하마에서 나눈 대화를 엮어 같은 해 10월에 상하이의 광지서국廣智書局에서 『월남망국사越南亡國史』로 출판했다. 1904년에 『조선망국사략』을 출판해 조선의 지식인들에 친숙했던 량치차오의 이 책은 1906~1907년 사이에 대한제국 애국지사들에 의해 번역되고 망국을 눈 앞에 둔 지식인들의 비분강개를 자아내었다.[71]

---

70 임홍재(任洪宰), 『베트남 견문록: 외교관 임홍재, 베트남의 천 가지 멋을 발견하다』(경기도 파주시: 김영사, 2010), 18~19쪽 및 44쪽.

71 이 책의 가장 최근 번역판은 다음과 같다. 양계초(梁啓超) 편저, 안명철·송담휘 역주, 『역주 월남망국사』(태학사, 2007).

호찌민의 「베트남독립동맹」 결성과 「베트남민주공화국」 건국

베트남에 비해 훨씬 강성했던 중국의 역대 왕조들은 때때로 베트남을 침공해 자신의 '속방屬邦'으로 삼기도 했으나, 거기에 맞서 베트남인들은 독립운동을 벌이기도 했다. 19세기에 이르러 서유럽의 제국주의국가들이 동쪽으로 진출해 아시아의 후진국들을 침략하는 시대가 열리면서 프랑스는 1885년에는 베트남을 완전히 자신의 식민지로 만든 데 이어 1887년에는 라오스와 캄보디아를 베트남에 묶어놓고 그 전체를 '프랑스령 인도차이나'로 만들었다. 그렇지만 베트남의 마지막 왕조로 베트남이라는 국명을 처음 채택한 응우옌왕조阮王朝의 황제 바오다이保大를 인정하는 외양을 취하면서 실제로는 파리에서 파견한 총독이 통치하게 했다.[72]

프랑스의 식민지배는 뿌리 깊은 베트남민족주의를 자극했다. 그리하여 반反식민주의운동이 여러 지도자에 의해 다양한 형태로 끊임없이 일어났는데, 그 연장선 위에서 1925년 6월에 35세의 청년 호찌민胡志明을 중심으로 「베트남청년혁명동지회」가 결성되기에 이르렀다. 그는 자신의 독립운동에 공산주의를 접목시키면서 1930년 2월에 「베트남공산당」을 창당하고 1930년 10월에 홍콩에서 「인도차이나공산당」으로 확대했다. 이후 국제공산주의운동 기구인 코민테른에 가입했고, 레닌연구소에서 조선의 공산주의자 김단야金丹冶와 박헌영朴憲永 그리고 박헌영의 아내 주세죽朱世竹 등과 함께 공부했으며, 스탈린과 마오쩌둥 및 네루 등을 비롯한 당대의 세계적 정치가들과 교우하는 가운데 국제적 안목을 넓힐 수 있었다. 국내외정세의 변화가 빚어낸 우여곡절을 겪으며, 만 51세 때인 1941년 5월 10일~19일에 자신의 「인도차이나공산당」도 해산하면서까지 광범위한 민족해방전선으로 「베트남독립동맹」(약칭 베트민, 越盟)을 결성했다.

1945년 3월에 일본군은 인도차이나의 프랑스 비시정권을 무력으로 무너

---

72 이하 베트남역사에 대해서는 유인선(劉仁善), 『새로 쓴 베트남의 역사』(이산 2002)에 의존했다.

뜨리고 곧바로 군정을 실시했다. 그러나 바오다이를 앞세워 「베트남제국」의 설립을 선포하게 해, 베트남의 독립을 유지시키는 외양을 취했다. 베트민은 호찌민의 지도 아래 일본군정에 대해서도 저항하는 운동을 이끌었으며, 1945년 8월 15일에 일본이 연합국을 상대로 항복하고 「베트남제국」이 그날로 무너지자 8월 19일에 북부의 중심 하노이를 장악했고 8월 25일에 남부의 중심 사이공西貢을 장악했다. 호찌민은 9월 2일에 하노이에서 「베트남민주공화국」의 독립을 선언하고 국가주석에 취임했다.

이때 호찌민은 우리나라에서 고딘디엠(吳廷琰: Ngo Dinh DiemNgo Dinh Diem)으로 불렸던 44세의 응오딘지엠(이하 '지엠'으로 약칭)에게 입각을 권유했다. 독실한 가톨릭신자인 그는 하노이에서 프랑스 식민통치자들이 운영하던 법률행정대학교를 졸업하고 내무부관리로 봉직하다가 프랑스정부가 베트남에 자치권을 확대해주지 않는다는 것이 확실해지자 관직을 버렸으며, 총리로 들어와 「베트남제국」의 내각을 구성해달라는 일제와 바오다이의 요청을 거부했다. 호찌민은 이 점을 평가해 그를 억류한 뒤 각료직을 제의한 것인데, 열렬한 반공주의자인 그로서 수락할 수 없었다. 당시 반공세력도 포섭하고자 한 호찌민이 석방하자, 그는 1949년에 프랑스의 괴뢰국 「베트남국」이 성립되었을 때는 비협력을 공개선언하고, 유럽과 미국을 여행하면서 저명한 우익지도자들과 사귀었고, 이 과정에서 1953년 9월에 한국도 방문했다.

호찌민은 「베트남민주공화국」의 건국과 동시에 미국과의 관계를 강화하고자 했다. 그는 트루먼 미국 대통령에게 친서를 보내 두 나라의 우호관계는 동남아시아의 평화와 안전에 도움이 될 것임을 역설했다. 그러나 반공주의를 고수했고, 국공내전에 빠져있는 중공이 승리하는 것이 아닌가 우려하면서 그 경우 중공과 베트남이 제휴한다면 동남아시아에 공산주의가 확대될 것을 경계한 트루먼 행정부는 대답하지 않았다.

제2항 제1차 인도차이나전쟁 승전과 제네바협정

호찌민이 「베트남민주공화국」을 건국하는 데는 성공했으나, 이 신생국의 앞길에 새로운 장애물들이 나타났다. 첫째, 연합국은 마치 한반도에서 북위 38도선 이북을 소련군이 점령하게 하고 그 이남을 미군이 점령하게 한 것처럼 인도차이나에서 북위 16도선 이북의 땅을 중국국민당군이 점령하도록 했고, 그 이남을 영국군이 점령하도록 했다. 둘째, 프랑스가 베트남에 대한 지배권을 다시 찾으려고 영국의 동의 아래 1945년 10월에 군대를 파견해 1946년 1월에는 사이공을 중심으로 하는 남베트남을 장악했다.

다행히 중국국민당은 1946년 2월에 프랑스와의 협상을 통해 군대를 철수했으나, 1946년 10월에 출범한 프랑스 제4공화국은 「베트남민주공화국」과 「잠정협정」을 체결해 현상을 유지하려고 했다. 그렇지만 1946년 12월 19일에 베트남의 수도 하노이와 베트남에서 가장 큰 항구도시인 하이퐁海防에서 프랑스군과 베트남인 사이에서 무력충돌이 일어나 많은 베트남인이 죽으면서 베트남인의 민족감정이 폭발했고, 이로써 제1차 인도차이나전쟁이 시작되었다.

프랑스는 그사이 사이공을 중심으로 자신의 괴뢰정부 역할을 맡았던 베트남인들의 임시정부를 1949년 6월에 「베트남국」으로 대체했다. 이때 베트남왕조의 마지막 황제였으며 일제의 괴뢰국 「베트남제국」의 황제였던 바오다이를 '전全 베트남의 황제'이면서 「베트남국」의 국가원수로 옹립하며 「베트남민주공화국」을 상대로 하는 대결을 강화하고자 한 것이다. 이 시점에서 소련과 중화인민공화국을 비롯한 공산국가들은 「베트남민주공화국」을 승인하고(1950년 1월), 미국과 영국을 비롯한 서방세계는 「베트남국」을 승인했다(1950년 2월). 이로써 제1차 인도차이나전쟁은 자연히 서방권과 공산권의 대결이라는 국제냉전의 연장전이라는 성격을 갖게 되었다.

이 중요한 전환점에서, 호찌민은 자신이 이끌었다가 해산했던 「인도차이나공산당」을 기반으로 1951년 2월에 「베트남노동당」을 창당했다.

이 전쟁은 7년 6개월 뒤 「베트남민주공화국」의 승리로 끝났다. 보응우옌잡(武元甲: Võ Nguyên Giáp) 국방장관이 호찌민과 긴밀히 협의하면서 그의 특기인 게릴라전을 통해 1954년 5월 7일에 북부베트남과 라오스의 접경지대에 있는 프랑스군의 마지막 거점 디엔비엔푸Dien Bien Phu를 함락한 것이다. 미국은 긴장했다. 공산주의가 동남아시아에서 확산될 것을 경계한 아이젠하워 행정부는 4개월 뒤인 1954년 9월 8일에 필리핀 마닐라에서 미국·영국·프랑스·호주·뉴질랜드·필리핀·태국·파키스탄 등 8개국 외무장관 회담을 열고 「동남아시아집단방위조약(SEATO: Southeast Asian Treaty Organization)」을 출범시켰다. 「베트남국」은 이 조약의 회원국은 아니었다. 그러나 이 조약은 이 조약이 적용되는 구역에 베트남을 라오스 및 캄보디아와 함께 포함시켰고, 미국은 이것을 근거로 베트남에 군사개입하게 된다.

이 시점에서 강대국들이 공동으로 해결책을 찾던 국제분쟁이 두 가지 있었다. 하나가 한반도 분쟁이었고, 다른 하나가 인도차이나 분쟁이었다. 이 두 개의 분쟁을 다루기 위해 관련국들은 스위스 제네바에서 1954년 4월 26일부터 7월 20일까지 회의를 열었다. 이 회의는 첫 번째 안건으로 1953년 7월에 성립된 휴전협정을 평화협정으로 전환해야 하는 한반도 문제를 다뤘는데, 합의를 찾아내지 못한 채 6월 15일에 마친 사실에 대해서는 우리가 제2장 제1절 제2항에서 이미 설명했다.

두 번째 안건이 인도차이나 문제로, 베트민이 디엔비엔푸를 함락시킨 다음 날인 5월 8일에 토의를 시작했다. 회담에는 프랑스와 베트민, 그리고 라오스·미국·소련·영국·중화민국·캄보디아·「베트남국」 등 9개국이 참가했으며, 7월 20일에 우선 「베트남군사정전협정」과 그 부속문서가 프랑스군 대표와 베트민군 대표 사이에서 조인되었고, 7월 21일에 참가국 9개국 가운데 미국과 「베트남국」이 서명하지 않은 채 「제네바회의 최종선언」

이 발표되었다.[73]

협정은 우선 대략 북위 17도선을 경계로 '임시 군사분계선'을 긋고, 분계선 양쪽에 폭 3마일(4.8 킬로미터)의 비무장지대를 설정하기로 규정함으로써 베트남의 분단을 공식화했다. 협정은 이어 300일 동안 남과 북 사이에 인구의 자유로운 이동을 보장했다. 이 합의에 따라, 남에서 약 14,000~45,000명의 민간인과 약 10만 명의 베트민 전투원이 북으로 이동하고, 북에서 지주와 중산층 및 반공적 지식인 그리고 특히 가톨릭신자가 남으로 이동한다.

제3항 제네바협정 이후 남북베트남

「베트남공화국」의 출범과 응오딘지엠정권의 통치

제네바협정의 가장 중요한 산물은 남베트남에서 「베트남공화국」과 응오딘지엠정권(이하 '지엠정권' 으로 약칭)의 출범이었다. 지엠은 1954년 7월 7일에 바오다이가 국가원수인 「베트남국」의 총리를 맡으며 자신의 내각을 출범시켰으며, 1955년 10월 26일에 남베트남에서 부정이 광범위하게 개입된 신임투표를 통해 총통에 당선된 것이다. 이 신임투표는 동시에 군주제 폐지에 동의했으며, 그 결과 바오다이는 베트남에서 추방되었다. 이 모든 과정에서, 지엠은 아이젠하워 행정부의 지원을 받았으나, 그 자체보다는 주로 중앙정보국의 지원을 받았다.[74]

제네바협정은 남북베트남의 통일을 위해 "캐나다 · 폴란드 · 인도로 구성

---

73 이승헌(李承憲), 『남베트남민족해방전선연구』(고려대학교 아세아문제연구소, 1968), 21~23쪽 및 295~302쪽.

74 이하 「베트남공화국」의 성립과 이후 「베트남민주공화국」과의 관계 그리고 지엠 개인과 정권 및 쿠데타에 의한 몰락에 대해, 저자는 다음 저술으로부터 인용하고자 한다. 윤충노(尹忠老), 『베트남전쟁의 한국사회사: 잊힌 전쟁, 오래된 현재』(푸른역사, 2015).

하는 국제통제위원회의 감독 아래 1956년 7월에 비밀투표에 의한 자유총선거를 실시한다."라는 합의를 담았다. 지엠정권의 첫 결정은 자신이 서명하지 않은 협정에 구애되지 않는다는 논리에서 남북총선거 실시를 거부하는 것이었다. 지엠은 이때까지만 해도 일정한 범위 안에서 독립운동가라는 이미지를 유지하고는 있었지만 인구의 약 8~9%에 지나지 않는 가톨릭신자들 가운데 한 사람으로 정치기반이 취약했다. 그런데도 북에서 남으로 내려온 약 90만 명의 가톨릭신자들을 편애하면서 인구의 다수가 믿는 불교에 대해서는 적대적인 정책을 썼다. 대법원장을 비롯해 외무장관·국방장관·미국대사·영국대사·유엔대사 등 국가 요직에 친인척을 기용해 봉건적 가족정권을 유지했으며, 특히 비밀경찰기구를 거느리는 내무장관에는 자신의 친동생 옹오딘뉴(吳廷瑈: Ngo Dinh Nhu)를 임명했고, 그의 부인 쩐레수언陳麗春은 국회의원 겸 베트남여성운동위원장을 맡았다.

옹오딘뉴가 이끈 내무부는, 북베트남이 남파하는 요원들 그리고 남베트남에서 북베트남에 동조하는 '불순분자'들을 제거하기 위한다는 명분 아래 자신이 공산주의자로 의심하는 사람을 자의적으로 연금하거나 체포하고 「반공재교육캠프」에 수용시킬 수 있는 초법적 권한을 행사했다. 1959년 5월에 발효한 새 국가보안법은 위반혐의자를 군사재판에 회부해 사형 또는 종신형에 처하게 해 국민의 반감을 높였다. 부정부패는 사회 전반에 만연했다. 북베트남이 단행한 전면적인 토지개혁에 문제가 없는 것은 아니었으나 호 주석이 직접 개입해 과오를 시정하면서 농민의 지지를 받고 있다는 소식이 전해지면서, 남베트남에서도 농지개혁을 실시했지만 지주와 기득권층의 이익을 옹호하는 것으로 끝났으며, 농민을 통제하기 위한 목적에서 마련한 전략촌 프로젝트 또는 밀집촌 프로젝트를 실시하는 과정에서 집단학살을 자행하기도 했다.

「남베트남민족해방전선」 결성

북베트남은 지엠정권의 취약성 그리고 국민의 반감을 놓치지 않았다. 북베트남의 집권당인 「베트남노동당」은 1959년 1월에 중앙위원회 15차 전원회의를 열고 남베트남에서의 혁명전쟁전략을 채택한 데 이어, 1960년 9월 5일에 제3차 당대회를 열고 '북부의 사회주의 건설'과 더불어 '남베트남의 해방'을 결의했다. 거기에 고무된 남베트남의 공산주의자들과 민족주의자들 그리고 제네바협정이 보장한 남북으로의 인구이동 때 베트민의 지시에 따라 북으로 가지 않고 남에 남았던 베트민 요원들은 그해 12월 20일에 남베트남에서 「남베트남민족해방전선」을 결성했다. 이 기구는 지엠정권의 타도 그리고 지엠정권 지원세력으로서의 '미제국주의자'의 축출을 지향했으며, 이로써 이미 남베트남에 진주한 미국과의 전쟁은 불가피해졌다. 연구자들은 이 날을 제2차 인도차이나전쟁의 개시일로 본다.

남북베트남에서 상황이 이렇게 전개되면서 대체로 제네바회담이 끝난 때로부터 그사이 유지되었던 남북 베트남 사이의 비전비화非戰非和의 '평화상태'는 1960년 이후 빠르게 깨어졌다. 남베트남 안에서 지엠정권에 반대하는 세력이 크게 성장한 데다가 북베트남과 연계를 맺은 베트콩이 가세했기 때문이다. 당시 지엠정권은 남과 북의 '베트남 공산주의자'들을 멸시하는 의미에서 베트콩Viet Cong 또는 그저 VC라고 불렀는데, 이 이름이 미국을 비롯한 국제사회에서 남베트남의 공산주의자들을 호칭하는 것으로 널리 받아들여졌다.

미국이 지원한 쿠데타에 의한 지엠정권의 붕괴

지엠정권의 장래를 불안하게 느낀 민주당의 케네디 행정부는 남베트남군軍에 대한 미국인 고문의 수를 크게 늘였고 1962년 2월에 미국의 베트남군사자문사령부(MACV)를 세워 지엠정권을 군사적으로 보호하고자 했다. 그렇지만 문제는 지엠정권에 대한 국민의 불신이 점점 높아가는 데 있었다. 1963년 5월에 지엠 총통은 자신의 친형을 꽝빈성廣平省의 대주교로 임명했고 대주대주교는 곧바로 석가탄신일을 금지했다. 불교도들의 분노는 결국 1963년 6월 11일에 꽝빈성 사이공시市 남베트남주재미국대사관 부근에서 승려 틱꽝득이 분신자살하는 것으로 이어졌다. AP통신사 베트남 특파원 말콤 브라운Malcom Brown이 촬영한 사진을 통해 세계적으로 널리 보도된 이 사건을 계기로 반전운동이 격화되는데도 지엠정권은 사이공의 사리사를 공격해 승려 30명을 살해하고 민간인 200명과 승려 1,400명을 체포했다.

케네디 행정부도 더 이상 지엠정권을 뒷받침하기 어려워졌다. 결국 1963년 10월 2일에 케네디 대통령은 중앙정보국이 마련한 쿠데타계획을 승인했고, 즈엉반민(楊文明: Duong Van Minh) 장군은 1963년 11월 1일에 쿠데타를 일으켜 집권하면서 미국으로의 망명을 거부한 지엠과 그의 동생 뉴를 처형했다. 다른 한편으로, 지엠정권을 무너뜨린 쿠데타로부터 21일이 지난 1963년 11월 22일에 케네디는 암살된다.

제4항 제2차 인도차이나전쟁과 한국의 참전

케네디 행정부가 지엠정권을 무너뜨리고 새로운 친미정권을 세웠으나, 이후 1967년에 응우옌반티에우(阮文紹: Nguyen Van Thieu) 정권이 세워지기까지 4년 동안 남베트남에서는 군부쿠데타가 열 차례 일어나면서 내부적 혼란은 계속되었다. 자연히 북베트남과 「남베트남민족해방전선」의 게릴라활동은 더욱 활발해졌다. 상황의 심각성을 확인한 미국의 존슨Lyndon B. Johnson 민주당 행정부는 1964년 5월 9일에 한국을 비롯한 25개 우방국에 「베트남공화국」을 베트콩의 도발로부터 보호하기 위한 지원을 요청했다. 한국정부는 1964년 7월 31일에 국회의 동의를 받아 9월 11일에 130명 규모의 이동외과병원과 10명 규모의 태권도교관단을 보내는 것으로 화답했다. 이것을 제1차 파병이라고 부른다.

곧이어 1964년 8월 4일에 미국 국가안전보장회의는 1964년 8월 2일과 3일에 북베트남의 경비정들이 베트남의 북부와 중국의 남부 사이에 있는 통킹만(Gulf of Tonkin)에서 미해군 구축함 매독스Maddox와 터너조이Turnner Joy를 선공함에 따라 미국측에서도 응사했다고 발표했다. 이 발표는 미국의 여론을 보복 쪽으로 돌려놓았고, 연방하원은 8월 7일에 확전을 뒷받침하는 결의안을 통과시켰다. 존슨 행정부는 미군을 단계적으로 증파하면서, 한국을 비롯한 우방국들에게 지원을 요청했다. 여기에 응해, 한국정부는 국회의 동의를 얻어 1965년 3월 16일에 비전투부대로 건설을 지원하는 비둘기부대를 보냈다. 이것을 제2차 파병이라고 부른다.

존슨 행정부는 1965년 2월에는 북베트남에 대한 폭격을 개시하고 3월에는 1차적으로 지상군 6만여 명을 파견했다. 이렇게 미국의 군사개입을 남베트남에서의 베트콩 '소탕'에서 벗어나 북베트남과의 전쟁으로 확대하면서, 존슨행정부는 박정희 대통령에게도 파병을 요청했다. 미군의 패배를 내다보면서도, 한미동맹의 정신을 존중해, 박정희 대통령은 전투사단의 파병을 결정했다. 이동원李東元 외무장관은 곧 브라운Winthnop G. Brown 주한미국대사와 회담하고, 미국이 한국군의 현대화를 지원하고 남베트남에서 사용할 군수품을 한국이 담당하며 북한의 남침 때 미국이 즉각 출병한다는 조건 아래 5만 명 이내에서 파병한다는 데 합의했다. 1965년 5월 17~18일에 워싱턴에서 열린 한미정상회담은 이 합의를 재확인했다.

한미 사이의 합의를 보면서, 남베트남 총리는 1965년 6월 14일에 대한민국 국무총리 앞으로 1개 전투사단 파병을 요청하고 6월 20일에 재요청했다. 국내에서는 찬반논쟁이 심각하게 벌어졌다. 그러나 한국정부는 1965년 8월 13일에 국회의 동의를 얻어 해병여단을 청룡부대로, 육군수도사단 가운데 핵심병력을 맹호부대로 명명해 각각 10월 9일과 10월 22일에 파병하였으며, 채명신 소장(뒷날 중장 승진)을 맹호사단장 겸 주월한국군사령관으로 임명하고 1965년 9월 25일에 사이공에 주월한국군사령부를 창설했다. 조선=한국의 역사에서 최초의 해외원정군을 이끈 주월한국군사령관은 주월미군사령관의 전시작전권에 따르지 않고 독립적 전시작전권을 행사했다. 이때 노태우 중령은 1968년 11월에 '재구대대'로 불린 맹호부대 1연대 3대대 대대장으로 참전했다. '재구대대'는 육군사관학교를 졸업하고 맹호부대 1연대 10중대장으로 파병준비 훈련 때 부하가 떨어뜨린 수류탄을 몸으로 덮쳐 중대원들을 구하고 산화한 강재구姜在求 대위를 기리기 위해 명명되었다.

증파는 1966년에 계속되었다. 수도사단 26연대를 맹호부대 소속으로, 그리고 9사단을 백마부대로 명명해 각각 4월 19일과 10월 3일에 파견했다. 같은 해 10월 21일에는 박 대통령이 남베트남을 방문했다. 한국만 아니라 동남아시아집단방위조약 회원국들인 호주·뉴질랜드·필리핀·태국 등이 파병했고, 그들은 미국 및 남베트남과 1967년 10월 24~25일에 필리핀 마닐라에서 제1차 월남참전7개국정상회담을 열고, 베트남문제의 평화로운 해결을 추구할 것을 다짐하는「마닐라선언」을 채택했다.

북한은 처음부터「베트남민주공화국」과「남베트남민족해방전선」을 지지했으며 1967년 8월에는「베트남민주공화국」에 군사원조와 경제원조를 무상으로 제공하는 내용의 협정을 체결했다. 북한은 1966~67년에 소수의 공군도 파병했다.[75]

남과 북 베트남에서 정신적 지주로 존경을 받던 호찌민 주석은 1969년 9월 2일에 79세로 별세했다. 그렇다고 해서 베트남인의 항전의식은 꺾이지 않았고, 베트남전의 상황은 점차 참전국들에게 불리하게 돌아갔으며 국제사회에서는 미국의 베트남전쟁 수행에 비판적인 여론이 확산되었고 미국

---

75 이신재(李信宰),「북한공군의 베트남전쟁 참전」,『현대북한연구』제29권 제3호(2016년 12월), 6~51쪽.

안에서도 반전시위가 격렬하게 벌어졌다. 그러한 분위기 속에서 사실상 미군의 철수를 공약한 공화당의 닉슨Richard M. Nixon 후보가 1969년 1월에 새 정부를 이끌면서 철군에 착수했다. 1971년 6월 13일부터 며칠에 걸쳐 『뉴욕타임스』가 미국의 베트남전 개입에 관한 기밀문서들을 공개하고, 특히 통킹만사건이 미국 군부에 의해 조작된 사실을 밝히자, 반전운동은 더욱 거세졌다.[76]

닉슨 행정부는 파리에서 북베트남과 남베트남 그리고 「남베트남민족해방전선」이 구성한 「베트남임시혁명정부」와 4자회담을 가진 데 이어, 1972년 10월 24일에 하노이에서 북베트남과 비밀회담을 가진 뒤, 최종적으로 1973년 1월 27일에 파리에서 다시 4자회담을 열어 평화협정을 체결했다. 미국은 이 협정에 따라 1월 29일에 종전을 선언하고 3월 29일까지 미군을 완전 철수했다. 한국정부 역시 1971년 12월 4일부터 철군을 시작해 1973년 3월 12일까지 철군을 끝냈다. 결국 1975년 4월 30일에 북베트남은 남베트남정부를 무력으로 붕괴시키면서 제1차 인도차이나전쟁과 마찬가지로 제2차 인도차이나전쟁을 승리로 마감했다.

한국의 경우 제1차 파병으로부터 완전 철수까지 8년 6개월 동안 연인원 31만 2,853명을 파병했으며, 5,099명이 전사하고 11,232명이 부상을 입었다. 이러한 헌신과 희생 위에서, 한국은 모두 50억 달러를 얻었다. 참전장병들과 파월기술자들은 급여로 받은 달러를 거의 전액 한국으로 송금했고 기업들 역시 외화를 벌었으며, 미국정부의 원조도 늘어난 덕분이었다. 이 '월남특수'는 1970년대 고도성장의 밑거름이 된다.

---

76 Neil Sheehan, *A Bright Shining Lie: John Paul Vann and America in Vietnam* (New York: Vintage, 1988); Daniel Ellsberg, *Secrets: A Memoir of Vietnam and the Pentagon Papers* (New York: Viking, 2002).

제4절 베트남과의 수교

제1항 「베트남사회주의공화국」의 수립과 남북한

남베트남을 정복한 북베트남은 1975년 4월 30일 그날로 지난날의 「베트남공화국」 대통령궁에 「베트남임시혁명정부」의 국기를 게양했으며, 14개월 뒤인 1976년 7월 2일에 남과 북을 통튼 전국 총선거를 실시해 통일국가로서의 「베트남사회주의공화국」의 성립을 선언했다. 이로써 베트남은 2차대전 종전 직후에 국한해 말할 때 두 차례에 걸쳤던 분단을 마감한 것이다. 수도는 물론 여전히 하노이였다. 통일 베트남은 1977년 9월 20일에 제32차 유엔총회에서 유엔에 가입했다.

통일의 공로자로 우선 호찌민이 꼽혔다. 본명이 응우옌신꿍阮生恭인 호찌민은 베트남에서 교육을 받고 교사로 생활하다가 프랑스로 건너가 온갖 잡일을 마다하지 않고 생활하며 자신의 성명을 응우옌아이꾸옥阮愛國, 곧 '애국자 응우옌'으로 고치고 자신의 일생을 조국의 독립에 바치기로 결심했다. 독립운동기에 4대륙 28개국을 옮겨다니며 활동하는 가운데 174개의 가명과 필명을 썼다고 하는 그는 1942년부터는 '계몽시키는 사람'이라는 뜻의 찌민志明이라는 이름도 썼다.[77]

평생 독신이었고 자녀가 없었던 호찌민은 1945년 9월에 「베트남민주공화국」의 주석이 된 이후에도 2층으로 된 작은 목조건물을 관사로 쓰며 오로지 베트남의 통일과 평화를 추구하며 매우 검소하게 생활해 공직자로서의 모범을 보였고, 별세하기에 앞서 남긴 유서에서도 장례를 화장으로 간소하게 치를 것을 당부했다. 남과 북 모두에서 '호胡 아저씨'로 부르며 그를

77 임홍재, 『베트남 견문록』, 137~138쪽.

사랑했던 국민은 오늘날까지도 국부國父로 받들고 있다. 하노이에 있는 호찌민기념관 안에 미라로 처리된 그의 영묘가 있는데, 매년 백만 명 이상이 방문한다. 이러한 호찌민에 대한 깊은 존경심에서 「베트남공화국」의 수도였던 사이공시市를 호찌민시市로 개명했다.

베트남과 남북한

그러면 그사이 베트남과 남북한 사이의 관계는 어떠했던가? 「베트남사회주의공화국」의 전신 「베트남민주공화국」은 소련과 중화인민공화국에 이어 세 번째로, 동남아시아국가로서는 처음으로, 1950년 1월 31일에 북한과 외교관계를 맺고 1950년 10월 25일에 서로 대사관을 개설했다. 이후 두 나라는 긴밀한 관계를 유지해, 호찌민 주석은 1957년 7월 8~12일에 북한을 방문했고, 김일성 수상은 1958년 11월 28~12월 2일에 답방했다.

대한민국 정부는 1955년 10월에 지엠의 「베트남공화국」을 공식승인하고, 1956년 5월에 정전회담 한국대표를 역임한 최덕신崔德新 예비역 육군소장을 공사로 하는 공사관을 사이공에 개설했다. 공사관은 1958년 4월 1일에 최덕신 공사를 대사로 하는 대사관으로 승격했다. 「베트남공화국」은 1956년 6월에 서울에 공사관을 개설했고 1958년 3월 1일에 대사관으로 승격했다.

두 나라의 우호친선관계는 두 나라 국가원수의 교환방문에서 나타났다. 지엠 총통은 1957년 9월에 한국을 방문해 이승만 대통령과 정상회담을 가졌으며, 이승만 대통령은 1958년 11월 5~8일에 남베트남을 방문해 지엠 총통과 정상회담을 가졌다. 어느 때인지는 정확하지 않은데, 지엠 총통은 이 대통령에게 한국군을 고문단 형식으로라도 보내달라고 간곡히 요청했고, 이 대통령은 국방부에 긍정적 검토를 지시하면서도 파견하지는 않았다.[78]

---

78 채명신(蔡命新), 『베트남전쟁과 나: 채명신 회고록』(팔복원, 2006), 36쪽.

한국정부는 1964년 이후 국군을 파견해 「베트남공화국」에는 우방이 되었으나 「베트남민주공화국」 그리고 「베트남임시혁명정부」에는 적대국이 되었다.

제2항 한국과 베트남 수교의 배경

노태우 대통령이 북방정책을 추진할 때 베트남은 당연히 대상국에 포함되었다. 노 대통령 이전 시기에는 1964년 9월부터 1973년 3월까지 8년 6개월에 걸쳐 교전했던 과거로 말미암아 수교협상 발상 자체가 쉽지 않았다. 그러나 두 나라와 연관된 협상이 낳은 간접적 경험과 베트남 내부의 직접적 변화가 대화의 길을 열어주는 계기가 되었다.

대한민국 외교관 3인의 억류 그리고 석방을 둘러싼 협상

첫째, 한국외교관 송환 협상이었다. 앞에서 살폈듯, 25년 넘도록 지속된 적대적 상황에서, 통일을 성취한 베트남은 「베트남공화국」 주재 대한민국 대사관의 외교관들 가운데 철수하지 못한 이대용李大鎔 공사, 서병호徐丙鎬 영사, 안희완安熙完 영사 등 세 외교관을 억류했다. 그들은 「베트남민주공화국」과 「베트남임시혁명정부」가 사이공에 세운 「군사행정기구」의 밀착 감시를 받다가 1975년 10월 3일에 사이공의 치화형무소에 수감되었다. 이 형무소는 패망한 「베트남공화국」의 고위관리들을 비롯해 그들의 기준으로 '특급 정치범'에 속하는 사람들을 가두고 신문訊問하는 곳이었다.[79] 세 외교관은, 특히 이 공사는, 아주 좁을 뿐만 아니라 햇빛이 전혀 들어오지 않는

---

79 이대용(李大鎔), 『사이공 억류기』(화남출판사, 1981); _____, 『6·25와 베트남전 두 사선을 넘다: 마지막 주월공사 이대용 비화』(기파랑, 2010);______, 『김정일과의 악연 1809일: 최후의 주월공사 이대용은 말한다』(경학사, 2000).

감방에 갇힌 채 최악 수준의 급식으로 연명했다. 신문은 잦으면서도 가혹했다. 폭언과 폭행은 다반사였고 북한으로 넘기겠다는 협박이 뒤따랐다. 신문에 때때로 동참한 북한공작원들은 협박도 하고 회유도 하면서 북한으로 갈 것을 강요하고 베트남측에 신병인도를 끈질기게 요구했다. 그러나 세 외교관은 「외교관계에 관한 빈 협약」을 내세우며 그들의 부당성에 항의했다. 유엔의 주관으로 1961년 4월 18일에 오스트리아 수도 빈(Wien: 영어로 Vienna)에서 채택되었고 1964년 4월 24일부터 시행된 이 협약은 외교관의 면책특권을 보장했기에, 그들을 구금한 것 자체가 불법이었다. 다행히 이 공사의 경우 때때로 재직 때 맺은 인연의 덕에 차입을 받을 수 있었고 어쩌다가 외부와의 교신도 가능해졌다.

그들이 외로우면서도 힘겹게 영웅적으로 투쟁하는 동안, 한국정부는 그 나름으로 그들의 석방을 위해 최선의 노력을 기울였다. "돈은 얼마든지 써도 좋으니 모든 수단을 다해 구출하라."는 박정희 대통령의 독려 아래, 외무부는 교섭의 방향을 크게 보아 셋으로 잡았다.[80]

첫째, 유엔난민기구(UNHCR)과 국제적십자사(ICRC)를 비롯한 국제기구에의 호소였다. 둘째, 스위스와 스웨덴 등 중립국의 정부를 통한 교섭이었다. 그 두 나라 가운데 특히 미국의 베트남전을 오랜 기간에 걸쳐 비판해 통일베트남의 신뢰를 받고 있는 스웨덴정부에 기대를 걸어, 박 대통령 스스로 주한스웨덴대사대리를 청와대로 초치해 각서를 써주면서 도움을 청했다.

셋째, 프랑스정부였다. 프랑스는 베트남의 식민모국이었고 제1차 인도차이나전쟁의 패전국이었으며, 제2차 인도차이나전쟁을 매듭짓는 회담이 열리고 협정이 체결된 곳이 바로 이 나라의 수도 파리였다. 이러한 역사적

---

80 윤하정(尹河珽), 「월남패망과 한국외교관 석방교섭」, ______, 『어느 외교관의 비망록: 외교의 최전선을 누비다』(기파랑, 2011), 60~79쪽; 공로명(孔魯明), 「이대용공사 석방을 위한 3자 비밀협상」, ______, 『나의 외교노트: 안에서 듣고 보고 겪은 한국외교 50년』(기파랑,2014), 279~296쪽.

배경에서, 프랑스는 베트남과 특별관계를 유지해 당시 서방국가로 유일하게 사이공에 외교사무소를 개설하면서 파리에 북베트남대표단 공관 개설을 허용하고 있었다. 프랑스 국적기 에어프랑스는 주1회 태국 방콕에서 사이공을 왕래하고 있어서 프랑스정부는 이 항공편으로 외교행랑(파우치)을 주고받으며 현지의 정세를 파악하는 통로로도 활용했다.

이 공사의 회고록 그리고 세 외교관의 석방을 위한 대외교섭에 참여했던 한국 외교관들의 저서를 종합해보면, 프랑스정부와 스웨덴정부가 일정하게 도움을 주었다. 그들은 「베트남사회주의공화국」 정부와의 접촉을 통해 세 외교관을 북송하지 않을 것이라는 결정을 알아내 한국정부에 전달해주었다. 무엇보다 프랑스정부는 한국과 북한 그리고 베트남 3자 사이의 회담이 뉴델리의 베트남대사관에서 진행되도록 성사시켰다. 북한은 남한당국이 수감한 '수십 명의 남조선 혁명가'들과의 교환을 제의해 이 문제를 놓고 협상이 계속되었는데, 그 과정에서 당시의 동아시아상황을 놓고 북한과 베트남 사이에 이견이 깊어지고 있음이 감지되었다. 다른 한편으로, 스웨덴정부 역시 많은 도움을 주었다.

돌파구가 열리지 않은 상태에서, 1979년 2월 17일에 베트남이 중국과 전쟁에 들어갔을 때 북한이 중국을 지지함으로써 북한의 압박으로부터 훨씬 자유로워짐을 간파한 이스라엘 국적의 국제무기거래상 사울 아이젠버그 Saul Eisenberg가 개입했다. 그는 6·25전쟁 때 서울에서 무역상으로 활동한 인연을 계기로 1962년에 당시 박정희군사정부가 시작한 제1차 5개년경제계획에 소요되는 외자유치에 관여했으며 이후 한국정부를 상대로 여러 프로젝트에 참여했다. 그는 김재규金載圭 중앙정보부장에게 접근해 자신이 현재 베트남에서도 사업하고 있음을 강조하고 세 명의 한국외교관을 구출하겠다고 장담하면서 일이 제대로 잘 풀리면 자신이 서울에서 다시 사업할 수 있도록 배려할 것과 훈장을 줄 것을 요구했고, 박 대통령은 이 제의에 동의했다. 이러한 종합적 노력의 끝에, 특히 스웨덴정부의 협력이 주효해, 그들은 억류 1809일 만에 석방되었고, 1980년 4월 12일에 생환되었다. 훗날 세 외교관이 석방되어 귀국할 때 사이공에서 아이젠버그의 전용기를 사용했고 아이젠버그에게 한국정부가 금탑산업훈장을 수여한 사실에 미루어 그의 역할이 컸음은 확실하다. 그러나 실제로 그가 어떤 일을 했는지는 아직 밝혀지지 않았다.

이 모든 과정에서 한국 외무부는 베트남의 외교관에 대해 새로운 인식을 갖게 되었다. 뉴델리회담에 한국 수석대표로 참석한 윤하정尹河珽 외무차관이 이 회담에 베트남 수석대표로 참석한 응우옌 반 시키Nguyen Van Siki 인도주재대사에 대해 "직업외교관으로서 상당한 식견과 균형 잡힌 인사로 생각되었으며, 북한의 주장을 지지하는 것 같으면서도 한국의 주장이 합당성을 지니고 있다고 여길 때는 인정하는 것 같은 제스처를 보였다."라고 회고한 것이 그 한 보기였다. 실제로 베트남이 한국외교관의 신병을 북한에 넘기라는 북한의 끈질긴 요구를 거부한 것은 베트남 외교의 공정성과 신중성을 보여주었다. 이 사실에 대해, 훗날 베트남과의 수교협상에 참여한 김석우 외무부 아주국장은 "[베트남이 그렇게 한 것은] 베트남당국도 앞으로 한국과의 국교정상화에 대비한 장기적인 생각을 갖고 있었기 때문이었다."라고 논평했다.[81] 이렇게 볼 때, 외교관송환을 둘러싼 베트남과의 협상은 베트남과의 수교협상의 디딤돌이 되었다고 말할 수 있을 것이다.

베트남 내부에서의 변화: 개혁개방정책의 추구와 한국에의 협력요청

그러나 베트남과의 수교 성사에서 이것보다 훨씬 더 중요했던 것은 베트남정부 내부의 변화였다. 그 변화는 역설적이게도 베트남의 중국과의 갈등과 전쟁으로 시작되었다. 베트남이 남베트남에 거주한 화교 약 30만 명을 추방하자 자연히 중국의 반발을 불러일으키게 되었다. 곧이어 1977년 5~6

81 국립외교원 외교안보연구소 외교사연구센터 편, 『한국 외교와 외교관: 한일관계 · 한중수교 · 한베수교; 김석우 전 통일원차관』(국립외교원, 2022), 262쪽.

월에 베트남은 캄보디아와 국경분쟁에 빠지게 되었고, 1977년 12월 ~ 1978년 1월에 캄보디아가 베트남과의 외교관계를 단절하면서 베트남에 대한 침공을 개시했다. 베트남은 1978년 11월에 소련과 우호협정을 체결하고 곧바로 캄보디아를 점령해 친중적 「캄보디아인민공화국」을 세웠다. 여기에 맞서 중국은 1979년 2월에, 60만 병력으로 베트남을 침공했다. 공산국 사이의 전쟁으로 처음인 이 전쟁에서 베트남은 한 달 만에 승전했다. 이로써 베트남은 프랑스제국주의, 일본제국주의, 미국제국주의에 이어 중국제국주의도 물리쳐 한 세기 안에 네 개의 제국주의를 모두 패퇴시킨 위세를 떨쳤다.

그렇지만 1980년에 들어와 베트남에 대한 국제적 압력이 거세졌다. 그 압력은 우선 미국으로부터 제기되었다. 아직 베트남과의 관계를 정상화하지 못하고 있었던 미국정부는 베트남전쟁 때의 미군포로나 실종자의 송환 그리고 전사자의 유해발굴을 비롯해 캄보디아에 주둔한 베트남군의 철수를 포함한 '캄보디아평화' 안 그리고 그 밖의 쟁점과 관련해 로드맵Roadmap이라는 이름의 4단계 계획을 세우고 단계적 해결을 추구하는 가운데 미국의 요구에 응하도록 여러 방면에서의 제재를 가하면서 한국을 포함한 자신의 우방국이 '공조'해줄 것을 요청하고 있었던 것이다.[82]

이러한 국제적 제재는 그렇지 않아도 40년 동안의 전쟁으로 극단적인 어려움에 빠진 베트남의 경제를 더욱 압박했다. 주산물인 쌀의 생산도 부진했으며 밀거래와 암시장이 늘어나고 부정부패가 확산되면서 통일정부의 정당성마저 위협했다. 집권당인 「베트남공산당」은 5개년 경제계획도 집행해보고, '대규모 사회주의적 생산방식'도 시행해 보았으며, 화폐개혁도 실시해보고, 농민에게 일정한 범위 안에서 자율권을 주는 '코안Khoan 제도' 도 채택해보았으나, 모두 실패했다.

---

82 김석우(金錫友), 『남북이 만난다 세계가 만난다』, 288~289쪽.

집권세력은 새로운 길을 찾아야 했다. 그들은 지난날의 정책들을 철저히 재검토한 뒤 자신들의 오류와 과오를 인정하고, 그 바탕 위에서 1986년 12월 15일에 「베트남공산당」 제6차 대회를 소집하고 응우예반린(Nguyen Van Linh: 阮文靈)을 서기장으로 선출했다. 개혁파를 대표한 그는 '쇄신'을 뜻하는 '도이모이'의 이름 아래 개혁개방정책의 추진을 선언했다. '도이모이'가 베트남판 페레스트로이카로 불리면서 국내외의 관심을 받고 있던 터에, 베트남은 1988년 1월에 외자에 바탕을 둔 민간기업의 인가를 뼈대로 하는 획기적인 외국인투자법을 공표했다. 이에 따라, 프랑스와 일본 기업들의 투자가 시작되었다. 한국에서도 여전히 미수교 적성국으로 분류되어 있던 베트남에 삼성·현대·대림·대우 등 국내기업들이 진출하기 시작했다.

'도이모이' 정책은 1988년 9~10월에 서울에서 열린 제24회 여름 올림픽에 참가하는 것으로도 나타났으며 1989년 9월에 캄보디아로부터 베트남군을 철수시키는 것으로 이어졌다. 자연히 외국 자본주의국가 기업의 투자와 경협이 더욱 활발해졌다. 특히 1995년에 미국과도 수교하면서 글로벌경제의 일원이 되었고, 도이모이 선언 이후 20년 만인 2006년 12월에 세계무역기구(WTO)에 150번째 회원국으로 정식 가입한다.

우리는 이 책의 제1장에서 '이동복 명제'를 제시했었다. 사회주의 또는 공산주의를 채택했던 국가에서 노선변화가 일어날 때 한국정부의 수교를 위한 접근과 협상이 열매를 맺을 수 있다는 명제였다. 베트남과의 수교에도 마찬가지였다. 위에서 살폈듯, 베트남 내부에서의 노선변화가 일어나고 이것을 적절히 포착한 노태우정부의 시도가 뒤따랐기에 수교가 가능했던 것이다.

제3항 베트남이 먼저 제의한 수교

베트남과의 수교를 목표로 잡고 있으면서도 미국과의 공조를 염두에 두고 주저하던 외무부에, 1990년 4월 정주년鄭炷年 태국주재한국대사로부터 급전이 들어왔다. 태국주재베트남대사가 자신을 만나고 싶어 한다는 내용이었다. 외무부 본부의 허락에 따라 만남이 성사되었으나 어떤 새로운 진전이 뒤따르지는 않았다.

정 대사는 6개월이 지난 1990년 10월 10일에 같은 내용으로 다시 보고하면서, 베트남대사가 "본국의 훈령에 따라 수교교섭을 제의해왔다."라는 새 소식을 전했다. 베트남전쟁 때 교전국이었고 이후 일정 기간에 걸쳐 적대감을 노골적으로 드러냈던 베트남이 먼저 수교를 제의한 것이다. 두 나라의 수교는 한국정부가 바라마지 않던 것이었다. 그러나 '공조'를 요구해온 미국의 입장을 무시할 수는 없었다. 외무차관이 주한미국대사를 만나 반응을 살폈지만, 그의 반응은 퉁명스러웠다. 외무부는 "수교교섭의 시기를 조정할 필요가 있다."라는 훈령을 내려 보냈다.[83]

한국정부의 미온적 반응에 대해 베트남정부는 "불쾌하게 생각하지 않고 한국정부의 입장을 이해한다."라는 것으로 해석되는 자세를 보이면서, 1991년 4월에 서울에서 열릴 유엔 아시아태평양경제사위원회(ESCAP) 총회에 베트남정부 대표가 참석할 때 한국 외무장관을 만나게 해달라고 요청했다. 이때 한국 외무부는 베트남 외무부가 한국과의 수교를 열망하고 있는 것으로 거듭 판단할 수 있었다.

그러면 베트남정부는 어떤 배경에서 한국과의 수교를 열망한 것일까? 당시 베트남과의 수교 문제를 직접 다뤘던 김석우 외무부 아주국장은 다음과 같이 설명했다.

---

83 이하 수교교섭과정은 다음에서 자세히 설명되었다. 위와 같음, 290~313쪽.

베트남이 그토록 한국과의 관계개선을 갈망한 이유는 어떻게 보면 아주 간단하다. 경제성장을 위한 모델로 삼겠다는 의도에 다름 아니었다. 실상 구미를 제외한 아시아 권역에서 대개의 나라들이 일본경제에 예속되어 있다시피 한 상황이었으나 한국은 달랐던 것이다. 험난한 과정을 넘어 경제발전을 이룩해야 할 베트남으로서는 그 '비결'이 아쉬웠던 것임에 틀림없다.[84]

김석우 국장의 이 진단은 결코 '자만自慢'에서 나온 것이 아니다. 우리가 앞으로 보게 되듯, 베트남의 고위관리들은 한국측에 위와 같은 취지의 발언을 계속하는 것이다. 이 점에서 우리는 베트남과의 수교에서도 우리가 제1장에서 설명한 '기업 공헌 명제'를 확인하게 된다.

예정대로 1991년 4월 1~10일에 에스캅 제47차 총회가 서울에서 열렸다. 이상옥 외무장관은 4월 4일에 베트남 수석대표 부 콴Vu Khoan 외무차관과 회담했다. 부 콴 차관은 베트남정부의 도이모이정책을 자세히 설명하며 한국정부의 협력을 기대한다고 덧붙였다. 이 장관은 "한국은 국제사회의 일원으로 캄보디아 문제에 관한 우방국의 관심을 무시할 수 없다."라고 말하면서 "우방국은 이 문제의 해결에 진전이 있을 때까지 베트남과의 관계개선 추진을 기다려줄 것을 요망하고 있다."라고 부연했다.

부 콴 차관은 캄보디아 문제는 한국과 아무런 관계가 없기 때문에 한국과 베트남 사이의 관계에 장애가 될 것으로는 보지 않으나 한국의 입장을 이해하며 기다릴 용의가 있다고 대답하면서, 통상대표부 상호개설을 제의했다. 한국기업들이 베트남에 많은 관심을 갖고 있고 베트남 역시 한국과 경제통상관계를 증진시키고 싶은 만큼, 비자발급 등의 기능을 가진 통상대표부를 서로 개설하자는 뜻이었다. 이 제의의 바탕에는 통상대표부 개설은 외교관계 수립이 아닌 만큼 한국정부가 동의한다고 해도 미국이 이해하지

84 김석우, 『남북이 만난다 세계가 만난다』, 291~292쪽.

않겠냐는 배려가 깔려있었다.

이 장관이 한국정부는 통상대표부 개설이라는 중간단계를 거치지 않고 직접 외교관계를 수립할 계획임을 설명하자, 부 콴 차관은 한국이 중국과 수교하기에 앞서 무역대표부를 개설한 사례를 지적하면서도 한국정부의 입장을 잘 알겠으며 본국 정부에 보고하겠다고 대답했다. 비록 구체적 합의에 이르지는 못했으나, 이 회담은 한국과 베트남 고위 외교당국자 사이의 첫 번째 공식 회담이었으며 수교 필요성에 대해 인식을 같이 했다는 점에서 의미가 있었다.[85]

두 나라의 수교를 위한 환경은 계속해서 개선되고 있었다. 우선 캄보디아문제가 평화적 해결의 방향으로 진전을 보이더니 1991년 10월 23일에 캄보디아평화협정이 파리에서 체결되었다. 베트남과 중국도 1991년 11월 5일에 국교정상화를 공식 발표했다. 한국과 베트남 사이의 교역 역시 빠르게 확대되었다. 1989년에 수출이 4,500만 달러 수입 4,200만 달러였으나, 1990년에는 수출 1억 1,700만 달러 수입 3,300만 달러로, 1991년에는 수출 1억 9,900만 달러 수입 4,100만 달러로 크게 늘어났다. 특히 수출이 크게 늘어나고 있었다.[86] 이것은 베트남이 한국에 '황금시장'이라는 사실을 일깨워준 것이다.

제4항 한국정부의 「베트남정세조사단」 파견

이러한 추세를 감안해, 한국정부는 1991년 9월 23~27일에 김석우 외무부 아주국장을 단장으로 하는 「베트남정세조사단」을 베트남에 파견했다. 사이공에서 대한민국대사관이 철수한 이후 16년 만에 처음으로 한국의 고

---

85 이상옥, 『전환기의 한국외교』, 917~919쪽.

86 위와 같음, 919쪽; 김석우, 『남북이 만난다 세계가 만난다』, 311쪽.

위공무원이 베트남을 방문한 것이다.

김석우 단장은 베트남 외무부의 부 콴 차관과 레 둑 캉 차관보를 비롯해 고위관리들을 만났다. 이 자리에서 캉 차관보는 우선 베트남정부가 추진하는 정책을 자세히 설명하고, 베트남정부의 계획에는 '한계가 있음'을 스스로 인정하면서 한국으로부터 많은 것을 배우고자 하니 "적극 도와주실 것을 간곡히 바란다."라고 요청했다. 김 단장은 베트남정부의 자세를 다음과 같이 부연했다.

불과 닷새간의 일정이었지만, 그날부터 베트남측은 지나치게 여겨질 만큼 자세를 낮추고 우리 조사단의 활동을 도와주었다. 한국의 경제협력을 가뭄의 단비처럼 기대하는 처지였던지라 베트남의 상황을 숨김없이 낱낱이 보여주려고도 애썼다.[87]

김 단장은 "베트남에는 풍부한 자원과 우수한 인력이 있습니다. 한국에는 폐허 위에서 초고속 경제발전을 이룬 경험과 기술이 있습니다. 두 나라 국민 모두 강렬한 의지를 가지고 있습니다. 두 나라는 이상적인 남남협력南南協力을 할 수 [있으며 이것을 기반으로] 서로 훌륭한 중급국가로 발전할 수 있습니다."라고 말함으로써, 두 나라 수교의 필요성을 역설했다. 그러나 '한국의 월남전 참전이라는 장애'를 의식하지 않을 수 없었다. 그래서 그는 "양국 간 협력을 위해서는 무연無緣보다는 악연惡緣이 낫습니다."라는 말로써 그것을 에둘러 표현했다. 이에 대해 캉 차관보는 다음과 같이 화답했다.

우리 베트남 사람들에게는 전화(戰禍)에 시달린 경제를 건설하여 부강한 나라를 만드는 것이 가장 중요한 과업입니다. 현명한 사람들은 미래를 건설하는

---

87 위와 같음, 301쪽.

데 온 힘을 기울이지, 과거에 연연하지 않는 법입니다. 그렇게 하는 것이 하늘에 계신 호찌민 할아버지를 기쁘게 해드리는 일이라고 생각합니다.[88]

킹 차관보의 이 화답은 "베트남 사람들이 과거문제에 매달려 미래를 포기하는 어리석음을 범하지 않겠다."라는 입장을 밝힌 것이었다. 이에 김 단장은 "소나무가 무성하면 잣나무가 기뻐한다."라는 뜻의 '송무백열松茂栢悅'의 중국속담을 한지로 써서 킹 차관보에게 주면서, "앞으로 한국과 베트남 사이의 협력의 키워드는 '송무백열'로 하면 좋겠습니다. 아시아라는 숲속에서 소나무와 잣나무에 해당하는 두 나라가 울창하게 자라는 모습이야말로 정말 흐뭇한 그림입니다."라고 설명했다. 킹 차관보는 "나이든 베트남 사람들은 한자를 해득하고 있기 때문에, 나도 '송무백열'의 의미를 잘 압니다."라고 화답했다.[89]

"과거에 연연하지 않겠다."라는 킹 차관보의 말은 그 개인의 말이 아니라 베트남정부의 공식입장이었다. 말레이시아대사와 이탈리아대사에 이어 북핵대사를 역임한 이용준 세종연구소 이사장은 자신이 2000년대 초에 베트남에 상주하는 대한민국대사관에서 정무참사관으로 봉직하며 이 문제와 관련해 자신이 직접 겪었던 일을 다음과 같이 회상했다. 당시 "두 나라 사이에는 베트남전쟁 기간에 한국군에 의한 베트남양민학살 의혹의 소용돌이가 몰려오고 있었다." 이에, "한국정부는 베트남정부에 대해 베트남전쟁 참전에 대한 유감표시를 하고, 양민학살 의혹에 대한 공동조사 실시 후 필요한 경우 사과와 보상도 하겠다는 대단히 전향적인 제안을 전달했다." 이용준 참사관의 증언은 계속되었다.

그러나 베트남정부는 이를 거부하면서, 과거사문제에 대한 어떠한 논의에

88 위와 같음, 306쪽.

89 위와 같음, 306~307쪽.

도 반대한다는 입장을 분명히 하는 한편, 한국군의 양민학살 의혹에 대한 베트남 언론들의 보도를 금지시키는 조치를 시달했다. 베트남을 방문하는 한국의 고위인사들이 덕담 차원에서 양국 과거사문제에 대한 유감표시를 할 때에도 베트남측은 정색을 하면서 "과거를 덮고 미래를 위해 협력하자."라는 말을 반복했다.[90]

그 무렵 대한민국 대통령의 하노이 방문 그리고 그것에 따른 두 나라 사이의 정상회담이 예정되어 있었다. 이용준 참사관에 따르면, "베트남정부는 '제발 과거사문제를 거론하지 말아 달라'는 요청을 […] 우리 대사관을 통해 전달해왔는데, 그럼에도 불구하고 우리 대통령은 덕담 수준에서 한국군의 베트남전쟁 참전에 대한 사과의 뜻을 표명했다." "그러자 베트남정부는 좋아하기는커녕 우리 대사관 앞으로 강한 항의의 뜻을 전달해왔다. 베트남은 한국과 미래를 위한 협력을 하고자 하는데 한국정부는 왜 그리도 과거사에 연연하는지 이해할 수 없다는 것이었다."[91] 이 참사관은 "'국제정치에는 영원한 적도 영원한 친구도 없다'는 평범한 진리를 베트남은 이미 오랜 고난을 통해 몸으로 터득하고 실천하고 있는 지혜로운 나라이기도 하다."라는 관찰을 덧붙였다.

한국과 베트남의 관계가 크게 개선되는 분위기 속에서, 박철언 체육청소년장관은 1991년 10월 21~24일에 베트남을 공식 방문하고, 10월 23일에 베트남정부의 국가체육위원회 다꾸앙 치엔 위원장을 만나 두 나라 사이의 체육교류협정을 체결했다. 1975년 단교 이후 맺어진 최초의 협정이었다. 그는 이어 같은 날 응우옌 만 캄Nguyen Manh Cam 부총리와 회담하면서 지난날의 잘잘못을 따지지 말고 미래지향적인 안목에서 수교할 것을 제의했다.[92]

---

90 이용준, 『대한민국의 위험한 선택: 전환기 한국외교의 네 가지 위기』(기파랑, 2019), 64쪽.
91 위와 같음, 65쪽.
92 박철언, 『바른 역사를 위한 증언』 2, 215~220쪽.

진념陳稔 동력자원장관은 1992년 1월 하순에 하노이를 방문해 트린 럼 중공업장관과 회담하고 베트남의 유전개발사업에 한국 기업들도 참여할 수 있도록 하는 양해각서에 합의했다.[93]

제5항 통상대표부 개설을 거쳐 국교 수립으로

김석우 단장은 귀국 즉시 이상옥 외무장관에게 "국교수립을 위한 교섭을 적극 추진하는 것이 바람직하다."라는 취지의 보고서를 올렸다. 이 장관은 한때 베트남정부가 제의한 통상대표부 설치라는 중간단계를 뛰어넘어 곧바로 수교 쪽으로 방향을 잡았다. 외무부는 자신의 이 방침을 주한미국대사관에 전달했다. 그러나 아무런 반응을 드러내지 않았다. 약 1개월 뒤인 1991년 10월 23일에 마침내 캄보디아평화협정이 체결되자, 주한미국대사관은 비로소 "한국과 베트남의 관계개선 노력에 이해를 표명한다."는 취지의 전문을 보내왔다.

외무부는 정주년 태국주재대사를 단장으로 임명하고 베트남에 파견하기로 결정했다. 정 대사는 1991년 12월 17일에 교섭단을 이끌고 하노이로 출발했다. 그러나 베트남주재북한대사관이 강력히 제동을 걸자 베트남은 주춤했다. 한국정부가 수교에서 한 걸음 물러서서 연락대표부 상호개설을 제의하자 베트남이 응해 1992년 3월 30일부터 4월 4일까지 교섭이 재개되었다. 외무부는 제네바공사를 거쳐 중앙아프리카대사와 오사카총영사 등을 역임한 박노수朴魯洙를 교섭단에 합류시켰다. 교섭은 순조롭게 진행되어, 4월 2일에 국교수립의 준비단계로 우선 서울과 하노이에 연락대표부를 서로 개설한다는 데 합의했다. 이에 따라, 1992년 8월 7일에 베트남주재대

---

93 이상옥,『전환기의 한국외교』, 922쪽.

한민국연락대표부가 박노수 대사를 대표로 개설되었고, 1992년 11월 24일에 대한민국주재베트남연락대표부가 응우옌 푸 빙Nguyen Phu Binh 외무부 행정실장을 대표로 개설되었다. 그는 북한주재베트남대사관에서 오랫동안 근무해 한국어에 능통했다.[94]

이상옥 외무장관은 1992년 12월 21~23일에 하노이를 방문하고, 22일에 베트남 외무부에서 응우옌 만 컴 부총리 겸 외무장관과 「대한민국과 베트남사회주의공화국간의 외교관계 수립에 관한 공동성명」에 서명했다. 이 자리에서 이 장관은 "비 온 뒤에 땅이 굳는다."라는 한국의 속담을 인용하며, 두 나라의 관계가 앞으로 더욱 건실하게 발전할 것이라는 뜻을 밝혔다. 이로써 두 나라는 이 날짜로 외교관계를 수립하고, 서울과 하노이에 상주하던 각국의 연락대표부를 대사관으로 승격시켰다. 대한민국의 연락대표부 박노수 대표 그리고 베트남의 연락대표부 대표 응우옌 푸 빙은 각각 대사로 임명되었다. 이로써 노태우 대통령이 정력적으로 추진한 북방정책은 마침내 베트남 수교로까지 이어진 것이다. 한국의 베트남과의 수교는 미국의 베트남과의 수교보다 약 2년 6개월 앞선 것이었다. 미국은 클린턴 대통령이 이끈 민주당 행정부 때인 1995년 8월 5일에 비로소 베트남과 수교한다.

컴 베트남 부총리 겸 외무장관은 1993년 2월 1~5일에 우리나라를 공식 방문했다. 베트남 외무장관으로 우리나라를 처음 방문한 그를 맞이하여 이상옥 외무장관은 두 나라 사이에 경제공동위원회를 조속히 설치하기로 합의하고 서울과 하노이에서 번갈아 매년 개최하기로 일정을 잡았다.[95]

두 나라는 이후 우호와 협력을 증진해왔다. 이 점은 특히 경제협력에서 두드러졌다. 베트남사회과학원 동남아연구소의 트루옹 쿠앙 호안Truong Quang Hoan 연구위원의 통계에 따르면, 두 나라 사이의 총 교역량은 2010년

94 이상옥, 『전환기의 한국외교』, 922~925쪽.

95 위와 같음, 938~940쪽.

20억 달러(한화 6,696억 원)에서 2020년 128억 5,000만 달러(한화 약 17조 1,522억 원) 그리고 2022년 865억 달러(한화 약 115조 4,602억 원)로 크게 늘었다. 2020년 현재, 베트남은 한국의 3대 수출국이자 5대 수입국이 되었다.[96]

---

96 AIF(ASEAN-INDIA Forum) 전문가 오피니언, Truong Quang Hoan, 「한국, 베트남, 인도 3자 경제협력 전망」, 『대외경제정책연구원(KIEP)』, 2023년 10월 10일.

제8장

맺음말:

노태우정부 이후의 북방정책 및 남북한관계 재조명과 교훈

제8장 맺음말:
노태우정부 이후의 북방정책 및 남북한관계 재조명과 교훈

제1절 노태우정부 5년과 이후 일곱 정부 31년의 비교

평화의 노태우 5년

북방정책을 주제로 한 이 책의 마무리를, 생뚱맞을 것 같지만, 서울대학교 환경대학원 명예교수 전상인全相仁 박사가 발표한 글의 서두序頭 부분 소개로 시작하기로 한다.

> 벨 에포크(Belle Époque)란 한 나라의 '아름다운 시절'을 회고할 때 사용되는 말이다. 전쟁 없는 평화기(平和期)에 국민 대다수가 정치적 안정과 경제적 풍요, 문화적 융성을 구가하던 일종의 '태평성대'다. 주로 19세기 말부터 제1차 세계대전 발발까지의 프랑스를 지칭하나 그 무렵 많은 서유럽 국가들이 포함되기도 한다. 상대적이긴 하나 모든 나라 역사에는 나름의 벨 에포크가 있다. 인생으로 치면 삶이 꽃이 되어 빛나는 순간, 곧 '화양연화(花樣年華)'라고나 할까.

'벨 에포크'라는 개념을 한국의 근현대사에 적용하면서 전 교수는 "개인적 생각에 우리나라 근현대사의 벨 에포크는 1987년부터 1997년까지의 10년 정도다."라고 말하고, 그 논거를 이렇게 제시했다.

우선 탈냉전시대 남북한 국력격차 심화와 함께 전쟁공포가 크게 줄었다. 1인당 GDP가 1만 달러를 돌파하며 고도(高度) 대중소비시대가 시작되었고, 6·29선언 이후 민주주의는 돌이킬 수 없는 대세로 자리 잡았다. 88올림픽을 전후하여 세계화의 빗장 또한 활짝 열렸다. '3당 통합'이나 'DJP 연합' 등을 통해 '가능성의 예술'이라는 정치 본연의 존재 이유가 돋보이기도 했다.[1]

전상인 교수는 미국의 아이비스쿨 가운데 하나인 브라운대학교 대학원 사회학과에서 박사학위를 받고 한림대학교 교수를 거쳐 서울대학교 환경대학교 교수로 봉직하다 정년을 맞은 한국 사회과학계의 지도적 학자들 가운데 한 사람이다. 동서양의 고전에 밝은 탄탄한 학문적 바탕 위에서 유려한 필치로 날카로운 정론을 펴는 문명비평가로도 명성이 높다.

전상인 교수가 '우리나라 근현대사의 벨 에포크'로 파악한 '1987년부터 1997년까지의 10년'은 바로 노태우 대통령 5년과 후임 김영삼 대통령 5년을 합친 시기이다. 그러나 전 교수는 두 대통령의 성명은 한 차례도 쓰지 않았다. 학문적 객관성을 생명으로 여기는 학자로서 자신의 이 글이 행여 두 대통령을 '미화'하는 것으로 오해될 수 있는 것을 피하고자 한 것이 아닐까 추측한다. 그래서 전 교수의 이 글을 이 졸저에 인용하는 것을 자제하고 싶었다. 혹시 전 교수에게 폐를 끼치는 것이 아닐까 걱정해서다.

그러면서도 인용하는 까닭은 다음과 같다. 저자[김학준]는 전상인 교수의 글 가운데 이 10년의 시기에 "전쟁 공포가 크게 줄었다."라는 논점에 주목했었으나 곧 잊었다. 그러다가, 그 이전에도 그러했지만, 특히 전 교수의 글이 발표된 때로부터 약 60일이 지난 2023년 12월 이후 북한 김정은정권의 대한민국을 향한 매우 무례하면서도 거칠고 거친 협박이 너무 잦아졌을 뿐만 아니라 심해졌고, 미사일 발사가 거듭되었으며, 그래서 로버트 칼린

1 전상인(全相仁), 「좌파는 말로 일하고 우파는 일로 말한다」, 『조선일보』(2023년 10월 13일 A30쪽).

Robert Carlin 미국 미들베리칼리지 소속 미들베리국제연구소 연구원과 시그프리드 해커Siegfried S. Hecker 스탠퍼드대학교 명예교수가 2023년 11월 11일에 북한전문매체 「38노스」에 발표한 칼럼을 통해 "한반도 정세는 1950년 6월 초 이후 그 어느 때보다 위험하다. 지나치게 극적으로 들릴지 모르지만 우리는 김정은이 1950년 할아버지(김일성)처럼 전쟁을 하겠다는 전략적 결단을 내린 것으로 본다."라고 경고한 데 이어, 2024년 1월 25일자 『뉴욕타임스』가 한반도 전쟁 재발의 위험을 언급한[2] 상황에 직면하자, 잊고 지냈던 그 논점이 새삼 머리에 떠오른 것이다.

확실히 노태우 대통령이 북방정책을 추진하고 성공시킨 재임 5년의 시기에 한반도의 전쟁 위험성은 매우 낮았다. 대한민국의 역사에서 북한의 도발이 한 차례도 없던 때가 바로 이 시기였다. 대한민국을 전복시키겠다는 악담을 퍼부으며 무장공비들을 내려보내던 박정희 대통령 시기, 그것을 넘어서서 대통령 일행에게 폭탄테러를 가하고 민간비행기를 격추하던 전두환 대통령 시기에서 벗어난 이후, 노 대통령이 재임하던 때에는 오늘날처럼 북한의 최고권력자가 대한민국의 '전 영토를 평정하기 위한 대사변 준비'를 공언하며 핵무기의 실험발사를 계속한 일은 없었다.

노 대통령이 재임하던 시기에는, 오히려 남과 북은 남북총리회담을 여덟 차례나 진행하는 가운데 남북의 교류와 협력을 증진하고 한반도의 비핵화를 함께 추구하고 있었다. 그래서 당시 본국정부와 긴밀히 협의하며 북한을 포함한 한반도의 내외상황을 면밀히 살피던 도널드 그레그Donald P. Gregg 주한미국대사는 1991년 3월 28일에 "개인적으로 나는 오늘날 코리아의 통일이 다가오고 있는 것처럼 느낀다."라고 공언했던 것이다.[3] 그 공언으로부터 9개월 이내에 남과 북은 「남북[북남]기본합의서」 및 「한[조선]반도

---

2 정인설 (『조선일보』 워싱턴특파원), 「김정은의 '전쟁할 결심' 불바다인가 불장난인가: 다시 뜨거워진 한반도 … 북(北) 진짜 속내는」, 『조선일보』(2024년 2월 5일 A32쪽).

3 『서울신문』(1991년 3월 29일).

비핵화공동선언」을 채택하고 발효시켰다.

김영삼정부 출범 직후 시작된 '북핵 위기'와 전쟁론

김영삼정부가 출범한 직후인 1993년 3월 12일에 당시 북한의 실권자인 김정일이 「조선민주주의인민공화국 국방위원장」의 이름 아래 핵확산방지조약(NPT) 가입국들 가운데 처음으로 탈퇴를 선언하고 '제1차 북핵위기'를 조성하자 한반도의 상황은 급변했다. 미국에서도 정부가 교체된 때로부터 겨우 50일이 지났고 한국에서 정부가 교체된 때로부터 겨우 16일이 지난 시점에서, 당시 후계자의 지위를 확실하게 굳힌 김정일의 속셈이 나름대로 작용한 탓도 있었겠지만, 문제는 대한민국의 민주주의를 회복시키고 수호하기 위한 일관된 투쟁으로 존경을 받던 김영삼 대통령의 정부가 아쉽게도 북한의 핵위기 조성이라는 심각한 국면에 직면해서는 그 대응에 미흡함을 보인 데 있었다.

첫째, 김영삼정부는 노태우정부가 고수한 '남북대화의 상호주의 원칙'을 지키지 않았거나 지키지 못했다. 노 대통령의 외교안보수석비서관으로 5년 동안 일관되게 북방정책과 그 일환으로서의 남북대화를 이끌었던 김종휘金宗輝 교수는 "노태우정부는 꼭 일대일一對一 상호주의는 아니었지만 상호주의를 고수하였습니다. 그러나 김영삼정부의 경우 이인모 씨 송환, 식량 지원, 경수로輕水爐 지원 등 일방적으로 [북한에] 혜택을 주었습니다. 이인모 씨를 송환하면서, 우리는 무엇을 얻었습니까."라고 물었다.[4]

둘째, '북한붕괴임박'론을 믿지 않았던 노태우정부와는 달리 김영삼정부는, 특히 김영삼 대통령은 1994년 7월의 김일성 사망 이후 북한이 곧 붕괴하리라고 과신해 남북관계의 위급한 상황에 안일하게 대처했다.[5] 이 점과

---

4 김종휘 외교안보수석비서관 구술, 국사편찬위원회 편, 『고위관료들, '북핵위기'를 말하다』(경기도 과천시: 국사편찬위원회, 2009), 56쪽.

5 Don Oberdorfer and Robert Carlin, *The Two Koreas: A Contemporary History*, rev. and up-

관련해, 국민대학교 장덕준張悳俊 교수는 "김영삼정부 시기의 대북정책은 일관성과 장기적인 비전이 결여된 대통령 1인의 의지와 정치적 의도에 따라 임시방편적으로 추진되는 한계를 지니고 있었다."라고 논평했다.[6]

셋째, 노태우 대통령은 부시 대통령은 물론 고르바초프 대통령이나 덩샤오핑 주석 또는 장쩌민 주석 등과 회담하면서 남북한관계는 한민족의 주도로 해결한다는 원칙을 거듭 확인했다.[7] 그 대표적 사례가, 우리가 제7장 제2절 제3항에서 살폈던 제임스 베이커James A. Baker 미국 국무장관이 제시한 '2(남·북한) + 4(미국·소련·중국·일본)' 방식에 대한 노 대통령의 반대였다. 노 대통령은 분단된 두 당사국에 주변 관련국을 포함하는 방식은 독일의 경우에는 적용될 수 있으나 독일의 경우와는 다른 한반도의 경우에 적용되기에는 큰 한계가 있다고 말하면서, 남북한의 화해와 궁극적 재통일의 과정은 한민족이 주도해야 한다는 자세를 분명히 밝혔고, 베이커 장관은 그 자세에 공감했다.

대조적으로, 김영삼정부는 '제1차 북핵위기' 때 협상을 미국과 북한에게 맡긴 채 빠졌다. 한국이 제외되고 때때로 유엔이 개입한 상태에서, 미국 수석대표 로버트 갈루치Robert L. Galluci 국무부 정치·군사담당차관과 북한 수석대표 강석주姜錫柱 외교부 제1부부장은 1993년 6월 2일부터 1994년 10월 21일까지 뉴욕에서 시작해 제네바에 이르기까지 세 단계에 걸쳐 협상을 계속했다. 결국 1994년 10월 21일에 제네바에서, 국무부 차관에서 순회대사로 임명된 갈루치와 여전히 외교부 제1부부장인 강석주는 「아메리카합중국과 조선민주주의인민공화국 사이의 합의 틀(Agreed Framework Between

---

dated 3rd ed.(New York:Basic Book, 2014), p. 27

6 장덕준(張悳俊), 『북방정책의 이상과 현실: 아관파천에서 신북방정책 까지』(역사공간, 2021), 245쪽; 최완규(崔完圭), 「Icarus의 비운: 김영삼정부의 대북정책 실패요인 분석」, 『한국과 국제정치』 제14권 제2호(1988) 189~212쪽.

7 이상옥(李相玉), 『전환기의 한국외교: 이상옥 전 외무장관 외교회고록』(삶과꿈, 2002), 362쪽.

the United States of America and the Democratic People's Republic of Korea)」에 서명할 수 있었다.[8]

이 합의의 핵심은 북한은 평안북도 영변의 5메가와트 흑연감속로 및 재처리시설의 활동을 동결하고 평안북도 태천에 건설하고 있던 200메가와트 원자로의 건설을 중단하는 대신에, 미국은 함경남도 신포에 1000메가와트급 경수로 2기를 건설해주고 완공 때까지 매년 중유 50만 톤을 제공한다는 데 있었다. 이후 한국과 미국 그리고 몇몇 우방 사이의 교섭 결과에 따라 경수로 2기의 건설비 가운데 70%를 한국정부가 부담하게 되었다.[9]

어렵게 이뤄낸 이 합의가 긍정적 요소를 일정하게 지녔음도 사실이다. 북한을 핵확산방지조약 체제로 복귀시켰고 한때 미국의 클린턴Wiliam J. Clinton 대통령이 고려하던 영변의 핵시설에 대한 선제공격을 막은 것이다. 만일 선제공격이 개시되었다면, 한반도는 엄청난 인적 및 물적 피해를 포함한 큰 재앙에 빠졌을 것이다. 이 점에서, 클린턴 행정부를 상대로 선제공격은 절대로 안 된다고 설득한 김영삼 대통령은 긍정적인 평가를 받을 수 있다. 그렇지만 "남북대화와 북미대화가 동반 진전해야 한다."라는, 곧 '북미대화와 남북대화의 연계'를 역설한 한국정부의 요구를 반영시키지 못한 채, 노재봉盧在鳳 의원의 국회 질의에서의 표현을 빌린다면, "북한의 통미봉남通美封南 전략, 곧 미국과 통하여 남한을 봉쇄하는 전략에 말려들어 모든

---

8 박용수, 「김영삼정부 북핵위기 대응의 한계에 대한 재평가: 김영삼 대통령의 주도성 추구경향과 정부대응의 경직성을 중심으로」, 『한국정치연구』 제20집 제3호(2011), 55~79쪽; 김태현(金泰炫), 『제1차 북핵 위기 협상(1993~1994)』(경기도 파주시: 경인문화사, 2022). 당시 한국 외무장관 한승주 교수와 대통령 외교안보수석비서관 정종욱 교수의 회고는 다음에서 읽을 수 있다. 한승주(韓昇洲), 『외교의 길: 평화를 향한 여정』(올림, 2017); 정종욱(鄭鍾旭), 『정종욱 외교 비록: 1차 북핵 위기와 황장엽 망명』(기파랑, 2019).

9 북한의 핵확산방지협정 탈퇴와 이후 전개된 미국과 북한 사이의 협상은 다음 책들이 자세히 설명했다. 김재목(金在穆), 『북핵협상 드라마: 남 · 북 · 미 삼각게임; 외무부 출입기자의 취재노트』(경당, 1995); 남찬순(南贊淳), 『평양의 핵 미소: 마침내 밝혀지는 핵협상의 전모』(자작나무, 1995); ____, 『북미 핵협상과 동북아질서: 1990년대의 교훈』(경기도 파주시: 나남, 2007).

것을 잃었다."[10]

노태우 대통령 때 외교안보수석비서관이던 김종휘 교수는 "김영삼정부는 노태우정부가 이룩한 남북비핵화공동선언을 북한이 위반했다고 공개적으로 말하지 않고, 미국에 문제해결을 부탁했습니다."라고 비판했다.[11] 제네바 합의의 성립과 파탄의 과정을 자세히 분석한 김태우金泰宇 교수는 구체적으로 다음과 같이 비판했다.

> 결과적으로, 제네바핵합의는 협상을 주도하고 서명자로 참여했던 로버트 갈루치 같은 외교관들의 명성을 높이는 데에는 기여했지만, 북한에는 국제비판을 무마해주고 핵개발을 위한 시간을 벌어주었다. 한국은 미국과 북한이 벌이는 협상을 구경만 하다가 그들이 합의한 경수로 공사에 돈만 대주고 떼이는 처지가 되었다. 전형적인 코리아 패싱(Korea passing)의 사례였다.[12]

결국 문서의 합의로만 끝난 김영삼정부 이후의 여러 합의

김영삼 대통령의 후임인 김대중 대통령은 북한의 김정일 국방위원장을 상대로 2000년 6월 13~15일에 평양에서 회담하고 15일에 5개 항의「남북[북남]공동선언」(별칭 평양선언)을 채택할 수 있었으며, 한반도에서 정전체제를 대체할 평화체제를 수립하기 위해 '한반도 프로세스'를 진행했다. 남북관계의 역사에서 처음으로 남북정상회담을 성사시키고 중요한 합의를 끌어낸 사실은 국제사회에서 한[조선]민족의 위상을 크게 높였으며, 노벨평화상위원회는 그 공로를 인정해 그해 12월에 김대중 대통령에게 제100회 노벨평화상을 수여했다. 이로써 그는 대한민국에서 최초이면서 유일한 노벨상 수상자가 되었다.

---

10 김태현,『제1차 북핵 위기 협상(1993~1994)』, 131쪽 및 145쪽에서 재인용.

11 김종휘 외교안보수석비서관 구술, 국사편찬위원회 편,『고위 관료들』, 78쪽.

12 김태우(金泰宇),『북핵을 바라보며 박정희를 회상한다』(기파랑, 2018), 149~150쪽.

김대중 대통령을 이어받은 노무현 대통령은 2005년 9월 19일에 남·북한과 미국·중국·일본·러시아 등 6개국 대표가 베이징에서 진행한 제4차 6자회담의 산물로 '한반도의 비핵화와 평화체제 그리고 동북아 다자안보협력에 관한 원칙'을 담은 「제4차 6자회담 공동성명」(통칭 「9·19 공동성명」)을 채택할 수 있었다. 그것에도 힘입어, 노무현 대통령은 2007년 10월 2~4일에 김정일과의 정상회담을 역시 평양에서 열고 평화체제 수립에 합의했으며, 4일에 그 합의를 중심으로 「10·4 남북공동선언」을 채택했다.[13]

노무현정부 이후 이명박정부와 박근혜정부는 남북한정상회담을 열지 않았다. 이후 출범한 문재인정부는 김정은정권과 네 차례 [(i) 2018년 4월 27일 판문점, (ii) 2018년 5월 26일 판문점, (iii) 2018년 9월 18~19일 평양, (iv) 2019년 6월 30일 판문점: 한·미·북 3자]에 걸쳐 정상회담을 통해 2018년 4월 27일에 한반도의 '완전한 비핵화'를 향한 노력을 계속할 것을 다짐한 「판문점 선언」에 이어 2018년 9월 19일에 평양에서 「남북[북남]평양공동선언」(통칭 「9·19 남북군사합의」)을 채택할 수 있었다.

다른 한편으로, 미국과 북한은 민주당 행정부를 이끈 버락 오바마 Barack H. Obama II 대통령 때인 2012년 2월 29일에 「9·19선언」의 이행을 다짐하는 합의문」(통칭 「2·29 합의」)을 발표했다. 그때로부터 6년 뒤 공화당 행정부를 이끈 도널드 트럼프 Donald J. Trump 대통령 때인 2018년 6월 12일에 싱가포르에서 열린 미국과 북한 사이에서의 역사적인 최초의 정상회담을 통해 역시 「판문점 선언」을 재확인한 「미북[북미]싱가포르공동성명」(통칭 「6·12공동성명」)을 채택했다.

확실히 2000년 6월부터 2018년 9월 사이에 도합 다섯 차례 열렸던 남북

---

13 국가안보회의 사무차장으로 이 회담에 참석했고 「9·19 공동성명」 채택에도 참여한 이종석 교수의 회고록은 다음이다. 이종석(李鍾奭), 『칼날 위의 평화: 노무현시대 통일외교안보 비망록』(경기도 고양시: 개마고원, 2014). 노무현정부의 외교통상부 장관으로 이 회담과 성명 작성에 참가한 송민순 전 북한대학원대학교 총장의 회고록은 다음이다. 송민순(宋旻淳), 『빙하는 움직인다: 비핵화와 통일외교의 현장』(경기도 파주시: 창비, 2016).

정상회담(미·북 정상회담에 잠시 동석한 경우까지 포함한다면 여섯 차례) 및 2018년 6월부터 2019년 6월 사이에 세 차례 열렸던 미·북 정상회담, 그리고 그것들에 따라 남한과 북한 사이에서나 미국과 북한 사이에서 발표된 이 일련의 합의문 또는 공동선언 = 공동성명은 일정하게 긍정적 역할을 수행했다. 잠정적이었지만 전쟁재발을 막았던 것이고 남북관계와 미북관계를 개선하고 우호와 협력의 방향으로 이끌 수 있는 터전을 마련했기 때문이다. 그것뿐이 아니다. 그 문서들은 비핵화에 관해서는 물론이고 한반도의 평화와 통일을 위한 많은 구체적 구상과 방법을 담았기에, 이 주제를 연구하고 발전시키는 데에 있어서 중요한 자료가 된다.

그러나 그것들은 아쉽게도 모두 화려한 이벤트와 서류상의 합의로 끝났다. 북한은 김정은의 입을 통해 남한의 문재인 대통령 때인 2017년 11월 29일에 '국가핵무력의 완성'을 선포하고도 2018년 3월 26일을 기점으로 '조선반도 비핵화' 의지를 여러 차례 밝힌 이후 진상을 교묘히 은폐한 채 은밀하게 핵개발을 계속했고, 마침내 윤석열尹錫悅 대통령 때인 2022년 9월 8일에 최고인민회의는 '완성된 핵무력의 사용'을 법제화했고, 2023년 9월 27일에 최고인민회의는 헌법에 "핵보유국으로서 나라의 생존권과 발전권을 담보하고 전쟁을 억제하며 지역과 세계의 평화와 안정을 수호하기 위하여 핵무기 발전을 고도화한다."라고 명기했다.[14] 그사이 2017년 7월 4일과 28일에 사거리射距離 7,000킬로미터가 넘는 대륙간탄도미사일 화성-14형의 실험발사에 성공했고, 2017년 9월 3일에는 여섯 번째 핵실험을 실시해 수소탄 실험을 성공시켰다.[15] 김태우 교수의 표현으로, "오늘날 북한은 여섯 차례의

---

14 조성렬(趙成烈), 『김정은시대 북한의 군사전략: DIME 분석과 삼벌(三伐) 구상』(백산서당, 2021), 102쪽, 144쪽, 177쪽; 이우탁(李宇卓), 『긴급 프로젝트 한반도 핵균형론: 북한의 핵보유국화와 미중 패권경쟁』(경기도 파주시: 역사인, 2023), 164~170쪽, 유용원 (『조선일보』 군사전문기자), 「북(北), 핵무력 영구화 선언… 추진중인 전략사(司), 제대로 만들어야」, 『조선일보』(2023년 10월 5일 A 30쪽).

15 김정은정권 그 자체와 김정은정권의 군사전략 및 대남전략에 대한 체계적 분석은 다음 책이 시도했다. 조성렬, 『김정은시대 북한의 군사전략』.

핵실험을 통해 원자탄·수소탄·증폭분열탄 등을 과시한 세계 아홉 번째의 핵보유국으로 자리매김되었고, 남북 간에는 '핵보유국' 대 '비핵국'이라는 현격한 비대칭 관계가 존재하게 되었다."[16] 같은 맥락에서, 그는 "세계 아홉 번째의 핵보유국, 세계 최대 화학무기강대국, 세계 2~3위 생물무기강대국, 세계 5~6위의 미사일강대국, 해킹강대국 등이 세계 최빈국의 하나인 북한이 누리고 있는 모순적 지위들이다."라고 썼다.[17]

이러한 맥락에서, 6자회담을 비롯한 한반도 비핵화를 둘러싼 일련의 회담에 한국대표단의 일원으로 참가했던 이용준李容濬 전 북핵대사의 회상에 주목하게 된다. 말레이시아대사에 이어 이탈리아대사를 역임하고 현재 세종연구소 이사장으로 봉직하는 노련한 외교관인 그는 회담은 한 차례도 문제의 핵심을 해결하지 못한 채 숱한 수사修辭만 남겼다고 회상하면서, 2000년의 6·15공동선언을 비롯해 몇 차례의 화려한 다짐들이 발표되었지만, 글자 그대로 외화내빈外華內貧이었을 뿐, 국제사회가 북한의 핵보유를 용인하건 용인하지 않던 관계 없이 북한은 이제 사실상 핵보유국이 되었다고 개탄한 것이다.[18]

이용준 대사의 개탄은 나폴레옹 전쟁을 끝낸 뒤 패전국 프랑스를 상대로 영국·러시아·오스트리아·프로이센 등 승전국들이 1814~ 1815년에 오스

---

16 김태우,『북핵을 바라보며 박정희를 회상한다』, 128쪽.

17 위와 같음, 133쪽.

18 이용준(李容濬),『북한 핵, 새로운 게임의 법칙』(조선일보사, 2004)/변진일(邊眞一) 역,『북한이 핵을 발사하는 날: KEDO 정책부장에 의한 진상보고』(일본어)(도쿄: PHP연구소, 2004); 이용준,『게임의 종말: 북핵 협상 20년의 허상과 진실, 그리고 그 이후』(경기도 파주시: 한울아카데미 2010년 10월:2018년 재판)/최성희(崔誠姬) 역,『게임의 종언: 검증 6자회담 파국과 북조선 핵 위기의 행방: 북조선의 핵의 올가미·사슬·수렁·운명의 갈림길·미몽·환상의 종언』(이즈시[伊豆市]: 비스타피·에스, 2015); 이용준,『북핵 30년의 허상과 진실: 한반도 핵 게임의 종말』(경기도 파주시: 한울아카데미, 2018 12월); ______,『대한민국의 위험한 선택: 전환기 한국 외교의 네 가지 위기』(기파랑, 2019년 1월); 장세정(張世政),「(인터뷰: 이용준 북핵대사) 북핵 해결 기회 두 번 놓쳐 … 미사일·잠수함 대대적 확충을: 장세정 논설위원이 간다」,『중앙일보』(2023년 3월 13일, 종합 24쪽).

트리아의 수도 빈에서 개최한 빈 회의(Congress of Wien) 때 프랑스의 리뉴Ligne 후작이 "회의는 춤춘다. 그러나 진전은 없다."라고 개탄한 사례를 연상하게 한다. 1년을 끈 회의과정에서 무도회는 수없이 열렸지만 제대로 된 합의를 끌어내지 못하는 데에 대한 불만의 표시였던 것이다. 이렇게 볼 때, 미국의 트럼프 대통령이 2019년 2월 27~28일에 베트남 하노이에서 북한의 김정은 국무위원장을 상대로 제2차 정상회담을 진행하다가 핵개발 사찰을 극소화하려는 김정은의 속셈을 간파하고 자리를 박차고 일어나 아무런 합의문을 남기지 않은 채 결렬시킨 것은 오히려 다행이었다고 하겠다.

제2절 북한정권의 본질: 국가폭력과 거짓 그리고 극단의 불평등

독일사회민주당의 반성이 주는 울림

역대 대한민국 정부의 숱한 노력에도 불구하고, 왜 그러한 결과가 빚어진 것일까? 다른 나라는 그만두고 우리 한국의 경우, 북한정권의 본질에 대한 인식에 근본적인 문제가 있었던 것은 아닌지 스스로 묻게 된다. 이것은 역대 정부의 대북정책에 관해 '비판을 위한 비판'을 하려는 뜻에서가 아니라, 이 시점에서 우리가 걸어온 길을 돌이켜 보면서 고칠 것이 있으면 고쳐 더 나은 길을 걷자는 뜻에서다.

마침 지난 2023년 12월 10일에 독일의 집권여당인 독일사회민주당(SPD: Sozialdemokratische Partei Deutschlands 사민당)이 창당 160주년 기념 전당대회 폐막과 더불어 대對러시아정책과 관련해 발표한 반성문을 떠올리게 된다. 독일 전국에서 모인 600여 명의 당원대표들은 「격변하는 세계에 대한 사회민주주의적 해답」이라는 결의문을 통해, "러시아와 경제협력을 강화하면 러시아가 민주화할 것이라는 당의 가정은 잘못된 것이었다."라고 인정했다. 그러면서 "러시아가 [우크라이나 등] 주권국가에 대한 정복과 억압을 통해 제국주의적 목표를 추진하는 한 [러시아와의] 관계정상화를 거부하겠다."라고 선언했다. 그들의 반성 대상에는 서독 총리로 동방정책을 추진해 독일통일의 기초를 닦아 노벨평화상을 받은 빌리 브란트Willy Brandt도 포함되었다.[19]

150년에 가까운, 글자 그대로 유구한 역사를 지닌 독일사회민주당은 그사이 여러 차례 자신의 과거 행적을 반성하는 가운데 국내외적 신망을 확보하고 유지하면서 발전해왔다. 1875년에 「독일사회주의노동당」으로 출발한 이 정당은 1890년에 「독일사회민주당」으로 개명한 뒤 사회민주주의의 이념과 정책을 지키다가 1951년 6월에 세계 160개 사회주의 정당이 독일 프랑크푸르트(암 마인)에서 사회주의인터내셔널(SI: Socialist International)을 출범시키면서 마르크스의 유물사관과 계급투쟁론을 거부하는 것을 뼈대로 한 「프랑크푸르트(암 마인) 선언」을 채택할 때 참여했고, 1959년 11월에 독일 바트 고데스베르크에서 비상전당대회를 열고 소련식 사회주의와 스탈린주의를 비판하면서 기독교윤리와 자본주의 및 의회민주주의의 골격을 다시 확인한 「고데스베르크 강령」을 채택했다.[20] 이번의 반성문 채택은 독일사회민주당의 그러한 역사에 비추어, 또 하나의 진전을 위한 자기비판이었다고 하겠다.

'전체주의적 독재체제'론에 적합한 북한

그사이 한국의 사회과학계에서 뿐만 아니라 세계의 사회과학계에서도,

---

19 정철환(『조선일보』 파리특파원), 「"우리 정책 잘못됐다" 반성하는 독일 정당: 사민당 "러시아와의 관계 설정 오판 … 에너지종속 초래」, 『조선일보』(2023년 12월 12일 A1쪽).

20 독일사회민주당의 역사와 그 변화에 관해 저자는 저자의 다음 책에서 이미 설명했기에 여기서는 되풀이하지 않겠다. 김학준, 「3. 독일제국의 공산혁명가들: 리프크네이히트 부자, 로자 룩셈부르크, 카를 카우츠키, 에두아르트 베른슈타인」, ______, 『혁명가들: 마르크스에서 시진핑까지 세계공산주의자들의 삶과 죽음』(문학과지성사, 2013), 83~105쪽.

북한을 (ⅰ) '전체주의적 독재체제'론, (ⅱ) '신新전체주의체제'론, (ⅲ) '당국가(party-state)'론, (ⅳ) '동원체제'론, (ⅴ) '수령체제'론 또는 '수령절대주의'론 (ⅵ) '병영국가'론, (ⅶ) '신정체제神政體制'론 또는 '사이비종교집단'론, (ⅷ) '폭력적 강압체제'론, (ⅸ) '유격대국가'론, (ⅹ) '극장국가'론, (ⅺ) '봉건체제'론 또는 '봉건적 군벌체제'론, (ⅻ) '내재적 접근'론 등의 개념 또는 방법론으로 분석하고 설명하고자 했다.[21] 그것들 가운데 특히 '전체주의적 독재체제'론은 지난날 소련과 동유럽 공산국가들, 그리고 마오쩌둥毛澤東 당시의 중국을 설명하는 데에 유효했고, 김일성의 북한과 김정일의 북한 그리고 오늘날 김정은의 북한을 설명하는 데에도 유효하다.

그러면 '전체주의적 독재체제'론의 내용은 무엇인가? 원래 히틀러의 나치독일과 스탈린의 소련을 연구하며 개발한 이 이론은 (ⅰ) 누구도 그 타당성에 대해 질문하거나 의심할 수 없는 유일한 이데올로기, (ⅱ) 그 이데올로기의 구현자로서의 단일한 지도자, (ⅲ) 그 단일한 지도자를 유일한 지도자로 떠받드는 대중적 정당, (ⅳ) 정치적 반대자는 물론이고 무고한 시민에 대해서도 테러를 일삼는 비밀경찰을 통한 폭력의 독점, (ⅴ) 매스컴의 독점을 통한 철저한 언론통제, (ⅵ) 경제의 완전한 중앙집권적 기획 등을 특성으로 삼고 있다.[22] 연구자들은 이 여섯 가지에 하나를 더 추가했다. 그것은 권력의 사법부 장악을 통해 법과 정의를 권력의 뜻에 맞게 운영하는 특성이다.

북한정권은 이 특성을 그대로 지니고 있다. 거기에 더해 특히 김일성 통치의 후반부와 김정일 통치의 전체 그리고 김정은 통치의 경우, '전체주의적 독재체제'의 특성에 '과도한 대중적 의식儀式과 집회에 대한 강제적 참여'

---

21 이 개념 또는 방법론에 관해서는 저자가 저자의 다음 책에서 자세히 설명했기에 여기서는 되풀이하지 않기로 한다. 김학준(金學俊), 『북한의 역사』 전2권(서울대학교 출판문화원, 2008), 제1권(『강대국 권력정치 아래서의 한반도 분할과 소련의 북한군정 개시, 1863년~1946년 1월)』, 39~75쪽. '봉건체제'론 또는 '봉건적 군벌체제'론은 다음에서 읽을 수 있다. 황장엽(黃長燁), 『나는 역사의 진리를 보았다: 황장엽 회고록』(한울, 1999), 272쪽.

22 Carl J. Friedrich and Zbigniew F. Brzezinski, *Totalitarian Dictatorship and Autocracy* (Cambridge, M.A.: Harvard University Press, 1956).

와 '끊임없는 세뇌교육'이 추가된 '신전체주의체제'론 역시 유효하다.

그런데 김정일에서 김정은으로의 세습이 이루어져 김정은정권이 공식적으로 등장하면서 김정은의 정통성을 뒷받침하기 위해 대체로 2012~2013년부터 북한정권 스스로 '백두혈통'론을 정립하고 전파했다. 김일성과 김일성의 첫 부인 김정숙이 "백두산 일대를 중심으로 항일무장투쟁을 전개했다."라고 주장하면서 그들 사이에 '백두산 밀영密營'에서 태어났다는 김정일이 '백두혈통'을 이어받아 후계자가 되었듯, 김정일의 아들 김정은이 '백두혈통'을 이어받아 후계자가 되었다고 선전함과 동시에, '백두혈통'을 이어받은 사람만이 조선민주주의인민공화국에서는 최고지도자의 지위에 오를 수 있다는 '리론'을 내놓은 것이다. 그리고 그 '리론'에 기초해, 2013년에 기존의 「당의 유일적 령도체계 확립의 10대 원칙」을 개정하고 세습체제를 공식화했다.

김일성과 김정숙이 백두산 일대를 중심으로 항일투쟁을 전개했다는 주장에는 큰 줄거리에서 사실이 포함되었으나 과장은 물론이고 때로는 거짓마저 포함되었고, 김정일이 '백두산 밀영'에서 태어났다는 주장은 그 자체가 거짓이지만, 설령 사실이라고 해도 이러한 '리론'은 서방세계의 인식론에서는 도저히 받아들일 수 없는 궤변임은 물론이다. 그 공식적 궤변 자체가 '조선민주주의인민공화국'이 '민주주의' 국가도 아니고, '인민'의 나라도 아니며, '공화국'도 아니라 봉건적이며 세습적인 왕국임을 말한다.

이 대목에서 떠오르는 국가이론이 스위스의 정치학자 칼 할러(Karl Ludwig von Haller: 1768~1854) 교수가 개발하고 독일의 세계적이면서 세기적 사회과학자 막스 베버(Max Weber: 1864~1920) 교수가 명확하게 정립한 '가산제국가(家産制國家: patrimonial state)'론이다. 베버는 군주가 국가를 자신의 세습재산으로 취급하는 왕국을 염두에 두고 그 개념을 설정했는데, "가산제국가에서 영토와 인민은 군주의 사유私有로, 재정은 군주의 사수입私收入으로, 전쟁은 군주의 사사私事로 간주되고, 공법과 사법의 구별이나 통치권과 소유권의 구별이 없으며, 군주는 이러한 영토에 대한 소유권의 주체로서의 권력자로 간주된다."

베버의 이 개념을 빌려, 숙명여자대학교 김진무 교수는 북한을 '봉건왕조 가산제적 독재국가'로 명명했고, 최봉대 교수는 '신가산제新家産制 사인독재정권私人獨裁政權'이라고 명명했다.[23] 어떠한 개념보다 최 교수의 이 개념이 오늘날의 북한을 설명하는 데 가장 적합하다고 생각한다.

북한정권의 본질에 관한 평양주재영국대사관 외교관 부인의 증언

돌이켜보면, 이미 1981년 2월에 소련의 브레즈네프는 북한을 '우리'와 같은 입장에 서 있지 않은 '편향주의' 그룹에 속했음을 암시했었다.[24] '전체주의적 독재체제'의 원형인 소련의 인식으로도 북한은 '마르크스-레닌주의 국가'로 간주할 수 없다고 판단할 정도로, 북한정권은 개인숭배와 국가폭력을 배합한 전체주의적 독재에 관제대중집회에의 강제적이면서 반복적 참여와 그것에 바탕을 둔 세뇌 등이 추가되어 유지되는 특이한 존재였기 때문이다. 그만큼 북한체제는 정치학의 또는 사회과학의 이론을 적용하기 어려운, '방법론적 예외'에 속하는 특이성을 지닌 것이다.

이 점에서, 평양에 상주하는 영국대사관에서 2017년부터 봉직한 영국외교관의 부인이 북한에서 2년 동안 머물며 생활하고 관찰한 경험을 바탕으로 출판한 『북한: 어느 곳과도 같지 않은 곳』에 주목하게 된다.[25] "북한은

---

23 김진무, 「북한 통치체제의 기본구조: 북한은 봉건왕조 가산제적 독재국가이다」. 이 논문은 「북한의 미래」라는 필자의 연재 가운데 열세 번째로 필자의 블로그에서 찾을 수 있다; 최봉대(崔奉大), 「북한의 지역협력 접근방식의 특징: 신가산제적 사인독재정권의 '혁명자금 관리제도'와 대외경제협력의 제약」, 『현대북한연구』 제14권 제1호(2011년 4월), 188~248쪽.

24 Thomas P. Bernstein and Andrew Nathan, "The Soviet Union, China, and Korea," a paper read at a symposium held by Korea University and Columbia University, 1981, pp. 32~36.

25 Lindsey Miller, *North Korea Like Nowhere Else: Two Years of Living in the World's Most Secretive State* (Tewkesbury, England: September Publishing, 2021). 이 책에는 저자의 수필 16편 그리고 저자가 찍은 평양의 길거리, 주민들의 모습, 풍경 등 200여 장이 수록되었다. 저자는 "북한정권이 외부에 보여주고 싶은 장면들이 아니라 실제로 제가 보고 느낀 북한을 이

정말 이 세계 어느 나라라도 비교조차 할 수 없는 곳이에요."라고 시작한 이 영국여성은 이렇게 부연한다.

> 북한에 살면서 늘 누군가가 지켜보고 있다는 생각이 들었어요. 실제로도 그랬고요. 영국이나 다른 곳에서 제 마음대로 이동할 수 있다는 것이 얼마나 큰 축복이었는지 깨닫게 했어요. 공원에 가더라도 늘 누군가가 나무 뒤에서라도 서 있었어요. 통제와 감시를 받고 있는 거죠. 또 다른 나라에서는 늘 새로운 사람과의 교류를 통해 그 나라를 더욱 이해하고 문화를 배울 수 있었지만, 북한에서는 어려운 부분이었어요. 물론 거리에서 쉽게 주민들을 만나 이야기를 나눌 수 있었지만, 이 또한 감시를 당할 수 있죠. 감시를 당하고 있다는 압박을 느끼다 보니 그 사람들도 저를 불편해 할 때가 있고, 저도 그 사람들이 위험해지면 어쩌나 하는 걱정이 앞섰죠.[26]

그녀의 고백은 계속되었다. "북한을 경험한 사람이라면 누구나 삶을 대하는 태도가 달라질 겁니다. 저 같은 경우는 하루하루 소소한 일상을 살아가는 방식이 완전히 바뀌었어요. 믿음과 신의를 바탕으로 진정한 인간관계를 형성할 수 있는 환경에 살고 있다는 것이 얼마나 감사한지 알게 됐습니다."라고 말했는데, 이 고백에서 두 가지 논점을 발견하게 된다. 첫째, 북한 정권을 대하는 인식이 기존의 관념에서 달라져야 하겠다는 논점이고, 둘째, 자기가 살고 있는 나라, 곧 우리로서는 대한민국에 문제가 많다고 해도 대한민국이 얼마나 감사한 나라인지 새삼 확인하자는 논점이다.

책 안에 담았다."라고 말했다.

26 안소영 기자, 「『북한: 어느 곳과도 같지 않은 곳』 저자 밀러 "폐쇄 속 주민들, 외부세계 궁금증 많아 … 현대 여성 동경」, VOA(2014년 4월 16일).

북한정권의 본질에 대한 인식을 오도한 서방세계의 대표적 저술들

김일성 일가의 전체주의적 독재체제를 그 본질을 가려주고 오히려 미화함으로써 외부인의 인식을 오도한 저술은 적지 않다. 그 대표적 사례로 세 가지만 지적하겠다.

첫째, 영국의 세계적 경제학자 조앤 로빈슨Joan Robinson 케임브리지대학교 교수가 1965년에 발표한 논문이다. 마르크시스트 경제학자로 『자본의 축적(The Accumulation of Capital)』(London: Macmillan, 1965)과 같은 저서로 명성을 얻은 그녀는 1964년 10월에 북한을 방문하고 귀국한 뒤 발표한 이 논문에서, 북한이 김일성에 대한 긍지를 가진 북한 인민의 집합적인 노력의 결과로 경제적 성취를 이룩했다고 평가하면서 그것을 '기적'이라고 불렀다. 김일성을 '독재자라기보다는 메시아(a messiah rather than a dictator)'라고 극찬했으며, "조만간 남한은 사회주의 아래에 흡수통합 당하지 않으면 안 된다."라고 주장했다.[27]

둘째, 미국인 엘드리지 클리버Eldridge Cleaver가 서문을 쓰고 뉴욕의 출판사가 1972년에 출판한 『주체!: 김일성 저술 · 연설문집』이다.[28] 서방권 독자들을 염두에 두고 영어로 출판된 이 책에서, 그는 김일성의 '주체'를 높이 평가했다. 그러나 그는 미국에서 절도를 비롯한 여러 범죄를 저지르고 복역한 뒤 석방되자 해외로 도주했다가 입북한 사람으로, 다시 미국으로 돌아와서는 자신의 과거를 고백하고 북한을 비난하면서 공화당에 입당했다.

셋째, 서독의 작가로 『생生의 한가운데(Mitte des Lebens)』(1950)를 통해 우리나라에도 널리 알려진 루이제 린저Luise Rinser가 1981년에 출판한 『북한 기행기』이다.[29] 그녀는 자신이 "히틀러의 나치즘에 저항해 투옥되었고 나

---

27 Joan Robinson, "Korean Miracle," *Monthly Review* (January 1965), pp. 545~548.

28 *Juche! The Speeches and Writings of Kim Il Sung*, Foreword by Eldridge Cleaver, edited and introduced by Li Yuk-sa (New York: Grossman Publisher, 1972).

29 Luise Rinser, *Nord-Koreanisches Reisetagbuch* (Frankfurt am Main: Fischer Taschenbuch Verlag, 1981). 이 책은 린저의 그 이후의 방북기를 포함해 다음과 같이 우리말로 번역되었다.

치독일의 패전 이후에는 평화주의자로 일관되게 생활했다."라고 고백함에 따라, 독일과 해외에서도 호의적으로 받아들여졌다. 1980년 봄에 3주 동안 북한을 방문하고 쓴 이 책도 그래서 좋게 받아들여졌다. 이 책에서 그녀는 "북한에는 범죄 자체가 없으며 그래서 형무소가 없고 다만 교화소가 있을 뿐인데 교화소에 들어온 사람은 언제든지 자기가 원할 때 집으로 돌아갈 수 있다."라는 취지로 썼다. 그녀는 이어 "북한에는 영양과 예방검진의 덕으로 감기와 결핵이 전멸되었고, 장애인이나 불구자가 전혀 없다."라는 취지로 썼으며, "북한에는 가난이 없다."라고 단언했다.

뭔가 모순되는 그녀의 행적에 의문을 품은 독일의 몇몇 연구자들의 끈질긴 연구 결과로 나치즘에 저항했었다는 고백은 거짓으로 드러났고, 오히려 히틀러를 찬양한 사실이 밝혀졌다. 북한에 관한 설명 역시 거의 전부가 거짓이었다.[30]

제3절 한국 역대정부의 대북정책 출발점 재검토

대한민국의 역대 정부는, 특히 보수우파 정부의 경우, 북한정권의 본질이 '전체주의적 독재체제'이며 '신전체주의'임을 정확히 꿰뚫어 보았다. 그 점을 충분히 인식하면서도, 대한민국의 안전을 위해 그리고 한반도의 평화와 통일을 위해 북한과의 대화와 협상은 꼭 필요했기에 우리가 곧 보게 될 다음과 같은 논리를 개발하거나 수용했다. 진보좌파 정부의 경우에도, 역시 보수우파 정부와 마찬가지 논리로 북한과의 대화와 협상이 꼭 필요하다

한민 옮김, 『또 하나의 조국: 루이제 린저의 북한 방문기』(공동체, 1988).

30 이인웅(李仁雄), 「루이제 린저 독일에서는 '미친 할머니'라고 혹평한다」, 『동서문학』 171(1988년 10월), 51~59쪽; 박광작(朴廣作), 「이것이 독일 여류작가 루이제 린저의 정체다」, 『주간조선』(2017년 11월 20일), 36~39쪽.

고 판단했다. 다만 양자 사이의 차이를 찾는다면, 후자는 그 논리에 지나치게 기울었다는 사실이다.

단일민족론: '우리 민족끼리' 및 '민족공조'

첫째, 남과 북은 단일민족인 한[조선]민족에 속함으로, 서로 돕고 살아야 한다는 규범적 논리였다. 남과 북이 언어·역사·생활습관·문화 등 여러 부문에서 동질성이 높은 단일민족임은 사실이며, 따라서 비록 이념과 체제를 달리하고 있다고 해도 서로 돕고 살아야 한다는 논리는 정당한 호소력을 갖고 있다. 미국의 정치사회학자 아미타이 에치오니Amitai Etzioni 교수는 통일(unification)을 가져오는 세 개의 힘을 지적하면서 첫 번째 힘을 '동일체적 힘(identitive power),' 곧 "우리는 동일체同一體이다."라는 데서 발생하는 힘으로 꼽고, 그것을 '규범적 힘(normative power)'으로 명명하기도 했다.[31] 거듭 말하지만, 이 이론 자체에는 아무 문제가 없다.

2000년 6월 13~15일에 평양에서 열렸던 제1차 남북정상회담 직후 북한이 대남적화전략의 일환으로 또는 통일전선전략의 일환으로 '우리 민족끼리' 또는 '민족공조' 라는 감성적 구호를 만들어냈다. 이것을 남한에서 순수한 통일운동가들이 진지한 검토와 여과 없이 또는 종북좌파세력이 정략적으로 전파함으로써 하나의 주술呪術처럼 사람들을 사로잡았고 일정하게 영향력을 미쳤다. 특히 종북좌파세력은 이것에 어긋나는 것으로 해석되는 논리를 펴면 곧바로 '반反민족적' 또는 '반反민족주의자'로 낙인을 찍어 그들을 침묵시키고자 했다.

둘째, 남과 북은 미래의 통일을 지향하는 과정에서 '민족적 동질성'을 회복해야 하는데, 그 방법의 하나가 남이 북과의 교류 및 협력을 증진시키고 북을 지원하는 행위라는 논리였다. 이 논리의 바탕에는 데이비드 미트라니

---

31 Amitai Etzioni, *Political Unification: A Comparative Study of Leaders and Forces* (New York: Holt, Rinehart and Winston, 1965), pp. 67~96.

David Mitrany 교수를 비롯해 서구의 국제정치학계가 개발하고 발전시킨 기능주의(functionalism)가 있다. 단순화시켜 말한다면, 어느 낮은 단계에서 시작한 교류와 협력이 진전하면 그것은 그 다음 단계로 확산되고, 이것이 몇 차례 더 되풀이되면 마침내 통일과 통합에 이른다는 이론이다.[32] 이 이론은 교류와 협력에 관한 정부의 의지가 진전을 도울 수도 막을 수도 있다는 신新기능주의론에 의해 비판을 받았으나, 이 이론을 남북한관계에 적용하는 것에는 아무런 문제가 없다. 그러나 종북좌파세력이 북을 돕는 일이 통일에 직결되었다는 논리를 지나치게 강조하면서, 북을 물질적으로 돕는 데에 일정한 조건과 한계를 설정해야 한다는 주장을 펴면 '반反통일적' 또는 '반反통일주의자'로 낙인찍어 침묵시키려고 한 행위는 잘못된 것이었다.

셋째, '잘 사는 남南'이 '가난한 북北'을 도와주어 경제면에서 남북 격차를 줄여나가는 것이 통일을 앞당기거나 통일 이후에 발생할 문제를 사전에 줄여주는 방법이라는 논리였다. 이 논리의 바탕에는, 다시 에치오니 교수가 꼽은 '통일을 가져오는 힘' 가운데 두 번째 힘, 곧 '실용적 힘(utilitarian power)'의 이론이 놓여있다. 경제협력이 늘어나면서 생활이 나아지는 '보상(reward)'을 받게 되면, 자연히 경제협력을 확대하려는 욕구가 커져 궁극적으로 통일을 앞당기게 된다는 뜻이었다. 이 논리도 그 자체로서는 아무 문제가 없다. 그러나 거기에도 조건과 한계가 있어야 하는데, 종북좌파세력은 사실상 무조건적 · 무한계적 제공과 확대를 기도하면서 그것을 비판하면 '반통일적' 또는 '반통일주의자'로 낙인찍어 침묵시키려고 했다.

넷째, 북한은 '사이비 종교국가(cultist state)'이므로 쉽게 붕괴하지 않으며 이러한 체제를 공격하면 체제의 지도자와 추종자의 '융합현상'이 발생하는 만큼, 강경봉쇄작전이 먹히지 않는다는 전제 아래, '포용과 햇볕정책'으로

32 통합의 원리로서의 기능주의에 관한 이론은 루마니아 출신의 영국인 데이비드 미트라니가 1932년에 예일대학교에서 발표한 논문에서 비롯되었다. 그의 이론은 다음에서 종합되었다. David Mitrany, *The Functional Theory of Politics* (New York: St. Martin's Press, 1975).

써 북한을 변화시켜야 한다는 논리였다. 김영삼정부의 첫 국토통일원 장관 겸 부총리였던 한완상韓完相 교수는 이 논리를 제시하면서 다음과 같이 부연했다.

> 1993년에 텍사스 와코(Waco)에서 있었던 다윗파사이비종교집단(Davidian Sect)을 보십시오. FBI가 포위하고 있다가 진입을 시도하니 불을 질러 많은 사람이 희생되었습니다. 사이비종교국가는 그와 비슷합니다. 외부도전이 강하면, 내부결속이 오히려 강해집니다. 북한을 너무 몰면, 북한이 자폭할 가능성이 있습니다. 미국 인사들을 만날 때 저는 와코에서 있었던 일을 기억하라고 했습니다. […]
>
> 기독교의 역사를 보면 알 수가 있습니다. 콘스탄틴 대제가 기독교를 관용령으로 국교로 하기 전에 무섭게 탄압할수록 더 강하게 살아남았습니다. 오히려 기독교를 용인하니까, 기독교가 권력의 중심이 되고 타락하여 남을 탄압했습니다.[33]

한완상 교수의 북한에 대한 인식은 정확하다고 할 수 있다. 북한을 미화하거나 오인한 점이 전혀 없다. 그는 북한체제의 성격을 제대로 인식하면서 대처방안에 대해 자기 나름의 해법을 제시한 것이다.

다섯째, 이러한 논리들에 '내재적 접근방법'이라는 새로운 이론이 추가되었다. 동서독 분단시대에 동독의 이론가들은 서방세계의 학자들이 동독을 서방식 잣대로 평가하는 것은 적절하지 않으며 동독의 '내재적' 조건과 요구를 살핀 뒤 평가해야 한다는 이론을 제시한 것인데,[34] 여기에 영향을

---

33 한완상 국토통일원 장관 겸 부총리 구술, 국사편찬위원회 편, 『고위관료들』, 248~250쪽.

34 박형중(朴泂重), 「독일의 동독연구에서 '전체주의론'과 '내재적 접근론'」, 『북한연구학회 소식』 10(1999); 이국영(李鋦營), 「독일 내재적 접근의 한국적 수용과 오해: 북한연구에 대한 함의」, 『통일문제연구』 제20권 제2호(2008년 하반기), 1~46쪽.

받아 북한을 인권과 자유와 같은 서구식 발상과 개념으로 비판할 것이 아니라 북한의 '내재적' 조건과 요구를 살핀 뒤 평가해야 한다는 주장을 제기한 논자들이 나타난 것이다.[35] 어떤 논자들은 남南은 처음부터 자유민주주의를 표방하면서 출발했으니 그 잣대로 평가하되, 북北은 자유민주주의 그 자체를 부정하면서 평등에 역점을 사회주의를 지향하면서 출발했으니 그 잣대로 평가해야 한다고 주장하기도 했다. 이 주장을 받아들이는 경우, 남한은 늘 비판의 대상이 되지만 북한의 억압과 인권부재는 비판에서 면제된다.

여기서 어떤 좌파 논자들은 남南이 잘 산다고 하는 것은 국가로서의 자주성을 잃고 '미제국주의'의 식민지 또는 종속국이 되었기 때문임에 반해, 북北이 저렇게 가난해진 것은 '미제국주의'와 군사동맹을 맺은 남이 북을 군사적으로 압박하고 있는 상황에서 '주체사상'에 입각해 국가로서의 자주성을 지켜 외국으로부터 원조를 받는것을 자제했기 때문이라고 주장했다. 꼭 그러한 것은 아니지만, 대체로 친북적 또는 종북적 성향을 지닌 것으로 여겨지는 논자들은 그 논리의 연장선 위에서 남이 북을 도와주는 것은 도덕적으로 당연하다는 해석으로써 북을 옹호했다.

이 해석을 지지하는 논자들의 바탕에는 "북한은 항일게릴라 지도자인 김일성이 그의 항일게릴라 동지들과 함께 건국한 뒤 친일파를 숙청하고 항일정신을 받들면서 나라를 이끌었음에 반해, 남한은 이승만이 친일파를 숙청하지 않고 기용한 데 이어 친일을 하다가 친미로 탈을 바꾼 '민족반역자'들을 중심으로 나라를 이끌었으며, 그러했기에 북한은 남쪽에서도 '민족반역자'들을 제거하고 '민족정기'를 바로 세우려고 통일을 지향하지만 남한은 그것이 두려워 통일에 반대한다."라는 잘못된 믿음이 깔려 있다. 그들은 남

---

35 송두율(宋斗律), 「북한사회를 어떻게 볼 것인가」, 『사회와 사상』 4(1988년 12월), 104~106쪽; ______, 「북한연구에서의 '내재적 방법' 재론」, 『역사비평』 30(1995년 봄), 222~229쪽; ______, 「북한: 내재적 접근법을 통한 전망」, 『역사비평』 54(2001년 2월), 115~125쪽.

한정부가 통일을 반대하는 명분으로 평화공존을 내세우는데 그것은 분단을 고정시키는 '두 개의 조선 조작' 논리에 지나지 않는다는 역시 잘못된 논리를 제시한다.

여섯째, "나의 임기 안에 남북한관계에서 획기적 변화와 발전을 이룩해 역사에 길이 남기겠다."라는 공명심이다. 정치인들의 또는 대통령들의 공명심을 나무랄 수는 없다. 역사적으로 위대했던 성취는 기본적으로 공명심의 산물로, 그 공명심이 글자 그대로 역사의 새 단계를 열면서 한반도의 평화와 통일을 앞당길 수 있다. 그러나 그것이 지나친 허영심으로 바뀌어 현실을 냉철하게 직시하지 않고 "모든 것이 잘 될 것"이라는 근거 없는 낙관주의에 빠져 쇼나 다름없는 사진찍기와 이벤트성性 결과에만 연연해,[36] 대한민국이 추구해야 할 가치와 목표에 어긋나는 수준으로까지 양보에 양보를 거듭하면서, 거기에 더해 불법적 방법으로 거액의 미화를 제공해 결과적으로 북한의 핵무장에 도움을 주었다면 비판의 대상이 되지 않을 수 없다. 한 걸음 더 물러나서, 남북한관계의 복잡성과 특수성에 미뤄, 불법적인 방법의 사용도 한반도의 평화와 통일에 이르는 여정旅程에서 불가피하다는 주장을 받아들인다고 하자. 그렇지만 그 수준을 넘어서서 명백한 여적죄與敵罪에 해당하는 행위를 '통일을 위한 민족적 행위'로 미화하는 것은 대한민국의 존립 그 자체에 대한 심각한 도전이다.[37]

수렴론 대 이산론

일곱째, 이른바 수렴론(收斂論: theory of convergence)이다. 1917년 10월에 레닌이 주도한 볼세비키혁명으로 러시아에 공산체제가 들어선 뒤, 학

36 이 점은 다음에서 지적되었다. 「사설: '햇볕정책'에 대한 본심 드러낸 김정은, 애초에 환상이었다」, 『조선일보』(2024년 1월 1일, A31쪽).

37 이 점에서, 그 논지에 찬성하든 반대하든, 다음 책은 분석의 가치가 있다. 고영주·장영관, 『대통령이 된 간첩: 문재인을 간첩이라 주장하는 100가지 이유』(북저암, 2024).

자들은 공산주의의 장래에 대해 깊이 연구하고 서로 다른 두 개의 이론을 제시했다. 하나가 바로 수렴론으로, 공산주의체제나 자본주의체제나 모두 산업화를 추구하는 만큼 산업화 그리고 그 이후의 탈脫산업화가 발생시킬 공통점으로 수렴할 것이라는 이론이었다. 제정러시아에서 상트페테르부르크대학교 교수로 봉직하다가 1917년 2월에 부르조아혁명이 일어난 뒤 알렉산드르 케렌스키Alexandr A. Kerensky가 이끈 임시정부에서 각료로 활동했으며 8개월 뒤 볼셰비키혁명이 일어나자 미국으로 망명해 하버드대학교 교수를 역임한 사회학자 피티림 소로킨Pitirim A. Sorokin을 비롯한 세계적 석학들이 제시한 이 이론은 이후 여러 학자를 거쳐 훨씬 정교하게 정립되었다.[38]

다른 하나는 이른바 이산론(離散論: theory of divergence)으로, 공산주의와 자본주의는 그 거리가 너무 현격해 서로 수렴하는 것이 아니라 떨어져 있을 것이라는 이론이었다. 이 이론과 궤를 같이한 것이 공산정권의 '태생적 불성실성'론이었다. 27세의 청년으로 러시아에 인접한 라트비아의 수도 리가Riga에 주재하는 미국공사관의 3등서기관으로 당시 스탈린의 소련에서 진행되던 공산혁명을 예리하게 관찰했으며, 후일 소련공사와 소련대사를 역임한 미국외교계의 전설적 현인賢人인 조지 케넌George F. Kennan은 공산정권은 '태생적으로 불성실해' 속임수와 거짓에 능할 뿐만 아니라 '팽창주의적' 성향을 지녔음을 지적하면서, 이러한 성격의 공산정권을 대화와 협상을 통해 쉽게 변화시킬 수 있다고 믿어서는 안 된다는 취지로 경고했다.

이러한 판단으로부터 국제정치를 철저한 현실주의에 바탕을 두고 분석한 케넌의 대명사와 같은 소련에 대한 '봉쇄정책(containment policy)'이 나왔음은 우리가 잘 알고 있는 사실이다.[39] 모국어 영어 이외에, 독일어 · 프랑스

---

38 Samuel P. Huntington and Zbigniew F. Brzezinski, *Political Power: USA/USSR* (New York: Viking Press, 1964).

어·체코어·폴란드어·포르투갈어·노르웨이어 등 6개국어에 능통했고, 영국·독일·포르투갈·체코슬로바키아를 비롯해 6개국의 미국 외교공관과 국무부 본부 에서 근무한 그는 훗날 케네디 대통령 때 미국의 유고슬라비아대사로 봉직하다가 자신의 모교인 프린스턴대학교 인근의 고등연구소(Institute for Advanced Study) 교수로 부임해 101세로 별세한 2005년까지 연구를 계속했다.[40]

공화당 출신으로 미국 제40대 대통령이던 로널드 레이건Ronald W. Reagan이 소련을 상대로 구사한 정책은 케넌을 연상하게 한다. 철저한 반공주의자였던 레이건 대통령은 공개적으로 소련을 '악惡의 제국(evil empire)'이라고 부르며 사실상 붕괴를 유도해,[41] 그의 후임자 조지 허버트 워커 부시George H. W. Bush 대통령 때 소련의 해체를 보게 된 것이다. 그 직접적 영향으로 동유럽 공산정권들이 모두 무너졌고, 그래서 오늘날까지도 동유럽국가 사람들은 레이건을 '해방자'라고 추앙하고 있다.

통계적으로 정확히 말하기는 어려운데, 수렴론이 상대적으로 더 많은 지지를 받았다. 이것을 남북한관계에 적용하면, 남南이 국내적으로 경제적 파국에 빠져있고 국제적으로 고립에 빠져있는 북北을 정신적으로나 물질적으로 도와주고 개혁과 개방의 길로 나오도록 이끌어주면 북한정권은 비록 더디게나마 김일성일가의 세습적 독재체제에서 벗어나 한국과 여러 부문

---

39 "X," "The Sources of Soviet Conduct," *Foreign Affairs*, Vol. 25, No. 4 (July 1947), pp. 566~582. 이 논문의 필자는 조지 케넌(George F. Kennan)이었다. 그는 자신이 주소미국대사관 소속의 외교관이었기 때문에 신분을 감춘 것이었다. 이 논문의 출발점은 그가 1946년에 모스크바에서 국무부 본부로 보낸 '장문의 전보(Long Telegram)'이었다.

40 케넌은 외교사상가로서도 뛰어났고, 두 차례에 걸쳐 퓰리처상을 받을 정도로 문필가로도 뛰어났다. 케넌에 대한 저술은 다양하다. 대표적인 저술로, Walter L. Hixon, *George F. Kennan: Cold War Iconoclas* (New York: Columbia University Press, 1989) 및 John Lewis Gaddis, *George F. Kennan: An American Life* (New York: Penguin Press, 2011) 등을 지적할 수 있다.

41 Fred Warner Neal, "The New American-Soviet Cold War," *Korea and World Affairs*, Vol. 5, No. 4 (Winter 1981), pp. 530~531.

에서 협력하고 공통점을 넓힐 것으로 가정한 것이다. 솔직히 말해, 저자 역시 그렇게 믿었다.

지난 역대 정부가 북한을 도와준 결과는 어떻게 나타났나? 긍정적인 측면도 적지 않았다. 무력충돌로 악화되어 가던 남북관계를 잠정적이나마 안정시켜 전쟁재발을 막았으며, 남과 북은 모두 상대방에 대한 이해의 폭을 넓히기도 했다. 비록 부분적이었지만 이산가족의 재회를 실현해 분단의 한恨을 제한적이나마 풀어주기도 했다. 한[조선]민족의 역사를 공동으로 연구해 그 내용을 풍부하게 만들기도 했으며, 금강산관광과 개성공단의 실현으로써 한[조선]민족의 분단극복 의지와 협력을 세계에 과시하기도 했다. 북한에 식량과 약품 등의 물자를 보내, 비록 그것의 상당히 많은 양이 집권세력에게 돌아갔다는 의혹이 뒤따르기는 했으나, 일반 주민의 궁핍한 생활을 부분적이나마 도와주기도 했다.

그러나, 가장 심각하게, 북한의 핵개발과 그 진전을 막지는 못했다. 이벤트성 효과에 매몰되어 '태생적 불성실'에서 출발한 북한의 속임수와 거짓을 알지 못했거나 알았다고 해도 모르는 척했기 때문이다. 그 결과, 현재 대한민국은 김정은정권의 핵공갈을 거의 매일 받고 있다. 이것은 다시 에치오니의 이론을 빌린다면, 통일을 가져오는 세 번째 힘인 '강압력(coercive power),' 곧 군사력에 의존해 북한이 원하는 방향으로 통일을 성취하겠다는 의사의 표시이다.

'희망적 사고(思考)'로 귀결된 우리의 기대

이 상황에 직면해서야, 선의善意에서 출발한 이 수렴론적 가정이 공산주의국가임을 자처하지만 공산주의국가라고 보기도 어려운 북한의 세습독재체제에는 맞지 않았던 것이고, 하나의 '희망적 사고(wishful thinking)'에 지나지 않았던 것이라고 반성하게 된다. 극도로 비인도적이고 비정상적이며 괴기怪奇하기조차 한, 그리하여 서구 국가들이 '테러정권' 또는 '불량정권' 또는

'마피아집단'으로 매도하는 이 체제의 특성 그리고 거기에 따른 내구성耐久性을 인도주의적 또는 민족주의적 애정이 곁들인 비非현실주의적 발상으로 접근했기에, 역대 한국 정부의 숱한 진지한 노력과 국민의 지원에도 불구하고 북한의 핵 개발과 보유를 저지하지 못했다는 잠정적 결론을 내리게 된다.

제4절 '민족'과 '통일'을 부인하며 본심을 드러낸 김정은

남한과 북한은 같은 민족이 아니라는 김정은의 공식 발언

거듭 말하지만, 그사이 우리는 남북관계를 논할 때 1차적으로 "우리는 같은 민족인 만큼 서로 도우며 살아야 한다."라는 규범적 명제에 큰 영향을 받았다. 그 명제는 타당하다. 그런데, "지나친 것은 모자란 것보다 못하다."라는 공자의 가르침처럼, 거기서 한 걸음 더 나아가, 심지어 북한이 핵무기를 가져도 우리 민족이 가진 것이라는 논리로 옹호하거나 북한이 설마 동포인 남한을 상대로 핵무기를 쓰겠느냐고 안일하게 대하는 경우도 때때로 볼 수 있었다. 내부적 인권탄압과 대외적 공격성 등을 포함한 북한의 문제점을 지적하거나 그것을 근거로 대북지원에 소극적인 논리를 펴면 '반反민족' 또는 '반反통일'이라는 지탄을 받기 때문에 그렇게 하기 어려워하는 논자도 적지 않았다.

그런데 이제 그 족쇄를 김정은이 풀어주었다. 조선로동당 중앙위원회 총비서이면서 조선민주주의인민공화국 국무위원회 위원장인 김정은은 대담하면서도 무례하게 2023년 12월 30일에 열린 조선로동당 중앙위원회 전원회의에서 "북남관계는 더 이상 동족관계, 동질관계가 아닌 적대적인, 전쟁 중에 있는 두 교전국관계로 고착되었다."고 호언하고 대한민국을 '주적主敵'이라고 지칭한 데 이어, 2024년 1월 15일에 열린 최고인민회의 시정연설에서는 북한의 헌법에서 1972년의 「7 · 4남북공동성명」이 통일 3원칙으로 채택한 '자주 · 평화통일 · 민족대단결'을 삭제할 것을 지시하면서, 동시에 "우리 공화국의 역사에서 통일 · 화해 · 동족이라는 개념 자체를 완전히 제거해 버려야 한다."라고 말했다. 김정은의 여동생 김여정 조선로동당 부부장 역시 2024년 벽두에 대남담화문을 발표하고, 제 오빠와 마찬가지로, 남북관계를 민족관계가 아닌 '적대적 국가관계'로 규정했다.[42]

그사이 북한정권이 '우리민족제일주의' 또는 '조선민족제일주의'를 외치며 다른 나라의 사례나 가르침을 따르지 말고 '조선민족의 력사'로부터 교훈을 얻어 통일의 길을 열자고 제의해온 것은 모두 위장된 언술이었음을 시인한 셈이다. 이로써 김일성일가는 김정은과 김여정을 통해 자신들의 목표가 남북의 평화통일이 아니라 남조선 정복과 공산화에 있었음을 솔직히 시인하는 '커밍아웃'을 한 것이다.[43]

김정은의 발언에서 특히 주목되는 것은 「7 · 4남북공동성명」이 채택한 통일 3원칙조차 삭제하라는 지시이다. 북한정권은 이 3원칙을 '위대한 수령 김일성 수상'이 제시했고 남쪽이 그것을 그대로 받아들였다고 늘 자랑스럽게 내세우면서 남북회담 때마다 남측을 향해 그 3원칙을 지키라고 요구했는데, 그것을 삭제하라는 것은 그들의 용어를 빌린다면 '위대한 수령'에 대한 불경을 넘어서서 지난날 같으면 당사자에게는 사형에, 그리고 그 가족에게는 정치범수용소 수용에 해당하는 대역죄大逆罪에 속한다.

그렇지만, 김정은의 말이 그대로 법인 북한에서, 김정은정권은 김정일의 뜻을 받들어 「조국평화통일위원회」를 비롯해 「민족경제협력국」과 「금강

---

42 김민서(『조선일보』 기자), 「김여정 "윤(尹) 때문에 전쟁날 판" 정부 "남남갈등 노린 잔꾀": 북(北) 윤(尹) 신년사 향해 원색적 비난」, 『조선일보』(2024년 1월 4일 A6쪽). 김정은의 문제의 발언에 대한 분석에 다음이 있다. 오코노기 마사오(게이오대 명예교수), 「김정은의 '통일거부 선언'을 생각한다」, 『동아일보』(2024년 2월 28일 A29쪽).

43 윤성민(『한국경제』 논설위원), 「윤성민 칼럼: 김정은의 '커밍아웃'이 놀랍지 않은 이유」, 『한국경제』(2024년 2월 8일 A30쪽).

산국제관광국」 등 대남기구를 모두 없앴으며, 2005년에 제정한 「북남경제협력법」과 2011년에 제정한 「금강산국제관광특구법」을 폐기했다.[44] 김정은이 "수도 평양 남쪽 관문에 꼴불견으로 서 있다."라며 철거를 지시한 「조국통일대헌장기념탑」도 부셨다. 남북한 사이의 경계선도 아예 '국경선'으로 바꿔 부르게 했으며, 서해 북방한계선(NLL)에 대해 '국제법적 근거가 없는 유령선'으로 단정하며 북방한계선을 무력화無力化하고자 했다.[45] 북한의 국가인 '애국가'에 나오는 구절 '삼천리 아름다운 내 조국'에서 '삼천리'를 '이 세상'으로 바꿨고, 북한의 온라인과 오프라인 자료에서 한[조선]반도 이미지를 북한지역만 확대한 이미지를 쓰고 있다.[46] 이제 북한의 시각으로서는 한[조선]반도는 더 이상 '삼천리 금수강산'이 아니게 되었다.

정권붕괴를 두려워하는 김정은의 속셈

거듭 말하지만, 북한이 핵보유국이 되었다는 사실, 그리고 김정은정권이 "통일 · 화해 · 동족이라는 개념 자체를 완전히 제거해야 한다."라는 논리를 공식적으로 제시한 현실은 우리의 기존 대북 · 통일정책을 다시 살펴보게 한다.[47] 그 첫 번째 물음은 북한이 사실상 '2개 국가'론을 펴는 것을 받아들일 것인가 아니면 우리의 기본자세인 '1민족 1국가 2체제'론을 여전히 유지할 것인가이다.[48]

---

44 장세정(張世政: 『중앙일보』 논설위원), 「김정은 민족 · 통일 부정에 주사파 '멘붕 침묵'」, 『중앙일보』(2014년 1월 22일 28쪽).

45 고도예(『동아일보』 기자), 「백령도-연평도 콕 찍어 김정은, NLL 도발위협」, 『동아일보』(2024년 2월 16일 A1~A2쪽); 양지호(『조선일보』 기자), 「자기 맘대로 '해상 국경선' 긋겠다는 김정은 … 도발예고」, 『조선일보』(2024년 2월 16일 A8쪽).

46 김민서(『조선일보』 기자), 「북(北), 방송 · 웹사이트에서 '한반도' 이미지 지웠다」, 『조선일보』(2024년 2월 20일 A6쪽).

47 김정은정권 그 자체와 김정은정권의 대남전략에 대한 체계적 분석은 다음 책이 시도했다. 조성렬(趙成烈), 『김정은시대 북한의 국가전략: DIME 분석과 삼벌(三伐)구상』(백산서당, 2021).

48 이 물음에 관한 토론은 다음에서 읽을 수 있다. 이용준(李容濬), 「조선칼럼: 연방제 흡수통일

김정은의 '2개 국가'론은 지난날 서독과의 경쟁에서 처지고 처진 1970년대의 동독이 걸었던 길을 연상하게 한다. 동독과 서독은 동일한 독일민족인데도, 1970년대 동독의 에리히 호네커Erich Honecker정권은 1974년에 세계 주지의 그 엄연한 사실을 부인하면서 그것을 정당화하기 위해, 어느 한 국가의 성격을 분석하기 위해 마르크스가 제시한 '하부구조'론과 '상부구조'론을 인용했다. 독일민족은 분단 이후 사회경제체제라는 하부구조에서 서로 다른 체제를 유지한 까닭에 민족과 국가와 같은 상부구조에서 서로 달라져 동독인은 '사회주의 민족'이 되었고 서독은 '자본주의 민족'이 되었기에 하나의 국가로 통일해야 할 근거도 이유도 사라졌다고 주장한 것이다. 그런데 여기서 주목할 것은, 동독은 서독의 국가로서의 존재를 인정해 "나도 살고 너도 살자."였음에 비해, 김정은의 경우 대한민국의 국가로서의 정통성을 부인하고 정복의 대상으로 삼았다는 사실이다.

김정은의 문제의 발언은 북한이 남한과의 경쟁에서 확실하게 밀렸음을 시인하면서 남한에 의해 '흡수통일'되는 것 아닌가 하는 두려움을 반영하고 있다. 김정은이 북한이 남한에 의해 '흡수통일'되는 것을 두려워하고 있다는 증거는 이미 여러 차례 나타났다. 북한이 2020년 12월 이후 「반동사상문화배격법」(2020)과 「청년교양보장법」(2021) 및 「평양문화어보호법」(2023)을 비롯해 북한주민의 남한 영화나 드라마 보기, 그리고 '자기야' 같은 남한어 사용 금지를 규정한 몇몇 법률을 제정한 사실이 바로 그것이다. 10대 소년들이 그 법을 어겼다고 사형 또는 중형에 처한 사실을 크게 보도하는 것에서 우리는 김정은정권의 초조함을 감지하게 된다.

의 50년 환상에서 깨어난 북한」, 『조선일보』(2024년 1월 12일 A30쪽); 전봉근(田奉根), 「남북 평화공존의 2국체제 전략 수립해야」, 『중앙일보』(2024년 1월 22일 29쪽); 천영우(千英宇), 「조선칼럼: 서독은 끝까지 동독의 2국가 체제 요구를 거부했다」, 『조선일보』(2024년 1월 24일 A30쪽); 이철희(李哲熙: 『동아일보』 논설위원), 「오늘과 내일: '남조선'이 사라졌다」, 『동아일보』(2024년 1월 25일 A31쪽); 송인호, 「동독의 '두 국가론' 거부한 서독의 경험 배워야」, 『중앙일보』(2020년 2월 27일 29쪽).

독일의 통일과정을 복기해보면, 하나의 공식을 확인하게 된다. '비교 → 선망 → 합류'라는 공식이다. 동독인들은 자신들의 삶을 서독인들의 삶과 '비교'하다가 서독을 '선망'하게 되었고 그 '선망'이 대다수 국민 사이에 확산되자 마침내 서독으로의 '합류'를 단행했던 것이다. 이러한 의미에서, 독일의 통일은 서독에 의한 동독의 '흡수' 통일이 아니라 동독인의 서독으로의 '합류'를 서독이 받아들임으로써 실현된 '합류' 통일이었다고 말할 수 있다.

북한에게 남한에 의한 북한의 '흡수' 통일은 악몽이다. 우리가 이미 제6장의 여러 곳에서 보았듯, 북한은 남북총리회담이 열릴 때마다 '흡수' 통일에 대한 두려움과 경계심을 드러내곤 했다. 그래서 김정은정권은 '흡수' 통일의 첫 단계인 '비교' 자체를 하지 못하도록 하기 위해 남한의 영화나 드라마를 보지 못하게 아예 법으로 금지하는 것이다. 거기에 더해, 앞에서 살폈듯, 남한과의 통일 그 자체에 대한 발상을 갖지 못하도록 '민족'이니 '통일'이니 하는 단어들을 쓰지 못하도록 하고 심지어 「7·4남북공동성명」의 통일 3원칙조차 폐기한 것이다.

지난날 북한은 남한의 역대정권을 향해 '반反통일세력' 또는 '분단추구세력' 또는 '분단고정화세력' 으로 매도했고, 남한의 종북세력 역시 거기에 추종해 같은 자세를 취했다. 그런데 이제 김정은정권은 자신이 '반통일세력' 또는 '분단추구세력' 또는 '분단고정화세력'이 되었음을 만천하에 공지한 것이다. 이렇게, 한편으로는 내부통제를 강화하고, 다른 한편으로는 핵무장을 강화해 핵무력으로써 남한을 겁박함과 동시에 미국을 상대로 협상을 강요하고 있다.

'실패한 국가' 북한과 '성공한 국가' 남한

이처럼 긴박한 상황 앞에서, 대한민국은 어떻게 대응해야 할 것인가? 이 물음에 대답하기에 앞서, 우리는 남한과 북한에 대해 국제사회가 지닌 인식을 파악하는 것이 필요하다. 이와 관련해, 대런 애쓰모글루Daron

Acemoglu MIT 경제학과 교수와 제임스 로빈슨James A. Robinson 하버드대학교 정치학과 교수가 공저한 『국가는 왜 실패하는가』를 검토하기로 한다. 공저자들은 고대 마야문명과 로마제국 및 중세 베니스시대로부터 미국독립전쟁과 프랑스혁명 및 러시아혁명에 이르는 세계사의 큰 흐름을 분석하고, 근현대 유럽 제국주의국가들이 남북아메리카와 아시아 및 아프리카에서 식민지를 경영한 역사를 분석했으며, 오늘날 중국을 비롯한 세계 여러 나라를 '성공'과 '실패'라는 관점에서 설명했다.[49]

공저자들은 이 책의 제3장에서 동질성이 매우 높은 단일민족이 1945년 8월에 남과 북으로 나뉜 이후 걸어온 길을 비교했다. 이 비교에 따르면, 남한은 세계의 부유한 나라들 가운데 하나가 되었고 북한은 세계의 가난한 나라들 가운데 하나가 되었다. 그렇다면 왜 그러한 차이가 발생했는가? 공저자들은 그 원인을 남과 북이 각각 채택한 '정치적 및 경제적 제도(political and economic institutions)'에서 찾았다.

남의 경우, 정치제도가 '포용적(inclusive)'이었다. 다원주의(pluralism)의 원리와 사유재산보장의 제도 아래, 권력이 사회전반에 분산되어 있고 국민은 직업을 인센티브에 따라 자유롭게 선택하며, 따라서 누구에게나 경제적 기회가 주어져 있고 정부는 국민의 요구에 반응하면서 책임을 지고 있다는 뜻이다. 대조적으로, 북은 정치제도가 기본적으로 '억압적(repressive)'인데다가 개개인의 인센티브를 허용하지 않으며 소수의 특권층이 자원을 독점하고 자신들만의 이익을 취하는 '착취적(extractive)'인 시스템을 가동하고 있다. 그 결과, 남은 '성공한 국가'가 되었고 북은 '실패한 국가'가 되었다는

---

49 Daron Acemoglu and James A. Robinson, *Why Nations Fail: The Origins of Power, Prosperity, and Poverty* (London: Profile Book, 2012; New York: Crown Business, 2012) / 최완규 번역, 장경덕 감수, 『국가는 왜 실패하는가』(시공사, 2012). 이 책은 그 개요가 다음에서 설명되었다. 윤성민(『한국경제』 논설위원), 「윤성민 칼럼: 한국의 87체제, 아일랜드의 87체제」, 『한국경제』(2024년 1월 11일 A30쪽). 가장 최근에 이 책을 중심으로 한국의 국가경쟁력을 분석한 평론은 다음이다. 전광우(全光宇), 「코리아 디스카운트, 진짜 문제는 정치다」, 『중앙일보』(2024년 2월 24~25일 31쪽).

것이 공저자들의 관찰이다. 여기서 유의해야 할 점은 이 책이 이명박 대통령 시대에 출판되었다는 사실이다. 따라서 그때로부터 12년이 지난 오늘날의 시점에서도 그들의 관찰이 유효한가의 물음을 제기할 수 있겠는데, 대체로 유효하다고 본다.

그러면 『국가는 왜 실패하는가』가 남북한에 관해 제시한 결론은 어떤 가르침을 우리에게 주는가? 첫째, 해방 이후 남북한이 걸어온 역사를 재조명하자는 가르침을 준다.

우리가 이 책의 제2장 제1절에서 이미 살폈듯, 당시의 국내외정세를 고려할 때 대한민국의 '건국' 또는 대한민국 정부의 수립 그 자체가 기적이었다. 동서냉전이 격화되던 시기에 소련은 만주에서 중국공산당이 조직한 「동북항일연군」에서 출발해 소련극동군의 대위가 된 김일성金日成을 앞세워 북한에 자신의 전체주의적 독재체제를 모방한 친소공산정권을 세우는 과제에 일관되게 몰두한 반면에, 미국은 남한에 친미민주국가를 세우는 과제에서 우왕좌왕했다. 북한에서는 소련점령군의 계획 아래 항일운동가 조만식曺晩植이 이끈 조선민주당 중심의 소수 우익민족세력을 제외하고는 여러 세력이 김일성金日成을 수반으로 하는 친소공산정권 수립의 한 방향으로 움직인 반면에, 남한에서는 자유민주주의를 지향하는 대한민국을 세우는 과제를 특히 공산세력과 중간세력이 맹렬히 반대했다.

이러한 상황에서, 구한말 이후 일관되게 민주공화국의 수립을 위해 대한제국을 상대로 투쟁한 데 이어 일제를 대상으로 투쟁했으며 해방 이후의 시기에 좌익 및 중간세력을 상대로 투쟁한 이승만李承晩의 노력이 없었다면 대한민국의 '건국' 또는 정부 수립은 무척 어려웠을 것이다. 이 대목에서 꼭 상기해야 할 사실이 있다. 그것은 입법부·행정부·사법부의 요인들은 모두 항일독립운동가들이었다는 사실이다. 부통령에는, 개인재산으로 만주에서 독립군을 양성하는 신흥무관학교를 세웠고 대한민국임시정부에서 재무총장 또는 법무총장을 역임한 이시영李始榮이 선출되었고, 국회의장에는 이승만에 이어 신익희申翼熙 전 대한민국임시정부 법무총장이 선출되었으며, 대법원장에는 김병로金炳魯 전 신간회 중앙위원장이 선임되었고, 국무총리에는 청산리전투의 '영웅' 이범석李範奭 광복군 참모장이 국방장관 겸직으로 임명되었다. 내각에서, 김도연金度演 재무장관, 이인李仁 법무장관, 안호상安浩相 문교장관, 조봉암曺奉岩 농림장관, 전진한錢鎭漢 사회장관 등이 모두 일제강점기에 투옥되었었다. 감찰위원장 정인보鄭寅普는 일제강점기에 은둔생활로 지조를 지킨 것으로 유명했다.

대한민국의 '건국' 또는 정부 수립이 없었다면, 남한은 오늘날의 북한처럼 '신가신국가적 사인독재정권'의 억압통치 아래 자유를 잃은 채 굶주림에 시달리고 있을 것이다. 이 대통령은 '건국' 또는 정부 수립 직후, 일제강점기에 항일독립운동에 참여한 공산주의자였으나 전향한 조봉암을 과감히 농림장관으로 기용했고, 조 장관은 도쿄제국대학을 졸업한 농경제학자 강정택姜鋌澤 경성대학 교수를 차관으로 발탁해 농지개혁을 실시했다. 서울대학교 총장과 국무총리를 역임한 이수성李壽成 교수의 외숙인 그는 안타깝게도 6·25전쟁 때 납북되었다.

북한은 1946년 3월에 '토지개혁'을 실시해 농민에게 토지를 나누어주었다고 주장하지만, 1950년대 후반에 협동농장제를 실시하면서 사실상 농민으로부터 토지를 빼앗아 국유화시켰다. 그렇지만 남한은 농민에게 돌아간 농지를 다시 빼앗은 일이 없으며, 이로써 남한에서는 전前근대적 지주·소작인 관계가 종식된다.

이러한 맥락에서, 최근 이승만 전 대통령의 업적을 재조명한 김덕영 감독의 다큐영화 『건국전쟁』이 개봉되고 이 전 대통령의 업적이 재평가되고 있는 것은 주목할 만한 일이다. 이 영화가 구성에 있어서 반론을 불러일으킬 수 있는 논쟁점을 안고 있음은 사실이지만,[50] 개봉 27일 만에 100만 관객

50 이택선(李宅善), 「outlook: 이택선 교수가 본 '건국전쟁'」, 『중앙일보』(2024년 2월 20일 20쪽). 이 교수는 영화의 긍정적 측면을 지적하면서도 논란이 되는 측면도 공평하게 지적했다.

을 돌파했으며, 이후에도 국민적 관심을 받고 있는 현실은 그동안 이 전 대통령의 이미지가 얼마나 일방적으로 왜곡되었었던가를 반증한다.[51]

경제에 초점을 맞춰 살핀다면, 일제의 남농북공南農北工 정책, 곧 남쪽은 농업지역으로 키우고 북쪽은 공업지역을 키운다는 정책의 결과로, 일제패망 직후 남한은 농업국가였고 북한은 공업국가였다. 당시만 해도 농업은 기후와 날씨에 좌우되어 남한은 생산성이 매우 낮은 국가였고, 당시 인구 구성에서 다수를 차지한 농민은 자연히 가난했으며 경공업밖에는 변변한 공장이 없던 도시의 시민 역시 가난했다. 게다가 2년 뒤 소련·중공·북한의 공모에 따라 김일성이 침공을 개시함으로써 일어난 6.25전쟁은 남한을 잿더미로 만들었다. 미국의 군사적·경제적 지원이 없었더라면 대한민국은 재기불능의 상태에 빠졌을 것이며, 미국의 그러한 지원을 받아내고 이어 미국과의 동맹을 이뤄낸 이승만 대통령의 공적이 돋보였다.

---

51 김덕영 감독의 『건국전쟁』은 논란을 불러일으켰다. 그 사례들은 다음과 같다. (i) 고정애(『중앙 SUNDAY』 편집국장대리), 「'건국전쟁'이 말하지 않은 것」, 『중앙일보』(2024년 2월 14일 30쪽); (ii) 박성희(이화여대 교수), 「박성희의 커피하우스: 대한민국은 아직도 '건국전쟁'중」, 『조선일보』(2024년 2월 16일 A28쪽); (iii) 박은주(『조선일보』 부국장), 「광화문 뷰: 그들이 이승만을 덮쳤을 때」, 『조선일보』(2024년 2월 16일 A31쪽); (iv) 신정선·양지혜(『조선일보』 기자), 「이승만 다큐 '건국전쟁' 50만 돌파 … 평일에도 5만명씩 본다」, 『조선일보』(2024년 2월 17일 A5쪽); (v) 김윤덕(『조선일보』 선임기자), 「김윤덕 칼럼: 국민을 역사의 까막눈으로 만든 '백년전쟁'의 침묵」, 『조선일보』(2024년 2월 21일 A34쪽); (vi) 심지연(경남대 명예교수), 「"객관적 기록·자료 통해 이승만 재발견 … 국민 공감 얻어"」, 『조선일보』(2024년 2월 28일 A10쪽); (v) 예영준·김홍준, 「SUNDAY가 만난 사람 이종찬 광복회장: "이승만 평가, 공팔과이(功八過二)라 해도 인색하단 생각 들죠"」, 『중앙SUNDAY』(2024년 3월 9~10일 28쪽); 강경희(『조선일보』 논설위원), 「강경희 칼럼: 유튜브에서 벌어지는 역사전쟁 각개전투」, 『조선일보』(2024년 3월 11일 A34쪽).

김덕영 감독은 자신의 이 영화에 관해 다음과 같이 말했다. (i) 박돈규(『조선일보』 기자), 「박돈규 기자의 2사만루: 이승만 추적한 다큐멘터리 '건국전쟁' 만든 김덕영 감독」, 『조선일보』(주말섹션 2024년 2월 3일 B1~B2); (ii) 문소영(『중앙일보』 기자), 「SUNDAY가 만난 사람들: 이승만 다큐영화 '건국전쟁' 김덕영 감독」, 『중앙 SUNDAY』(2024년 2월 17~18일 28쪽); (iii) 신정선(『조선일보』 기자), 「"이 전(前) 대통령에 대한 폄훼 종식하는 데 도움됐다면 큰 기쁨"」, 『조선일보』(2024년 2월 28일 A10쪽); (iv) 김덕영, 「건국전쟁, 200만을 향해 계속 앞으로!」, 『조선일보』(2024년 3월 4일 A33쪽).

몇 해에 걸쳐 계속되고 심화된 어려움 속에서도, 부모들은 자신들은 굶주리면서도 자녀들을 공부시켰고 한국 특유의 높은 교육열에 힘입어 많은 인재를 길러냈으며 그 인재들이 대한민국을 키웠다. 그 결과로, 비록 여전히 여러 문제를 안고 있다고 해도, 대한민국은 오늘날 세계 10대 또는 12대 대국의 반열에 올랐고 많은 나라의 선망을 받고 있다. 영국 싱크탱크 경제경영연구소(CEBR)의 창립자 더글러스 맥윌리엄스Douglas Macwilliams는 "머지않은 미래에 한국은 국내총생산 기준으로 미국과 중국 및 인도에 이어 일본·독일·영국·프랑스·브라질 다음의 세계 9위의 국가가 된다."라고 전망했다.[52]

반면에, 처음에는 북한지역의 풍부한 지하자원과 일제가 세운 공업시설을 기반으로 출발한 북한정권은 경제력에서 1960년대 후반과 1970년대 초까지 남한을 앞선 성장을 이룩했다. 그러나 오늘날에는 세계 최빈국으로 전락해 다수의 국민이 김씨일가의 폭정에 더해 배고픔에 시달리며 먹을 것을 찾아 탈북하기에 이르렀다.

이러한 대비對比를 직시하며, 비판의식은 여전히 견지해 지난날의 과오에 대해서는 질책할 것은 질책하고 그러한 과오를 반복하지 않을 것을 다짐하면서, 대한민국의 역사를 한국의 대표적 원로 법조인들 가운데 한 분인 김인섭金仁燮 변호사가 강조했듯[53] '국가발전사관'의 시각에서 긍정적으로 평가하는 것이 바람직하다. 그것은 우리가 앞으로 더욱 성장하는 데 필요한 국민적 에너지의 원천이 될 것이다. 노태우 대통령이 "따뜻한 눈으로 역사를 보자."라고 역설한[54] 까닭이 거기에 있다.

둘째, 『국가는 왜 실패하는가』는 문제해결의 열쇠를 '정치(politics)'에서 찾았다. 국가 성패의 원인은 '제도'에 있지만, 그 '제도'를 결정한 것은 '정치'

---

52 홍준기·김지완(『조선일보』 기자), 「"미·중·인 '삼극시대' 10년 내 온다"」, 『조선일보』(2024년 1월 12일 B7).

53 김인섭(金仁燮), 『기적은 끝나지 않았다: 민주시민을 위한 대한민국현대사』(영림카디널, 2016).

54 노태우, 『노태우 회고록』 전2권(조선뉴스프레스, 2011)(『전환기의 대전략』) 하, 522~528쪽.

라는 명제를 제시한 것이다. 쉽게 말해, 정치가 포용적이어야 경제가 포용적으로 작동하며, 정치가 착취적이면 경제 역시 착취적이라는 뜻이다. 이 명제는 최소한 다음의 두 가지 가르침을 준다.

(i) 북한의 모든 문제는 결국 김일성 일가를 중심으로 국정을 이끄는 전체주의적 독재정치 또는 가산국가적 착취정치에 있다. 이것이 바뀌지 않는 한, 남南이 아무리 많은 원조를 제공해도 북北의 빈곤은 해결되기 어려우며 가산국가 소수지배층의 배만 불려준다. 남의 대북지원은 인도주의적 지원에, 그것도 점검과 확인이 뒤따르는 범위 안에 한정하는 것이 바람직하다.[55]

(ii) 현재의 상황에서 김정은정권의 새 노선과 새 정책에 보다 효율적으로 대응하기 위해 남南의 정치 역시 바뀌어야 한다.

제5절 대한민국의 대응: 대내외정책에 대한 사색

제1항 국내정치의 성찰: 민주주의의 진전을 위한 고뇌

국내정치의 현황에 대해 제기된 문제들

박근혜 대통령 탄핵 논의가 시작되고 결국 박 대통령이 탄핵을 당함으로써 문재인정부가 출범한 2017년 5월 이후 한국의 국내정치에 관해 학자들과 언론인들은 여러 문제를 제기했다. 그것들은 대체로 다음과 같이 요약된다.

---

55 인도적 지원에 대해서조차 반대하는 의견은 다음이다. 박주연(『한국경제』 기자), 「Zoom In: 국민의 힘 '총선 인재' 박충원 연구원: 탈북 공학도 "인도적 대북 지원? 안보위협 자초하는 격"」, 『한국경제』(2024년 2월 1일 A28쪽). 그는 다음과 같이 말했다. "한국이 인도적 차원에서 북한에 지원한 물자가 군(軍)과 무기개발 분야에 우선 쓰인 후에야 인민들에게 돌아간다. 북한이 무기를 개발하는 데 시간과 돈을 벌어주는 일이다."

(i) 쟁점을 흑백논리로써 단순화시키고 때로는 폭력이 수반된 여론몰이 그리고 국회 안에서의 토론이 아니라 국회 밖에서의 특정 집단들에 의해 조직적으로 동원된 대중집회를 통해 상대방을 제압하는 사례가 급증했다. 이것은 전체주의적 경향을 성장시키고 민주주의를 후퇴시키거나 위기에 빠뜨린다.

(ii) 영국의 문필가 새뮤얼 존슨Samuel Johnson: 1709~1784은 "애국심은 무뢰한(scoundrel)의 마지막 도피처이다."라고 냉소적으로 말했었는데, 이제 대한민국에서 국회는 범죄자를 보호해주는 마지막 도피처가 되었다. 명백한 범죄자인데도 헌법이 보장한 국회의원의 '불체포특권'을 이용해 체포와 구속을 면하는 '방패'로 전락했다. 이것은 국회가 범죄자와 범죄자의 정당을 감춰주는 곳으로 전락했음을 의미했으며, 따라서 법원에서 유죄판결을 받고도 국회의원선거에 입후보해 당선됨으로써 '불체포특권'을 누려보려는 정치인들이 늘어났다.[56]

(iii) 정계에는, 특히 문재인정부 이후, 위선과 '내로남불'의 상징적 인사들이 힘을 쓰고 있다. 지난날 우리나라에서는 어린이들이 '웃음거리 합시다.'라는 놀이를 즐겨했다. 별별 우스운 짓거리를 하면서 남을 웃기기도 하고 서로 웃기도 했다. 그러나 유희의 종목이 풍부해진 오늘날 어린이들은 더 이상 이 놀이를 하지 않는다. 대신에 정치인들이 이 놀이를 즐기며 국민들이 냉소하게 하고 있다.

(iv) "우파는 크게 한탕 해먹을지언정 좀스럽고 치사하게 보일 일은 자제하는 경향이 있는데, 좌파는 자기 권리를 찾아먹고 공짜를 챙기는 데는 남을 의식하지 않는 경향이 상대적으로 강하다.[57]

---

56 이 점을 지적한 대표적 논설은 다음이다. 「사설: 국회가 범죄피의자들 도피처 될 판」, 『조선일보』(2024년 2월 15일 A35쪽); 「사설: '범죄의원' 9명 임기 30개월 누려, 17명은 아직도 재판 중」, 『조선일보』(2024년 2월 19일 A35쪽); 홍영식(『한국경제』 논설위원), 「홍영식 칼럼: 피고인이 떵떵대며 의원임기 채우는 나라」, 『한국경제』(2024년 3월 12일 A30쪽).

57 이기홍(李基洪), 「이기홍 칼럼: 문재인·이재명 부부가 상징하는 좌파의 공인(公人) 의식 수

(v) 보수 쪽을 보면, "보수의 근본 철학과 가치에 대한 성찰이 크게 부족하다. 보수정치의 정체성과 지향점을 평소에 고민하는 대신 매번 벼락치기 공부나 '스타 탄생'으로 선거에 임하는 것이 오랜 관행이다." "1980년대부터 득세한 진보정치 쪽이라고 하등 나을 건 없다. 젊은 날의 투쟁경력 부풀리기나 과거사 비틀기, 감성팔이가 주특기인 가운데 현실보다는 신념, 사실보다는 이념의 잣대로 세상을 바라보는 반反 지성주의가 만연해있기 때문이다."[58]

(vi) 어떤 정당은 총선에서의 승리를 위한 방법의 하나로 '비례 위성정당'을 급조하고, 정략적 차원에서, '파렴치 범죄자' 그리고 '애국가를 거부하고 유사시 국가기간시설 타격을 모의한 반국가집단'도 끌어안았다. 이 정당은 '공천公薦'이 아니라 '사천私薦'을 하고 있다.[59]

(vii) '정당보조금'과 '선거보조금'을 얻기 위해 정당을 급조했다가 그것을 받고나면 그 정당을 깨트린다. '바닷가의 모래성'같은 1회용 가설정당, 이른바 '떴다방 정당'이 유행하는 것이다.[60]

종합해, 연세대학교 박명림朴明林 교수는 다음과 같이 썼다.

한국의 정치는 대통령과 의원을 포함해 사람을 계속 바꿔도 민주화 이후 여전히 좋아지기는커녕 더욱 곤두박질치고 있다. 더 이상 사람을 바꾼다고 해결

준」, 『동아일보』(2024년 3월 1일 26쪽).

58 전상인, 「조선칼럼: 정치에도 R&D가 필요하다」, 『조선일보』(2024년 2월 28일 A30쪽).

59 김창균(金昌均: 『조선일보』 논설주간), 「명(明)에게 '당(黨) 승리보다 절박한 '친명(親明)' 불체포 의석」, 『조선일보』(2024년 2월 22일 A34쪽); 김준일 · 이승우(『동아일보』 기자), 「여(與) "반국가세력에 국회 문 열어선 안돼」, 『동아일보』(2024년 2월 23일 A8쪽); 「사설: '위헌 통진당 후신에 4석 내주는 민주당, '숙주 역할' 자처하다」, 『동아일보』(2024년 2월 23일 A31쪽).

60 원선우 · 김승재(『조선일보』 기자), 「결국 쪼개진 개혁신당 11일 동거에 6억 챙겨」, 『조선일보』(2024년 2월 21일 A1쪽 및 A4쪽).

될 수 있는 문제가 아니다. 사람이 문제다? 인격과 수준, 국량과 능력, 지혜와 실력이 더 작고 더 짧고 더 좁은 대표들이 계속 뽑히고 나라를 이끌고 있는데도? 차선 대 차악이 아니라, 최악 대 최악의 대결로 치닫고 있는데도?

이렇게 물은 데 이어, 박 교수는 다음과 같이 주장했다.

나쁜 제도, 즉 나쁜 헌법과 법률, 나쁜 선거와 정당을 혁파하는 우리 자신의 큰 놀라움을 이뤄내야 한다. 좋은 사람과 좋은 절차는 외면·무시되고, 좋은 헌법과 좋은 법률은 제정하지 않는 난장판 같은 이 선거 이후 우리는 정치제도를 속속들이 개혁하지 않으면 안 된다. 헌법·선거·정당·의회·검찰 개혁에 숱하게 좌절하였지만 다시 들메끈을 동여매지 않으면 안 된다.

박 교수의 분노에 찬 호소는 다음으로 이어졌다.

개인·파벌·진영 사사의 이익과 의제만을 앞세우는 이 정치를 예서 뒤집지 않는다면, 출산·교육·기후·평화 같은 공화국 존망이 걸린 국가의제·인간의제·공통의제는 지금 우리 눈앞에서 똑똑히 보고 있듯이 더욱 나빠질 것이다. 그리고 그 최종 결과는 이미 한참 진행된 인구소멸·국가소멸·지방소멸·학교소멸이다. 더 무능하고 더 옹졸한 인간들이 우리의 지도자와 대표가 되는 정치제도를 끝장내지 않는다면 우리의 미래는 없다.[61]

이러한 현상적 문제들에 더해, 정치학의 용어를 빌린다면, 한국정치는 조지 체벨리스George Tsebelis 교수가 말한 '거부권 행사자들(veto players)'이 지배함으로써 정치상황 전반이 교착된 상황에,[62] 또는 프랜시스 후쿠야마

61 박명림(朴明林), 「중앙시평: 다시 정치개혁을 향하여」, 『중앙일보』(2024년 2월 23일 31쪽).

62 George Tsebelis, *Veto Players: How Political Institutions Work* (Princeton, N. J.: Princeton

Francis Fukuyama 교수가 말한 '비토크라시vetocracy'에 빠져 있다. 후쿠야마 교수는 '어떤 단일한 실체가 결정을 내리고 유효한 책임을 지기에 충분한 힘을 갖지 못한, 통치의 역기능적 체제(a dysfunctional system of governance whereby no single entity can acquire enough power to make decisions and take effective change)'를 발견하고 그것을 '비토그라시'로 명명했으며, 어떤 국가 연합체는 이것으로 말미암아 발전이 저해되거나 심하면 몰락했다고 설명했다.[63]

위의 두 개념과 동일하지는 않지만 비슷한 개념으로 '이항대립二項對立의 정치'를 지적할 수 있다. 중앙일보사 임종주 논설위원은 오늘날 한국정치를 '이항대립의 난폭성에 갇힌 정치'로 정의하고, "이항대립주의에는 글로벌리즘(세계화 · 지역화 결합)에 역행하는 치명적 야만성이 도사린다. [⋯] 소수의 목소리는 무시되고 다양성은 외면당한다."라고 설명한 데 이어, "극단적 진영논리의 굴레에 갇혀 대결을 반복하는 낡은 정치로는 다양성의 공존과 차이의 존중이라는 시대의 요구를 오롯이 담아낼 수 없다."라고 경고했다.[64]

한국정치의 과제는 비토크라시와 '이항대립의 정치'에서 어떻게 벗어나느냐에 있다. 연구자들은 그 답을 '87체제를 넘어서는 것'에서 찾는다.[65] '87체제'를 어떻게 넘어설 수 있을까? 우선 개헌을 떠올리게 되는데, 현실적으로 대단히 어렵다.[66]

University Press, 2002).

63 Francis Fukuyama, *Political Order and Political Decay: From the Industrial Revolution to the Present Day* (New York: Farrar, Straws and Giroux, 2014). 이 책은 다음의 후속이다. _____, *The Origins of Political Order: From Prehuman Times to the French Revolution* (New York: Farrar, Straws and Giroux, 2011).

64 임종주(『중앙일보』 논설위원), 「임종주의 시선: 이항대립 정치의 '탈구축'을 생각한다」, 『중앙일보』(2024년 2월 14일 28쪽).

65 예컨대, 윤성민(『한국경제』 논설위원), 「윤성민칼럼: 한국의 87체제, 아일랜드의 87체제」, 『한국경제』(2024년 1월 11일 A30쪽).

66 「한국의 새 길을 찾는 원로 그룹」 지음, NEAR재단 편저, 『한국의 새 길을 찾다: 근현대사가

민주주의 진전 위에서의 현능(賢能)한 국가경영

이러한 상황에서도 역시 민주정치의 진전에 바탕을 둔 국가경영을 잊을 수는 없다. 영국의 세계적 주간지 『이코노미스트』는 민주주의라는 잣대를 놓고 전 세계 국가를 네 부류로 나누고 있다. (ⅰ) '성숙한 민주주의,' (ⅱ) '결함 있는 민주주의,' (ⅲ) '혼합체제,' (ⅳ) '권위주의체제' 등이 그것들이다. 『이코노미스트』가 발표한 2022년도 민주주의 지수指數에 따르면, (ⅰ)에 24개국, (ⅱ)에 48개국, (ⅲ)에 36개국, (ⅳ)에 59개국이 속하는데, 한국은 24위로 '성숙한 민주주의'에 속한다.[67]

이 분류에 관해, 이혁李赫 전 베트남대사는 "『이코노미스트』의 평가가 절대적인 것은 아니지만, 한국 민주주의는 '성숙한 민주주의' 국가군의 최하위에 있다. 이는 한국 민주주의가 더 높은 발전이냐, 아니면 '결함 있는 민주주의' 국가로 전락하느냐의 갈림길에 있다는 것을 의미한다. 실제 한국의 정치상황을 보면 수긍이 간다."라고 논평한 데 이어, "한국 민주주의 발전이 한반도와 동북아시아의 평화와 번영을 담보하는 중요한 요소라는 것도 명백하다."라고 덧붙였다. 국내정치의 일선이 아니라 외교현장의 일선에서 일했던 이 대사가 한반도의 평화를 위해서 한국의 민주주의를 발전시켜야 한다고 제의한 사실에 주목하게 된다.

민주주의의 진전을 위한 자기반성

노태우 대통령이 재임한 1988~1993년이 권위주의체제가 민주주의체제로 넘어간 첫 번째 전환기였다면, 이제 제22대 국회총선을 마친 이후 시기에 있어서의 민주주의의 진전문제를 신중히 고려할 때 첫 번째 전환을 성공시킨 요인을 다시 음미하는 것이 좋겠다. 우리가 제3장에서 자세히 살폈듯,

---

가르쳐준 교훈과 다가올 미래; 24인의 국가원로 · 학자들의 고뇌에 찬 토로』(청림출판, 2023).

67 이혁(李革: 전 베트남대사), 「한국 민주주의의 위기 … 발전이냐 퇴행이냐 갈림길」, 『중앙일보』(2023년 12월 1일 23쪽).

그 결정적 요인은 노 대통령의 민주화에 대한 굳은 신념으로, 그것은 부분적으로 그의 '죄책감'에서 나온 것이었다. 저자가 노 대통령을 모시고 일하던 때 여러 차례 그 사실을 느꼈었는데, 김종필 전 자유민주연합 총재의 증언록에서도 새삼 확인할 수 있었다. 신군부가 1980년 5월 17일에 비상계엄령을 전국으로 확대하고 김대중 전 대통령후보를 비롯해 민주화운동가들은 물론이고 김종필 신민주공화당 총재[당시] 등 박정희 대통령 때의 최고위 인사들을 '부정축재 혐의'로 구속한 뒤 2~3개월이 지난 어느 날이었다. 노태우 국군보안사령관이 석방되어 있던 김종필 총재를 초청했다. 김 총재는 다음과 같이 회상했다.

> 그는 나를 보자마자 고개를 숙여 사과부터 했다. 내가 기억하는 노 사령관의 말은 이랬다. "죄송합니다. 이렇게까지 안 해도 되는 일이었는데 … 참으로 못할 짓을 했습니다. 용서해주십시오." 나의 보안사 구금과 합동수사본부의 일방적인 부정축재, 공직사퇴 발표에 대한 사과였다. […] 그의 솔직하고 예의 바른 어투에 내 마음이 누그러졌다.[68]

노 대통령은 자신의 '원죄'를 늘 의식하고 살았다. 그래서 민주화를 향한 국민의 여망을 직시하면서 자신으로서는 자신의 모든 것을 건 6·29선언을 결행했고 국민의 직접선거를 통해 대통령으로 선출된 뒤 겸허를 유지하면서 '참고 용서하며 기다린다.'는 '참·용·기'로써 국정에 임했다.

조선일보사 강천석姜天錫 고문에 따르면 '죄책감'과 동전의 앞·뒷면 관계를 형성하는 것이 '책임감' 이다.[69] '죄책감'이 있었기에 그는 '책임'을 다하

---

68 김종필 지음, 중앙일보사 김종필증언록팀 엮음, 『김종필 증언록: JP가 말하는 대한민국현대사』 전2권(미래엔, 2016), 2, 117쪽.

69 강천석(『조선일보』 고문), 「강천석칼럼: 총선, 이재명 대표에 죄의식과 윤리감각 부재(不在) 책임 물어야」, 『조선일보』(2024년 2월 24일 A26쪽).

려고 노력했고, 민주화의 전진과 북방정책의 실적 그리고 국민생활의 실질적 향상으로써 '속죄'하고자 했다. 퇴임 이후 문제가 된 '비자금'도 원천적으로 잘못이었음을 인정하고 법원의 판결에 승복해 국가에 모두 납부했다. 1980년 5월의 광주민주화운동 유혈진압 책임과 관련해, 법원의 판결에 따른 복역을 끝냈고,[70] 오랜 투병 끝에 유언을 통해 "깊은 용서를 바란다."라고 밝혔다.

이러한 '속죄'의 진실성 여부에 대해 논란이 뒤따랐으나, 고맙게도 받아들여져 문재인정부는 그에게, 서울대학교 사회과학대학 정치학과 학생 때부터 자유민주주의의 정신으로 투쟁하다가 퇴학과 투옥 그리고 석방과 복학을 거듭한 뒤 국회 4선을 기록한 김부겸金富謙 국무총리를 장례위원장으로 하는 국가장國家葬을 베풀었다. 장례 때는 그 참극 당시 시민군 상황실장이었고 계엄군에 체포되어 군사재판에서 사형선고를 받고 3년 동안 복역했던 박남선 씨가 빈소를 찾아 유족들 손을 잡아주며 "이제 하나가 된 대한민국을 위해 화해하고 화합하고 용서했으면 한다."라고 인사했다.[71]

자성 또는 고백 1: 서방권의 경우

제22대 국회총선을 계기로 민주주의의 진전 문제를 신중히 고려할 때 종북좌익세력 중심의 '운동권 정치 시대'를 건전한 자유민주주의세력 중심의 '탈脫운동권정치 시대'로 전환하는 과제의 검토는 필수적이다. 여기서 분명히 지적하고자 하는 것은 지난날 권위주의체제 시대에 자신의 모든 것을 희생한 채 자유민주주의의 회복을 위해 투쟁한 운동권 인사들은 앞으로도 존

---

70 이 재판에 대해서는 다음이 자세히 설명했다. 한영석(韓永錫), 「5 · 18과 12 · 12사건 재판에 대한 생각」, 노재봉(盧在鳳) 편, 『노태우 대통령을 말한다: 국내외 인사 175인의 기록』(동화출판사, 2011), 353~361쪽.

71 임민혁 (『조선일보』 정치부 차장), 「임민혁이 만난 사람: 노태우 전 대통령 빈소 찾은 5 · 18 시민군 상황실장 박남선, "5 · 18 정신 정치적 이용 안 돼, 특정정파 전유물 아냐, 분단된 나라가 통일은 커녕 갈라져 싸우는 현실 안타까워"」, 『조선일보』(2021년 11월 1일 A30쪽)

경을 받기에 충분하다는 논점이다. 그 많은 민주화운동가들의 한 사람으로 고故 제정구諸廷垢 전 국회의원을 꼽을 수 있다. 서울대학교 문리대 정치학과 학생 때부터 투쟁에 참여해 퇴학과 투옥에 이어 석방과 복학을 거듭한 그는 특히 빈민운동을 선도했으며 국회에 두 차례 진출했다. 그러나 종북좌익사상, 더구나 주체사상에 기울어진 적은 없었다.

'영원한 재야'로 불리는 장기표張琪杓 「특권폐지국민운동」 고문도 마찬가지이다. 서울대학교 법과대학을 졸업해 자신이 마음먹으면 이른바 출세 길 또는 안락한 삶의 길을 밟을 수 있었지만 노동운동과 민주화운동에 헌신해 1971년부터 1993년까지 22년 가운데 9년을 교도소에서 보냈다. 그는 10억 원을 넘는 5·18민주화운동보상금도 거부할 정도로 세속적 명리名利를 버리고 자신의 신념에 충실하게 살았다. 그러나 종북좌익사상, 더구나 주체사상에 기울어진 적은 없었다.[72]

이들 밖에도 한 사람 한 사람 거명하기 어려울 정도의 참으로 많은 젊은이가 권위주의정권에 맞서 싸웠다. 권만학權萬學 경희대학교 명예교수, 김부겸金富謙 전 국무총리, 김영호金暎浩 현 통일부장관, 김재홍金在洪 전 서울디지털대학교 총장, 박찬욱朴贊郁 전 서울대학교 총장직무대행, 백영서白永瑞 연세대학교 명예교수, 백운선白雲善 호남대학교 명예교수, 손호철孫浩哲 서강대학교 명예교수, 심지연沈之淵 경남대학교 명예교수, 유인태柳寅泰 전 국회의원, 이원섭李元燮 전 가천대학교 교수, 이철李哲 전 국회의원, 이호웅李浩雄 전 국회의원, 전영기全榮基 『시사저널』 편집인 겸 편집국장, 정윤재鄭允在 한국학중앙연구원 명예교수, 한석태韓錫泰 전 경남대학교 교수 [가나다순서] 등이 그 보기들이다. 그들은 대학생 때부터 친북좌익사상의 구현을 위해서가 아니라, 더구나 주체사상의 구현을 위해서가 아니라, 자유민주주

---

72 최훈민(『일요신문』 기자), 「인터뷰: 장기표 "5·18 민주화운동 보상? 줘도 안 받아"」, 『일요신문』(2019년 5월 11일); 김윤덕(『조선일보』 선임기자), 「김윤덕이 만난 사람들: 장기표 "특권폐지가 몽상? 세금도둑 판치는 정치판 그냥 둘 건가"」, 『조선일보』(2023년 12월 4일 A32쪽).

의의 회복을 위해 자신을 희생하며 교도소생활이나 여러 불이익을 감내한 것이다. 유신시대에 자유언론실천운동을 시작해 반反유신운동의 추동에 기여한 권근술權根述 및 성유보成裕普 등 동아일보사 기자들과 정태기鄭泰基 및 신홍범愼洪範 등 조선일보사의 기자들도 마찬가지였다.

제22대 국회총선 이후 민주주의의 진전을 시도함에 있어서, 정치지도자들은 물론이고 지식인들은 자신의 지난날 행적과 관련해 반성할 부분이 있다면 실제로 보여주는 것이 바람직하다. 그것이 민주화의 전환을 성공시킬 기본적 요인이 된다고 생각한다.

프랑스는 전통적으로, 특히 지식인사회에서, 사회주의가 강한 나라이다. 1789년 프랑스혁명의 구호 '자유·평등·박애' 가운데 '평등'과 '박애'가 모두 사회주의 성향을 반영하고 있다. 그러한 역사적·사회사상사적 맥락에서, 레닌이 주도한 1917년 10월의 볼셰비키혁명은 프랑스의 지식인 사회에서 환영을 받았고, 레닌을 계승한 스탈린이 훨씬 더 과격한 방향으로 '혁명'을 끌고 나갈 때도 환영을 받았다. 모든 사람이 평등하게 사는 이상사회가 실현되고 있다고 믿었다.

그들 가운데 『좁은 문』(1909) 및 『전원교향악』(1919)으로 우리나라에도 널리 알려졌으며,[73] 1947년에 노벨문학상을 받은 앙드레 지드André Gide가 있었다. 그래서 스탈린정권의 소련작가동맹은 1936년 6~7월에 그를 초청해 한 달에 걸쳐 소련의 여러 곳을 여행하게 했다. 현장을 보고나서야 그는 자신의 믿음이 환상이었음을 깨달았으며, 그리하여 1936년 11월에 파리에서 『소련방문기』를 출판하고 소련을 철저히 비판했다. 1937년 6월에 역시 파리에서 그 책의 수정판인 『소련방문 수정기』를 출판하면서는 훨씬 더 직설적이고 노골적으로 소련을 비판했다. 이 비판으로 지드는 프랑스 지식인 사회에서 매장되다시피 했다. 그렇지만 소련의 실상이 계속해서 드러나면

---

73 앙드레 지드 저, 김화영(金華榮), 역, 『좁은 문』(열린책들,2019); 앙드레 지드 저, 김중현 역, 『전원교향악』(펭귄클래식코리아, 2009).

서 그는 '용기 있는 지식인'으로 불리게 된다.

세계철학계에서 현상학을 한 차원 높게 발전시킨 것으로 평가를 받은 모리스 메를로퐁티Maurice Merleau-Ponty는 지드와는 달리 계속해서 스탈린체제를 옹호했다.[74] 스탈린이 자신의 정적들을 제거하기 위해 진행한 몇 차례의 '재판 연극'에 대해서도 '대변혁'을 위해서는 불가피하다는 논리로 설명했다. 그러나 1950년 6월에 일어난 한국전쟁이 스탈린의 지원을 받은 김일성의 침공으로 시작되었음을 알고나서야 스탈린과 북한을 비판했다.

실존주의 철학자로 국제적 명성을 떨쳤으며 우리나라에도 『구토』(1938)와 『자유에의 길』(1949) 및 『말』(1964) 등으로 널리 알려진 장 폴 사르트르Jean-Paul Sartre는 "반공주의자들은 개다."라고 극언할 정도로 반공주의를 혐오하고 사회주의와 소련을 옹호하면서 지드와 메를로퐁티 모두를 비판했다. 메를로퐁티가 스탈린을 비판하는 글을 자신과 메를로퐁티가 공동으로 편집책임을 맡고 있는 월간지 『현대』에 기고하고자 했을 때 거부했고 이로써 두 사람 사이의 우정은 끝났다. 사르트르는 1956년 가을에 헝가리에서 반소국민운동이 일어나자 흐루쇼프정권이 군대를 동원해 무자비하게 진압하는 것을 보고나서야 소련을 비판하는 대열에 동참했다.[75]

이러한 배경에서, 프랑스사상계에서 흔하지 않았던 중도보수우익의 정치학자 레몽 아롱Raymond Aron 교수가 뒤늦게 재평가를 받았다. 사르트르와 함께 파리고등사범학교를 졸업한 이후 일관되게 자유민주주의와 자본주의를 옹호하고 공산주의를 비판한 아롱은 1955년에 『지식인의 아편』을 출판하면서 마르크스가 종교를 '인민의 아편'으로 매도한 것에 대한 반론으로 마르크시즘을 '지식인의 아편'으로 규정하고 마르크시즘의 이론적 모순을 지적했던 것인데,[76] 소련의 실상이 드러나면서 그의 진단이 정확했음이

---

74 강미라, 『사르트르 vs 메를로퐁티』(세창출판사 2018).

75 장 폴 사르트르, 『말』(민음사, 2008).

76 레몽 아롱 지음, 변광배 번역, 『지식인의 아편』(세창출판사, 2022); 레이몽 아롱, 장루이 미시

인정된 것이다.

둘째, 호주국립대학교 사학과 게이번 매코맥Gavan McCormack 교수는 좌파 성향이 강해 남북한을 비교하는 경우 남한은 가혹하게 비판하면서 북한은 긍정적으로 평가했다. 그러나 1993년에 발표한 논문에서 처음으로 김일성의 북한체제를 비판하고 '신新전체주의적 성향'을 지적했다.[77] 서방세계의 좌파성향 학자들은 매코맥 교수가 '혁명'을 배반했다고 공격했다. 그는 여전히 남한을 비판하지만, 북한에 대한 비판을 철회하지 않았다.

자성 또는 고백 2: 한국의 경우

사상적 혼란이 심했던 한국의 경우에도 당연히 자성 또는 고백의 사례들이 있었다. 첫 번째 사례로 박범진朴範珍 전 한성디지털대학교 총장을 지적할 수 있다.[78] 박정희정부가 전국으로 확산된 한일회담반대시위를 제압하기 위해 1964년 6월 3일에 비상계엄령을 선포한 때로부터 약 70일이 지난 1964년 8월 14일에 김형욱金炯旭 중앙정보부 부장은 도예종都禮鍾 등 41명이 「조선로동당」의 지령을 받고 대한민국의 '국가변란'을 기도하기 위한 목적에서 지하정당으로 「인민혁명당」을 조직한 사실을 파악했으며, 이 지하정당이 배후에서 한일회담반대시위를 조종했다고 발표했다. 검찰은 그들 가운데 일부를 반공법위반혐의로 기소했으며, 대법원은 그들 가운데 일부에게 유죄를 확정지었다. 그렇지만 중앙정보부가 비상계엄을 합리화하고 시위반대자들의 기를 꺾기 위해 이 사건을 조작했다는 해석이 뒤따랐다

이에 대해, 당시 수사대상에 올랐으나 조선일보사 정치부기자로 은신하

카, 도미니크 볼통 지음, 박정자(朴貞子) 번역, 『마르크시즘을 '지식인의 아편'으로 규정한 자유주의자 레이몽 아롱: 장루이 미시카, 도미니크 볼통과의 대담』(기파랑,2021).

77 Gavan McCormack, "Kim Country: Hand Times in North Korea," *New Left Review* 198(March 1, 1993), pp. 21~48.

78 박범진(朴範珍), 「나의 삶, 나의 길」, 『철학과 현실』 109(2016년 여름), 228~261쪽.

며 용케 검거를 피할 수 있었던 박 전 총장은 훗날 자신이 서울대학교 문리대 정치학과 4학년 때인 1963년에 「인민혁명당」에 입당했던 사실을 솔직하게 인정하면서, 수사당국이 진상을 확대하기는 했으나 조작한 것은 아니라고 말했다. 14대 및 15대 국회의원으로 그리고 김영삼 민주자유당 총재 비서실장에 이어 한성디지털대학교 총장으로 봉직한 그는 자신이 대한민국에서 큰 혜택을 받고 있는 현실을 직시할 때 그 사실을 고백하는 것이 인간적 도리에 맞는다고 생각했다고 덧붙였다. 사람들은 용기 있는 행동으로 받아들였다. 그는 이후 「북한인권시민연합」의 이사장으로, 중국 또는 동남아에서 방황하는 탈북민이 한국으로 들어와 정착하도록 많은 힘을 썼다.

박범진 총장 다음으로 김영환金永煥 탈북자인권운동가를 지적할 수 있다. 그는 서울대학교 법과대학 학생 때인 1985년에 '강철'이라는 필명 아래 집필한 「강철서신」을 통해 학생운동권에 '주체사상'을 전파했다. 1986년에는 대한민국 학생운동의 역사에서 '최초의 비합법 주사파 조직'인 「구국학생연맹」을 결성했으며, 대학을 졸업한 뒤 1991년에 북한이 제공한 반半잠수정을 타고 밀입북해 김일성을 두 차례 만나고는 크게 실망했다. 서울로 돌아온 이후, 「민족민주혁명당」사건을 포함해 우여곡절을 겪었으며 결국 '주체사상'이 허상虛想에 지나지 않음을 전파하는 데 힘썼다.[79]

그러나 사이비 종교의 경전에 적합한 '주체사상'을 받아들이고, 대한민국의 파괴를 가져올 수도 있는 그것의 구현을 위해 투쟁한 운동권 인사들은 이제 자숙하는 것이 바람직하다. 그 모범을 보인 대표적 인사들이 적지 않은데, 우선 노회찬魯會燦 전 국회의원을 꼽게 된다. 고려대학교 정경대학 정치외교학과를 졸업한 이후 스스로 노동자가 되어 노동운동에 헌신하다가 투옥되기도 했으며 정의당을 비롯한 여러 진보정당 창당에 참여했고 3선을

---

79 김영환(金永煥), 「반미·북한 그리고 90년대에 대한 나의 생각」, 『월간 말』(1995년 4월); _____, 「강철 김영환의 북경서신: "북한 수령론은 완전한 허구이자 사기극"」, 『월간 말』(1998년 5월), 72~77쪽.

기록한 국회의원으로 과감히 '종북노선'과의 절연을 선언했다. 진보를 추구한 정치인이기에 앞서 양심적인 인간이었기에 그것이 가능했다.

이어 민경우閔庚宇 씨를 꼽게 된다. 그는 서울대학교 의예과 학생 때부터 반독재민주화운동에 참여해 투옥되고 석방되자 서울대학교 인문대학 국사학과로 진학해 인문대학 학생회장으로 반독재민주화운동에 계속 참여했으며 졸업한 이후 좌파단체인 「조국통일범민주연합」 사무처장으로 활동했다. 통산 두 차례 구속되어 4년 2개월의 수감생활을 겪었다. 그러한 그는 주체사상과의 절연을 선언하고 나라의 장래를 위해 진지하게 새로운 진로를 모색하고 있다.[80]

계층 사이의 위화감을 줄이는 정치

민주화의 진전을 위해 여와 야 모두가 합심해 추진해야 할 과제는 계층 사이의 위화감을 줄이는 일이다. 대한민국의 경제력과 군사력은 엄청나게 커졌으며, 국제사회에서는 이러한 대한민국을 선망하는 나라가 무척 늘어났다. 국제사회에서 한 국가의 국력과 위상을 상징하는 표징인 '여권旅券의 힘[Passport Power]'을 비교하면, 이제 대한민국 '여권'의 힘은 몇몇 영국·프랑스·독일·일본·룩셈부르크·이탈리아 등 극소수의 서구 선진국의 그것과 동일하며, 연구조사에 따라서는 미국의 그것보다 한 급級 위로 나타난다.

그러나 국내적으로 계층 사이의 위화감은 확대되어, 자살률이 매우 높아 미국의 작가 마크 맨슨Mark Manson의 명명으로는 '세계에서 가장 우울한 나라'로 꼽히기도 한다.[81] 국내정치는 경제력을 지속적으로 키우면서 계층사

---

80 민경우(閔庚宇), 『진보의 재구성: 어느 실천가의 반성과 전망』(시대의창, 2009).

81 맨슨에 대한 반론으로 다음이 있다. 임명묵(『K를 생각한다』의 저자), 「가장 우울한나라? 한국 젊은 세대의 생각은 다르다」, 『조선일보』(2024년 2월 15일 A33쪽). 맨슨의 관찰에 유의하면서 한국사회의 현황과 미래를 논한 평론에 다음이 있다. 손숙미(한반도선진화재단 양성평등위원장), 「개인존중하는 새 가족주의로 나아가야」, 『중앙일보』(2024년 2월 21일 29쪽).

이의 간격을 줄여주는 쪽으로, 그리하여 계층 사이에서 위화감은 줄어들고, 프랑스의 사회학자 에밀 뒤르켐David-Émile Durkheim이 처음 썼으며 독일의 정치학자 에리히 비데Erich Weede 교수가 되살린 '우리는 서로 다른 사람이 아니라 모두 같은 우리다라는 감정(We feeling)'이 늘어나는 쪽으로 펼쳐져야 한다. 그렇게 함으로써 대한민국이 보다 더 '매력적인 국가'가 될 때 그것은 북한의 우리 동포들을 끌어당길 수 있는 자력磁力이 큰 자석磁石이 될 수 있을 것이다.

제2항 '전쟁의 시대' 또는 '위험한 세계' 속에서의 외교의 부활

노태우 대통령이 지향했던 북방정책의 궁극적 목표는 민족의 평화적 통일이었다. 이 목표를 달성하기 위해 심모원려深謀遠慮의 외교를 잘해야 한다는 것은 평범하면서도 당연한 말이다. 더구나 유럽에서도 그렇지만 동북아시아에서도 "전쟁의 시대가 돌아오고 있다."라는[82] 전문가들의 평가를 고려한다면, 전쟁에 대한 군사적 대비와 함께 외교적 대비는 매우 중요해졌다. 상황이 얼마나 엄중하면, 1814년에 노르웨이와 전쟁을 치른 후 210년 동안 중립국 지위를 유지한 스웨덴이 2024년 3월 11일에 북대서양조약기구(나토)에 32번째 회원국으로 가입했을까.[83]

현재 강대국 러시아가 국경을 접한 약소국 우크라이나를 침공해 전쟁이 길어지고 있는 상황도 조성되고 있지만, 세계는 영향력이 가장 큰 미국과

---

82 정철환(『조선일보』 파리특파원), 「'전쟁의 시대'가 돌아오는가」, 『조선일보』(2024년 2월 24일 A26쪽).

83 정철환(『조선일보』 파리특파원), 「스웨던 석학 요엘 안데르손 인터뷰: "한국이 중립해도, 중 · 러 눈엔 서방일 뿐」, 『조선일보』(2024년 3월 12일 A2쪽). 버클리 캘리포니아대학교 대학원에서 정치학박사학위를 받은 안데르손 유럽안보연구소(EUISS) 선임연구위원은 오늘날의 세계를 '위험한 세계'로 명명했다.

중국이라는 두 강대국이 충돌하고 있는 '새로운 냉전시대'에 놓여 있다. 영국 싱크탱크 경제경영연구소(CEBR)의 창립자 더글라스 맥윌리엄스Douglas MacWilliams에 따르면, "머지않은 미래에 미국과 중국에 더해 인도가 G3으로 등극하며 글로벌 경제의 '삼극(tripolar)시대'가 열린다.[84] 인도의 부상浮上과 더불어 '아시아·태평양(Asia-Pacific)'이라는 용어를 제치고 '인도·태평양(Indo-Pacific)'이라는 개념이 널리 쓰이고 있다.

한국은 이러한 새로운 국제환경을 정확히 내다보며 열강 사이의 체스판을 제대로 읽으면서 매우 효과적인 외교를 펼쳐야 할 것이다. 과거 어느 정부 때처럼 외교적 과제를 국내정치가 국내 소비용으로 다루는 것은 국가이익에 도움을 주지 않을 것이다. 이러한 뜻에서, 이홍구李洪九 전 국무총리, 윤영관尹泳寬 전 외무장관, 송민순宋旻淳 전 외무장관, 윤병세尹炳世 전 외무장관, 정덕구鄭德龜 전 산업자원장관 등이 제의한 '외교의 부활'이 절실히 요구된다.[85]

그 과제와 관련해 연세대학교 손열孫洌 교수는 "한국이 미국과의 협력을 확대하면서 중국에 대한 포용적 기조를 잃지 않는 '선진중견국 네트워크 외교'를 지향해야 한다."라고 권고하며, 위성락 대사는 "한반도 주변 주요국 간 역학이 통일을 저해하는 쪽으로 흐를 소지가 큰 만큼, […] 그리하여 우리가 지금 적극 대응하지 않으면 한반도는 분단의 영구화라는 또 다른 100년의 길로 갈 수 있는 만큼" 당사자인 우리가 나서서 미·일·중·러에 대한 설득외교를 적극적으로 펴야 한다고 제의했다.[86] 서울대학교 사회과학대학 경제학부 김병연金炳椽 석좌교수는 세계정치의 '지정학 폭풍'을 뚫을 수

---

84 홍준기·김지완(『조선일보』 기자), 「"미·중·인 '삼극시대' 10년 내 온다"」, 『조선일보』(2024년 1월 12일, B7).

85 NEAR재단 편저, 『외교의 부활: 미중충돌 속 흔들리는 체스판, 한국은 어떤 수를 둘 것인가? 다시 그리는 외교안보전략지도, 동맹·연합·공존 그리고 자강』(중앙 books, 2022).

86 손열(孫洌), 『개념전쟁』(동아시아연구원 [EAI], 2024); 위성락, 「북한의 반(反) 통일론에 더 적극 맞설」, 『중앙일보』(2024년 2월 14일 31쪽).

있는 외교가 절실해졌다고 역설했다.[87]

가장 필수적인 1차적 과제는 전쟁재발의 예방인데, 그것을 위해서는 미국과의 군사동맹 그리고 한·미·일 세 나라의 협력체제 강화가 긴요하다는 해답이 모범답안이다. 2024년 11월에 실시된 미국 대통령선거에서 공화당의 트럼프가 당선되는 경우, 세계정치에서의 안보지형에 변화가 올 수 있는 만큼[88] 철저하면서도 영리하게 대응해야 할 것이다.

제3항 북핵에 대한 대응을 둘러싼 논의

노태우 대통령은 북방정책을 추진하면서 언제나 대한민국의 안전을 잊지 않았다. 이러한 관점에서, 우리는 대한민국의 안전에 대한 1차적 위협인 북한의 핵개발을 깊이 생각하지 않을 수 없다. 북한의 핵개발 현황에 관해서는 일치된 의견이 없다. 서울의 아산정책연구원과 미국의 랜드연구소는 2023년 10월 30일에 발표한 공동보고서 한국에 대한 핵보장강화방안」에서, 북한이 남한을 겨냥한 핵무기로 최소 180기를 보유하고 있을 것으로 추정했다.[89]

국방부 전 북핵대응정책과장 함형필咸炯弼 박사는 2024년 1월 10일에 열린 국제학술회의에서 "북한이 러시아의 도움을 받으며 핵·미사일 개발 경로를 따라 간다면 핵심 무기의 완성 속도를 크게 앞당길 수 있다."라고 말하며, "북한은 다양한 투발수단으로 구성된 최소 300기 이상의 핵전력을 보유

---

87 김병연(金炳椽), 「다보스포럼에서 읽은 지정학 풍향계」, 『중앙일보』(2024년 1월 31일 31쪽).

88 위성락, 「트럼프 당선이 우리 외교에 미칠 영향」, 『중앙일보』(2023년 11월 22일 31쪽); 문병기(『동아일보』 워싱턴특파원), 「'나토 발언'서 미리 보는 트럼프 2기의 새 청구서」, 『동아일보』(2024년 2월 19일 A31쪽).

89 신규진·손효주(『동아일보』 기자), 「"북(北), 한국 겨냥한 핵무기 최소 180기… 2030년 300기 보유"」, 『동아일보』(2023년 10월 31일 A8쪽).

할 것으로 예측된다. 이것은 350기 안팎 핵전력을 가진 프랑스와 영국의 수준에 근접하는 것"이라고 보았다. 150~200기 정도인 인도와 파키스탄보다 북한이 더 큰 규모 핵전력을 곧 갖게 된다는 뜻이다.[90]

김정은정권은 통일 개념 그 자체를 부정하면서도 핵무기를 동원한 무력통일 노선을 포기하지 않고 있다. 이러한 상황에서, 통일과나눔재단과 조선일보사 및 서울대학교 발전연구소가 칸타 퍼블릭에 의뢰해 전국 20~39세 1000명을 대상으로 2022년 11월 14~21일에 실시한 「대북·통일인식조사」에서, "북한이 핵무기를 폐기하지 않을 경우 한국도 핵무기를 보유해야 하는가"라는 질문에 68.1%가 "찬성한다"라고 대답해, "반대한다"(31.9%)는 응답보다 2배 이상 늘었다.[91] 아산정책연구원과 랜드연구소는 앞에서 소개한 공동보고서를 통해 "미국의 전술핵(B61) 100기를 현대화해 '한국안보지원용'으로 지정하고 언제든 신속히 한반도에 배치될 수 있는 태세를 유지해야 한다."라고 건의했다.[92] 아산정책연구원 원장 최강崔剛 박사는 "자체 핵무기를 개발하는 것이 어렵다면, 미국이 1991년에 한국에서 철수한 150기 정도의 전술핵무기 가운데 수십 기라도 재배치해야 평화가 보장될 수 있다."라고 건의했다.[93]

윤석열 대통령은 2024년 2월 7일에 방송된 KBS 특별대담에서 "핵개발 역량은 우리나라 과학기술에 비추어보면 우리가 마음만 먹으면 핵개발에 시일이 오래 걸리지 않을 거란 말씀은 드릴 수 있다."라면서도 "국가운영을 종합적으로 판단했을 때 핵확산방지조약을 철저하게 준수하는 게 국익에

---

90 노석조(『조선일보』 기자), 「"북(北) 핵전력 최소 300기 보유 … 프랑스·영국 수준 근접,"」, 『조선일보』(2024년 1월 11일 A6쪽).

91 주형식((『조선일보』 기자), 「"우리도 핵 보유해야": 2030세대 68% 찬성」, 『조선일보』(202년 1월 11일 1쪽).

92 김은중(『조선일보』 기자), 「"미(美) 전술핵 100기 현대화해 한국지원용으로 지원해야」, 『조선일보』(2023년 10월 31일 A6쪽).

93 최강(崔剛), 「핵위협 수위 높이는 북한 … 전술핵 재배치 실현해야」, 『조선일보』(2024년 2월 13일 A33쪽).

더 부합된다."라고 밝혔다. 그는 "어떤 분들은 한국은 북한처럼 단단한 화강암층이 없어서 지하핵실험을 하기 어려워 곤란할 것이라고 얘기하는데 종합적으로 판단하면 우리가 마음먹으면 핵개발에 그리 오래 걸리지 않을 것."이라고 말했다. 전문가들은 한국이 결심만 하면 2~3년 안에 핵무기를 개발해 배치할 수 있다고 보고 있다. 그렇지만 윤 대통령은 "우리가 지금 핵을 개발한다고 하면 아마 북한과 마찬가지로 다양한 경제제재를 받게 될 것"이라고 말하며, "우리 경제는 심각한 타격을 받을 것"이라고 덧붙였다.[94]

외교통상부 장관으로 북핵협상에 참여했던 송민순宋旻淳 전 북한대학원대학교 총장은 자신의 경험을 바탕으로 "북한은 자신의 체제와 정권의 생존이 보장되지 않는 한, 핵무기 옵션을 포기하지 않는다."라고 단언했다. 이어 그는 "북한은 정권의 생존을 위해서 위장하고(mendacity), 호전적으로 나오며(militancy), 억지 지원을 요구하는(mendicancy) 전술을 혼용한다."라고 지적하며, 그것을 '3M방식'으로 명명했다.[95]

비슷한 맥락에서, 김태우 박사는 다음과 같이 주장한다.

> 북한이라는 가장 위험한 나라의 핵위협에 시달리는 한국에서 그리고 세계에서 핵공격을 받을 가능성이 가장 높은 한국에서 미국의 핵우산만 믿지 말고 독자 핵무장에 나서야 한다는 목소리가 커지고 있음은 당연한 일이다. [그러나] 핵무장을 만류[하고 …] 대신, '새로운 버전의 평화적 핵주권'을 건의[하고자 한다]. […] 평화적 핵주권이란 핵무기 자체는 만들지 않지만 유사시 핵무기를 만들 수 있는 합법적인 대비책들을 강구함을 의미한다. 1990년대 동안 필자가 펼친 '평화적 핵주권론'은 루비콘강을 건너지는 않되 언젠가 건널 수 있도록 나룻배를 만들어놓고 있어야 한다는 것이었지만, 오늘날 필자는 여러 척의 더

---

94 신진우(『동아일보』 기자), 「"우리도 마음만 먹으면 핵개발 그렇게 오래 안걸릴 것"」, 『동아일보』(2024년 2월 8일 A3).

95 송민순(宋旻淳), 『빙하는 움직인다: 비핵화와 통일외교의 현장』(경기도 파주시: 창비, 2016).

큰 나룻배들을 강가에 대고 있어야 한다고 주장한다. 그것이 필자가 원하는 새로운 버전의 평화적 핵주권론이다.[96]

제4항 남북한 통일은 언제 올 것인가? 「한민족공동체통일방안」은 여전히 유효하다

노태우 대통령의 북방정책은 남북한의 통일을 지향했고, 이 목표의 달성을 위해 남북관계의 역사에서 처음으로 남북고위급회담 = 남북총리회담을 성사시켰다. 그 이후 남북관계는 우여곡절을 겪었고 현재로서는 정체되어 있다. 그러나 남북통일에 대한 꿈은 결코 포기할 수 없다.

미래를 예측한다는 것은 매우 어려운 일이다. 오죽하면 18세기 후반부터 19세기 전반까지 살았던 독일의 세계적 철학자 헤겔이 후학들에게 미래예측을 자제할 것을 권고했을까. 평생을 제정러시아에서의 혁명을 꿈꾸고 준비했던 레닌은 1917년 2월에 제정을 무너트린 부르조아혁명이 일어나기 직전의 시점에서도 망명지 스위스에서 "우리 세대는 아마도 러시아에서의 혁명을 보지 못할 것 같다."라고 한탄했다.

서독의 총리로 동방정책을 이끌어 독일통일의 기초를 닦아 노벨평화상을 받았던 빌리 브란트도 동독인들이 베를린장벽을 무너뜨리고 통독으로 가는 길을 크게 열었던 1989년 11월 직전조차 자신은 독일통일이 앞으로 10년 이상은 더 걸려야 실현될 것으로 내다보았고, 독일의 통일을 실현한 헬무트 콜Helmut Kohl 총리 역시 자신은 통독을 전혀 예상하지 못했기에 '통독은 하늘로부터의 선물'로 받아들였다고 고백한 것은[97] 인간의 미래예측

---

96 김태우, 『북핵을 바라보며 박정희를 회상한다』, 288쪽.

97 김종휘 외교안보수석비서관 구술, 국사편찬위원회 편, 『고위관료들, '북핵위기'를 말하다』 (경기도 과천시: 국사편찬위원회, 2009), 54쪽.

에는 한계가 있음을 웅변한다.

여기서 당대에 국제적 석학으로 꼽히던 미국 케네디행정부의 주일대사 에드윈 라이샤워Edwin O. Reischawer 교수의 예언이 새삼 떠오른다. 그는 독일의 통일은 주변 열강이 모두 반대하기 때문에 불가능하다는 뜻에서 '불가능한 사명(mission impossible)'이라고 부르고, 그러나 한반도의 통일에는 그러한 장애가 크지 않아 반드시 실현될 것으로 낙관했다. 그러나 결과는 정반대로 나타나, 독일의 통일은 실현되었으나 한반도의 통일은 아직도 미래의 영역에 속해 있다.

현재의 시점에서, 한반도의 통일이 언제 실현될 것인지 말하기는 대단히 어렵다. 그러나, 비과학적이지만 나관중羅貫中이 쓴 『삼국지연의』의 첫 구절 "나뉜 지 오래면 반드시 합하고[分久必合], 합한 지 오래면 반드시 나뉜다[合久必分]" 가운데 앞의 넉 자에 기대어 생각할 때, 나뉜 지 79년이 넘었음을 고려하면 '합'이 다가오고 있는 것이 아닐까 막연히 기대해본다. 8·15 해방에 대해 함석헌咸錫憲 선생은 "도둑같이 왔다."는 유명한 표현으로써 전혀 예상하지 못했음을 시인했다. 이 표현을 빌려 개인적 기대를 섞어 말한다면 통일은 역시 '도둑같이' 올지 모르겠다.

그 시점까지 노태우 대통령이 1989년 9월 11일에 국회에서 발표한 「한민족공동체통일방안」의 골격과 내용을 유지하는 것이 바람직하다. 노태우 정부에서 끝나지 않고 김영삼정부로 이어졌으며 큰 틀에서는 이후 여러 정부의 통일방안에서 골격을 이룰 정도로 생명력이 긴 이 방안은 김정은이 민족과 통일을 부인한 오늘날의 상황에서 더욱 유효하다. 2024년 올해로 발표 35주년을 맞이한 이 방안은 남과 북이 단일민족임을 전제하고, 두 체제를 인정해 연합을 형성하고 평화공존을 유지하는 가운데 단일국가로 궁극적 통일을 성취하자는 구상을 담고 있기 때문이다.

제5항 러시아 학자의 '한·러 공생국가' 구상 그리고 한국을 닮아가는 몽골

북방정책을 주제로 한 이 책을 매듭지으면서, 마지막으로 덧붙이고자 하는 주제가 있다. 그것은 노태우 대통령이 고르바초프 소련 대통령 그리고 옐친 러시아 대통령과도 협의했던 '극동러시아에서의 한·러협력체'의 출범이다. 고르바초프와 옐친 모두 동의했으나, 노 대통령도 그들도 모두 물러난 이후 진전이 없었다. 다행히 2005년 이후 러시아 내부에서 '한·러공생국가(state symbiosis)' 구상이 제의되는 등 아주 작으나, 실현을 기대할 수 있는 목소리가 나타나고 있다.

그러면 '한·러공생국가'는 무엇인가? 이 구상은 모스크바에 있는 「사회적 가치가 있는 문제 연구소」 소장인 블라디미르 수린Vladimir Surin 박사가 2005년 11월에 모스크바에서 출판되는 『폴리티체스키 클라스』에 발표한 「코리아 선언」에서 출발한다.[98] 남한도 북한도 방문한 일이 없으며 노태우 대통령도 만난 일이 없는 그는 자신의 독자적 연구에 바탕을 두고 남한과 러시아가 현재 러시아에서 생활하는 고려인들과 함께 '상생하는 국가'를 우랄산맥 동쪽 지역, 곧 극동러시아를 중심으로 출범시킬 것을 제안한 것이다.

수린 박사는 한민족의 성실성과 근면성 그리고 높은 수준의 교육에 바탕을 둔 우수성을 상기시킨 데 이어, 한민족은 중국인과는 달리 '영토적 야심'이 없음을 지적했다. 그는 구한말에 그렇게 했듯, 한민족이 넓고넓은 극동러시아로 '제2차 이주'를 단행하면 현지의 러시아인들이 '구세주'를 만난 것처럼 환영할 것이라고 예견하고 그들이 현지의 러시아인들 및 고려인들

98 블라디미르 수린, 「'코리아 선언': '한·러공생국가' 건설을 제안한다」, 박병환·박윤형 등, 『시베리아개발은 한민족의 손으로:블라디미르 수린의 한·러 공생국가론』(국학자료원, 2009), 15~30쪽.

과 함께 이 공생국가를 성공시킬 것으로 확신하면서, 한반도의 통일도 이 '한·러공생국가'의 출범을 바탕으로 실현할 수 있다고 보았다. 수린 박사는 자신의 그 구상이 라디오를 통해 소개되었을 때 반응이 좋았다고 덧붙였다.

그런데 문제는 한국에서도 인구감소가 진행되고 있다는 현실이다.『뉴욕타임스』는 2023년 12월 2일에 「한국은 소멸하나」라는 칼럼을 통해 "한국이 현재 출산율을 유지한다면 흑사병(Black Death)이 강타했던 중세유럽 시기보다 더 큰 폭의 인구감소를 겪게 될 것"이라고 보았다. 한국정부의 통계청이 2023년 11월에 발표한 「9월 인구동향」에 따르면, 3분기 합계출산율(여성 1명의 평생출생아 수)은 0.7명으로 역대 최저치를 기록했다. 2023년 4분기 합계출산율은 0.65명으로, 더 떨어졌다. 한국은 처음 합계출산율이 0명대로 떨어진 2018년(0.98명) 이후 6년째 OECD 국가 가운데 유일하게 1명 미만 출산율을 이어가고 있다. 전문가들은 '초저출생' 충격이 곧 한국사회 전반을 강타할 것으로 우려한다.[99] 이러한 상황을 고려할 때, 극동러시아로의 대규모 이주가 발생할 것인지 당연히 회의하게 되는데, 수린은 낙관적으로 기대한다.

몽골에서는 '몽골판 수린 구상'이 나타나지는 않았으나 한국을 좋아하고 선망하는 분위기가 아주 높아지고 있다. 몽골의 수도 울란바토르의 중심지에는 골목 곳곳에 한국 편의점 브랜드인 'CU'와 'GS25'가 1분마다 번갈아 나타나고, 메뉴판에 떡볶이·어묵·새우튀김·김밥이라고 한글로 쓰인 품목은 몽골인들에게 친숙한 음식이 되고 있다. 그래서 몽골을 찾는 한국인 여행객들은 울란바토르를 '몽탄신도시'라고 부른다. "아파트와 거리 모습이 경기도의 '동탄신도시'와 비슷하고 간판까지 한글로 된 경우가 많기 때

---

99 조백건 기자 (『조선일보』 기자), 「"한국, 흑사병 때보다 인구감소 심각」, 『조선일보』(2023년 12월 4일 1쪽); 조응형·송혜미 (『동아일보』 기자), 「'0.65명' 출산율 쇼크」, 『동아일보』(2024년 2월 29일 1쪽 및 3쪽).

문이다."라고 현지를 둘러본 기자는 썼다.[100] 한때 한국 국내에서 '한국과 몽골의 국가연합' 구상이 제기되었던 것처럼, 앞으로 두 나라를 제도적으로 연결하자는 구상이 몽골 내부에서 제기될 만하다. 몽골은 한국과 멀지 않으며 러시아 및 중국 모두와 접경했기에, 그러한 구상이 제기된다면 의미가 클 것이다.

노태우 대통령은 평소에 우리의 생활문화권을 '옌볜과 연해주를 포함한 북방으로 넓히는 것'을 자신이 설정한 북방정책의 마지막 목표라고 말했다.[101] 수린 박사가 제시한 '한러공생국가' 또는 그 취지를 담아 몽골도 포함된 공동체가 앞으로 20~30년 안에 북방세계에서 여러 단계를 거쳐 실현될 때, 노 대통령이 추진한 북방정책의 마지막 목표는 달성된다고 하겠다.

---

100 구아모(『조선일보』 기자), 「한국식 아파트·편의점 … 여기는 동탄? 몽탄신도시」, 『조선일보』(2023년 7월 28일 A10쪽).

101 노태우, 『노태우 회고록』 하, 141~142쪽.

참고문헌

1차 자료: 정부·당·공공기관 공식 자료

대한민국

국토통일원, 『민족공동체 형성을 통한 통일로의 전진: 이홍구 강론집(1988. 2~1989. 5)』(국토통일원, 1989).

대한적십자사, 『대한적십자사 80년사』(대한적십자사, 1987).

외무부 외교연구원 편, 『한국외교의 20년』(외무부 외교연구원, 1967); 외교통상부, 『한국외교 50년 1948~1998』(외교통상부, 1999).

통일민주당, 『평화와 통일의 염원을 안고』(통일민주당, 1989).

한국원자력연구원 편, 『한국원자력연구원 50년사: 1959~2009』(대전광역시: 한국원자력연구원, 2009).

조선민주주의인민공화국

Juche! The Speeches and Writings of Kim Il Sung, Foreword by Eldridge Cleaver, edited and introduced by Li Yuk-sa(New York: Grossman Publisher, 1972).

1차 자료: 연설문집 및 문집

재단법인 보통사람들의시대노태우센터 편, 『노태우의 생각 대통령의 연설 1988-1993: 노태우 대통령 연설문집』(늘품플러스, 2023).

효당(曉堂)이홍구문집간행위원회 편, 『이홍구문집』 전5권(경기도 파주시: 나남, 1996).

1차 자료: 자료집

건대항쟁20주년기념사업준비위원회 편, 『10.28건대항쟁20주년 기념자료집』(건대항쟁20주년기념사업준비위원회, 2006).

북방정책연구소 옮김, 『아시아 평화를 위해: 미하일 세르게예비치 고르바초프 아시아관련 발언집』(슬라브연구사, 1988년 8월 25일).

한겨레신문사 편, 『한겨레 10년 성과와 미래』(한겨레신문사, 1998).

한정숙(韓貞淑)·홍현익(洪鉉翼)·강윤희(姜倫希)·최우익(崔宇翼) 등 공편, 『한·러관계사자료집 1990~2003』(서울대학교 출판부, 2005).

1차 자료: 연표

노중선(盧重善) 엮음, 『연표: 남북한 통일정책과 통일운동 50년』(사계절, 1996), 313쪽.

1차 자료: 회고록

강영훈(姜英勳), 「남북고위급(총리)회담 여담」, 청농(靑儂)강영훈박사고희기념 논문집간행위원회 편, 『민족통일의 길: 청농강영훈박사고희기념』(법문사, 1992).

공로명(孔魯明), 『나의 외교 노트: 안에서 듣고 보고 겪은 한국외교 50년』(기파랑, 2014).

김석우(金錫友), 『남북이 만난다 세계가 만난다: 해방둥이의 통일외교』(고려원, 1995).

김영삼(金泳三), 『김영삼 회고록: 민주주의를 위한 나의 투쟁』 전3권(백산서당, 2000).

김정렴(金正濂), 『한국경제정책 30년사: 김정렴 회고록』(중앙일보사, 1990).

김종인(金鍾仁), 『영원한 권력은 없다: 대통령들의 지략가 김종인 회고록』(시공사, 2020).

김종필(金鍾泌) 지음, 중앙일보사 김종필증언록팀 엮음, 『김종필 증언록: JP가 말하는 대한민국현대사』 전2권(미래엔, 2016).
노신영(盧信永), 『노신영 회고록』(고려서적, 2000).
노재봉(盧在鳳) 편, 『노태우 대통령을 말한다: 국내외 인사 175인의 기록』(경기도 파주시: 동화출판사, 2011)

김용갑(金容甲), 「민족의 명절 설날을 회복한 대통령」.
김재순(金在淳), 「중국과의 약속 지키려 대만에 단교사실 함구했다」.
김종휘(金宗輝), 「"북방정책이 국정의 최우선 과제이다"」.
노건일(盧建一), 「고속철도와 인천국제공항 착공」.
민병석((閔炳錫), 「통일 이후 안보체제 틀 제시, 미군기지 평택이전」.
박승호(朴承浩), 「노사분규 공권력 투입 건의에 "이런과정을 거쳐야 민주화 된다"」.
서동권(徐東權), 「"연방제 안 된다." 노 대통령의 확고한 의지: 나의 김일성 부자와의 극비회담 비화」.
심대평(沈大平), 「국격을 지켜냈던 보통사람들의 대통령」.
신응수(申鷹秀), 「청와대 신축에 수입 소나무 안 된다」.
안교덕(安敎德), 「육군사관학교 재학시절의 노태우 생도」.
오자복(吳滋福), 「미8군 골프장 찾아오시오」.
이경형(李慶衡), 「민주주의 회복 신념이 강하게 자리 잡고 있었다」.
이병기(李丙琪), 「네 가지 한(恨): 외침 · 빈곤 · 무지 · 분단의 한(恨) 풀이에 전력하신 지도자」.
이양희(李良熙), 「겸손한 리더십, 포용의 리더십」.
이연택(李衍澤), 「88서울올림픽과 노태우 대통령」.
이필섭(李弼燮), 「건군 이래 최대 군(軍) 개편: 평시작전지휘권 환수 기반」.
임재길(林栽吉), 「2년 3개월의 공정: 새 청와대의 춘추관, 관저, 본관이 차례로 완공되다」.
조지 허버트 워커 부시, 「한반도 전술핵 철수 결심, 미국의 핵 감축에 큰 힘」.
전상진(全祥振), 「공산권국가들의 올림픽참가를 이끌어낸 노 대통령」.
정구영(鄭銶永), 「제6공화국의 사명 권위주의에서 충실한 민주주의로」.
정해창(丁海昌), 「민주절차에 따른 정권 재창출」.

조홍규(趙洪奎), 「지방자치의 과감한 실현은 큰 업적」.

최규완(崔圭完), 「최 박사! 물이 얼마나 무서운지 알겠나?」.

최동섭(崔同燮), 「평화의 댐, 모든 의혹 풀고 완공」.

최영철(崔永喆), 「한국의 마그나카르타 6·29선언」.

최석립(崔石立), 「한국-소련수교, 한국-중국수교의 역사현장을 경호하다」.

최승부(崔勝夫), 「6·29선언 정신 기조로 노동정책 크게 바꾸다」.

한영석(韓永錫), 「5·18과 12·12사건 재판에 대한 생각」.

현승종(玄勝鍾), 「헌정사상 최초로 중립내각의 총리가 되어」.

노창희(盧昌熙), 『어느 외교관의 이야기: 노창희 회고록』(기파랑, 2007).

노태우(盧泰愚), 『노태우 회고록』 전2권(조선뉴스프레스, 2011); 상(『국가 민주화 나의 운명』), 하(『전환기의 대전략』).

민경우(閔庚宇), 『진보의 재구성: 어느 실천가의 반성과 전망』(시대의창, 2009).

민정기(閔正基) 책임정리, 『전두환(全斗煥) 회고록』 전3권(자작나무숲, 2017).

박범진(朴範珍), 「나의 삶, 나의 길」, 『철학과 현실』 109(2016년 여름).

박사월(朴思越), 『김형욱 회고록』 전3권(아침, 1985).

박철언(朴哲彦), 『역사를 위한 바른 증언: 5공, 6공, 3김시대의 정치 비사』 전2권(랜덤하우스중앙, 2005).

소육린(邵毓麟: 사오위린), 『사한회억록(使韓回憶錄: 근대 중한관계 사화(史話)』(타이베이: 전기문학출판사, 1980)/ 이용빈·강경민·김민하·이해룡·홍대진 공역, 『사오위린 대사의 한국외교회고록: 중화민국과 한국의 근대관계사』(경기도 파주시: 한울엠플러스, 2017).

송민순(宋旻淳), 『빙하는 움직인다: 비핵화의 통일외교의 현장』(경기도 파주시: 창비, 2016).

안동일(安東壹), 『나는 김현희의 실체를 보았다: KAL 폭파범 김현희 변호인』(동아일보사, 2004).

윤하정(尹河珽), 『어느 외교관의 비망록: 외교의 최전선을 누비다』(기파랑, 2011).

윤해중(尹海重), 『한중수교 밑뿌리 이야기: 윤해중의 30년 중국외교 발자취』(이지출판, 2012).

이대용(李大鎔), 『사이공 억류기』(화남출판사, 1981); _____, 『6·25와 베트남전 두 사선을 넘다: 마지막 주월공사 이대용 비화』(기파랑, 2010); ______, 『김정일과의 악연 1809일: 최후의 주월공사 이대용은 말한다』(경학사, 2000).
이동복(李東馥), 『이동복의 미로찾기: 통일의 숲길을 열어가며』(삶과꿈, 1999); ______, 『이동복의 현대사경험: 손바닥으로 하늘을 가릴 수는 없다』(경덕출판사, 2007); ______, 「대북회담 전문가 이동복의 비록 1: 남북대화의 전부를 말한다」, 『월간조선』(2000년 9월); ______, 「대북회담 전문가 이동복의 비록 2: 남북대화의 전부를 말한다」, 『월간조선』(2000년 10월); ______, 「대북회담 전문가 이동복의 비록 3: 남북대화의 전부를 말한다」(2000년 11월); ______, 「대북회담 전문가 이동복의 비록 4: 남북대화의 전부를 말한다」, 『월간조선』(2001년 1월).
이상옥(李相玉), 『전환기의 한국외교: 이상옥 전 외무장관 외교회고록』(삶과 꿈, 2002).
이인모, 「인민군 종군기자 34년의 통한」, 『월간 말』(1989년 4월), 34~35쪽; ______, 「'적색독서회'에서 북로당 창당까지」, 위와 같음(1989년 10월), 134~145쪽; ______, 「말하라 지리산이여」, 위와 같음(1989년 11월), 108~117쪽; ______, 「눈내리는 지리산」, 위와 같음(1989년 12월), 120~128쪽; ______, 「통일이여 해방이여」, 위와 같음(1990년 1월), 144~176쪽; 「나의 사랑하는 북한 아내에게」, 위와 같음(1991년 2월), 59~61쪽.
이종석(李鍾奭), 『칼날 위의 평화: 노무현시대 통일외교안보 비망록』(경기도 고양시: 개마고원, 2014).
이한빈(李漢彬), 『일하며 생각하며: 이한빈 회고록』(조선일보사, 1996).
임동원(林東源), 『피스메이커: 임동원 회고록』(중앙books, 2008).
임병직(林炳稷), 『임정에서 인도까지: 임병직외교회고록』(여원사, 1964).
임재길(林栽吉) 편, 『청와대 건설지』(1992: 비매품).
임홍재(任洪宰), 『베트남 견문록: 외교관 임홍재, 베트남의 천 가지 멋을 발견하다』(경기도 파주시: 김영사, 2010).
장세동(張世東) 엮음, 『역사의 빛과 그림자: 버마 아웅산국립묘지 폭탄테러사건』(경기도 고양시: 맑은샘, 2013).

전상진(全祥振), 『세계는 서울로: 나의 서울올림픽 9년』(범양사 1989).
정종욱(鄭鍾旭), 『정종욱 외교 비록: 1차 북핵 위기와 황장엽 망명』(기파랑, 2019).
정해창(丁海昌), 『대통령비서실장 791일: 정해창의 청와대 일지』(경기도 파주시: 나남, 2023).
조갑제(趙甲濟) 해설, 『노태우 육성회고록: 전환기의 대전략』(조갑제닷컴, 2007).
조희용(曺喜庸), 『중화민국 리포트 1990~1993: 대만단교 회고』(선인, 2022).
채명신(蔡命新), 『베트남전쟁과 나: 채명신 회고록』(팔복원, 2006).
첸치천(錢其琛) 지음, 유상철(劉尙哲) 옮김, 『열 가지 외교이야기: 중국외교의 대부 첸치천의 국제정치 비망록』(랜덤하우스중앙, 2004).
최호중(崔浩中), 「한소수교의 막후비화: 최호중 당시 외무장관의 특별기고」, 『월간조선』(1992년 9월); ______, 『둔마(鈍馬)가 산정(山頂)에 오르기까지: 최호중 회고록』(태일출판사, 1997); ______, 『빛바랜 영광 속에 후회는 없다: 최호중 회고록』(삼화출판사, 1999).
태영호(太永浩), 『3층 서기실의 암호: 태영호 증언』(기파랑, 2018).
한승주(韓昇洲), 『외교의 길: 평화를 향한 여정』(올림, 2017).
황장엽(黃長燁), 『나는 역사의 진리를 보았다: 황장엽 회고록』(한울, 1999).
Dobyrnin, Anatoly, *In Confidence: Moscow's Ambassador to America's Six Cold War Presidents, 1962~1986*(Now York: Times Books, 1995).
Lilley, James R. with Jeffrey Lilley, *China Hands: Nine Decades of Adventure, Espionage, and Diplomacy in Asia*(New York: PublicAffairs, 2004).
Gregg, Donald P. *Pot Shards: Fragments of a Life Lived in CIA, the White House, and the Two Koreas*(Washington, D.C.: New Academic Publishing, 2014); 차미례(車美禮) 옮김, 『역사의 파편들: 도널드 그레그 회고록』(경기도 파주시: 창비, 2015).

1차 자료: 구술록

국립외교원 외교안보연구소 외교사연구센터 기획, 『한국 외교와 외교관: 한일관계·한중수교·한베수교』(국립외교원 외교안보연구소 외교사연구센터, 2022).

김연광(金演光)·배진영(裵振榮), 「7·7선언 20주년 인터뷰: 김종휘 전 대통령 외교안보수석비서관; "'7·7선언은 한국인의 활동공간'을 전(全) 지구적으로 확대했다"」, 『월간조선』(2008년 7월).

김종휘 외교안보수석비서관 구술, 국사편찬위원회 편, 『고위관료들, '북핵위기'를 말하다』(경기도 과천시: 국사편찬위원회, 2009).

「에트레 산도르 주한헝가리 상주대표부 대사 오찬간담회: 한국-헝가리 교류의 첫 장(1988년 12월 16일) 언론회관 기념회견장」, 『신문연구』 47(1988년 여름).

오동룡(吳東龍), 「연해주 식량기지 개척자 이병화(李秉華) 국제농업개발원 연구소장: "푸틴 대통령, 남북한 연해주 공동진출하면 통일 도울 것"」, 『월간조선』(2016년 10월).

이동복(李東馥), 「북방정책의 시초는 1970년 8·15경축사」, 국립외교원 외교안보연구소 외교사연구센터 편, 『북방정책과 7·7선언』(국립외교원 외교안보연구소 외교사연구센터, 2020).

최문기(崔文基), 「전두환-김일성, 전두환-레이건 정상회담 추진밀사: 손장래 전 주미공사 전 안기부2차장 증언: '사형확정' 김대중을 이렇게 살렸다」, 『월간조선』(1995년 8월).

2차 자료: 저서

강원택(康元澤) 편, 『노태우 시대의 재인식; 전환기의 한국사회』(경기도 파주시: 나남, 2012).

김계동(金啓東), 『북한의 외교정책: 벼랑에 선 줄타기외교의 선택』(백산서당, 2002); ______, 『정전협정 전후 한미상호방위조약 체결협상』(경기도 파주시: 경인문화사, 2022).

김도민(金道珉), 『1970년대 박정희정부의 비동맹외교: 한국의 가입신청문제를 중심으로』(선인, 2023).

김용호(金容浩), 『외교영토 넓히기: 대한민국의 수교역사』(대한민국역사박물관, 2016).

김월화(金月和), 『한국과 소련: 기자가 본 인식과 현실』(학문사, 1990).

김인섭(金仁燮), 『기적은 끝나지 않았다: 민주시민을 위한 대한민국현대사』(영림

카디널, 2016).

김재목(金在穆), 『북핵협상 드라마: 남 · 북 · 미 삼각게임; 외무부 출입기자의 취재노트』(경당, 1995).

김지영(金志寧), 『한국 · 헝가리 수교협상』(국립외교원 외교안보연구소 외교사연구센터, 2023).

김태우(金泰宇), 『북핵을 바라보며 박정희를 회상한다』(기파랑, 2018).

김태현(金泰炫), 『제1차 북핵 위기 협상(1993~1994)』(경기도 파주시: 경인문화사, 2022).

김학준(金學俊), 『북한의 역사』 전2권(서울대학교 출판문화원, 2008); ____, 『혁명가들: 마르크스에서 시진핑까지 세계공산주의자들의 삶과 죽음』(문학과지성사, 2013); ____, 『이홍구 평전: 효당(曉堂) 이홍구(李洪九) 전 국무총리의 정치철학과 현장실천』(중앙books, 2023).

김형기(金炯基), 『남북관계변천사』(연세대학교 출판부, 2010).

남찬순(南贊淳), 『평양의 핵 미소: 마침내 밝혀지는 핵협상의 전모』(자작나무, 1995); ____, 『북미 핵협상과 동북아질서: 1990년대의 교훈』(경기도 파주시: 나남, 2007).

NEAR재단 편저, 『외교의 부활: 미중충돌 속 흔들리는 체스판, 한국은 어떤 수를 둘 것인가? 다시 그리는 외교안보전략지도, 동맹 · 연합 · 공존 그리고 자강』(중앙 books, 2022); 「한국의 새 길을 찾는 원로 그룹」 지음, NEAR재단 편저, 『한국의 새 길을 찾다: 근현대사가 가르쳐준 교훈과 다가올 미래; 24인의 국가원로 · 학자들의 고뇌에 찬 토로』(청림출판, 2023).

라종일(羅鍾一), 『아웅산 테러리스트 강민철』(경기도 파주시: 창비, 2013).

마상윤(馬相潤), 『한국문제에 대한 제네바회의(1954. 4. 26 ~ 6.15)』(국립외교원 외교안보연구소 외교사연구센터, 2024).

송종환(宋鍾奐), 『북한 협상행태의 이해』(오름, 2002).

신복룡(申福龍), 『한국정치사론』 증보판(박영사, 1982).

신종대(辛鍾大), 『7 · 4공동성명 및 남북대화: 한국의 대북협상과 외교』(선인, 2023).

양호민(梁好民), 『38선에서 휴전선으로』(생각의나무, 2004),

엄구호(嚴九鎬), 『한국·러시아 수교협상(1990)』(국립외교원 외교안보연구소 외교사연구센터, 2023); ______, 「한소수교 교섭과정과 역사적 의미」, 한국국제교류재단 편, 『한러관계사』 전2권(제주특별자치도 서귀포시: 한국국제교류재단, 2022).

오진용(吳鎭龍), 『김일성시대의 중소와 남북한』(경기도 파주시: 나남, 2004).

유인선(劉仁善), 『새로 쓴 베트남의 역사』(이산, 2002).

윤여준(尹汝雋), 『대통령의 자격: 국가 명운을 결정짓는 2012년 대선의 필독서』(메디치미디어, 2011).

윤충노(尹忠老), 『베트남전쟁의 한국사회사: 잊힌 전쟁, 오래된 현재』(푸른역사, 2015).

이승헌(李承憲), 『남베트남민족해방전선연구』(고려대학교 아세아문제연구소, 1968).

이완범(李完範), 『한국해방3년사 1945~1948』(경기도 파주시: 태학사, 2007).

이용준(李容濬), 『북한 핵, 새로운 게임의 법칙』(조선일보사, 2004)/변진일(邊眞一) 역, 『북한이 핵을 발사하는 날: KEDO 정책부장에 의한 진상보고』(일본어)(도쿄: PHP연구소, 2004); 이용준, 『게임의 종말: 북핵 협상 20년의 허상과 진실, 그리고 그 이후』(경기도 파주시: 한울아카데미 2010년 10월: 2018년 재판)/최성희(崔誠姬) 역, 『게임의 종언: 검증 6자회담 파국과 북조선 핵 위기의 행방: 북조선의 핵의 올가미·사슬·수렁·운명의 갈림길·미몽·환상의 종언』(이즈시[伊豆市]: 비스타피·에스, 2015); 이용준, 『북핵 30년의 허상과 진실: 한반도 핵 게임의 종말』(경기도 파주시: 한울아카데미, 2018 12월); ______, 『대한민국의 위험한 선택: 전환기 한국 외교의 네 가지 위기』(기파랑, 2019년 1월); 장세정(張世政), 「(인터뷰: 이용준 북핵대사) 북핵 해결 기회 두 번 놓쳐 … 미사일·잠수함 대대적 확충을: 장세정 논설위원이 간다」, 『중앙일보』(2023년 3월 13일, 종합 24쪽).

이우탁(李宇卓), 『긴급 프로젝트 한반도 핵균형론: 북한의 핵보유국화와 미중 패권경쟁』(경기도 파주시: 역사인, 2023).

이원덕(李元德), 『대일 청구권협정 및 기본관계조약』(국립외교원 외교안보연구소 외교사연구센터, 2024).

임수경·지승호,『임수경 스토리』(Human & Books, 2016).

임혁백(任爀伯),『시장, 국가, 민주주의: 한국 민주화와 정치경제이론』(경기도 파주시: 나남, 1994).

장덕준(張悳俊),『북방정책의 이상과 현실: 아관파천에서 신북방정책까지』(역사공간, 2021).

장성구(張星九)·오회련(吳懷連) 지음, 한인희(韓仁熙) 옮김,『대만현대정치사』 전2권(지영사, 1992).

정성윤(鄭盛允),『푸에블로호 피납사건과 한국의 대응』(선인, 2023).

조성렬(趙成烈),『김정은시대 북한의 국가전략: DIME 분석과 삼벌(三伐)구상』(백산서당, 2021).

한상진(韓相震),『한국사회의 관료적 권위주의』(문학과지성사, 1988).

한용섭(韓庸燮),『핵비확산의 국제정치와 한국의 핵정책』(박영사, 2022)

홍석률(洪錫律),『1970년대 UN에서의 UNCURK 해체 문제』(경기도 파주시: 경인문화사, 2020).

Acemoglu, Daron and James A. Robinson, *Why Nations Fail: The Origins of Power, Prosperity, and Poverty*(London: Profile Book, 2012; New York: Crown Business, 2012)/최완규 번역, 장경덕 감수,『국가는 왜 실패하는가』(시공사, 2012).

Cho, Soon Sung, *Korea in World Politics, 1940~1950: An Evaluation of American Responsibility*(Berkeley and Los Angeles, C.A: The University of California Press, 1967).

Chung, Chin O., *Pyongyang Between Peking and Moscow: North Korea's Involvement in the Sino-Soviet Dispute, 1958~1975*(University, A. L.: University of Alabama Press, 1978).

Ellsberg, Daniel, *Secrets: A Memoir of Vietnam and the Pentagon Papers* (New York: Viking, 2002).

Etzioni, Amitai, *Political Unification: A Comparative Study of Leaders and Forces*(New York: Holt, Rinehart and Winston, 1965), pp. 67~96.

Friedrich, Carl J. and Zbigniew F, Brzezinski, *Totalitarian Dictatorship and*

Autocracy(Cambridge, M.A.: Harvard University Press, 1956).

Fukuyama, Francis, *Political Order and Political Decay: From the Industrial Revolution to the Present Day*(New York: Farrar, Straws and Giroux, 2014).

Henderson, Gregory, Richard Ned Lebow, and John G. Stoessinger, eds., *Divided Nations in a Divided World*(New York: David Mckay, 1974).

Jian, Chen, *China's Road to the Korean War: The Making of the Sino-American Confrontation*(New York: Columbia University Press, 1994).

Miller, Lindsey, *North Korea Like Nowhere Else: Two Years of Living in the World's Most Secretive State*(Tewkesbury, England: September Publishing, 2021).

Mitrany, David, *The Functional Theory of Politics*(New York: St. Martin's Press, 1975).

Oberdorfer, Don, and Robert Carlin, *The Two Koreas: A Contemporary History*, revised and updated, 3rd. ed.(New York: Basic Books, 2014).

Pardo, Ramon Pancheco, *Shrimp to Whale: South Korea from the Forgot ten War to K-Pop*(London: Hurst and Company, 2022), p. 119 ; 박세연 옮김, 『새우에서 고래로: 세계의 눈으로 본 한국의 어제와 오늘』(경기도 파주시: 열린책들, 2023).

Rinser, Luise, *Nord-Koreanisches Reisetagbuch*(Frankfurt am Main: Fischer Taschenbuch Verlag, 1981); 한민 옮김, 『또 하나의 조국: 루이제 린저의 북한 방문기』(공동체, 1988).

Sheehan, Neil, *A Bright Shining Lie: John Paul Vann and America in Vietnam*(New York: Vintage, 1988).

Tsebelis, George, *Veto Players: How Political Institutions Work*(Princeton, N. J.: Princeton University Press, 2002).

Whiting, Allen S, *China Crosses the Yalu: The Decision to Enter the Korean War*(Stanford, C. A.: Stanford University Press, 1968).

2次 자료: 논문

강민(姜珉),「제6공화국 민주화의 구조적 한계와 정치상황의 논리」, 한국정치학회 특별심포지움 발표 논문, 1989년 6월 9일.

강석승(姜錫勝),「한국의 북방정책에 관한 연구: 그 현황 및 추진방향을 중심으로」,『현대사회』33(1989년 4월), 204~221쪽.

곽성웅(郭成雄),「경협이 한소수교의 급진전에 미친 영향 연구: 1990년 공개 외교문서를 중심으로」,『한국정치외교사논총』제43집 제2호(2022년 2월), 41~71쪽.

기광서(奇光舒),「한반도 냉전시기 북소관계(1953~1991)」, 한국국제교류재단 편,『한러관계사』전2권(제주특별자치도 서귀포시: 한국국제교류재단, 2022), 1, 297~331쪽.

김근식(金根植),「대북포용정책의 개념, 평가, 과제: 포용의 진화 관점에서」,『한국과 국제정치』제24권 제1호(2008년 봄), 1~34쪽.

김달중(金達中),「북방정책의 개념, 목표 및 배경」,『국제정치논총』제29집 제2호(1990년 3월), 41~51쪽.

김성철(金聖哲),「외교정책의 환경·제도·효과의 역동성: 북방정책 사례 분석」,『국제정치논총』제40집 제3호(2000년 11월), 81~99쪽.

김세균(金世均),「북방정책과 통일정책」,『국제정치논총』제29권 제2집(1990년 3월), 143~154쪽.

김연철(金鍊鐵),「노태우정부의 북방정책과 남북기본합의서: 성과와 한계」,『역사비평』97(2011년 겨울), 80~110쪽.

김윤환(金潤煥),「한국의 북방정책과 북한의 태도: 경제분야를 중심으로」,『사회과학연구』(경희대학교 사회과학연구소) 14(1988), 15~25쪽.

김의곤(金義坤),「한·소수교의 의의와 한반도통일의 향방」, 김학준·염홍철 엮음,『선진한국의 모색: 제6공화국 정책평가』(동화출판사, 1993), 289~302쪽.

김종표(金鍾杓),「한·러시아 관계의 새로운 방향」,『국사관논총』60(1994년 12월), 202~234쪽.

김진룡(金津龍),「장세동·박철언 평양행 내막」,『월간중앙』(1989년 4월), 366~381쪽.

남시욱(南時旭), 「삼양동 노인 사망사건과 박종철 고문치사사건」, 『관훈저널』(2023년 가을), 105~128쪽.

문정빈(文丁彬), 「Special Report: 해외사업 지정학적 위험 피하려면 경제외적 변수 극복할 '기업 외교' 필요, 진출국 이해관계자들과 유대 강화해야」, *DBR* (*Dong−A Business Review*), No. 378, Issue 1(October 2023).

박두복(朴斗福), 「한중수교와 중국의 대한반도정책」, 김학준 염홍철 엮음, 『선진 한국의 모색: 제6공화국 정책평가』(동화출판사, 1993), 304~325쪽.

박두식(朴斗植)·심양섭(沈良燮), 「한국-대만 단교 비사」, 『월간조선』(1992년 11월), 394~413쪽.

박수유(朴修由), 「남한의 민주화와 정보화를 활용한 북한의 대남혁명전략 변화」, 『신아세아』 제30권 제3호(2023년 가을), 90~119쪽.

박용수, 「김영삼정부 북핵위기 대응의 한계에 대한 재평가: 김영삼 대통령의 주도성 추구경향과 정부대응의 경직성을 중심으로」, 『한국정치연구』 제20집 제3호(2011), 55~80쪽.

박종수, 「제2장 북한 핵·미사일과 신북방전략: 러시아 활용방안」, 동북아공동체연구재단 편, 『북방에서 길을 찾다』(디딤터, 2017), 89~112쪽.

박치영(朴稚榮), 「한국대통령 선거와 외교정책 이슈」, 『국제정치논총』 제29집 제1호(1989년 9월), 25~58쪽.

박태균(朴泰均), 「한반도 중립국 통일론과 주한미군」, 『황해문화』 100(2018년 가을), 60~80쪽.

박형중(朴泂重), 「독일의 동독연구에서 '전체주의'론과 '내재적 접근'론」, 『북한연구학회 소식』 10(1999), 10~11쪽.

서병철(徐丙喆), 「북방정책과 한국·동유럽관계」, 『국제정치논총』 제29집 제2호(1990년 3월), 95~104쪽.

성원용(成源鏞), 「제1장 교통·물류 신북방전략: 전략적 과제를 중심으로」, 동북아공동체연구재단 편, 『북방에서 길을 찾다: G7 통일한국을 향한 신북방정책』(디딤터, 2017), 57~88쪽.

송두율(宋斗律), 「북한사회를 어떻게 볼 것인가」, 『사회와 사상』 4(1988년 12월), 114~116쪽; _____, 「북한연구에서의 '내재적 방법' 재론」, 『역사비평』 30(1995

년 봄), 222~229쪽; _____, 「북한: 내재적 접근법을 통한 전망」, 『역사비평』 54(2001년 2월), 115~125쪽.

신범식(辛範植), 「북방정책과 한국·소련/러시아 관계」, 하용출(河龍出) 편, 『북방정책: 기원·전개·영향』(서울대학교 출판문화원, 2003), 73~112쪽.

신욱희(申旭熙), 「압박과 배제의 정치: 북방정책과 북핵 1차 위기」, 『한국정치외교사논총』 제29집 제1호(2007년 8월), 205~233쪽.

신종대(辛鍾大), 「서울의 환호, 평양의 좌절과 대처: 서울올림픽과 남북관계」, 『동서연구』(연세대학교 동서문제연구원) 제25권 제3호(2013년 9월), 71~110쪽.

안병영(安秉永), 「남북회담에 거는 기대와 걱정」, 『신동아』(1980년 3월), 154~161쪽.

안병준(安秉俊), 「북방정책의 현실과 환상」, 『월간중앙』 (1989년 3월), 152~161쪽; ______, 「북방정책의 성공, '전략'이 아쉬웠다」, 『신동아』(1993년 2월), 426~433쪽.

안철현(安哲賢), 「남북협상운동의 민족사적 의미」, 최장집(崔章集) 편, 『한국현대사 1, 1945~1950』(열음사, 1985), 311~341쪽.

양승태(梁承兌), 「민주화와 민주화의 수사(修辭): 한국 민주화 이념의 정립을 위한 비판적 시론」, 한국정치학회 특별심포지움 발표 논문, 1989년 6월 9일.

양승함(梁承咸), 「한·러관계의 발전 방향과 전망」, 『국방논집』 19(1992년 가을), 77~110쪽; _____, 「러시아의 한반도정책에 관한 정치경제적 시각」, 『국제정치논총』 제32집 제2호(1993년 5월), 239~269쪽; _____, 「한소 수교 과정의 재고찰」, 『사회과학논집』(연세대학교 사회과학연구소) 31(2001년 1월), 19~33쪽.

염홍철(廉弘喆), 「노태우 대통령: 국정운영의 공과」, 한국현대사연구회 편, 『한국현대사연구 근현대사강좌』 11(1999년 12월), 7~50쪽.

윤상원(尹相元), 「소련의 한인정책과 강제이주」, 국립외교원 외교안보연구소 외교사연구센터·한국정치외교사학회 공동개최, 『한·러수교 30주년 기념 학술회의: 한·러관계의 역사적 전개와 향후 전망』(2020년 10월 8일, 외교타운 12층 KNDA Hall).

이강석(李崗石), 「러시아 현지에서의 지도층 인사들과 면담을 통해서 본 한-러시아 관계의 전망」, 『국방연구』 제35집 제2호(1992), 239~263쪽.
이경숙(李慶淑), 「북방정책과 통일정책」, 『숙명여대 통일논총』 8(1991년 12월), 107~136쪽.
이국영(李鍋謍), 「독일 내재적 접근의 한국적 수용과 오해: 북한연구에 대한 함의」, 『통일문제연구』 제20권 제2호(2008년 하반기), 1~46쪽.
이근(李根), 「5. 노태우정부의 북방외교: 엘리트 민족주의에 기반한 대전략」, 강원택 편, 『노태우 시대의 재인식; 전환기의 한국사회』(경기도 파주시: 나남, 2012), 169~200쪽.
이석호(李錫浩), 「한국북방정책의 변천과정과 결정요인」, 『국제정치논총』 제28집 제2호(1989년 3월), 117~151쪽.
이신재(李信宰), 「북한공군의 베트남전쟁 참전」, 『현대북한연구』 제19권 제3호(2016년 12월), 6~51쪽.
이정철(李貞澈), 「7. 외교-통일 분화기 한국 보수의 대북정책: 정책 연합의 불협화음과 전환기 리더십의 한계」, 강원택 편, 『노태우 시대의 재인식: 전환기의 한국사회』(경기도 파주시: 나남, 2012), 237~268쪽.
이철현(李徹鉉), 「한국북방외교의 성과 분석」, 『사회과학논총』(명지대학교 사회과학연구소) 6(1991), 119~145쪽.
이현우(李鉉雨), 「1 여소야대 국회에 대한 반응」, 강원택 편, 『노태우 시대의 재인식: 전환기의 한국사회』(경기도 파주시: 나남, 2012), 41~66쪽.
임혁백(任爀伯), 「지연되고 있는 민주주의의 공고화: 정치민주화의 과정과 문제점」, 한국정치학회·한국사회학회공동학술회의, 「한국의 민주화 10년: 평가와 전망 발표집」, 1997.
장명봉(張明奉), 「새 통일방안, 체제연합이냐 국가연합이냐」, 『신동아』(1989년 2월), 152~162쪽.
장준하(張俊河), 「민족주의자의 길」, 『씨알의 소리』(1972년 9월), 55~67쪽.
장훈각(張訓珏), 「노태우정부의 북방정책과 남북관계: 북핵위기를 중심으로」, 『동서연구』(연세대학교 동서문제연구원), 제23권 제2호(2011년 12월), 1~38쪽.
전용주(全勇柱), 「노태우 대통령과 권위주의 붕괴」, 한국정치학회·관훈클럽 편, 『한국의 대통령 리더십과 국가발전』(경기도 고양시: 인간사랑, 2007), 159~

195쪽.
전재성(全在晟), 「제6장 북방정책의 평가: 한국 외교대전략의 시원」, 강원택 편, 『노태우 시대의 재인식: 전환기의 한국사회』(경기도 파주시: 나남, 2012), 23~46쪽.
전홍찬(全洪燦), 「소련의 대북한 정치적 영향력 행사에 관한 연구: 근거와 실재」, 『러시아연구』(서울대학교 러시아연구소) 1(1992년 1월), 247~269쪽.
정대규(鄭大圭), 「한민족공동체통일방안」, 『통일문제연구』(영남대학교 통일문제연구소) 14(1990년 12월), 143~153쪽.
정세현(丁世鉉), 「북방정책에 대한 북한의 반응」, 『국제정치논총』 제29권 제2호(1990년 3월), 131~141쪽.
정종욱(鄭鍾旭), 「북방정책의 다변화(多邊化)가 북한 사회주의 국제관계에 미치는 영향」, 『논문집』(서울대학교 국제문제연구소) 14(1990년 12월), 1~14쪽.
정한구(鄭漢九), 「한·소 정상회담과 한·소 관계 발전 전망」, 『동서연구』(연세대학교 동서문제연구원) 4(1991년 12월), 135~151쪽.
조순승(趙淳昇), 「북괴와 중·소분쟁」, 『신동아』(1968년 10월), 145~158쪽.
진덕규(陳德奎), 「노태우정부의 권력구조와 정치체제」, 안청시(安淸市)·진덕규(陳德奎) 공편, 『전환기의 한국민주주의, 1987~1992』(법문사, 1994), 31~86쪽.
천관우(千寬宇), 「민족통일을 위한 나의 제언」, 『창조』(1972년 9월).
최봉대(崔奉大), 「북한의 지역협력 접근방식의 특징: 신가산제적 사인독재정권의 '혁명자금 관리제도'와 대외경제협력의 제약」, 『현대북한연구』 제14권 제1호(2011년 4월), 188~248쪽.
최완규(崔完圭), 「Icarus의 비운: 김영삼정부의 대북정책 실패요인 분석」, 『한국과 국제정치』 제14권 제2호(1998년 가을~겨울), 189~212쪽.
최일송, 「북방정책과 한·러관계 발전방향」, 『한국외교사논집』 2(2021).
하용출, 「북방정책: 전개와 방향」, 한국국제정치학회 발표논문, 1989.
허만(許漫), 「북방외교에 관한 연구」, 『국제정치논총』 제26권 제1집(1986년 8월), 165~197쪽.
허만섭(許萬燮), 「대선주자 캠프에 '한국-몽골국가연합론' 솔솔」, 『신동아』(2006년 8월), 110~120쪽.

홍석률(洪錫律), 「중립화통일 논의의 역사적 맥락」, 『역사문제연구』 12(2004), 53~88쪽; _____, 「데탕트기 한국의 대(對)공산권 외교정책」, 『한국문화연구』(이화여자대학교 한국문화연구원) 34(2018년 6월), 307~343쪽.

홍순호(洪淳鎬), 「북방관계 연구의 방법론적 시론(試論)」, 한국정치외교사학회 편, 『한국 북방관계의 정치외교사적 재조명』(평민사, 1990년 1월), 11~56쪽.

홍용표(洪容杓), 「1954년 제네바회의와 한국전쟁의 정치적 종결 모색」, 『한국정치외교사논총』 제23집 제1호(2006년 8월), 35~55쪽.

Aganbegyan, Abel G., "Problems of Integrating the Soviet Union Economy into the World Economy," a paper read at the Korea Development Institute, Seoul, April 1990.

Ahn, Byung-Joon, "South Korean-Soviet Relations: Contemporary Issues and Prospects," *Asian Survey*, Vol. 31, No. 9(September 1991), pp. 816~825.

Armstrong, Charles K., "South Korea's 'Northern Policy," *The Pacific Review*, Vol. 3, No. 1(1990), pp. 35~45.

Baker, James A., "America in Asia: Emerging Architecture for a Pacific Community," *Foreign Affairs*, Vol. 70, No. 1(Winter, 1991), pp. 1~18.

Chung, Tae Dong, "Korea's Nordpolitik: Achievements and Prospects," *Asian Perspective*, Vol. 15, No. 2(Fall-Winter 1991), pp. 149~178.

Han, Sungjoo, "South Korea: The Policical Economy of Dependency," *Asian Survey*, Vol. 14, No. 1(January 1974), pp. 43~51.

Hunter, Helen-Louise, "North Korea and the Myth of Equidistance," *Korea and World Affairs*, Vol. 4, No. 2(Summer 1980), pp. 273~278.

Joo, Sung-Ho, "Soviet Policy on Seoul-Moscow Normalization," *Comparative Strategy*, Vol. 13, Issue. 4(1994), pp. 429~445.

Kang, Young Hoon, "Kim Il Sung's Trip to Peking," *Journal of Korean Affairs*, Vol. 5, No. 1 (April 1975), pp. 47~51.

Kim, Hakjoon, "Russian Foreign Ministry Documents on the Origins of the Korean War," *Korea and World Affairs*, Vol. 20, No. 2(Summer 1996), pp. 248~271.

Kim, Yong-Jick , "The Nordpolitik as President Rho Tae Woo's New Foreign Policy, 1988~1992,"『세계지역논총』 제23권 제1호(2005), 261~278쪽.

Lee, Chong-sik, "Politics in North Korea: Pre-Korean War Stage," *China Quarterly*, No. 14(April-June 1963), pp. 4~11; ____, "North Korea Between Dogmatism and Revisionism," *Journal of Korean Affairs*, Vol. 1, No.1 (April 1971), pp. 39-54.

Lee, Dong-bok, "The January 12 Proposal and the Sixth Congress of the KWP," *Korea and World Affairs*, Vol. 5, No. 1(Spring 1981), pp. 36~52.

Lee, Man-woo, "The Prospects for Normalization of Relations Between Moscow and Seoul," *Korea and World Affairs*, Vol. 4, No. 1(Spring 1980), pp. 129~139.

Lho, Kyongsoo, "Seoul-Moscow Relations Looking to the 1990s," *Asian Servey*, Vol.29, No.12(December 1989), pp. 1153~1166.

McCormack, Gavan, "Kim Country: Hand Times in North Korea," *New Left Review* 198(March 1, 1993), pp. 21~48.

Mack, Andrew, "Signs of a Thaw?," *Pacific Research*, Vol.3, No.4(November 1990).

Meyer, Peggy Falkerheim, "Gorbachev and Post-Gorbachev Policy toward the Korean Peninsula: The Impact of Changing Russian Perceptions," *Asian Survey*, Vol. 32, No. 8(August 1992), pp. 757~772.

Mikheev, Vasily V, "A Korean Settlement: New Political Thinking vs. Old Ambitions," *Korea and World Affairs*, Vol. 13, No, 4(Winter 1989), pp. 677-681.

Neal, Fred Warner, "The New American-Soviet Cold War," *Korea and World Affairs*, Vol. 5, No. 4(Winter 1981), pp. 529~536.

Oleg, Davidov, "Soviet Policy toward the Korean Peninsula," *Far Eeastern Affairs*, No. 3 (1990), pp. 423~440.

Park, Sang-seek, "Northern Diplomacy and Inter-Korean Relations," *Korea and World Affairs*, Vol. 12, No. 4(Winter 1988), pp. 706~736.

Pleshakov, Constantine V, "Republic of Korea-USSR Relations: Psychological Choices and Political Changes," *Korea and World Affairs*, Vol. 14, No. 4(Winter 1990), pp. 687~704.

Riordan, James W, "Korea-Soviet Union Relations: The Seoul Olympics and Catalyst and Stimulator of Political Change," *Korea and World Affairs*, Vol. 12, No. 4(Winter, 1998), pp. 769~770.

Robinson, Joan, "Korean Miracle," *Monthly Review*(January 1965), pp. 545~548.

2차자료: 박사학위청구논문

김천식(金千植), 「노태우정부의 남북교류협력법 제정 과정에 관한 연구」, 북한대학원대학교 북한학박사학위청구논문, 2014년 2월.

김충근(金忠根), 「복합지경학 시대 한반도 국제정치: 2018~9년 한반도 평화 프로세스(남 · 북 · 미 북핵 협상) 좌절 사례를 중심으로」, 동국대학교 대학원 북한학박사학위청구논문, 2024년 2월.

2차자료: 신문 사설 및 칼럼 등

「북한 · 대만 따돌린 25년 전 '동해사업' "이제는 부상(浮上)한 중(中)이 한(韓)에 힘 투사하려 해": 한중수교 주역 신정승 전 주중대사」, 『신동아』(2017년 8월).

「사설: '햇볕정책'에 대한 본심 드러낸 김정은, 애초에 환상이었다」, 『조선일보』(2024년 1월 1일, A31쪽).

AIF(ASEAN-INDIA Forum) 전문가 오피니언, Truong Quang Hoan, 「한국, 베트남, 인도 3자 경제협력 전망」, 『대외경제정책연구원(KIEP)』(2023년 10월 10일).

강천석(姜天錫: 『조선일보』 고문), 「윤석열 대통령의 시간」, 『조선일보』(2023년 10월 14일 A26쪽); _____, 「강천석칼럼: 총선, 이재명 대표에 죄의식과 윤리감각 부재(不在) 책임 물어야」, 『조선일보』(2024년 2월 24일 A26쪽).

고도예(『동아일보』 기자), 「백령도-연평도 콕 찍어 김정은, NLL 도발위협」, 『동아일보』(2024년 2월 16일 A1~A2쪽 ; 양지호(『조선일보』 기자), 「자기 맘대로 '해상 국경선' 긋겠다는 김정은 … 도발예고」, 『조선일보』(2024년 2월 16일 A8쪽).
구아모(『조선일보』 기자), 「한국식 아파트 · 편의점 … 여기는 동탄? 몽탄신도시」, 『조선일보』(2023년 7월 28일 A10쪽).
김민서(『조선일보』 기자), 「김여정 "윤(尹) 때문에 전쟁날 판" 정부 "남남갈등 노린 잔꾀": 북(北) 윤(尹) 신년사 향해 원색적 비난」, 『조선일보』(2024년 1월 4일 A6쪽); _____, 「북(北), 방송 · 웹사이트에서 '한반도' 이미지 지웠다」, 『조선일보』 (2024년 2월 20일 A6쪽).
김병연(金炳椽), 「다보스포럼에서 읽은 지정학 풍향계」, 『중앙일보』(2024년 1월 31일 31쪽).
김영환(金永煥), 「반미 · 북한 그리고 90년대에 대한 나의 생각」, 『월간 말』(1995년 4월); _____, 「강철 김영환의 북경서신: "북한 수령론은 완전한 허구이자 사기극"」, 『월간 말』(1998년 5월).
김윤덕(『조선일보』 선임기자), 「김윤덕이 만난 사람들: 장기표 "특권폐지가 몽상? 세금도둑 판치는 정치판 그냥 둘 건가"」, 『조선일보』(2023년 12월 4일 A32쪽).
김은중(『조선일보』 기자), 「"미(美) 전술핵 100기 현대화해 한국지원용으로 지원해야」, 『조선일보』(2023년 10월 31일 A6쪽).
김준일 · 이승우(『동아일보』 기자), 「여(與) "반국가세력에 국회 문 열어선 안돼」, 『동아일보』(2024년 2월 23일 A8쪽).
김창균(金昌均: 『조선일보』 논설주간), 「명(明)에게 '당(黨) 승리보다 절박한 '친명(親明)' 불체포 의석」, 『조선일보』(2024년 2월 22일 A34쪽)
김태완(金泰完), 「노태우의 경청하는 리더십: "여소야대 13대 총선 이후 사사건건 발목잡은 3김 수시로 만나"」, 『월간조선』(2017년 6월), 102~107쪽.
노석조(『조선일보』 기자), 「"북(北) 핵전력 최소 300기 보유 … 프랑스 · 영국 수준 근접,"」, 『조선일보』(2024년 1월 11일 A6쪽).
박광작(朴廣作), 「이것이 독일 여류작가 루이제 린저의 정체다」, 『주간조선』(2017년 11월 20일), 36~39쪽.
박명림(朴明林), 「남북기본합의 30주년에 부쳐」, 『중앙일보』(2021년 12월 15일); _____, 「중앙시평: 다시 정치개혁을 향하여」, 『중앙일보』(2024년 2월 23일 31쪽).

박은식(호남대안포럼 공동대표), 「광주 청년이 바라본 신군부시대 … 정말 모든 게 '암흑기' 였나」, 『조선일보』(2023년 4월 13일 A33).

박태균(朴泰均), 「박태균의 역사와 비평: 한·중수교 30년 … 미·중격돌 헤쳐갈 새해 우리의 전략은?」, 『중앙일보』(2022년 12월 23일).

송인호, 「동독의 '두 국가론' 거부한 서독의 경험 배워야」, 『중앙일보』(2020년 2월 27일 29쪽).

신규진·손효주(『동아일보』 기자), 「"북(北), 한국 겨냥한 핵무기 최소 180기… 2030년 300기 보유"」, 『동아일보』(2023년 10월 31일 A8쪽).

신진우(『동아일보』 기자), 「"우리도 마음만 먹으면 핵개발 그렇게 오래 안걸릴 것"」, 『동아일보』(2024년 2월 8일 A3).

안소영 기자, 「『북한: 어느 곳과도 같지 않은 곳』 저자 밀러 "폐쇄 속 주민들, 외부 세계 궁금증 많아 … 현대 여성 동경」, VOA(2014년 4월 16일).

안인해(安仁海), 「서장 김일성 주석을 만나다」, ____, 『중국과 미국 그리고 한반도』.

오코노기 마사오(게이오대 명예교수), 「김정은의 '통일거부 선언'을 생각한다」, 『동아일보』(2024년 2월 28일 A29쪽).

위성락, 「한·소 수교과정의 회고」, 『외교』(2021년 1월), 183쪽, 189쪽, 191쪽;. ____, 「정전 70주년에 외교를 생각한다」, 『중앙일보』(2023년 10월 25일 31쪽).

유용원 (『조선일보』 군사전문기자), 「북(北), 핵무력 영구화 선언 … 추진중인 전략사(司), 제대로 만들어야」, 『조선일보』(2023년 10월 5일 A30쪽); ____, 「유용원의 군사세계: 주한미군, 전차 없는 스트라이커여단 순환배치 … 독자 지상전 대비 서둘러야」, 『조선일보』(2024년 2월 8일 A28).

윤성민(『한국경제』 논설위원), 「윤성민 칼럼: 김정은의 '커밍아웃'이 놀랍지 않은 이유」, 『한국경제』(2024년 2월 8일 A30쪽).

이기홍(李基洪: 『동아일보』논설위원), 「이기홍 칼럼: 문재인·이재명 부부가 상징하는 좌파의 공인(公人) 의식 수준」, 『동아일보』(2024년 3월 1일 26쪽).

이용준(李容濬), 「조선칼럼: 연방제 흡수통일의 50년 환상에서 깨어난 북한」, 『조선일보』(2024년 1월 12일 A30쪽).

이인웅(李仁雄), 「루이제 린저 독일에서는 '미친 할머니'라고 혹평한다」, 『동서문학』 171(1988년 10월).

이철희(李哲熙: 『동아일보』논설위원), 「오늘과 내일: '남조선'이 사라졌다」, 『동아일보』(2024년 1월 25일 A31쪽).

이택선(李宅善), 「outlook: 이택선 교수가 본 '건국전쟁'」, 『중앙일보』(2024년 2월 20일 20쪽).

이혁(李革: 전 베트남대사), 「한국 민주주의의 위기 … 발전이냐 퇴행이냐 갈림길」, 『중앙일보』(2023년 12월 1일 23쪽).

임민혁 (『조선일보』 정치부 차장), 「임민혁이 만난 사람: 노태우 전 대통령 빈소 찾은 5 · 18 시민군 상황실장 박남선, "5 · 18 정신 정치적 이용 안 돼, 특정정파 전유물 아냐, 분단된 나라가 통일은 커녕 갈라져 싸우는 현실 안타까워"」, 『조선일보』(2021년 11월 1일 A30쪽).

임종주(『중앙일보』 논설위원), 「임종주의 시선: 이항대립 정치의 '탈구축'을 생각한다」, 『중앙일보』(2024년 2월 14일 28쪽).

장세정(張世政: 『중앙일보』 논설위원), 「김정은 민족·통일 부정에 주사파 '멘붕 침묵'」, 『중앙일보』(2014년 1월 22일 28쪽).

전민구(『중앙일보』 기자), 「"노태우 5년, 중산층 제대로 키운 시대": 6·29선언 36주년 기념 학술대회」, 『중앙일보』(2023년 7월 7일).

전봉근(田奉根), 「남북 평화공존의 2국체제 전략 수립해야」, 『중앙일보』(2024년 1월 22일 29쪽).

전상인(全相仁), 「좌파는 말로 일하고 우파는 일로 말한다」, 『조선일보』(2023년 10월 13일 A30쪽); ____, 「조선칼럼: 정치에도 R&D가 필요하다」, 『조선일보』(2024년 2월 28일 A30쪽).

정우상(조선일보사 정치부 부장), 「광화문·뷰: '보수는 유능'이란 인식도 시험대에 섰다」, 『조선일보』(2024년 1월 5일)

정지섭(조선일보사 국제부 차장), 「데스크에서: 사하라사막에서 본 노(盧)의 공과」, 『조선일보』(2021년 10월 29일).

정철환(『조선일보』 파리특파원), 「"우리 정책 잘못됐다" 반성하는 독일 정당: 사민당 "러시아와의 관계 설정 오판 … 에너지종속 초래」, 『조선일보』(2023년 12월 12일 A1쪽); ____, 「'전쟁의 시대'가 돌아오는가」, 『조선일보』(2024년 2월

24일 A26쪽); ____,「스웨던 석학 요엘 안데르손 인터뷰: "한국이 중립해도, 중 · 러 눈엔 서방일 뿐」,『조선일보』(2024년 3월 12일 A2쪽).

조백건 기자 (『조선일보』 기자),「"한국, 흑사병 때보다 인구감소 심각」,『조선일보』(2023년 12월 4일 1쪽).

조웅형 · 송혜미 (『동아일보』 기자),「'0.65명' 출산율 쇼크」,『동아일보』(2024년 2월 29일 1쪽 및 3쪽).

천영우(千英宇),「조선칼럼: 서독은 끝까지 동독의 2국가 체제 요구를 거부했다」,『조선일보』(2024년 1월 24일 A30쪽).

최강(崔剛),「핵위협 수위 높이는 북한 … 전술핵 재배치 실현해야」,『조선일보』(2024년 2월 13일 A33쪽).

최훈민(『일요신문』 기자),「인터뷰: 장기표 "5 · 18 민주화운동 보상? 줘도 안 받아"」,『일요신문』(2019년 5월 11일).

허윤희(『조선일보』 기자),「나무박사 박상진이 들려주는 청와대의 대통령 나무(하)」,『조선일보』(2023년 10월 25일 A20쪽).

홍준기 · 김지완(『조선일보』 기자),「"미 · 중 · 인 '삼극시대' 10년 내 온다"」,『조선일보』(2024년 1월 12일 B7).

황의봉(黃義鳳),「민중당」,『신동아』(1991년 2월).

저자 약력
■ 김 학 준
전 인천대학교 총장, 동아일보사 회장, 한국과학기술원(KAIST) 김보정석좌교수
현 단국대학교 석좌교수

기원·전개·성과 그리고 앞으로의 방향
대한민국의 북방정책

초판발행 2024년 10월 25일

출판총괄 **노재헌**
지은이 김학준
펴낸이 안종만·안상준

편 집 김선민
기획/마케팅 장규식
표지디자인 벤스토리
제 작 고철민·김원표

펴낸곳 (주) 박영사
서울특별시 금천구 가산디지털2로 53, 210호
(가산동, 한라시그마밸리)
등록 1959. 3. 11. 제300-1959-1호(倫)
전 화 02)733-6771
f a x 02)736-4818
e-mail pys@pybook.co.kr
homepage www.pybook.co.kr
ISBN 979-11-303-2063-2 93340

정 가 38,000원